Karl Wolfhart Nitsc

IT-Recht

EHV

Nitsch, Karl Wolfhart

IT-Recht

ISBN: 978-3-86741-776-1
Auflage: 2
Erscheinungsjahr: 2012
Erscheinungsort: Bremen, Deutschland

© Europäischer Hochschulverlag GmbH & Co KG, Fahrenheitstr. 1, 28359 Bremen

www.eh-verlag.de

Karl Wolfhart Nitsch

IT-Recht

Inhaltsverzeichnis

Abkürzungsverzeichnis

Abs.	Absatz
AG	Amtsgericht
AGB	Allgemeine Geschäftsbedingungen
a.F.	alte Fassung
ArbnErfG	Arbeitnehmererfindungsgesetz
ARD	Arbeitsgemeinschaft der öffentlich-rechtlichenRundfunkanstalten der Bundesrepublik Deutschland
Art	Artikel
Az	Aktenzeichen
BB	Betriebsberater (Zeitschrift)
BCS	Banking Communication Standard
BDSG	Bundesdatenschutgesetz
Beschl.	Beschluss
BGB	Bürgerliches Gesetzbuch
BGB-InfoVO	Verordnung über Informations- und Nachweispflichten nach bürgerlichem Recht
BGH	Bundesgerichtshof
BKA	Bundeskriminalamt
BKAG	Bundeskriminalamtgesetz
BPatG	Bundespatentgericht
BPjM	Bundesprüfstelle für jugendgefährdende Medien
bspw.	beispielsweise
BVerfG	Bundesverfassungsgericht
BvR	Aktenzeichen des Bundesverfassungsgerichts
CCL	Creative Commons Lizenzen
CISG	Convention on Contracts of the international Sale of Goods
CR	Computer und Recht (Zeitschrift)
DB	Der Betrieb (Zeitschrift)
DENIC	Deutsches Network Informations Center
d.h.	das heißt
DIN	Deutsches Institut für Normung
DNS	Domain Name System
DPMA	Deutsches Patent- und Markenamt
DRM	Digital Rights Management
DRTV	Direct Response Television
EBICS	Electronic Banking Internet Communication Standard
EG	Europäische Gemeinschaft
EGBGB	Einführungsgesetz zum Bürgerlichen Gesetzbuche
EGMR	Europäischer Gerichtshof für Menschenrechte
EPA	Europäisches Patentamt
EPÜ	Europäisches Patentübereinkommen
e.G.	eingetragene Genossenschaft
EU	Europäische Union
EuGH	Europäischer Gerichtshof
FFG	Filmfördergesetz
FSF	Freiwillige Selbstkontrolle für Fernsehen

FSK	Freiwillige Selbstkontrolle
FSM	Freiwillige Selbstkontrolle Multimedia-Diensteanbieter
FTAM	File Transfer and Access Management
FTP	File Transfer Protocol
GEMA	Gesellschaft für musikalische Aufführungs- und mechanische Vervielfältigungsrechte
GebrMG	Gebrauchsmustergesetz
GeschmMG	Geschmacksmustergesetz
GEZ	Gebühreneinzugszentrale
GG	Grundgesetz
ggf.	gegebenenfalls
GWB	Gesetz gegen Wettbewerbsbeschränkungen
HABM	Agentur der Europäischen Union für die Eintragung von Marken und Geschmacksmustern
HGB	Handelsgesetzbuch
HTML	Hypertext Markup Language
http	hypertexttrasferprotocol
ICANN	Internet Cooperation für Assigned Names and Numbers
IFG	Informationsfreiheitsgesetz des Bundes
IHK	Industrie- und Handelskammer
i.S.	im Sinne
ISO	Internationale Organisation für Normung
i.V.m.	in Verbindung mit
JA	Juristische Arbeitsblätter (Zeitschrift)
JgefSchrG	Gesetz über die Verbreitung jugendgefährdender Schriften und Medieninhalte
JMStV	Jugendmedienschutz-Staatsvertrag
JuSchG	Jugendschutzgesetz
KEF	Kommission zur Überprüfung und Ermittlung des Finanzbedarfs der Rundfunkanstatlen
KEK	Kommission zur Ermittlung der Konzentration
KJM	Kommission für Jugendmedienschutz
K&R	Kommunikation & Recht (Zeitschrift)
KunstUrhG	Kunsturhebergesetz
KWG	Kreditwesengesetz
LG	Landgericht
lit.	Buchstabe
MarkenG	Markengesetz
MarkenR	Zeitschrift für deutsches europäisches und internationales Kennzeichenrecht (Zeitschrift)
MDR	Monatsschrift für Deutsches Recht (Zeitschrift)
MDStV	Mediendieste-Staatvertrag
MD5	Message-Digest Algorithm 5
Mio.	Milionen
NSI	Network Solution
NWPresseG	Pressegesetz für das Land Nordrhein-Westfalen
o.ä.	oder ähnlich
OLG	Oberlandesgericht

OSI	Open Systems Interconnection
OVÖ	Pariser Verbandsübereinkunft zum Schutz des gewerblichen Eigentums
PAngV	Preisangabenverordnung
PatG	Patentgesetz
PCT	Patent Cooperation Treaty
PDA	Personal Digital Assistant
PVÜ	Pariser Verbandsübereinkunft zum Schutz des gewerblichen Eigentums
RFinStV	Rundfunkfinanzierungsstaatsvertrag
RStV	Rundfunksstaatsvertrag
SigG	Signaturgesetz
SSEE	sichere Signatureinheit
StGB	Strafgesetzbuch
StPO	Strafprozessordnung
SWIFT	Society for Worldwide Interbank Financial Telecommunication
TDDSG	Teledienstedatenschutzgesetz
TDG	Teledienstegesetz
TKG	Telekommunikationsgesetz
TLD	Top Level Domain
TMG	Telemediengesetz
TSM	Technische Schutzmaßnahmen
u.	und
u.a.	unter anderem
u.a.m.	und andere mehr
UMTS	Universal Mobile Telecommunications Systems
UrhG	Urhebergesetz
UrhWahrnG	Urheberrechtswahrnehmungsgesetz
URL	Uniform Ressource Locator
Urt.	Urteil
USK	Unterhaltungssoftware Selbstkontrolle
UStG	Umsatzsteuergesetz
UWG	Gesetz gegen unlauteren Wettbewerb
v.	vom
vgl.	vergleiche
V.i.S.d.P.	Verantwortlich im Sinne des Presserechts
WRP	Wettbewerb in Recht und Praxis (Zeitschrift)
WuW	Wirtschaft und Wettbewerb (Zeitschrift)
WWF	World Wide Fund of Nature
www.	world wide web
z.B.	zum Beispiel
ZDF	Zweites Deutsches Fernsehen
ZPO	Zivilprozessordnung

1. Verfassungsrechtliche Grundlagen

1.1 Einleitung

Das Recht der „Neuen Medien", speziell das IT-Recht, ist ohne Kenntnisse des allgemeinen Medienrechts nicht nachzuvollziehen. Diese Lerneinheit bietet deshalb zunächst einen Überblick über die Bedeutung des Grundgesetzes für das Medienrecht. Anschließend werden die sogenannten Kommunikationsgrundrechte erklärt, die für die herkömmlichen sogenannten „Alten Medien" Presse, Rundfunk und Film ebenso gelten wie für die Neuen Medien, insbesondere das Internet.

Die Medien haben seit jeher eine große Rolle als Mittel der Meinungsbeeinflussung gespielt. Noch heute ist in Diktaturen zu beobachten, dass freie Medien gleich- oder ausgeschaltet werden. Eine funktionierende Demokratie dagegen zeichnet sich durch freien Meinungsaustausch und einen freien Medienmarkt aus. In der Bundesrepublik Deutschland sind die Medien von erheblicher gesellschaftlicher und wirtschaftlicher Bedeutung. So leisten sie ihren Beitrag zur pluralistischen Meinungsbildung, haben eine Bildungs-, Informations- und Unterhaltungsfunktion, und sie übernehmen nicht zuletzt Aufgaben als Wirtschaftsfaktoren und Kulturträger. Aus verfassungsrechtlicher Sicht sollen die Medien die unabhängige politische Willensbildung fördern. Deshalb ist es unumgänglich, die Medien in ihrem Verhältnis zum Staat und umgekehrt zu betrachten.

Das Grundgesetz ist die Verfassung der Bundesrepublik Deutschland und beschreibt die rechtliche und politische Grundordnung im Staat. Es begründet den Vorrang vor allen übrigen Gesetzen und Verordnungen des Staates. Diese dürfen also mit der Verfassung nicht in Widerspruch stehen und müssen ihre Durchführung bewirken. Von besonderer Bedeutung sind die im ersten Abschnitt des Grundgesetzes verankerten Grundrechte, Art. 1 bis 19 GG.

Grundrechte sind subjektiv öffentliche Rechte mit Verfassungsrang, sie binden also alle Staatsgewalten. Anders ausgedrückt: Die Grundrechte regeln die Rechtsstellung des Bürgers gegenüber dem Staat, sie sind in erster Linie Abwehrrechte des Bürgers gegen den Staat. Der Grundrechtskatalog der Art. 1 bis 19 GG lässt sich in Freiheitsgrundrechte und Gleichheitsgrundrechte unterteilen, wobei die hier zu besprechenden Kommunikationsgrundrechte der ersten Gruppe zuzuordnen sind.

1.2 Kommunikationsgrundrechte

Für die Medien sind verschiedene Grundrechte von besonderer Bedeutung. Sie werden unter dem Begriff **„Kommunikationsgrundrechte"** zusammengefasst. Diese in Art. 5 Abs. 1 GG verankerten Grundrechte schaffen die Rahmenbedingungen für alles, was unter Medienrecht – und damit auch weite Teile des IT-Rechts – zu verstehen ist. Es handelt sich um das Recht auf **Meinungs- und Informationsfreiheit**, das Recht auf **Freiheit der Massenmedien** sowie um das **Zensurverbot**. Obwohl diese Grundrechte in einer Norm zusammengefasst sind, haben sie unterschiedliche Regelungsziele: Meinungs- und Informationsfreiheit schützen bspw. vor allem den Einzelnen, das Individuum. Die Freiheit der Massenmedien dient vordergründig der freien Meinungsbildung.

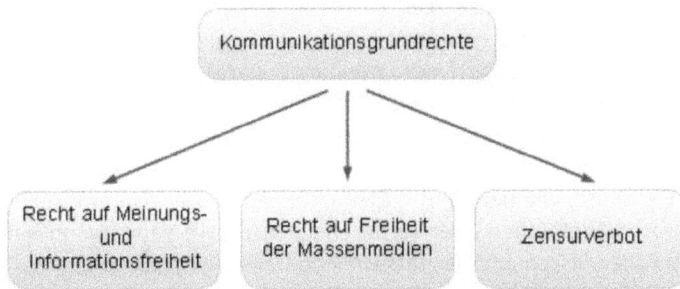

Neben den in Art. 5 Abs. 1 GG genannten Grundrechten können für die Medien weitere Grundrechte von Bedeutung sein, so z.B. die Berufsfreiheit oder die Kunstfreiheit. Außerdem sind den Mediengrundrechten Schranken gesetzt. Im Folgenden sollen die Kommunikationsgrundrechte und ihre Grenzen näher erläutert werden.

1.2.1 Meinungsfreiheit

Unter Meinungsfreiheit ist die Freiheit, eine Meinung zu haben und sie zu äußern, zu verstehen.

Die Freiheit der Meinung wird als unmittelbarster Ausdruck der menschlichen Persönlichkeit in der Gesellschaft und als Grundlage jeder Freiheit überhaupt begriffen[1]. Das Grundrecht der Meinungsfreiheit steht natürlichen Personen zu, aber auch juristische Personen können sich darauf berufen, also bspw. Verlage, sofern das Grundrecht gemäß Art. 19 Abs. 3 GG seiner Natur nach auf sie anwendbar ist.

---

[1]   BVerfG, Urt. v. 15.01.1958 - 1 BvR 400 / 51.

Die Verfassungsnorm des Art. 5 Abs. 1 GG gibt jedem das Recht, seine Meinung in Wort, Schrift und Bild frei zu äußern und zu verbreiten. Der Schutzbereich des Grundrechts der Meinungsfreiheit umfasst die Äußerung und Verbreitung von Werturteilen. Meinungen sind nach herrschender Auffassung Äußerungen oder Stellungnahmen mit wertendem Inhalt. Dabei spielt es keine Rolle, ob sie rational oder emotional begründet sind. Allerdings muss die Meinungsfreiheit stets zurücktreten, wenn die Äußerung die Menschenwürde eines anderen antastet, desgleichen regelmäßig auch dann, wenn sich eine herabsetzende Äußerung als Formalbeleidigung oder Schmähkritik darstellt[2].

Meinungen sind im Unterschied zu Tatsachenbehauptungen durch die subjektive Einstellung des sich Äußernden zum Gegenstand der Äußerung gekennzeichnet[3]. Der Begriff der „Meinung" in Art. 5 Abs. 1 Satz 1 GG ist grundsätzlich weit zu verstehen: Sofern eine Äußerung durch die Elemente der Stellungnahme, des Dafürhaltens oder Meinens geprägt ist, fällt sie in den Schutzbereich des Grundrechts. Das muss auch dann gelten, wenn sich diese Elemente, wie häufig, mit Elementen einer Tatsachenmitteilung oder -behauptung verbinden oder vermischen, jedenfalls dann, wenn beide sich nicht trennen lassen und der tatsächliche Gehalt gegenüber der Wertung in den Hintergrund tritt[4].

Eine Tatsachenbehauptung bezieht sich demgegenüber auf objektive Umstände in der Wirklichkeit, die (zumindest theoretisch) dem Beweis vor einem Gericht zugänglich sind, also etwa durch Urkunden, Zeugen oder Sachverständige bestätigt oder widerlegt werden können. Zwar spricht das Grundgesetz nur von der Meinungsäußerungsfreiheit, dies bedeutet jedoch nicht, dass Tatsachenbehauptungen vom Grundrechtsschutz ausgeschlossen sind. Sie sind immer dann geschützt, wenn sie Voraussetzung für eine bestimmte Meinung sind[5]. Die Trennung von Meinungsäußerung und Tatsachenbehauptung kann im Einzelfall schwierig sein. Da unwahre Tatsachenbehauptungen grundsätzlich nicht vom Schutz der Meinungsfreiheit umfasst sind, ist aber insoweit eine Abgrenzung notwendig. Der Schutz des Art. 5 Abs. 1 GG erfasst nämlich erwiesen oder bewusst unwahre Tatsachenbehauptungen nicht: Eine unrichtige Information ist unter dem Blickwinkel der Meinungsfreiheit kein schützenswertes Gut, weil sie der verfassungsrechtlich vorausgesetzten Aufgabe zutreffender Meinungsbildung nicht dienen kann.

---

[2]   BGH, Urt. v.30.05.2000 - VI ZR 276/99.
[3]   BVerfG, Beschl. v. 10.10.1995 - 1 BvR 1476, 1980/91 u. 102, 221/92.
[4]   BVerfG, Beschl. v. 22.06.1982 - 1 BvR 1376/79.
[5]   BVerfG, Beschl. v. 25.01.1984 - 1 BvR 272/81.

Art. 5 Abs. 1 Satz 1 GG wird aber verkannt, wenn Formulierungen, in denen die Bewertung tatsächlicher Vorgänge zum Ausdruck kommt, als Tatsachenbehauptungen angesehen werden[6].

Auch scharfe oder übersteigerte Äußerungen sind vom Schutzbereich der Meinungsfreiheit erfasst[7].Die Meinungsfreiheit muss aber stets dann zurücktreten, wenn die Äußerung die Menschenwürde eines anderen antastet[8]. Bei herabsetzenden Äußerungen, die sich als Formalbeleidigung oder Schmähung darstellen, tritt daher die Meinungsfreiheit regelmäßig hinter den Ehrenschutz zurück[9]. Eine überzogene oder gar ausfällige Kritik macht eine Äußerung indessen für sich genommen noch nicht zur Schmähung; hinzutreten muss vielmehr, dass bei der Äußerung nicht mehr die Auseinandersetzung in der Sache, sondern die Diffamierung im Vordergrund steht, die jenseits polemischer und überspitzter Kritik in erster Linie herabsetzen soll[10].

Das Grundrecht der Meinungsfreiheit aus Art. 5 Abs. 1 GG schützt nicht ein unrichtiges Zitat[11].

Beispiel 1: Zur **Meinungsfreiheit** nach Art. 5 Abs. 1 Satz 1 GG:

Der BGH erlaubte Greenpeace, Milchprodukte als „Gen-Milch" zu bezeichnen.

Der Fall[12]: Die Theo Müller GmbH & Co. KG, deren Unternehmen Milch- und Molkereiprodukte u.a. unter den Marken „Müller", „Weihenstephan" und „Sachsenmilch" vertreiben, wendete sich dagegen, dass „Greenpeace e.V." in einer Vielzahl von öffentlichkeitswirksamen Aktionen in den Jahren 2004 und 2005 ihre Produkte als „Gen-Milch" bezeichnet hat.

Das Landgericht hatte Greenpeace verboten, die Produkte der Unternehmender Klägerin als „Gen-Milch" zu bezeichnen, sofern nicht gleichzeitig darauf hingewiesen werde, dass die Produkte selbst nicht gentechnisch verändert seien bzw. dass sich nach derzeitigem wissenschaftlichen Stand in den Produkten keine Komponenten aus der gentechnischen Veränderung der Futtermittel nachweisen ließen.

Der Gebrauch des Begriffs „Gen-Milch" durch den Beklagten – Greenpeace e.V. – genieße nach Ansicht des BGH den Schutz des Art. 5 Abs. 1 Satz 1 GG. Der objektive Sinngehalt des Begriffs sei unter Einbeziehung des Kontextes

---

[6]   BVerfG, Beschl. v.09.10.1991 - 1 BvR 1555/88.
[7]   BVerfG, Beschl. v. 13.05.1980 - 1 BvR 103/77.
[8]   BVerfG, Beschl. v. 10.10.1995 - 1 BvR 1476, 1980/91u. 102, 221/92.
[9]   BVerfG, Beschl. v. 22.06.1982 - 1 BvR 1376/79.
[10] BVerfG, Beschl. v.10.10.1995 - 1 BvR 1476, 1980/91 u. 102, 221/92.
[11] BVerfG, Beschl. v. 03.06.1980 - 1 BvR 797/78.
[12] BGH, Urt. v. 11.03.2008 - VI ZR 7/07.

zu beurteilen, in dem Greenpeace ihn verwendet habe. Die Bezeichnung „Gen-Milch" bringe als Oberbegriff der von Greenpeace e.V. durchgeführten Kampagne plakativ und schlagwortartig dessen Ablehnung gegen die Herstellung von Milchprodukten unter Verwendung von Milch zum Ausdruck, die u.a. von Kühen stamme, die auch mit gentechnisch veränderten Futtermitteln gefüttert würden, ohne dass diese Produkte – geltendem Recht entsprechend, das eine Kennzeichnungspflicht insoweit nicht vorsähe – entsprechend gekennzeichnet würden.

Unerheblich sei, ob sich die betroffene Milch in ihrer Beschaffenheit von Milch unterscheidet, bei deren Herstellungsprozess auf den Einsatz von Verfahren zur gentechnischen Veränderung verzichtet wurde und ob genmanipulierte DNA aus Futtermitteln nach wissenschaftlicher Erkenntnis in die Milch übergehen kann. Denn selbst wenn ein Einfluss der angewandten Verfahren auf die Beschaffenheit von Milch und Milchprodukten nicht bestehe oder nicht nachweisbar sei, weise der Begriff „Gen-Milch" aus sich heraus keinen unwahren konkreten Tatsachenkern auf. Es könne nämlich ein allerdings weit verstandener Zusammenhang zwischen dem Einsatz von Verfahren zur gentechnischen Veränderung und dem Produkt schon darin gesehen werden, dass ein solches Verfahren im Produktionsprozess zur Anwendung kommt. Die daran von Greenpeace geäußerte Kritik müsse Müller-Milch hinnehmen.

Beispiel 2: Zur Meinungsfreiheit nach Art. 5 Abs. 1 Satz 1 GG:

BGH-Entscheidung über die „Meinungsfreiheit bei kritischen Äußerungen über ein Unternehmen und dessen Vorstandsvorsitzenden.

Der Fall[13]: Die Klägerin zu 1 ist ein Großunternehmen. Der Kläger zu 2 war bis Ende 2005 Vorsitzender ihres Vorstands. Der Beklagte ist Aktionär der Klägerin zu 1 und Sprecher eines Aktionärsverbandes.

Am 28. Juli 2005 meldete die Klägerin zu 1, ihr Aufsichtsrat habe beschlossen, dass der Kläger zu 2 zum 31. Dezember 2005 aus dem Unternehmen ausscheide. Am selben Tag wurde in der Fernsehsendung „SWR-Landesschau" ein mit dem Beklagten geführtes Interview ausgestrahlt, in dem dieser unter anderem Folgendes äußerte:

> „Ich glaube nicht, dass der Rücktritt (des Klägers zu 2 als Vorsitzender des Vorstands der Klägerin zu 1) freiwillig war. Ich glaube, dass er dazu gedrängt und genötigt wurde. ... und das muss damit zusammenhängen, dass die Geschäfte nicht immer so sauber waren, die Herr S. geregelt hat."

---

[13] BGH, Urt. v. 22.09.2009 - VI ZR 19/08.

Der Bundesgerichtshof hat hierzu ausgeführt, dass die Äußerungen des Beklagten nicht isoliert gesehen werden dürften, sondern im Gesamtzusammenhang des Interviews bewertet werden müssten. Sie unterlägen als wertende Äußerungen dem Schutzbereich des Grundrechts auf freie Meinungsäußerung gemäß Art. 5 Abs. 1 GG. Der erste Teil der Äußerung sei nicht als Tatsachenbehauptung, sondern als Werturteil einzustufen. Beim zweiten Teil handele es sich auch nicht um unzulässige Schmähkritik, weil sich der Beklagte zu einem Sachthema von erheblichem öffentlichen Interesse äußerte und nicht die Herabsetzung der Person des Klägers zu 2 im Vordergrund stand. Bei der danach gebotenen Abwägung zwischen dem Persönlichkeitsschutz der Kläger und dem Grundrecht des Beklagten auf freie Meinungsäußerung müsse der Persönlichkeitsschutz der Kläger im vorliegenden Fall zurücktreten. An der Bewertung der Geschäftätigkeit des Vorstandsvorsitzenden eines Großunternehmens und dessen vorzeitigem Rücktritt bestehe ein großes öffentliches Interesse. Demgemäß müssten die Grenzen zulässiger Kritik gegenüber einem solchen Unternehmen und seinen Führungskräften weiter sein. Würde man solche Äußerungen am Tag des Ereignisses unterbinden, wäre eine öffentliche Diskussion aktueller Ereignisse von besonderem Öffentlichkeitswert in einer mit Art. 5 Abs. 1 GG nicht zu vereinbarenden Weise erschwert.

1.2.2 Informationsfreiheit

Das Grundrecht auf Informationsfreiheit bedeutet, sich selbst zu informieren; es korrespondiert also mit der Meinungsfreiheit. Dem Einzelnen wird garantiert, sich aus allgemein zugänglichen Quellen ungehindert zu unterrichten, also sein Wissen zu erweitern. Die Informationsfreiheit soll die Informationsvielfalt herstellen und gewährleisten.

Hintergrund dafür ist die Überlegung, dass sich der Einzelne, der nicht umfassend informiert ist, auch keine unabhängige Meinung bilden und damit nicht eigenverantwortlich am Prozess der politischen Willensbildung beteiligen kann. Das Bundesverfassungsgericht hat dazu festgestellt, dass der Besitz von Informationen in der modernen Industriegesellschaft von wesentlicher Bedeutung für die soziale Stellung des Einzelnen ist[14].

Quellen der Information sind nach Ansicht der Verfassungsrichter Zeitungen und andere Massenkommunikationsmittel[15]. Sie müssen allgemein zugänglich sein. Das ist der Fall bei solchen Informationsquellen, die technisch dazu geeignet und bestimmt sind, nicht nur einem Einzelnen, sondern der Allge-

---

[14]   BVerfG,Beschl. v. 03.10.1969 - 1 BvR 46/65.
[15]   BVerfG, Beschl. v. 03.10.1969 - 1 BvR 46/65.

meinheit Informationen zu verschaffen. Dies trifft zu für Zeitungen und Zeitschriften, Hörfunk, Fernsehen und Film, aber auch für die modernen Medien wie das Internet. Keine allgemein zugängliche Quelle sind übrigens der Polizeifunk sowie fremde Straf- und Ehescheidungsakten.

An welchem Ort sich die Informationen befinden – ob im In- oder Ausland – spielt keine Rolle. Entscheidend ist, dass der Bürger rechtmäßig darauf zugreift. Den Inhabern der Quellen bleibt es überlassen, ob und unter welchen Bedingungen sie diese allgemein zugänglich machen wollen. Der Staat darf den Zugang zu solchen Informationen nicht erschweren, z.b. durch erhebliche zeitliche Verzögerung, oder verhindern.

Die Freiheit der Informationsbeschaffung für Journalisten bzw. Mitarbeiter von Massenmedien ist vordergründig nicht vom Grundrecht auf Informationsfreiheit geschützt. Vielmehr wird diese sogenannte Recherchefreiheit durch den Schutzbereich der spezielleren Grundrechte, also der Freiheit der Massenmedien, erfasst.

Ergänzt wird die verfassungsrechtliche Informationsfreiheit durch das Informationsfreiheitsgesetz des Bundes (IFG). Journalisten können dies als Anspruchsgrundlage bei der Recherche anführen, wenn keine anderen Auskunftsansprüche greifen. Das Gesetz bestimmt einen Rechtsanspruch auf Zugang zu amtlichen Informationen von Bundesbehörden. Die Behörden gewähren den Informationszugang grundsätzlich nur auf Antrag; sie erteilen Auskunft, ermöglichen Akteneinsicht oder z.b. Recherchen in Datenbanken. Vor Inkrafttreten des IFG konnten nur Betroffene Akteneinsicht verlangen. Der Auskunftsanspruch des IFG setzt dies nicht mehr voraus, so dass nun jede natürliche oder juristische Person einen Auskunftsantrag stellen kann. Allerdings beinhaltet das IFG auch einen umfangreichen Katalog von Ausnahmefällen, in denen kein Informationszugang gewährt wird. Dies betrifft bspw. den Schutz von besonderen öffentlichen Belangen, den Schutz personenbezogener Daten oder den Schutz des geistigen Eigentums. In einigen Bundesländern gibt es auch eigene landesrechtliche Informationsfreiheitsgesetze mit spezielleren Regelungen. Außerdem enthalten das Urheber- und das Datenschutzrecht Sonderbestimmungen.

1.2.3 Freiheit der Massenmedien

Zu den Kommunikationsgrundrechten zählen neben der Meinungs- und der Informationsfreiheit die sogenannten Mediengrundrechte. Diese betreffen die Massenmedien und sind unterteilt in die drei Bereiche **Presse-**, **Rundfunk-** und **Filmfreiheit**.

Die klassische Unterteilung in Presse, Rundfunk und Film entspricht heute kaum noch der Wirklichkeit. Für die Zukunft zeichnet sich ab, dass immer mehr Medienunternehmen ein und dieselbe Information auf verschiedenen Ausspielwegen gleichzeitig anbieten: bspw. als Nachricht im Hörfunk, als Beitrag in einer herkömmlichen Fernsehsendung und ebenso im Internet als Text, Fotogeschichte, Sound- und Filmpodcast. Die rasante technische Entwicklung der Neuen Medien sollte eine neue, einheitliche Gestaltung der Grundrechte der Medienfreiheit rechtfertigen. Solange der Gesetzgeber dies jedoch anders sieht, ist die Auseinandersetzung mit den Mediengrundrechten unerlässlich.

Pressefreiheit

Das erste Mediengrundrecht, die **Pressefreiheit**, bezieht sich in erster Linie auf sogenannte periodisch erscheinende Druckerzeugnisse, also Zeitungen und Zeitschriften. Der Grundgedanke: Eine freie Presse, die nicht von öffentlicher Gewalt gelenkt wird, ist ein Wesenselement des freiheitlichen Staates.

Die **Pressefreiheit** umfasst das Recht, die Öffentlichkeit grundsätzlich über alle bekannt werdenden oder bekannt gewordenen Tatsachen zu informieren – und zwar wahrheitsgemäß. Die Presse muss Nachrichten und Behauptungen, die sie veröffentlicht, auf deren Wahrheitsgehalt überprüft haben. Insbesondere darf die Wahrheit nicht bewusst entstellt werden. Sind der Presse bestimmte Sachverhalte bekannt und unterschlägt sie diese der Öffentlichkeit, so dass ein falscher Eindruck entsteht, ist dies unzulässig[16].

Für den Begriff des Druckerzeugnisses kommt es auf das gedruckte Wort und nicht auf das zu bedruckende Material an. Auch bei einer bedruckten DVD handelt es sich nach herrschender Auffassung insofern also um ein Druckerzeugnis.

Der Schutzbereich der **Pressefreiheit** betrifft der ständigen Rechtsprechung des Bundesverfassungsgerichts zufolge den gesamten Herstellungsprozess von der Beschaffung der Information bis zur Verbreitung der Nachrichten und Meinungen. Neben den traditionellen journalistischen Tätigkeiten sind also kaufmännische und technische Tätigkeiten sowie solche des Vertriebs auch erfasst.

Pressetätigkeiten und bspw. die Einrichtung eines Verlagsunternehmens dürfen nicht von einer staatlichen Zulassung abhängig sein. Hinter diesem Gebot steht der Gedanke, dass sich Presseunternehmen frei bilden und miteinander in geistigem und wirtschaftlichem Wettbewerb stehen sollen, um ein vielfältiges publizistisches Gesamtangebot zu gewährleisten.

---

[16] BVerfG, Beschl. v. 08.05.2007 - 1 BvR 193/05.

Mit seiner sogenannten „**Cicero"-Entscheidung** hat das Bundesverfassungsgericht im Februar 2007 die Pressefreiheit und den Informantenschutz deutlich gestärkt.

Der Fall[17]: Das Politmagazin „Cicero" hatte im Jahr 2005 einen Artikel über den islamistischen Terroristen Abu Mousab al Sarkawi veröffentlicht. Darin zitierte der Autor, ein freier Journalist, ausführlich aus einem internen Bericht („Verschlusssache") des Bundeskriminalamts. Auf Beschluss des Potsdamer Amtsgerichts wurden dann die Redaktionsräume von „Cicero" in Potsdam und die Wohnung des Autors durchsucht.

Der Durchsuchungsbeschluss wurde damit begründet, dass der Journalist durch Veröffentlichung des vertraulichen Materials Beihilfe zum Verrat von Dienstgeheimnissen geleistet habe. Der „Cicero"-Chefredakteur reichte Verfassungsbeschwerde ein. Seine Argumentation: Die Staatsanwaltschaft habe mit der Durchsuchung lediglich die Identität desjenigen BKA-Beamten ermitteln wollen, der das Material weitergegeben hatte. Damit sei das Recht von Journalisten auf Informantenschutz verletzt worden.

Im Leitsatz der Entscheidung des Bundesverfassungsgerichts heißt es:

> „Durchsuchungen und Beschlagnahmen in einem Ermittlungsverfahren gegen Presseangehörige sind verfassungsrechtlich unzulässig, wenn sie ausschließlich oder vorwiegend dem Zweck dienen, die Person des Informanten zu ermitteln."

Damit wird es für die Strafverfolgungsbehörden schwerer, häufig wohl sogar unmöglich sein, in Redaktionen an Informationen über Informanten zu gelangen. In ihrer Begründung betonen die Bundesverfassungsrichter, die Pressefreiheit umfasse den Schutz vor dem Eindringen des Staates in die Vertraulichkeit der Redaktionsarbeit sowie in die Vertrauenssphäre zwischen den Medien und ihren Informanten. Eine Durchsuchung in Presseräumen stelle wegen der damit verbundenen Störung der redaktionellen Arbeit und der Möglichkeit einer einschüchternden Wirkung eine Beeinträchtigung der Pressefreiheit dar, heißt es in ihrer Begründung weiter. Der Quellenschutz, auf den die Presse dringend angewiesen ist, wurde so entscheidend gestärkt.

Rundfunkfreiheit

Zur **Rundfunkfreiheit** gehört – wie bei der Pressefreiheit – der Schutz der gesamten Programmgestaltung von der Informationsbeschaffung bis zur Verbreitung der Nachricht oder Meinung. Auch hier handelt es sich um ein Abwehrrecht, das den Rundfunk vor staatlichen Eingriffen schützen soll.

---

[17] BVerfG, Urt. v. 27.02.2007 - 1 BvR 538/06, 1 BvR 2045/06.

Der Rundfunkstaatsvertrag definiert in § 2 Abs. 1 RStV Rundfunk als „die für die Allgemeinheit und zum zeitgleichen Empfang bestimmte Veranstaltung und Verbreitung von Angeboten in Bewegtbild oder Ton entlang eines Sendeplans unter Benutzung elektromagnetischer Schwingungen". Der Begriff umfasst auch solche Darbietungen, die verschlüsselt verbreitet werden oder nur gegen besonderes Entgelt zu empfangen sind, bspw. Pay-TV-Angebote.

Der Rundfunk in der Bundesrepublik Deutschland unterliegt dem sogenannten „Dualen System" aus öffentlich-rechtlichen und privaten Angeboten. Die öffentlich-rechtlichen Rundfunkanstalten sollen die Grundversorgung der Bürger sichern. In ihren Programmen sollen sich alle gesellschaftlichen Gruppen wieder finden. Deshalb sollen sie pluralistische Strukturen aufweisen und Meinungsvielfalt bieten. Die privaten Rundfunkanbieter unterliegen dagegen einer derart strengen Kontrolle nicht.

Seit der Entstehung des Grundgesetzes wird die **Rundfunkfreiheit** durch eigene Rundfunkgesetze der Länder ausgestaltet. Diese Rundfunk- oder Mediengesetze fallen höchst unterschiedlich aus. Gemein ist ihnen, dass die Veranstaltung von Rundfunk durch Private an Zulassungen oder Lizenzen geknüpft ist und dass auch der Privatfunk an bestimmte Programmgrundsätze gebunden wird. Damit kommen die Länder der Forderung des Bundesverfassungsgerichts nach, wonach der private Rundfunk nicht einer oder einzelnen gesellschaftlichen Gruppen ausgeliefert sein soll[18]. Kontrolliert wird die Einhaltung der Gebote durch die Landesmedienanstalten.

Grundsätzlich gilt für öffentlich-rechtliche und private Anbieter gleichermaßen: Unterhaltungssendungen wie Hörspiele, kabarettistische Programme und Musiksendungen genießen den Schutz des Art. 5 GG ebenso wie die politische Information in Nachrichten und Kommentaren[19].

Die Fernsehberichterstattung im Gericht außerhalb der mündlichen Verhandlung ist bei einem gewichtigen öffentlichen Informationsinteresse grundsätzlich zulässig[20].

Filmfreiheit

Das dritte Mediengrundrecht, die **Filmfreiheit**, soll hier nur der Vollständigkeit halber angesprochen werden. Die Filmfreiheit schützt die Berichterstattung durch den Film als chemisch-optischen oder digitalen Tonträger, der durch Vorführung verbreitet wird. Ihre Bedeutung wird von der Kunstfreiheit

---

[18] BVerfG, Urt. v. 16.06.1981 - 1 BvL 89/78.
[19] BVerfG, Beschl. v.25.11.1999 - 1 BvR 348/98 und 1 BvR 755/98.
[20] BVerfG, Beschl. v. 19.12.2007 - 1 BvR 620/07; BVerfG, Beschl. v. 07.06.2007 - 1 BvR 1438/07.

gemäß Art. 5 Abs. 3 GG überlagert. Erwähnt sei, dass die Filmförderung nach dem Filmförderungsgesetz (FFG) eine besondere Rolle spielt, weil der Staat dem Grundgesetz zufolge dafür Sorge zu tragen hat, dass der Film neben der Presse und dem Rundfunk als eigenständiges Medium besteht.

1.2.4 Zensurverbot

Art. 5 Abs. 1 letzter Satz GG lautet: „Eine Zensur findet nicht statt".

Dieses Zensurverbot bezieht sich auf alle in Art. 5 Abs. 1 GG genannten Grundrechte: Meinungs-, Informations-, Presse- und Rundfunkfreiheit.

Das Zensurverbot ist kein Grundrecht des Einzelnen, sondern eine sogenannte **„Schranke"** des Grundrechts im Sinne von Art. 5 Abs. 2 GG. Diesem Grundrechtsartikel, der seinerseits bereits die Meinungs-, Presse-, Rundfunk- und Informationsfreiheit durch die „allgemeinen Gesetze", die „Bestimmungen zum Schutze der Jugend" und das „Recht der persönlichen Ehre" beschränkt, wird nämlich durch das Zensurverbot eine weitere Grenze gezogen: Die Beschränkung der Freiheitsrechte des Art. 5 Abs. 1 GG durch Gesetze, Jugendschutzbestimmungen oder Ehrtatbestände darf nämlich nicht dazu führen, dass diese Beschränkung wie eine Zensur wirkt.

Gemeint ist hierbei allerdings nur, dass eine **Vor**zensur verboten ist. Eine Vorzensur läge z.B. vor, wenn Medienmitarbeiter verpflichtet wären, ihre Artikel, Beiträge oder Filme vor deren Veröffentlichung einer staatlichen Stelle zur Genehmigung vorzulegen[21]. Derartige Verfahren sind verboten, denn ihre bloße Existenz könnte das freie Geistesleben beeinträchtigen. Eine vorausgehende Kontrolle wird dann für zulässig gehalten, wenn sie nicht ein vollständiges Verbreitungsverbot bewirkt, sondern bspw. Jugendschutzzwecken dient[22].

Zulässig ist aber die sogenannte **Nach**zensur, die die Verbreitung bereits veröffentlichter Informationen betrifft. Hier kommen z.B. jugendgefährdende Schriften oder Veröffentlichungen mit strafrechtlichem Inhalt in Betracht.

Unbedingt zu beachten ist, dass das Zensurverbot ausschließlich gegenüber staatlichen Stellen gilt. Fordern leitende Redakteure von den Journalisten in ihren Redaktionen Texte oder Sendungen vor der Veröffentlichung zur Vorlage an, ist darin keine unzulässige Zensur zu sehen.

---

[21] BVerfG, Beschl. v. 09.03.1988 - 1 BvL 49/86.
[22] BVerfG, Beschl. v. 25.04.1972 - 1 BvL 13/67.

1.3 Schranken der Kommunikationsgrundrechte

Grundrechte können gegenüber den Medien auch einschränkend wirken. Das ist der Fall, wenn sich Betroffene gegenüber den Medien auf Grundrechte berufen können – insbesondere zum Schutz der persönlichen Ehre. Diese ist vom Schutz des Persönlichkeitsrechts erfasst. Wegen der herausragenden Bedeutung des Persönlichkeitsrechts im Zusammenhang mit dem Medienrecht ist diesem ein eigener Abschnitt gewidmet. Zunächst sollen aber weitere Grenzen, denen die Kommunikationsgrundrechte unterliegen, erläutert werden.

Im Zusammenhang mit dem Zensurverbot wurden bereits die **Schranken** des Art. 5 Abs. 2 GG erwähnt: Es handelt sich um die allgemeinen Gesetze, den Jugendschutz und das Recht der persönlichen Ehre.

Wirksam eingeschränkt werden können Grundrechte durch:

- einen **einfachen Gesetzesvorbehalt,** wenn ein Artikel des Grundgesetzes die Klausel enthält: „Dieses Grundrecht kann (nur) durch Gesetz (oder aufgrund eines Gesetzes) eingeschränkt werden".

- einen **qualifizierten Gesetzesvorbehalt,** wenn ein Artikel des Grundgesetzes die Klausel enthält: „Dieses Grundrecht kann (nur) durch Gesetz (oder aufgrund eines Gesetzes) zum Zwecke... eingeschränkt werden".

Als einschränkende Gesetze kommen in diesem Zusammenhang diejenigen in Betracht, die nicht eine Meinung als solche verbieten, sondern die ein anderes Rechtsgut schützen sollen, das vor der Meinungsfreiheit Vorrang genießt. Rechtsgüter dieser Art sind das Leben, die Gesundheit, die Freiheit und das Eigentum. Als vorrangige Gemeinschaftsgüter kommen die öffentliche Sicherheit und Ordnung sowie die Staatssicherheit in Betracht.

Dem Jugendschutz dient vor allem das Gesetz über die Verbreitung jugendgefährdender Schriften und Medieninhalte (JgefSchrG). Hiernach unterliegt die Verbreitung von z.B. unzüchtigen, zu Gewalttätigkeiten, Verbrechen oder Rassismus anreizenden oder kriegsverherrlichenden Schriften starken Einschränkungen.

Zu nennen sind als **Schranken** außerdem die Meinungsäußerungen im Wehr- und Ersatzdienst gemäß Art. 17 a Abs. 1 GG und die Staatsschutzbestimmung des Art. 18 GG.

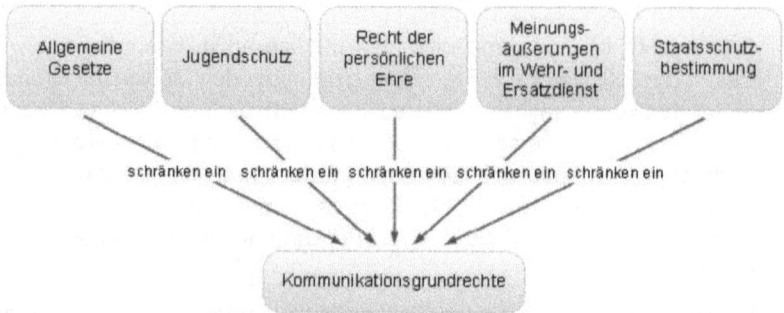

Der Gesetzgeber ist darüber hinaus, wenn er in Grundrechte eingreift, durch die Verfassungsprinzipien eingeschränkt, daher kommt der Begriff **„Schranken-Schranke"**.

In Art. 19 Abs. 1 u. 2 GG sind nämlich der Einschränkung von Grundrechten Schranken gesetzt. Zu diesen vom Gesetzgeber stets zu beachtenden sogenannten „Schranken-Schranken" gehören:

- der Bestimmtheitsgrundsatz,
- das Verbot einschränkender Einzelfallgesetze,
- das Zitiergebot,
- das Verhältnismäßigkeitsprinzip und
- die Wesensgehaltsgarantie.

So sollen der sorgsame Umgang mit den Grundrechten gesichert und eine Überprüfung durch die Allgemeinheit gewährleistet sein.

Das Bundesverfassungsgericht hat als Maßstab für die Abwägung von Meinungsäußerungen die sogenannte **Wechselwirkungslehre** entwickelt. Diese besagt Folgendes: Wenn ein Gesetz ein Grundrecht einschränkt, muss eben dieses Gesetz im Lichte desselben Grundrechts auszulegen und zu bewerten sein. Auf der anderen Seite ist auch das Rechtsgut, das hinter der Schranke steht – also von der Meinungsäußerung betroffen ist – in die Auslegung einzubeziehen. So entsteht eine Wechselwirkung zwischen dem Grundrecht und der Schranke.

1.3.1 Persönlichkeitsrecht

Das **allgemeine Persönlichkeitsrecht** ist gemäß Art. 2 Abs. 1 GG i.V.m. Art. 1 Abs. 1 GG ein subjektives Recht mit Verfassungsrang. Es besagt, dass grundsätzlich jeder Einzelne selbst darüber entscheiden kann, ob und inwieweit er sein Leben in die Öffentlichkeit tragen möchte. Die öffentliche Darstellung des Einzelnen soll nicht gegen dessen Willen geschehen, anderes gilt ausnahmsweise für zwei besondere Personenkreise: **absolute** und **relative** Personen der Zeitgeschichte.

Beispiele zum allgemeinen Persönlichkeitsrecht:

Beispiel 1: Der BGH hat zum „Allgemeinen Persönlichkeitsrecht" entschieden, dass ein Spielfilm über den „Kannibalen von Rotenburg" gezeigt werden darf[23].

Der Fall: Der Kläger ist durch Presseberichte über seine Tat als „Kannibale von Rotenburg" bekannt und rechtskräftig wegen Mordes zu einer lebenslangen Freiheitsstrafe verurteilt worden. Er hatte im März 2001 einen Menschen getötet, den Körper ausgenommen, zerlegt, eingefroren und in der Folgezeit teilweise verzehrt. Die Beklagte hat auf der Grundlage der Tat einen als „Real-Horrorfilm" beworbenen Spielfilm mit dem Titel „Rohtenburg" produziert. Lebensgeschichte und Persönlichkeitsmerkmale der Hauptfigur des Films sowie die Darstellung des Tathergangs entsprechen nahezu detailgenau dem realen Geschehensablauf und der tatsächlichen Biographie des Klägers, der seinerseits mit einer Produktionsgesellschaft einen Vertrag über die „umfassende, exklusive und weltweite Verwertung" seiner Lebensgeschichte geschlossen hat.

Der Kläger begehrt Unterlassung der Vorführung und Verwertung des Films. Seine Klage hatte in beiden Vorinstanzen Erfolg. Der Bundesgerichtshof hat die Klage mit folgender Begründung abgewiesen:

Zwar könne der Film den Kläger als Person erheblich belasten, weil er die Tat auf stark emotionalisierende Weise erneut in Erinnerung rufe. Als Ergebnis der gebotenen Abwägung zwischen den Rechten des Klägers und der zugunsten der Beklagten streitenden **Kunst- und Filmfreiheit** müsse das **allgemeine Persönlichkeitsrecht** des Klägers jedoch zurückstehen. Auch bestehe an der Tat ein Informationsinteresse der Öffentlichkeit. Der Spielfilm enthalte keine Verfremdungen oder Entstellungen und stelle den Achtungsanspruch des Klägers als Mensch nicht in Frage. Zwar berührten die Darstellungen den besonders schutzwürdigen Kern der **Privatsphäre** des Klägers. Weil diese Informationen sich unmittelbar auf die Tat und die Person des Täters bezögen, dürften aber auch solche Details geschildert werden. Überdies seien sämtliche Einzelheiten der Öffentlichkeit auch durch Mitwirkung des Klägers bereits bekannt gewesen. Dass die Darstellung neue oder zusätzli-

---

[23]   BGH, Urt. v. 26.05.2009 -VI ZR 191/08.

che nachteilige Folgen für den Kläger – insbesondere im Hinblick auf seine Resozialisierung – hätte, habe er nicht dargetan.

Beispiel 2: Das „Deutschlandradio" darf Mitschriften nicht mehr aktueller Rundfunkbeiträge, in denen im Zusammenhang mit dem Mord an **Walter Sedlmayr** der Name der Verurteilten genannt wird, in ihrem „Online- Archiv" weiterhin zum Abruf bereithalten. Der BGH hat entschieden, dass die wegen Mordes an dem Schauspieler Walter Sedlmayr Verurteilten vom „Deutschlandradio" nicht verlangen können, es zu unterlassen, in dem für Altmeldungen vorgesehenen Teil des Internetauftritts www.dradio.de Mitschriften nicht mehr aktueller Rundfunkbeiträge weiterhin zum Abruf bereitzuhalten, in denen im Zusammenhang mit dem Mord an Walter Sedlmayr der Name der Verurteilten genannt wird[24].

Der Fall: Die Kläger wurden im Jahr 1993 wegen Mordes an dem Schauspieler Walter Sedlmayr zu einer lebenslangen Freiheitsstrafe verurteilt. Im Sommer 2007 bzw. Januar 2008 wurden sie auf Bewährung entlassen. Sie verlangen von der Beklagten, die als Körperschaft des öffentlichen Rechts einen Rundfunksender und ein Internetportal betreibt, es zu unterlassen, über sie im Zusammenhang mit der Tat unter voller Namensnennung zu berichten. Die Beklagte hielt auf ihrer Internetseite in der Rubrik „Kalenderblatt" jedenfalls bis ins Jahr 2007 die Mitschrift eines auf den 14. Juli 2000 datierten Beitrags mit dem Titel „Vor 10 Jahren Walter Sedlmayr ermordet" zum freien Abruf durch die Öffentlichkeit bereit. Darin hieß es unter Nennung des Vor- und Zunamens der Kläger wahrheitsgemäß u.a., Sedlmayrs Kompagnon W. und dessen Bruder L. seien 1993 nach einem sechsmonatigen Indizienprozess zu lebenslanger Haft verurteilt worden. Die beiden beteuerten bis heute ihre Unschuld und seien erst in diesem Jahr vor dem Bundesverfassungsgericht mit der Forderung gescheitert, den Prozess wieder aufzurollen.

Der BGH hat die Klagen mit folgender Begründung abgewiesen:

Zwar liegt in dem Bereithalten der die Kläger identifizierenden Meldung zum Abruf im Internet ein **Eingriff in deren allgemeines Persönlichkeitsrecht**. Der Eingriff ist aber nicht rechtswidrig, da im Streitfall das Schutzinteresse der Kläger hinter dem von der Beklagten verfolgten Informationsinteresse der Öffentlichkeit und ihrem Recht auf freie Meinungsäußerung zurückzutreten hat. Die beanstandete Meldung beeinträchtigt das **Persönlichkeitsrecht** der Kläger einschließlich ihres Resozialisierungsinteresses unter den besonderen Umständen des Streitfalls nicht in erheblicher Weise. Sie ist insbesondere nichtgeeignet, die Kläger „ewig an den Pranger" zu stellen oder in

---

[24]   BGH, Urt. v. 15.12.2009 - VI ZR 227/08 und VI ZR 228/08.

einer Weise „an das Licht der Öffentlichkeit zu zerren", die sie als Straftäter (wieder) neu stigmatisieren könnte. Sie enthält sachlich abgefasste, wahrheitsgemäße Aussagen über ein Kapitalverbrechen an einem bekannten Schauspieler, das erhebliches öffentliches Aufsehen erregt hatte. Angesichts der Schwere des Verbrechens, der Bekanntheit des Opfers, des erheblichen Aufsehens, das die Tat in der Öffentlichkeit erregt hatte und des Umstands, dass sich die Verurteilten bis weit über das Jahr 2000 hinaus um die Aufhebung ihrer Verurteilung bemüht hatten, war die Mitteilung zum Zeitpunkt ihrer Einstellung in den Internetauftritt der Beklagten zulässig. Hieran hat sich trotz der zwischenzeitlich erfolgten Entlassung der Kläger aus der Haft nichts geändert. Der Meldung kam nur eine geringe Breitenwirkung zu. Sie war nur auf den für Altmeldungen vorgesehenen Seiten des Internetauftritts der Beklagten zugänglich, ausdrücklich als Altmeldung gekennzeichnet und nur durch gezielte Suche auffindbar. Zu berücksichtigen war darüber hinaus, dass ein anerkennenswertes Interesse der Öffentlichkeit nicht nur an der Information über das aktuelle Zeitgeschehen, sondern auch an der Möglichkeit besteht, vergangene zeitgeschichtliche Ereignisse zu recherchieren.

Das von den Klägern begehrte Verbot hätte einen abschreckenden Effekt auf den Gebrauch **der Meinungs- und Medienfreiheit, der den freien Informations-und Kommunikationsprozess einschnüren** würde. Würde auch das weitere Bereithalten ausdrücklich als solcher gekennzeichneter und im Zeitpunkt der Einstellung zulässiger Altmeldungen auf dafür vorgesehenen Seiten zum Abruf im Internet nach Ablauf einer gewissen Zeit oder nach Veränderung der zugrunde liegenden Umstände ohne weiteres unzulässig und wäre die Beklagte verpflichtet, von sich aus sämtliche archivierten Hörfunkbeiträge immer wieder auf ihre Rechtmäßigkeit zu kontrollieren, würde die **Meinungs- und Medienfreiheit in unzulässiger Weise eingeschränkt.** Angesichts des mit einer derartigen Kontrolle verbundenen personellen und zeitlichen Aufwands bestünde die Gefahr, dass die Beklagte entweder ganz von einer der Öffentlichkeit zugänglichen Archivierung absehen oder bereits bei der erstmaligen Sendung die Umstände ausklammern würde, die wie vorliegend der Name des Straftäters die Mitschrift der Sendung später rechtswidrig werden lassen könnten, an deren Mitteilung die Öffentlichkeit aber im Zeitpunkt der erstmaligen Berichterstattung ein schützenswertes Interesse hat.

Beispiel 3: Der BGH hat keine Geldentschädigung wegen Verletzung des allgemeinen Persönlichkeitsrechts durch Veröffentlichung des Romans „Erasa" zuerkannt[25].

---

[25] BGH, Urt. v. 24.11.2009 - VI ZR 219/08.

Der Fall: Die Klägerin verlangt Geldentschädigung wegen Verletzung ihres allgemeinen Persönlichkeitsrechts durch den Roman „Esra", dessen Verlegerin die Beklagte zu 1 und dessen Autor der Beklagte zu 2 ist. Der Roman erzählt die Liebesgeschichte von „Adam" und „Esra", einem Schriftsteller und einer Schauspielerin. Die Klägerin, die sich in der Romanfigur der „Esra" wiedererkennt, hat nach Erscheinen des Romans ein gerichtliches Verbreitungsverbot erwirkt. Nunmehr begehrt sie zusätzlich eine Geldentschädigung in Höhe von 50.000 € wegen Verletzung ihres Persönlichkeitsrechts.

Der Bundesgerichtshof hat die besondere Bedeutung der Kunstfreiheit betont. Deren hoher Rang und schrankenlose Gewährleistung gebieten bei der Zuerkennung einer Geldentschädigung wegen Verletzung von Persönlichkeitsrechten durch Kunstwerke besondere Zurückhaltung. Obwohl die Veröffentlichung die Klägerin in ihren Persönlichkeitsrechten schwerwiegend betraf, bestand im Streitfall kein Anspruch der Klägerin auf Zuerkennung einer Geldentschädigung. Dabei waren im Rahmen der gebotenen Gesamtabwägung insbesondere die äußerst schwierige Bestimmung der Grenzen der Kunstfreiheit und die Tatsache zu berücksichtigen, dass das von der Klägerin erwirkte Verbot des Romans bereits erheblich in die Kunstfreiheit eingreift.

Absolute und relative Personen der Zeitgeschichte

Absolute Personen der Zeitgeschichte

Absolute Personen der Zeitgeschichte sind solche, die durch ihre Rolle oder Funktion in der Gesellschaft dauerhaft ins öffentliche Blickfeld gerückt sind: Politiker, Wissenschaftler, Künstler, Kirchenvertreter und Schriftsteller etwa, aber in der Regel auch Sportler, wenn sie mindestens auf Bundesebene Bedeutung erlangt haben.

Zu beachten ist, dass nur diese **absoluten Personen der Zeitgeschichte** zu diesem Kreis zählen, nicht ihre Angehörigen (insbesondere Kinder) oder Begleiter. Absolute Personen der Zeitgeschichte müssen grundsätzlich die Veröffentlichung von Fotos und Artikeln, Sendungen etc. über sich selbst hinnehmen, soweit ein absolutes Informationsinteresse der Allgemeinheit besteht.

Eine Einschränkung hat dieser Grundsatz im Jahr 2004 durch die völkerrechtlich bindende Rechtsprechung des Europäischen Gerichtshofs für Menschenrechte erfahren: Dieser stellte in seiner mittlerweile berühmten **„Caroline-Entscheidung"**[26] fest, dass auch bei absoluten Personen der Zeitgeschichte

---

[26] EGMR, Urt. v. 24.06.2004 - 59320/00.

unterschieden werden muss zwischen solchen Fotos, die in der Öffentlichkeit aufgenommen werden, und solchen, die in der Privatsphäre entstehen. Insofern wird das Persönlichkeitsrecht prominenter Personen höher bewertet als das Informationsinteresse der Allgemeinheit.

Der BGH hat im Jahre 2007 mit einem Urteil den Schutz Prominenter vor der Veröffentlichung von Fotos aus ihrer Privatsphäre weiter gestärkt.

Der Fall[27]: Geklagt hatten wiederum Prinzessin Caroline von Monaco und ihr Ehemann Ernst-August; deshalb ist häufig von der **„Caroline II"-Entscheidung** die Rede. Das Paar wollte die erneute Veröffentlichung von Fotos aus verschiedenen Urlauben verhindern und war damit vor dem BGH erfolgreich. Die Richter erklärten unter dem Einfluss der ersten „Caroline"-Entscheidung, dass nach wie vor ein Spannungsverhältnis zwischen dem Schutz der Privatsphäre und der Pressefreiheit bestehe. Die Presse muss demnach die geschützte Privatsphäre desjenigen beachten, über den sie berichten will. Der BGH hat damit deutlich gemacht, dass der Schutz der Persönlichkeit des Betroffenen umso schwerer wiegt, je geringer der Informationswert für die Allgemeinheit ist. Das soll grundsätzlich auch für absolute Personen der Zeitgeschichte gelten. Wichtig ist den Richtern zufolge, dass die begleitende Wortberichterstattung zu den Fotos beachtet wird. Diese muss demnach über die Befriedigung bloßer Neugier hinausgehen.

Relative Personen der Zeitgeschichte

Relative Personen der Zeitgeschichte sind solche, die nicht dauerhaft, sondern nur zeitweise wegen spektakulärer Ereignisse oder vorübergehender Aufgaben im Licht der Öffentlichkeit stehen. Typische Beispiele: Ein Straftäter, der auf außergewöhnliche Weise eine Bank überfallen und große Mengen Bargeld erbeutet hat, wurde verhaftet. Ein Amokläufer muss sich vor Gericht verantworten. Eine Rapskönigin wurde gekürt. Ein Strandspaziergänger rettet einer hilflosen Person in der Ostsee das Leben.

Für Angehörige oder Begleiter von relativen Personen gilt – noch strenger als bei absoluten Personen der Zeitgeschichte: Sie sind selbst keine Personen der Zeitgeschichte. Über **relative Personen der Zeitgeschichte** darf grundsätzlich nur berichtet werden, solange das Ereignis, durch das sie ins Rampenlicht geraten sind, in der Öffentlichkeit von Interesse ist.

---

[27] BGH, Urt. v. 08.02.2007 - I ZR 77/04.

Beispiele zu absoluten und relativen Personen der Zeitgeschichte:

Beispiel 1: Der Bundesgerichtshof wies eine Klage im Fall „**Heide Simonis**" ab.

Der Fall[28]: Die Klägerin schied am 27. April 2005 aus dem Amt der Ministerpräsidentin von Schleswig-Holstein aus. Sie beanstandete, an diesem Tag und am Folgetag von Reportern der Beklagten verfolgt und fotografiert worden zu sein. Ferner beanstandete sie die Veröffentlichung einiger Fotos in der von der Beklagten herausgegebenen „Bild"-Zeitung, mit denen der Artikel vom 28. April 2005 *„Danach ging Heide erst mal shoppen"* illustriert war; die beanstandeten Fotos zeigen die Klägerin bei privaten Einkäufen.

Der Bundesgerichtshof hat entschieden, dass der Klägerin kein Unterlassungsanspruch hinsichtlich der am 27. April 2005 gefertigten Fotos zustehe. Bei den Fotos handele es sich um Bildnisse aus dem Bereich der Zeitgeschichte, die ohne Einwilligung der Klägerin veröffentlicht werden dürften. Für Personen des politischen Lebens sei ein gesteigertes Informationsinteresse des Publikums anzuerkennen. Die Fotos, welche die Klägerin in unverfänglichen Situationen in einem frequentierten Einkaufszentrum zeigten, wurden an dem Tag gefertigt, als die Klägerin nach rund zwölfjähriger Amtszeit unter spektakulären Umständen als Ministerpräsidentin abgelöst wurde. Im Hinblick darauf sei ein erhebliches Interesse der Öffentlichkeit an dem Verhalten der Klägerin unmittelbar nach ihrem Amtsverlust anzuerkennen. Die Information darüber, wie sich die bisherige Regierungschefin in dieser Situation präsentierte, hätte einen Bezug zur politischen Debatte. Ein Politiker könne sich in einer Situation, wie sie damals gegeben war, nicht ohne Weiteres der Berichterstattung unter Berufung auf seine Privatheit nach dem Amtsverlust entziehen.

Der Bundesgerichtshof hat auch einen Auskunftsanspruch verneint, soweit es um Fotos vom 28. April 2005 geht. An diesem Tag bestand nach Ansicht des Gerichts das Informationsinteresse der Öffentlichkeit noch fort, so dass dem Persönlichkeitsschutz der Klägerin kein Vorrang vor dem Berichterstattungsinteresse der Beklagten zukomme. Ein Vernichtungs- oder Herausgabeanspruch – der grundsätzlich einen schweren Eingriff in das Recht der Presse zur Vorhaltung eines Pressearchivs darstellt – wäre unter diesen Voraussetzungen nur in Betracht gekommen, wenn eine Veröffentlichung der Bilder unter keinen Umständen zulässig wäre, wie etwa bei Fotos aus dem Bereich der Intimsphäre oder bei rechtswidriger Fertigung oder Erlangung der Fotos. Das sei vorliegend nicht der Fall, so dass auch kein vorbereitender

---

[28] BGH, Urt. v. 24.06.2008 - VI ZR 156/06.

Auskunftsanspruch bestehe, ebenso wenig wie ein Anspruch der Klägerin auf Freistellung von Anwaltskosten.

Beispiel 2: Der Bundesgerichtshof entschied über die Veröffentlichung eines Fotos von **Sabine Christiansen** beim Einkaufen mit ihrer Putzfrau.

Der Fall[29]: Die Klägerin war die bekannte deutsche Fernsehjournalistin Sabine Christiansen. Die Beklagte veröffentlichte in der von ihr verlegten Zeitschrift „Bild der Frau" ein Foto, welches die Klägerin mit ihrer Putzfrau beim Einkaufen in Puerto Andratx auf Mallorca zeigt. Foto und dazugehöriger Text befanden sich auf einer bebilderten Seite mit der Überschrift *„Was jetzt los ist auf Mallorca".* Das Bild war mit dem Begleittext versehen: *„ARD-Talkerin ... beim Shopping mit ihrer Putzfrau im Fischerdorf Puerto Andratx. Ihre Finca liegt romantisch zwischen Mandelbäumen am Rande von Andratx."*

Der Bundesgerichtshof hat dem auf Unterlassung der Veröffentlichung dieses Bildes gerichteten Antrag der Klägerin stattgegeben.

Das beanstandete Bild zeige – worauf der Begleittext selbst hinweist – die Klägerin in einer (völlig) belanglosen Situation. Der Nachrichtenwert der Berichterstattung habe keinerlei Orientierungsfunktion im Hinblick auf eine die Allgemeinheit interessierende Sachdebatte. Eine solche Berichterstattung, die nur der Befriedigung des Unterhaltungsinteresses bestimmter Leser diene, rechtfertige es bei der gebotenen Abwägung zwischen Persönlichkeitsrecht und Pressefreiheit nicht, in das Recht der Klägerin am eigenen Bild einzugreifen.

Beispiel 3: Der Bundesgerichtshof hatte darüber zu entscheiden, ob dem Kläger **Günther Jauch** wegen der Verwendung seines Bildnisses Zahlungsansprüche zustehen.

Der Fall[30]: Ein Zeitschriftenverlag hatte den Kläger auf der Titelseite eines Rätselheftes mit der Bildunterschrift *„Günther Jauch zeigt mit „Wer wird Millionär?", wie spannend Quiz sein kann"* abgebildet, ohne dass das Heft einen entsprechenden redaktionellen Beitrag enthielt. Der Kläger, der der Verwendung seines Bildnisses nicht zugestimmt hatte, verlangte von dem beklagten Zeitschriftenverlag den Betrag, der seiner Auffassung nach üblicherweise für die Zustimmung zu einer derartigen Veröffentlichung gezahlt wird.

Der Bundesgerichtshof hat angenommen, dass bei der notwendigen Abwägung der widerstreitenden Interessen dem Persönlichkeitsrecht des Klägers, das auch das Recht an seinem Bildnis umfasst, im Streitfall der Vorrang vor

---

[29] BGH, Urt. v. 01.07.2008 - VI ZR 243/06.
[30] BGH, Urt. v. 11.03.2009 - I ZR 8/07.

der Pressefreiheit zukomme. Zwar dürften Bildnisse aus dem Bereich der Zeitgeschichte im Rahmen der Berichterstattung regelmäßig ohne Einwilligung des Abgebildeten verbreitet werden. Ob ein Bildnis der Zeitgeschichte vorliege, sei anhand des Informationswertes der Abbildung und der sie begleitenden Berichterstattung zu beurteilen. Der Informationsgehalt der Bildunterschrift sei im vorliegenden Fall aber derart gering, dass sie sich darauf beschränkte, einen Anlass für die Abbildung des Klägers zu schaffen, um dessen Werbe- und Imagewert für das Rätselheft des beklagten Verlages auszunutzen.

Beispiel 4: Die Berichterstattung über einen Hauskauf **Joschka Fischers** war zulässig.

Der Fall[31]: Nachdem der Kläger, ehemaliger Außenminister und Vizekanzler der Bundesrepublik Deutschland, im Juni 2006 letztmals an einer Sitzung seiner Bundestagsfraktion teilgenommen hatte, veröffentlichte die von der Beklagten verlegte Zeitschrift „BUNTE" einen Artikel, der die Überschrift trug: *„Nobel lässt sich der Professor nieder".* In dem Artikel werden Einzelheiten über ein vom Kläger erworbenes Wohnhaus mitgeteilt und wird die Frage gestellt, wovon der Kläger dies bezahlt habe; ferner ist ein Foto des Hauses abgedruckt. Der Kläger sieht sich durch die Veröffentlichung in seinem Persönlichkeitsrecht verletzt. Er hat deshalb Klage erhoben mit dem Antrag, der Beklagten die Veröffentlichung und Verbreitung der Äußerungen und von Fotos des Wohnhauses zu untersagen.

Der Bundesgerichtshof hat dazu ausgeführt:

Zwar könne die Veröffentlichung und Verbreitung des Fotos eines Wohnhauses ebenso wie die Wortberichterstattung darüber einen Eingriff in das Persönlichkeitsrecht darstellen, wenn sie unter Nennung des Namens einer Person und gegen deren Willen erfolge, so dass die Anonymität der Privatsphäre und damit das Recht auf Selbstbestimmung bei der Offenbarung der persönlichen Lebensumstände beeinträchtigt würden. Im Rahmen der gebotenen Abwägung müsse dem berechtigten Informationsinteresse an der Berichterstattung eine überwiegende Bedeutung zugemessen werden.

Die Beklagte habe aus aktuellem Anlass, nämlich dem Abschied des Klägers von der Grünen-Bundestagsfraktion, darüber berichtet, wie sich seine Lebensverhältnisse nach dem Ausscheiden aus der Politik gestalteten. Der Kläger habe als langjähriger Bundesaußenminister und Vizekanzler, als Mitglied des Bundestages, als Fraktionsvorsitzender der Grünen sowie als Mitglied des Parteirates der Grünen eine herausragende Stellung im politischen Leben der Bundesrepublik Deutschland eingenommen. Diese Stellung habe er

---

[31] BGH, Urt. v. 19.05.2009 - VI ZR 160/08.

nicht bereits mit dem Ende seiner Amtszeit als Außenminister und Vizekanzler im Jahr 2005 verloren. Auch soweit in dem Artikel die Wandlung angesprochen werde, die der Kläger seit Beginn der 1970er Jahre durchlebt habe, und die Frage aufgeworfen werde, wovon der Kläger den Kaufpreis für das Haus bezahlt habe, sei ein Informationsinteresse zu bejahen, zumal der Artikel geeignet sei, gesellschafts- und sozialkritische Überlegungen der Leser anzuregen.

Beispiel 5: Der BGH hob das Verbot einer Wort- und Bildberichterstattung über den Rosenball in Monaco, die **Charlotte Casiraghi** in den Mittelpunkt stellt, auf.

Der Fall[32]: Die Klägerin ist die Tochter der Prinzessin Caroline von Hannover. Im März 2007 veröffentlichte die von der Beklagten, einem Verlag, herausgegebene Zeitschrift „Bunte" einen Artikel mit dem Titel: „Charlotte, die Party-Prinzessin" und dem Untertitel *„Rosenball in Monaco – und der Star war Prinzessin Carolines Tochter: eine feurige Schönheit".* Die Klägerin hatte in zwei getrennten Rechtsstreitigkeiten die Wortberichterstattung und die Bildberichterstattung angegriffen.

Der Bundesgerichtshof hat die Klagen abgewiesen und zur Begründung ausgeführt: Der Schutz des allgemeinen Persönlichkeitsrechts reiche hinsichtlich der Veröffentlichung von Bildern einerseits und der Wortberichterstattung andererseits verschieden weit. Die Veröffentlichung des Bildes einer Person müsse nach dem abgestuften Schutzkonzept der §§ 22, 23 Kunsturhebergesetz (KunstUrhG) gerechtfertigt sein. Für einen personenbezogenen Wortbericht gelte dieses Schutzkonzept nicht. Das Allgemeine Persönlichkeitsrecht aus Art. 2 Abs. 1 in Verbindung mit Art. 1 Abs. 1 GG biete nicht schon davor Schutz, überhaupt in einem Bericht individualisierend benannt zu werden. Vielmehr biete es Schutz nur gegen spezifische Verletzungsformen, insbesondere gegen eine Beeinträchtigung der Privat- oder Intimsphäre sowie gegen herabsetzende bzw. ehrverletzende Äußerungen.

Ein vom Kommunikationsinhalt unabhängiger Schutz bestehe im Bereich der Textberichterstattung auch unter dem Gesichtspunkt des Rechts am gesprochenen Wort. Im Übrigen biete das allgemeine Persönlichkeitsrecht aber keinen Schutz vor personenbezogenen Äußerungen unabhängig von ihrem Inhalt. Danach dürfe die Berichterstattung der Beklagten über den Rosenball nicht mit der Erwägung verboten werden, in dem Bericht werde die Klägerin in den Mittelpunkt gestellt. Wer an Veranstaltungen teilnähme, die ersichtlich wegen ihres Teilnehmerkreises auf großes Interesse jedenfalls eines Teils des Publikums stoßen und auch auf Außenwirkung angelegt seien,

---

32 BGH, Urt. v.26.10.2010 - VI ZR 190/08 und VI ZR 230/08.

müsse die öffentliche Erörterung seiner Teilnahme an der Veranstaltung ebenso dulden wie kommentierende und wertende Bemerkungen zu seiner Person, soweit sie an die Teilnahme an der Veranstaltung und an bereits bekannte Tatsachen aus der Sozialsphäre anknüpften.

Hinzu komme, dass das Persönlichkeitsrecht der Klägerin durch die Berichterstattung allenfalls geringfügig beeinträchtigt worden sei. Ihre Person werde mit durchweg offenbar positiv gemeinten Formulierungen dargestellt. Dabei werde sie als Mittelpunkt einer „jungen Monaco-Society" beschrieben, die mit teuren Kleidern bei öffentlichen Veranstaltungen auftrete, bei Modeschauen von vornherein in der ersten Reihe sitze und die „Leichtigkeit des Seins" genieße.

Auch die Veröffentlichung der Fotos sei gerechtfertigt .Der Rosenball sei ein zeitgeschichtliches Ereignis im Sinne der §§ 22, 23 Kunsturhebergesetz (KunstUrhG). Sämtliche Fotos würden dort gefertigt und zeigen – bis auf ein Porträtfoto – außer der Klägerin mehrere der anwesenden Personen, die in dem begleitenden Text auch zum Teil benannt würden. Ein Informationsinteresse sei zu bejahen. Angesichts des beschriebenen Inhalts des Artikels gehe es, auch wenn die Klägerin im Mittelpunkt stehe, um eine Darstellung der Lebensweise und des Verhaltens in ihren Gesellschaftskreisen, die eine Leitbild- oder Kontrastfunktion für große Teile der Bevölkerung im Blick habe und auch Anlass zu sozialkritischen Überlegungen geben könne. Dem gegenüber sei das Persönlichkeitsrecht der Klägerin durch die Veröffentlichung der sie in keiner Weise negativ darstellenden Fotos allenfalls geringfügig tangiert.

Beispiel 6: Der Bundesgerichtshof hat entschieden, dass die Werbung mit der Abbildung einer prominenten Person auf dem Titelblatt einer Zeitung ausnahmsweise auch ohne eine diese Abbildung rechtfertigende Berichterstattung zulässig sein kann, wenn sie dem Zweck dient, die Öffentlichkeit über das Aussehen und die Ausrichtung einer neuen Zeitung zu informieren.

Der Fall[33]: Der Kläger ist **Günther Jauch**. Die Beklagte beabsichtigte, ab September 2006 ein Magazin mit dem Titel „Markt & Leute" als gedruckte Zeitung und online im Internet anzubieten. Sie erstellte eine Nullnummer der Zeitung, die lediglich in der Einführungswerbung für das Magazin verwendet, aber nicht zum Kauf angeboten werden sollte. Auf der Titelseite der Nullnummer vom 6. Juli 2006 befand sich unter dem Überschrift „Berlin/Hochzeit" und dem Titel „Jauchs Hochzeit nicht völlig tabu" ein Bericht darüber, dass das Berliner Kammergericht das vom Kläger erwirkte Verbot, über seine bevorstehende Hochzeit – sie fand am 7. Juli 2006 statt – zu be-

---

[33]   BGH, Urt. v. 18.11.2010 - I ZR 119/08.

richten, vorläufig aufgehoben habe. Dieser Bericht war mit einem Porträtfoto des Klägers bebildert. Die Beklagte warb im Internet und in Zeitungsanzeigen mit Abbildungen dieser Titelseite für das Magazin. Da die Titelseite nur unvollständig abgebildet war, waren zwar der Name und das Porträtfoto des Klägers, aber nur ein Teil des Textes des dazugehörigen Artikels zu erkennen. Die Beklagte stellte ihr Vorhaben, das Magazin auf den Markt zu bringen, bereits vor dem Erscheinen einer Erstausgabe ein.

Der Kläger Günther Jauch war der Ansicht, die Verwendung seines Bildnisses und Namens in der Werbung für das Magazin, die ohne seine Einwilligung erfolgte, verletze sein Recht am eigenen Bild und Namen.

Der Bundesgerichtshof hat wie folgt entschieden: Die Prüfung, ob die in der Werbekampagne der Beklagten verwendete Fotografie des Klägers als Bildnis aus dem Bereich der Zeitgeschichte i.S. von § 23 Abs. 1 Nr. 1 Kunsturhebergesetz (KunstUrhG) ohne seine Einwilligung verbreitet werden durfte, erfordere eine Abwägung zwischen dem Interesse des Klägers am Schutz seiner Persönlichkeit und dem von der Beklagten wahrgenommenen Informationsinteresse der Öffentlichkeit. Der Eingriff in das Persönlichkeitsrecht durch die Abbildung eines Porträtfotos des Klägers sei hier vergleichsweise geringfügig, weil die Beklagte damit lediglich die Aufmerksamkeit der Werbeadressaten auf ihre Zeitung gelenkt habe, ohne den Werbewert oder das Image des Klägers darüber hinaus auszunutzen oder sein Ansehen zu beschädigen. Die Beklagte könne sich demgegenüber auf das vom Grundrecht der Pressefreiheit geschützte Interesse berufen, die Öffentlichkeit mit der Abbildung einer Titelseite über die Gestaltung und den Inhalt ihres geplanten Magazins zu informieren. Bei der Interessenabwägung komme dem Umstand, dass der in der Werbung abgebildete Artikel über den Kläger in dem Magazin tatsächlich nicht erschienen ist und auch gar nicht hat erscheinen sollen, keine entscheidende Bedeutung zu.

Der Bundesgerichtshof hat seine Auffassung bekräftigt, die Pressefreiheit werde übermäßig eingeschränkt, wenn ein Verlag, der für eine künftig erscheinende Zeitung in zulässiger Weise mit der Abbildung einer beispielhaften Titelseite wirbt, verpflichtet wäre, Beiträge zu Themen zu veröffentlichen, die zum Zeitpunkt des Beginns der Werbekampagne aktuell waren, zum Zeitpunkt des Erscheinens der Erstausgabe aber möglicherweise überholt sind.

Beispiel 7: Wird der Name einer bekannten Persönlichkeit ohne deren Einwilligung zu Werbezwecken benutzt, so kommt dem Persönlichkeitsrecht der betroffenen Person nicht ohne Weiteres der Vorrang gegenüber der Meinungsäußerungsfreiheit des Werbenden zu.

Der Fall[34]: Der Kläger war der bekannte Musikproduzent **Dieter Bohlen**. Er veröffentlichte im Jahre 2003 das Buch *„Hinter den Kulissen"*. Mehrere Gerichtsverfahren führten dazu, dass verschiedene Textpassagen dieses Buches geschwärzt werden mussten. Die Beklagte war das deutsche Tochterunternehmen eines international tätigen Tabakkonzerns. Sie warb am 27. Oktober 2003– ohne Einwilligung des Klägers –in dem Wochenmagazin „Der Spiegel" sowie in der Tageszeitung „Bild" für ihre Zigaretten „Lucky Strike" mit einer nachstehend verkleinert wiedergegebenen ganzseitigen Anzeige, in der zwei Zigarettenschachteln abgebildet sind, an denen ein schwarzer Filzstift lehnt. In der über der Abbildung befindlichen Textzeile „Schau mal, lieber Dieter, so einfach schreibt man super Bücher" wurden die Wörter *„lieber"*, *„einfach"* und *„super"* geschwärzt, ohne sie hierdurch unleserlich zu machen.

Der Kläger hatte die Beklagte auf Zahlung einer fiktiven Lizenzgebühr in Höhe von 100.000 € in Anspruch genommen. Nach Auffassung des BGH steht dem Kläger der geltend gemachte Anspruch auf Zahlung einer fiktiven Lizenzgebühr jedoch weder aus § 812 Abs. 1 Satz 1 Fall 2 BGB noch aus § 823 Abs. 1 BGB i.V. mit Art. 1 Abs. 1, Art. 2 Abs. 1 GG, § 12 BGB zu.

Zur Begründung führt das Gericht aus, dass zwar eine unbefugte Nutzung der vermögenswerten Bestandteile des allgemeinen Persönlichkeitsrechts sowie der besonderen Persönlichkeitsrechte wie des Namens und des Rechts am eigenen Bild einen Bereicherungsanspruch des Rechtsträgers aus Eingriffskondiktion (§ 812 Abs. 1 Satz 1 Fall 2 BGB) begründe. Da das Erlangte nicht herausgegeben werden könne, sei Wertersatz zu leisten (§ 818 Abs. 2 BGB), der nach den bei der Verletzung von Immaterialrechtsgütern geltenden Grundsätzen berechnet werden könne. Der Wertersatz kann daher auch nach der üblichen Lizenzgebühr berechnet werden.

Die Beklagte habe in der beanstandeten Werbeanzeige den Namen des Klägers zu kommerziellen Zwecken genutzt und damit in die vermögenswerten Bestandteile des Persönlichkeitsrechts des Klägers eingegriffen. Das Namensrecht nach § 12 BGB und das allgemeine Persönlichkeitsrecht des Namensträgers könnten auch durch die Verwendung eines Vornamens in Alleinstellung verletzt werden, wenn schon der alleinige Gebrauch des Vornamens beim angesprochenen Verkehr die Erinnerung an einen bestimmten Träger weckt.

Bei der in derartigen Fällen vorzunehmenden Güter- und Interessenabwägung müsse hingegen berücksichtigt werden, dass die vermögensrechtlichen Bestandteile des allgemeinen Persönlichkeitsrechts wie auch des Namensrechts nur einfachrechtlich geschützt sind, während sich die Beklagte

---

[34]   BGH, Urt. v. 05.06.2008 - I ZR 223/05.

ihrerseits auf das verfassungsrechtlich geschützte Grundrecht der Meinungsäußerungsfreiheit (Art. 5 Abs. 1 GG) berufen könne. Unter Berücksichtigung der Schwere des Eingriffs in das Persönlichkeitsrecht des Klägers sei der Ausübung des Grundrechts der Meinungsäußerungsfreiheit im Streitfall daher der Vorrang einzuräumen. Während die Persönlichkeitsrechte, soweit sie dem Schutz ideeller Interessen dienen, zum verfassungsrechtlich gewährleisteten Kern der Persönlichkeitsentfaltung (Art. 1 und 2 Abs. 1 GG) gehörten, sei der Schutz der von der Rechtsprechung entwickelten vermögenswerten Bestandteile der Persönlichkeitsrechte lediglich zivilrechtlich begründet. Den nur einfachrechtlich geschützten vermögensrechtlichen Bestandteilen des Persönlichkeitsrechts komme gegenüber der verfassungsrechtlich geschützten Meinungsäußerungsfreiheit daher grundsätzlich kein Vorrang zu.

Unter Berücksichtigung der Intensität des hier in Rede stehenden Eingriffs in den vermögensrechtlichen Bestand des Persönlichkeitsrechts des Klägers komme bei der gebotenen Güter- und Interessenabwägung der Rechtsposition, auf die sich die Beklagte bei der Verbreitung der Werbeanzeige unter Berufung auf Art. 5 Abs. 1 GG stützen kann, ein größeres Gewicht zu. Der Schutz des Art. 5 Abs. 1 GG erstrecke sich auch auf kommerzielle Meinungsäußerungen und auf reine Wirtschaftswerbung, die einen wertenden, meinungsbildenden Inhalt hat. Dabei hätten nicht nur Beiträge, die sich mit Vorgängen von historisch-politischer Bedeutung befassen, einen meinungsbildenden Inhalt, sondern auch solche, die Fragen von allgemeinem gesellschaftlichen Interesse aufgreifen. Auch durch unterhaltende Beiträge könne Meinungsbildung stattfinden; solche Beiträge könnten die Meinungsbildung unter Umständen nachhaltiger anregen und beeinflussen als sachbezogene Informationen. Die in der Werbeanzeige enthaltenen Äußerungen unterfielen wegen des insoweit bestehenden Informationsinteresses der Öffentlichkeit dem Schutz des Art. 5 Abs. 1 GG.

Die Bekanntheit einer Person wie des Klägers im öffentlichen Leben könne ein besonderes Informationsinteresse der Öffentlichkeit begründen, das es rechtfertigen könne, über bestimmte Verhaltensweisen dieser Person auch mit Namensnennung und Abbildung zu berichten. Einer Berichterstattung mit Namensnennung und Abbildung über solche Ereignisse von gesellschaftlicher Relevanz stehe auch nicht der Schutz der Privatsphäre entgegen.

Obwohl die Beklagte die Buchveröffentlichung des Klägers im Rahmen einer Werbeanzeige thematisiert habe, könne sie sich gleichwohl auf den besonderen Schutz der Meinungsäußerungsfreiheit (Art. 5 Abs. 1 GG) berufen. Der Umstand, dass mit der Anzeige durch die Verwendung des Vornamens des Klägers und durch die Anspielung auf seine Bücher in erster Linie Aufmerksamkeit erregt werden sollte, um letztlich den Absatz der von der Beklagten beworbenen Zigarettenmarke zu erhöhen, führe nicht zu einem grundsätzlichen Überwiegen des allgemeinen Persönlichkeitsrechts des Klägers.

Die mit der Namensnennung verbundene Beeinträchtigung des Persönlichkeitsrechts könne hinzunehmen sein, wenn sich die Werbeanzeige einerseits in satirisch-spöttischer Form mit einem in der Öffentlichkeit diskutierten Ereignis auseinandersetze, an dem der Genannte beteiligt war, und wenn andererseits der Image- oder Werbewert des Genannten durch die Verwendung seines Namens nicht ausgenutzt und nicht der Eindruck erweckt werde, als identifiziere er sich mit dem beworbenen Produkt oder empfehle es.

Beispiel 8: Der Bundesgerichtshof hat entschieden, dass Bildagenturen vor Weitergabe archivierter Fotos an die Presse nicht die Zulässigkeit der beabsichtigten Presseberichterstattung prüfen müssen.

Der Fall[35]**:** Die Beklagten betreiben Bildarchive zur kommerziellen Nutzung durch Presseunternehmen. Der mehrfach wegen Tötungsdelikten verurteilte Kläger verbüßt seit 1983 eine lebenslange Freiheitsstrafe. Über seine Taten wurde in den fünfziger, sechziger und frühen achtziger Jahren des letzten Jahrhunderts ausführlich berichtet. Die Beklagten gaben auf Anfrage ein bzw. zwei Bildnisse aus den fünfziger und sechziger Jahren an das Magazin **„Playboy"** weiter, das damit einen Artikel *„Die Akte ... Psychogramm eines Jahrhundertmörders"* bebilderte.

Der Kläger machte geltend, die Beklagten hätten die Fotos ohne seine hierzu erforderliche Einwilligung verbreitet und dadurch sein Recht am eigenen Bild verletzt. Die Beklagten beriefen sich demgegenüber auf das Recht der Pressefreiheit. Die Klagen waren darauf gerichtet, den Beklagten aufzugeben, die Weitergabe der Fotos zu unterlassen.

Der Bundesgerichtshof hat die Klagen abgewiesen und zur Begründung ausgeführt: Der Austausch zulässiger Weise archivierten Bildmaterials stehe unter dem Schutz der Pressefreiheit (Art. 5 Abs. 1 Satz 2 GG). Diese gewährleiste nicht nur die Freiheit der Verbreitung von Nachrichten und Meinungen; sie schütze vielmehr auch den gesamten Bereich publizistischer Vorbereitungstätigkeit, zu der insbesondere die Beschaffung von Informationen gehöre. Dem sei bei der Auslegung des Begriffs des „Verbreitens" von Bildnissen in § 22 Kunsturhebergesetz (KunstUrhG) – Recht am eigenen Bild – Rechnung zu tragen.

Eine quasi presseinterne Weitergabe von Fotos durch ein Bildarchiv dürfe deshalb grundsätzlich nicht davon abhängig gemacht werden, dass der Inhaber der Bildagentur prüfen müsse, ob die unter Verwendung der Fotos be-

---

[35] BGH, Urt. v. 07.12.2010 - VI ZR 30/09 und VI ZR 34/09.

absichtigte Presseberichterstattung rechtmäßig sein werde. Die Verantwortung für eine Presseveröffentlichung trage allein das veröffentlichende Presseorgan, das auch die Zulässigkeit der Verwendung der Fotos nach den §§ 22, 23 Kunsturhebergesetz (KunstUrhG) zu prüfen habe. Der betroffene Abgebildete habe dadurch keinen fühlbaren Nachteil. Durch die Weitergabe von Fotos im quasi presseinternen Bereich werde sein Persönlichkeitsrecht allenfalls geringfügig beeinträchtigt.

Schutzsphäre des Persönlichkeitsrechts

Der **Schutzbereich des Persönlichkeitsrechts** umfasst den unmittelbaren Freiheitsbereich des Einzelnen. Hier wird in vier Sphären unterschieden:

Die **Intimsphäre** gilt als unantastbar[36]. Über sie darf niemals – auch nicht bei Prominenten – berichtet werden. Ausnahme: Der Betroffene ist damit einverstanden. Die Intimsphäre betrifft vor allem den Sexualbereich, Krankheiten und das Beichtgeheimnis.

Die **Geheimsphäre** wird nach den Straftatbeständen des § 201 ff. StGB ermittelt. Unbefugte Mitschnitte von Äußerungen und Telefongesprächen sind damit ebenso verboten wie die Veröffentlichung von Briefen oder Äußerungen, die durch besonderes Vertrauen geschützt sind, etwa gegenüber einem Arzt oder Rechtsanwalt.

In der **Privatsphäre** gilt der Schutz des allgemeinen Persönlichkeitsrechtes nicht absolut. Hier wird abgewogen zwischen dem Persönlichkeitsrecht des Betroffenen und der Freiheit der Berichterstattung. Grundsätzlich meint Privatsphäre die eigenen vier Wände des Betroffenen, im übertragenen Sinn Haus, Hof und Garten. Zwangsläufig finden aber auch rein private Ereignisse im öffentlichen Raum statt, Einkaufen bspw. oder ein Spaziergang. Diese sind vom Schutzbereich der Privatsphäre erfasst, wenn der Betroffene deutlich zum Ausdruck bringt, dass er ungestört sein möchte. Personen, die im öffentlichen Leben stehen oder bewusst die Öffentlichkeit suchen, müssen übrigens grundsätzlich mehr Berichterstattung dulden als reine Privatmenschen.

Die **Sozialsphäre** erfasst solche Orte, Tätigkeiten oder Ereignisse, die andere jederzeit und ohne Schwierigkeiten wahrnehmen können. Hier ist der Schutz des allgemeinen Persönlichkeitsrechts deshalb am geringsten.

---

[36] BVerfG, Beschl. v. 31.01.1973 - 2 BvR 454/71; BVerfG, Beschl. v. 14.09.1989 - 2 BvR 1062/87.

Nach der Rechtsprechung des Bundesverfassungsgerichts[37] umfasst das **allgemeine Persönlichkeitsrecht** (Art. 2 Abs. 1 i.V.m. Art. 1 Abs. 1 GG) auch das Grundrecht auf Gewährleistung der Vertraulichkeit und Integrität informationstechnischer Systeme. Die heimliche Infiltration eines informationstechnischen Systems, mittels derer die Nutzung des Systems überwacht und seine Speichermedien ausgelesen werden können, ist verfassungsrechtlich nur zulässig, wenn tatsächliche Anhaltspunkte einer konkreten Gefahr für ein überragend wichtiges Rechtsgut bestehen.

Überragend wichtig sind Leib, Leben und Freiheit der Person oder solche Güter der Allgemeinheit, deren Bedrohung die Grundlagen oder den Bestand des Staates oder die Grundlagen der Existenz der Menschen berührt. Die Maßnahme kann schon dann gerechtfertigt sein, wenn sich noch nicht mit hinreichender Wahrscheinlichkeit feststellen lässt, dass die Gefahr in näherer Zukunft eintritt, sofern bestimmte Tatsachen auf eine im Einzelfall durch bestimmte Personen drohende Gefahr für das überragend wichtige Rechtsgut hinweisen. Die heimliche Infiltration eines informationstechnischen Systems ist grundsätzlich unter den Vorbehalt richterlicher Anordnung zu stellen. Das Gesetz, das zu einem solchen Eingriff ermächtigt, muss Vorkehrungen enthalten, um den Kernbereich privater Lebensgestaltung zu schützen.

Soweit eine Ermächtigung sich auf eine staatliche Maßnahme beschränkt, durch welche die Inhalte und Umstände der laufenden Telekommunikation im Rechnernetz erhoben oder darauf bezogene Daten ausgewertet werden, ist der Eingriff an Art. 10 Abs. 1 GG zu messen.

Verschafft der Staat sich Kenntnis von Inhalten der Internetkommunikation auf dem dafür technisch vorgesehenen Weg, so liegt darin nur dann ein Eingriff in Art. 10 Abs. 1 GG, wenn die staatliche Stelle nicht durch Kommunikationsbeteiligte zur Kenntnisnahme autorisiert ist. Nimmt der Staat im Internet öffentlich zugängliche Kommunikationsinhalte wahr oder beteiligt er sich an öffentlich zugänglichen Kommunikationsvorgängen, greift er grundsätzlich nicht in Grundrechte ein.

Die Unterscheidung der einzelnen Sphären ist nicht unumstritten: Eine klare Abgrenzung ist häufig unmöglich, so dass Grauzonen entstehen und im Einzelfall abgewogen werden muss, wie schützenswert das Persönlichkeitsrecht des Betroffenen gegenüber dem Informationsinteresse der Allgemeinheit ist.

---

[37]   BVerfG, Urt. v. 27.02.2008 - 1 BvR 370/07 und 1 BvR 595/07.

Weitere besondere Persönlichkeitsrechte, Schutzbereiche

Über die Unterscheidung der schützenswerten Sphären hinaus wird das allgemeine Persönlichkeitsrecht in besondere Rechte unterteilt. Die für die Medien bedeutenden Rechte sollen hier erwähnt werden:

Das **Recht am gesprochenen Wort** schützt den Einzelnen in seiner Spontaneität. Jeder soll selbst bestimmen, ob sein gesprochenes Wort auf Tonträger aufgezeichnet wird und ob, wann sowie vor wem es abgespielt werden darf.

Das **Recht am geschriebenen Wort** schützt persönliche Aufzeichnungen, insbesondere Briefe oder Tagebücher. Sie dürfen nicht ohne Einwilligung des Betroffenen veröffentlicht werden.

Der **Anspruch auf korrektes Zitieren** schützt vor Entstellungen oder Unterschiebungen von Äußerungen. Wörtliche Zitate müssen unverfälscht wiedergegeben werden. Wird sinngemäß zitiert, so darf das Zitat nicht aus dem Zusammenhang gerissen werden. Sofern Zitate interpretiert werden, ist dies kenntlich zu machen.

Das **Recht am eigenen Bild** schützt vor der Verbreitung und öffentlichen Zurschaustellung von Bildern. Das Fotografieren in der Öffentlichkeit ist ohne die Einwilligung des Fotografierten grundsätzlich von der Informationsfreiheit gedeckt. Die Veröffentlichung von Bildern ohne Einwilligung ist dagegen nicht gestattet. Verankert ist das Recht am eigenen Bild in § 22 Kunsturhebergesetz (KunstUrhG). Eine Ausnahme bestimmt § 23 Abs. 1 Kunsturhebergesetz (KunstUrhG). Demnach dürfen Bildnisse aus dem Bereich der Zeitgeschichte ohne die Einwilligung des Abgebildeten zur Schau gestellt werden. Wird durch die Veröffentlichung allerdings ein berechtigtes Interesse des Abgebildeten verletzt, greift die Ausnahmeregelung gemäß § 23 Abs. 2 Kunsturhebergesetz (KunstUrhG) nicht. Zu beachten sind hier auch die höchstrichterlichen sogenannten „Caroline"-Entscheidungen.

Das **Recht auf Schutz gegen Veränderungen von Fotografien** steht in enger Verbindung zum Recht am eigenen Bild. Auch wenn die Verbreitung eines Fotos ohne Einwilligung des Betroffenen zulässig ist, muss sich dieser keine Verzerrung oder Entstellung seines Bildnisses gefallen lassen. Dies gilt auch für absolute Personen der Zeitgeschichte. Satirische Überzeichnungen fallen grundsätzlich nicht in den Schutzbereich, für sie gilt das Grundrecht der Kunstfreiheit.

Das **Recht auf informationelle Selbstbestimmung** hat das Bundesverfassungsgericht entwickelt. Es besagt, dass der Einzelne bestimmt, welche seiner persönlichen Daten in welchem Rahmen preisgegeben und verwendet werden dürfen. Zu den geschützten Daten zählen demnach bspw. Alter, Vermögensverhältnisse, Religion und Gesundheit.

Das **Recht der persönlichen Ehre** schützt vor Diffamierungen. Dies spielt insbesondere zivil- und strafrechtlich eine Rolle, wenn ein Betroffener bspw. durch Medienunternehmen diffamiert wird. Der Staat ist verpflichtet, Private vor Eingriffen in ihr Recht auf persönliche Ehre zu schützen. Strafwürdig sind in erster Linie Verleumdung, üble Nachrede und Beleidigung. Zu beachten ist auch hier, dass stets zwischen dem Grundrecht auf Meinungsfreiheit und dem Recht der persönlichen Ehre abgewogen wird.

1.3.2 Juristische Konsequenzen aus Persönlichkeitsrechtsverletzungen

Aus der **Verletzung des allgemeinen Persönlichkeitsrechtes** können sich sowohl strafrechtliche als auch zivilrechtliche Konsequenzen ergeben. Die wichtigsten sollen im Folgenden kurz erläutert werden.

Strafverfolgung

Wird der Kernbereich der persönlichen Geheimsphäre verletzt, drohen §§ 201 ff. Strafgesetzbuch (StGB) mit Strafe. So macht sich strafbar, wer unbefugt aufgenommenes oder abgehörtes Wort veröffentlicht, wenn dies geeignet ist, die Interessen eines anderen zu beeinträchtigen, es sei denn überragende öffentliche Interessen stehen darüber. Auch wer die Intimsphäre eines anderen verletzt, indem er bspw. ein in einem geschützten Raum aufgenommenes Foto veröffentlicht, macht sich strafbar. Verfolgt werden solche Taten grundsätzlich nur auf Antrag eines in seinem Persönlichkeitsrecht Verletzten, nicht von Amts wegen. Auch bei den Tatbeständen der Beleidigung oder Verleumdung spielt das Strafrecht eine Rolle.

Zivilrechtliche Ansprüche

Wer in seinem Persönlichkeitsrecht verletzt ist, hat darüber hinaus die Möglichkeit, **zivilrechtliche Ansprüche** geltend zu machen. In den seltensten Fällen greifen diese Ansprüche vor der Veröffentlichung eines Berichts oder Fotos. Meist erfährt der Betroffene erst nach der Veröffentlichung davon und kann auch erst dann entsprechend handeln. Zu unterscheiden sind der Gegendarstellungsanspruch, der Berichtigungsanspruch, der Unterlassungsanspruch und der Anspruch auf Schadensersatz.

Gegendarstellungsanspruch

Der **Gegendarstellungsanspruch** soll das Selbstbestimmungsrecht des Einzelnen schützen. Jeder soll bestimmen dürfen, wie die Medien ihn darstellen. So muss eine Zeitung oder ein Hörfunksender die Sachverhaltsschilderung des Betroffenen wiedergeben, wenn diese der zuvor veröffentlichten Version widerspricht. Voraussetzung ist, dass es sich bei der Veröffentlichung um eine Tatsachenbehauptung handelt. Verankert ist der Anspruch in den Pressegesetzen, in den Landesmediengesetzen sowie in § 56 des Rundfunkstaatsvertrages (RStV).

Der Gegendarstellungsanspruch des § 56 RStV gilt für alle massenkommunikativen Medien, also auch die elektronische Presse. Hier ist – im Unterschied zu anderen Medien – zu beachten, dass eine Gegendarstellung so lange wie die Tatsachenbehauptung in unmittelbarer Verknüpfung mit dieser angeboten werden muss. Wird die ursprüngliche Tatsachenbehauptung nicht mehr angeboten, muss dennoch die Gegendarstellung an vergleichbarer Stelle in dem elektronischen Angebot veröffentlicht werden und zwar so lange, wie die erste Tatsachenbehauptung zugänglich war.

Berichtigungsanspruch

Der **Berichtigungsanspruch** verpflichtet den Verletzer des Persönlichkeitsrechts eines anderen, die Äußerung entweder aus der Welt zu schaffen (Widerruf) oder sie zu ändern (Richtigstellung). Außerdem können der früheren Veröffentlichung Tatsachen hinzugefügt werden (Ergänzung). In allen drei Fällen muss sich der Verletzer von seiner früheren Äußerung distanzieren und eine entsprechende Erklärung abgeben. Dieser Anspruch greift also stark in die Medienfreiheiten ein.

Unterlassungsanspruch

Erfährt ein Betroffener rechtzeitig vor einer geplanten Veröffentlichung von einer Persönlichkeitsrechtsverletzung oder droht eine Wiederholung dieser Äußerung, kann er einen **Unterlassungsanspruch** geltend machen. Meist wird der Betroffene versuchen, vom veröffentlichenden Medium eine Unterlassungserklärung zu bekommen, die mit einer Geldbuße bewehrt ist. Kommt es zu einer Wiederholung der entsprechenden Äußerung, wird die Geldbuße fällig. Schwierig ist die Durchsetzung des Unterlassungsanspruchs im Internet. So müssen bspw. Online-Archive sicherstellen, dass verbotene Inhalte nicht weiter verbreitet werden. Der Unterlassungsanspruch richtet sich – ebenso wie die beiden anderen genannten – vorrangig gegen unrichtige Tatsachenbehauptungen.

Schadensersatzanspruch

Schadensersatzansprüche ergeben sich aus §§ 823 ff. BGB, sie sollen die Rechtsbeeinträchtigung eines Einzelnen ausgleichen. Schadensersatz kann nicht nur bei unrichtigen Tatsachenbehauptungen gewährt werden, sondern auch bei allen anderen unzulässigen Äußerungen, die ein Rechtsgut verletzen und dadurch einen Schaden verursachen. Journalisten können sich auf die Wahrnehmung berechtigter öffentlicher Interessen berufen, wenn sie der publizistischen Sorgfaltspflicht genüge tun. Erkennt das Gericht dies an, entfällt der Schadensersatzanspruch.

Das OLG Frankfurt a.M. hat diese Auffassung bestätigt: Maßgebend ist demnach, ob der Ruf des Betroffenen nachhaltig geschädigt wurde. Insbesondere bei Straftaten müsse das Informationsinteresse der Öffentlichkeit berücksichtigt werden, so die Richter.

Der Fall[38]: Ein Boulevardblatt hatte reißerisch über einen in einem Strafverfahren Angeklagten berichtet und diesen auch abgebildet. Der Mann sah in der Berichterstattung eine Verletzung seines Persönlichkeitsrechts und klagte. Das OLG urteilte, dass zwar auch bei wahrheitsgemäßer Berichterstattung ein Eingriff in das Persönlichkeitsrecht vorliegen kann, dies aber gerechtfertigt sei, wenn sich die Medien an die zulässige Verdachtsberichterstattung hielten. Eine reißerische Aufmachung, wie Boulevardblätter sie üblicherweise handhaben, müsse der Betroffene hinnehmen, wenn der Kern des Textes wahrheitsgemäß sei.

Möglich ist auch ein über den Schadensersatz hinaus gehender **Geldentschädigungsanspruch (früher „Schmerzensgeld")**, der in erster Linie der Genugtuung des Verletzten dienen soll. Der Anspruch wird seit Jahrzehnten aus richterlichem Gewohnheitsrecht abgeleitet, sollte aber besser mit dem zivilrechtlichen Anspruch des § 823 Abs. 1 BGB i.V.m. Art. 1, 2 GG (Menschenwürde, Freiheit der Person) begründet werden.

1.3.3 Fotos von Politikern in der Werbung

Der erste Fall[39]: Der Bundesgerichtshof hatte darüber zu entscheiden, ob dem Kläger **Oskar Lafontaine** wegen der von ihm nicht erlaubten Verwendung seines Bildnisses in einer Werbeanzeige ein Zahlungsanspruch zusteht. Kurz nach dem Rücktritt des Klägers als Finanzminister hatte ein großes Mietwagenunternehmen in einer Werbeanzeige zur Darstellung des Bundeskabinetts Porträtaufnahmen des Klägers und weiterer fünfzehn Mitglie-

---

[38]   OLG Frankfurt a.M., Urt. v. 31.10.2006 - 11 U 10/06.

[39]   BGH, Urt. v. 26.10.2006 - I ZR 82/049.

der des Bundeskabinetts verwendet. Das Bild des Klägers war durchgestrichen. Der Textbeitrag lautete: „S. verleast auch Autos an Mitarbeiter in der Probezeit". Der Kläger sah darin eine von ihm nicht gewollte Kommerzialisierung seiner Person zu Werbezwecken. Er verlangte als Entgelt den Betrag, der nach seiner Auffassung üblicherweise an vermarktungswillige Prominente als Lizenz gezahlt wird.

Der BGH hat die Klage abgewiesen. Er ist davon ausgegangen, dass ein Anspruch des Klägers auf Zahlung einer fiktiven Lizenzgebühr nicht schon deshalb ausscheide, weil er wegen des für Bundesminister geltenden Verbots, ein Gewerbe auszuüben (Art. 66 GG), an der eigenen kommerziellen Verwertung seines Bildnisses gehindert gewesen sei. Der Anspruch auf Zahlung einer angemessenen Lizenz stelle einen Ausgleich für einen rechtswidrigen Eingriff in die der prominenten Person ausschließlich zugewiesenen Befugnis dar, zu entscheiden, ob sie sich zu Werbezwecken vermarkten lasse oder nicht. Wertansatz sei für die tatsächlich erfolgte Nutzung des Bildes zu leisten, und zwar unabhängig davon, ob der Berechtigte bereit und in der Lage gewesen wäre, die Abbildungen gegen Zahlung zu gestatten.

Der Anspruch scheiterte im vorliegenden Fall aber daran, dass die Beklagte ein aktuelles politisches Geschehen zum Anlass für ihren als Satire verfassten Werbespruch genommen habe, ohne über eine bloße Aufmerksamkeitswerbung hinaus die Person des Klägers zur Anpreisung ihrer Dienstleistung zu vermarkten. Zwar habe niemand, auch nicht der Kläger als Person der Zeitgeschichte, es hinzunehmen, mit seinem Bildnis oder Namen in eine fremde Werbung eingebunden zu werden. Das schließe es aber nicht aus, dass das auch im Bereich der Wirtschaftswerbung bestehende Recht auf freie Meinungsäußerung den Schutz (des vermögensrechtlichen Bestandteils) des allgemeinen Persönlichkeitsrechts verdränge. Die gebotene Güterabwägung falle im Streitfall zu Lasten des Klägers aus. Die Verwendung des Bildnisses erwecke nicht den Eindruck, der Abgebildete empfehle das beworbene Produkt. Ein Image- oder Werbewert des Klägers werde nicht auf die beworbene unternehmerische Leistung übertragen. Das Foto des Klägers behalte auch im Rahmen der Werbeanzeige seine politische Zuordnung. Es sei Teil einer satirischen Auseinandersetzung der Beklagten mit dem Rücktritt des Klägers als einem aktuellen politischen Tagesereignis. Zudem sei nur eine kontextneutrale Porträtaufnahme verwendet worden, die sich in Größe und Anordnung in die Porträtaufnahmen der weiteren fünfzehn Regierungsmitglieder einreihe. Auch seien keine ideellen Interessen des allgemeinen Persönlichkeitsrechts des Klägers verletzt. Das Ansehen des Klägers werde nicht beschädigt. Als Folge dieser Abwägung müsse im Streitfall das Interesse des Klägers, eine Verwertung seines Porträtfotos in der Werbung zu verhindern, zurücktreten. Deshalb sei ihm auch kein Anspruch auf Abschöpfung eines Werbewerts zuzubilligen.

Der zweite Fall[40]:Die Axel Springer AG als Beklagte musste an den früheren Bundestagsabgeordneten und Bundesaußenminister **Joschka Fischer** insgesamt EUR 203.109,14, davon EUR 200.000,- als sogenannte fiktive Lizenz und EUR 3.109,14 als Ersatz für Rechtsanwaltsgebühren, zahlen.

Die Axel Springer AG als Beklagte veröffentlichte im Rahmen einer von ihr im September 2005 für eine Kompaktausgabe einer Zeitung gestarteten Einführungskampagne Anzeigen mit den Abbildungen von Gesichtern bekannter Persönlichkeiten, denen sie die Gesichtszüge jüngerer Kinder gab. Die abgebildeten Personen blieben erkennbar. Sie verwendete auch das Bildnis des Klägers Joschka Fischer ohne dessen Einwilligung im Zeitraum vom 30.08.2005 bis zum 01.10.2005 sowohl als einzelnes Bild als auch gemeinsam mit anderen Prominenten. Sie veröffentlichte Anzeigen mit dem verfremdeten Bild des Klägers Joschka Fischer in mehreren der von ihr verlegten Zeitungen; sie benutzte es weiterhin für City-Light-Poster, für sogenannte Edgar-Postkarten im Gastronomiebereich, als Aufdruck bei Vertriebs-Smarts, für Poster, Anzeigetafeln und Leuchtsäulen. Auf der Homepage der Zeitung war das Bildnis des Klägers zudem noch bis ca. Ende des Jahres 2005 abrufbar.

Das Gericht führte zur Begründung seiner Entscheidung aus, mit der angegriffenen Werbung, die Joschka Fischer als Kläger ohne dessen Einwilligung mit den Gesichtszügen eines jüngeren Kindes zeige, habe die Axel Springer AG als Beklagte rechtswidrig in das Recht des Klägers am eigenen Bild und zugleich in sein allgemeines Persönlichkeitsrecht eingegriffen. Angesichts der damit einhergehenden werblichen Vereinnahmung des Klägers sei sie ihm zum Bereicherungsausgleich bzw. zum Schadensersatz verpflichtet.

Der Kläger könne diesen Ersatz in Höhe des Betrages verlangen, den die Beklagte als Entgelt hätte entrichten müssen, wenn der Kläger ihr die Benutzung seines Bildnisses gestattet hätte. Hierbei handele es sich um die sogenannte fiktive Lizenz. Maßgeblich für deren Bemessung sei das, was vernünftige Vertragspartner in der Lage der Parteien unter Berücksichtigung aller Umstände des Einzelfalls als angemessenes Honorar vereinbart hätten. Bei der hier zu treffenden Entscheidung seien insbesondere die Bekanntheit des Klägers, sein Sympathie- bzw. sein Imagewert entscheidend gewesen sowie der besonders hohe Aufmerksamkeitswert und der Verbreitungsgrad der Werbung. Dies zugrunde gelegt halte das Gericht eine fiktive Lizenz von EUR 200.000,-- für angemessen.

---

[40] LG Hamburg, Urt. v. 27.10.2006 - 324 O 381/06.

1.4 Weitere Grundrechte mit Bedeutung für die Medien

Neben den soeben erläuterten Grundrechten haben weitere eine Bedeutung im Medienrecht. Sie sollen nun kurz erwähnt werden.

Die **Kunstfreiheit** gemäß Art. 5 Abs. 3 GG dient allen, die sich in den Medien und mit ihrer Hilfe künstlerisch betätigen. Es können sich also auch diejenigen auf die Kunstfreiheit berufen, die nicht selbst primär Kunst schaffen, sondern die zwischen dem Künstler und dem Publikum vermitteln. Die Kunstfreiheit gilt als besonders starkes Grundrecht, sie hat grundsätzlich Vorrang vor den Medienfreiheiten.

Auch die **Wissenschaftsfreiheit** (Art. 5 Abs. 3 GG) ist für zwei Personengruppen von Bedeutung: zum einen für diejenigen Wissenschaftler, die ihre Forschungsergebnisse veröffentlichen oder auch nicht veröffentlichen wollen; zum anderen schützt dieses Grundrecht Nichtwissenschaftler, die Forschungsergebnisse zu Themen ihrer Veröffentlichungen machen, also bspw. Wissenschaftsjournalisten.

Weiterhin können die sogenannten **Wirtschaftsgrundrechte – Berufsfreiheit und Eigentumsfreiheit –** eine Rolle im Medienrecht spielen.

Die in Art. 12 GG geregelte **Berufsfreiheit** ist dann von Bedeutung, wenn Vorschriften des Gesetzgebers Tätigkeiten im Medienbereich betreffen oder wenn bspw. in den „Neuen Medien" Berufe betroffen sind, deren Berufsbilder es bisher nicht gab und die von den Freiheiten der sogenannten „Alten Medien" gemäß Art. 5 Abs. 1 GG nicht erfasst werden. Diskutiert wurde die Berufsfreiheit als verwandtes Mediengrundrecht im Zusammenhang mit der Zulässigkeit von Internet-Apotheken. Seit Inkrafttreten des Gesundheitsmodernisierungsgesetzes ist der Versandhandel von Medikamenten nun mit behördlicher Erlaubnis möglich.

Die Anwendung der **Eigentumsfreiheit** gemäß Art. 14 Abs. 1 GG spielt in erster Linie beim Schutz des geistigen Eigentums eine Rolle – also beim Urheberrecht, dem später ein eigener Abschnitt gewidmet sein wird. Von Bedeutung ist die Eigentumsfreiheit aber auch im Zusammenhang mit Grundstücken oder Produktionsmaschinen in Medienunternehmen.

Der **Schutz der Menschenwürde** gemäß Art. 1 Abs. 1 GG ist das oberste Grundrecht. Weil aber im konkreten Fall zunächst die spezielleren Grundrechte geprüft werden müssen, spielt die Menschenwürde in der Medienpraxis eine eher untergeordnete Rolle. Zu beachten ist aber, dass sie den Kommunikationsgrundrechten zugrunde liegt und Teil des allgemeinen Persönlichkeitsrechts ist. Im Zusammenhang mit dem Jugendschutz spielt die Menschenwürde eine größere Rolle.

2. Mediengesetze nach medialen Erscheinungsformen

2.1 Einführung

Immer mehr Medienunternehmen machen ihre Veröffentlichungen auf verschiedenen Wegen zugänglich. Es seien einige Beispiele genannt: Zeitungsverlage produzieren Fernsehsendungen, pflegen Internetseiten und bieten Podcasts an. Hörfunkstationen übertragen ihre Sendungen auch via Internet oder verschicken bei außergewöhnlichen Ereignissen an angemeldete Nutzer per SMS sogenannte Newsflashs. Fernsehsender verbreiten ihre Rechercheergebnisse zusätzlich zum eigentlichen Programm im herkömmlichen Sinn inzwischen auch als regelmäßige Podcastsendungen.

Kaum ein Medienunternehmen konzentriert sich noch auf nur einen traditionellen Verbreitungsweg. Die Konvergenz der Medien, ihre Angleichung, ist kaum mehr aufzuhalten. Trotzdem erscheint es sinnvoll, die herkömmlichen Verbreitungsformen der Medien und die dazu gehörigen rechtlichen Regelungen zu unterscheiden, denn der Gesetzgeber hat mit dem Tempo der Entwicklung im Medienbereich bisher kaum Schritt halten können. Im Folgenden sollen deshalb die relevanten Gesetze nach den Mediengattungen erklärt werden.

Zunächst wird ein Überblick über das Recht der „Alten Medien" gegeben, anschließend steht das Recht der „Neuen Medien" im Mittelpunkt. Zahlreiche Grundsätze gelten sowohl für die traditionellen Medien als auch im Multimedia-Bereich. Wo dies der Fall ist, werden wiederholende Erläuterungen zu Gunsten der Übersichtlichkeit vermieden. Spezielle Aspekte der einzelnen, hier genannten relevanten Vorschriften werden später – bspw. zum Urheberrecht oder zum Wettbewerb – erneut aufgegriffen.

2.2 Presserecht

Unter **Presse** wird grundsätzlich jedes Druckerzeugnis verstanden, das durch Drucktechnik entsteht. Es ist also in erster Linie auf das „gedruckte Wort" abzustellen. Damit ist der Begriff sehr weit gefasst. Er trifft zu auf Zeitungen und Zeitschriften, Plakate, Flugblätter, Flyer oder Bücher – also Druckerzeugnisse, die in Massenvervielfältigungsverfahren hergestellt werden. Nach Ansicht des Bundesverfassungsgerichts erfasst der Pressebegriff außerdem audiovisuelle Speichermedien wie Videos[41].

Das **Presserecht** hat im Medienrecht die längste Tradition und ist vor allem mit dem Markt der Zeitungen und Zeitschriften verbunden. Zu unterschei-

---

[41]   BVerfG, Beschl. v. 08.10.1996 - 1 BvR 1183/90.

den sind Tageszeitungen, Wochen- oder Wochenendzeitungen, Publikums-
und Fachzeitschriften.

Verankert ist das **Presserecht** vorwiegend in den Landespresse- oder Landesmediengesetzen. Dass es nicht in erster Linie Angelegenheit des Bundes
ist rührt daher, dass nach dem Ende des Zweiten Weltkrieges eine Gleich-
schaltung der Medien verhindert werden sollte: So kamen Presse und Kultur
in Länderzuständigkeit; und die Länder haben diese Gebiete so umfassend
geregelt, dass der Bund bisher nicht in die Gesetzgebung eingegriffen hat.

Die **Pressegesetze** gestalten die **Pressefreiheit** gemäß Art. 5 GG aus und
regeln sie in Einzelheiten. Hier werden also die Rahmenbedingungen für die
Presse und Kontrollmöglichkeiten geschaffen. Wenngleich sich die **Pressegesetze** der Länder unterscheiden – vor allem in ihrem Aufbau – so stimmen
sie doch inhaltlich weitestgehend überein. Einige Bundesländer haben neue
Entwicklungen bereits berücksichtigt und das bisherige **Presserecht** in neue
Mediengesetze integriert. Die meisten Regelungen gehen auf einen Muster-
entwurf aus dem Jahr 1963 zurück. So ist übereinstimmend in den Landesge-
setzen die Aufgabe der **Presse** geregelt, nämlich Nachrichten von öffentli-
chem Interesse zu beschaffen und zu verbreiten, Stellung zu nehmen und zu
kritisieren und so oder auf andere Weise an der Meinungsbildung der Öffentlichkeit mitzuwirken.

Die Gefahr, dass die **Presse** die Öffentlichkeit manipuliert, sie steuert, ist
nicht komplett auszuschalten. Deshalb obliegen den Presseunternehmen
und dem einzelnen Journalisten zahlreiche Pflichten, z.B. die Wahrheits- und
Sorgfaltspflicht, die Gegendarstellungspflicht und die Impressumspflicht.

2.2.1 Wahrheits- und Sorgfaltspflicht

Journalisten sind verpflichtet, sorgfältig zu recherchieren, den Wahrheitsgehalt der recherchierten Aussagen zu überprüfen und die Ergebnisse schließlich wahrheitsgemäß zu veröffentlichen. Das bedeutet, dass Journalisten im
Rahmen ihrer Tätigkeit bei selbst recherchierten Themen Betroffene anhö-
ren und ihre Quellen überprüfen müssen. Diese Überprüfung betrifft den Inhalt der Aussagen, die Herkunft und ihre sachliche Richtigkeit. Vertrauen
dürfen sie dagegen auf seriöse, anerkannte Quellen, z.B. Regierungsmittei-
lungen oder Berichte von etablierten Nachrichtenagenturen.

Nachrichtenagenturen liefern an ihre Abonnenten vorgefertigte Meldungen
über aktuelle Ereignisse und dazugehörige Hintergründe. Sie können als
Großhändler für Nachrichten gesehen werden, denn nahezu alle Medienunternehmen nutzen das Angebot der Agenturen. Zeitungen, Zeitschriften,
Hörfunk- und Fernsehsender und selbstverständlich auch die elektronische

Presse wählen aus dem umfangreichen, minütlich mehrfach aktualisierten Angebot der Agenturen Texte, Fotos oder auch Ton- und Bildbeiträge aus und veröffentlichen diese – inhaltlich bearbeitet oder unbearbeitet – in ihrem eigenen Angebot. Im weltweiten Nachrichtengeschäft spielen die Presseagenturen mit ihren zum Teil weltweit gespannten Korrespondentennetzen heute eine zentrale Rolle.

Zu den bedeutendsten internationalen Agenturen zählen:

- Agence France Press (AFP)
- The Associated Press (AP)
- Deutsche Presseagentur (dpa)
- Reuters Limited

Bundesweit sind neben der dpa folgende Nachrichtenagenturen von Bedeutung:

- Deutsche Depeschendienst (DDP)
- Evangelische Pressedienst (epd)
- Sport-Informations-Dienst (sid)

2.2.2 Gegendarstellungspflicht

Sofern sich ein Einzelner durch die Berichterstattung der Presse in seinem allgemeinen Persönlichkeitsrecht verletzt sieht, kann er eine Gegendarstellung verlangen. Die Presse ist verpflichtet, eine Gegendarstellung in gleicher Weise zu veröffentlichen wie die Erstmitteilung.

So erzwang im Jahr 2006 die ehemalige Ministerpräsidentin von Schleswig-Holstein, Heide Simonis, eine fast halbseitige Gegendarstellung auf der Titelseite der BILD-Zeitung. Es war die bisher größte **Gegendarstellung** auf dem Titel des Boulevardblattes, die von anderen Medienunternehmen „rekordverdächtig" und „spektakulär" genannt wurde.

Als angemessen gelten **Gegendarstellungen**, die den Umfang der Erstmitteilung nicht überschreiten. Sie dürfen ferner keinen strafbaren Inhalt haben und müssen sich auf tatsächliche Angaben beschränken. Der Betroffene oder ein gesetzlicher Vertreter muss die Gegendarstellung unterzeichnen und binnen drei Monaten nach der Erstveröffentlichung dem Verlag bzw. dem verantwortlichen Redakteur vorlegen.

Veröffentlicht werden muss eine **Gegendarstellung** in gleicher Weise wie die Erstmitteilung: also im gleichen Teil der Zeitung/ Zeitschrift (z.B. Titelseite), in gleicher Größe, mit der gleichen Schrift. Bei Veröffentlichungen in elektronischen Presseerzeugnissen ist § 56 RStV zu beachten. Als Leserbrief darf eine Gegendarstellung nicht erscheinen, außerdem darf der Betroffene nicht mit Kosten für die Veröffentlichung belastet werden.

2.2.3 Impressumspflicht

Die **Impressumspflicht** soll demjenigen, der sich in seinen Persönlichkeitsrechten verletzt sieht, die Möglichkeit geben, seine Rechte geltend zu machen. Zeitungen, Zeitschriften und andere Presseunternehmen müssen ihre Verantwortlichkeit gegenüber der Öffentlichkeit also offen legen.

Im **Impressum** müssen Name oder Firma und Anschrift des Verlages bzw. des Verfassers oder Herausgebers genannt werden, ferner die Namen der verantwortlichen Redakteure für die einzelnen Redaktionsbereiche. Verantwortlich im Sinne des Presserechts (V.i.s.d.P.) kann nur sein, wer seinen ständigen Aufenthalt in der Bundesrepublik Deutschland hat, älter als 21 Jahre und unbeschränkt geschäftsfähig ist sowie wer unbeschränkt strafrechtlich verfolgt werden kann.

Einige Landesgesetze verlangen sogar, dass Eigentums- und Beteiligungsverhältnisse an Medienunternehmen bekannt gemacht werden **(Offenlegungspflicht)**. So soll das Publikum nachvollziehen können, welcher Einfluss sich auf die Meinungsrichtung durch die Zusammensetzung der Gesellschafter eines Medienunternehmens ergibt.

2.2.4 Kennzeichnungspflicht für entgeltliche Veröffentlichungen

Sofern ein Verleger oder verantwortlicher Redakteur für eine Berichterstattung von Dritten Geld bekommt, fordert oder sich versprechen lässt, muss der Bericht deutlich als Anzeige gekennzeichnet sein. Das Gebot der Trennung von Werbung und redaktionellem Teil **(Trennungsgebot)** ist wesentlicher Bestandteil des Presserechts. So soll gewährleistet werden, dass die Öffentlichkeit nicht irregeführt wird, sondern darauf vertrauen kann, dass der redaktionelle Teil eines Druckerzeugnisses die Meinung der Redaktion und nicht einzelner Unternehmer oder Gewerbetreibender wiedergibt. Die Massenmedien sollen gegen den Einfluss wirtschaftlicher oder politischer Gruppen geschützt werden. Auch dazu dient das Trennungsgebot. Es besteht eine **presserechtliche Kennzeichnungspflicht** als Anzeige.

Der Fall[42]: Die Klägerin, die eine Zeitschrift verlegt, hat von dem beklagten mittelständischen Unternehmen ein Entgelt in Höhe von rund 10.000 € für den Abdruck von textbegleitenden Fotos im Rahmen eines sogenannten

---

[42]   BGH, Urt. v. 27.11.2007 - X ZR 133/06.

Firmenporträts der Beklagten verlangt. Die Klägerin hatte der Beklagten zunächst nur ein – kostenloses – Interview vorgeschlagen und erst im späteren Schriftwechsel einen Hinweis auf die Kosten der Bildveröffentlichung gegeben, den die Beklagte nach ihrer Darstellung übersehen hatte.

In der mündlichen Verhandlung vor dem BGH hat die Klägerin ihre Revision zurückgenommen, nachdem das Gericht darauf hingewiesen hatte, dass er schon das Zustandekommen eines entgeltlichen Vertrages für problematisch halte, vor allem aber dazu neige, einen Verstoß gegen die Pflicht des Verlegers, entgeltliche Veröffentlichungen als Anzeige zu bezeichnen (Kennzeichnungspflicht nach § 10 NW PresseG), anzunehmen, der zur Nichtigkeit des etwaigen Vertrages wegen Gesetzesverstoßes (§ 134 BGB) führen könne.

2.3 Rundfunkrecht

Das vorangegangene Kapitel zeigt bereits, dass einzelne Regelungen bspw. über Pflichten von Journalisten und Medienunternehmen für die Presse ebenso gelten wie für den **Rundfunk** oder andere Medien. Gleiche oder sehr ähnliche Regelungen sollen hier deshalb nicht mehrfach erläutert werden. Vielmehr wird im Folgenden auf spezielle Regelungen für den Rundfunk Wert gelegt.

Nach der Verfassung (Art. 5 Abs. 1 GG) ist die Freiheit der Berichterstattung durch den Rundfunk gewährleistet. Er soll die Grundversorgung der Bevölkerung sicherstellen, Programme für die Gesamtheit der Bevölkerung anbieten, umfangreich informieren und die Meinungsvielfalt sichern.

Der **Rundfunkbegriff** war lange Zeit gesetzlich nicht definiert, sondern wurde maßgeblich von der Rechtsprechung des Bundesverfassungsgerichtes geprägt. In § 2 des Rundfunkstaatsvertrages (RStV) heißt es jetzt dazu:

> „Rundfunk ist ein linearer Informations- und Kommunikationsdienst; er ist die für die Allgemeinheit und zum zeitgleichen Empfang bestimmte Veranstaltung und Verbreitung von Angeboten in Bewegtbild oder Ton entlang eines Sendeplans unter Benutzung elektromagnetischer Schwingungen. Der Begriff schließt Angebote ein, die verschlüsselt verbreitet werden oder gegen besonderes Entgelt empfangbar sind".

Der Rundfunkbegriff setzt sich folglich aus mehreren Komponenten zusammen: Das Angebot muss erstens an die Allgemeinheit gerichtet, zweitens zum zeitgleichen Empfang bestimmt sein und drittens mittels Funktechnik verbreitet werden. Viertens muss es sich um eine Darbietung in Wort, Bewegtbild oder Ton handeln, die als Angebot zur öffentlichen Meinungsbildung beitragen kann.

Entscheidend für die Qualifizierung als **Rundfunk** ist, dass er eine „Darbietung" enthält. Durch das Merkmal der Darbietung wird die besondere Rolle
des Rundfunks als Medium und Faktor der öffentlichen Meinungsbildung gekennzeichnet. Es kommt daher für die Einordnung als Rundfunk auf die Be-
deutsamkeit für die öffentliche und individuelle Meinungsbildung an. Entscheidend sind dabei Breitenwirkung, Aktualität und Suggestivkraft des Angebots.

Der Begriff „Rundfunk" ist abhängig vom jeweiligen Sachzusammenhang: Er
umfasst im medieninhaltlichen Zusammenhang traditionell die Inhalte von
Radio (Hörfunk) und Fernsehen, allgemeiner aber alle Inhalte, die in gleicher
Form in Echtzeit an viele Rezipienten übermittelt werden. Im Technikkon-
text ist der Begriff Rundfunk hingegen als unidirektionaler Verteilerdienst für
Hörfunk- oder Fernsehprogramme definiert. Das Grundprinzip ist, mit einem
Sender möglichst viele nicht individuell festgelegte Empfänger zu erreichen.

Rundfunkprogramme und einzelne Rundfunksendungen können auch via
Internet empfangen werden, wenn sie ins Internet gestreamt werden, so
dass im Prinzip jeder internetfähige Computer ein Rundfunkempfangsgerät
im Sinne des Rundfunkstaatsvertrags oder auch des Rundfunkgebührenstaatsvertrags ist. Auf die technischen Aspekte des Streamens (z.B. multi-
cast) kommt es dabei nicht an, sondern nur darauf, dass die Angebote an die
Allgemeinheit gerichtet sind und „nicht zeitversetzt", also nur in Echtzeit,
abgerufen werden können. Politisch und rechtlich relevant ist die Definition
von Rundfunk besonders bei Regulierungsaspekten.

2.3.1 Rundfunkstaatsvertrag (RStV)

Von besonderer rechtlicher Bedeutung im Rundfunkrecht sind Staatsverträ-
ge. Diese werden von den Ländern als originäre Hoheitsträger geschlossen
und bedürfen der Zustimmung der Landtage. 1987 haben die Länder den
ersten Rundfunkstaatsvertrag geschlossen, der gemeinhin als das Grundgesetz der dualen Rundfunkordnung bezeichnet wird. Der **„Rundfunkstaatsvertrag" (RStV)** – (Genaue Bezeichnung seit 1.3.2007: **„Staatsvertrag für
Rundfunk und Telemedien"**) in seiner neuesten Fassung, dem 13. Rundfunkänderungsstaatsvertrag, seit dem 1.4.2010 in Kraft – beinhaltet in seinem ersten Abschnitt zunächst wichtige Begriffsbestimmungen und Definitionen, die sowohl öffentlich-rechtliche als auch private Anbieter betreffen
(z.B. § 2 Abs. 1 RStV: Vollprogramm, Spartenprogramm, Werbung,
Schleichwerbung, Sponsoring, Teleshopping). Der zweite Abschnitt widmet
sich den öffentlich-rechtlichen Programmen, insbesondere ihrer Finanzierung. Der dritte Abschnitt beschäftigt sich mit Regelungen für den privaten

Rundfunk, wobei Zulassungsfragen und das Problem der Aufsicht und Kontrolle hier eine besondere Rolle spielen.

Der sechste Abschnitt ist den sogenannten **Telemedien** gewidmet. Gemäß § 54 Abs. 2 RStV müssen Telemedien mit journalistisch-redaktionell gestalteten Angeboten, in denen Inhalte periodischer Druckerzeugnisse in Text und Bild wiedergegeben werden, den anerkannten journalistischen Grundsätzen entsprechen. Nachrichten sind vom Anbieter vor ihrer Verbreitung sorgfältig auf Inhalt, Herkunft und Wahrheit zu prüfen.

§ 55 Abs. 1 RStV regelt, dass Anbieter von Telemedien Informationen über Namen und Anschrift sowie bei juristischen Personen auch über Namen und Anschrift des Vertretungsberechtigten leicht erkennbar, unmittelbar erreichbar und ständig verfügbar halten müssen. Gemäß § 55 Abs. 2 RStV haben Anbieter von Telemedien mit journalistisch- redaktionell gestalteten Angeboten zusätzlich einen Verantwortlichen mit Namen und Anschrift zu benennen.

Nach § 58 Abs. 1 RStV muss Werbung als solche klar erkennbar und vom übrigen Inhalt der Angebote eindeutig getrennt sein. Unterschwellige Techniken dürfen nicht eingesetzt werden.

Das **Telemediengesetz** regelt die wirtschaftsbezogenen Bestimmungen für die **Telemedien** und wird später näher erläutert. Die nicht wirtschafts-, sondern inhaltsbezogenen Regelungen legt der Rundfunkstaatsvertrag für die **Teledienste** fest. Abschnitt VI. des RStV gilt für alle Dienste, die nicht dem Rundfunk und auch nicht den Telekommunikationsdiensten zuzuordnen sind.

Neben den genannten Regelungen greifen auch beim **Rundfunk** eigene Gesetze der Länder, z.B. die **Landesrundfunk- oder Landesmediengesetze**, die die Details regeln.

2.3.2 Duales System

In der Bundesrepublik Deutschland ist der Rundfunk nach dem sogenannten „**Dualen System**" organisiert: Öffentlich-rechtliche und private Programme werden – seit der Einführung des Privatfunks 1984 – parallel angeboten.

Als der private Rundfunk in Deutschland eingeführt wurde, forderten einige Medienpolitiker, den öffentlich-rechtlichen Rundfunk abzuschaffen oder zumindest auf den Bereich der sogenannten Hochkultur zu reduzieren, sobald die privaten Anbieter etabliert wären. Die in der ARD zusammengeschlossenen öffentlich-rechtlichen Rundfunkanstalten der einzelnen Länder und das ZDF als gemeinsame Fernsehanstalt aller Länder haben schließlich davon profitiert, dass das Bundesverfassungsgericht ihre Rolle durch mehrere Urteile gestärkt hat. Einige herausragende Urteile werden später erläutert.

Öffentlich-rechtlicher Rundfunk

Die wichtigsten **öffentlich-rechtlichen Rundfunkanstalten** sind die Landesanstalten der ARD (z.b. NDR, WDR, BR, RBB) und das ZDF. Außerdem gibt es die Deutsche Welle als Auslandsrundfunk mit Hörfunk- und Fernsehangebot und Deutschlandradio mit den beiden bundesweit empfangbaren Hörfunkprogrammen Deutschlandfunk und Deutschlandradio Kultur. Die Anstalten sind mit dem Recht der Selbstverwaltung ausgestattet und unterliegen den bereits genannten Staatsverträgen sowie den Landesrundfunkgesetzen.

Die öffentlich-rechtlichen Programmveranstalter sollen ein vielfältiges, umfassendes und ausgewogenes mediales Angebot gewährleisten. Die Programme sollen dabei sowohl Information als auch Bildung, Beratung und Unterhaltung beinhalten.

Für den **öffentlich-rechtlichen Rundfunk** ist einerseits eine staatliche Kontrolle vorgesehen, andererseits soll er weitgehend staatlich unabhängig arbeiten. Das Bundesverfassungsgericht hat ausführlich geregelt, inwiefern dem Staat eine Ordnungsbefugnis zusteht. So muss der Gesetzgeber in Leitgrundsätzen deutlich machen, dass ein Mindestmaß an inhaltlicher Ausgewogenheit und Sachlichkeit gewährleistet ist. Der Staat erfüllt diese Pflicht im Rahmen von Staatsverträgen und Mediengesetzen. Unzulässig wären nach der Verfassung detaillierte Eingriffe seitens des Staates in die Programmgestaltung. Die öffentlich-rechtlichen Programme unterliegen einer staatlichen Rechtsaufsicht, hier muss der Staat aber mit Rücksicht auf das Prinzip der Staatsfreiheit des Rundfunks große Zurückhaltung üben.

In der heutigen Fernsehlandschaft zeigen sowohl die öffentlich-rechtlichen als auch die privaten Programme Werbung; Dauer und Form der Werbeblöcke sowie der unterbrechenden Werbung wird dabei durch den Rundfunkstaatsvertrag (RStV)) geregelt.

Öffentlich-rechtliche Rundfunkanstalten dürfen **Werbung** senden von Montag bis Samstag jeweils bis 20 Uhr, was jedoch zuweilen aber faktisch durch Gewinnspiele mit werbeartigem Charakter und Präsentationen vor und nach Sendungen umgangen wird. Auch an bundesweiten Feiertagen darf im öffentlich-rechtlichen Rundfunk keine Werbung gezeigt werden. Pro Stunde dürfen maximal 12 Minuten Werbung gesendet werden, täglich im Jahresdurchschnitt 20 Minuten.

In den Dritten Fernsehprogrammen der ARD werden überhaupt keine Werbespots ausgestrahlt (vgl. § 16 Abs. 2 RStV).

Für die öffentlich-rechtlichen Rundfunkanstalten gibt es drei Kontrollgremien: den Rundfunkrat, den Verwaltungsrat und die Intendanz.

Um zu gewährleisten, dass die öffentlich-rechtlichen Anstalten ihre Programmaufträge erfüllen können, muss der Staat ihre Funktionsfähigkeit in finanzieller Hinsicht sicherstellen. Eine direkte Finanzierung durch den Staat würde die Gefahr bergen, dass die Programme regierungsfreundlich und abhängig gestaltet würden. Der öffentlich-rechtliche Rundfunk wird deshalb durch die Hörfunk- und Fernsehteilnehmer gebührenfinanziert (vgl. § 13 Abs. 1 Satz 1 2. Halbsatz RStV). Zugleich besteht – wenngleich durch die gesetzlichen Vorschriften der §§ 14, 15 RStV begrenzt – die Möglichkeit, auch in öffentlich-rechtlichen Programmen Werbezeiten zu vergeben und dadurch weitere Einnahmen zu erzielen. Wegen der beiden Grundlagen – Gebühren und Werbeeinnahmen – wird von einer **Mischfinanzierung** des öffentlich-rechtlichen Rundfunks gesprochen.

Privater Rundfunk

Private Rundfunkanbieter benötigen nach § 20 Abs. 1 RStV eine landesrechtliche **Zulassung**, um ihr Programm veranstalten zu können.

Wenn und soweit ein **elektronischer Informations- und Kommunikationsdienst** dem Rundfunk zuzuordnen ist, bedarf auch der Anbieter eines solchen Dienstes einer **Zulassung** (vgl. § 20 Abs. 1 RStV).

Wer Hörfunkprogramme allerdings ausschließlich im Internet verbreitet, benötigt nach § 20 b RStV keine Zulassung. Er hat jedoch das Angebot der zuständigen Landesmedienanstalt anzuzeigen.

Die Anforderungen an die Inhalte der privat angebotenen Rundfunkprogramme sind nicht so hoch wie die, die an den öffentlich-rechtlichen Rundfunk gestellt werden. So heißt es bspw. in § 25 Abs. 1 RStV, dass die Vielfalt der Meinungen „im wesentlichen" zum Ausdruck zu bringen ist. Die bedeutsamen, politischen, weltanschaulichen und gesellschaftlichen Kräfte und Gruppen müssen jedoch in den Vollprogrammen angemessen zu Wort kommen. Auffassungen von Minderheiten sind zu berücksichtigen. Im Rahmen des Zulassungsverfahrens soll die Landesmedienanstalt darauf hinwirken, dass an dem Veranstalter auch Interessenten mit kulturellen Programmbeiträgen beteiligt werden.

Die **privaten Rundfunkanbieter** unterstehen einer begrenzten Aufsicht durch die Landesmedienanstalten. Diese prüft, ob die Anbieter die für sie geltenden rechtlichen Bestimmungen zur Sicherung der Meinungsvielfalt einhalten.

Die Finanzierung des privaten Rundfunks erfolgt im Wesentlichen durch Werbeeinnahmen, zum Teil aber auch durch Teleshopping-Spots. Beim privaten Rundfunk ist Werbung daher in viel größerem Umfang als bei den öffentlich-rechtlichen Anbietern möglich und erlaubt: So ist nach§ 45 RStV ein Anteil an Sendezeit für Fernsehwerbespots und Teleshopping-Spots innerhalb einer Stunde von 20% möglich.

Diese Beschränkung gilt jedoch nicht für Produktplatzierungen und Sponsorhinweise (dazu sogleich) sowie für reine Werbekanäle.

Die Regelungen über Fernsehwerbung gelten auch für Teleshopping, Teleshopping-Spots und Teleshopping-Fenster entsprechend (vgl. §§ 7, 15, 45 RStV).

„Teleshopping" ist nach § 2 Nr. 10 RStV Teleshopping „die Sendung direkter Angebote an die Öffentlichkeit für den Absatz von Waren oder die Erbringung von Dienstleistungen, einschließlich unbeweglicher Sachen, Rechte und Verpflichtungen gegen Entgelt in Form von Teleshoppingkanälen, -fenstern und spots". Als Teleshopping bezeichnet man daher eine Verkaufsform, bei der dem Endverbraucher Produkte über das Fernsehen präsentiert werden, die er dann direkt bestellen kann. Teleshopping ist damit eine Form des DRTV (Direct Response Television, also „Direktes-Reaktions-Fernsehen"). Als Verkaufsform des Einzelhandels unter Nutzung des Mediums Fernsehen gehört Teleshopping zum Distanzhandel (Versandhandel). Dem Konsumenten wird die Möglichkeit angeboten, ein Produkt seiner Wahl im Fernsehen auszuwählen und dieses per Telefon, Fax, Onlineshop oder E-Mail bei einem Händler zu bestellen. Dieser stellt die Waren zusammen, hält sie zur Abholung bereit oder übernimmt die Zustellung. Für die Anbieter hat Teleshopping den Nachteil hoher Retouren und eines schlechten Vertriebsimages. Rechtlich bedeutsam ist, dass Teleshopping im Gegensatz zur herkömmlichen Werbung im öffentlich-rechtlichen Rundfunk untersagt ist. Zusätzlich müssen Teleshopping-Fenster nach § 45a Abs. 1 RStV eine Mindestdauer von 15 Minuten ohne Unterbrechung haben und optisch und akustisch klar als Teleshopping-Fenster gekennzeichnet sein.

Beispiele: Urteile zu privaten Rundfunkanbietern

- Mehrere AGB-Klauseln von „Premiere"sind unzulässig[43].

- Wirksamkeit Allgemeiner Geschäftsbedinungen in Pay- TV-Verträgen[44]

Rundfunkurteile des Bundesverfassungsgerichts

In seinen **acht** sogenannten **„Rundfunkurteilen"**

1. Urteil[45]

2. Urteil[46]

3. Urteil[47]

4. Urteil[48]

5. Urteil[49]

6. Urteil[50]

7. Urteil[51]

8. Urteil[52]

hat das **Bundesverfassungsgericht** die grundlegenden Weichen für die Rundfunkfreiheit gestellt und verschiedene Bereiche geklärt. Jedes Urteil stärkt für sich die Position der öffentlich-rechtlichen Programmveranstalter im „Dualen System".

Besonders hervorzuheben ist das 4. Rundfunkurteil aus dem Jahr 1986. Hier haben die Verfassungsrichter die programmlichen Anforderungen an private Rundfunkveranstalter gesenkt mit der Begründung, dass die Werbefinanzierung zwangsläufig Defizite in programmlicher Hinsicht mit sich bringe. Im Gegenzug gestand das Bundesverfassungsgericht den öffentlich-rechtlichen Anbietern die Grundversorgung zu. Als Reaktion auf dieses Urteil verabschiedeten die Länder 1987 den ersten Rundfunkstaatsvertrag.

---

[43] BGH, Urt. v. 15.11.2007 - III ZR 247/06.
[44] BGH, Urt. v. 15.11.2007 - III ZR 247/06.
[45] BVerfG, Urt. v. 16.01. 1957 - 1 BvR 253/56.
[46] BVerfG, Urt. v. 27.07.1971 - 2 BvF 1/68, 2 BvR 702/68.
[47] BVerfG, Urt. v. 16.06.1981 - 1 BvL 89/78.
[48] BVerfG, Urt. v. 04.11.1986 - 1 BvF 1/84.
[49] BVerfG, Urt. v. 24.03.1987 - 1 BvR 147/86; 1 BvR 478/86.
[50] BVerfG, Urt. v. 05.02.1991 - 1 BvF 1/85 und 1 BvR 1/88.
[51] BVerfG, Urt. v. 06.10.1992 - 1 BvR 1586/89; 1 BvR 487/92.
[52] BVerfG, Urt. v. 22.02.1994 - 1 BvL 30/88.

Ebenso bedeutsam ist das 5. Rundfunkurteil, mit dem das Bundesverfassungsgericht den Begriff der Grundversorgung näher bestimmt hat. Grundversorgung ist demnach nicht als Minimalversorgung zu verstehen, vielmehr sollen die öffentlich-rechtlichen Rundfunkanbieter die gesamte Bandbreite der programmlichen Gestaltungsformen abbilden, die Bürger umfassend auf verschiedenen Wegen informieren, so dass Information für alle erreichbar ist. Dabei soll das Angebot der Grundversorgung ausgewogen und vielfältig sein und die verschiedenen Strömungen der Gesellschaft spiegeln.

Erwähnt sei schließlich das 8. Rundfunkurteil: Es regelt die Gebührenfestsetzung für den öffentlich-rechtlichen Rundfunk und führte zur Verabschiedung des Rundfunkfinanzierungsstaatsvertrages (RFinStV). Demnach müssen die Rundfunkanstalten ihren Finanzbedarf zunächst bei der Kommission zur Überprüfung und Ermittlung des Finanzbedarfs der Rundfunkanstalten (KEF) anmelden. Die KEF ist ein unabhängiges Gremium von Sachverständigen. Sie prüft den angemeldeten Bedarf ausschließlich fachlich und gibt eine Empfehlung zur Höhe der Rundfunkgebühr ab. Im dritten Schritt legen die Länderparlamente die Gebührenhöhe unter Berücksichtigung des KEF-Vorschlags fest.

Im Herbst 2007 hat das Bundesverfassungsgericht in einem Urteil[53] die Position der KEF gestärkt und damit Rechtssicherheit für das Verfahren der Gebührenfestsetzung geschaffen. Zur Vorgeschichte: Die KEF hatte 2005 eine Erhöhung der Rundfunkgebühren um 1,09 € vorgeschlagen. Die Ministerpräsidenten der Länder folgten dieser Empfehlung zum ersten Mal nicht, sondern bewilligten nur eine Gebührenanhebung um 0,88 € auf insgesamt 17,03 €/Monat. Zur Begründung führten sie die schlechte gesamtwirtschaftliche Lage an und verwiesen auf nach ihrer Ansicht nicht erschlossene Sparpotentiale bei den öffentlich-rechtlichen Rundfunkanstalten. ARD, ZDF und Deutschlandradio legten daraufhin Verfassungsbeschwerde ein und bekamen schließlich Recht. Nach der Entscheidung der Karlsruher Richter muss die Festsetzung der Rundfunkgebühr frei von medienpolitischen Zwecken erfolgen. Die Bundesländer dürfen also in die Entscheidungen der KEF nicht pauschal eingreifen; vielmehr müssen sie etwaige Eingriffe belegen und zwar mit hinreichend überprüfbaren Tatsachen. Eine nachträgliche Gebührenerhöhung wurde nicht bestimmt.

Das **Bundesverfassungsgericht** hat in demselben Urteil den öffentlich-rechtlichen Sendern den Weg in die digitale Welt geebnet. Waren gerade die Internetangebote von ARD und ZDF bei privaten Verlegern in der Vergangenheit heftig umstritten, so haben die Karlsruher Richter deutlich gemacht, dass die Programmangebote der öffentlich-rechtlichen Rundfunkanstalten

---

[53] BVerfG, Urt. v. 11.09.2007 - 1 BvR 2270/05; 1 BvR 809/06 und 1 BvR 830/06.

auch für neue Inhalte, Formate und Genres sowie für neue Verbreitungsformen offen bleiben müssen. Sie dürfen deshalb nicht auf den gegenwärtigen Entwicklungsstand in programmlicher, finanzieller und technischer Hinsicht beschränkt werden.

Im 15. Rundfunkänderungsstaatsvertrag aus dem Jahre 2010 haben die Bundesländer beschlossen, dass ab 2013 **Rundfunkgebühren** nicht mehr pro Fernseher oder Radio gezahlt werden sollen, sondern vielmehr im **privaten Bereich** von **jedem Haushalt** und im **nicht privaten Bereich** von **jeder Betriebsstätte.** Künftig besteht mithin als wesentliche Neuerung eine **Beitragspflicht** (daher künftig: **Rundfunkbeitrag**) für Wohnungsinhaber im privaten Bereich und für Betriebsstätteninhaber im nicht privaten Bereich.

Private Haushalte sollen mithin auch dann Rundfunkgebühren zahlen, wenn sie gar keinen Fernseher, kein Radio oder keinen internetfähigen PC (dazu sogleich) haben. Dies gilt übrigens auch für eine Zweitwohnung. Die Beitragspflicht knüpft nämlich an die theoretische Möglichkeit der Nutzung der Geräte an, ohne dass in der Wohnung die für einen Empfang erforderlichen Einrichtungen vorhanden sein müssen.

Der Grundsatz der Beitragszahlung für eine Betriebsstätte im nicht privaten Bereich wird abgestuft nach der Messgröße „Beschäftigte" festgelegt. Diese Messgröße wurde gewählt, da es für die Höhe und Anzahl der Beiträge auf den möglichen kommunikativen Nutzen ankommt, weshalb die Anzahl der Personen und nicht Kapitaleinsatz oder Umsatz herangezogen werden.

Die neue Gebühr soll monatlich bei 17,98 € liegen und damit nicht über dem bisherigen Beitrag.

Mit dem Wechsel reagierten die Bundesländer auf die technische Konvergenz der Empfangsgeräte, zudem wollten sie das Erhebungssystem vereinfachen. So sind auch öffentlich-rechtliche Programme längst nicht mehr nur über TV- und Radiogeräte, sondern via Internet auch per Computer und Handy empfangbar. Da jeder Haushalt die Abgabe zahlen muss, können dann auch die Nachforschungen der GEZ entfallen, um „Schwarzseher" aufzudecken. Allerdings wird die GEZ nicht aufgelöst; sie wird in Zukunft den Rundfunkbeitrag einziehen und dafür bei Einwohnermeldeämtern nach den Adressen fragen. Wer Sozialhilfe, Arbeitslosengeld II oder eine Ausbildungsförderung wie Bafög oder Ausbildungsgeld erhält, wird davon befreit – allerdings nur auf Antrag. Blinde oder stark Sehbehinderte, Gehörlose und schwerbehinderte Menschen sind künftig nicht mehr grundsätzlich befreit. Sie sollen nunmehr einen ermäßigten Beitrag von einem Drittel der regulären Gebühr zahlen, sofern sie dies leisten können.

Das Bundesverwaltungsgericht hat entschieden, dass für **internetfähige PC Rundfunkgebühren** zu zahlen sind.

Der Fall[54]: Die Rundfunkanstalten halten die Besitzer internetfähiger PC für gebührenpflichtig, weil sich mit diesen Geräten Sendungen empfangen lassen, die mit sogenanntem Livestream in das Internet eingespeist werden. Im Rahmen der Zweitgeräte-Befreiung wird die Rundfunkgebühr allerdings nicht verlangt, wenn der Besitzer bereits über ein angemeldetes herkömmliches Rundfunkgerät in derselben Wohnung oder demselben Betrieb verfügt. Die Kläger waren zwei Rechtsanwälte und ein Student, die in ihren Büros bzw. in der Wohnung kein angemeldetes Rundfunkgerät bereithielten, aber dort jeweils internetfähige PC besaßen.

Das Bundesverwaltungsgericht entschied: Bei internetfähigen PC handelt es sich um Rundfunkempfangsgeräte im Sinne des Rundfunkgebührenstaatsvertrags. Für die Gebührenpflicht kommt es nach dessen Regelungen lediglich darauf an, ob die Geräte zum Empfang bereit gehalten werden, nicht aber darauf, ob der Inhaber tatsächlich Radio- bzw. Fernsehsendungen mit dem Rechner empfängt. Ebenso wenig ist es erheblich, ob der PC mit dem Internet verbunden ist, wenn er technisch nur überhaupt dazu in der Lage ist.

Diese sich aus dem Rundfunkgebührenstaatsvertrag ergebende Rechtslage verstößt auch nicht gegen höherrangiges Recht. Insbesondere verletzt sie nicht in rechtswidriger Weise die Rechte der Kläger auf Freiheit der Information (Art. 5 Abs. 1 GG) und der Berufsausübung (Art. 12 I GG) oder den Gleichbehandlungsgrundsatz (Art. 3 Abs. 1 GG).

Zwar greift die Erhebung von Rundfunkgebühren für internetfähige PC in die Grundrechte der Kläger aus Art. 5 Abs. 1 und 12 Abs. 1 GG ein, indem sie die Rundfunkgebührenpflicht an die – jedenfalls auch – beruflichen und informatorischen Zwecken dienende Nutzung oder auch nur den Besitz der Rechner knüpft. Dieser Eingriff ist jedoch gerechtfertigt durch die – ebenfalls verfassungsrechtlich begründete – Finanzierungsfunktion der Rundfunkgebühren für die öffentlich-rechtlichen Rundfunkanstalten. Der Eingriff ist auch nicht unverhältnismäßig, sondern von der Typisierungsbefugnis des Gebührengesetzgebers gedeckt.

Der Gleichbehandlungsgrundsatz wird vom Rundfunkgebührenstaatsvertrag ebenfalls nicht verletzt. Zwar werden insofern ungleiche Sachverhalte gleich behandelt, als die herkömmlichen monofunktionalen Rundfunkempfangsgeräte mit den multifunktionalen internetfähigen PC gebührenrechtlich gleich behandelt werden. Entscheidend für die Gebührenerhebung ist jedoch nicht die technische Unterschiedlichkeit der Empfangsgeräte, sondern die gleiche

---

[54] BVerwG, Urt. v. 27.10.2010 - 6 C 12/09, 6 C 17/09, 6 C 21/09.

Möglichkeit zum Empfang von Rundfunksendungen durch diese verschiedenartigen Geräte.

Der Gleichheitssatz des Art. 3 Abs. 1 GG verlangt für das Abgabenrecht, dass die Gebührenpflichtigen durch ein Gebührengesetz rechtlich und tatsächlich gleich belastet werden. Wird die Gleichheit im Belastungserfolg durch die rechtliche Gestaltung des Erhebungsverfahrens prinzipiell verfehlt, kann dies die Verfassungswidrigkeit der gesetzlichen Gebührengrundlage nach sich ziehen. Die Rundfunkanstalten können an der Gebührenpflichtigkeit von internetfähigen PC daher auf Dauer nur festhalten, wenn diese sich auch tatsächlich durchsetzen lässt. Insoweit wird der Gesetzgeber die Entwicklung zu beobachten haben.

Es besteht also danach eine Gebührenpflicht für sogenannte „neuartige Rundfunkempfangsgeräte". Als solche werden Geräte angesehen, die Hörfunk- oder Fernsehprogramme über konvergente Plattformen ohne Rundfunkempfangsteil wiedergeben können. „Neuartige Rundfunkgeräte" in diesem Sinne sind z.B. PC und Notebooks, die Radio- und Fernsehprogramme ausschließlich über das Internet empfangen, PDA und MDAs/Smartphones, die Rundfunk ausschließlich über das Internet oder UMTS empfangen, Server, wenn sie ohne besonderen technischen Aufwand an das Internet angeschlossen werden können und UMTS- und WLAN-Handys, die Radio- und Fernsehprogramme ausschließlich über UMTS oder das Internet empfangen.

Die Gebühr für „neuartige Rundfunkgeräte" wird jedoch nur dann fällig, wenn keine herkömmlichen Empfangsgeräte – also Radio oder TV – bei der GEZ gemeldet sind.

2.3.3 Trennung von redaktionellem Inhalt und Werbung – Schleichwerbung – Product Placement

Für den Rundfunk gilt– ebenso wie für die Presse – das Gebot zur **Trennung von Programm und Werbung**. Im Hörfunk muss akustisch, im Fernsehen optisch deutlich werden, dass ein laufendes Programm von Werbung unterbrochen wird.

Nach den Grundregeln von § 7 des 13. RStV darf Werbung generell nicht:

- die Menschenwürde verletzen,
- Diskriminierungen aufgrund von Geschlecht, Rasse oder ethnischer Herkunft, Staatsangehörigkeit, Religion oder Glauben, Behinderung, Alter oder sexueller Orientierung beinhalten oder fördern,
- irreführen,
- den Interessen der Verbraucher schaden,

- Verhaltensweisen fördern, die die Gesundheit oder Sicherheit sowie in hohem Maße den Schutz der Umwelt gefährden.
- das übrige Programm inhaltlich und redaktionell beeinflussen.

Werbung muss als solche leicht erkennbar und vom redaktionellen Inhalt unterscheidbar sein. In der Werbung dürfen darüber hinaus auch keine Techniken der unterschwelligen Beeinflussung eingesetzt werden. Auch beim Einsatz neuer Werbetechniken muss Werbung angemessen durch optische oder akustische Mittel oder räumlich eindeutig von anderen Sendungsteilen abgesetzt sein. Übertragungen von Gottesdiensten sowie Sendungen für Kinder dürfen nicht durch Werbung unterbrochen werden.

Werbung oder Werbetreibende dürfen zudem das übrige Programm inhaltlich und redaktionell nicht beeinflussen. Fernsehwerbung ist die Ausstrahlung von Werbefilmen im Fernsehen. Die Sender stellen dafür gegen Entgelt ihre Sendezeit zur Verfügung. Die Werbespots dauern in der Regel circa 30 Sekunden. Aus den „Gemeinsamen Werberichtlinien der Landesmedienanstalten für das Fernsehen" ergibt sich die Verpflichtung, Dauerwerbesendungen von mehr als 90 Sekunden Länge als solche zu kennzeichnen. Daraus folgt mittelbar, dass Werbesendungen von mehr als 1,5 Minuten Länge nicht mehr als Werbespots angesehen werden. Dauerwerbesendungen sind zulässig, wenn der Werbecharakter erkennbar im Vordergrund steht und die Werbung einen wesentlichen Bestandteil der Sendung darstellt. Sie müssen aber zu Beginn als Dauerwerbesendung angekündigt und während ihres gesamten Verlaufs als solche gekennzeichnet werden.

Neben dieser unterbrechenden Werbung haben sich in den letzten Jahren auch andere Formen der Fernsehwerbung etabliert. Dazu gehören z.B. Dauerwerbesendungen, Werbung im Split-Screen, Werbespotpremieren oder Kurzunterbrechungen mit nur einem Spot. Man versucht damit, auf das Zapping-Verhalten der Zuschauer zu reagieren, zudem lassen sich durch zeitversetztes Fernsehen Werbeblöcke leicht überspringen oder mit Programmen wie MPlayer vor der eigentlichen Betrachtung der Sendung herausschneiden. In der Anfangszeit der Fernsehwerbung stand die eigentliche Information über Produkte im Vordergrund. Später wurden dann künstlerische Elemente, wie z.B. Musik, Inszenierungen oder Handlungen o.ä. immer wichtiger.

Da als potentielle Käufer die richtige Zielgruppe von Bedeutung ist, wird eine umfangreiche Forschung der Einschaltquoten betrieben und oftmals das Programmangebot entsprechend angepasst. Werbung darf nicht irreführen, den Interessen der Verbraucher nicht schaden und nicht Verhaltensweisen fördern, die die Gesundheit oder Sicherheit der Verbraucher oder den Schutz der Umwelt gefährden. Werbung oder Werbetreibende dürfen das übrige Programm weder inhaltlich noch redaktionell beeinflussen. Werbung muss daher als solche klar erkennbar sein. In der Fernsehwerbung dürfen keine Personen auftreten, die regelmäßig Nachrichtensendungen oder Sendungen zum politischen Zeitgeschehen präsentieren.

In diesem Zusammenhang ist zum einen die sogenannte **Schleichwerbung** und zum anderen die **Produktplatzierung („Product Placement")** zu unterscheiden.

Nach der Definition in § 2 Nr. 8 des 13. RStV ist **Schleichwerbung** „die Erwähnung oder Darstellung von Waren, Dienstleistungen, Namen, Marken oder Tätigkeiten eines Herstellers von Waren oder eines Erbringers von Dienstleistungen in Programmen, wenn sie vom Veranstalter absichtlich zu Werbezwecken vorgesehen ist und die Allgemeinheit hinsichtlich des eigentlichen Zwecks dieser Erwähnung oder Darstellung irreführen kann. Eine Erwähnung oder Darstellung gilt insbesondere dann als zu Werbezwecken beabsichtigt, wenn sie gegen Entgelt oder eine ähnliche Gegenleistung erfolgt.

Demgegenüber ist nach § 2 Nr. 11 des 13. RStV **Produktplatzierung** „die gekennzeichnete Erwähnung oder Darstellung von Waren, Dienstleistungen, Namen, Marken, Tätigkeiten eines Herstellers von Waren oder eines Erbringers von Dienstleistungen in Sendungen gegen Entgelt oder eine ähnliche Gegenleistung mit dem Ziel der Absatzförderung. Die kostenlose Bereitstellung von Waren oder Dienstleistungen ist Produktplatzierung, sofern die betreffende Ware oder Dienstleistung von bedeutendem Wert ist". Unentgeltliche Produktplatzierungen nennt man auch Produktbeistellungen.

In § 7 Abs. 7 Satz 1 des 13. RStV heißt es:

„Schleichwerbung, Produkt- und Themenplatzierung sowie entsprechende Praktiken sind unzulässig".

Daraus folgt: Schleichwerbung ist generell verboten.

Produktplatzierungen können jedoch nach § 7 Abs. 7 Satz 2 des 13. RStV **ausnahmsweise zulässig** sein, wenn sie folgende Voraussetzungen erfüllen:

1. Die redaktionelle Verantwortung und Unabhängigkeit hinsichtlich Inhalt und Sendeplatz müssen unbeeinträchtigt bleiben.

2. Die Produktplatzierung darf nicht unmittelbar zu Kauf, Miete oder Pacht von Waren oder Dienstleistungen auffordern, insbesondere nicht durch spezielle verkaufsfördernde Hinweise auf diese Waren oder Dienstleistungen.

3. Das Produkt darf nicht zu stark herausgestellt werden; dies gilt auch für kostenlos zur Verfügung gestellte geringwertige Güter.

Auf eine Produktplatzierung ist zudem eindeutig hinzuweisen:

Sie ist zu Beginn und zum Ende einer Sendung sowie bei deren Fortsetzung nach einer Werbeunterbrechung oder im Hörfunk durch einen gleichwertigen Hinweis angemessen zu kennzeichnen.

Die Kennzeichnungspflicht entfällt aber für solche Sendungen, die nicht vom Veranstalter selbst oder von einem mit dem Veranstalter verbundenen Unternehmen produziert oder in Auftrag gegeben worden sind, wenn nicht mit zumutbarem Aufwand ermittelbar ist, ob Produktplatzierung enthalten ist.

Nach § 15 des 13. RStV ist Produktplatzierung im **öffentlich-rechtlichen** Rundfunk zulässig:

- in Kinofilmen, Filmen und Serien, Sportsendungen und Sendungen derleichtenUnterhaltung, die nicht vom Veranstalter selbst oder von einem mitdem Veranstalter verbundenen Unternehmen produziert oder in Auftraggegeben wurden, sofern es sich nicht um Sendungen für Kinder handelt, oderwenn kein Entgelt geleistet wird, sondern lediglich bestimmte Waren oder Dienstleistungen, wie Produktionshilfen und Preise, im Hinblick auf ihre Einbeziehung in eine Sendung kostenlos bereitgestellt werden, sofern es sichnicht um Nachrichten, Sendungen zum politischen Zeitgeschehen, Ratgeber- und Verbrauchersendungen, Sendungen für Kinder oder Übertragungen von Gottesdiensten handelt.

Nach § 44 des 13. RStV sind die Festlegungen für den privaten Rundfunk weniger strikt: Dort wird – anders als im öffentlich-rechtlichen Rundfunk – der Einsatz von Product Placement in Eigen- und Auftragsproduktionen nicht untersagt.

Für Aufsehen haben Product Placements in der Vergangenheit z.B. bei der ARD gesorgt. Betroffen waren unter anderem die Vorabendserie „Marienhof", die Krankenhausserie „In aller Freundschaft" und auch die Krimireihe „Tatort". Produktionsgesellschaften, die im Auftrag der ARD-Anstalten tätig waren, sollen über vermittelnde Agenturen einzelnen Unternehmen angeboten haben, direkt auf Drehbücher oder Ausstattung der Fernsehserien Einfluss zu nehmen. Im Gegenzug soll Schleichwerbung für Produkte oder Dienstleistungen geboten worden sein. Die Intendanten der ARD-Anstalten sind diesen Vorfällen mit scharfen Maßnahmen begegnet. So wurden bspw. Verträge mit Produktionsunternehmen präzisiert und eine umfangreiche

Programmbeobachtung eingeführt, um die Unabhängigkeit der Programme sicher zu stellen.

Fazit: Produktplatzierung wird sowohl für den privaten als auch für den öffentlich-rechtlichen Rundfunk - in unterschiedlichen Grenzen - erlaubt. Während im privaten Rundfunk in Filmen, Unterhaltungssendungen und im Sport Produkte gegen Entgelt platziert werden dürfen (bei Eigen- und Fremdproduktionen), ist dies im öffentlich-rechtlichen Rundfunk nur bei angekauften Formaten erlaubt. Unentgeltliche Produktplatzierungen (Produktbeistellungen) sind im privatem wie im öffentlich-rechtlichen Rundfunk nur in Nachrichten, Sendungen zum politischen Zeitgeschehen und in Ratgeber- und Verbrauchersendungen verboten, in allen anderen Formaten sind sie erlaubt.

Beim sogenannten **„On-Set-Placement"** als Unterfall des Product Placement ist das Produkt für den Handlungsablauf unwichtig. Es erscheint nur am Rande und nur für einen kurzen Zeitraum. So wird z.B. ein Produkt nur ganz kurz in die Kamera gehalten oder es fährt ein bestimmtes Auto vorbei, weshalb das Produkt vom Zuschauer nicht bewusst, sondern eher im Unterbewusstsein wahrgenommen wird. Daher nennt man das „On-Set-Placement" auch „Stilles Placement".

Beim **„Creative Placement"** werden dagegen für bestimmte Produkte kleine Geschichten entwickelt und nahtlos in die Handlung integriert. Die Schauspieler verwenden die zu bewerbenden Produkte aktiv und geben möglichst eine positive Bewertung ab (sogenanntes **„Endorsement"**). Beispielsweise benutzt der Darsteller den Laptop eines bestimmten Herstellers oder das Auto einer bestimmten Marke. Durch die gezielte Einbindung des Produktes in die Handlung fällt dieses Placement dem Zuschauer nicht besonders auf, er hält es für „normal", prägt sich aber gerade dadurch unbewusst das Produkt ein.

Von **„Corporate Placement"** wird gesprochen, wenn beispielsweise ein Unternehmen direkt oder ein Logo gezeigt bzw. genannt wird.

Bei sogenannten **„Titelpatronat"** wird der Name einer Marke in den Titel einer Fernseh- oder Radiosendung integriert.

Auch das **„Generic Placement"** ist eine besondere Form der Produktplatzierung. Hier ist nämlich weder das Markenlogo des platzierten Produkts zu sehen, noch wird der Hersteller genannt. Vielmehr wird nur eine bestimmte Produktgattung gezeigt oder genannt. Hier verfolgt die gezielte Einbringung eines Markenartikels in die Medien, ohne dass das Logo eingeblendet wird. Voraussetzung für Generic Placement ist die eindeutige Identifizierungsmöglichkeit des Artikels durch den Konsumenten anhand seines Aussehens. Diese ist nur bei einem sehr hohen Bekanntheitsgrad gegeben. Interessant ist dieses Placement daher vor allem für (Quasi)-Monopolisten, Marktführer oder Verbände.

„Music-Placement" nimmt eine besonders wichtige Rolle sowohl in Filmen, in Fernsehproduktionen, im Radio oder bei speziellen Musiksendern im Fernsehen ein. Neben den direkten Zuwendungen an die Entscheider (Payola) forcieren hierbei die Musikverlage ihre Produkte mit dem Hinweis auf den zu erwartenden Erfolg des Musiktitels.

„Country- oder Landside-Placement" bietet sich vor allem in der Touristikbranche an. Diese Form des Product Placements rückt Länder, Regionen oder Städte als Schauplätze in Filmen ins Geschehen, um dadurch den Tourismus anzukurbeln.

Das **„Image Placement"** stellt ebenfalls einen Sonderfall des Product Placements dar. Hier ist das Thema eines Filmes auf ein einziges Unternehmen oder nur auf ein Produkt oder Land zugeschnitten. Mit dieser Placement-Variante nutzt z.b. die Touristikbranche die Medien Film und TV für unterschwellige werbliche Aktivitäten.

Zunehmend gehen Hersteller von Lifestyleprodukten wie Uhren, Autos oder Designerkleidung dazu über, ihre Produkte kostenlos oder sogar gegen Honorar an Schauspieler, Sportler oder andere Prominente abzugeben. Die Empfänger verpflichten sich im Gegenzug, die erhaltenen Produkte auch im Privatleben zu benutzen. Im Rahmen von „Home Stories", aber auch durch Paparazzi-Fotos erhoffen sich die Hersteller eine zusätzlichen Glaubwürdigkeitssteigerung für ihre Produkte (sogenanntes **„Celebrity-Placement"**).

Die Regelungen über Fernsehwerbung gelten für Teleshopping, Teleshopping-Spots und Teleshopping-Fenster entsprechend (vgl. §§ 7, 15, 45 13. RStV).

2.3.4 Sponsoring

„Sponsoring" ist jeder Beitrag einer natürlichen oder juristischen Person oder einer Personenvereinigung, die an Rundfunktätigkeiten oder an der Produktion audiovisueller Werke nicht beteiligt ist, zur direkten oder indirekten Finanzierung einer Sendung, um den Namen, die Marke, das Erscheinungsbild der Person oder Personenvereinigung, ihre Tätigkeit oder ihre Leistungen zu fördern. Durch Sponsoring dürfen jedoch die Erfüllung des Programmauftrages der Anbieter und die Unabhängigkeit der Programmgestaltung nicht beeinträchtigt werden.

Bei Sendungen, die ganz oder teilweise gesponsort werden, muss zu Beginn oder am Ende auf die Finanzierung durch den Sponsor in vertretbarer Kürze deutlich hingewiesen werden (§ 8 Abs. 1 RStV). Inhalt und Programmplatz einer derartigen Sendung dürfen vom Sponsor nicht so beeinflusst werden, dass dadurch die Verantwortung und die redaktionelle Unabhängigkeit des Rundfunkveranstalters beeinträchtigt werden.

In Programmtrailern für gesponserte Sendungen darf auf den Sponsor nicht hingewiesen werden. Zudem ist auszuschließen, dass der Sponsor in Bezug auf den Inhalt oder die Platzierung der gesponserten Sendung Vorgaben macht oder hierauf in anderer Weise Einfluss nimmt.

Nachrichtensendungen oder Sendungen zur politischen Information (z.B. politische Magazine) dürfen nicht gesponsert werden. In Kindersendungen und Sendungen religiösen Inhalts ist das Zeigen von Sponsorenlogos untersagt.

Politische, weltanschauliche oder religiöse Vereinigungen dürfen Sendungen nicht sponsern. Sponsoring darf außerdem nicht zum Verkauf, zum Kauf, zur Miete oder Pacht von Erzeugnissen oder Dienstleistungen des Sponsors anregen (§ 8 Abs. 2, 3 RStV).

Sponsoring durch Zigaretten- oder Tabakhersteller ist gemäß § 8 Abs. 4 RStV verboten. Sponsoring durch Arzneimittelhersteller unterliegt nach § 8 Abs. 5 RStV besonderen Einschränkungen.

Nach 20 Uhr ist im öffentlich-rechtlichen Rundfunk lediglich noch das Sponsoring von Sendungen gestattet, andere Werbung ist unzulässig.

2.3.5 Beweissicherung durch Aufzeichnungs- und Aufbewahrungspflicht

Anders als im Presserecht gilt für den Rundfunk keine Impressumspflicht. Die **Beweissicherung** wird hier durch die Aufzeichnungs- und Aufbewahrungspflicht gewährleistet. So wird denjenigen Personen, die sich durch einzelne Beiträge in Rundfunkprogrammen verletzt sehen, die Möglichkeit gegeben, ihre Rechte geltend zu machen.

Die Rundfunkveranstalter müssen ihre Sendungen vollständig aufzeichnen und aufbewahren. Im Gesetz zum Staatsvertrag über den Norddeutschen Rundfunk heißt es bspw. in § 14:

> „Nach Ablauf von drei Monaten seit dem Tage der Verbreitung können Aufzeichnungen gelöscht und Filme vernichtet werden, soweit keine Beanstandungen mitgeteilt worden sind. Bei einer Beanstandung kann die Aufzeichnung erst gelöscht und der Film erst vernichtet werden, wenn die Beanstandung durch rechtskräftige gerichtliche Entscheidung, durch gerichtlichen Vergleich oder auf andere Weise erledigt ist."

2.4 Filmrecht

Zu den traditionellen Medien gehört auch der Film, der gleichsam in den neuen Medien von besonderer Bedeutung ist. Er wird als eigenständiges Medium neben dem Fernsehen betrachtet. Die **Filmfreiheit** ist als Grundrecht geschützt. Eine taugliche Definition des Begriffs Film gibt es nicht. In der Literatur wird Film meist als Kommunikationsmedium, bei dem ein chemisch-optischer Bildträger der Öffentlichkeit vorgeführt wird, verstanden. Diese Umschreibung scheint allerdings nicht mehr zeitgemäß. Maßgeblich sollte die Art und Weise der Wiedergabe sein: Wird ein Bildträger an einem bestimmten Ort für einen begrenzten Personenkreis aufgeführt, handelt es sich um einen **Film**; richtet sich die Aufführung an einen unbestimmten Personenkreis, handelt es sich um **Rundfunk**.

Zum Verständnis mag ein Beispiel dienen: Ein Kinofilm, der im Fernsehen ausgestrahlt wird, unterliegt der Rundfunkfreiheit, nicht der Filmfreiheit – denn im Fernsehen richtet er sich an eine unbegrenzte Allgemeinheit.

Von Bedeutung ist die Filmförderung durch den Staat. Oft sind gerade Filme mit hohem künstlerischen oder bildenden Wert besonders kostspielig und bedürfen daher einer Förderung. Das Filmförderungsgesetz des Bundes (FFG) zielt darauf, die Qualität des deutschen Films zu steigern und die Filmwirtschaft in ihren Strukturen zu verbessern. Über Förderanträge von Filmschaffenden entscheidet eine Vergabekommission. Nicht förderungsfähig sind Filme, die gegen die Verfassung oder gegen Gesetze verstoßen oder religiöse Gefühle verletzen. Ebenso von der Förderung ausgeschlossen sind Filme von geringer Qualität und solche, die Sexualität oder Brutalität aufdringlich, vergröbernd und spekulativ darstellen.

2.5 Multimediarecht, Telemedien

Der Begriff „Multimedia" – als Synonym für „neue Medien" – ist nicht gesetzlich definiert. Er bezeichnet Inhalte und Werke, die aus mehreren, meist digitalen Medien bestehen: Text, Fotografie, Graphik, Animation, Audio und Video. Die Präsentation durch verschiedene Formate ist nichts Neues, der Begriff Multimedia zeichnet sich aber insbesondere durch digitale Inhalte aus. Außerdem spielt das Vorhandensein unterschiedlicher Interaktionsmöglichkeiten eine wichtige Rolle, z.B. aktive Navigation, Manipulation von Inhalten oder Steuerung von Wiedergabeparametern. Aufgrund des technischen Fortschritts der Digitalisierung und der gesteigerten Leistungsfähigkeit von Computern erlebte Multimedia eine stürmische Entwicklung.

Man findet dazu z.B. folgende Definition:

„Ein Multimediasystem ist durch die rechnergestützte, integrierte Erzeugung, Manipulation, Darstellung, Speicherung und Kommunikation von
unabhängigen Informationen gekennzeichnet, die in mindestens einem
kontinuierlichen und einem diskreten Medium kodiert sind." (Steinmetz
2000, S. 13, 13)

Eine weitere Definition lautet:

„Multimedia" sind zahlreiche Hardware- und Softwaretechnologien für In-
tegration von digitalen Medien, wie bspw. Text, Pixelbilder, Grafik, Video
oder Ton. Neben diesem Medienaspekt – Multimedialität – spielen aber
auch Interaktivität, Multitasking (gleichzeitige Ausführung mehrerer Prozesse)und Parallelität (bezogen auf die parallele Medienpräsentation) eine
wichtige Rolle. In diesem Zusammenhang können wir vom Integrations-
und Präsentationsaspekt des Multimediabegriffs sprechen. Diese Aspekte
der technischen Dimensionen des Multimediaverständnissen müssen um
weitere Aspekte ergänzt werden: die der Dimension der Anwendung. Erst
die Anwendung der multimedialen Technik konkretisiert den Begriff. So
kann nicht jede beliebige Kombination von Medien als „Multimedia" bezeichnet werden. Ein Personalcomputer mit Tonausgabe und einem ein-
gebauten CD-Rom-Laufwerk ist genauso wenig ein Multimediasystem wie
ein CBT Programm (...), das neben Text auch Bilder und Grafiken darstellt.
Sicherlich sind aber neben der Multimediatechnik auch der Nutzungskon-
text und die Funktionalität von Multimedia stets in die Debatte mit einzubeziehen." (Issing et al. 1995, S. 3 f.).

So vielseitig und flexibel die Multimedia-Welt, so unübersichtlich sind für den
Außenstehenden die Rechtsgebiete, die sie betreffen. Der Gesetzgeber hat
erkannt, dass Vereinheitlichungen und spezielle Regelungen angesichts der
rasanten technischen Entwicklung notwendig sind. Er ist in einigen Bereichen bereits auf Veränderungen eingegangen, andere Gebiete liegen allerdings noch brach.

Im Zuge der Föderalismusreform ist mit Einführung des Telemediengesetzes
und der letzten Änderungen des Rundfunkstaatsvertrages das Feld der
rechtlichen Bestimmungen für neue Medien immerhin etwas übersichtlicher
geworden.

2.5.1 Telemediengesetz

Das Telemediengesetz, in der Umgangssprache auch „Internetgesetz" genannt, regelt die **Rahmenbedingungen für die Telemedien**. Die frühere
Unterscheidung in Teledienste und Mediendienste ist entfallen, es ist jetzt
einheitlich von **Telemediendiensten (oder kurz: Telemedien)** die Rede: Telemedien ist damit ein aus „Teledienste" und „Mediendienste" gebildeter
Oberbegriff für elektronische Informations- und Kommunikationsdienste.

Auf den ersten Blick unverständlich ist, warum es ein Telemediengesetz gibt und daneben auch im Rundfunkstaatsvertrag eigene Regelungen zu Telemedien. Die Erklärung ist: Der Rundfunkstaatsvertrag ist ein Werk der Bundesländer, nicht des Bundes, der sicherstellen soll, dass sich die allgemein erreichbaren Medien inhaltlich und auch werbetechnisch bestimmten „Standards" stellen. Für Telemedien gelten lediglich die Abschnitte IV bis VI des Rundfunkstaatsvertrages, wobei nur Abschnitt VI echte Regelungen für Telemedien beinhaltet. Der Rundfunkstaatsvertrag verweist vielmehr regelmäßig auf das Telemediengesetz, so etwa beim Datenschutz. Er trifft dagegen nur sehr wenige grundsätzliche Regelungen hinsichtlich des Anspruchs an den Inhalt von Telemedien mit besonderer Ausprägung auf meinungsbildende Telemedien.

Das Telemediengesetz (TMG) arbeitet demgegenüber mit erweiternden Regelungen hinsichtlich Verantwortung, Datenschutz und Informationspflichten geschäftsmäßiger Webseiten. Der Rundfunkstaatsvertrag, Abschnitt Telemedien, spricht nur von „Telemedien mit journalistisch-redaktionellem Inhalt".

Der Rundfunkstaatsvertrag regelt also nur Telemedien mit journalistisch-redaktionellem Inhalt. Für nicht journalistisch-redaktionelle Telemedien trifft der Rundfunkstaatsvertrag keine Regelungen, dies ist dem Telemediengesetz vorbehalten.

Also: Die beiden Gesetze ergänzen sich.

Telemedien sind entsprechend § 1 Abs. 1 Satz 1 TMG bzw. § 2 Abs. 1 Satz 3 RStV

> „….alle elektronischen Informations- und Kommunikationsdienste, soweit sie nicht Telekommunikationsdienste oder telekommunikationsgestützte Dienste oder Rundfunk sind (Telemedien)."

Die Normen des TMG betreffen damit alle Informations- und Kommunikationsdienste, die nicht ausschließlich den Bereichen Telekommunikation und Rundfunk zuzuordnen sind. Damit berühren sie also in erster Linie fast alle Angebote im Internet, z.B. Suchmaschinen, Webshops, Chatrooms, Webmaildienste, aber auch private Homepages und Blogs.

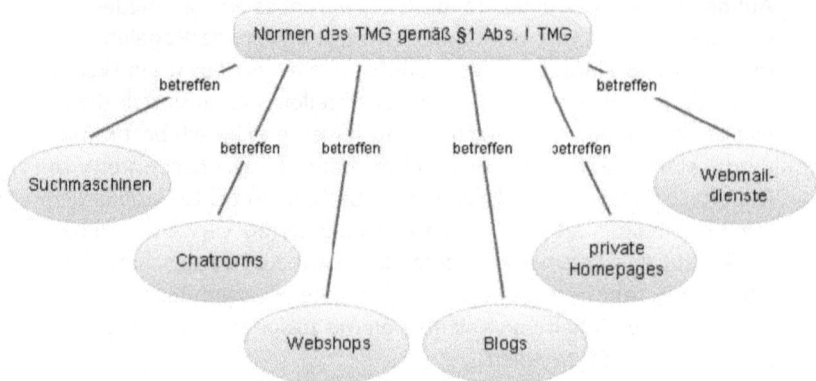

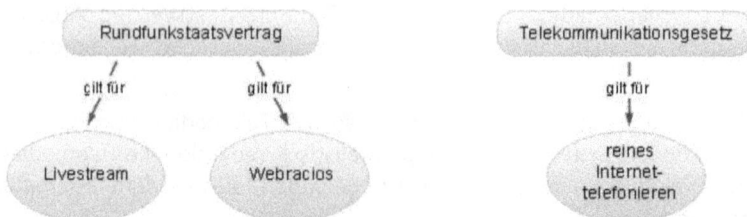

Die **Abgrenzung zwischen Telemedien, Rundfunk und Telekommunikationsdiensten** orientiert sich also nach der Funktion der Dienste. Unter Rundfunk ist demnach jeder Dienst zu verstehen, der zur Meinungsbildung beiträgt: der herkömmliche Rundfunk (Radio und Fernsehen), dessen Live-Stream-Angebote und die ausschließliche Übertragung herkömmlicher Rundfunkprogramme über das Internet (Webcasting, Webradio, Internetradio).

Telekommunikationsdienste sind solche, die ausschließlich in der Übertragung von Signalen über Telekommunikationsnetze bestehen. Telekommunikation bezeichnet jeglichen Austausch von Informationen über eine gewisse Distanz hinweg. Im engeren Sinne wird heute Telekommunikation als Datenaustausch unter Verwendung von Elektrotechnik, Elektronik, Funktechnik und anderer neuzeitlicher Übertragungstechnologie verstanden. Die ersten Telekommunikationsdienste in diesem Sinne waren Telegrafie (Fernschreiben) und Telefonie, auch Fernmelden genannt. Telekommunikationsdienst ist daher ein Sammelbegriff für Dienstleistungen mit Kommunikationsaspekt. Werden darüber hinaus weitere Dienstleistungen angeboten, z.B. der Zugang zum Internet und die E-Mail-Übertragung, findet wieder das

Telemediengesetz Anwendung. Die Internet-Telefonie (Voice over IP) zählt zu den Telekommunikationsdiensten.

Alle übrigen Informations- und Kommunikationsdienste fallen entsprechend unter die Telemediendienste. **Telemedien** sind bspw.:

- alle Online-Angebote, die über das Internet abrufbar sind (insbesondere WWW-Angebote);

- Angebote zur Nutzung anderer Netze (zum Beispiel Intranet, sonstige geschlossene Benutzergruppen);

- Angebote im Bereich der Individualkommunikation (Telebanking, E-Mail- Datenaustausch mit Ausnahme der elektronisch versandten Trägermedien);

- Angebote von Waren und Dienstleistungen in Abrufdiensten (sogenanntes Teleshopping) oder in elektronisch abrufbaren Datenbanken (z.b. Video on Demand oder Video-Streaming);

- Angebote zur Nutzung von Telespielen (Online-Computerspiele); Verteildienste in Form von Fernsehtext (Videotext), Radiotext und vergleichbaren Textdiensten.

Ob ein Datenangebot an die Allgemeinheit gerichtet ist (z.b. redaktionell gestaltete Inhalte einer Homepage im Internet) oder ob die individuelle Nutzung im Vordergrund steht (z.b. E-Mail, online abrufbare Datenbanken), ist für die Einordnung als Telemedium unerheblich. Ebenso wenig ist von Belang, dass die elektronisch übermittelten Dateninhalte in bestimmten Datenspeichern (Festplatte, Storage-Systeme) bereitgehalten werden.

Das Telemediengesetz gilt für alle Anbieter einschließlich der öffentlichen Stellen, und zwar unabhängig davon, ob für die Nutzung ein Entgelt erhoben wird.

Von den Telemedien zu unterscheiden sind die sogenannten **Trägermedien**. Diese den Jugendschutzbestimmungen unterfallenden Trägermedien sind nach der gesetzlichen Definition des § 1 Absatz 2 JuSchG „alle gegenständlichen Medienträger, die zur Weitergabe geeignet, zur unmittelbaren Wahrnehmung bestimmt oder in einem Vorführ- oder Spielgerät eingebaut sind".

Zur Weitergabe geeignet sind nur solche gegenständlichen Medienträger, die ohne eine vorhergehende Demontage oder einen sonstigen Ausbau aus einem übergeordneten Medienbetriebssystem an eine andere Person tatsächlich übergeben werden können. Typische Trägermedien in diesem Sinne sind alle Druckschriften, Filmrollen, Schallplatten, Video- oder Audiokassetten, elektronische Speicherplatten wie Disketten, CD-ROMs, DVDs, Speicherkarten usw. Dagegen können lokale Datenspeicher (Festplatten, Storage-Systeme) nicht ohne weiteres den Trägermedien zugeordnet werden. Festplatten in PC-Rechnern sind im Regelfall weder zur Weitergabe geeignet noch zur unmittelbaren Wahrnehmung bestimmt. Schließlich sind sie normalerweise auch nicht in ein (spezielles) Vorführ- oder Spielgerät sondern vielmehr in einen generell der Daten- bzw. Textverarbeitung dienenden Computer eingebaut. Werden Daten von einer Festplatte aus elektronisch versandt, liegt daher vielmehr ein sogenanntes Telemedium vor.

Wichtig: Nach § 4 TMG (bzw. § 54 Abs. 1 RStV) sind **Telemedien zulassungs- und anmeldefrei**.

Die wesentlichen Inhalte des Telemediengesetzes (TMG) sollen im Folgenden erläutert werden.

Begriffsbestimmungen

§ 2 TMG enthält zunächst Definitionen der wesentlichen Begriffe, die für die Arbeit mit dem Gesetz Voraussetzung sind.

Diensteanbieter

Diensteanbieter sind gemäß § 2 Nr. 1 TMG alle natürlichen oder juristischen Personen, die eigene oder fremde Telemedien zur Nutzung bereithalten oder den Zugang zur Nutzung vermitteln. Der Gesetzgeber spricht von „Diensteanbietern", besser verständlich und gebräuchlicher ist der Begriff des „Providers".

Internet-Provider sind also die Mittler zwischen dem einzelnen Nutzer und den anderen Nutzern und Anbietern des Internet. Man kann zwischen **Internet Service Providern (ISP)** und den **Internet Presence Providern (IPP)**unterscheiden:

Ein Internet Service Provider ermöglicht eine Einwahlmöglichkeit ins Internet, wohingegen ein Internet Presence Provider Speicherplatz und Serverfunktionen schafft, um Informationen im Netz anzubieten. Diensteanbieter bzw. Internet-Provider schaffen mithin die Möglichkeit zur Veröffentlichung von Inhalten im Internet.

Zu unterscheiden sind in diesem Zusammenhang folgende Diensteanbieter bzw. Provider:

- Ein **„Content-Provider"** bietet eigene Inhalte auf einer Internetseite zur Nutzung im Internet an. Die sind z.B. Datenbanken, Nachrichten, Versandhauskataloge, Fahr- und Flugpläne, Spiele und Unterhaltung. Content-Provider können Bildungseinrichtungen, Behörden, Vereine, Privatpersonen, Firmen und Online-Dienste sein.

- Ein „**Host-Provider**" (auch: „**Hosting-Provider**") stellt fremde Informationen und Inhalte auf seinem eigenen Webserver und den eigenen Seiten zur Verfügung oder hält ein entsprechendes Programm auf Mietbasis bereit. Ob die Inhalte fremd sind, hängt davon ab, ob sich der Hostprovider die Inhalte zu Eigen macht. Ein Host-Provider bietet also für Dritte Ressourcen (Speicherplatz, Rechenzeit, Adressen usw.) kostenlos oder gegen Entgelt an.

Zu den Dienstleistungen können gehören:

o Bereitstellung von Web-Speichern (Webhosting)

o Bereitstellung von Web-Datenbanken

o Registrierung von Top-Level-Domains

o E-Mail-Hosting

o Bereitstellung kompletter Shop-Systeme

Folgende **Unterscheidungen** werden getroffen:

o „**Domain-Hosting**" umfasst die Registrierung und meist zusätzlich auch den Betrieb von Domains innerhalb des Domain Name Systems.

o „**Server-Hosting**" ist der Betrieb von virtuellen und dedizierten Servern, optional mit Zusatzleistungen wie Wartung und Datensicherung.

o Unter „**Webhosting**" versteht man die Unterbringung (das Hosting) von Webseiten auf einem Webserver eines Internet-dienstanbieters. Der Provider („Webhosrer") stellt, üblicher-weise gegen Bezahlung, seine Ressourcen zur Verfügung.

o Unter „**E-Mail-Hosting**" versteht man das Zur-Verfügung-Stellen von E-Mail-Diensten, insbesondere eines Mailservers, auf vom Provider betriebenen Hosts.

- Ein „**Access-Provider**" ist, wer fremde Informationen im Netz lediglich vermittelt bzw. durchleitetoder den Zugang zum Internet durch Bereitstellung von Wählverbindungen ermöglicht. Er stellt weder eigene noch fremde Inhalte zur Nutzung bereit, sondern beschränkt sich auf den Transfer von IP-Paketen in und aus dem Internet. Dieser Transfer kann z.B. über Funktechnik, Wählleitungen, Standleitungen, Breitbandzugänge oder – wenn der Zugang für einen Server, der beim Provider steht – erbracht wird, durch einfaches Netzwerkkabel erfolgen.

- Ein „**Usenet-Provider**" ist der Betreiber eines elektronischen Netzwerkes („**Usenet**") von Diskussionsforen (sogenannte „**Newsgroups**"). Solche Diskussionsforen erfreuen sich wachsender Beliebtheit und werden aufgrund der Veröffentlichung im Internet von großen Teilen der Bevölkerung wahrgenommen. Der Teilnehmer verwendet dazu üblicherweise einen „**Newsreader**", ein Computerprogramm zum Lesen und Schreiben von Nachrichten in den Newsgroups des Usenets. In diesen Newsgroupswerden Daten, Dokumente usw. hochgeladen und dem Nutzer dann als Download angeboten. Usenet-Provider ermöglichen einen einfachen und komfortablen Zugang zum Usenet, indem sie eine Software bereit stellen, mit der man seine Downloads starten und später koordinieren kann. Diese Usenetprovider stellen ihre Software deshalb zur Verfügung, weil es oft sehr ist, Downloads zu finden und zu tätigen.

- Ein „**Webforum**" (auch: „**Diskussionsforum**" oder „**Internetforum**") bietet eine ähnliche Kommunikationsweise wie das Usenet. Allerdings unterscheiden sich die zum Zugriff erforderlichen Softwareprogramme: Bei einem Webforum gibt dessen Autor oder Administrator das Aussehen der Nachrichten und die Funktionen zur Nachrichtendarstellung und -bearbeitung zentral vor, die Darstellung erfolgt im Browser. Ein Internetforum (lat. forum, Marktplatz), ist ein virtueller Platz zum Austausch und Archivierung von Gedanken, Meinungen und Erfahrungen. Die Kommunikation findet dabei asynchron, d.h. nicht in Echtzeit, statt. Englische Bezeichnungen hierfür sind „**internet forum**", „**message board**"und „**webboard**".

Nachstehende Begriffe werden in diesen Zusammenhängen verwendet:

Niedergelassener Diensteanbieter

„Niedergelassener Diensteanbieter" ist jeder Anbieter, der mittels einer festen Einrichtung auf unbestimmte Zeit Telemedien geschäftsmäßig anbietet oder erbringt; der Standort der technischen Einrichtung allein begründet aber noch keine Niederlassung des Anbieters.

Nutzer

„Nutzer" sind natürliche oder juristische Personen, die Telemedien nutzen, um entweder Informationen zu bekommen oder für andere zugänglich zu machen.

Verteildienste

„Verteildienste" sind solche Telemedien, die für eine unbegrenzte Anzahl von Nutzern angeboten werden, ohne dass sie individuell angefordert werden, z.B. Textdienste.

Kommerzielle Kommunikation

Unter „kommerzieller Kommunikation" ist jede Form von Kommunikation zu verstehen, die der unmittelbaren oder mittelbaren Förderung des Absatzes von Waren und Dienstleistungen oder des Erscheinungsbilds eines Unternehmens, einer Organisation oder einer natürlichen Person dient, die im Handel, im Gewerbe, im Handwerk oder in einem freien Beruf tätig ist.

Impressumspflicht auf Internetseiten

Wer kommerziell oder meinungsbildend tätig ist, muss grundsätzlich eine Reihe von Informationspflichten erfüllen, sich bspw. in öffentliche Register (Handelsregister, Handwerksrolle) eintragen oder Druckwerke mit einem Impressum versehen. Auch bei Telemedien ist die Erfüllung solcher Informationspflichten notwendig. Bisher galt sie für nahezu jedes Internetangebot, auch für private Seiten.

In § 5 Abs. 1 TMG schränkt der Gesetzgeber die Pflicht, angebotene Dienste zu kennzeichnen, wörtlich auf „geschäftsmäßige Telemedien" ein, „die in der Regel gegen Entgelt" angeboten werden. Anbieter privater Internetseiten sind damit nach dem Telemediengesetz weitgehend von der Kennzeichnungs- und Informationspflicht entlastet. Zuvor wurde die Impressumspflicht bejaht für jedes dauerhafte und mit gewisser Nachhaltigkeit betriebene Telemedienangebot.

Unklar ist bei der Formulierung im Gesetz, ob auch Seiten mit eindeutig unternehmerischen Inhalten, die aber nicht direkt Waren oder Dienstleistungen anbieten, von der Kennzeichnungspflicht ausgenommen sein sollen. Es ist nicht davon auszugehen, dass der Gesetzgeber dies tatsächlich beabsichtigt hat. Nicht gekennzeichnete Unternehmensauftritte würden nämlich gegen das Wettbewerbsrecht verstoßen. Ein kommerzieller Anbieter, den der Nutzer nicht anhand eines Impressums identifizieren kann, verschafft sich einen Wettbewerbsvorteil vor der Konkurrenz, weil er bspw. bei Gewährleistungsansprüchen des Nutzers nicht erkennbar und somit nicht erreichbar ist. Damit kann der Nutzer/Kunde seine Rechte gegen den Anbieter nicht oder nur unter großen Anstrengungen geltend machen. Das Wettbewerbsrecht in den neuen Medien wird später ausführlicher thematisiert.

Es ist grundsätzlich gut beraten, wer einen kommerziellen Internetauftritt auch ohne direkt kostenpflichtiges Angebot mit einem Impressum versieht. Im Übrigen raten Experten auch privaten Betreibern, weiterhin eine Kennzeichnung mit Namen und Anschrift des Verantwortlichen zu führen. Der Rundfunkstaatsvertrag sieht dies ohnehin in § 55 RStV vor. Nur Angebote zur rein persönlichen oder familiären Information sind vollständig von der Impressumspflicht befreit. Für alle anderen Telemediendienste, und dabei dürfte es sich um nahezu alle Internetseiten handeln, gelten laut Rundfunkstaatsvertrag abgestufte Anforderungen an die Kennzeichnungspflicht.

Schutz vor unerwünschten Werbemails (Spams)

E-Mail-Werbung ist zwar nach herrschender Meinung Telekommunikation und daher kein Telemedium oder Bestandteil eines Telemediums. Für elektronische Post, d. h. Werbung, die in Form von E-Mails oder als SMS-Werbung versandt wird, gilt jedoch eine Sonderregelung in § 6 Abs. 1, 2 TMG, wonach diese für den Empfänger klar als solche zu erkennen sein muss. Dass es sich um kommerzielle Kommunikation im Sinne von § 2 Nr. 5 TMG handelt, darf nicht verheimlicht oder verschleiert werden. Der Gesetzgeber sieht eine Verschleierung von Absenderinformationen bspw. dann gegeben, wenn die Absenderangaben einer Spam-Mail dem Nutzer vortäuschen, er bekäme eine Nachricht von offiziellen Stellen (z.B. Staatsanwaltschaft), von einem Geschäftspartner (z.B. Bank) oder aus dem Freundeskreis.

Verstößt ein Diensteanbieter gegen die Kennzeichnungspflicht solcher sogenannten Spam-Mails, begeht er gemäß § 16 Abs. 1, 3 TMG eine Ordnungswidrigkeit, die mit einem Bußgeld in Höhe von bis zu 50.000 € geahndet werden kann.

Kritisch wird gesehen, dass diese Regelung wohl nur in den seltensten Fällen durchsetzbar sein dürfte. Das sie Bestandteil des Gesetzes geworden ist, wird als „gut gemeinte Absichtserklärung" oder „realitätsferner Aktionismus der Politik" bezeichnet. Hintergrund ist, dass ein Großteil der in Umlauf gebrachten Spam-Mails aus dem Ausland kommt und deshalb von den deutschen Behörden nur schwer juristisch verfolgt werden kann. Außerdem gestaltet es sich in den meisten Fällen äußerst schwierig und aufwendig, die Urheber solcher Werbe-Mails zu ermitteln.

2.5.2 Datenschutz bei Telemedien

Telemedien bestehen hauptsächlich aus Informationen – zu weiten Teilen sind daher personenbezogene Daten betroffen. Vorschriften zum Datenschutz sollen dem Schutz der Personen dienen, deren Daten verarbeitet werden. Hier spielt das allgemeine Persönlichkeitsrecht eine Rolle.

Die Datenschutzbestimmungen des Telemediengesetzes sind in den §§ 11 ff. TMG geregelt. Dabei legt § 11 TMG zunächst fest, dass die Normen im Anbieter-Nutzer-Verhältnis gelten. Für Dienst- und Arbeitsverhältnisse sowie für die Steuerung von Arbeits- und Geschäftsprozessen gelten sie demgegenüber nicht, vielmehr kommen hier die allgemeinen Regelungen zum Datenschutz, bspw. aus dem Bundesdatenschutzgesetz, zur Anwendung.

Gemäß § 12 TMG dürfen Provider personenbezogene Daten zur Bereitstellung von Telemediendiensten nur erheben und verwenden, sofern das TMG oder eine andere rechtliche Regelung, die sich ausdrücklich auch auf Telemedien bezieht, dies erlaubt. Möglich ist die Erhebung und Verwendung personenbezogener Daten außerdem, wenn der Nutzer einwilligt.

Das Gesetz unterscheidet zwischen Bestands- und Nutzungsdaten. **Bestandsdaten** sind bspw. Zugangskennungen und Passwörter. Sie sind erforderlich, um das Vertragsverhältnis zwischen dem Diensteanbieter und dem Nutzer zu begründen, es auszugestalten oder zu ändern.

Der Diensteanbieter darf nach § 14 Abs. 1 TMG personenbezogene Daten eines Nutzers nur erheben und verwenden, soweit sie für die Begründung, inhaltliche Ausgestaltung oder Änderung eines Vertragsverhältnisses zwischen dem Diensteanbieter und dem Nutzer über die Nutzung von Telemedien erforderlich sind („**Bestandsdaten**").

„**Nutzungsdaten**" sind erforderlich, um Telemedien überhaupt in Anspruch nehmen zu können und abzurechnen. Das betrifft Merkmale zur Identifikation des Nutzers, Angaben zu Anfang, Ende und Umfang der Nutzung eines Angebots und Angaben über diejenigen Telemedien, die der Nutzer in Anspruch genommen hat. Der Diensteanbieter darf nach § 15 Abs. 1 TMG personenbezogene Daten eines Nutzers nur erheben und verwenden, soweit dies erforderlich ist, um die Inanspruchnahme von Telemedien zu ermöglichen und abzurechnen (Nutzungsdaten). Zum Zwecke der Marktforschung anderer Diensteanbieter dürfen anonymisierte Nutzungsdaten übermittelt werden.

Ferner gilt gemäß § 15 TMG für die **Nutzungsdaten**:

Der Diensteanbieter darf Nutzungsdaten über die Inanspruchnahme verschiedener Telemedien zusammenführen, soweit dies für Abrechnungszwecke mit dem Nutzer erforderlich ist. Er darf ferner für Zwecke der Werbung, der Marktforschung oder zur bedarfsgerechten Gestaltung der Telemedien Nutzungsprofile bei Verwendung von Pseudonymen erstellen, sofern der

Nutzer dem nicht widerspricht. Diese Nutzungsprofile dürfen nicht mit Daten über den Träger des Pseudonyms zusammengeführt werden.

Der Diensteanbieter darf an andere Diensteanbieter oder Dritte Abrechnungsdaten nur übermitteln, soweit dies zur Ermittlung des Entgelts und zur Abrechnung mit dem Nutzer erforderlich ist. Er darf Abrechnungsdaten, die für die Erstellung von Einzelnachweisen über die Inanspruchnahme bestimmter Angebote auf Verlangen des Nutzers verarbeitet werden, höchstens bis zum Ablauf des sechsten Monats nach Versendung der Rechnung speichern.

Grundsätzlich gilt: Die erhobenen personenbezogenen Daten sind zweckgebunden, mit ihnen darf **kein Missbrauch** betrieben werden. Die Anbieter von Telemediendiensten sind deshalb gemäß § 13 Abs. 1 TMG verpflichtet, den Nutzer zu Beginn des Nutzungsvorgangs über Art, Umfang und Zweck der Erhebung und Verwendung personenbezogener Daten zu **unterrichten**. Meist geschieht dies in Form einer sogenannten Datenschutzerklärung, die transparent und nachvollziehbar belegen soll, welche Daten erhoben und wie sie verarbeitet werden.

In § 14 Abs. 2 TMG und in § 15 Abs. 5 TMG sind zivilrechtliche Auskunftsansprüche über personenbezogene Daten verankert. Bei zivilrechtlichen Auseinandersetzungen – etwa wegen der Durchsetzung von Urheberrechten oder wegen Entgeltansprüchen – haben Dritte einen Anspruch darauf, vom Diensteanbieter die personenbezogenen Daten der Nutzer zu erhalten.

Hintergrund der Regelung ist zu weiten Teilen die umfangreiche Lobbyarbeit der Musik- und Film-Verwertungsgesellschaften. Wenn sie früher geltend machen wollten, bspw. durch Tauschbörsen in ihren Nutzungsrechten verletzt worden zu sein, so mussten sie Strafanzeige gegen Unbekannt stellen. Über protokollierte IP-Adressen konnten Polizei und Staatsanwaltschaft dann den Nutzer ermitteln und ihn strafrechtlich verfolgen. Im Interesse der Verwertungsgesellschaften liegt aber nicht vordergründig ein Strafprozess, sondern vielmehr die Durchsetzung von zivilrechtlichen Unterlassungs- und Schadensersatzansprüchen vor. Kamen Musik- und Filmindustrie bisher nur an die Daten eines Nutzers, wenn dieser im Rahmen der Strafverfolgung aktenkundig war – häufig ein langwieriger Prozess –, so steht ihnen der Auskunftsanspruch wegen der Verletzung ihrer Rechte am geistigen Eigentum nun direkt zu.

Allerdings bestehen diese Ansprüche nur gegenüber dem Schädiger selbst, diesen jedoch zu identifizieren, ist oft schwierig. Ein Kläger soll daher auch von Dritten, die nicht selbst Rechtsverletzer sind – z.B. ein Internet-Provider, über dessen Dienste der Handel mit Plagiaten abgewickelt worden ist ebenso wie ein Spediteur, der im guten Glauben gefälschte Waren transportiert hat – Auskünfte verlangen können. Mit ihrer Hilfe kann der Geschädigte an die wirklichen Fälscher und Raubkopierer herankommen und ihnen dann durch Anordnungen der Zivilgerichte das Handwerk legen.

Gemäß § 14 Abs. 2 TMG darf der Diensteanbieter auf Anordnung der zuständigen Stellen im Einzelfall Auskunft über **Bestandsdaten** erteilen, soweit dies für Zwecke der Strafverfolgung, zur Gefahrenabwehr durch die Polizeibehörden der Länder, zur Erfüllung der gesetzlichen Aufgaben der Verfassungsschutzbehörden des Bundes und der Länder, des Bundesnachrichtendienstes oder des Militärischen Abschirmdienstes oder des Bundeskriminalamtes im Rahmen seiner Aufgabe zur Abwehr von Gefahren des internationalen Terrorismus oder zur Durchsetzung der Rechte am geistigen Eigentum erforderlich ist.

Allerdings bestehen diese Ansprüche nur gegenüber dem Schädiger selbst, diesen jedoch zu identifizieren ist oft schwierig. Ein Kläger soll daher auch von Dritten, die nicht selbst Rechtsverletzer sind – z.B. ein Internet-Provider, über dessen Dienste der Handel mit Plagiaten abgewickelt worden ist ebenso wie ein Spediteur, der im guten Glauben gefälschte Waren transportiert hat – Auskünfte verlangen können. Mit ihrer Hilfe kann der Geschädigte an die wirklichen Fälscher und Raubkopierer herankommen und ihnen dann durch Anordnungen der Zivilgerichte das Handwerk legen.

2.5.3 Haftung des Diensteanbieters (Providers)

Haftung für eigene Informationen

Gemäß § 7 Abs. 1 TMG sind die **Diensteanbieter („Provider")** für **eigene Informationen**, die sie zur Nutzung bereitstellen, **selbst verantwortlich und haftbar.** In dieser Vorschrift geht es zunächst um die Haftung des sogenannten **„Content-Providers"** (des **„Inhalteanbieters"**), also desjenigen, der eigene Inhalte auf einer Internetseite anbietet.

Es gelten für ihn die allgemeinen Gesetze, also bspw. das Strafgesetzbuch (StGB), das Gesetz gegen den unlauteren Wettbewerb (UWG) oder das Jugendschutzgesetz (JuSchG).Einen Content-Provider trifft also stets die volle Haftung nach den allgemeinen Vorschriften, wenn das veröffentliche Webangebot fremde Rechte verletzt.

Wer auf seiner Internetseite einen Dritten in einer bestimmten Weise beleidigt, macht sich strafbar. Dabei muss sich ein Diensteanbieter auch solche Informationen von Dritten zurechnen lassen, die er sich zu eigen gemacht hat, bspw. indem er sie zitiert hat, ohne sich selbst erkennbar von den Informationen zu distanzieren. Erweckt der Provider also den Eindruck, es handele sich um eigene und nicht um fremde Aussagen, ist er straf- und zivilrecht-lich haftbar.

Gemäß § 7 Abs. 2 TMG muss der Provider die von ihm übermittelten oder gespeicherten Informationen **nicht überwachen und auch nicht erforschen,** ob sie auf rechtswidrige Tätigkeiten hinweisen. Sofern dem Diensteanbieter die Rechtswidrigkeit einzelner Inhalte allerdings bekannt ist, muss er die In-formation aus seinem Angebot entfernen.

Haftung für Informationsdurchleitung

Diensteanbieter im Sinne der §§ 8 bis 10 TMG sind nach § 7 Abs 2 TMG nicht verpflichtet, die von ihnen übermittelten oder gespeicherten Informationen zu überwachen oder nach Umständen zu forschen, die auf eine rechtswidrige Tätigkeit hinweisen. In den Tatbeständen der §§ 8 bis 10 TMG finden sich damit sogenannte „Haftungsprivilegien", die sich daraus rechtfertigen, dass es sich regelmäßig um automatisierte Vorgänge handelt, bei denen der Diensteanbieter keine Kontrolle der Inhalte vornimmt bzw. unter normalen Umständen ohne Hinweise auf konkrete Rechtsverletzungen auch nicht vor-nehmen kann. Insbesondere kann von den Diensteanbietern grundsätzlich keine generelle Überwachung der Inhalte gefordert werden.

Gemäß § 8 Abs. 1 TMG ist ein Provider **nicht verantwortlich** und haftbar zu machen für solche Informationen, die er in einem Kommunikationsnetz **übermittelt** oder zu denen er den **Zugang vermittelt.** Angesprochen sind in dieser Gesetzesbestimmung **Access-Provider** oder die **Anbieter von E-Mail-Diensten.**

Access-Provider und Anbieter von E-Mail-Diensten haften gemäß § 8 Abs. 1 TMG grundsätzlich nicht für die Durchleitung von fremden Informationen, sofern sie die Übermittlung nicht veranlasst haben, den Adressaten der übermittelten Informationen nicht ausgewählt haben und die übermittelten Informationen nicht ausgewählt oder verändert haben. Von der Haftung be-freit ist also, wer fremde Informationen im Internet oder anderen Netzen le-diglich vermittelt bzw. durchleitet oder den Zugang zum Internet ermög-licht.

Der Haftungsschutz ist gemäß § 8 Abs. 2 TMG auch gegeben, wenn Informa-tionen nur automatisch kurzzeitig zwischengespeichert werden, soweit dies zur Übermittlung notwendig ist. Die Informationen dürfen also nicht länger gespeichert werden, als der technische Vorgang der Datenübermittlung dies erfordert.

Den Anbieter trifft keine Verantwortung für rechtswidrige Inhalte, die von Nutzern über die von ihm bereitgestellten Server übertragen oder zugänglich gemacht werden oder die von anderen Servern über ihn abgerufen werden. Kein Haftungsschutz für den Diensteanbieter besteht gemäß § 8 Abs. 1 Satz 2 TMG allerdings dann, wenn dieser absichtlich mit einem Nutzer zusammenarbeitet, um rechtswidrige Handlungen zu begehen. Inwieweit der Access-Provider im konkreten Einzelfall Kenntnis von den rechtswidrigen Inhalten besitzt, ist – im Gegensatz zum Host-Provider – unerheblich.

Eine Pflicht zur Nachforschung und Überwachung der vermittelten Informationen ist nach § 7 Abs. 2 TMG, der auch für den Access-Provider oder den Anbieter von E-Mail-Diensten gilt, ausdrücklich ausgeschlossen.

Haftung für Caching

Gemäß § 9 TMG ist der Diensteanbieter **nicht verantwortlich** für eine automatische, **zeitlich begrenzte Zwischenspeicherung**, wenn diese lediglich dazu dient, die Übermittlung fremder Informationen an andere Nutzer auf deren Anfrage effizienter zu gestalten. Dies trifft auf sogenannte **„Puffer-Speicher"** (**„Cache"**) zu. Als Cache wird in der IT-Branche ein schneller Puffer-Speicher, der (erneute) Zugriffe auf ein langsames Hintergrundmedium oder aufwendige Neuberechnungen zu vermeiden hilft, bezeichnet. Inhalte und Daten, die bereits einmal beschafft oder berechnet wurden, verbleiben im Cache, so dass sie bei späterem Bedarf schneller zur Verfügung stehen. Auch können Daten, die wahrscheinlich bald benötigt werden, vorab vom Hintergrundmedium abgerufen und vorerst im Cache bereitgestellt werden.

Bezüglich fremder Nachrichten, also solcher, die von Nutzern des Usenet, nicht aber Kunden des konkreten Diensteanbieters stammen, ist dieser als sogenannter **„Cache-Provider"** zu qualifizieren[55].

Hier werden insbesondere auch die Betreiber eines Netzwerkes von Newsgroups im **Usenet** sowie von **Webforen** und **Diskussions- bzw. Internetforen** eingeordnet.

Wenn Inhalte – wie im Usenet bei auf anderen Servern gehosteten Dateien der Fall – automatisch und nur für eine begrenzte Zeit auf den Servern des Betreibers zwischengespeichert werden, ist der **Cache-Provider** gem. § 9 **TMG grundsätzlich für den Inhalt der Daten nicht verantwortlich.**

Dem Betreiber eines Usenet-Servers ist es nämlich aufgrund des in der Regel außerordentlich hohen Datenvolumens, der Textkodierung von binären Inhalten, und der Tatsache, dass der Provider keinen Einfluss auf das Einstellen und Verbreiten von Inhalten im Usenet hat, nicht zumutbar, sämtliches ur-

---

[55]   OLG Düsseldorf, Urt. v. 15.01.2008 - I-20 U 95/07.

heberrechtlich geschütztes Material von legalen Inhalten zu unterscheiden und den Zugang dazu zu unterbinden[56].

Bei den von Nutzern an die Nachricht angefügten Dateien handelt es sich sehr oft um urheberrechtlich geschützte Inhalte, deren Bereitstellung gemäß § 19 a UrhG ausschließlich dem jeweiligem Urheber zusteht. Die Rechtsprechung ist in der Beurteilung der Frage, ob der Cache-Provider als Betreiber eines Usenet-Servers wegen insoweit illegaler Inhalte in Anspruch genommen werden kann, uneinheitlich. Hinsichtlich einer Inanspruchnahme als Störer kann sich ein Diensteanbieter nach der Sichtweise des Bundesgerichtshofs zwar nicht auf die Haftungsprivilegierungen des TMG berufen[57]. Um jedoch in Anspruch genommen werden zu können, ist neben der Kausalität der Zugangsvermittlung und der Rechtsverletzung auch noch notwendig, dass der Cache-Provider eine ihm obliegende Prüfungspflicht verletzt, deren Einhaltung ihm sowohl möglich als auch zumutbar wäre. Um die Haftung nicht über Gebühr auszudehnen, setzt diese zusätzlich auch die Verletzung von Prüfungspflichten voraus, deren Umfang sich danach bestimmt, ob und wie weit dem in Anspruch genommenen Usenet-Provider nach den Umständen des Einzelfalls eine Prüfung zuzumuten ist[58].

Im Hinblick auf das Ausmaß der aufzuerlegenden Kontroll- und Prüfungspflichten ist zu berücksichtigen, dass das System Urheberrechtsverletzungen leicht macht, wenn Dateien teilweise gepackt, verschlüsselt oder in verteilten Dateiarchiven und – bei Umbenennung der Datei – mehrfach abgelegt werden können. Weiterhin ist zu berücksichtigen, dass das Geschäftsmodell des Dienstes regelmäßig so angelegt ist, dass der Betreiber mittelbar von der Vielzahl illegaler Downloads profitiert, wenn er Bannerwerbung schaltet und Anreize für kostenpflichtige Accounts schafft, indem er deren Inhaber bei hohen Downloadzahlen ihrer Dateien belohnt. Ein Usenet-Provider kann nicht auf Unterlassung in Anspruch genommen werden, soweit er lediglich Abfragen seiner Kunden in das Usenet weiterleitet. Zwar basiert das Geschäftsmodell in gewissem Maße auch darauf, dass über seinen Dienst rechtswidrige Handlungen vorgenommen werden. Die Grenze des Zumutbaren wäre jedoch dann überschritten, wenn dem Usenet-Provider deshalb eine vollständige Überprüfung sämtlichen Datenverkehrs auferlegt werden würde[59]. Ein Cache-Provider haftet mithin generell nicht für fremde Rechtsverletzungen, weil eine solche Haftung auf eine unzumutbare allgemeine Überwachungspflicht hinaus liefe[60].Sofern die vom Nutzer abgerufenen

---

[56] OLG Düsseldorf, Urt. v. 15.01.2008 - I-20 U 95/07.
[57] BGH, Urt. v. 11.03.2004 - I ZR 304/01.
[58] LG Düsseldorf, Urt. v. 01.09.2010 - 12 O 319/08.
[59] OLG Hamburg, Urt. v. 14.01.2009 - 5 U 113/07.
[60] OLG Hamburg, Urt. v. 14.01.2009 - 5 U 113/07.

Daten auf Servern Dritter vorgehalten und nur zur Beschleunigung der Übermittlung für eine begrenzte Zeit auf eigenen Servern gespeichert werden und der Diensteanbieter deshalb nur eingeschränkt Maßnahmen zur Verhinderung der Abrufbarkeit rechtswidriger Inhalte ergreifen kann, dürfen an den Cache-Provider keine unzumutbaren Anforderungen hinsichtlich des Umfangsseiner Prüfungspflicht gestellt werden[61].

Aufgrund der besonderen Konstellation des Usenet ist dem Usenet-Provider daher eine ständige Überprüfung von Postings (Einträgen) auf Rechtsverletzungen – auch nach Kenntnis konkreter Fälle – nicht zuzumuten. Anders als etwa bei Internetforen kann der Betreiber eines Usenet-Newsservers fremde rechtsverletzende Inhalte kaum aus dem Usenet löschen, da die Daten dort aufgrund des „Mirrorings"[62] redundant gespeichert werden. Der Usenet-Betreiber kann lediglich die auf seinem Server hinterlegten „Header"-Informationen (vergleichbar mit einem Link) löschen, die allerdings durch eine erneute Useranfrage wieder auf den Server übertragen werden, solange die betreffende Nachricht bzw. deren Inhalt ("Body") noch im Usenet abrufbar ist. Bei Cache-Providern nach § 9 TMG bestehen insoweit wesentlich geringere Möglichkeiten, eine Störung abzustellen, als bei Host-Providern im Sinne von § 10 TMG, dazu gleich.

Die Cache- bzw. Usenet-Providerdürfen aber, wenn sie von dem genannten Haftungsprivileg profitieren wollen, die Informationen nicht verändern. Sie müssen ferner auch die Bedingungen für den Zugang zu den Informationen und die Regeln für deren Aktualisierung nach den anerkannten Industriestandards beachten. Weiterhin dürfen sie anerkannte Technologien zur Datensammlung nicht beeinträchtigen und müssen Informationen, die an ihrem Ursprung gelöscht oder gesperrt wurden, unverzüglich auch aus den eigenen Speichern entfernen, sobald sie von der ursprünglichen Entfernung bzw. Sperrung Kenntnis erhalten.

Kein Haftungsschutz für den Diensteanbieter besteht – wie bei § 8 Abs. 1 Satz 2 TMG – allerdings dann, wenn der Provider absichtlich mit einem Nutzer zusammenarbeitet, um rechtswidrige Handlungen zu begehen.

Für die §§ 8, 9 TMG gilt gleichermaßen – obwohl im Gesetz nicht ausdrücklich erwähnt – dass es dem Diensteanbieter technisch möglich und zumutbar sein muss, rechtswidrige fremde Inhalte in seinem Angebot zu unterbinden. Dabei kommt es auf objektive Kriterien an. In der Regel wird man davon ausgehen müssen, dass dem Diensteanbieter dieser Aufwand zuzumuten ist.

---

[61] OLG Hamburg, Urt. v. 14.01.2009 - 5 U 113/07.
[62] Bezeichnung für das Spiegeln bei RAID-Löschungen. Dabei wird automatisch der Inhalt einer Festplatte auch noch auf eine weitere Platte geschrieben, so dass immer eine aktuelle Sicherheitskopie zur Verfügung steht.

Haftung für Hosting

Hosting (auch: **Webhosting**) bedeutet – wie bereits erwähnt – die Speicherung von Informationen im Auftrag eines Nutzers, der diese Informationen selbst eingegeben hat. Hier treten verschiedene Gestaltungsformen auf, die von der Bereitstellung von Webspeicher oder Webdatenbanken über E-Mail-Hostings und Newsgroups bis hin zur Bereitstellung vollständiger Online-Shopping-Systeme reichen.

Ein **Host-Provider** ist gemäß § 10 TMG grundsätzlich nicht für fremde Inhalte bzw. Rechtsverletzungen verantwortlich. Den Host-Provider trifft auch keine Überwachungspflicht bezüglich fremder Inhalte.

Die Entfernungs- und Sperrungspflicht setzt erst dann ein, wenn der Anbieter Kenntnis von den rechtswidrigen Inhalten erhält. Der Diensteanbieter ist haftbar, wenn er positive Kenntnis hat, d.h. wenn nachweisbar ist, dass er von der Rechtswidrigkeit der Inhalte wusste. Besteht also der Verdacht, dass die gehostete fremde Seite einen rechtswidrigen Inhalt hat, muss entweder sofort der Zugang zu der Seite gesperrt werden, oder die jeweiligen Informationen müssen unverzüglich entfernt werden. Auch wenn nachgewiesen werden kann, dass der Host-Provider starke Verdachtsmomente hegte, jedoch keine Klärungsbemühungen unternommen hat, kann eine Haftung in Betracht kommen.

Bei der Haftungsbeschränkung für das Hosting unterscheidet § 10 TMG zwischen straf- und zivilrechtlichen Zusammenhängen:

Strafrechtlich ist der Diensteanbieter von der Haftung befreit, wenn er keine positive Kenntnis von der Rechtswidrigkeit der Informationen hat. Hat er dagegen mit Vorsatz gehandelt, macht er sich strafbar.

Bei **zivil**rechtlichen **Schadensersatz**ansprüchen ist er nur dann von der Haftung befreit, wenn ihm auch keine Umstände bekannt sind, aus denen die Rechtswidrigkeit offensichtlich wird. Das bedeutet: Der Provider haftet zivilrechtlich auch, wenn er nur grob fahrlässig keine Kenntnis hatte. Die Norm verlangt außerdem, dass der Diensteanbieter die rechtswidrige Information unverzüglich entfernt oder sperrt, sobald er von ihr Kenntnis erlangt hat.

In diesem Zusammenhang ist auf die sogenannte **„Störerhaftung"** und den daraus entstehenden Unterlassungsanspruch einzugehen. Die Störerhaftung ist durch allgemeine Vorschriften im Bereich des Sachenrechts (§ 1004 BGB) sowie des Verwaltungsrechts geregelt. Nach den Regeln der Störerhaftung kann derjenige, der – ohne Täter oder Teilnehmer zu sein – in irgendeiner Weise willentlich und adäquat kausal zur Verletzung eines geschützten Gutes beiträgt, als Störer im Hinblick auf eine Schutzrechtsverletzung auf Unterlassung in Anspruch genommen werden.

Bei der Störerhaftung handelt es sich um die Verantwortlichkeit eines Störers entweder als

- **Handlungsstörer,**

- **Zustandsstörer,**

- **oder Mitstörer.**

Besondere Bedeutung kommt der Störerhaftung im Internetrecht zu. Die Störerhaftung ist weiter gefasst als die Verbreiterhaftung. Störer ist dabei jemand, der auf beliebige Weise mit der Verbreitung rechtlich zu beanstandender Inhalte zu tun hat. Ob ein bloßer Verweis auf anonym veröffentlichte Daten eine Störerhaftung rechtfertigt, ist umstritten. Nach weitgehend übereinstimmender Rechtsprechung lehnen die Gerichte eine pauschale Haftung für Hyperlinks ab; im Einzelfall kann jedoch eine Haftung als Störer in Betracht kommen. Der Umfang der Prüfpflichten ist allerdings grundsätzlich eingeschränkt, er erstreckt sich nicht unbedingt auf externe Webseiten und muss stets in einer Güterabwägung mit den Regelungen der Meinungs- und Pressefreiheit aus Art. 5 Abs. 1 GG gesehen werden. Verschärfte Prüfpflichten greifen jedoch dann ein, wenn der potentielle Störer bereits eine Abmahnung erhalten hat.

In den Bereich der Störerhaftung wird insbesondere die **Haftung** eines **Hostproviders für Hyperlinks** (kurz: **Links**) eingeordnet, die gesetzlich nicht geregelt ist.

„**Links**" sind Verweise auf andere Angebote im Internet, die der Nutzer durch Anklicken erreichen kann. Dabei ist zu unterscheiden zwischen verschiedenen Formen einer Verlinkung:

- **Surface-Links** verweisen auf die Startseite eines Web-Angebots. Für den Nutzer ist also unproblematisch zu erkennen, dass er sich auf einer neuen Seite befindet.

- **Deep-Links** verweisen auf eine spezielle, tiefer gelegene Datei innerhalb eines Web-Angebots. Der Nutzer sollte hier ebenfalls unproblematisch erkennen können, dass es sich um eine neue Seite handelt.

- **Inline-Links** integrieren eigene oder externe Inhalte direkt in die eigene Website. Hier kommt es nicht zu einem Adressenwechsel, die Herkunft der externen Daten ist für den Benutzer also nicht offensichtlich. Damit besteht die Gefahr, dass der Nutzer externe Inhalte als Aussage des Anbieters identifiziert.

- Das **Framing** ermöglicht, größere Teile eines externen Angebots in bestimmte Bereiche einer eigenen Website zu integrieren. Für den Benutzer ist die Herkunft der Informationen wiederum nicht unmittelbar ersichtlich.

Die Gerichte haben sich in der Vergangenheit häufig mit **Haftungsfragen zu Hyperlinks** beschäftigt.

Beispiel 1: Haftung von eBay bei „Namensklau" im Internet[63]

Der Bundesgerichtshof hatte zu entscheiden, unter welchen Voraussetzungen ein Internet-Aktionshaus auf Unterlassung in Anspruch genommen werden kann, wenn auf seiner Plattform Namensrechte verletzt werden.

Der Fall: Die Beklagte betreibt die Internet-Auktionsplattform eBay. Der Kläger, der selbst bei eBay registriert war, dort aber keinen Handel trieb, wurde im November 2003 von unzufriedenen Käufern angerufen, die der Meinung waren, sie hätten bei ihm in einer eBay Auktion einen Pullover erworben. Wie sich herausstellte, hatte sich der Anbieter der Pullover – es handelte sich offenbar um ein Plagiat eines Markenpullovers – unter dem Decknamen universum3333 bei eBay mit dem bürgerlichen Namen des Klägers registrieren lassen; auch der Wohnort und das Geburtsdatum des Klägers waren angegeben. Nachdem der Kläger dies eBay mitgeteilt und eBay diesen Anbieter sofort gesperrt hatte, kam es in der Folge zu weiteren Anmeldungen, die sich unter Verwendung anderer Decknamen wiederum mit Name, Adresse, Anschrift, Geburtsdatum und E-Mail-Adresse des Klägers registrieren ließen. Einzelne Käufer sandten dem Kläger als dem vermeintlichen Verkäufer die erworbenen Pullover zurück. Der Kläger hat daraufhin eBay wegen der Verletzung seines Namensrechts als Störerin auf Unterlassung in Anspruch genommen.

Der Bundesgerichtshof hat erkannt, dass eBay aufgrund der erfolgten Hinweise eine Pflicht treffe, derartige Verletzungen des Namensrechts des Klägers im Rahmen des Zumutbaren zu verhindern. Eine solche Verpflichtung bestehe schon aufgrund der ersten Meldung im November 2003. Allerdings dürfe dem Betreiber einer Internet-Plattform (Host-Provider) nach dem Gesetz keine allgemeine Überwachungspflicht auferlegt werden, die gespeicherten und ins Internet gestellten Informationen auf Rechtsverletzungen hin zu überprüfen. Ist der Host- Provider aber einmal auf einen klaren Rechtsverstoß hingewiesen worden, müsse er diesen Anbieter nicht nur sperren, sondern im Rahmen des Zumutbaren auch entsprechende Verstöße in der Zukunft verhindern.

---

[63] BGH, Urt. v. 10.04.2008 - I ZR 227/05.

Die Haftungserleichterung greife gemäß § 10 Satz 2 TMG im Übrigen nicht, wenn der Nutzer dem Diensteanbieter untersteht oder von ihm beaufsichtigt wird. Das ist bspw. der Fall, wenn ein Diensteanbieter Inhalte vertragsgemäß von einem anderen Unternehmen erstellen lasse.

Beispiel 2: Der Bundesgerichtshof hat im Fall der Software „AnyDVD" entschieden: In einem der Presse- und Meinungsfreiheit unterfallenden Internet-Beitrag enthaltene Links, die einzelne Angaben des Beitrags belegen oder diese durch zusätzliche Informationen ergänzen sollen, können ebenfalls von der Presse- und Meinungsfreiheit umfasst sein.

Der Fall[64]: Die Klägerinnen sind Inhaberinnen von Bild- und Tonträgerrechten an Musik-CDs und -DVDs. Der beklagte Verlag bringt unter anderem die Zeitschrift c't heraus und betreibt unter der Internetadresse www.heise.de den Nachrichtendienst „heise online".

Am 19. Januar 2005 veröffentlichte der Beklagte folgenden Artikel in „heise online": **AnyDVD überwindet Kopierschutz von" Un-DVDs"**

Der in Antigua ansässige Hersteller SlySoft hat ein Update für seinen Kopierschutzknacker „AnyDVD" veröffentlicht, das nicht nur den CSS-Schutz von DVDs entfernt, sondern auch drei weitere Kopiersperren für „Un-DVDs" aushebelt. Diese setzen ebenso wie Un-CDs unter anderem fehlerhafte Sektoren ein, um das Auslesen von Video-DVDs zu verhindern.

So rühmt sich SlySoft, mit AnyDVD 4.5.5.1 Sonys DVD-Kopiersperre ARccOS aushebeln zu können [...]."Wir knacken den Kopierschutz schneller, als die Filmindustrie ihn unter die Leute bringen kann", freut sich SlySoft-Chef G. B. geradezu schelmisch über die wenig effektiven Schutzverfahren.

Auch der nach ähnlichem Prinzip funktionierende koreanische DVD-Kopierschutz Settec Alpha-DVD soll von AnyDVD bereits überwunden werden. Glei-ches gilt für den bereits seit Frühjahr 2004 unter anderem bei den DVDs der Augsburger Puppenkiste genutzten DVD-Kopierschutz, der als „Puppenlock" oder „Puppetlock" bekannt geworden ist. „Vielleicht sieht die Filmindustrie ja dadurch ein, wie sinnlos so ein Kopierschutz eigentlich ist. Er ist kostspielig und führt oft zu Kompatibilitätsproblemen beim Kunden", kommentiert B. weiter.

Eines erwähnt B. jedoch nicht: AnyDVD hebelt reihenweise die Verfahren aus, die die Industrie zusätzlich zu dem eigentlich als Abspielkontrolle gedachten CSS einsetzt; und es ist in vielen Ländern – so auch in Deutschland und Österreich – inzwischen verboten, dies zu tun. Der reine Besitz kopierschutzknackender Software ist allerdings nicht strafbar

---

[64] BGH, Urt. v. 14.10.2010 - I ZR 191/08.

Zumindest für sein Projekt CloneCD meint SlySoft allerdings auf Grund eines von der Firma in Auftrag gegebenen Gutachtens, sein Einsatz sei auch nach dem neuen Urheberrecht eigentlich gar nicht verboten: Bei den heutzutage eingesetzten Kopierschutztechniken von Audio-CDs handele es sich nicht um eine wirksame technische Maßnahme nach § 95a Urheberrechtsgesetz, meint man bei SlySoft. Die Musikindustrie sieht dies natürlich anders – und auch die Film-Branche wird sich auf solche Argumentationsschienen zu AnyDVD wohl kaum einlassen. (vza/c't)

Die unterstrichenen Wörter waren dabei als elektronischer Verweis (Link) ausgestaltet; der Link bei dem Wort SlySoft in der ersten Zeile des Artikels führte zum Internetauftritt des antiguanischen Unternehmens SlySoft Inc. (im Folgenden: SlySoft) unter der Domainadresse slysoft.com. Von dort wurde der als deutschsprachig erkannte Besucher automatisch auf den deutschsprachigen Auftritt von SlySoft unter www.slysoft.com/de weitergeleitet, der neben Angaben zu den weiteren SlySoft-Produkten CloneCD und CloneDVD und einem mit Download beschrifteten Feld folgende Angaben zu AnyDVD enthielt:

AnyDVD ist ein Treiber, der im Hintergrund automatisch und unbemerkt eingelegte DVD-Filme entschlüsselt. Für das Betriebssystem und alle Programme scheint diese DVD niemals einen Kopierschutz oder Regionalcode-Beschränkungen gehabt zu haben. Mit Hilfe von AnyDVD sind somit auch DVD-Kopierprogramme wie CloneDVD, Pinnacle InstantCopy, Intervideo DVDCopy u.a. in der Lage, kopiergeschützte DVD-Filme zu verarbeiten. AnyDVD entschlüsselt aber nicht nur DVDs: AnyDVD ermöglicht auch das Abspielen, Kopieren und Rippen kopiergeschützter Audio-CDs!

Mit einer E-Mail vom 20. Januar 2005 wandten sich die anwaltlichen Vertreter der Klägerinnen an den Beklagten und forderten ihn zur Unterlassung des Links auf die Seite von SlySoft auf, wobei sie auf die Rechtswidrigkeit des Pro-gramms AnyDVD hinwiesen. Nachdem der Justitiar des Beklagten jegliche Änderung des Artikels abgelehnt hatte, forderten die Klägerinnen den Beklagten mit einem Schreiben vom 28. Januar 2005 unter Hinweis darauf, dass er durch die Linksetzung die rechtswidrige Verbreitung des Programms AnyDVD unterstütze, zur Abgabe einer strafbewehrten Unterlassungserklärung auf. Der Beklagte veröffentlichte noch am selben Tag in „heise online" einen Beitrag über die Abmahnung. In dem Beitrag wurde erneut ein Link auf den Artikel vom 19. Januar 2005 gesetzt, der seinerseits weiterhin den Link auf den Internetauftritt von SlySoft enthielt:

Musikindustrie mahnt heise online wegen Bericht über Kopiersoftware ab

Im Auftrag diverser Großunternehmen der Musikindustrie hat die Münchner Anwaltskanzlei W. am heutigen Freitag dem Heise Zeitschriften Verlag eine Abmahnung zugestellt. Darin wird dem Verlag unter anderem vorgeworfen, durch ei-nen Artikel im Newsticker von heise online (An-yDVD überwindet Kopierschutz von „UnDVDs") gegen § 95a des Urheber-rechtsgesetzes (UrhG) zu verstoßen und ille-gal „Vorrichtungen zur Um-gehung von Kopierschutzmaßnahmen" zu verbreiten. Diese Vorschrift verbietet unter anderem Herstellung, Einfuhr, Verbreitung, Verkauf, Ver-mietung und Bewerbung derartiger Soft- und Hardware.

Nach Ansicht der Musikindustrie liegt ein Verstoß gegen diese Vorschrift bereits in dem Setzen eines Links auf die Eingangsseite der Online-Präsenz eines Herstellers von Kopiersoftware. Weiterhin wird dem Heise Verlag vorgeworfen, in der betreffenden Meldung eine „Anleitung zur Umgehung von Kopierschutzmaßnahmen" geliefert zu haben. Damit nicht genug, sei der Beitrag sogar als „verbotene Werbung" für den Ver-kauf der Software zu bewerten.

Der Bundesverband der Phonographischen Wirtschaft erklärte zu der Ab-mahnung:

Der Heise Zeitschriften Verlag weist die Abmahnung zurück. „Der Artikel enthält weder eine Anleitung noch Werbung, es wird im Gegenteil aus-drücklich darauf hingewiesen, dass die Nutzung dieser Software in Deutschland verboten ist. Einen Link auf die Webpräsenz des Herstellers zu setzen, ist in der Online-Berichterstattung eine Selbstverständlichkeit und angesichts der Tatsache, dass unsere Leserinnen und Leser Internet-suchmaschinen kennen und bedienen können, ohnehin belanglos", kom-mentierte der Chefredakteur von heise online, C.P. „Es muss doch gerade auch im Interesse der Rechteinhaber von Software, Filmen und Musik lie-gen, rechtzeitig über die Untauglichkeit von Kopierschutztechniken in-formiert zu werden. "

Am 9. Februar 2005 veröffentlichte der Beklagte einen weiteren Beitrag in „heise online" zu AnyDVD und CloneCD, die er darin als Programme zur Um-gehung technischer Schutzmaßnahmen bezeichnete, wobei er in den Bei-trag erneut einen Link auf den Internetauftritt von SlySoft aufnahm:

Kopierschutz-Knacken: Ein bisschen schwanger

Für den auf der Karibik-Insel Antigua ansässigen Software-Hersteller Sly-soft ist es ein gelungener Publicity-Coup, der Deutschen Bibliothek (DDB) in Frankfurt ist die Angelegenheit indes eher peinlich: Unmittelbar nach dem Bekanntwerden der Vereinbarung mit dem Bundesverband der pho-nographischen Wirtschaft (IFPI) und dem Börsenverein des deutschen Buchhandels, die es der DDB als nationaler Archivbibliothek in der Bun-desrepublik gestattet, mit einem Kopierschutz versehene Tonträger und Multimediawerke zum Zwecke der Langzeitarchivierung zu knacken, hat-te SlySoft der DDB unentgeltlich Lizenzen der bekannten Programme AnyDVD und CloneCD zur Umgehung der technischen Schutzmaßnahmen zur Verfügung gestellt.

In Deutschland sind seit dem Inkrafttreten der Urheberrechtsnovelle vom Septem-ber 2003 sowohl das Knacken von Kopierschutzmaßnahmen als auch Herstellung, Einfuhr, Verbreitung, Verkauf, Vermietung, Bewerbung sowie der gewerblichen Zwecken dienende Besitz von kopierschutzumgehender Software verboten – nicht jedoch der private Erwerb und Besitz, wie [SlySoft-Sprecher] X. betont. SlySoft vertritt die Ansicht, dass CloneCD in Deutschland kein illegales Programm darstellt. Die Firma weist zudem darauf hin, dass beide – AnyDVD und CloneCD – mit einer Vielzahl von Funktionen aufwarten, die mit dem Knacken von Kopierschutz nichts zu tun haben. AnyDVD beispielsweise mache aus einem DVD-Laufwerk ein Multi-Regionslaufwerk, und das Umgehen der Regionalcode-Beschränkung sei auch nach dem neuen Urheberrecht nicht untersagt, weil es sich dabei nicht um einen Kopierschutz handele, ist man sich bei SlySoft sicher.

Wegen eines Berichts über AnyDVD hat die Musikindustrie den Heise Zeitschriften Verlag abgemahnt: Durch den Bericht werde gegen § 95a des Urheberrechtsgesetzes (UrhG) verstoßen. Der Verlag hat diese Abmahnung als unberechtigt zurück-gewiesen und die Unterzeichnung der Unterlassungserklärung abgelehnt; eine angedrohte Klage wurde dem Heise Zeitschriften Verlag bislang noch nicht zugestellt.

Die Klägerinnen haben – zunächst mit Erfolg im Verfahren auf Erlass einer einstweiligen Verfügung beantragt, dem Beklagten unter Androhung näher bezeichneter Ordnungsmittel zu verbieten, den Bezug der Software „AnyDVD" durch das Setzen eines Hyperlinks auf einen Internetauftritt der Herstellerfirma, auf dem diese Software zum Download angeboten wird, zu ermöglichen.

Das Landgericht hat den Beklagten antragsgemäß verurteilt. Die Berufung des Beklagten ist erfolglos geblieben. Mit seiner Revision, deren Zurückweisung die Klägerinnen beantragen, verfolgt der Beklagte sein Klageabweisungsbegehren weiter. Die Revision hatte Erfolg und führte zur Aufhebung des angefochtenen Urteils und zur Abweisung der Klage.

Leitsatz der Entscheidung:

„Sind in einem im Internet veröffentlichten, seinem übrigen Inhalt nach dem Schutz der Presse- und Meinungsfreiheit unterfallenden Beitrag elektronische Verweise (Links) auf fremde Internetseiten in der Weise eingebettet, dass sie einzelne Angaben des Beitrags belegen oder diese durch zusätzliche Informationen ergänzen sollen, so werden auch diese Verweise von der Presse- und Meinungsfreiheit umfasst".

Die **Gründe der Entscheidung** des Bundesgerichtshofs lauteten:

Die Auffassung, es sei bei der rechtlichen Beurteilung der beanstandeten Beiträge des Beklagten streng zwischen der – sich von dem Angebot der SlySoft distanzierenden und daher grundsätzlich als zulässig anzusehenden – redaktionellen Berichterstattung als solcher und der Linksetzung zu unterscheiden, werde dem Gewährleistungsgehalt der Meinungs- und Pressefreiheit nach Art. 6 EUV, Art. 11 Abs. 1 und 2 der EU-Grundrechtecharta sowie Art. 5 Abs. 1 Satz 1 und 2 GG nicht in dem gebotenen Maße gerecht.

Der Schutz der Pressefreiheit umfasse ebenso wie der Schutz der Meinungsfreiheit das Recht, den Gegenstand einer Berichterstattung frei zu wählen. Der Grundrechtsschutz umfasse damit die Meinungs- und Pressefreiheit in sämtlichen Aspekten. Er erstrecke sich nicht nur auf den Inhalt, sondern auch auf die Form der Meinungsäußerung oder Berichterstattung.

Der beanstandete Link in den Beiträgen des Beklagten auf die Internetseite von SlySoft gehöre in diesem Sinne zum nach Art. 11 der EU-Grundrechtecharta und Art. 5 Abs. 1 Satz 1 und 2 GG geschützten Bereich der freien Berichterstattung. Erbeschränke sich nicht auf eine bloße technische Erleichterung für den Aufruf der betreffenden Internetseite. Vielmehr erschließe ein Link – vergleichbar einer Fußnote – zusätzliche Informationsquellen.

Die Links erschöpften sich demnach nicht in ihrer technischen Funktion, den Aufruf der verlinkten Seiten zu erleichtern. Sie seien vielmehr in die Beiträge und in die in ihnen enthaltenen Stellungnahmen als Belege und ergänzende Angaben eingebettet und würden schon aus diesem Grund nicht nur vom Gewährleistungsgehalt der Pressefreiheit, sondern auch von der Meinungsfreiheit erfasst.

Der Umstand, dass die durch die Linksetzung zugänglich gemachten Informationen auch im

Wege der (ausdrücklichen) Berichterstattung vermittelt werden könnten, also auch durch unmittelbare Wiedergabe in dem entsprechenden Beitrag, stehe dem nicht entgegen, da zum einen der Schutz der Meinungs- und Pressefreiheit auch die äußere Form der Berichterstattung umfasst sei und es zum anderen wegen des Selbstbestimmungsrechts des jeweiligen Grundrechtsträgers diesem überlassen bleiben müsse, welche Form der Gestaltung er für seine Berichterstattung wählt.

Auch die Entscheidung darüber, ob weitere Angaben über ein Unternehmen und die Produkte (hier: SlySoft), über seine in einem grundsätzlich in den Schutzbereich der Meinungs- und Pressefreiheit fallenden Beitrag berichtet wird, ausdrücklich in den Beitrag aufgenommen oder mit Hilfe eines Links auf die Internetseite dieses Unternehmens zugänglich gemacht werden, genieße folglich den Grundrechtsschutz.

Der Schutz der Meinungs- und Pressefreiheit umfasse sogar auch Informationen, die Dritte beleidigen, aus der Fassung bringen oder sonst stören können.

Grundsätzlich dürfe daher auch über Äußerungen, durch die in rechtswidriger Weise Persönlichkeitsrechte Dritter beeinträchtigt worden sind, trotz der in der Weiterverbreitung liegenden Perpetuierung oder sogar Vertiefung des Ersteingriffs berichtet werden, wenn ein überwiegendes Informationsinteresse besteht und der Verbreiter sich die berichtete Äußerung nicht zu eigen macht. Ein solches überwiegendes Informationsinteresse könne auch gegeben sein, wenn die Berichterstattung eine unzweifelhaft rechtswidrige Äußerung zum Gegenstand hat, also gegebenenfalls selbst dann, wenn dem Verbreiter die Rechtswidrigkeit des Vorgangs bekannt ist, über den er berichtet. Gerade die Schwere des in Frage stehenden Verstoßes könne ein besonderes Informationsinteresse begründen.

Eine isolierte, allein auf die technische Funktion des Links abstellende Beurteilung lasse ferner außer Acht, dass in den Beiträgen des Beklagten deutlich auf die Rechtswidrigkeit des Angebots von SlySoft hingewiesen worden ist.

Dem Leser der Beiträge des Beklagten, der den dort gesetzten Link zum Internetauftritt von SlySoft nutzt, sei demnach bewusst, dass das auf den aufgerufenen Seiten der SlySoft von dieser beworbene Angebot jedenfalls vom Beklagten und den angeführten Unternehmen der Musikindustrie als rechtswidrig angesehen werde. Auch wegen dieser mit den Beiträgen des Beklagten verbundenen Warnfunktion komme der Setzung des Links bei der Abwägung der widerstreitenden Interessen kein ausschlaggebendes Gewicht zu. Die von den Klägerinnen ausgesprochenen Abmahnungen hätten auf die dieser Interessenabwägung zugrunde liegenden Faktoren keinen Einfluss. Dass sie das Bewusstsein des Beklagten von der Rechtswidrigkeit (der Haupttat) herbeigeführt hätten, weil sie hinreichend plausibel die Rechtswidrigkeit des SlySoft-Auftritts dargelegt hätten, sei ohne Bedeutung. Die Kenntnis des Beklagten von der Rechtswidrigkeit des Angebots von SlySoft ergäbe sich schon aus dem Artikel vom 19. Januar 2005. Auch unter Berücksichtigung dieser Kenntnis überwiege der Schutz der Meinungs- und Pressefreiheit des Beklagten die urheberrechtlich geschützten Interessen der Klägerinnen.

Gegen dieses Urteil wurde beim Bundesverfassungsgericht Verfassungsbeschwerde eingelegt. Das BVerfG hat die Entscheidung des BGH daraufhin inhaltlich mit folgendem **Leitsatz** bestätigt[65]:

„Die Verlinkung auf die Software „AnyDVD" in einem Artikel von Heise online begründet keinen Unterlassungsanspruch. Die Meinungs- und Pressefreiheit überwiegt wegen des informationsverschaffenden Charakters der Linksetzung".

Dazu die Entscheidung des BVerfG:

Der Bundesgerichtshof habe in rechtlich nicht zu beanstandender Weise einen Unterlassungsanspruch der Klägerinnen abgelehnt.

Das Setzen eines Links in einem Online-Artikel sei wegen seiner Einbettung in eine pressetypische Stellungnahme neben der Pressefreiheit auch der Meinungsfreiheit zu unterstellen. Es sei Teil des meinungsbildenden Diskussionsprozesses, sich und andere auch über Stellungnahmen Dritter zu informieren. Die Pressefreiheit schütze auch die bloß technische Verbreitung von Äußerungen Dritter selbst, soweit damit keine eigene Meinungsäußerung des Verbreiters verbunden sei.

Die Meinungs- und Pressefreiheit des Beklagten überwiege insbesondere deswegen, weil die Linksetzung nicht auf eine technische Dienstleistung zu reduzieren und dadurch isoliert zu betrachten sei, sondern wegen ihres informationsverschaffenden Charakters am grundrechtlichen Schutz teilhabe.

Grundsätzlich dürfe auch über Äußerungen, die in rechtswidriger Weise Persönlichkeitsrechte Dritter beeinträchtigten, berichtet werden, wenn ein überwiegendes Informationsinteresse bestehe. Ein solches könne auch gegeben sein, wenn die Berichterstattung unzweifelhaft rechtswidrige Äußerungen zum Gegenstand habe. Gerade die Schwere des in Frage stehenden Verstoßes könne ein besonderes Informationsinteresse begründen.

Demgegenüber sei nicht ersichtlich, dass der Eingriff in die urheberrechtlichen Befugnisse der Klägerinnen durch die Setzung des Links vertieft worden sei. Denn für den durchschnittlichen Internetnutzer sei es bereits aufgrund der Angabe des Namens des Herstellerunternehmens mit Hilfe von Suchmaschinen ohne weiteres möglich gewesen, dessen Internetauftritt aufzufinden.

Der Bundesgerichtshof hat zur Verantwortlichkeit eines Hostproviders als Störer für einen das Persönlichkeitsrecht verletzenden Blog-Eintrag entschieden.

---

[65] BVerfG, Beschl. v. 15.12.2011 - 1 BvR 1248/11.

Der Fall[66]: Der Kläger nahm die Beklagte wegen der Verbreitung einer ehrenrührigen Tatsachenbehauptung im Internet auf Unterlassung in Anspruch.

Die Beklagte mit Sitz in Kalifornien stellt die technische Infrastruktur und den Speicherplatz für eine Website und für die unter einer Webadresse eingerichteten Weblogs (Blogs) zur Verfügung. Hinsichtlich der Blogs, journal- oder tagebuchartig angelegten Webseiten, fungiert die Beklagte als Hostprovider. Ein von einem Dritten eingerichteter Blog enthält unter anderem eine Tatsachenbehauptung, die der Kläger als unwahr und ehrenrührig beanstandet hat.

Der Bundesgerichtshof hat die Voraussetzungen konkretisiert, unter denen ein Hostprovider als Störer für von ihm nicht verfasste oder gebilligte Äußerungen eines Dritten in einem Blog auf Unterlassung in Anspruch genommen werden kann. Dies setzt voraus, dass der Hostprovider die im Folgenden dargelegten Pflichten verletzt hat:

Ein Tätigwerden des Hostproviders sei nur veranlasst, wenn der Hinweis so konkret gefasst sei, dass der Rechtsverstoß auf der Grundlage der Behauptungen des Betroffenen unschwer – d.h. ohne eingehende rechtliche und tatsächliche Überprüfung – bejaht werden kann.

Regelmäßig sei zunächst die Beanstandung des Betroffenen an den für den Blog Verantwortlichen zur Stellungnahme weiterzuleiten. Bleibe eine Stellungnahme innerhalb einer nach den Umständen angemessenen Frist aus, sei von der Berechtigung der Beanstandung auszugehen und der beanstandete Eintrag zu löschen. Stelle der für den Blog Verantwortliche die Berechtigung der Beanstandung substantiiert in Abrede und ergäben sich deshalb berechtigte Zweifel, sei der Provider grundsätzlich gehalten, dem Betroffenen dies mitzuteilen und gegebenenfalls Nachweise zu verlangen, aus denen sich die behauptete Rechtsverletzung ergäbe. Bleibe eine Stellungnahme des Betroffenen aus oder läge er gegebenenfalls erforderliche Nachweise nicht vor, sei eine weitere Prüfung nicht veranlasst. Ergäbe sich aus der Stellungnahme des Betroffenen oder den vorgelegten Belegen auch unter Berücksichtigung einer etwaigen Äußerung des für den Blog Verantwortlichen eine rechtswidrige Verletzung des Persönlichkeitsrechts, sei der beanstandete Eintrag zu löschen.

Das Oberlandesgericht Hamburg entschied über Prüf- und Handlungspflichten des Online-Speicher-Dienstes „RapidShare" im Zusammenhang mit urheberrechtswidrigen Downloads.

---

[66] BGH, Urt. v. 25.10.2011 - VI ZR 93/10.

Der Fall[67]: Die Klägerin ist die deutsche Wahrnehmungsgesellschaft für die urheberrechtlichen Nutzungsrechte an geschützten Werken der Musik(„GEMA"). Die Beklagte betreibt u.a. unter der Domain www.rapidshare.com den Sharehosting-Dienst „RapidShare". Die GEMA verlangt als Klägerin von RapidShare Unterlassung wegen der Möglichkeit des Herunterladens illegaler Kopien von Musikdateien über den von RapidShare betriebenen Sharehosting-Dienst.

Der Dienst „RapidShare" ermöglicht es seinen Nutzern, unabhängig vom Betriebssystem und mit jedem beliebigen Internet-Browser unmittelbar über die von den Beklagten betriebene Website www.rapidshare.com in unbegrenzter Zahl beliebige Dateien kostenlos auf die von den Beklagten zu diesem Zweck zur Verfügung gestellten Server zu laden und dort abzuspeichern. Der Dienst von RapidShare zielt in seiner Grundkonzeption auf Nutzer ab, die große Datenmengen oder umfangreiche Dateien transportieren bzw. zur Verfügung stellen möchten, was durch eine Versendung zum Beispiel per E-Mail mit dem begrenzten Umfang von E-Mail Accounts häufig nicht möglich bzw. auf anderem Wege zu schwerfällig ist. Über den Dienst werden allerdings auch – in einem zwischen den Parteien streitigen Umfang – illegale Kopien von Musikwerken, Spielfilmen, Software, Computerspielen und Pornographie eingestellt.

Der als „Sharehosting" bezeichnete Dienst „RapidShare" ist in deutscher Sprache abgefasst. Seine Nutzung ist nicht von einer Anmeldung abhängig. Der Nutzer, der eine Datei auf den von „RapidShare" angebotenen Speicherplatz hochlädt („Uploader"), erhält einen (Download-)Link („RapidShare-Link") zugeteilt, durch den auf diesen Speicherplatz zugegriffen werden kann. Der RapidShare-Link besteht aus langen Zahlen- und Buchstabenkombinationen, die nicht zufällig erraten werden können.

Der Sharehosting-Dienst verfügt weder über ein Inhaltsverzeichnis der abgespeicherten Dateien noch über eine Suchfunktion oder sonstige Kategorisierung der dort gespeicherten Daten. Personen, die eine Datei nicht selbst hinterlegt haben und mithin nicht deren Hinterlegungsbezeichnung kennen, können diese Datei nur dann herunterladen, wenn ihnen der der hochgeladenen Datei zugeteilte Download-Link bekannt ist. Um unbeteiligten Personen das Auffinden unter RapidShare gespeicherten Dateien zu ermöglichen, werden im Internet auf verschiedenen Webseiten Dritter sogenannte Link-Sammlungen bzw. Link-Ressourcen veröffentlicht, wie dies in der Vergangenheit zum Beispiel unter www.3dl.am geschehen ist. Damit ist dem speichernden Nutzer von RapidShare die Möglichkeit eröffnet, die von RapidShare oder einem anderen Sharehoster zugeteilten Links einzustellen. Der

---

[67] OLG Hamburg, Urt. v. 14.03.2012 - 5 U 87/09 - Rapidshare II.

suchende Nutzer kann auf diesen Seiten durch Eingabe von Suchkriterien (z.B. Interpret, Songtitel) bestimmte (Musik-) Dateien suchen, erhält den entsprechenden Download-Link und wird hierüber – in der Regel direkt von der Website, auf der sich die Linksammlung befindet – auf den Speicherort der Datei in dem Dienst RapidShare weitergeleitet. Im Falle des Dienstes www.rapidshare.com kann sich der Nutzer die Datei dann kostenlos und ohne erforderliche Registrierung über den RapidShare-Link herunter laden. Dieser Link hat folgende Struktur:

http://rapidshare.com/files/07017368/James Joyce - Ulises.zip

Dem Namen des Dienstes und dem Speicherort folgen eine Index-Nummer, die fortlaufend für jeden Upload in aufsteigender Reihenfolge vergeben wird, sowie der Name der hoch geladenen Datei. Bereits aus dem Dateinamen ergeben sich in einer Reihe von Fällen Hinweise auf den Inhalt der Datei, wenn die Dateibezeichnung den Namen des Autors und/oder des Werkes enthält.

Im Rahmen ihrer Werbung bzw. Selbstdarstellung wies RapidShare im Jahr 2008 unter anderem auf Folgendes hin:

> „Manche Dateien haben über 100.000 Downloads" (Anlage K 10)

> „Wenn du möchtest, schicken wir deine E-Mail an bis zu drei Personen, die dann über diesen Upload informiert werden" (Anlage K 11).

> „Welche UPLOAD-REGELN sind zu befolgen (Nutzungsbedingungen)

> • Keine Dateien mit verbotenem Inhalt, zum Beispiel Pornographie, Kinderpornographie, rassistische Medien und/oder unerlaubte Kopien von geschützten Werken. Diese Liste ist nicht abschließend.

> • Geschützte Inhalte dürfen nicht öffentlich zugänglich gemacht werden (z.B. durch Veröffentlichung und von RapidShare-Links auf anderen Internetseiten) (Anlage K 12).

Im Rahmen der kostenfreien Nutzung des Dienstes findet eine Identitätskontrolle nicht statt. Der Download ist jedoch erschwert. Er beginnt erst nach Ablauf einer bestimmten Zeitspanne. Weitere Downloads sind unmittelbar anschließend nicht möglich. Es muss zunächst eine längere Zeitspanne abgewartet werden, bis erneut eine Datei heruntergeladen werden kann. Die Downloadgeschwindigkeit ist begrenzt. RapidShare hat insoweit Kenntnis von der E-Mail-Adresse des jeweiligen Nutzers, der Dateien hoch lädt. Daneben bietet RapidShare sogenannten „Premium-Nutzern" auch einen kostenpflichtigen Download an. Für den Erwerb eines solchen Premium-Accounts muss sich der Nutzer registrieren lassen, wozu ebenfalls die Angabe einer E-Mail-Adresse ausreicht. Für registrierte Nutzer mit einem kostenpflichtigen Account ist der Download erheblich komfortabler. Es erfolgt eine sofortige Freischaltung, weitere Beschränkungen bestehen nicht, stattdessen werden dem Kunden zusätzliche Vorteile eingeräumt. Eine Vielzahl von Dateien kann parallel heruntergeladen werden. Für das Hochladen von Dateien bietet RapidShare unterstützende Werkzeuge an (sogenannte „RapidTools"), die diesen Vorgang erleichtern sollen. Unter anderem ist es möglich, Dateien, welche die Maximalgröße für RapidShare überschreiten, zu komprimieren bzw. in mehrere Dateien aufzuspalten. Mit dem sogenannten „RapidShare-Manager" wird auch der Download vereinfacht.

Der Dienst RapidShare erfreut sich hoher Beliebtheit. Die Website www.rapidshare.com lag im Jahr 2008 auf Platz 11 der weltweit am meisten abgerufenen Websites. Sie steht in Deutschland auf Platz 16. Nach eigenen Angaben gehört der Dienst zu den größten und schnellsten Webhostern weltweit. in dem Test „Ab in die Wolke" der Zeitschrift „Computerbild" in der Ausgabe 18/2011 belegte der Dienst „RapidShare" im Feld von zehn getesteten Diensten, die „Online-Speicher" in der „Internet-Wolke" anbieten, mit „sehr gut" den 2. Platz.

Unter www.rapidshare.com werden auch illegale Kopien von (Musik-) Dateien eingestellt. RapidShare ist bemüht, durch Kontrollmechanismen die Einstellung solcher illegalen Kopien in ihren Dienst in einem gewissen Umfang zu verhindern. Das von RapidShare eingesetzte sogenannte „MD5-Verfahren" verhindert den Upload von identischen Dateien, die in dieser Form schon einmal als illegale Kopien erkannt und gelöscht worden sind. Bereits eine geringfügige Änderung der Datei – nicht (nur) ihres Dateinamens – verändert den MD5-Wert dieser Datei indes dergestalt, dass das MD5-Verfahren eine so veränderte Datei nicht mehr erkennt. Zudem werden hochgeladene komprimierte (gepackte) Dateien nicht automatisch entpackt und die darin enthaltenen Einzeldateien werden nicht überprüft. Eingesetzte Filterfunktionen mit einer Worterkennungsfunktionalität greifen dann nicht, wenn das gesuchte Wort nicht in der Dateibezeichnung als solcher auftaucht.

Leitsätze der Entscheidung[68]:

Wer Dritten ohne Zustimmung des Urhebers dessen Werk über einen Online-Speicher-Link im Rahmen einer Downloadlink-Sammlung uneingeschränkt im Internet zur Verfügung stellt, verletzt das Recht des Urhebers, über die öffentliche Wiedergabe seines Werkes zu entscheiden. Als Störer

---

[68] Presseerklärung OLG Hamburg v. 15.03.2012 – RapidShare I.

kann auch derjenige auf Unterlassung in Anspruch genommen werden, welcher den entsprechenden Online-Speicherplatz zur Verfügung stellt. Dies jedenfalls dann, wenn sein Geschäftsmodell strukturell die Gefahr massenhafter Begehung von Urheberrechtsverletzungen in einem Umfang in sich birgt, der die Erfüllung von Prüf- und Handlungspflichten zumutbar macht.

Nach dem bundesweit geltenden Urheberrechtsgesetz steht dem Urheber eines geschützten Werkes das ausschließliche Recht zu, sein Werk öffentlich wiederzugeben. Das Recht der öffentlichen Wiedergabe umfasst auch das Recht der öffentlichen Zugänglichmachung, z.B. im Internet.

In einem früheren Urteil aus dem Jahr 2008 (Rapidshare I) hatte das OLG Hamburg entschieden, dass ein Werk bereits mit dem Einstellen in den Online – Dienst „RapidShare" „öffentlich zugänglich" i.S.d. Urheberrechtsgesetzes gemacht wird[69]. An dieser Rechtsauffassung hält der Senat nicht mehr fest. Vielmehr geht er nun davon aus, dass ein Werk erst dann öffentlich zugänglich gemacht worden ist, wenn die jeweiligen RapidShare-Links im Rahmen von Downloadlink-Sammlungen im Internet dritten Personen uneingeschränkt zur Verfügung gestellt worden sind. Begründet wird dies u.a. mit den fortentwickelten Nutzungsgewohnheiten im Internet: Möglichkeiten, Dateien auf Servern dritter Unternehmen dezentral im Netz zu speichern, seien stärker im Vordringen. Nutzer speicherten immer häufiger Daten bei einem Webhoster, um auf diese Daten jederzeit mit ihren Mobilgeräten zugreifen zu können. Anbietern von dezentralem Speicherplatz im Netz sei es häufig nicht verlässlich möglich, mit vertretbarem Aufwand und ohne unzulässigen Eingriff in geschützte Rechtspositionen des Nutzers (urheberrechtlich) zulässige von unzulässigen Speichervorgängen zu unterscheiden. Allein der Upload eines urheberrechtlich geschützten Werkes auf den Dienst eines Sharehosters wie der Beklagten lasse daher keinen verlässlichen Rückschluss zu, dass es sich hierbei zwingend um eine rechtswidrige Nutzung handele. Im vorliegenden Fall könne daher ein „öffentliches Zugänglichmachen" erst in einer ersten – urheberrechtswidrigen – Veröffentlichung des Downloadlinks liegen.

Nach Auffassung des OLG Hamburg kann die beklagte Rapidshare AG dabei als Störerin auf Unterlassung in Anspruch genommen werden: Der Rapidshare AG wurde verboten, über 4.000 konkret bezeichnete Musiktitel im Rahmen ihres Onlinedienstes in der BRD öffentlich zugänglich machen zu lassen. Zwar führe das Geschäftsmodell der Beklagten, ihren Nutzern die Möglichkeit zu eröffnen, Dateien automatisiert auf ihre Server hochzuladen und die generierten Links zum Download zur Verfügung zu halten, noch nicht zu verstärkten Prüfpflichten. Das Geschäftsmodell der Beklagten berge jedoch

---

[69] OLG Hamburg, Urt. v. 02.07.2008 - 5 U 73/07.

strukturell und insbesondere im Hinblick auf die in der Vergangenheit erfolgte besondere Förderung massenhaften Zugriffs auf einzelne Dateien (z.B. durch ein Bonussystem) die Gefahr massenhafter Begehung von Urheberrechtsverletzungen in einem Umfang in sich, der die Erfüllung von Prüf- und Handlungspflichten zumutbar mache. Damit war die Beklagte nach Auffassung des Senats verpflichtet, konkrete Maßnahmen zur Vermeidung weiterer Rechtsverletzungen zu ergreifen, sobald ihr bekannt geworden war, dass Musikwerke urheberrechtswidrig öffentlich abrufbar waren.

Das OLG Hamburg stellt heraus, dass im Hinblick darauf, dass eine Urheberrechtsverletzung nicht bereits mit dem Upload auf RapidShare verwirklicht ist, pro-aktive Möglichkeiten der Beklagten, im Rahmen ihres Dienstes potentielle Rechtsverletzungen aufzuspüren und zu verhindern, in nennenswertem Umfang nur insoweit bestehen, als es um ein wiederholtes Upload bereits bekannter Dateien gehe, die rechtsverletzende Inhalte enthalten. Es müsse vielmehr nun in erster Linie darum gehen, die erneute Verbreitung als rechtsverletzend erkannter Dateien zu unterbinden, z.B. dadurch, dass rechtsverletzende Downloadlinks gelöscht und u.a. in Link-Ressourcen im Internet gezielt nach weiteren Links gesucht werde, über die das betreffende Werk in urheberrechtsverletzender Weise zugänglich gemacht werde.

Zusammenfassung[70]:

1. Das Geschäftsmodell von Rapidshare umfasst nicht nur die Verbreitung rechtswidriger Inhalte. Im Grundsatz ist das Geschäftsmodell daher schutzwürdig (Abkehr von OLG Hamburg, Urt. v. 02.07.2008 - 5 U 73/07 - Rapidshare I).

2. Eine öffentliche Zugänglichmachung besteht bei Rapidshare nicht schon im Upload rechtswidriger Inhalte, sondern erst in der Verbreitung der Links auf diese Inhalte (Abkehr von OLG Hamburg, Urt. v. 02.07.2008 - 5 U 73/07 - Rapidshare I).

3. Rapidshare ist kein „neutraler Vermittler". Indem Rapidshare eine anonyme Nutzung seines Dienstes gestattet, nimmt es eine „aktive Rolle" ein, weil Urheberrechtsverletzungen gefördert werden, von denen das Unternehmen indirekt profitiert.

4. § 13 Abs. 6 TMG schreibt keine zwingende anonyme Nutzbarkeit von Telemediendiensten vor. Die Vorschrift steht vielmehr unter einem Zumutbarkeitsvorbehalt. Eine anonyme Nutzung ist nicht zumutbar, wenn ein Dienst eine besondere Gefahrgeneigtheit aufweist.

---

[70] http://www.telemedicus.info/urteile/Internetrecht/Haftung-von-Webhostern/1356-OLG-Hamburg-Az-5-U-8709-Rapidshare-II.html - abgerufen am 05.04.2012.

5. Rapidshare ist es zuzumuten, einschlägige Linklisten auf die Verbreitung von Links auf urheberrechtlich geschützte Werke zu überwachen. Dabei muss Rapidshare nicht nur Links entfernen, die als rechtswidrig erkannt wurden, sondern auch versuchen, ähnliche Links zu erkennen.

6. Neben einer Überwachung von Linklisten hat Rapidshare eine „allgemeine Marktüberwachungspflicht".

Der Bundesgerichtshof hat zur **Haftung von File-Hosting-Diensten („Host-Providern")** im Fall **„Rapidshare"** für Urheberrechtsverletzungen wie folgt entschieden:

File-Hosting-Dienste können für Urheberrechtsverletzungen ihrer Nutzer erst in Anspruch genommen werden, wenn sie auf eine klare gleichartige Rechtsverletzung hingewiesen worden sind.

Der Fall[71]: Die Klägerin (**„Atari Europe"**) vertreibt das erfolgreiche Computerspiel **„Alone in the dark"**. Die Beklagte (**„Rapidshare"**) stellt unter der Internetadresse www.rapidshare.com Speicherplatz im Internet zur Verfügung (File-Hosting-Dienst). Die Nutzer des Dienstes können eigene Dateien auf der Internetseite der Beklagten hochladen, die dann auf deren Servern abgespeichert werden. Dem Nutzer wird ein Link übermittelt, mit dem die abgelegte Datei aufgerufen werden kann. Die Beklagte kennt weder den Inhalt der hochgeladenen Dateien noch hält sie ein Inhaltsverzeichnis der Dateien vor. Gewisse Suchmaschinen (sog. „Link-Sammlungen") gestatten aber, nach bestimmten Dateien auf den Servern der Beklagten zu suchen.

Das Computerspiel „Alone in the dark" wurde auf Servern der Beklagten öffentlich zugänglich gemacht und konnte heruntergeladen werden. Die Klägerin sieht darin eine Urheberrechtsverletzung und verlangt von der Beklagten Unterlassung.

Das Landgericht Düsseldorf hatte der Klage zunächst stattgegeben. Auf die Berufung der Beklagten hatte das Oberlandesgericht Düsseldorf die Klage abgewiesen. Der Bundesgerichtshof hat das Urteil des Oberlandesgerichts Düsseldorf aufgehoben und die Sache an die Vorinstanz zurückverwiesen.

Zur Begründung führt der Bundesgerichtshof an:

Da die Nutzer des Dienstes ohne vorherige Kenntnis der Beklagten ihre Dateien hochladen, sei die Beklagte bei dabei begangenen Urheberrechtsverletzungen weder Täter noch Gehilfe. Sie könne allerdings als Störer auf Unterlassung haften, wenn sie Prüfpflichten verletzt hat. Als Diensteanbieter im Sinne des Telemediengesetzes („Host-Provider") müsse die Beklagte die bei ihr gespeicherten Informationen nicht allgemein auf Rechtsverletzungen

---

[71] BGH, Urt. v. 12.07 2012 - I ZR 18/11.

überprüfen. Eine solche umfassende Prüfungspflicht sei auch nicht etwa deswegen geboten, weil der Dienst der Beklagten für Urheberrechtsverletzungen besonders anfällig wäre. Denn legale Nutzungsmöglichkeiten dieses Dienstes, für die ein beträchtliches Bedürfnis bestehe, seien in großer Zahl vorhanden und üblich. Eine Prüfungspflicht der Beklagten im Hinblick auf das Computerspiel „Alone in the Dark" entstehe daher erst, wenn die Beklagte auf eine klare Rechtsverletzung in Bezug auf dieses Spiel hingewiesen worden sei.

Die Klägerin hatte der Beklagten am 19. August 2008 einen entsprechenden Hinweis auf das Spiel „Alone in the Dark" gegeben, das bei Rapidshare heruntergeladen werden konnte. Die Beklagte hatte daraufhin die konkrete Datei mit dem fraglichen Spiel gelöscht, es aber versäumt, zu prüfen, ob das Spiel „Alone in the Dark" von anderen Nutzern ebenfalls auf ihren Servern gespeichert worden war und dort nach wie vor abgerufen werden konnte.

Im Streitfall war es nach Ansicht des Bundesgerichtshofs grundsätzlich nicht ausreichend, dass die Beklagte die ihr konkret benannte rechtsverletzende Datei gesperrt hatte. Vielmehr musste sie nach Auffassung des Gerichts auch das technisch und wirtschaftlich Zumutbare tun, um – ohne Gefährdung ihres Geschäftsmodells – zu verhindern, dass das Spiel von anderen Nutzern erneut über ihre Server Dritten angeboten wurde. Diese Pflicht habe die Beklagte möglicherweise verletzt, weil sie keinen Wortfilter für den zusammenhängenden Begriff „Alone in the Dark" zur Überprüfung der bei ihr gespeicherten Dateinamen eingesetzt hatte.

Die Klägerin wollte es der Beklagten mit einem zweiten Unterlassungsantrag verbieten, Hyperlinks von bestimmten Link-Sammlungen auf bei ihr gespeicherte Dateien mit dem Computerspiel „Alone in the Dark" zuzulassen. Die Prüfungspflichten der Beklagten könnten sich nach Meinung des Bundesgerichtshofs grundsätzlich auch auf solche Verstöße erstrecken. Dafür sei aber erforderlich, dass die Hyperlinks im für die Linksammlung üblichen Suchvorgang bei Eingabe des Spielnamens angezeigt werden und die Trefferliste Dateien auf Servern der Beklagten enthalte, die dort nicht schon durch einen Wortfilter nach Dateinamen mit der Wortfolge „Alone in the Dark" gefunden werden könnten. Zwar sei die Beklagte nicht Betreiber der Link-Sammlungen. Sie könne aber Dateien mit dem Computerspiel „Alone in the Dark" auf ihren eigenen Servern löschen. Dem Diensteanbieter sei es grundsätzlich zuzumuten, eine überschaubare Anzahl einschlägiger Link-Sammlungen auf bestimmt bezeichnete Inhalte zu überprüfen.

Die zur Zumutbarkeit von Überprüfungsmaßnahmen vom Berufungsgericht getroffenen Feststellungen reichten dem Bundesgerichtshof allerdings nicht aus, um über die Frage der Pflichtverletzung der Beklagten abschließend zu entscheiden. Er hat die Sache deshalb zur neuen Verhandlung und Entscheidung an das Berufungsgericht zurückverwiesen. Die Klägerin hat dann Gelegenheit, ihre Anträge der allein in Betracht kommenden Störerhaftung der Beklagten anzupassen.

Bewertung: Speicherplattformen wie Rapidshare können nach der Rechtsauffassung des Bundesgerichtshofs generell für Urheberrechtsverletzungen beim Abruf gespeicherter Dateien mitverantwortlich gemacht werden. Das Urteil dürfte damit weitreichende Folgen auch für andere Anbieter von Online-Speicherplatz wie „Dropbox" oder auch „Google" haben.

Rapidshare sucht bereits jetzt selbst nach Raubkopien. Die Firma hat eigenen Angaben zufolge eine Suchmaschine entwickelt, die einschlägige Verzeichnisse (sogenannte „Warez-Seiten") nach Verweisen zu Dateien auf Rapidshare-Servern durchforstet, einen sogenannten „Crawler". Eigens zu diesem Zweck beschäftigte Angestellte des Unternehmens sichten die Daten und blockieren illegale Inhalte. Laut Rapidshare ist der Crawler seit zwei Jahren im Einsatz.

Das BGH-Urteil folgt einem seit Jahren zu beobachtenden Trend in der Rechtsprechung zur Haftung von Online-Plattformen: Sie gelten zwar als „Host-Provider" und genießen entsprechende Haftungsprivilegien, sind z.B. erst ab Kenntnis konkreter Rechtsverstöße dafür verantwortlich, diese abzustellen. Doch zugleich erweitern Gerichte bei Plattformen, die über reines Webhosting hinausgehen, regelmäßig die Prüfpflichten.

In einem Rechtsstreit der GEMA gegen YouTube hat das Landgericht Hamburg zu den **urheberrechtlichen Pflichten** eines **Videoportalbetreibers („YouTube")** entschieden.

Der Fall[72]: Die GEMA wollte mit ihrer Klage erreichen, dass der beklagten Betreiberin des Internet-Videoportals „YouTube" verboten wird, weiterhin zwölf Musikwerke, an denen die GEMA die Rechte wahrnimmt, via „YouTube" in Deutschland zugänglich zu machen. Die Beklagte lehnte eine Unterlassungsverpflichtung ab, da sie für etwaige Urheberrechtsverletzungen nicht hafte. Zum einen stelle sie ihre Videoplattform lediglich den Nutzern zur Verfügung und habe die fraglichen Videos weder selbst erstellt noch hochgeladen. Zum anderen habe sie alle ihr zumutbaren Maßnahmen ergriffen, um Urheberrechtsverletzungen zu begegnen.

Das Gericht hat die Beklagte hinsichtlich sieben der zwölf streitbefangenen Musikwerke zur Unterlassung verurteilt und die Klage im Übrigen abgewiesen. Entgegen der Argumentation der Klägerin hat das Gericht eine **„Täter-**

---

[72] LG Hamburg, Urt. v. 20.04.2012 - 310 O 461/10.

haftung" der Beklagten hinsichtlich der Urheberrechtsverletzungen verneint und lediglich eine **„Störerhaftung"** angenommen.

Da die Beklagte die urheberrechtsverletzenden Videos weder selbst hochgeladen habe, noch sich deren Inhalte zu eigen gemacht habe, hafte sie nicht als Täterin. Allerdings habe sie durch das Bereitstellen und den Betrieb der Videoplattform einen Beitrag zu den Rechtsverletzungen geleistet. Aufgrund dieses Beitrags träfen die Beklagte Verhaltens- und Kontrollpflichten. Diese habe sie verletzt und sei deshalb der Klägerin als „Störerin" zur Unterlassung verpflichtet.

Der Betreiber eines Videoportals wie „YouTube" hafte für Urheberrechtsverletzungen durch von Nutzern hochgeladene Videos aber nur dann, wenn er in Kenntnis der Rechtsverletzung gegen bestimmte Verhaltens- und Kontrollpflichten verstößt. Erst nach einem Hinweis auf eine Urheberrechtsverletzung treffe den Portalbetreiber die Pflicht, das betroffene Video unverzüglich zu sperren und im zumutbaren Rahmen geeignete Maßnahmen zu ergreifen, um erneuten Rechtsverletzungen vorzubeugen. Eine Verpflichtung zur Kontrolle sämtlicher auf die Plattform bereits hochgeladenen Videoclips bestehe dagegen nicht.

So habe die Beklagte im Umfang der Verurteilung gegen die Pflicht verstoßen, die betroffenen Videoclips unverzüglich zu sperren, nachdem sie von der Klägerin über die Urheberrechtsverletzungen informiert worden war. Hinsichtlich der fraglichen sieben Videos sei eine Sperre erst gut eineinhalb Monate nach der Benachrichtigung durch die Klägerin erfolgt. Bei einem solchen Zeitraum könne von einem unverzüglichen Handeln nicht mehr gesprochen werden.

Zu der Frage, welche weiteren Prüfungs- und Kontrollpflichten die Beklagte treffen, hat das Gericht auf die Notwendigkeit einer Verhältnismäßigkeitsprüfung hingewiesen, bei der die betroffenen Interessen und rechtlichen Wertungen gegeneinander abzuwägen seien. Der Beklagten dürften danach keine Anforderungen auferlegt werden, die ihre grundsätzlich zulässige Tätigkeit unverhältnismäßig erschwerten. Zuzumuten sei ihr jedoch, nach Erhalt eines Hinweises auf eine Urheberrechtsverletzung durch den Einsatz einer Software künftige Uploads zu verhindern, die eine mit der gemeldeten Musikaufnahme übereinstimmende Aufnahme enthielten. Eine dazu geeignete Software stehe der Beklagten in Form des von ihr entwickelten Content-ID-Programms zur Verfügung. Die Beklagte müsse besagtes Programm aber selbst anwenden und könne die Anwendung nicht, wie von ihr vertreten, den Rechteinhabern überlassen. Dagegen sei die Beklagte nicht verpflichtet, ihren gesamten Datenbestand mittels des Content-ID-Programms auf Urheberrechtsverletzungen zu durchsuchen. Die Prüfungs- und Kontrollpflichten einer als Störer in Anspruch genommenen Person begönnen immer erst ab Kenntnis von einer konkreten Rechtsverletzung. Eine Verpflichtung zur Vorsorge gelte daher nur für die Zukunft.

Um die Anzahl der von der Software der Beklagten nicht erfassten Rechtsverletzungen zu reduzieren, sei die Beklagte außerdem verpflichtet, einen Wortfilter zu installieren. Der Wortfilter solle neu eingestellte Videos herausfiltern, deren Titel sowohl den Titel als auch den Interpreten der in einem Video beanstandeten Musikaufnahme enthält. Dies sei notwendig, weil mit dem Content-ID-Programm nur Tonaufnahmen identifiziert würden, die mit der gespeicherten Referenzaufnahme identisch seien. Abweichende Aufnahmen (z.B. Live-Darbietung statt Studioaufnahme) erkenne die Software nicht.

Hinsichtlich fünf der zwölf von der Klägerin benannten Musikwerke war nicht ersichtlich, dass es nach dem Hinweis der Klägerin an die Beklagte auf die Rechtsverletzungen noch zu weiteren Uploads gekommen war. Damit konnte nicht festgestellt werden, dass die Pflichtverletzung der Beklagten für weitere Rechtsverletzungen ursächlich geworden ist, und entsprechend war die Klage hinsichtlich dieser Musikwerke abzuweisen.

Kommentar: Mit diesem Urteil wurde bestätigt, dass YouTube nicht als Content-Provider (Inhalteanbieter), sondern vielmehr als Hostprovider einzustufen ist. Als Hosting-Plattform ist YouTube damit nicht zur Kontrolle sämtlicher auf der Plattform hochgeladenen Videos verpflichtet. Das Urteil wirft aber auch Fragen zu den Verhaltens- und Kontrollpflichten von Hosting-Plattformen für nutzergenerierte Inhalte auf, konkret zum Einsatz von Content-ID und Wortfiltern. Das Urteil gewährt nämlich insoweit einen weitreichenden Urheberrechtsschutz, weil sich die Haftung des Providers nicht nur auf einen konkret gerügten Verstoß bezieht. Sobald der Provider Kenntnis von einem Rechtsverstoß besitzt, treffen ihn erhöhte Prüfungspflichten. Einem kommerziellen Provider, der erhebliche Werbeumsätze erzielt, ist nach dieser Sichtweise der Einsatz entsprechender geeigneter technischer Schutzmaßnahmen durchaus zumutbar.

Ein Beispiel zur Haftung des Inhabers eines eBay-Mitgliedskontos für durch Dritte über sein Mitgliedskonto begangene Schutzrechtverletzungen und Wettbewerbsverstöße – „Halzband":

Der Fall[73]: Der Bundesgerichtshof hatte darüber zu entscheiden, unter welchen Voraussetzungen der Inhaber eines Mitgliedskontos(Accounts) bei der Internet-Auktionsplattform **eBay** dafür haftet, dass andere Personen unter

---

[73]   BGH, Urt. v. 11.03.2009 - I ZR 114/06.

Nutzung seines Accounts Waren anbieten und dabei Rechte Dritter verletzen.

Der Beklagte ist bei eBay unter dem Mitgliedsnamen „sound-max" registriert. Im Juni 2003 wurde unter diesem Mitgliedsnamen unter der Überschrift „SSSuper ... Tolle ... Halzband (Cartier Art)" ein Halsband zum Mindestgebot von 30 € angeboten. In der Beschreibung des angebotenen Artikels hieß es unter anderem: "... Halzband, Art Cartier ... Mit kl. Pantere, tupische simwol fon Cartier Haus ...". Die Klägerinnen haben hierin eine Verletzung ihrer Marke „Cartier", eine Urheberrechtsverletzung sowie einen Verstoß gegen das Gesetz gegen den unlauteren Wettbewerb gesehen und den Beklagten auf Unterlassung, Auskunftserteilung und Feststellung der Schadensersatzpflicht in Anspruch genommen. Der Beklagte hat die Auffassung vertreten, er sei für das beanstandete Angebot nicht verantwortlich, weil seine aus Lettland stammende Ehefrau sein Mitgliedskonto bei eBay ohne sein Wissen zum Verkauf persönlicher Gegenstände benutzt und dabei das Schmuckstück versteigert habe.

Der BGH hat geurteilt, der Beklagte hafte mangels Vorsatzes für die von seiner Ehefrau möglicherweise begangenen Rechtsverletzungen zwar nicht als Mittäter oder Teilnehmer. Es komme jedoch eine Haftung des Beklagten als Täter einer Schutzrechtsverletzung sowie eines Wettbewerbsverstoßes in Betracht, weil er nicht hinreichend dafür gesorgt habe, dass seine Ehefrau keinen Zugriff auf die Kontrolldaten des Mitgliedskontos erlangte. Benutze ein Dritter ein fremdes Mitgliedskonto bei eBay, nachdem er an die Zugangsdaten dieses Mitgliedskonto gelangt sei, weil der Inhaber diese nicht hinreichend vor dem Zugriff Dritter gesichert habe, müsse der Inhaber des Mitgliedskontos sich so behandeln lassen, wie wenn er selbst gehandelt hätte. Der selbständige Zurechnungsgrund für diese Haftung bestehe in der von dem Inhaber des Mitgliedskontos geschaffenen Gefahr einer Unklarheit darüber, wer unter dem betreffenden Mitgliedskonto bei eBay gehandelt habe und im Falle einer Vertrags- oder Schutzrechtsverletzung in Anspruch genommen werden könne.

Ein weiterer Fall zur „Störerhaftung" – „Sommer unseres Lebens":

Der Fall[74]: Das Plattenlabel 3p hatte gegen einen Internetnutzer auf Unterlassung, Schadensersatz und Erstattung von Abmahnkosten geklagt, da über seinen Anschluss der Titel „Sommer unseres Lebens" von Sebastian Hämer in einer Tauschbörse zum Download angeboten wurde. Der Beklagte war allerdings in der fraglichen Zeit im Urlaub.

---

[74] BGH, Urt. v. 12.05.2010 - I ZR 121/08.

Der BGH stellte fest, auch privaten Anschlussinhabern obliege eine Pflicht, zu prüfen, ob ihr WLAN durch angemessene Sicherungsmaßnahmen vor der Gefahr geschützt ist, von unberechtigten Dritten zur Begehung von Urheberrechtsverletzungen missbraucht zu werden.

Dem privaten Betreiber eines WLAN-Netzes könne aber nicht zugemutet werden, die Netzwerksicherheit fortlaufend dem neuesten Stand der Technik anzupassen und dafür entsprechende finanzielle Mittel aufzuwenden. Die Prüfpflicht von Privatpersonen beziehe sich daher auf die Einhaltung der zum Zeitpunkt der Installation des Routers für den privaten Bereich marktüblichen Sicherungen.

Diese Pflicht hat der Beklagte nach Auffassung des BGH verletzt. Er hatte es bei den werkseitigen Standardsicherheitseinstellungen des WLAN-Routers belassen und das Passwort nicht durch ein persönliches, ausreichend langes und sicheres Passwort ersetzt. Ein solcher Passwortschutz sei auch für private WLAN-Nutzer bereits im Jahre 2006 üblich und zumutbar gewesen. Eine solche Sicherung liege im vitalen Eigeninteresse aller berechtigten Nutzer und sei mit keinen Mehrkosten verbunden.

Störer könne auch sein, wer die Möglichkeit einer Rechtsverletzung, zu der er einen kausalen Beitrag geleistet habe, nicht erkannt hat, sie aber hätte erkennen und mit zumutbaren Mitteln verhindern können. Daher greife in diesem Fall die Störerhaftung auf Unterlassung und auf Erstattung der Abmahnkosten ein.

Zum Schadensersatz war der Beklagte nach Ansicht des BGH hingegen nicht verpflichtet. Eine Haftung als Täter einer Urheberrechtsverletzung hat der Bundesgerichtshof deswegen verneint, weil nicht der Beklagte den fraglichen Musiktitel im Internet zugänglich gemacht habe. Eine Haftung als Gehilfe bei der fremden Urheberrechtsverletzung hätte Vorsatz vorausgesetzt, an dem es im Streitfall fehlte.

Für WLAN-Betreiber bedeutet das Urteil, dass sie ihr WLAN nach aktuellem Stand der Technik absichern sollten, also mit WPA2.

Welche Folgen das Urteil für Hotspot-Betreiber etwa in Hotels, Cafés und Restaurants hat, ist schwer zu sagen. Nach dem Urteil droht das Modell jedenfalls kompliziert zu werden: Zur Nutzung müsste der Gast nicht nur das Sicherheitskennwort vom Betreiber erhalten, sondern womöglich auch seine Identität preisgeben - eine Versicherung des Betreibers gegen eine mögliche illegale Nutzung des WLAN-Netzes.

Haftungsausschluss durch „Disclaimer"

Der Begriff **„Disclaimer"** wird im IT-Recht als Fachausdruck für einen Haftungsausschluss verwendet. Disclaimer kommen vorwiegend in E-Mails und auf Webseiten vor. Der Begriff bedeutet „abstreiten" oder „in Abrede stellen".

Ein **„E-Mail-Disclaimer"** hat oft zum Inhalt, dass der Lesende, wenn er die E-Mail versehentlich erhalten haben und nicht der gemeinte Empfänger sein sollte, den Inhalt der E-Mail sofort wieder vergessen möge und die E-Mail wahlweise an den Absender zurück oder an den gewünschten Empfänger senden solle.

Beispiel:

„HINWEIS: Dies ist eine vertrauliche Nachricht und nur für den Adressaten bestimmt. Es ist nicht erlaubt, diese Nachricht zu kopieren oder Dritten zugänglich zu machen. Beachten sie bitte, dass jede Form der mündlichen oder schriftlichen Weitergabe des Inhalts dieses elektronischen Schreibens unzulässig und rechtswidrig ist. Sollten Sie der falsche Adressat sein und diese Nachricht daher irrtümlich erhalten haben, bitten wir um Ihre unverzügliche Kontaktaufnahme mit dem Absender dieses elektronischen Schreibens per E-Mail oder unter der oben angegebenen Telefonnummer."

Derartige E-Mail-Disclaimer sind nach allgemeiner Rechtsauffassung bedeutungslos. Diese Unwirksamkeit begründet sich aus zwei Umständen: Zum einen ist es rein faktisch sehr schwer, einen Dritten zu veranlassen, bereits Gelesenes zu vergessen. Zum anderen kann dem Empfänger eine derartige Verpflichtung nicht einseitig auferlegt werden. Auch ein Vertrag kommt nicht zustande, da hierfür zwei sich entsprechende Willenserklärungen erforderlich wären. Es handelt sich bei derartigen Disclaimern im Ergebnis um sogenannte „Allgemeine Geschäftsbedingungen" (AGB) – vgl. dazu unten Abschnitt 3.6.2. AGB werden gemäß § 305 Abs. 2 BGB nur dann Vertragsbestandteil, wenn der Verwender bei Vertragsschluss die andere Vertragspartei ausdrücklich auf sie hinweist und ihr die Möglichkeit verschafft, in zumutbarer Weise vom Inhalt Kenntnis zu nehmen. Als solche müssten daher E-Mail-Disclaimer vor dem Öffnen der E-Mail dem Adressaten zugänglich gemacht worden sein, ansonsten werden sie kein Vertragsbestandteil. Meistens befinden sich solche Textabschnitt ein der Praxis jedoch erst unterhalb des Inhaltes einer Nachricht, wodurch auch unter dieser Betrachtung eine rechtliche Bedeutung ausgeschlossen ist.

Das **Landgericht Hamburg** hatte in diesem Zusammenhang in einem Urteil[75] entschieden, dass Diensteanbieter, die Links auf fremde Seiten setzen, für deren Inhalte mitverantwortlich seien. Damit würden sie grundsätzlich für strafrechtlich relevante Ehrverletzungen (Beleidigungen) haften. Die Haftung für denjenigen, der den Link setzt, scheide aus, wenn er sich ausdrücklich vom Inhalt der fremden Seite distanziere.

Seit diesem Hamburger Urteilsspruch findet sich daher auf zahlreichen Internetseiten mit Links folgender Disclaimer:

> „Für alle Links auf dieser Homepage gilt: Ich distanziere mich hiermit ausdrücklich von allen Inhalten aller gelinkten Seiten auf meiner Homepage und mache mir diese Inhalte nicht zu eigen."

Damit dürfte das Hamburger Urteil jedoch deutlich missverstanden worden sein, denn dort ist von einer **„ausdrücklichen Distanzierung"** die Rede und nicht von einer pauschalen. In der Literatur wird deshalb häufig die Meinung vertreten, dass Anbieter von Internetseiten mit derart pauschalen Erklärungen nicht auf der sicheren Seite vor Haftungsansprüchen seien. Wer Links so setze, dass sie vom Nutzer doch als zu Eigen gemachte Information verstanden werden könnten, könne sich nicht auf die Schutzfunktion des Disclaimers berufen. Wer andererseits für den Nutzer deutlich herausstelle, dass er als Anbieter den Link zu einer externen Information nur gesetzt habe, um sich mit dieser fremden Meinung kritisch auseinanderzusetzen, benötige auf seiner Homepage eigentlich keinen Disclaimer.

Als mögliche Gründe, sich einerseits von einem Link zu distanzieren, ihn jedoch andererseits zu belassen, kommen insbesondere in Betracht.

- Auf der verlinkten Seite gibt es interessante und wichtige Informationen

- Es besteht Unsicherheit darüber, ob die verlinkten Informationen straf- bzw. zivilrechtlich zu beanstanden sind.

- Es wurde eine Verlinkung vorgenommen ohne vorherige sorgfältige Durchsicht aller verlinkten Seiten.

- Es sind möglicherweise zwischenzeitlich Änderungen auf der verlinkten Seite erfolgt.

Der letzte Punkt dieser Aufzählung dürfte dabei zugleich der wichtigste sein: Da die verlinkte Seite nicht unter der eigenen Verwaltung steht, besteht keine Kontrollmöglichkeit darüber, ob der entsprechende Inhalt möglicherweise später rechtlich bedenkliche Textpassagen enthalten könnte.

---

[75] LG Hamburg, Urt. v. 12.05.1998 - 312 O 85/98.

Disclaimer können auch in der in der **Werbung** bedeutsam sein. Der Werbende kann das Verbreitungsgebiet der Werbung im Internet nämlich z.b. durch einen Disclaimer einschränken, in dem er ankündigt, Adressaten in einem bestimmten Land nicht zu beliefern. Um wirksam zu sein, muss ein Disclaimer allerdings eindeutig gestaltet und aufgrund seiner Aufmachung als ernst gemeint aufzufassen sein und vom Werbenden auch tatsächlich beachtet werden[76].

2.5.4 Herkunftslandprinzip

Neben den bis hierher erläuterten Bestimmungen des Telemediengesetzes, die wegen ihrer Praxisrelevanz auch von Nicht-Juristen verhältnismäßig gut nachzuvollziehen sein sollten, enthält das Gesetz auch eine sehr abstrakte, aus dem Europarecht herrührende Regelung, die erklärt werden muss. Es handelt sich um das in § 3 TMG verankerte Herkunftslandprinzip.

Das **Herkunftslandprinzip** ist ein im Europarecht bekannter Grundsatz. Im Zusammenhang mit den neuen Medien besteht die Notwendigkeit zu klären, welches nationale Recht gelten soll, wenn rechtswidrige Inhalte über die Dienste verbreitet werden. Problematisch ist das wegen der Grenzenlosigkeit der Telemedien, insbesondere des Internets.

Die Regelung des § 3 TMG beruht auf der sogenannten e-Commerce-Richtlinie (Richtlinie 2000/31/EG) der EU. Danach haben die Mitgliedstaaten der Europäischen Union dafür Sorge zu tragen, dass die in ihrem Hoheitsgebiet niedergelassenen Diensteanbieter sich an die in diesem Mitgliedstaat geltenden innerstaatlichen Vorschriften halten und dass der freie Dienstleistungsverkehr nicht eingeschränkt wird. Mit diesen Vorgaben soll der elektronische Geschäftsverkehr innerhalb der Europäischen Union harmonisiert und vereinfacht werden.

Der Gesetzgeber ist den europarechtlichen Bestimmungen mit der Regelung in § 3 TMG begegnet. Darin heißt es nämlich unter § 3 Abs. 1 TMG, dass in der Bundesrepublik Deutschland niedergelassene Diensteanbieter auch dann dem deutschen Recht unterliegen, wenn sie ihre Dienste in anderen Staaten der Europäischen Union oder des Europäischen Wirtschaftsraumes geschäftsmäßig anbieten.

Im Einzelnen:

Das **Herkunftslandprinzip** des § 3 Abs. 1 TMG bedeutet, dass ein ausländischer Diensteanbieter sich nur nach seinem Heimatrecht – nicht auch nach

---

[76] BGH, Urt. v. 30.03.2006 - Az. I ZR 24/03.

deutschem Recht – richten muss, wenn und weil er seine Dienste in Deutschland anbietet oder die Dienste in Deutschland entgegengenommen werden. Umgekehrt bedeutet dies für einen deutschen Diensteanbieter, dass er sich nur nach deutschem Recht richten muss, hingegen nicht ausländische Rechtsordnungen zu beachten hat, die seine Dienste betreffen würden. Mit anderen Worten: **Für alle in Deutschland niedergelassenen Diensteanbieter gilt deutsches Recht auch dann, wenn sie ihre Telemediendienste geschäftsmäßig innerhalb des Gebiets der Europäischen Union erbringen bzw. anbieten.**

Für Diensteanbieter, die Telemediendienste in Deutschland geschäftsmäßig erbringen oder anbieten und in einem anderen Mitgliedsstaat der Europäischen Union niedergelassen sind, bestimmt § 3 Abs. 2 TMG hingegen, dass der freie Dienstleistungsverkehr–mit Ausnahme der nachstehend beschriebenen Regelungen in § 3 Abs. 3bis 5 – nicht eingeschränkt wird; für sie gilt also das Recht des Staates ihrer Niederlassung.

Für das **Herkunftslandprinzip** sind unter § 3 Abs. 3 – 5 TMG wichtige Ausnähmen bestimmt:

- Die Vertragsparteien– Diensteanbieter und Nutzer – haben zunächst die Freiheit der **Rechtswahl**. Sofern sie vertraglich also vereinbaren, dass ein bestimmtes nationales Recht ihrem Vertrag zugrunde liegen soll, geht dies dem Herkunftslandprinzip vor.

- Bei Verträgen, die **im Internet mit Verbrauchern** geschlossen werden, gilt ebenfalls nicht das Herkunftslandprinzip, sondern zum Schutz der Verbraucher das **Bestimmungslandprinzip**. Danach sollen sich Verbraucher auf das Recht ihres eigenen Landes verlassen können.

- Unberührt bleiben ferner gesetzliche Vorschriften über die Form des Erwerbs von **Grundstücken** und grundstücksgleichen Rechten sowie der Begründung, Übertragung, Änderung oder Aufhebung von dinglichen Rechten an Grundstücken und grundstücksgleichen Rechten.

- Nicht betroffen ist auch das für den Schutz **personenbezogener Daten** geltende Recht. Der Datenschutz ist damit ebenfalls vom Herkunftslandprinzip ausgenommen. Diensteanbieter, die Telemedien über nationale Grenzen hinaus anbieten, müssen mithin die Datenschutzbestimmungen aller Staaten beachten, in denen ihr Angebot genutzt werden kann.

- § 3 Abs. 5 TMG bestimmt darüberhinaus, dass das Angebot und die Erbringung von Telemedien durch einen Diensteanbieter,der in einem anderen EU-Staat niedergelassen ist, den Einschränkungen des innerstaatlichen Rechts unterliegen, soweit dieses dem Schutz der öffentlichen Sicherheit und Ordnung, der öffentlichen Gesundheit, der Interessen der Verbraucher, einschließlich des Schutzes von Anlegern, vor Beeinträchtigungen oder ernsthaften und schwerwiegenden Gefahren dient und die auf der Grundlage des innerstaatlichen Rechts in Betracht kommenden Maßnahmen in einem angemessenen Verhältnis zu diesen Schutzzielen stehen.

- Ebenfalls ausgenommen vom Herkunftslandprinzip ist die Zulässigkeit nicht angeforderter **kommerzieller Kommunikationen** durch **elektronische Post.**Gemeint ist damit der Versand von **Spam-Mails.** Sofern deutscheDiensteanbieter derartige kommerzielle Mails an Empfänger in anderen EU-Mitgliedstaatenverschicken, müssen sie die hierzu bestehenden Regelungen des Bestimmungslandes beachten. Diensteanbieter, die in anderen EU-Staatenniedergelassen sind und Spam-Mails an deutsche Empfänger senden, müssen sich umgekehrt an die dort geltenden Bestimmungen halten.

- Gleiches gilt für Gewinnspiele mit geldwertem Einsatz, also bspw. Lotterien oderWettspiele.

- Beim Urheberrecht gilt gemäß § 3 Abs. 4 Nr. 6 TMG statt des Herkunftslandprinzips das sogenannte **Schutzlandprinzip.** Das Urheberrecht wird demnach so anerkannt, wie es im jeweiligen Schutzland entstanden ist.

- Beim gewerblichen Rechtsschutz – also für die Anmeldung von Marken und Patenten – gilt demgegenüber das **Bestimmungslandprinzip.**

§ 3 TMG ist **ausschließlich** auf **Online-Aktivitäten** anwendbar. Der Bereich des **Versandhandels** insgesamt unterfällt daher **nicht** dem **Herkunftslandprinzip.** Nur für denjenigen Teil, bei dem die Geschäftsabschlüsse online erfolgen – wie bspw. Werbung oder Vertragsabschluss – gilt das Herkunftslandsprinzip. Die Auslieferung der Waren selbst oder die Erbringung der Dienstleistungen unterliegen hingegen dem dafür anzuwendenden Recht.

Beispiel: Der Bundesgerichtshof verneinte die internationale Zuständigkeit deutscher Gerichte für eine Klage gegen eine Internetveröffentlichung ohne deutlichen Inlandsbezug[77].

Der Fall: Der Kläger ist russischer Geschäftsmann. Er hat neben einer Wohnung in Moskau auch einen Wohnsitz in Deutschland. Die Beklagte, die zusammen mit dem Kläger die Schule in Moskau besucht hat, lebt inzwischen

---

[77] BGH, Urt. v. 29.03.2011 - VI ZR 111/10.

in den USA. Die Parteien trafen bei einem Klassentreffen mit weiteren in Russland verbliebenen Mitschülern in der Wohnung des Klägers in Moskau zusammen. Danach veröffentlichte die Beklagte von den USA aus einen in russischer Sprache und kyrillischer Schrift abgefassten Bericht über das Internetportal www.womanineurope.com, das von einem Anbieter mit Sitz in Deutschland betrieben wird. In dem Bericht äußert sie sich u.a. auch über die Lebensumstände und das äußere Erscheinungsbild des Klägers. Der Kläger begehrt die Unterlassung mehrerer Äußerungen, Geldentschädigung und Auskunft über den Zeitraum und die Internetadressen, über welche die zu unterlassenden Äußerungen abrufbar waren. Beide Vorinstanzen haben die internationale Zuständigkeit der deutschen Gerichte verneint und die Klage als unzulässig abgewiesen. Der Bundesgerichtshof hat die Revision des Klägers zurückgewiesen.

Zur Begründung führte der BGH aus:

Die deutschen Gerichte seien zur Entscheidung über Klagen wegen Persönlichkeitsbeeinträchtigungen durch im Internet abrufbare Veröffentlichungen international zuständig, wenn die als rechtsverletzend beanstandeten Inhalte objektiv einen deutlichen Bezug zum Inland in dem Sinn aufweisen, dass eine Kollision der widerstreitenden Interessen – Interesse des Klägers an der Achtung seines Persönlichkeitsrechts einerseits, Interesse der Beklagten an der Gestaltung ihres Internetauftritts und an einer Berichterstattung andererseits – nach den Umständen des konkreten Falls, insbesondere aufgrund des Inhalts der konkreten Meldung, im Inland tatsächlich eingetreten sei oder eintreten könne. Aus dem Inhalt der angegriffenen Äußerung lasse sich ein solcher deutlicher Inlandsbezug nicht herleiten. Die in russischer Sprache und kyrillischer Schrift abgefasste Reisebeschreibung schildere ein privates Zusammentreffen der Parteien in Russland. Die beschriebenen Umstände aus dem privaten Bereich des Klägers seien in erster Linie für die an dem Treffen Beteiligten von Interesse. Diese hätten, bis auf den Kläger, ihren gewöhnlichen Aufenthalt nicht in Deutschland. Allein dadurch, dass der Kläger an seinem Wohnsitz im Inland den Bericht abgerufen habe, werde noch nicht ein deutlicher Inlandsbezug hergestellt, selbst wenn vereinzelt Geschäftspartner Kenntnis von den angegriffenen Äußerungen erhalten haben sollten. Aus dem Standort des Servers in Deutschland lasse sich eine die Zuständigkeit deutscher Gerichte begründende Handlung der Beklagten ebenfalls nicht herleiten.

2.6 Telekommunikationsrecht

Nachdem die gesetzlichen Vorschriften zu den Inhalten und Nutzungsformen der Medien nun ausführlich besprochen wurden, soll hier das Regelungswerk für den technischen Vorgang der Telekommunikation erläutert werden: das **Telekommunikationsgesetz (TKG)**. Es erfasst lediglich den technischen Vorgang der Datenübermittlung und ignoriert die Inhalte. In zahlreichen Publikationen zum Medienrecht spielt das Telekommunikationsrecht deshalb keine Rolle. Hier soll es dennoch betrachtet werden, denn gerade wegen der rasanten Entwicklung im Bereich der neuen Medien sind die Möglichkeiten von Technik und Inhalt eng miteinander verflochten.

Der Begriff **Telekommunikation** bezeichnet allgemein jeden Austausch von Informationen über eine bestimmte Distanz. Heute wird er vor allem als Datenaustausch unter Verwendung von Elektrotechnik, Elektronik und anderen Technologien definiert.

Ursprünglich hatte der Bund im Bereich Telekommunikation ein Monopol. Nur er war berechtigt, Fernmeldeanlagen zu errichten und zu betreiben. Ausgeführt wurden diese Dienstleistungen von der früheren Deutschen Bundespost. Seit der Liberalisierung durch das Europarecht 1998 werden Telekommunikationsdienste im freien Wettbewerb erbracht. Begonnen hat diese Liberalisierung mit dem Endgerätemarkt und dem Mobilfunk. Die Bundespost wurde in ein privates Unternehmen umgewandelt: die Deutsche Telekom. Es bleibt allerdings weiterhin Angelegenheit des Staates, flächendeckend angemessene Telekommunikationsdienstleistungen zu gewährleisten. Zu diesem Zweck wurde das Telekommunikationsgesetz verabschiedet. Es ist stark europarechtlich geprägt, denn Ziel der EU ist es, den Binnenmarkt für Telekommunikationsleistungen weiter zu entwickeln und den Wettbewerb zu fördern. Entsprechend gilt das TKG als Ordnungsrahmen für einen funktionsfähigen Wettbewerb in der Telekommunikation. Wichtig ist die Regelung vor allem, weil die Deutsche Telekom nach wie vor über strukturelle Vorteile verfügt.

Die Deutsche Telekom wird noch immer als dominanter Anbieter betrachtet. Damit neue Anbieter die gleichen Chancen auf dem Telekommunikationsmarkt wahrnehmen können, sind Kontrolle und Regulierung notwendig. Diese Aufgaben übernimmt die **Bundesnetzagentur**. Ihr obliegen die Aufsicht über die Meldepflicht, die Missbrauchsaufsicht und die Aufsicht über die Preisgestaltung. Sie ist eine Bundesoberbehörde im Geschäftsbereich des Bundeswirtschaftsministeriums.

Auch wichtige Gerichtsentscheidungen im Bereich der Telekommunikation lassen sich finden:

Beispiel 1: Der Bundesgerichtshof hatte über Einzelheiten der in Mobilfunkverträgen verwendeten Allgemeinen Geschäftsbedingungen zu entscheiden.[78]

Der Fall: Der Bundesverband der Verbraucherzentralen und Verbraucherverbände e. V. beanstandete u.a. drei Klauseln der von der Beklagten – einem Telekommunikationsunternehmen – in Verträgen mit Verbrauchern über Mobilfunkleistungen verwendeten Allgemeinen Geschäftsbedingungen.

Zu den beanstandeten Klauseln gehören die folgenden drei Klauseln:

7. Nutzung durch Dritte

- 7.2 Der Kunde hat auch die Preise zu zahlen, die durch .... Unbefugte Nutzung der überlassenen Leistungen durch Dritte entstanden sind, wenn und soweit er diese Nutzung zu vertreten hat.

- 7.3 Nach Verlust der ... Karte hat der Kunde nur die Verbindungspreise zu zahlen, die bis zum Eingang der Meldung über den Verlust der Karte bei ... angefallen sind. Das gleiche gilt für Preise über Dienste, zu denen ... den Zugang vermittelt.

- 11.Verzug

- 11.2 Ist der Kunde mit Zahlungsverpflichtungen in Höhe von mindestens 15,50 € in Verzug, kann ... den Mobilfunkanschluss auf Kosten des Kunden sperren.

Der Bundesgerichtshof war der Rechtsauffassung, dass die Klauseln Nr. 7.2. und 7.3. der von der Beklagten verwendeten Allgemeinen Geschäftsbedingungen einer Inhaltskontrolle standhalten. Er hat sie als Vergütungsregelungen angesehen und hiervon ausgehend keine unangemessene Benachteiligung der Kunden der Beklagten festgestellt.

Begründung: Bei der Erbringung von Mobilfunkdienstleistungen handelt es sich um ein praktisch vollständig technisiertes, anonymes Massengeschäft. Die Beklagte nimmt von der konkreten Person des die Mobilfunkdienstleistung Abrufenden keine Kenntnis. Sie kann deshalb nicht beurteilen, ob das Abrufen der Mobilfunkdienstleistung mit Billigung des Kunden erfolgt. Sie muss sich darauf verlassen können, dass dieser beim Gebrauch seines Mobiltelefons die erforderlichen Vorkehrungen trifft, damit Unbefugte keinen Zugriff auf Mobilfunkdienstleistungen erhalten. Vom Mobilfunkkunden zu verlangen, nach seinen Möglichkeiten eine unbefugte Nutzung Dritter zu unterbinden, benachteiligt diesen nicht unangemessen. Eine andere Frage ist, wie

---

[78] BGH, Urt. v. 17.02.2011 - III ZR 35/10.

die Sorgfaltspflichten, die dem Kunden in seiner Risikosphäre obliegen, im Einzelnen beschaffen sind. Den besonderen Gefährdungen, etwa hinsichtlich des Verlusts der SIM-Karte, gegebenenfalls einschließlich des Mobiltelefons, die sich gerade aus dem Umstand ergeben, dass die Mobilfunkdienstleistung an jedem Ort und damit auch außerhalb der geschützten Sphäre der Wohnung des Anschlussinhabers zur Verfügung steht, kann dadurch Rechnung getragen werden, dass die Anforderungen an die Sorgfaltspflichten des Kunden nicht überspannt werden. Dies stellt jedoch die Wirksamkeit der hier fraglichen Allgemeinen Geschäftsbedingungen unter dem Blickwinkel einer unangemessenen Benachteiligung der Kunden des Beklagten nicht in Frage. Der Klausel Nr. 7.3. hat der Bundesgerichtshof nur eine zeitliche Begrenzung der vom Kunden zu zahlenden Entgelte im Fall des Verlustes der Sym.-Karte entnommen, was diesen deshalb nicht benachteiligt, sondern seine Zahlungspflichten begrenzt.

Die Klausel Nr. 11.2 hält dagegen nach der Rechtsauffassung des BGH einer Inhaltskontrolle nicht stand, sie ist nach § 307 Abs. 1 Satz 1, Abs. 2 Nr. 1 BGB unwirksam.

Begründung: Sie benachteiligt die jeweiligen Mobilfunkkunden der Beklagten entgegen Treu und Glauben unangemessen. Die Sperre des Mobilfunkanschlusses stellt der Sache nach die Ausübung eines Zurückbehaltungsrechts dar. Insbesondere von § 320 Abs. 2 BGB weicht die Klausel Nr. 11.2. zum Nachteil des Kunden ab. Ein Zurückbehaltungsrecht hinsichtlich der noch zu erbringenden Mobilfunkdienstleistungen steht der Beklagten danach nicht zu, wenn nur ein verhältnismäßig geringfügiger Teil der Gegenleistung noch offensteht. Dies kann bei einem Verzug mit einem Betrag von 15,50 €, der nach der Klausel die Sperre rechtfertigt, nicht ausgeschlossen werden. Dabei hat der Senat insbesondere in Betrachtung gezogen, dass der Gesetzgeber in § 45k Abs. 2 Satz 1 TKG für die Telefondienstleistungsunternehmen im Festnetzbereich als Voraussetzung für eine Sperre den Betrag von 75 €festgelegt hat. Der Bundesgerichtshof hat diese gesetzgeberische Wertung im Rahmen der Kontrolle der Allgemeinen Geschäftsbedingungen auf Verträge über Mobilfunkdienstleistungen für übertragbar gehalten.

Beispiel 2: Eine Klage auf „Telekommunikationsrechtliche Regulierung" wurde abgewiesen – keine Regulierungsentscheidung für einen Zugang zum Teilnehmeranschluss in Form der reinen Glasfaserleitung[79].

→ Klagen auf telekommunikationsrechtliche Regulierung abgewiesen

Im ersten Teil des Telekommunikationsgesetzes sind die **allgemeinen Vorschriften** geregelt. Wer Telekommunikationsleistungen erbringen will, ist

---

[79] BVerwG, Urt. v. 28.11.2007.- 6 C 42.06.

darin frei und muss die Dienstleistung lediglich anmelden. Eine Genehmigung ist gemäß § 6 TKG nicht erforderlich, allerdings verpflichtet sich der Anbieter, auf Verlangen der Bundesnetzagentur Berichte vorzulegen.

Der zweite Teil des Gesetzes beschäftigt sich in seinem ersten Abschnitt mit dem **Verfahren der Marktregulierung** (§§ 9 ff. TKG), im zweiten mit der **Zugangsregulierung** (§§ 16 ff. TKG). Hier ist geregelt, dass jeder Betreiber eines öffentlichen Telekommunikationsnetzes verpflichtet ist, anderen Betreibern, sofern diese es verlangen, ein Angebot zur Zusammenschaltung zu unterbreiten. Die Bereitstellung von Telekommunikationsdiensten soll so gemeinschaftsweit gewährleistet werden. Außerdem ist in diesem Abschnitt geregelt, dass auch Entgelte für Zugangsleistungen der Regulierung unterliegen.

Der dritte Teil des TKG befasst sich umfassend mit **Regelungen zum Kundenschutz**. Hier ist bspw. der Anspruch auf einen Einzelverbindungsnachweis (§ 45 e TKG) geregelt. Außerdem haben Kunden gemäß § 46 TKG unter festgelegten Voraussetzungen einen Anspruch darauf, ihre Rufnummer zu behalten, wenn sie zu einem neuen Anbieter wechseln.

Das Telekommunikationsgesetz regelt zudem die Zuteilung von Frequenzen (§§ 52 ff. TKG) und legt fest, dass die Bundesnetzagentur die Strukturierung und Ausgestaltung der Nummernvergabe vornimmt (§§ 66 f. TKG).

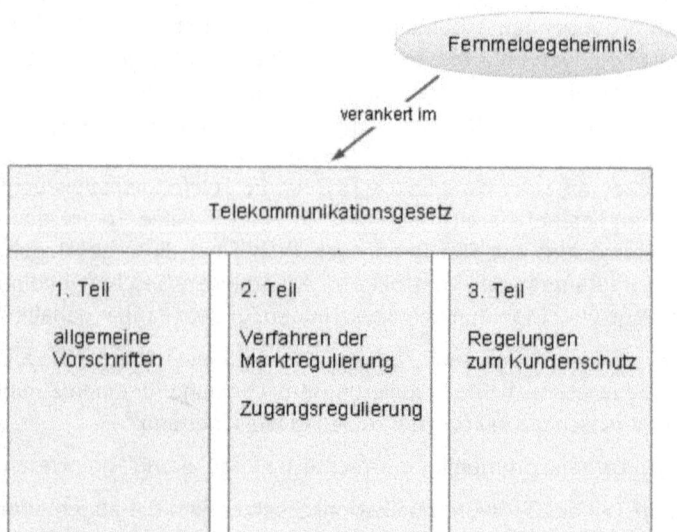

Fernmeldegeheimnis

verankert im

Telekommunikationsgesetz

1. Teil	2. Teil	3. Teil
allgemeine Vorschriften	Verfahren der Marktregulierung	Regelungen zum Kundenschutz
	Zugangsregulierung	

Auch das **Fernmeldegeheimnis** (in neuerer Terminologie auch **Telekommu-nikationsgeheimnis**) ist im Telekommunikationsgesetz verankert. Das Fernmeldegeheimnis ist ein Verbot des unbefugten Abhörens, Unterdrückens, Verwertens oder Entstellens von Fernmelde- (Fernschreib-, Fernsprech-, Funk- und Telegrafen-) Botschaften. Gemäß § 88 TKG unterliegen der Inhalt der Telekommunikation und ihre näheren Umstände, insbesondere die Tatsache, ob jemand an einem Telekommunikationsvorgang beteiligt ist oder war, diesem Fernmeldegeheimnis. Das Fernmeldegeheimnis erstreckt sich ausdrücklich auch auf die näheren Umstände erfolgloser Verbindungsversuche. Zur Wahrung des Fernmeldegeheimnisses ist jeder Diensteanbieter verpflichtet, wobei die Pflicht zur Geheimhaltung auch nach dem Ende derjenigen Tätigkeit fortbesteht, durch die sie begründet worden ist.

In den §§ 91 bis 107 TKG sind die personenbezogenen Daten der Teilnehmer und Nutzer von Telekommunikationsdiensten gesetzlich geschützt.

Gemäß § 95 Abs. 2 TKG gilt hinsichtlich der Verwendung von Kundendaten, die für das Vertragsverhältnis über Telekommunikationsdienste erhoben worden sind (sogenannte Bestandsdaten), Folgendes:

Grundsätzlich darf der Diensteanbieter Bestandsdaten zur Kundenberatung und Werbung nur verwenden, wenn der Kunde eingewilligt hat. Er darf aber im Rahmen einer bestehenden Kundenbeziehung die Rufnummer sowie die Postadresse (einschließlich der elektronischen Adresse) für die Versendung von Text- und Bildmitteilungen zu Kundenberatungs- und Werbezwecken verwenden, es sei denn, dass der Kunde dem widersprochen hat. Allerdings muss der Kunde sowohl bei der Erhebung dieser Daten als auch bei jeder Versendung einer Werbenachricht deutlich sichtbar und gut lesbar darauf hingewiesen werden, dass er der Versendung weiterer Nachrichten jederzeit schriftlich oder elektronisch widersprechen kann.

Hinsichtlich der bereits bestehenden Kundenverhältnisse bedeutet dies, dass der Diensteanbieter seine Altkunden rechtzeitig vor einer geplanten Werbeaktion auf die neue Nutzungsmöglichkeit hinweisen sowie eine Frist zur Einlegung des Widerspruchs setzen und beachten muss. Erst wenn bei Fristablauf kein Widerspruch des Kunden vorliegt, können die Daten in oben beschriebener Weise genutzt werden.

Nach 97 Abs. 4 TKG gilt für neue Kundenverhältnisse der Grundsatz der unverkürzten, vollständigen Speicherung, sofern der Kunde nichts anderes gewählt hat. Damit soll gewährleistet werden, dass im Falle von Reklamationen der Rechnung noch auf die vollständige angerufene Rufnummer zurückgegriffen werden kann. Der Kunde kann aber auch künftig eine um die letzten drei Ziffern verkürzte Speicherung oder gar die sofortige Löschung seiner Verkehrsdaten mit Versendung der Rechnung wählen. Auf dieses Wahlrecht hat der Diensteanbieter seine Kunden bei Vertragsabschluss hinzuweisen. Die Gesetzesänderung hat jedoch keine Auswirkung auf die vom Kunden gewählte Form des Einzelverbindungsnachweises, sondern betrifft nur die interne Speicherung der Verkehrsdaten beim rechnungsstellenden Diensteanbieter.

In § 98 TKG ist eine Regelung zur Nutzung von Standortdaten für die Bereitstellung von sogenannten Diensten mit Zusatznutzen aufgeführt. Für diese ortsabhängigen Dienste ist grundsätzlich die Einwilligung des Kunden in die Lokalisierung notwendig. Dabei muss dieser die Möglichkeit haben, die Einwilligung jederzeit zu widerrufen oder die Ortung zeitweise zu untersagen. Im Falle eines Notrufes müssen die Standortdaten allerdings auch ohne Einwilligung übertragen werden können, damit eine Lokalisierung des Hilfesuchenden erfolgen kann.

Regelungen hinsichtlich der Nichterkennbarkeit von Rufnummern im Einzelverbindungsnachweis sind in § 99 Abs. 2 TKG festgelegt.

In der Telefonauskunft ist unter bestimmten Voraussetzungen die sogenannte Inverssuche möglich: Das TKG bestimmt in § 105 Abs. 3, dass auch anhand einer Rufnummer der Name und die Anschrift des Teilnehmers erfragt werden können. Voraussetzung dafür ist, dass der betroffene Kunde mit seinen Daten im Telefonbuch oder einem öffentlichen elektronischen Kundenverzeichnis eingetragen ist und gegen diese Art der Auskunft keinen Widerspruch eingelegt hat. Auf dieses Widerspruchsrecht muss der Diensteanbieter seine Kunden hinweisen, wenn er die Inverssuche anbieten möchte.

Die Vorschriften über den Notruf finden sich in § 108 TKG.

In § 111 TKG ist geregelt, dass die Diensteanbieter auch beim Abschluss von Prepaid-Verträgen im Mobilfunk Name und Anschrift sowie das Geburtsdatum ihrer Kunden erheben müssen.

Wer Nachrichten abhört oder Inhalte von Nachrichten an Dritte weitergibt, macht sich gemäß § 148 TKG strafbar. Das Gesetz sieht Geldstrafen oder eine Freiheitsstrafe bis zu zwei Jahren vor. Für Ordnungswidrigkeiten bestimmt § 149 TKG umfangreiche Bußgeldvorschriften.

Im Zusammenhang mit der Telekommunikation ist der Begriff „Dialer" (Einwahlprogramme) zu behandeln. Dies sind im engeren Sinne Computerprogramme, mit deren Hilfe über das analoge Telefon- oder das ISDN-Netz eine Wählverbindung zum Internet oder anderen Computernetzwerken aufgebaut werden kann. Zudem existieren auch Dialer für Mobiltelefone. Häufig wird im weiteren Sinne aber nicht nur das Einwahlprogramm selbst, sondern auch dessen Installationsprogramm als „Dialer" bezeichnet. Bei den Internet-by-Call-Software Least Cost Routern handelt es sich ebenfalls um Einwahlprogramme, der Begriff Dialer wird hierfür jedoch in der Regel nicht verwendet.

Besondere Bekanntheit erreichten Dialer durch zahlreiche Missbrauchsfälle im Bereich der sogenannten „Premium-Rate-Dialer", bei denen Betroffene oft ungewollt und unbemerkt teure 0190- bzw. 0900-9-Datenmehrwertdiensten anwählten, was zu hohen Kosten bei den Geschädigten führte.

In § 66f Abs. 1 TKG sind daher verpflichtende Regeln für Dialer-Anbieter und deren Registrierungspflicht statuiert: Anwählprogramme, die Verbindungen zu einer Nummer herstellen, bei denen neben der Telekommunikationsdienstleistung Inhalte abgerechnet werden (Dialer), dürfen nur eingesetzt werden, wenn sie vor Inbetriebnahme bei der Bundesnetzagentur registriert wurden, von ihr vorgegebene Mindestvoraussetzungen erfüllen und ihr gegenüber schriftlich versichert wurde, dass eine rechtswidrige Nutzung ausgeschlossen ist. Dialer dürfen nur über Rufnummern aus einem von der Bundesnetzagentur hierzu zur Verfügung gestellten Nummernbereich angeboten werden. Das Betreiben eines nicht registrierten Dialers neben einem registrierten Dialer unter einer Nummer ist unzulässig.

Für den Anbieter folgt dies also zu folgenden Pflichten:

- Preisangabepflicht
- Preisobergrenzen, Legitimationsverfahren und automatische Trennung
- Registrierung von Anwählprogrammen (Dialer)
- Auskunftsanspruch des Verbrauchers gegenüber der Bundesnetzagentur

Das **Telekommunikationsgesetz** ist vor allem wegen einzelner datenschutzrechtlicher Vorschriften heftig umstritten. In diesem Zusammenhang versteht man unter dem Begriff **„Vorratsdatenspeicherung"** die **Speicherung personenbezogener Telekommunikationsverbindungsdaten durch oder für öffentliche Stellen, ohne dass die Daten aktuell benötigt werden,** sie werden also **„auf Vorrat"** gespeichert. Das Thema **Vorratsdatenspeicherung** wird in **Kapitel 6.2.9** gesondert behandelt.

Die datensammelnde Tätigkeit des **Bundeszentralamts für Steuern** ist mit dem Grundgesetz vereinbar. Die Speicherung von Informationen in der Datensammlung kann zwar in das Grundrecht des Betroffenen auf informationelle Selbstbestimmung eingreifen. Für derartige Eingriffe enthält jedoch § 88 a AO eine hinreichende verfassungsgemäße gesetzliche Grundlage. Insbesondere ist die Norm angesichts des von ihr verfolgten Ziels der gleichmäßigen Festsetzung und Erhebung von Steuern mit dem Grundsatz der

Verhältnismäßigkeit vereinbar. Soweit es zur Sicherstellung einer gleichmäßigen Festsetzung und Erhebung der Steuern erforderlich ist, dürfen die Finanzbehörden geschützte Daten auch für Zwecke künftiger Verfahren, insbesondere zur Gewinnung von Vergleichswerten, in Dateien oder Akten sammeln und verwenden.

3. Recht des elektronischen Geschäftsverkehrs

3.1 E-Commerce-Richtlinie der EU (Richtlinie 2000/31/EG)

Diese Richtlinie dient der rechtlichen Vereinfachung des grenzüberschreitenden elektronischen Handels und dem Schutz der Verbraucher. Sie soll für die Mitgliedsstaaten einheitliche Grundlagen und Mindeststandards schaffen. Das Europäische Parlament und der Rat betonen in der e-Commerce-Richtlinie, es sei wichtig, dass der elektronische Geschäftsverkehr die Chancen des Binnenmarktes voll nutzen kann. Deshalb müsse ein rechtlicher Rahmen für die Sicherheit des freien Verkehrs von Diensten der Informationsgesellschaft zwischen den Mitgliedstaaten geschaffen werden. Die Richtlinie wurde bereits im Zusammenhang mit dem Telemediengesetz erwähnt.

Zum Verständnis: EU-Richtlinien gelten nicht unmittelbar. Sie stellen vielmehr inhaltliche Vorgaben an die Mitgliedstaaten der EU und richten Arbeitsaufträge an die nationalen Gesetzgeber. Diese müssen binnen einer bestimmten Frist richtliniengemäßes Recht in ihren Staaten schaffen. Dieses gilt dann unmittelbar. (Anders bei Verordnungen: Diese gelten von Anfang an unmittelbar und müssen nicht erst in nationales Recht „übersetzt" werden.)

Wesentlich für den elektronischen Geschäftsverkehr sind neben den Bestimmungen der e-Commerce-Richtlinie weitere EU-Bestimmungen bspw. zum Verbraucherschutz bei Fernabsatzverträgen und zur Rechtswahl. Im Folgenden werden die wichtigsten Regelungen erläutert. Zunächst soll aber ein Überblick über die bedeutendsten Normen des deutschen Schuldrechts den Einstieg in die Materie erleichtern.

3.2 Schuldrecht

Das **Bürgerliche Recht** der Bundesrepublik Deutschland unterliegt gemäß § 311 Abs. 1 des Bürgerlichen Gesetzbuchs (BGB) dem „Prinzip der Privatautonomie" bzw. dem „Grundsatz der Vertragsfreiheit". Der Abschluss eines Vertrages liegt demnach in der freien Bestimmung durch die beteiligten Parteien. Sie können Art und Inhalt des Vertrages frei wählen.

Das BGB ist in **fünf Bücher** gegliedert. Diese enthalten einen **allgemeinen Teil**, das **Recht der Schuldverhältnisse**, das **Sachenrecht** sowie das **Familien- und das Erbrecht**. Die allgemeinen Bestimmungen gelten für alle geregelten Bereiche. Sofern es zu einer Problematik in den weiteren Vorschriften speziellere Regelungen gibt, gehen diese den allgemeinen vor.

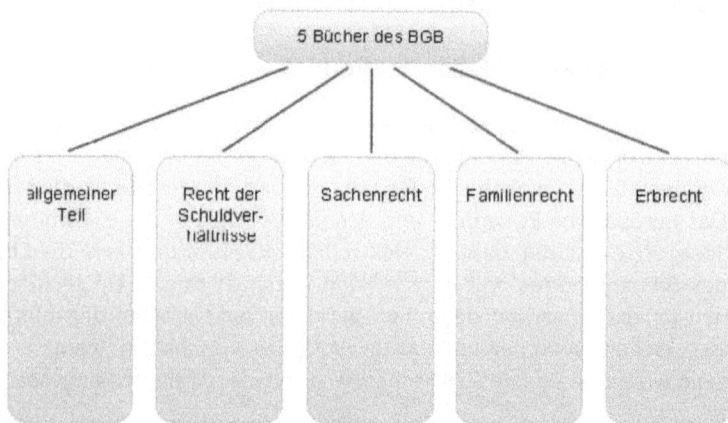

Im Zusammenhang mit dem elektronischen Geschäftsverkehr sind in erster Linie Vorschriften aus dem allgemeinen Teil und dem Schuldrecht des BGB von Bedeutung. Das Buch über das **Recht der Schuldverhältnisse** ist selbst noch einmal unterteilt: in einen **allgemeinen** und einen **besonderen Teil**. Hier sind bestimmte Vertragstypen mit ihren Rechten und Pflichten normiert, bspw. Kauf- oder Mietverträge. Diese gelten als typische Vertragsgestaltungsmöglichkeiten, die Parteien können davon aber abweichen und auch neue Vertragsformen, die im BGB nicht enthalten sind, entwerfen (z.B. Leasing- oder Lizenzverträge).

Die allgemeinen BGB-Regeln über den Vertragsschluss und Pflichtverletzungen gelten für alle BGB-Vertragstypen. Die Gewährleistungspflichten bei Mängeln sind dagegen in den spezielleren Vorschriften unterschiedlich geregelt.

3.2.1 Vertragstypen nach dem Bürgerlichen Recht

Das Bürgerliche Recht kennt Kauf-, Darlehens- und Mietverträge, darüber hinaus Dienst-, Werk- und Maklerverträge. Eine umfassende Erläuterung aller Typen mit Rechten und Pflichten der Parteien würde an dieser Stelle zu weit führen. Vielmehr soll ein Überblick zu den Vertragsarten genügen, die im elektronischen Geschäftsverkehr eine bedeutende Rolle spielen.

Kaufvertrag

Ein **Kaufvertrag** hat gemäß § 433 BGB die schuldrechtliche Verpflichtung zu einer – gleichzeitigen oder auch späteren – sachenrechtlichen Übereignung

116

einer Sache gegen die Verpflichtung zur Zahlung des Kaufpreises zum Inhalt. Allerdings können nicht nur Sachen Gegenstand eines Kaufvertrages sein, sondern gemäß § 453 BGB auch Rechte (z.B. Patente).

Aus juristischer Sicht handelt es sich bei einem Kaufvertrag gemäß § 433 BGB um ein **schuldrechtliches Verpflichtungsgeschäft** mit beiderseitigen Verpflichtungen – nämlich zum einen der Verpflichtung zur Übergabe der Sache und zur Eigentumsverschaffung (§ 433 Abs. 1 BGB) – und zum anderen der Verpflichtung zur Zahlung des Kaufpreises (§ 433 Abs. 2 BGB).

Zusätzlich zum Kaufvertrag werden zwei sachenrechtliche Verfügungsgeschäfte nach § 929 Satz 1 BGB abgeschlossen: Übereignung des Kaufgegenstandes und Übereignung des Kaufpreises, also des Geldes.

Die schuldrechtlichen Pflichten der Vertragsparteien gemäß § 433 BGB sind in § 241 BGB näher geregelt: Der Gläubiger ist berechtigt, vom Schuldner eine Leistung zu verlangen. Bei der Übereignung des Kaufgegenstandes ist der Gläubiger der Käufer, der Schuldner der Verkäufer. Bei der Zahlung des Kaufpreises ist das Verhältnis umgekehrt: Der Käufer ist der Schuldner, der Verkäufer der Gläubiger. Die Übertragung des Eigentums an beweglichen Sachen erfolgt nach dem Sachenrecht gemäß § 929 Satz 1 BGB durch Einigung und Übergabe. Unbewegliche Sachen (Grundstücke und Bestandteile von Grundstücken, z.B. Gebäude) werden gemäß §§ 873, 925 BGB durch Einigung (Auflassung) und Eintragung ins Grundbuch übereignet. Bei Handelsverkäufen, wenn also ein Kaufmann beteiligt ist, sind zusätzlich zu den Vorschriften des Bürgerlichen Rechts diejenigen des Handelsrechts zu beachten (§§ 343 ff. HGB).

Gemäß § 433 Abs. 1 S. 1 BGB ist der Verkäufer einer Sache verpflichtet, diese dem Käufer frei von Sach- und Rechtsmängeln zu verschaffen. Was ein Sachmangel ist, hat der Gesetzgeber in § 434 BGB geregelt. Hiernach liegt ein Sachmangel vor, wenn eine Sache nicht die beim Gefahrübergang (dies ist in der Regel die Übergabe der Sache) vereinbarte Beschaffenheit hat. Wurde keine bestimmte Beschaffenheit vereinbart, was beim Gebrauchsgüterkauf im täglichen Verkehr meist der Fall ist, so muss sich die Sache zur vertragsgemäßen Verwendung oder doch jedenfalls zur gewöhnlichen Verwendung eignen.

Im Hinblick auf das Vorliegen von Mängeln gilt, dass es auf den Zustand der Kaufsache beim Gefahrübergang ankommt. Nur für hier bereits vorliegende Mängel haftet der Verkäufer. Der Käufer muss im Zweifel beweisen, dass der Mangel schon zu diesem Zeitpunkt bestand und nicht erst später entstanden ist.

Ist eine Sache im Zeitpunkt des Gefahrübergangs mangelhaft, schuldet der Verkäufer nach §§ 437 Abs. 1, 439 Abs. 1 BGB eine Nacherfüllung. Hierunter versteht das Gesetz die Beseitigung des Mangels oder die Lieferung einer neuen mangelfreien Sache. Die Wahl zwischen beiden Möglichkeiten liegt beim Käufer.

Ferner hat der Verkäufer nach § 439 Abs. 2 BGB alle zur Nachlieferung erforderlichen Aufwendungen zu tragen. Hierzu gehören insbesondere Wege-, Transport und Materialkosten.

Hat der Käufer dem Verkäufer eine angemessene Frist zur Nacherfüllung gesetzt, kann er nach erfolglosem Ablauf der Frist auch vom Vertrag zurücktreten. In diesem Fall sind die empfangenen Leistungen gegenseitig zurückzugewähren. Der Verkäufer muss dem Käufer also einen bereits bezahlten Kaufpreis erstatten. Der Käufer hat die Sache dem Verkäufer zurückzugeben. Nach § 346 Abs. 2 Nr. 3 BGB muss der Käufer für eine durch einen bestimmungsgemäßen Gebrauch bis zum Rücktritt eingetretene Verschlechterung der Sache keinen Wertersatz leisten.

Wenn der Käufer die Sache aber trotz eines Mangels behalten möchte – z.B., wenn ihn der Mangel nicht allzu sehr stört oder er in der Lage ist, den Mangel selbst kostengünstig zu beseitigen– kann der Käufer gem. § 441 BGB statt des Rücktritts den Kaufpreis mindern. Regelmäßig ist daher auch vor der Minderung eine angemessene Fristsetzung zur Nacherfüllung erforderlich. Der Käufer hat das Recht, den Kaufpreis in dem Maße herabzusetzen, um den der Verkehrswert einer mangelfreien Sache im Vergleich zu der mangelhaften Sache gemindert ist.

Daneben kann ein Mangel auch zu einem Schadensersatzanspruch des Käufers führen. Voraussetzung ist, dass ein Schaden entstanden ist. Wird z.B. der gekaufte PKW infolge anfänglich mangelhafter Bremsen bei einem Unfall schwer beschädigt, so dass der Käufer für die Zeit der Reparatur die Kosten für einen Mietwagen zahlen muss, ist ihm ein Schaden in Höhe der Kosten des Mietwagens entstanden. Zudem muss der Verkäufer gem. § 280 Abs. 1 S. 1 BGB eine Pflicht verletzt haben. Da der Verkäufer die Übergabe einer mangelfreien Sache schuldet, verletzt er mit der Übergabe einer mangelhaften Sache immer seine vertraglichen Pflichten. Häufig scheitert ein Schadensersatzanspruch allerdings daran, dass der Verkäufer gem. § 280 Abs. 1 S. 2 BGB nachweisen kann, dass er die Pflichtverletzung nicht zu vertreten hat. Dies ist z.B. dann der Fall, wenn der Verkäufer den Mangel der Sache nicht kannte und auch nicht kennen musste.

Besonderheiten gelten bei einem sogenannten **Verbrauchsgüterkauf.** Nach § 474 BGB ist dies der Kauf einer beweglichen Sache durch einen Verbraucher (§ 13 BGB) als Käufer von einem Unternehmer (§ 14 BGB) als Verkäufer.

Verbraucher ist gemäß § 13 BGB jede natürliche Person, die ein Rechtsgeschäft nicht für gewerbliche oder selbständig berufliche Zwecke abschließt.

Unternehmer ist § 14 BGB zufolge eine natürliche oder juristische Person oder eine rechtsfähige Personengesellschaft (z.b. Gesellschaftsbürgerlichen Rechts = GbR), die bei Abschluss eines Rechtsgeschäftes in Ausübung ihrer gewerblichen oder selbständig beruflichen Tätigkeit handelt.

Die Rechtsfolgen des Verbrauchsgüterkaufs bestehen zunächst darin, dass bestimmte allgemeine Regelungen des Kaufrechts keine Anwendung finden. Es sind dies:

- die Haftungsbeschränkung bei öffentlicher Versteigerung (§ 445 BGB) und

- der Gefahrübergang auf den Käufer bereits durch Absendung beim Versendungskauf (§ 447 BGB).

Eine weitere Einschränkung betrifft die **Haftung des Verkäufers bei Mängeln:**

Beim Verbrauchsgüterkauf ist ein vertraglicher Haftungsausschluss sowohl bei gebrauchten als auch bei neuen Sachen generell unzulässig, § 475 Abs. 1 BGB. Lediglich die Schadensersatzansprüche des Käufers gegenüber dem Verkäufer lassen sich ausschließen oder beschränken, § 475 Abs. 3 BGB. In der Praxis hat dies besondere Bedeutung beim privaten Gebrauchtwagenkauf von einem gewerblichen Autohändler.

Beim Verbrauchsgüterkauf kann ferner die **Verjährung der Gewährleistungsansprüche** vertraglich nicht zum Nachteil des Käufers auf unter zwei Jahre bei neuen Sachen und nicht auf unter ein Jahr bei gebrauchten Sachen reduziert werden (§ 475 Abs. 2 BGB).

Schließlich wird der Verbraucher dadurch rechtlich gegenüber dem gewerblichen Käufer besser gestellt, dass er grundsätzlich gemäß § 476 BGB bei einem binnen sechs Monaten nach Übergabe der Kaufsache aufgetretenen Mangel nicht beweisen muss, dass der Mangel bereits bei Gefahrübergang vorhanden oder angelegt gewesen ist. Vielmehr wird das Vorhandensein des Mangels im entscheidenden Zeitpunkt gesetzlich vermutet. Der Verkäufer kann diese Vermutung durch den Gegenbeweis zu erschüttern versuchen. Beim Verbrauchsgüterkauf gilt also während der ersten sechs Monate ab Gefahrübergang eine sogenannte „Beweislastumkehr". Tritt in dieser Zeit ein Mangel auf, so wird vermutet, dass der Mangel bereits beim Gefahrübergang bestand. Es ist für den Käufer daher von großem Vorteil, wenn er einen sich zeigenden Mangel der Kaufsache bereits innerhalb der ersten sechs Monate beim Verkäufer reklamiert.

Der Bundesgerichtshof hat zur **Mängelgewährleistung im Kaufrecht** bei Verbrauchsgüterverträgen gemäß § 439 Abs. 1 BGB entschieden:

Die Nacherfüllung durch „Lieferung einer mangelfreien Sache" erfasst auch den Ausbau und den Abtransport der mangelhaften Kaufsache.

Der Fall[80]: Der Kläger erwarb von der Beklagten, die einen Baustoffhandel betreibt, Bodenfliesen zum Preis von 1.191,61 € netto. Nachdem er die Fliesen in seinem Wohnhaus hatte verlegen lassen, zeigten sich Mängel, deren Beseitigung nicht möglich ist. Der Kläger hat deswegen von der Beklagten die Lieferung neuer Fliesen sowie die Zahlung der Kosten für den Ausbau der mangelhaften Fliesen und den Einbau neuer Fliesen in Höhe von 5.830,57 € begehrt.

Der Bundesgerichtshof hat entschieden, dass § 439 Abs. 1 Alt. 2 BGB dahin auszulegen sei, dass die dort genannte Nacherfüllungsvariante „Lieferung einer mangelfreien Sache" auch den Ausbau und den Abtransport der mangelhaften Kaufsache erfasse.

Das dem Verkäufer in § 439 Abs. 3 Satz 3 BGB eingeräumte Recht, die Nacherfüllung wegen (absolut) unverhältnismäßiger Kosten zu verweigern, sei beim Verbrauchsgüterkauf (§ 474 Abs. 1 Satz 1 BGB) im Wege der richtlinienkonformen Rechtsfortbildung dahin gehend einzuschränken, dass ein Verweigerungsrecht des Verkäufers nicht bestehe, wenn nur eine Art der Nacherfüllung möglich ist oder der Verkäufer die andere Art der Nacherfüllung zu Recht verweigert. In diesen Fällen beschränke sich das Recht des Verkäufers, die Nacherfüllung in Gestalt der Ersatzlieferung wegen unverhältnismäßiger Kosten zu verweigern, auf das Recht, den Käufer bezüglich des Ausbaus der mangelhaften Kaufsache und des Einbaus der als Ersatz gelieferten Kaufsache auf die Kostenerstattung in Höhe eines angemessenen Betrages zu verweisen. Bei der Bemessung dieses Betrags seien der Wert der Sache in mangelfreiem Zustand und die Bedeutung des Mangels zu berücksichtigen. Die Beschränkung auf eine Kostenbeteiligung des Verkäufers dürfe allerdings nicht dazu führen, dass das Recht des Käufers auf Erstattung der Aus- und Einbaukosten ausgehöhlt werde.

Beispiel: Werbung mit Garantien beim Verbrauchsgüterkauf

Der Bundesgerichtshof hat zur Werbung mit Garantien beim Verbrauchsgüterkauf entschieden, dass die näheren Angaben, die bei einem Verbrauchsgüterkauf in der Garantieerklärung enthalten sein müssen, nicht notwendig schon in der Werbung mit der Garantie aufgeführt werden müssen.

---

[80] BGH, Urt. v. 21.12.2011 - VIII ZR 70/08.

Der Fall[81]: Die Parteien handeln mit Tintenpatronen und Tonerkartuschen für Computerdrucker, die sie über das Internet im Wege des Versandhandels vertreiben. Der Beklagte bot auf seiner Internetseite Druckerpatronen mit dem Versprechen an, „3 Jahre Garantie" zu gewähren. Die Klägerin hat es als wettbewerbswidrig beanstandet, dass der Beklagte in der Werbung nicht angegeben hat, wie sich die Bedingungen des Eintritts des Garantiefalls darstellen und unter welchen Umständen der Verbraucher die Garantie in Anspruch nehmen kann.

Der Bundesgerichtshof hat hierzu ausgeführt: Gemäß § 477 Abs. 1 Satz 2 BGB muss eine Garantieerklärung den Hinweis auf die gesetzlichen Rechte des Verbrauchers sowie darauf enthalten, dass diese Rechte durch die Garantie nicht eingeschränkt werden. Ferner muss die Erklärung den Inhalt der Garantie und alle wesentlichen Angaben nennen, die für deren Geltendmachung erforderlich sind. Unter eine Garantieerklärung fällt nur eine Willenserklärung, die zum Abschluss eines Kaufvertrages oder eines eigenständigen Garantievertrages führt, nicht dagegen die Werbung, die den Verbraucher lediglich zur Warenbestellung auffordert und in diesem Zusammenhang eine Garantie ankündigt, ohne sie bereits rechtsverbindlich zu versprechen. Die insoweit eindeutige Bestimmung des deutschen Rechts setzt freilich nur die europäische Richtlinie 1999/44/EG über den Verbrauchsgüterkauf um, die in diesem Zusammenhang - im Wortlaut mehrdeutig - davon spricht, dass „die Garantie" die fraglichen Informationen enthalten müsse. Der Bundesgerichtshof hat es indessen als unzweifelhaft angesehen, dass auch damit lediglich die Garantieerklärung und nicht die Werbung mit der Garantie gemeint ist.

Werkvertrag

Beim **Werkvertrag** wird der Unternehmer gemäß § 631 Abs. 1 BGB zu einer Tätigkeit verpflichtet und schuldet dem Besteller als Erfolg dieser Tätigkeit das Werk. (Entgegen dem Wortlaut des Gesetzes muss es sich nicht zwingend um einen Unternehmer im Sinne des Verbraucherrechts handeln.) Der Besteller muss als Gegenleistung die vereinbarte Vergütung bezahlen.

Gegenstand eines Werkvertrages kann die Herstellung einer Sache sein, aber auch ein durch die Tätigkeit des Unternehmers herbeigeführter Erfolg. Die Arten von Werkleistungen sind damit vielfältig: z.B. Installation bestimmter Softwarekomponenten im Computer-Netzwerk eines Unternehmens, Reparatur eines einzelnen Computers, die Entwicklung eines individuellen Softwareprogramms oder die Erstellung einer Internetseite.

---

[81] BGH, Urt. v. 14.04.2011 - I ZR 133/09.

Der Besteller hat die Pflicht, das Werk abzunehmen. Abnahme bedeutet die körperliche Entgegennahme – soweit dies bei dem geschuldeten Werk technisch möglich ist – und eine ausdrückliche oder stillschweigende Erklärung des Bestellers, dass er das Werk als in der Hauptsache vertragsgemäß anerkennt. An die Abnahme sind wichtige Rechtsfolgen geknüpft. So wird mit ihr gemäß § 641 BGB die Vergütung fällig, und die Verjährungsfristen für Mängelansprüche beginnen zu laufen (§ 634 a Abs. 2 BGB). Der Besteller muss beachten, dass er die Abnahme nicht wegen geringfügiger Mängel an dem Werk verweigern darf.

Sofern der Unternehmer für die Herstellung eines beweglichen Werkes selbst beschaffte Materialien verwendet, liegt ein **Werklieferungsvertrag** gemäß § 651 BGB vor. Handelt es sich bei dem hergestellten Werk um eine vertretbare Sache im Sinne von § 91 BGB (z.B. Herstellung eines Serienprodukts), wird das **Kaufrecht** angewendet. Soll dagegen eine unvertretbare Sache hergestellt werden (z.B. eine individuelle Lösung für Unternehmens-EDV), kommt das **Werkvertragsrecht** zur Anwendung.

Dienstvertrag

Gegenstand des **Dienstvertrages** können gemäß § 611 Abs. 2 BGB Dienste aller Art sein, wobei es gleichgültig ist, ob es sich um einmalige oder dauerhafte Tätigkeiten handelt. Ganz grob wird unterschieden in **freie Dienstverträge** (z.B. Tätigkeit eines Arztes oder Rechtsanwaltes) und **Arbeitsverträge**. Dem zu einem Dienst Verpflichteten steht als Gegenleistung für seine erbrachten Dienste eine Vergütung zu.

Die Abgrenzung zwischen Dienst- und Werkvertrag gestaltet sich häufig schwierig. In der Praxis treten hier oft Probleme bei der Einordnung des Vertragstyps auf. Grundsätzlich gilt: Beim Dienstvertrag wird eine Dienstleistung (Bemühen) als solche versprochen, beim Werkvertrag dagegen ein ganz bestimmter Erfolg. Selbstverständlich wird ein Kunde auch eine Dienstleistung immer nur im Hinblick auf einen bestimmten Erfolg in Anspruch nehmen. Dennoch gilt: Auch wenn dieser gewünschte Erfolg nicht eintritt, muss der Kunde die Tätigkeit des Dienstverpflichteten vergüten.

Geschäftsbesorgungsvertrag

Der **Geschäftsbesorgungsvertrag** ist ein Dienst- oder Werkvertrag, der eine Geschäftsbesorgung zum Inhalt hat (§ 675 Abs. 1 BGB). Geschuldet wird eine selbständige Tätigkeit wirtschaftlicher Art für einen anderen oder in dessen Interesse gegen Entgelt.

Von Bedeutung ist der Geschäftsbesorgungsvertrag bspw. in den Bereichen Vermögensverwaltung, Bankverkehr, Rechtsberatung und Steuerberatung. Auch Geschäftsführerverträge oder Vereinbarungen mit Werbeagenturen gelten als Geschäftsbesorgungsverträge. Maßgeblich für den Geschäftsbesorgungsvertrag sind gemäß § 675 Abs. 1 BGB Normen, die auch den unentgeltlichen Auftrag (§ 662 BGB) regeln, außerdem je nach Art der Geschäftsbesorgung Bestimmungen aus dem Werk- oder Dienstvertragsrecht.

Für Bankverträge kennt die deutsche Rechtsordnung unter dem Begriff **„Zahlungsdienste"** Sonderbestimmungen (§§ 675c ff. BGB).

Mietvertrag

Die **Miete** ist ein Vertrag, bei dem sich der Vermieter gemäß § 535 BGB verpflichtet, dem Mieter den Gebrauch einer Sache gegen Entgelt zu überlassen. Man spricht deshalb von einem Gebrauchsüberlassungsvertrag. Der Vermieter räumt also dem Mieter die tatsächliche Verfügungsgewalt über die Mietsache ein und duldet deren vertragsgemäßen Gebrauch durch den Mieter. Dieser zahlt für den Gebrauch einen Mietzins und ist verpflichtet, die Mietsache in einem zum vereinbarten Gebrauch geeigneten Zustand zu erhalten.

Von Bedeutung ist der Mietvertrag vor allem bei Wohnraum oder Grundstücken; in der Wirtschaftspraxis auch da, wo die Nutzungsdauer der Sache im Verhältnis zu ihrer Lebensdauer relativ kurz ist. Bei beweglichen Sachen nimmt ansonsten der Leasingvertrag einen immer höheren Stellenwert ein.

Beispiel: Der Bundesgerichtshof hat entschieden, dass der **Inhaber eines DSL-Anschlusses**

den Vertrag mit seinem Telekommunikationsunternehmen vor Ablauf der vereinbarten Frist nicht kündigen kann, wenn er an einen Ort umzieht, an dem noch keine DSL-fähigen Leitungen verlegt sind.

Der Fall[82]: Der Kläger hatte mit dem beklagten Unternehmen im Mai 2007 einen Vertrag über die Bereitstellung eines DSL-Anschlusses geschlossen, mit dem er an seinem seinerzeitigen Wohnsitz Zugang zum Internet einschließlich Internettelefonie erhielt. Der Vertrag war auf die Dauer von zwei Jahren geschlossen. Im November 2007 verzog der Kläger in eine im selben Landkreis gelegene andere Gemeinde. Dort liegen keine DSL-fähigen Leitungen, so dass die Beklagte nicht in der Lage war, am neuen Wohnort einen DSL-Anschluss zu installieren. Nachdem sie dem Kläger dies schriftlich mitgeteilt hatte, erklärte dieser die „Sonderkündigung" des Vertrags. Dessen

---

[82] BGH, Urt. v. 11.11. 2010 - III ZR 57/10.

ungeachtet beanspruchte die Beklagte die vereinbarte monatliche Grundgebühr weiter. Mit seiner Klage verlangte der Kläger die Feststellung, dass der zwischen den Parteien geschlossene Vertrag durch die Kündigung wirksam beendet wurde und er nicht verpflichtet ist, die geltend gemachten Monatsbeträge zu zahlen.

Der Kläger hatte keinen wichtigen Grund zur Kündigung gemäß § 626 Abs. 1 oder § 314 Abs. 1 Satz 2 BGB. Ein solcher Grund besteht grundsätzlich nicht, wenn er aus Vorgängen hergeleitet wird, die dem Einfluss des anderen Vertragspartners entzogen sind und der Interessensphäre des Kündigenden entstammen. Der Kunde, der einen längerfristigen Vertrag über die Erbringung einer Dienstleistung abschließt, trägt grundsätzlich das Risiko, diese aufgrund einer Veränderung seiner persönlichen Verhältnisse nicht mehr nutzen zu können. Dementsprechend stellt ein Umzug, etwa aus beruflichen oder familiären Gründen, prinzipiell keinen wichtigen Grund für eine Kündigung dar. Hinzu trat im Streitfall, dass die vergleichsweise lange Laufzeit des DSL-Anschlussvertrags die wirtschaftliche „Gegenleistung" des Klägers für einen niedrigen monatlichen Grundpreis war und auch ein Vertragsschluss mit kürzerer Laufzeit oder monatlicher Kündbarkeit zu höheren Kosten möglich gewesen wäre. Zudem amortisierten sich die Investitionen des Unternehmens, das dem Kunden insbesondere die notwendige technische Ausrüstung (Router, WLAN-Stick) zur Verfügung stellte, erst innerhalb des zweiten Vertragsjahrs.

3.2.2 Andere Vertragstypen

Aufgrund der flexiblen Entwicklung der Wirtschaft hat sich in den vergangenen Jahren die Notwendigkeit gezeigt, neue Vertragstypen zu entwerfen, die den Bedürfnissen der Parteien in einem komplexen Wirtschaftssystem besser entsprechen als die Vertragstypen des BGB. Dazu zählen der Leasing- und der Lizenzvertrag. Da beide auch im IT-Bereich eine Rolle spielen können, sollen sie im Folgenden kurz erläutert werden.

Leasingvertrag

Das **Leasing** ist nach der Rechtsprechung des Bundesgerichtshofes eine Sonderform der Miete und mittlerweile von großer wirtschaftlicher Bedeutung. Der Leasinggeber („Vermieter") überlässt dem Leasingnehmer („Mieter") gegen Entgelt (Leasingraten) ein Wirtschaftsgut zur Nutzung. Dabei trägt der Leasingnehmer die Haftung für Beschädigung, Instandhaltung und Untergang des Leasingguts. Im Gegenzug überträgt der Leasinggeber seine

Ansprüche, die er wegen des Leasingguts gegen Dritte hat, an den Leasingnehmer. Es wird grob unterschieden nach drei Leasingarten.

Beim **Operating-Leasing** kauft der Leasinggeber eine Sache, um sie mehrmals weiter zu vermieten. Die Sache wird einem Leasingnehmer also meist nur relativ kurzfristig überlassen. Bei einer solchen Gestaltung handelt es sich im Wesentlichen um einen Mietvertrag. In manchen Verträgen ist für den Leasingnehmer eine Kaufoption nach Ablauf einer bestimmten Zeit enthalten.

Beim **Hersteller-Leasing** sind der Hersteller und der Leasinggeber der Leasingsache identisch. Ansonsten gelten die gleichen grundsätzlichen Aussagen wie beim Operating-Leasing.

Weit verbreitet und wirtschaftlich von großer Bedeutung ist das **Financial-Leasing**, vergleichbar mit dem finanzierten Abzahlungskauf. Hier besteht ein Dreiecksverhältnis zwischen Hersteller, Leasinggeber und Leasingnehmer. Der Leasinggeber finanziert lediglich den Erwerb einer Sache, die der Leasingnehmer beim Hersteller ausgesucht hat. Die Leasingrate zahlt der Leasingnehmer meist in monatlichen Raten an den Leasinggeber.

Üblicherweise tritt der Leasinggeber alle Gewährleistungsansprüche, die er gegenüber dem Hersteller hat, an den Leasingnehmer ab. Dies geschieht in der Praxis häufig durch die Einbeziehung Allgemeiner Geschäftsbedingungen (AGB). Im Gegenzug wird der Leasinggeber von der Mangelhaftung entlastet. Das bedeutet:

Der Leasingnehmer allein trägt die Gefahr der Beschädigung oder des Untergangs des Leasinggegenstandes, und er ist mit den Kosten für Wartung oder Instandhaltung belastet.

Auf den ersten Blick ähnelt diese Konstruktion einem Kreditgeschäft. Der Unterschied zu einem Darlehen besteht allerdings darin, dass sich der Leasinggeber vom Hersteller die Eigentümerstellung übertragen lässt. Ein reiner Kreditgeber würde nur eine sogenannte Sicherungsübereignung fordern. In dem Fall, dass der Kreditnehmer seine Raten nicht mehr zahlte, fiele das Eigentum an der Sache dann an den Kreditgeber. Beim Financial-Leasing dagegen finanziert der Leasinggeber eine Sache, die der Leasingnehmer erwerben möchte, vor und ist von Anfang an Eigentümer dieser Sache.

Der Leasinggeber hat – anders als ein Vermieter – kein Interesse an der Nutzung der Leasingsache nach Vertragsende. Diese Konstruktion ähnelt der eines Kaufvertrages. Der Leasingnehmer dagegen will die Sache nur nutzen, nicht aber das Eigentum an ihr erlangen. Das entspricht der Konstruktion eines Mietvertrages. Man spricht hier von einer Ambivalenz zweier im Leasingvertrag angelegter Vertragstypen. Die Rechtsprechung orientiert sich in

Streitfällen daher immer nach der im Einzelfall zu lösenden Problematik und wendet das entsprechende spezielle Recht (Kauf oder Miete) an.

Lizenzvertrag

Mit einem Lizenzvertrag überträgt der Inhaber eines Urheber-, Patent- oder Gebrauchsmusterrechts sein Recht ganz oder teilweise auf andere Personen. Der Lizenzgeber gestattet also dem Lizenznehmer, bestimmte Rechte mitzunutzen.

Eine Lizenz wird auch als Rechtspacht bezeichnet. Bei der Pacht handelt es sich – wie bei der Miete – um einen entgeltlichen, gegenseitigen Vertrag zur Überlassung einer Sache oder eines Rechts auf Zeit. Die Pacht geht allerdings insofern über die Miete hinaus, als sie gemäß § 581 Abs. 1 BGB nicht nur zur Nutzung berechtigt, sondern auch zum Genuss derjenigen Früchte, die als Ertrag aus der Nutzung angesehen werden können.

Generell wird in einfache und ausschließliche Lizenzen unterschieden. Bei der **einfachen Lizenz** hat der Lizenzgeber das Recht, die Lizenz an mehrere Lizenznehmer zu vergeben. Dies ist regelmäßig der Fall bei Lizenzen für Urheberrechte an handelsüblichen Software-Programmen. Die Nutzung kann vertraglich beschränkt werden auf bestimmte Nutzungsarten, z.B. auf einzelne Nutzer, die Nutzung innerhalb eines bestimmten Netzwerkes oder auch in allen Betrieben eines Unternehmensverbundes. Eine **ausschließliche Lizenz** muss ausdrücklich vereinbart werden. Hier erhält der Lizenznehmer die ausschließliche Nutzungsberechtigung. Sogar der Lizenzgeber ist dann von der Nutzung seines Rechts ausgeschlossen. Vgl. hierzu auch die Ausführungen im Kapitel 4.2. – „Urheberrecht".

3.3 Verbraucherschutz, Fernabsatzverträge

In den §§ 312 b ff. BGB finden sich besondere Bestimmungen zu sogenannten **Fernabsatzverträgen**. Charakteristisch für Fernabsatzverträge ist, dass zwischen Verbraucher (Kunde) und Unternehmer (Anbieter) keine physische Begegnung stattfindet; typisches Beispiel: der Versandhandel. Der Verbraucher hat bei Kaufgeschäften bspw. keine Gelegenheit, die Ware anzusehen und zu prüfen, bevor er den Kaufvertrag schließt. Er kann sich lediglich aufgrund der vom Unternehmer bereitgestellten Informationen für oder gegen den Kauf entscheiden. Der Verbraucher wird deshalb als schutzbedürftig angesehen. Die Beteiligung eines Verbrauchers und eines Unternehmers ist Voraussetzung für die Einordnung eines Vertrages als Fernabsatzvertrag.

Fernabsatzverträge sind nach § 312 b Abs. 1 Satz 1 BGB Verträge über die Lieferung von Waren oder über die Erbringung von Dienstleistungen, einschließlich Finanzdienstleistungen, die zwischen einem Unternehmer und einem Verbraucher unter ausschließlicher Verwendung von Fernkommunikationsmitteln abgeschlossen werden, es sei denn, dass der Vertragsschluss nicht im Rahmen eines für den Fernabsatz organisierten Vertriebs- oder Dienstleistungssystems erfolgt. Zur Wiederholung:

Zur Wiederholung: Verbraucher ist gemäß § 13 BGB jede natürliche Person, die ein Rechtsgeschäft nicht für gewerbliche oder selbständig berufliche Zwecke abschließt.

Unternehmer ist § 14 BGB zufolge eine natürliche oder juristische Person oder eine rechtsfähige Personengesellschaft (z.B. eine Gesellschaft bürgerlichen Rechts), die bei Abschluss eines Rechtsgeschäftes in Ausübung ihrer gewerblichen oder selbständig beruflichen Tätigkeit handelt.

Finanzdienstleistungen sind Bankdienstleistungen sowie Dienstleistungen im Zusammenhang mit einer Kreditgewährung, Versicherung, Altersversorgung von Einzelpersonen, Geldanlage oder Zahlung (§ 312 b Abs. 1 S. 2 BGB). Rechte oder bspw. Aktien können zwar auch über Fernkommunikationsmittel verkauft werden, diese fallen aber nicht unter die Bestimmungen zum Fernabsatz.

Bei Fernabsatzverträgen muss der Vertragsschluss gemäß § 312 b Abs. 1 Satz 1 BGB **im Rahmen eines für den Fernabsatz geeigneten Vertriebs- oder Dienstleistungssystems** erfolgen. Dies ist regelmäßig im Internet der Fall, wenn aus elektronisch abrufbaren Datenbanken durch Interaktion eine Bestellung aufgegeben werden kann. Kommt ein Vertrag eher zufällig durch den Einsatz von Fernkommunikationsmitteln zustande (z.B. durch E-Mail-Kontakt), handelt es sich nicht zwangsläufig um einen Fernabsatzvertrag. Der Unternehmer muss personell und technisch so ausgestattet sein, dass er regelmäßig Fernabsatzgeschäfte bewältigen kann.

Fernkommunikationsmittel sind nach § 312 b Abs. 2 BGB Kommunikationsmittel, die zur Anbahnung oder zum Abschluss eines Vertrags zwischen einem Verbraucher und einem Unternehmer **ohne gleichzeitige körperliche Anwesenheit der Vertragsparteien** eingesetzt werden können, insbesondere **Briefe, Kataloge, Telefonanrufe, Telekopien, E-Mails sowie Rundfunk, Tele- und Mediendienste.**

Gewährleistet wird der Verbraucherschutz dadurch, dass §§ 312 b ff. BGB dem Unternehmer einerseits **umfassende Informationspflichten** auferlegen sowie andererseits dem Verbraucher ein **Widerrufs- oder Rückgaberecht** einräumen.

Vereinbarungen, die **zum Nachteil des Verbrauchers** von den gesetzlichen Bestimmungen abweichen, sind gemäß § 312 i BGB unzulässig.

Der Verbraucher kann sich unter bestimmten Voraussetzungen gemäß § 312 d Abs. 1 Satz 1 BGB durch ein **Widerrufsrecht** nach §355 Abs. 1 BGB von dem Fernabsatzvertrag lösen. Aus der Erklärung des Verbrauchers muss sich ergeben, dass er den Vertrag nicht mehr gelten lassen will. Das Wort „Widerruf" muss er nicht ausdrücklich verwenden. Der Kunde braucht auch keine Begründung anzugeben. Es reicht aus, wenn er bspw. die erhaltene Ware fristgerecht zurückschickt. Der Unternehmer muss aber seinerseits erkennen können, wem die Ware zuzuordnen ist, wer also der Widerrufende ist.

Statt eines Widerrufsrechts kann gemäß § 312 d Abs. 1 Satz 2 BGB auch ein **Rückgaberecht** (§ 356 Abs. 1 BGB) eingeräumt werden. Dies bietet sich vor allem im Internethandel an, weil der Kunde dann verpflichtet ist, die Ware umgehend zurück zu geben. Er kann sie damit nach seiner Widerrufserklärung nicht weiter nutzen.

Ein „freiwilliger" Verzicht auf das Widerrufs- oder Rückgaberecht des Verbrauchers wäre nicht möglich, da – wie erwähnt – Vereinbarungen, die zum Nachteil des Verbrauchers von den gesetzlichen Bestimmungen abweichen, gemäß § 312 i BGB unzulässig sind.

Rechtsfolgen des Widerrufs und der Rückgabe sind: Die empfangenen **Leistungen** sind zurückzugewähren und die gezogenen Nutzungen herauszugeben (vgl. § 346 Abs. 1 BGB). Bei einer Ausübung des Widerrufsrechts ist der Verbraucher gemäß § 357 Abs. 2 Satz 1 BGB zur **Rücksendung** der Sache verpflichtet, wenn diese durch Paket versandt werden kann, wobei die **Kosten** und die Gefahr des Verlusts der Rücksendung sowohl bei einem Widerruf als auch bei einer Rückgabe der **Unternehmer** trägt. Dem Verbraucher dürfen jedoch die Kosten der Rücksendung auferlegt werden, wenn der Preis der zurückzusendenden Sache einen Betrag von 40 Euro nicht übersteigt oder wenn bei einem höheren Preis der Sache der Verbraucher die Gegenleistung oder eine Teilzahlung zum Zeitpunkt des Widerrufs noch nicht erbracht hat, es sei denn, dass die gelieferte Ware nicht der bestellten entspricht (§ 357 Abs. 2 Satz 2 BGB).

Statt der Rückgewähr oder Herausgabe muss der Verbraucher nach § 346 Abs. 2 Satz 1 BGB **Wertersatz** leisten, wenn die **Rückgewähr oder die Herausgabe** nach der Natur des Erlangten **ausgeschlossen** ist, wenn er den empfangenen Gegenstand **verbraucht, veräußert, belastet, verarbeitet** oder **umgestaltet** hat oder der empfangene Gegenstand sich **verschlechtert** hat oder **untergegangen** ist.

Zwar bleibt nach dieser Norm eine durch die **bestimmungsgemäße Ingebrauchnahme** entstandene **Verschlechterung** außer Betracht, jedoch hat der Verbraucher nach § 357 Abs. 3 BGB dann **Wertersatz** für eine **Verschlechterung** der Sache zu leisten, wenn diese auf einen solchen Umgang mit der Sache zurückzuführen ist, der über die Prüfung der Eigenschaften und der Funktionsweise hinausgeht, und wenn er spätestens bei Vertragsschluss in Textform (§ 126 b BGB) auf diese Rechtsfolge hingewiesen worden ist.

Vom Wertersatz für Verschlechterungen zu unterscheiden ist der Wertersatz für Nutzungen und Dienstleistungen:

Bei **Fernabsatzverträgen** über die Lieferung von **Waren** muss der Verbraucher nach § 312e Abs. 1 BGB **Wertersatz** für **Nutzungen** nur leisten, wenn er die Ware in einer Art und Weise genutzt hat, die über die Prüfung der Eigenschaften und der Funktionsweise hinausgeht, und wenn er zuvor vom Unternehmer auf diese Rechtsfolge hingewiesen und formgerecht (vgl. §§ 360, 126 b BGB) über sein Widerrufs- oder Rückgaberecht belehrt worden ist oder von beidem anderweitig Kenntnis erlangt hat.

Bei **Fernabsatzverträgen** über **Dienstleistungen** hat der Verbraucher gemäß § 312 e Abs. 2 BGB **Wertersatz** für die erbrachte **Dienstleistung** nur zu leisten, wenn er vor Abgabe seiner Vertragserklärung auf diese Rechtsfolge hingewiesen wurde und wenn er ausdrücklich zugestimmt hat, dass der Unternehmer vor Ende der Widerrufsfrist mit der Ausführung der Dienstleistung beginnt.

Beispiel: Rückabwicklung eines Kaufvertrags über ein im Fernabsatz erworbenes Radarwarngerät

Der Bundesgerichtshof hat zur Rückabwicklung eines Kaufvertrags über ein im Fernabsatz erworbenes Radarwarngerät entschieden, dass bei einem Fernabsatzgeschäft ein Widerrufsrecht des Verbrauchers auch dann besteht, wenn es einen Kaufvertrag über ein Radarwarngerät zum Gegenstand hat, der wegen Sittenwidrigkeit nichtig ist.

Der Fall[83]: Nach einem telefonischen Werbegespräch vom 1. Mai 2007 bestellte die Klägerin am darauf folgenden Tag per Fax einen Pkw-Innenspiegel mit einer unter anderem für Deutschland codierten Radarwarnfunktion zum Preis von 1.129,31 € (brutto) zuzüglich Versandkosten. Der von Klägerin ausgefüllte Bestellschein enthält unter anderem den vorformulierten Hinweis:

> „Ich wurde darüber belehrt, dass die Geräte verboten sind und die Gerichte den Kauf von Radarwarngeräten zudem als sittenwidrig betrachten."

Die Lieferung des Gerätes erfolgte per Nachnahme am 9. Mai 2007. Die Klägerin sandte am 19. Mai 2007 das Gerät an die Beklagte zurück und bat um

---

[83]   BGH, Urt. v. 25.11.2009 - VIII ZR 318/08.

Erstattung des Kaufpreises. Die Beklagte verweigerte die Annahme des Gerätes und die Rückzahlung des Kaufpreises.

Mit ihrer Klage begehrt die Klägerin unter anderem die Verurteilung der Beklagten zur Rückzahlung des Kaufpreises zuzüglich 8,70 € Rücksendungskosten, insgesamt 1.138,01 €.

Der Bundesgerichtshof hat entschieden, dass die Klägerin als Verbraucherin aufgrund des ausgeübten Widerrufs Anspruch auf Rückabwicklung des Kaufvertrags hat. Sie kann die Rückzahlung des Kaufpreises (§ 346 BGB) und Erstattung der Kosten für die Rücksendung des Gerätes verlangen (§ 357 Abs. 2 Satz 2 BGB).

Zwar ist der Kaufvertrag über den Erwerb eines Radarwarngeräts sittenwidrig und damit nach § 138 Abs. 1 BGB nichtig, wenn der Kauf nach dem für beide Seiten erkennbaren Vertragszweck auf eine Verwendung des Radarwarngeräts im Geltungsbereich der deutschen Straßenverkehrsordnung gerichtet ist. Das Recht der Klägerin, sich von dem Fernabsatzvertrag zu lösen, wird davon jedoch nicht berührt. Ein Widerrufsrecht nach §§ 312d, 355 BGB beim Fernabsatzvertrag ist unabhängig davon gegeben, ob die Willenserklärung des Verbrauchers oder der Vertrag wirksam ist. Der Sinn des Widerrufsrechts beim Fernabsatzvertrag besteht darin, dem Verbraucher ein an keine materiellen Voraussetzungen gebundenes, einfach auszuübendes Recht zur einseitigen Loslösung vom Vertrag in die Hand zu geben, das neben den allgemeinen Rechten besteht, die jedem zustehen, der einen Vertrag schließt.

Der BGH ist der Auffassung entgegengetreten, nach der sich der Verbraucher bei einer Nichtigkeit des Vertrages dann nicht auf sein Widerrufsrecht berufen könne, wenn er den die Vertragsnichtigkeit nach §§ 134, 138 BGB begründenden Umstand jedenfalls teilweise selbst zu vertreten habe. Ein Ausschluss des Widerrufsrechts wegen unzulässiger Rechtsausübung kann nur bei besonderer Schutzbedürftigkeit des Unternehmers in Betracht kommen. Daran fehlt es jedoch, wenn beiden Parteien ein Verstoß gegen die guten Sitten zur Last fällt.

Der entschiedene Fall unterscheidet sich damit von demjenigen, der einem Urteil des Bundesgerichtshofs vom 23. Februar 2005[84]zugrunde lag. Der dortige Käufer, der ein Widerrufsrecht nach § 312d BGB nicht geltend gemacht hatte, konnte die Rückzahlung des Kaufpreises für ein Radarwarngerät nicht verlangen, weil der dort zu beurteilende Anspruch auf Herausgabe einer ungerechtfertigten Bereicherung (§ 812 BGB) an der Kondiktionssperre des § 817 S. 2 BGB scheiterte. Nach dieser Bestimmung ist die Rückforderung einer zur Erfüllung eines wegen Sittenwidrigkeit nichtigen Vertrages er-

---

[84] BGH, Urt. v. 23.02.2005 - VIII ZR 129/04.

brachten Leistung ausgeschlossen, wenn beiden Parteien ein Sittenverstoß zur Last fällt. Für den dem Verbraucher im Falle des Widerrufs eines Fernabsatzgeschäfts zustehenden Kaufpreisrückzahlungsanspruch aus § 346BGB gilt diese Kondiktionssperre nicht.

Beispiel: Keine Belastung des Verbrauchers mit den Kosten für die Hinsendung der Ware bei einem Fernabsatzgeschäft

Ein Verkäufer von Waren im Fernabsatzgeschäft darf einen Verbraucher nicht mit den Versandkosten für die Hinsendung der Ware an den Verbraucher belasten, wenn dieser von seinem Widerrufs- oder Rückgaberecht Gebrauch macht.

Der Fall[85]: Der Kläger ist ein Verbraucherverband. Die Beklagte betreibt ein Versandhandelsunternehmen. Sie stellt ihren Kunden für die Zusendung der Ware einen Versandkostenanteil von pauschal 4,95 € pro Bestellung in Rechnung. Der Kläger nimmt die Beklagte auf Unterlassung der Erhebung solcher Kosten nach Ausübung des Widerrufs- oder Rückgaberechts bei Fernabsatzgeschäften in Anspruch.

Der EuGH hat bejaht, dass dem Verbraucher nach dem Widerruf eines Fernabsatzvertrages ein Anspruch auf Rückgewähr geleisteter Hinsendekosten zustehe. Dementsprechend sei es Verkäufern von Waren im Fernabsatzgeschäft verwehrt, Verbrauchern die Kosten für die Hinsendung der von ihr vertriebenen Waren dann aufzuerlegen, wenn diese von ihrem Widerrufs- oder Rückgaberecht Gebrauch machen.

Beispiel: Wertersatzpflicht eines Verbrauchers bei Widerruf eines Fernabsatzvertrags

Der Bundesgerichtshof hat eine Entscheidung zur Wertersatzpflicht eines Verbrauchers bei Widerruf eines Fernabsatzvertrags getroffen

Der Fall[86]: Im August 2008 schlossen die Parteien per E-Mail einen Kaufvertrag über ein Wasserbett zum Preis von 1.265 €. Das Angebot des Beklagten, der die Wasserbetten über das Internet zum Verkauf anbietet, war dem Kläger per E-Mail als angehängte PDF-Datei übersandt worden. Der Text der E-Mail enthält eine Widerrufsbelehrung. Im weiteren Text der E-Mail heißt es:

> „Im Hinblick auf die o. g. Widerrufsbelehrung weisen wir ergänzend darauf hin, dass durch das Befüllen der Matratze des Wasserbettes regelmäßig eine Verschlechterung eintritt, da das Bett nicht mehr als neuwertig zu veräußern ist."

---

[85] EuGH, Urt. v. 15.04.2010 - C-511/08.
[86] BGH, Urt. v. 03.11.2010 - VIII ZR 337/09.

Das Wasserbett wurde gegen Barzahlung beim Käufer angeliefert. Der Käufer baute das Wasserbett auf und befüllte die Matratze mit Wasser. Anschließend übte er sein Widerrufsrecht aus. Nach Abholung des Wasserbetts forderte er den Verkäufer zur Rückzahlung des Kaufpreises auf. Der Verkäufer erstattete lediglich einen Betrag von 258 € und machte geltend, dass das Bett nicht mehr verkäuflich sei; lediglich die Heizung mit einem Wert von 258 € sei wieder verwertbar.

Der Bundesgerichtshof hat entschieden, dass der Käufer trotz des möglicherweise eingetretenen Wertverlusts den vollen Kaufpreis zurückverlangen kann, da er die Ware nur geprüft hat.

Ein fristgerecht erklärter Widerspruch des Verbrauchers beim Fernabsatzvertrag hat zur Folge, dass die empfangenen Leistungen von den Vertragsparteien zurückzugewähren sind. Soweit der empfangene Gegenstand sich verschlechtert hat oder untergegangen ist, muss der Schuldner statt der Rückgabe Wertersatz leisten. Dabei muss der Verbraucher nach § 357 Abs. 3 Satz 1 BGB auch Wertersatz für eine durch die bestimmungsgemäße Ingebrauchnahme entstandene Verschlechterung leisten, wenn er spätestens bei Vertragsschluss in Textform auf diese Rechtsfolge und eine Möglichkeit hingewiesen worden ist, sie zu vermeiden. Die Wertersatzpflicht besteht jedoch nach § 357 Abs. 3 Satz 3 BGB dann nicht, wenn die Verschlechterung ausschließlich auf die Prüfung der Sache zurückzuführen ist. Letzteres war vorliegend der Fall. Der Aufbau des Betts und die Befüllung der Matratze mit Wasser stellen lediglich eine Prüfung der Sache dar.

Der Verbraucher soll grundsätzlich Gelegenheit haben, die durch Vertragsabschluss im Fernabsatz gekaufte Ware zu prüfen und auszuprobieren, weil er die Ware vor Abschluss des Vertrags nicht sehen konnte. Dies schließt die Ingebrauchnahme ein, soweit sie zu Prüfzwecken erforderlich ist, selbst wenn sie zu einer Wertminderung der Ware führt.

Die **Widerrufsfrist für Verbraucherverträge** beträgt gemäß § 355 Abs. 2 Satz 1 BGB **14 Tage**, wenn dem Verbraucher spätestens bei Vertragsschluss eine den Anforderungen des § 360 Abs. 1 BGB entsprechende **Widerrufsbelehrung** in Textform (§ 126 b BGB), d.h. schriftlich, per Fax oder per E-Mail, mitgeteilt wird. Die Belehrung muss nach dieser Bestimmung in einer Urkunde oder auf andere zur dauerhaften Wiedergabe in Schriftzeichen geeigneter Weise abgegeben, die Person des Erklärenden genannt und der Abschluss der Erklärung durch Nachbildung der Namensunterschrift oder anders erkennbar gemacht werden. Die bloße Bereitstellung der Informationen zum Abruf im Internet reicht hierzu nicht aus. Die Belehrung ist dem Käufer daher umgehend zusammen mit der Vertragsbestätigung als Ausdruck oder als mit herkömmlichen Programmen lesbare Datei zuzuleiten.

Da die Belehrung somit erst nach Vertragsschluss in Textform mitgeteilt wird, beträgt die Widerrufsfrist abweichend von der sonst üblichen Zweiwochenfrist zumindest nach dem Wortlaut des Gesetzes in der Praxis eigentlich einen Monat (§ 355 Abs. 2 Satz 2 BGB).

Die Widerrufsfrist beginnt gemäß § 312 d Abs 1 BGB nicht vor Erfüllung der Informationspflichten gemäß Artikel 246 § 2 BGB in Verbindung mit § 1 Abs. 1 und 2 EGBGB, bei der Lieferung von Waren nicht vor deren Eingang beim Empfänger, bei der wiederkehrenden Lieferung gleichartiger Waren nicht vor Eingang der ersten Teillieferung und bei Dienstleistungen nicht vor Vertragsschluss.

Ist der Vertrag schriftlich abzuschließen, so beginnt die Frist nicht, bevor dem Verbraucher auch eine Vertragsurkunde, der schriftliche Antrag des Verbrauchers oder eine Abschrift der Vertragsurkunde oder des Antrags zur Verfügung gestellt wird. Ist der Fristbeginn streitig, so trifft die Beweislast den Unternehmer (§ 355 Abs. 3 BGB).

Allgemein gilt: Zugunsten des Verbrauchers kann die Widerrufsfrist verlängert werden; eine Verkürzung der Frist ist dagegen gesetzlich verboten.

Hier jedoch eine abweichende Gerichtsentscheidung:

Das OLG Hamm hat entschieden, dass die Verwendung einer Widerrufsbelehrung mit einer Widerrufsfrist von 14 Tagen bei Auktions-Angeboten auf eBay zulässig sei.

Bemerkenswert ist in diesem Urteil auch die Annahme des Gerichts, dass der Vertragsschluss bei Auktionsformaten auf eBay bereits mit Abgabe des Höchstgebotes des Bieters zustande kommen soll.

Der Fall[87]: Die Parteien, Versandhändler, bieten jeweils Schmuck unter anderem auf der Internetplattform eBay an. Ein von der Antragstellerin beauftragter Privatkunde gab als Testkäufer am 31.01.2011 um 17:42 Uhr das Höchstgebot für einen von der Antragstellerin auf der eBay Plattform angebotenen Ring ab. Die Auktion endete am 02.02.2011 um 19:20 Uhr. Nach Auktionsende übermittelte die Antragsgegnerin dem Testkäufer per Email eine „Widerrufs- und Rückgabebelehrung", die eine Widerrufsfrist von 14 Tagen vorsah. Darin sah die Antragstellerin einen Wettbewerbsverstoß und machte - ohne Erfolg - Unterlassungsansprüche geltend.

Die Verkürzung der Widerrufsfrist von einem Monat auf 14 Tage bei einem im Fernabsatzwege zustande gekommenen Verbrauchervertrag setzt nach § 355 Abs. 2 BGB voraus, dass die Widerrufsbelehrung unverzüglich – also ohne schuldhaftes Zögern – nach Vertragsschluss in Textform übermittelt wird.

---

[87] OLG Hamm, Urt. v. 10.01.2012 - I - 4 U 145/11.

Die unmittelbar im Anschluss an das Auktionsende übermittelte Widerrufsbelehrung sei in diesem Sinne „unverzüglich nach Vertragsschluss" erfolgt, auch wenn der Vertrag bereits mehr als 49 h zuvor mit Abgabe des Höchstgebots zustande gekommen und damit tatsächlich mehr als der vom Gesetzgeber in der Regel vorgesehene Zeitraum von einem Tag nach Vertragsschluss bis zur Übermittlung der Belehrung verstrichen sei.

Dem Unternehmer sei ein früheres Handeln faktisch nicht möglich und auch unzumutbar. Erst nach dem erfolgreichen Abschluss der Aktion werde dem Anbieter die Identität seines Vertragspartners bekannt gegeben. Außerdem sei denkbar, dass das erste Höchstgebot mehrfach überboten werde, so dass dem Unternehmer zuzubilligen sei, bis zum Aktionsende zu warten, um den letztendlichen Käufer über dessen Widerrufsrecht zu belehren. Auch der Verbraucher werde hierdurch nicht länger als unvermeidlich über sein Widerrufsrecht im Unklaren gelassen. Bis zum Ende der Auktion müsse auch er damit rechnen, dass der zunächst mit ihm zustande gekommene Vertrag überhaupt nicht fortbesteht, weil ein weiterer Bieter ein neues Höchstgebot abgibt.

Gemäß § 355 Abs. 4 BGB erlischt das Widerrufsrecht des Verbrauchers spätestens sechs Monate nach Vertragsschluss, aber nur, wenn der Verbraucher ordnungsgemäß über sein Widerrufsrecht belehrt wurde bzw. bei Finanzdienstleistungen, wenn der Unternehmer seine Mitteilungspflichten gemäß Artikel 246 § 2 Abs. 1 Satz 1 Nr. 1 und Satz 2 Nr. 1 bis 3 EGBGB ordnungsgemäß erfüllt hat.

Das Widerrufsrecht erlischt bei einer Dienstleistung auch dann, wenn der Vertrag von beiden Seiten auf ausdrücklichen Wunsch des Verbrauchers vollständig erfüllt ist, bevor der Verbraucher sein Widerrufsrecht ausgeübt hat (§ 312 d Abs. 3 BGB).

Diese „ausdrückliche Zustimmung" meinen einige Anbieter bereits dadurch gesichert zu haben, dass der Kunde im Online Bestell-Formular das Feld „sofort" oder „schnellstmöglich" angekreuzt hat. Ein allgemeiner Hinweis darüber in den AGB reicht aber nicht aus. Ein Kreuz im Formular hätte nur dann eine Bedeutung für die Widerrufsfrist, wenn der Kunde ausdrücklich auf die Folgen hingewiesen werden würde.

Der Anbieter muss nachweisen, dass er bereits mit der Erbringung der Dienstleistung begonnen hat, Vorbereitungshandlungen reichen nicht aus. Die Reservierung eines DSL-Ports ist z.B. noch nicht der Beginn einer Dienstleistung. Erst wenn die Leitung tatsächlich geschaltet ist, ist die Dienstleistung erbracht. Schaltet der Anbieter den Anschluss vorzeitig ohne ausdrückliche Zustimmung des Kunden, endet die Widerrufsfrist allerdings auch dann, wenn der Kunde den Anschluss nutzt, sich also z.B. in das Internet einwählt.

Gemäß § 312 d Abs. 4 Nr. 1 und 2 BGB steht dem Verbraucher ferner kein Widerrufsrecht zu, wenn bestellte Waren nach seinen persönlichen Bedürfnissen individuell angefertigt wurden und bei Fernabsatzverträgen zur Lieferung von Audio- oder Videoaufzeichnungen oder von Software, sofern die gelieferten Datenträger vom Verbraucher entsiegelt worden sind.

Das Widerrufsrecht gemäß § 312 d Abs. 4 Nr. 3, 4, 5 BGB gilt auch nicht für **Fernabsatzverträge über Zeitungen, Zeitschriften, Illustrierte sowie Wett- und Lotteriedienstleistungen und Versteigerungen** (§156 BGB), es sei denn, dass der Verbraucher seine Vertragserklärung telefonisch abgegeben hat.

Die **Widerrufsbelehrung** muss nach § 360 Abs. 1 BGB deutlich gestaltet sein und dem Verbraucher entsprechend den Erfordernissen des eingesetzten Kommunikationsmittels seine wesentlichen Rechte deutlich machen. Sie muss Folgendes enthalten:

1. einen Hinweis auf das Recht zum Widerruf,

2. einen Hinweis darauf, dass der Widerruf keiner Begründung bedarf und in Textform oder durch Rücksendung der Sache innerhalb der Widerrufsfrist erklärt werden kann,

3. den Namen und die ladungsfähige Anschrift desjenigen, gegenüber dem der Widerruf zu erklären ist, und

4. einen Hinweis auf Dauer und Beginn der Widerrufsfrist sowie darauf, dass zur Fristwahrung die rechtzeitige Absendung der Widerrufserklärung oder der Sache genügt.

Auch die **Rückgabebelehrung** muss nach § 360 Abs. 2 BGB deutlich gestaltet sein. Sie muss Folgendes enthalten:

1. einen Hinweis auf das Recht zur Rückgabe,

2. einen Hinweis darauf, dass die Ausübung des Rückgaberechts keiner Begründung bedarf,

3. einen Hinweis darauf, dass das Rückgaberecht nur durch Rücksendung der Sache oder, wenn die Sache nicht als Paket versandt werden kann, durch Rücknahmeverlangen in Textform innerhalb der Rückgabefrist ausgeübt werden kann,

4. den Namen und die ladungsfähige Anschrift desjenigen, an den die Rückgabe zu erfolgen hat oder gegenüber dem das Rücknahmeverlangen zu erklären ist, und

5. einen Hinweis auf Dauer und Beginn der Rückgabefrist sowie darauf, dass zur Fristwahrung die rechtzeitige Absendung der Sache oder des Rücknahmeverlangens genügt.

Belehrungspflichten über das Rückgaberecht bei Fernabsatzverträgen

Der Bundesgerichtshof hat zu den Belehrungspflichten über das Rückgaberecht bei Fernabsatzverträgen entschieden.

Der Fall[88]: Der Kläger ist der Bundesverband der Verbraucherzentralen und Verbraucherverbände. Die Beklagte betreibt über die Internethandelsplattform eBay Handel unter anderem mit Heimtextilien, Kinder- und Babybekleidung sowie Babyausstattungen. Der Kläger nimmt die Beklagte auf Unterlassung der Verwendung von Klauseln in Anspruch, die diese für den Abschluss von Kaufverträgen über ihre bei eBay bestehende Internetseite verwendet. Im Revisionsverfahren hatte der Bundesgerichtshof über die Wirksamkeit dreier Klauseln zu entscheiden, deren Verwendung das Berufungsgericht der Beklagten untersagt hatte.

Die erste Klausel lautet:

[Der Verbraucher kann die erhaltene Ware ohne Angabe von Gründen innerhalb eines Monats durch Rücksendung der Ware zurückgeben.] „Die Frist beginnt frühestens mit Erhalt der Ware und dieser Belehrung."

Der Bundesgerichtshof hat entschieden, dass die Klausel unwirksam ist. Sie enthält keinen ausreichenden Hinweis auf den Beginn der Rückgabefrist und genügt deshalb nicht den gesetzlichen Anforderungen an eine möglichst umfassende, unmissverständliche und aus dem Verständnis der Verbraucher eindeutige Belehrung (§ 312d Abs. 1 Satz 2 und Abs. 2, § 356 Abs. 2, § 355 Abs. 2 BGB). Ihre formularmäßige Verwendung begründet die Gefahr der Irreführung der Verbraucher und benachteiligt sie unangemessen (§ 307 Abs. 1 Satz 2 BGB).

Nach § 356 Abs. 2, § 355 Abs. 2 Satz 1 BGB beginnt die Rückgabefrist mit dem Zeitpunkt, zu welchem dem Verbraucher eine deutlich gestaltete Belehrung über sein Rückgaberecht, die unter anderem einen Hinweis auf den Fristbeginn zu enthalten hat, in Textform mitgeteilt worden ist. Aus der Sicht eines unbefangenen durchschnittlichen Verbrauchers, auf den abzustellen ist, kann die Klausel den Eindruck erwecken, die Belehrung sei bereits dann erfolgt, wenn er sie lediglich zur Kenntnis nimmt, ohne dass sie ihm entsprechend den gesetzlichen Anforderungen in Textform – d.h. in einer Urkunde oder auf andere zur dauerhaften Wiedergabe in Schriftzeichen ge-

---

[88] BGH, Urt. v. 09.12.2009 - VIII ZR 219/08.

eigneten Weise (§ 126b BGB) – mitgeteilt worden ist. Ferner kann der Verbraucher der Klausel wegen des verwendeten Worts „frühestens" zwar entnehmen, dass der Beginn des Fristlaufs noch von weiteren Voraussetzungen abhängt, er wird jedoch darüber im Unklaren gelassen, um welche Voraussetzungen es sich dabei handelt.

Die zweite Klausel lautet:

„Das Rückgaberecht besteht entsprechend § 312d Abs. 4 BGB unter anderem nicht bei Verträgen

- zur Lieferung von Waren, die nach Kundenspezifikation angefertigt werden oder eindeutig auf die persönlichen Bedürfnisse zugeschnitten sind oder die aufgrund ihrer Beschaffenheit nicht für eine Rücksendung geeignet sind oder schnell verderben können oder deren Verfallsdatum überschritten würde;

- zur Lieferung von Audio- und Videoaufzeichnungen (u. a. auch CDs oder DVDs) oder von Software, sofern die gelieferten Datenträger vom Verbraucher entsiegelt worden sind, oder

- zur Lieferung von Zeitungen, Zeitschriften und Illustrierten."

Der Bundesgerichtshof hat entschieden, dass die Klausel wirksam ist. Sie genügt den gesetzlichen Anforderungen. Die Beklagte ist nicht verpflichtet, für jeden angebotenen Artikel gesondert anzugeben, ob dem Verbraucher insoweit ein Rückgaberecht zusteht, und folglich für Fernabsatzverträge im elektronischen Geschäftsverkehr verschiedene Versionen ihrer Allgemeinen Geschäftsbedingungen zu verwenden . Eine Belehrung, die dem Verbraucher die Beurteilung überlässt, ob die von ihm erworbene Ware unter einen Ausschlusstatbestand fällt, ist nicht missverständlich. Insoweit bestehende Auslegungszweifel werden nicht dadurch beseitigt, dass die Beklagte bei – ihrer Meinung nach – den Ausschlusstatbeständen unterfallenden Fernabsatzverträgen lediglich darüber belehrt, dass ein Rückgaberecht nicht bestehe. Der Verbraucher erhielte in diesem Fall deutlich weniger Informationen, als wenn er über den gesetzlichen Wortlaut der Ausschlusstatbestände informiert wird. Das ermöglicht ihm vielmehr, sich eine abweichende Meinung zu bilden und auf eine Klärung hinzuwirken. Auch durch den einschränkenden Zusatz „unter anderem" wird die Klausel nicht unklar, weil dadurch für den Verbraucher erkennbar nur auf den Umstand hingewiesen wird, dass in § 312d Abs. 4 BGB noch weitere, für den Versandhandel der Beklagten nicht einschlägige Ausschlusstatbestände aufgeführt sind.

Die dritte Klausel lautet:

[Im Falle einer wirksamen Rückgabe sind die beiderseits empfangenen Leistungen zurückzugewähren und ggfs. gezogene Nutzungen (z.b. Gebrauchsvorteile) heraus zu geben.] „Bei einer Verschlechterung der Ware kann Wertersatz verlangt werden. Dies gilt nicht, wenn die Verschlechterung der Ware ausschließlich auf deren Prüfung, wie sie dem Verbraucher etwa im Ladengeschäft möglich gewesen wäre, zurückzuführen ist."

Der Bundesgerichtshof hat entschieden, dass die Klausel unwirksam ist. Zwar erfordert das Gesetz keine umfassende, alle in Betracht kommenden Fallgestaltungen berücksichtigende Belehrung über die bei einer Ausübung des Rückgaberechts eintretenden Rechtsfolgen. Die Belehrung muss aber einen Hinweis auf die Rechtsfolgen des § 357 Abs. 1 und 3 BGB enthalten. Das ist hier nicht der Fall. Nach § 357 Abs. 3 Satz 1 BGB hat der Verbraucher im Fall der Ausübung eines Rückgaberechts Wertersatz auch für eine durch die bestimmungsgemäße Ingebrauchnahme der Sache entstandene Verschlechterung zu leisten, dies aber nur dann, wenn er spätestens bei Vertragsschluss in Textform auf diese Rechtsfolge und eine Möglichkeit hingewiesen worden ist, sie zu vermeiden. Wenn – wovon das Berufungsgericht ausgegangen ist - die Erteilung eines den Voraussetzungen des § 357 Abs. 3 Satz 1 BGB genügenden Hinweises bei Vertragsschlüssen über eBay von vornherein ausgeschlossen ist, weil der Vertrag zustande kommt, ohne dass der erforderliche Hinweis spätestens bei Vertragsschluss in Textform erteilt werden kann, ist die Klausel 3 irreführend, weil sie keinen Hinweis darauf enthält, dass für eine durch die bestimmungsgemäße Ingebrauchnahme der Sache entstandene Verschlechterung kein Wertersatz zu leisten ist.

Selbst wenn die Beklagte aber einen den Voraussetzungen des § 357 Abs. 3 Satz 1 BGB genügenden Hinweis in der erforderlichen Textform auch noch bis zum Erhalt der Ware erteilen könnte (§ 312c Abs. 2 Satz 1 Nr. 2 BGB), müsste die Klausel 3 jedenfalls darauf hinweisen, dass eine Wertersatzpflicht für eine durch die bestimmungsgemäße Ingebrauchnahme der Sache entstandene Verschlechterung nur unter dieser Voraussetzung besteht. Auch ein solcher Hinweis fehlt. Die formularmäßige Verwendung der den gesetzlichen Anforderungen nicht entsprechenden Belehrung begründet die Gefahr der Irreführung der Verbraucher und benachteiligt sie unangemessen (§ 307 Abs. 1 Satz 2 BGB).

Die dem Verbraucher gemäß §355 Abs. 3 Satz 1 BGB mitzuteilende **Widerrufs-und Rückgabebelehrung** genügt den Anforderungen insbesondere dann, wenn die **Muster** der Anlage 1 zu Artikel 246 und Anlage 2 zu Artikel 246 des Einführungsgesetzes zum Bürgerlichen Gesetzbuch (EBGBB) in Textform (§ 126 b BGB) verwendet werden.

Der Unternehmer darf aber in Format und Schriftgröße von den Mustern abweichen und Zusätze wie die Firma oder ein Kennzeichen des Unternehmers anbringen.

Die in den Anlagen aufgeführten **Muster für die Widerrufs- und die Rückgabebelehrung** besitzen Gesetzesrang. Wird das entsprechende Muster in Textform verwandt, gelten die Anforderungen des BGB und des EGBGB an eine ordnungsgemäße Information und Belehrung über das Widerrufsrecht bzw. das Rückgaberecht als erfüllt (§ 360 Abs. 3 BGB und Artikel 246 § 2 Abs. 3 Satz 1 EGBGB).

Eine Pflicht, die Muster zu verwenden, besteht nicht. Auf Grund des Gesetzesranges der Muster können die Gerichte diese aber nicht mehr – wie dies in der Vergangenheit geschehen ist – als den Vorgaben des Bürgerlichen Gesetzbuchs widersprechend ansehen. Dies führt zu größerer Rechtssicherheit für Unternehmen, die die Musterbelehrungen verwenden.

Nach dem Fernabsatzrecht muss der Unternehmer **im elektronischen Geschäftsverkehr** im Verhältnis zu einem Verbraucher eine Fülle von **Informationspflichten** erfüllen.

Der Unternehmer hat zunächst bei von ihm veranlassten Telefongesprächen seine Identität und den geschäftlichen Zweck des Kontakts bereits zu Beginn eines jeden Gesprächs ausdrücklich offenzulegen (§ 312 c Abs. 2 BGB).

Der Unternehmer hat nach § 312 c BGB den Verbraucher bei Fernabsatzverträgen zu unterrichten. Wieder Unternehmer mit diesen Informationspflichten gemäß § 312 c Abs. 1 BGB umzugehen hat, regelt Artikel 246 §§ 1 und 2 EGBGB.

Nach Artikel 246 § 1 Abs. 1 EGBGB muss der Unternehmer bei Fernabsatzverträgen dem Verbraucher **rechtzeitig vor Abgabe von dessen Vertragserklärung** folgende **Informationen** in einer dem eingesetzten Fernkommunikationsmittel entsprechenden Weise klar und verständlich und unter Angabe des geschäftlichen Zwecks zur Verfügung stellen:

1. seine Identität, anzugeben ist auch das öffentliche Unternehmensregister, bei dem der Rechtsträger eingetragen ist, und die zugehörige Registernummer oder gleichwertige Kennung,

2. die Identität eines Vertreters des Unternehmers in dem Mitgliedstaat, in dem der Verbraucher seinen Wohnsitz hat, wenn es einen solchen Vertreter gibt, oder die Identität einer anderen gewerblich tätigen Person als dem Anbieter, wenn der Verbraucher mit dieser geschäftlich zu tun hat, und die Eigenschaft, in der diese Person gegenüber dem Verbraucher tätig wird,

3. die ladungsfähige Anschrift des Unternehmers und jede andere Anschrift, die für die Geschäftsbeziehung zwischen diesem, seinem Vertreter oder einer anderen gewerblich tätigen Person gemäß Nummer 2 und dem Verbraucher maßgeblich ist, bei juristischen Personen, Personenvereinigungen oder Personengruppen auch den Namen eines Vertretungsberechtigten,

4. die wesentlichen Merkmale der Ware oder Dienstleistung sowie Informationen darüber, wie der Vertrag zustande kommt,

5. die Mindestlaufzeit des Vertrags, wenn dieser eine dauernde oder regelmäßig wiederkehrende Leistung zum Inhalt hat,

6. einen Vorbehalt, eine in Qualität und Preis gleichwertige Leistung (Ware oder Dienstleistung) zu erbringen, und einen Vorbehalt, die versprochene Leistung im Fall ihrer Nichtverfügbarkeit nicht zu erbringen,

7. den Gesamtpreis der Ware oder Dienstleistung einschließlich aller damit verbundenen Preisbestandteile sowie alle über den Unternehmer abgeführten Steuern oder, wenn kein genauer Preis angegeben werden kann, seine Berechnungsgrundlage, die dem Verbraucher eine Überprüfung des Preises ermöglicht,

8. gegebenenfalls zusätzlich anfallende Liefer- und Versandkosten sowie einen Hinweis auf mögliche weitere Steuern oder Kosten, die nicht über den Unternehmer abgeführt oder von ihm in Rechnung gestellt werden,

9. die Einzelheiten hinsichtlich der Zahlung und der Lieferung oder Erfüllung,

10. das Bestehen oder Nichtbestehen eines Widerrufs- oder Rückgaberechts sowie die Bedingungen, Einzelheiten der Ausübung, insbesondere den Namen und die Anschrift desjenigen, gegenüber dem der Widerruf zu erklären ist, und die Rechtsfolgen des Widerrufs oder der Rückgabe einschließlich Informationen über den Betrag, den der Verbraucher im Fall des Widerrufs oder der Rückgabe gemäß § 357 Abs. 1 BGB für die erbrachte Dienstleistung zu zahlen hat,

11. alle spezifischen zusätzlichen Kosten, die der Verbraucher für die Benutzung des Fernkommunikationsmittels zu tragen hat, wenn solche zusätzlichen Kosten durch den Unternehmer in Rechnung gestellt werden, und

12. eine Befristung der Gültigkeitsdauer der zur Verfügung gestellten Informationen, bspw. die Gültigkeitsdauer befristeter Angebote, insbesondere hinsichtlich des Preises.

Bei **Fernabsatzverträgen über Finanzdienstleistungen** bestehen gemäß Artikel 246 § 1 Abs. 2 EGBGB Sonderregelungen.

Der Unternehmer hat dem Verbraucher ferner die Vertragsbestimmungen einschließlich der Allgemeinen Geschäftsbedingungen sowie bei der Lieferung von Waren und sonstigen Dienstleistungen Informationen über Kundendienst und geltende Gewährleistungs- und Garantiebedingungen mitzuteilen (vgl. Artikel 246 § 2 Abs. 1 EGBGB).

Im **elektronischen Geschäftsverkehr** lauern für den Nutzer zahlreiche Fallen. Er darf bspw. nicht durch unübersichtlich gestaltete Homepages zum Abschluss eines Vertrages gezwungen werden. Das Gesetz sieht deshalb vor, dass der Unternehmer (Anbieter) durch angemessene technische Mittel dafür Sorge zu tragen hat, dass der Verbraucher Eingabefehler erkennen und berichtigen kann. **Bedient sich ein Unternehmer zum Zwecke des Abschlusses eines Vertrags über die Lieferung von Waren oder über die Erbringung von Dienstleistungen der Telemedien (Vertrag im elektronischen Geschäftsverkehr),** hat er daher gemäß § 312 g Abs. 1 BGB dem Kunden

1. angemessene, wirksame und zugängliche technische Mittel zur Verfügung zu stellen, mit deren Hilfe der Kunde Eingabefehler vor Abgabe seiner Bestellung erkennen und berichtigen kann,

2. die in Artikel 246 § 3 EGBGB bestimmten Informationen (dazu gleich) rechtzeitig vor Abgabe von dessen Bestellung klar und verständlich mitzuteilen,

3. den Zugang von dessen Bestellung unverzüglich auf elektronischem Wege zu bestätigen und

4. die Möglichkeit zu verschaffen, die Vertragsbestimmungen einschließlich der Allgemeinen Geschäftsbedingungen bei Vertragsschluss abzurufen und in wiedergabefähiger Form zu speichern.

Nach Artikel 246 § 3 EGBGB muss der Unternehmer den Kunden unterrichten

1. über die einzelnen technischen Schritte, die zu einem Vertragsschluss führen,

2. darüber, ob der Vertragstext nach dem Vertragsschluss von dem Unternehmer gespeichert wird und ob er dem Kunden zugänglich ist,

3. darüber, wie er mit den gemäß § 312 g Abs. 1 Satz 1 Nr. 1 BGB zur Verfügung gestellten technischen Mitteln Eingabefehler vor Abgabe der Vertragserklärung erkennen und berichtigen kann,

4. über die für den Vertragsschluss zur Verfügung stehenden Sprachen und

5. über sämtliche einschlägigen Verhaltenskodizes, denen sich der Unternehmer unterwirft, sowie über die Möglichkeit eines elektronischen Zugangs zu diesen Regelwerken.

Zur Widerrufserklärung gilt:

Der Widerruf muss keine Begründung enthalten und ist in Textform (§ 126 b BGB) oder durch Rücksendung der Sache innerhalb der Widerrufsfrist gegenüber dem Unternehmer zu erklären; zur Fristwahrung genügt die rechtzeitige Absendung (§ 355 Abs. 1 Satz 2 BGB).

Das Formerfordernis der Textform ist z.B. erfüllt, wenn die Erklärung schriftlich, als Fax oder als E-Mail-Anlage mit eingescannter Unterschrift abgeschickt wird. Eine einfache E-Mail reicht hingegen nicht aus.

Die Benutzung des Ausdrucks „Widerruf" ist nicht erforderlich. Ausreichend ist vielmehr, dass der Erklärung der Wille der Vertragsaufhebung entnommen werden kann.

3.4 Rechtswahlfreiheit

Der grenzüberschreitende Internethandel hat für die Wirtschaft, aber auch für Privatkunden eine Reihe neuer, bedeutender Möglichkeiten eröffnet. So können Kunden weltweit nach bestimmten Produkten suchen und die Angebote der Händler in verschiedenen Ländern vergleichen. Besonders interessant kann dies sein, wenn sich bspw. Steuersätze deutlich voneinander unterscheiden und die Versandkosten unter der Differenz liegen. So erweisen sich länderübergreifende Geschäfte häufig als wirtschaftlich lohnenswert.

Wenn Verträge mit Hilfe von Telemedien über Ländergrenzen hinweg abgeschlossen werden, ist allerdings oft nicht zu erkennen, welches Recht im Streitfall anwendbar sein soll. Bei einem Kaufgeschäft über das Internet könnte bspw. das Recht des Landes gelten, in dem der Verkäufer seinen Sitz hat. Es könnte aber auch das Recht des Landes, in dem der Käufer seinen Sitz hat, zur Anwendung kommen. Schließlich besteht noch die Möglichkeit das Recht des Landes zu wählen, in dem der Server steht.

Um Transaktionen zu vereinfachen, herrscht innerhalb der Europäischen Union grundsätzlich Rechtswahlfreiheit der Parteien. Dies bedeutet, die Parteien können wählen, welches nationale Recht auf ihr Geschäft angewendet werden soll. Der Vertrag unterliegt also generell dem von den Parteien gewählten Recht. Die Rechtswahl muss hierbei ausdrücklich erfolgen oder sich eindeutig aus den Bestimmungen des Vertrags bzw. den Umständen des Falles ergeben. Die Frage, wonach sich das auf einen Vertrag anwendbare Recht bestimmt, ist durch die Verordnung (EG) Nr. 593/2008 des Europäischen Parlaments und des Rates, die sogenannte „Rom-I-VO"), im Bereich der EU – mit Ausnahme von Dänemark – einheitlich geregelt.

Im unternehmerischen Verkehr wird meist das Recht des Landes vereinbart, in dem der Verkäufer seinen Sitz hat (vgl. dazu die obigen Ausführungen zum **Herkunftslandprinzip**). Für den Verkäufer hat das den Vorteil, dass er sich nicht mit sämtlichen gesetzlichen Vorschriften und der Rechtsprechung der einzelnen EU-Mitgliedstaaten, in denen seine Kunden leben können, befassen muss. Er kann sich stattdessen auf die ihm bekannten Bestimmungen seines Landes verlassen. Umgekehrt ist das für den Kunden von Nachteil, denn auch er wird das Recht des Verkäufer-Landes im Zweifel nicht kennen und seine Interessen dort nicht ohne weiteres durchsetzen können. Durch derartige Unsicherheiten wird der grenzüberschreitende elektronische Geschäftsverkehr nach wie vor behindert.

Soweit die Parteien keine Rechtswahl getroffen haben, bestimmt sich in der Europäischen Union das auf den Vertrag anzuwendende Recht wie folgt:

- **Kaufverträge** über **bewegliche Sachen** unterliegen dem Recht des Staates, in dem der Verkäufer seinen gewöhnlichen Aufenthalt hat.

- **Dienstleistungsverträge** unterliegen dem Recht des Staates, in dem der Dienstleister seinen gewöhnlichen Aufenthalt hat.

- **Verträge**, die ein dingliches Recht an **unbeweglichen Sachen** sowie Miete oder Pacht unbeweglicher Sachen zum Gegenstand haben, unterliegen dem Recht des Staates, in dem die unbewegliche Sache belegen ist.

- **Franchiseverträge** unterliegen dem Recht des Staates, in dem der Franchisenehmer seinen gewöhnlichen Aufenthalt hat.

- **Vertriebsverträge** unterliegen dem Recht des Staates, in dem der Vertriebshändler seinen gewöhnlichen Aufenthalt hat.

Beispiel 1: Verträge zwischen Gewerbetreibenden

Wenn bspw. ein deutscher Gemüseimporteur über eine interaktive Website im Internet bei einem spanischen Großhändler Tomaten kauft, stellt sich die Frage, ob auf den Kaufvertrag deutsches oder spanisches Recht anzuwenden ist. Die Rom-I-Verordnung erlaubt den Vertragspartnern, das anzuwendende

Recht selbst zu wählen. Machen sie davon keinen Gebrauch, findet das Recht am Ort der Partei Anwendung, die die geschäftstypische Leistung erbringt (im vorliegenden Fall die Lieferung der Oliven durch den spanischen Händler, die also zu spanischem Recht führt).

Eine Ausnahme stellen **Verbraucherverträge** dar. Hier sieht die Verordnung Sondervorschriften für die tendenziell „schwächere" Partei vor: Es hat stets das Recht des Landes zu gelten, in dem der Verbraucher seinen gewöhnlichen Aufenthalt hat. Ein Vertrag, den eine natürliche Person zu einem Zweck, der nicht ihrer beruflichen oder gewerblichen Tätigkeit zugerechnet werden kann("Verbraucher"), mit einer anderen Person geschlossen hat, die in Ausübung ihrer beruflichen oder gewerblichen Tätigkeit handelt ("Unternehmer"), unterliegt dem Recht des Staates, in dem der Verbraucher seinen gewöhnlichen Aufenthalt hat, sofern der Unternehmer seine berufliche oder gewerbliche Tätigkeit in dem Staat ausübt, in dem der Verbraucher seinen gewöhnlichen Aufenthalt hat, oder eine solche Tätigkeit auf irgend einer Weise auf diesen Staat oder auf mehrere Staaten, einschließlich dieses Staates, ausrichtet und der Vertrag in den Bereich dieser Tätigkeit fällt.

Beispiel 2: Verbraucherverträge

Wäre bspw. im vorgenannten Fall der Käufer statt eines deutschen Gemüseimporteurs ein deutscher Verbraucher gewesen, hätten die Parteien das anzuwendende Recht zwar auch wählen können. Doch der spanische Großhändler hätte gleichwohl die zwingenden Vorschriften des Rechts des Verbrauchers (hier also des deutschen Rechts) berücksichtigen müssen – bspw. Gewährleistungsfristen. Bei Fehlen einer Rechtswahl kommt in diesem Fall also nicht das Recht des Unternehmers, sondern immer das Recht des Landes Verbrauchers zur Anwendung.

Bei der Gestaltung **internationaler Warenkaufverträge** stellt sich regelmäßig die Frage, welches Recht dem Vertrag zugrunde liegt bzw. liegen soll: In Betracht kommt entweder das Recht des Staates des Exporteurs oder das Recht des Staates des Importeurs. Sinn und Zweck des UN-Kaufrechts ist die Schaffung einer einheitlichen Rechtsgrundlage für Kaufverträge im internationalen Warenverkehr. Als Übereinkommen der Vereinten Nationen über Verträge über den internationalen Warenkauf – United Nations Convention on Contracts for the International Sale of Goods (CISG) – wurde das UN-Kaufrecht 1980 verabschiedet und gilt inzwischen in über 70 Staaten. In Deutschland trat das UN-Kaufrecht am 1. Januar 1991 in Kraft.

Damit kommt es nicht darauf an, ob UN-Kaufrecht ausdrücklich zwischen den Vertragsparteien vereinbart wird. Das UN-Kaufrecht gilt als Bestandteil des nationalen Rechts automatisch für internationale Warenkaufverträge, solange keine abweichende Parteivereinbarung getroffen wird. Ein internationaler Kaufvertrag liegt vor, wenn die Vertragsparteien ihre Niederlassungen in verschiedenen Staaten haben.

Allerdings erstreckt sich der Regelungsgehalt des UN-Kaufrechts nicht auf sämtliche Aspekte der Vertragsbeziehung, sondern setzt den Schwerpunkt auf das Zustandekommen des Vertrages und die Rechte und Pflichten von Käufer und Verkäufer.

Global tätige Unternehmen vereinbaren bei Kaufverträgen daher häufig das UN-Kaufrecht. Es handelt sich um eine Rechtsordnung, die die Interessen beider Seiten berücksichtigt. Sie kann von den Parteien als anwendbares Recht frei gewählt werden. Das UN-Kaufrecht regelt zentrale Aspekte internationaler Warenkaufverträge einheitlich.

UN-Kaufrecht ist immer dann anwendbar, wenn für einen internationalen Kaufvertrag das Recht eines Abkommensstaates Anwendung findet oder die Staaten, in denen Käufer und Verkäufer ihren Sitz haben, beide Vertragsstaaten des UN-Kaufrechts sind. Da für Kaufverträge nach den deutschen Vorschriften des Internationalen Privatrechts im Zweifel das Recht des Staates Anwendung findet, in dem der Verkäufer seinen Sitz hat, bedeutet dies, dass für den deutschen Exporteur auch für Lieferungen in Nicht-Vertragsstaaten das UN-Kaufrecht in der Regel Anwendung findet. Dies ist nur dann nicht der Fall, wenn das UN-Kaufrecht zuvor wirksam ausgeschlossen wurde. Der Ausschluss sollte dabei ausdrücklich im Vertrag vereinbart werden.

Die Bedeutung des UN-Kaufrechts für deutsche Exporteure und Importeure wird ferner durch den Umstand belegt, dass bereits heute der weitaus größte Teil der deutschen Importe und Exporte mit Geschäftspartnern abgewickelt wird, die in Vertragsstaaten des UN-Kaufrechts ansässig sind.

Neben dem Vorliegen eines Warenkaufvertrages und dem Sitz der Vertragsparteien in verschiedenen Staaten muss es sich weiterhin um ein Geschäft handeln, das der geschäftlichen Sphäre zuzurechnen ist. Auf einen ausschließlich privaten Zwecken dienenden Kaufvertrag findet das UN-Kaufrecht keine Anwendung.

3.5 Vertragsschluss bei Online-Geschäften

Verträge im Internet oder über andere Telemediendienste können prinzipiell genauso abgeschlossen werden wie alle Verträge im „normalen" Leben. Um die juristische Systematik nachvollziehen zu können, sind an dieser Stelle einige grundsätzliche Ausführungen zur Rechtsgeschäftslehre unausweichlich.

Unter einem Rechtsgeschäft versteht man jede auf Herbeiführung einer bestimmten, von der Rechtsordnung gebilligten Privatrechtsfolge gerichtete Willenserklärung. Ein Rechtsgeschäft kann aus einer oder mehreren Willenserklärungen bestehen.

Eine Willenserklärung ist die private Äußerung eines auf einen Rechtserfolg gerichteten Willens. Ihr wesentlichstes Merkmal ist also der Geschäftswille. Sie kann ausdrücklich formuliert oder durch schlüssiges (konkludentes) Verhalten geäußert werden.

Abgegeben werden können Willenserklärungen grundsätzlich nur von unbeschränkt Geschäftsfähigen (§§ 104 ff. BGB). Es wird unterschieden in nicht empfangsbedürftige (z.B. Testament) und empfangsbedürftige Willenserklärungen (z.B. Kündigung). Eine empfangsbedürftige Willenserklärung wird gemäß § 130 Abs. 1 Satz 1 BGB erst wirksam, wenn sie dem Erklärungsempfänger zugegangen ist. Für den Zugang ist erforderlich, dass die Erklärung in den Bereich des Empfängers gelangt. Dabei kommt es darauf an, dass der Empfänger in der Lage sein muss, von der Erklärung Kenntnis zu erlangen (z.B. Briefkasten, elektronisches Postfach mit regelmäßig genutzter E-Mail-Adresse).

Ein Vertrag bedarf zu seiner Wirksamkeit immer mindestens **zweier Willenserklärungen**, die einander entsprechen. Man spricht auch von zwei kongruenten Willenserklärungen, die für den Vertragsschluss Voraussetzung sind. Die zuerst abgegebene Willenserklärung wird als **Angebot** zum Vertragsschluss bezeichnet, die spätere als **Annahme**.

Das Angebot muss inhaltlich so bestimmt sein, dass die Annahme durch eine bloße Zustimmung der anderen Partei erfolgen kann. Bei Verlautbarungen an die Allgemeinheit z.B. durch Schaufensterdekorationen oder Werbeanzeigen handelt es sich nicht um Angebote im Sinne von Willenserklärungen. Gleiches gilt für Homepages.

3.5.1 Willenserklärung per E-Mail

Bei Willenserklärungen über E-Mail handelt es sich in der Regel um Willenserklärungen unter Abwesenden. In den Machtbereich des Empfängers ist eine E-Mail technisch dann gelangt, wenn sie in der Mailbox des Empfängers abrufbereit ist. Maßgeblich ist, wann üblicherweise damit gerechnet werden kann, dass der Empfänger die E-Mail abruft. Dabei ist zu unterscheiden in geschäftliche Empfänger, von denen ein regelmäßiger Abruf erwartet werden darf, und private Empfänger. Bei letzteren geht man davon aus, dass sie mindestens einmal täglich ihre elektronische Post abrufen.

Eine Willenserklärung an private Empfänger gilt deshalb einen Tag nach der Abrufbereitschaft als zugegangen.

Auch automatisch generierte elektronische Erklärungen werden nach der herrschenden Meinung als Willenserklärungen im Sinne des BGB anerkannt. Das Vertragsangebot kann also bspw. auch durch den Versand eines Online-Bestellformulars wirksam werden. Schon in der Einrichtung eines entsprechenden Agenten wird eine willentliche Vorbereitungshandlung gesehen, aufgrund derer Erklärungen des Agenten dem Anwender zugerechnet werden können.

E-Mails, die mitteilen, dass eine eingegangene Bestellung bearbeitet wird, sind dagegen keine Willenserklärungen, sondern **Bestätigungsmails** im Sinne von § 312 g Abs. 1 Nr. 3 BGB. Bestellung und Empfangsbestätigung in diesem Sinne gelten als zugegangen, wenn die Parteien, für die sie bestimmt sind, sie unter gewöhnlichen Umständen abrufen können (vgl. zu Empfangsbestätigungen unten Kapitel 3.6.1).

Die Mehrzahl der alltäglichen Verträge bedarf keiner besonderen Form, auch nicht der Schriftform. E-Mails genügen dem Schriftformerfordernis des § 126 BGB ohnehin nicht: Ihnen fehlt es an der eigenhändigen Unterschrift. Willenserklärungen via E-Mail werden deshalb als **konkludente Willenserklärungen** angesehen. Nachteil: Im Streitfall fehlt es an gerichtlich verwertbaren Beweisdokumenten.

Beispiel:

Der Bundesgerichtshof hat eine Entscheidung zu der Frage getroffen, unter welchen Voraussetzungen der Inhaber eines eBay-Mitgliedskontos vertraglich für Erklärungen haftet, die ein Dritter unter unbefugter Verwendung dieses Mitgliedskontos abgegeben hat.

Der Fall[89]: Die Beklagte unterhielt beim Internetauktionshaus eBay ein passwortgeschütztes Mitgliedskonto. Am 3. März 2008 wurde unter Nutzung dieses Kontos eine komplette Gastronomieeinrichtung mit einem Eingangsgebot von 1 € zum Verkauf angeboten, worauf der Kläger ein Maximalgebot von 1.000 € abgab. Einen Tag danach wurde die Auktion vorzeitig durch Rücknahme des Angebots beendet. Der Kläger war zu diesem Zeitpunkt der Höchstbietende. Er forderte die Beklagte mit Schreiben vom 25. Mai 2008 zur Eigentumsverschaffung an der Gastronomieeinrichtung, deren Wert er mit 33.820 € beziffert, Zug um Zug gegen Zahlung von 1.000 € auf. Nach erfolglosem Ablauf der hierfür gesetzten Frist verlangt er Schadensersatz wegen Nichterfüllung in Höhe von 32.820 €.

---

[89] BGH, Urt. v. 11. 05.2011 - VIII ZR 289/09.

Zwischen den Parteien steht im Streit, ob das Angebot über eine Gastrono-mieeinrichtung von der Beklagten oder ohne deren Beteiligung und Wissen von ihrem Ehemann auf der Internetplattform von eBay eingestellt worden ist. In den Allgemeinen Geschäftsbedingungen von eBay heißt es in § 2 Ziffer 9:

> „Mitglieder haften grundsätzlich für sämtliche Aktivitäten, die unter Ver-wendung ihres Mitgliedskontos vorgenommen werden." ...

Der Bundesgerichtshof hat entschieden, dass auch bei Internet-Geschäften die Regeln des Stellvertretungsrechts anwendbar sind, wenn durch die Nut-zung eines fremden Namens beim Geschäftspartner der Anschein erweckt wird, es solle mit dem Namensträger ein Geschäft abgeschlossen werden. Erklärungen, die unter dem Namen eines anderen abgegeben worden sind, verpflichten den Namensträger daher nur, wenn sie in Ausübung einer be-stehenden Vertretungsmacht erfolgen oder vom Namensträger nachträglich genehmigt worden sind oder wenn die Grundsätze über die Duldungs- oder die Anscheinsvollmacht eingreifen. Hingegen hat allein die unsorgfältige Verwahrung der Kontaktdaten eines eBay-Mitgliedskontos noch nicht zur Folge, dass der Inhaber des Kontos sich die von einem Dritten unter unbe-fugter Verwendung dieses Kontos abgegebenen Erklärungen zurechnen las-sen muss. Eine Zurechnung fremder Erklärungen an den Kontoinhaber er-gibt sich auch nicht aus § 2 Ziffer 9 der Allgemeinen Geschäftsbedingungen von eBay. Da diese Allgemeinen Geschäftsbedingungen jeweils nur zwischen eBay und dem Inhaber des Mitgliedskontos vereinbart sind, haben sie keine unmittelbare Geltung zwischen dem Anbieter und dem Bieter. Ausgehend hiervon war vorliegend zwischen den Parteien kein Kaufvertrag über die Gastronomieeinrichtung zustande gekommen.

3.5.2 Elektronische Signatur

In der deutschen Zivilrechtsordnung ist die Einhaltung besonderer Formvor-schriften z.B. vorgesehen für Grundstückskaufverträge (§ 311 b BGB), für Kündigungen von Arbeitsverträgen (§ 623 BGB) und für Verbraucherdarle-hensverträge (§ 492 BGB).

Für **Internetgeschäfte** existiert eine Reihe von Sonderregelungen. Die Hin-tergründe sind hier wiederum auf europäischer Ebene zu finden. Der wirk-same Abschluss von Verträgen über das Internet sollte nicht an Formvor-schriften der unterschiedlichen nationalen Rechtsordnungen der Mitglied-staaten scheitern. Deshalb bestimmt die Richtlinie für elektronische Signatu-ren (Richtlinie 1999/93/EG), dass die grenzüberschreitende rechtliche An-erkennung elektronischer Signaturen sicherzustellen und dafür ein angemessener und harmonisierter rechtlicher Rahmen zu schaffen ist. Elektronische Signaturen sollen demnach die gleichen Rechtswirkungen entfalten wie handschriftliche Unterschriften, und sie sollen bei Gerichtsverfahren als Beweismittel zugelassen werden. Auch die e-Commerce-Richtlinie bestimmt, dass innerstaatliche Rechtsvorschriften die Verwendung elektronischer Verträge nicht behindern dürfen.

Das deutsche **Signaturgesetz (SigG)** basiert auf den europarechtlichen Vorgaben und definiert in § 2 Nr. 1 SigG **einfache elektronische Signaturen** als Daten in elektronischer Form, die anderen elektronischen Daten beigefügt oder logisch mit ihnen verknüpft sind und die zur Authentifizierung dienen.

Das Gesetz kennt außerdem fortgeschrittene und qualifizierte elektronische Signaturen. Je höher die Qualität der elektronischen Signatur, desto größer ihre Funktionalität und desto größer entsprechend auch ihre Bedeutung für den Rechtsverkehr. Mithilfe elektronischer Signaturen soll sichergestellt werden, dass die verwendete elektronische Unterschrift echt ist, dass der Absender also identifiziert werden kann und dass das Dokument unverfälscht übertragen wurde.

Fortgeschrittene elektronische Signaturen gemäß § 2 Nr. 2 SigG müssen den Beweiswert einer einfachen Signatur erhöhen und deshalb technisch mit Signaturschlüsseln erstellt werden und mit Signaturprüfschlüsseln überprüfbar sein.

Qualifizierte elektronische Signaturen müssen gemäß § 2 Nr. 3 SigG auf einem zum Zeitpunkt ihrer Erstellung gültigen Zertifikat beruhen und mit einer sicheren Signaturerstellungseinheit (SSEE) erzeugt worden sein. Qualifizierte elektronische Signaturen ersetzen gemäß § 126 a Abs. 1 BGB das gesetzliche Schriftformerfordernis. Soll ein die Schriftform verlangender Vertrag zustande kommen, müssten also beide Parteien einen gleich lautenden Vertragstext mit qualifizierten elektronischen Signaturen versehen.

Die **digitale Signatur**[90] beruht auf der Anwendung der asymmetrischen Kryptografie, einem mathematischen Verfahren für die Verschlüsselung und Entschlüsselung mittels zweier unterschiedlicher Schlüssel, die miteinander in Beziehung stehen: Ein privater Schlüssel (Private Key) und ein öffentlicher Schlüssel (Public Key). Beide Schlüssel sind so konzipiert, dass es nahezu unmöglich ist, einen Schlüssel aus dem anderen herzuleiten.

---

[90] Vgl. zu diesem Abschnitt die hier verwendeten Ausführungen von Wolff, Rainer, in: Studienwerk der Frankfurt School of Finance & Management, Bankakademie HfB, Privatkundengeschäft, Immobiliengeschäft, Firmenkundengeschäft, 5. Band, Teil 4/2.5.1.

Der Private Key befindet sich regelmäßig auf einer Chipkarte und kann nur in Verbindung mit einer geheimen PIN oder einem biometrischen Merkmal eingesetzt werden. Der Public Key wird dagegen allen Kommunikationspartnern, also allen Kreditinstituten, bekannt gemacht. Er wird dem Signaturschlüsselinhaber durch ein qualifiziertes Zertifikat zugeordnet und in ein öffentliches Verzeichnis eingestellt. Dieses qualifizierte Zertifikat wird von einer zu diesem Zweck vorgesehenen vertrauenswürdigen Person, dem Zertifizierungsdiensteanbieter, ausgestellt. Dieser Anbieter führt ein über die öffentlichen Netze zugängliches Verzeichnis der öffentlichen Schlüssel und bestätigt, dass ein bestimmter öffentlicher Schlüssel einer bestimmten Person, dem Signaturschlüsselinhaber, zugeteilt ist (qualifiziertes Zertifikat).

Mittels des Private Key wird aus dem zu signierenden Text, einer elektronischen Zeichenfolge beliebiger Länge, eine Art Quersumme (Hash-Wert) errechnet. Dieser Wert wird mit dem Private Key verschlüsselt und zusammen mit dem qualifizierten Zertifikat dem elektronischen Text beigefügt. Beide zusammen bilden die sogenannte digitale Signatur, die mithin unmittelbar vom signierten Text abgeleitet ist und damit Rückschlüsse auf die Identität des Absenders und die Authentizität des Textes zulässt. Die Überprüfung der Authentizität des übermittelten Textes erfolgt mit Hilfe des Private Key. Mit dem Public Key entschlüsselt der Empfänger den angefügten Hash-Wert und vollzieht den Rechenvorgang anhand des übermittelten Textes noch einmal nach. Stimmen beide Hash-Werte überein, folgt daraus, dass die digitale Signatur mit dem dazugehörigen Private Key erzeugt wurde und der übermittelte Text zwischenzeitlich nicht verändert wurde. Die Identität des Absenders wird über das öffentliche Verzeichnis in Verbindung mit dem der übermittelten Nachricht angefügten qualifizierten Zertifikat festgestellt.

Der Kunde des Kreditinstituts hat dafür Sorge zu tragen, dass keine andere Person Kenntnis von seinen persönlichen Legitimationsdaten erhält. Bei Verletzung dieser Pflicht kommt eine Haftung des Kunden für die hierdurch entstandenen Schäden in Betracht.

3.5.3 Homepage als „invitatio ad offerendum"

Zum wirksamen **Vertragsschluss** bedarf es eines **Angebots** und einer **Annahme**. Es wurde bereits darauf verwiesen, dass Verlautbarungen an die Allgemeinheit nicht als Angebote im Sinne der Rechtsgeschäftslehre betrachtet werden. Sie werden vielmehr als sogenannte **„invitatio ad offerendum"** bezeichnet, als eine Aufforderung bzw. Einladung zur Offerte also. Es handelt sich konkret um eine Aufforderung bzw. Einladung an andere, ihrerseits ein Angebot zum Vertragsschluss abzugeben. Derjenige, der die „invitatio ad offerendum" abgegeben hat, kann seinerseits dieses Angebot annehmen oder ablehnen.

Bei der „invitatio ad offerendum" fehlt es am Geschäftswillen. Deshalb liegt hier keine Willenserklärung im Sinne von § 145 BGB vor. Es handelt sich vielmehr um eine vertragsvorbereitende, rechtlich unverbindliche Maßnahme.

Homepages im Internet werden regelmäßig als „invitatio ad offerendum" betrachtet. Produktpräsentationen in Online-Shops werden deshalb wie Auslagen in Schaufenstern oder Werbeanzeigen behandelt. Wer Agenten zur Abwicklung des Bestellvorgangs einrichtet, handelt vertragsvorbereitend. Der Vertrag kommt aber erst zustande, wenn der Kunde seine Bestellung bspw. durch Mausklick bestätigt und wenn der Anbieter die Ware oder Dienstleistung liefert bzw. zuvor in anderer Weise das Angebot des Kunden annimmt.

Beispiel 1: Im Internethandel sind einem Urteil des Amtsgerichts Fürth vom 11.08.2009 (Az.: 310 C 2349/08 u. Az.: 360 C 2779/08) zufolge falsche Preisangaben jedoch unter bestimmten Umständen für den Verkäufer bindend.

Der Fall: Im konkreten Fall ging es vor dem Amtsgericht Fürth um Flachbildschirme des Online-Händlers Quelle, die irrtümlich zu einem falschen Preis ins Internet eingestellt waren. Die Kunden wurden von Quelle jedoch nicht oder erst sehr spät auf den Irrtum hingewiesen.

Das Unternehmen muss ihnen nun die Flachbildschirme zum ausgewiesenen Preis von 199,99 € statt 1999,99 € ausliefern. Das Gericht legte den Schwerpunkt darauf, dass dadurch, dass der Preis so eingestellt und eine Bestätigung herausgeschickt wurde, ein Vertrag zustande kam und der Versandhändler daran gebunden bleibt. Dies gelte auch, wenn der Vorgang automatisch ablaufe.

Die in zwei Verfahren klagenden Kunden hatten von Quelle nach der Online-Bestellung im Jahr 2007 eine Anzahlungsaufforderung erhalten. Einen der Käufer informierte das Unternehmen nachträglich über den Irrtum, nach Ansicht des Gerichts aber unverhältnismäßig spät. Man könne nicht mehr von Irrtum sprechen, denn zu dem Zeitpunkt, an dem das Angebot geklickt wurde, habe der Versandhändler schon von dem niedrigeren Preis gewusst.

Ob sich zukünftig die Rechtsprechung ändert, bleibt abzuwarten. Bislang herrscht nach wie vor allgemein die oben dargestellte Ansicht, wonach ein Preis an sich kein Angebot, sondern nur eine Einladung zu einem Vertrag („invitatio ad offerendum") ist. Der Vertrag kommt erst mit der Bestätigung des vom Käufer akzeptierten Preises durch den Verkäufer zustande.

Beispiel 2: Das Anbieten einer Ware auf der Homepage eines Internetshops stellt noch kein zivilrechtliches Angebot zum Abschluss eines Kaufvertrages dar. Dieses liegt in der Bestellung des Käufers und muss vom Inhaber des Shops noch angenommen werden. Eine Annahme liegt aber nicht in der Übersendung von Bestellbestätigungen. Diese bestätigen nur den Eingang der Bestellung, sagen aber nichts darüber aus, ob diese auch angenommen wird. Wird dann eine andere als die bestellte Ware geliefert, ist gar kein Kaufvertrag zu Stande gekommen[91].

Der Fall: Auf Ihrer Internetseite bot die spätere Beklagte im Jahr 2009 ein Verpackungsgerät um Preis von 129 € an. Der spätere Kläger bestellte daraufhin im April acht dieser Geräte. Die Betreiberin des Internetversandhandels übersandte jeweils an den Bestelltagen Bestellbestätigungen. Sie lieferte allerdings dann nicht die Geräte, sondern die Ersatzakkus für diese. Damit war der Kunde nicht zufrieden und verlangte die Lieferung der Verpackungsmaschinen. Dies verweigerte die Verkäuferin. Ein solches Gerät koste, wie jeder wisse, 1250 €. Der Preis für die Ersatzakkus betrage 129 Euro, also seien diese bestellt worden. Daraufhin erhob der Kunde Klage vor dem Amtsgericht München und verlangte die Lieferung der Verpackungsgeräte.

Das Amtsgericht München wies die Klage jedoch ab: Ein Kaufvertrag über die Geräte sei nicht geschlossen worden. Ein Vertrag erfordere stets zwei Willenserklärungen, nämlich Angebot und Annahme. Das Anbieten einer Ware auf der Homepage eines Internetshops entspreche dem Auslegen von Waren im Supermarktregal und stelle daher kein Angebot, sondern eine Aufforderung an jedermann dar, ein Angebot zu machen. Das Angebot liege dann in der Bestellung des Klägers. Dieses Angebot habe die Betreiberin des Internetshops nicht angenommen.

Eine Annahme liege insbesondere nicht in der Übersendung von Bestellbestätigungen. Diese bestätigen nur den Eingang der Bestellung, würden aber nichts darüber aussagen, ob diese auch angenommen werde. In der Übersendung der Ware könne grundsätzlich eine Annahme liegen, aber nur, wenn auch tatsächlich die bestellte Ware geliefert werde. Hier seien aber gerade die Akkus geliefert worden. Mangels gültigen Kaufvertrags könne daher eine Lieferung nicht verlangt werden.

3.5.4 Online-Auktionen, Power- und Communityshopping

Im Rahmen von **Online-Auktionen** gestaltet sich die Auslegung von Willenserklärungen häufig schwierig. Die Gerichte sehen sich immer wieder mit derartigen Streitfällen konfrontiert.

---

[91] AG München, Urt. v. 04.02.2010 - 281 C 27753/09.

Der BGH[92] stellt hier fest, dass bei einer Internetauktion ein Vertrag mit der Abgabe des Höchstgebotes zustande kommt, wenn der Versteigerer bei Freischaltung der Angebotsseite eine entsprechende Erklärung abgegeben hat. Der Versteigerer nimmt also schon zu diesem Zeitpunkt – bei Freischaltung der Seite, bevor überhaupt ein Angebot vorliegt – das später höchste, wirksam abgegebene Angebot an. Der Anbieter der Web-Site tritt sowohl für den Versteigerer als auch für den Bieter jeweils als Empfangsvertreter für die Erklärungen auf.

Sofern Bietagenten bei Online-Versteigerungen eingesetzt werden, ändert dies nach herrschender Auffassung nichts daran, dass ein rechtlich bindender Vertragsschluss vorliegt. Dem Verwender der Software sind solche über Agenten abgegebene Willenserklärungen nach allgemeinen Grundsätzen als eigene Willenserklärung zuzurechnen.

Unwissentliche „Hehlerei" bei eBay nicht strafbar – Gestohlene Ware bei Internet-Auktion ersteigert[93]

Der Fall: Das Landgericht Karlsruhe sprach einen Softwareingenieur vom Vorwurf der Hehlerei frei und hob damit eine 1200-€ - Geldstrafe des Amtsgerichts Pforzheim auf. Der 47-Jährige hatte über das Internetauktionshaus für 670 € ein Navigationsgerät ersteigert, das im Handel mehr als 2000 Euro kostet. Dem Landgericht zufolge ist dem Angeklagten kein Vorsatz nachweisbar. Die Richterin des erstinstanzlichen Urteils hatte dagegen noch erklärt, dass der extrem günstige Preis des Gerätes den Käufer hätte stutzig machen müssen und hatte ihn wegen Hehlerei verurteilt. Dem widersprach das Landgericht: Auch bei auffallend günstigen Angeboten müsse der Käufer nicht unbedingt damit rechnen, Diebesgut zu kaufen. In der Verhandlung in Pforzheim hatte der bisher völlig unbescholtene Mann ausgesagt, auf die Seriosität des angeblich „top legalen" Angebots vertraut zu haben. Der Verkäufer des Geräts war bei eBay als „Powerseller" – also als Verkäufer mit hohem Umsatz – eingestuft und hatte nach dem eBay-Einstufungssystem mehr als 99 Prozent positive Bewertungen von Seiten der Käufer. Später stellte sich heraus, dass das Gerät gestohlen war. Nach den Worten des Gerichts ist jedenfalls in diesem Fall nicht nachweisbar, dass der Käufer tatsächlich damit gerechnet hat, Diebesgut zu erwerben.

Zurückgeben muss der Käufer die Ware aber in jedem Fall, denn an gestohlenen Dingen kann er kein Eigentum erwerben. Sein Geld muss er sich dann von dem unehrlichen Verkäufer zurückholen, was in der Regel schwierig sein wird.

---

92   BGH, Urt. v. 07.11.2001 - VIII ZR 13/01.
93   LG Karlsruhe, Urt. v. 28.09.2007 - Ns 84 Js 5040/07 - 18 AK 136/07.

Ergebnis also: Wer unwissentlich gestohlene Ware bei eBay ersteigert, macht sich nicht strafbar.

In der Vergangenheit haben im Internet auch sogenannte **Power- oder Communityshopping-Angebote** an Bedeutung gewonnen. Das Prinzip dieser Modelle: Mehrere Käufer schließen sich zu einer Käufergruppe zusammen und bekommen von den Anbietern Mengenrabatte. Je mehr Käufer sich beteiligen, desto billiger wird das Produkt. Nach dem bürgerlichen Recht handelt es sich jeweils um Kaufverträge mit aufschiebender Bedingung gemäß §§ 433, 158 Abs. 1 BGB. Bei den Konkurrenten der Power- oder Communityshopping-Anbieter (z.B. Markenhersteller) und bei den Kontrollbehörden ist dieser internetspezifische Handel in den vergangenen Jahren auf Widerstand gestoßen. Er ist ihrer Ansicht nach nicht mit dem deutschen Wettbewerbsrecht vereinbar (§ 1 UWG). Dieser Auffassung haben sich mehrere Gerichte angeschlossen, die herrschende Meinung verneint allerdings einen Wettbewerbsverstoß bei derartigen Angeboten im Internethandel. Eine höchstrichterliche Entscheidung gibt es zu dieser Thematik bisher nicht.

3.6 Rechtspflichten des Anbieters

Die vorangegangenen Abschnitte haben gezeigt, dass bei Vertragsabschlüssen im Internet oder über andere Telemediendienste zahlreiche Rechtsvorschriften zu beachten sind. Vor allem die Diensteanbieter sehen sich mit einer Vielzahl von Vorschriften aus unterschiedlichen Rechtsgebieten konfrontiert. Hier sollen zusätzlich zu den bereits erläuterten diejenigen wichtigen Regelungen kurz erklärt werden, die bisher allenfalls erwähnt wurden.

3.6.1 Korrektur von Eingabefehlern, Empfangsbestätigungen, Button-Lösung

Im **elektronischen Geschäftsverkehr** lauern für den Nutzer zahlreiche Fallen. Er darf bspw. nicht durch unübersichtlich gestaltete Homepages zum Abschluss eines Vertrages gezwungen werden. Das Gesetz sieht deshalb in § 312 g Abs. 1 Satz 1 Nr. 1 BGB vor, dass der Unternehmer (Anbieter) durch angemessene technische Mittel dafür Sorge zu tragen hat, dass der Verbraucher Eingabefehler erkennen und berichtigen kann.

Der Unternehmer muss dem Verbraucher außerdem unverzüglich dessen **Bestellung** auf elektronischem Weg **bestätigen** und die Möglichkeit verschaffen, die Vertragsbestimmungen einschließlich der Allgemeinen Geschäftsbedingungen bei Vertragsschluss abzurufen und in wiedergabefähiger Form zu speichern (§ 312 g Abs. 1 Satz 1 Nr. 3 BGB).

Es handelt sich bei einer solchen Mail aber nicht um die Annahme des Kaufangebots des Verbrauchers, sondern um eine reine Bestätigungsnachricht. In den meisten Fällen wird der Anbieter dafür automatisch generierte Formulare verwenden.

Bestellung und Empfangsbestätigung gelten als zugegangen, wenn die Parteien, für die sie bestimmt sind, sie unter gewöhnlichen Umständen abrufen können (§ 312 g Abs. 1 Satz 2 BGB).

Nach den neuen Regelungen von § 312 g Abs. 2 bis 4 BGB muss der Unternehmer die Bestellsituation nun so gestalten, dass der Verbraucher mit seiner Bestellung ausdrücklich bestätigt, dass er sich zu einer Zahlung verpflichtet. Dadurch soll ein wirksamer Schutz vor Kosten- und Abo-Fallen im Internet geschaffen werden. Der gesetzgeberische Gedanke ist dabei, dass viele Verbraucher beim Klicken auf Webseiten oft zu spät die Entgeltlichkeit der Leistung erkennen. Der „Button" soll dem Verbraucher daher die Entgeltlichkeit seiner Bestellung verdeutlichen.

Erfolgt also die Bestellung über eine Schaltfläche („Button"), ist die Pflicht des Unternehmers nur dann erfüllt, wenn diese Schaltfläche gut lesbar mit nichts anderem als den Wörtern „zahlungspflichtig bestellen" oder mit einer entsprechenden eindeutigen Formulierung beschriftet ist (sogenannte „Button-Lösung").

Wirksame Verträge über das Internet kommen also nur noch dann zustande, wenn Verbraucher die Kenntnisnahme von den für ihn entstehenden Kosten durch den Button „zahlungspflichtig bestellen" o.ä. ausdrücklich bestätigt hat.

Es kann z.B. eine nicht vorangekreuzte Checkbox eingerichtet werden, die der Verbraucher aktiv und bewusst ankreuzen muss, wie dies z.B. bei der Bestellung eines E-Mail-Newsletters nach § 7 Abs. 2 Nr. 3 UWG und § 13 Abs. 2 TMG geschieht. Auch Formulierungen wie „kostenpflichtig bestellen", „zahlungspflichtigen Vertrag schließen" oder „kaufen" sind denkbar, um dem Verbraucher die Entgeltlichkeit vor Augen zu führen.

3.6.2 Allgemeine Geschäftsbedingungen

Unter **Allgemeinen Geschäftsbedingungen** (AGB) versteht die deutsche Rechtsordnung gemäß § 305 Abs. 1 Satz 1 BGB Vertragsbedingungen, die für eine Vielzahl von Verträgen vorformuliert sind und die die eine Partei der anderen bei Vertragsabschluss stellt. Die wirksame Einbeziehung von Allgemeinen Geschäftsbedingungen in Verträge bereitet schon im „normalen" Geschäftsleben sehr häufig Schwierigkeiten; für den elektronischen Geschäftsverkehr gilt daher nichts anderes.

Wie Allgemeine Geschäftsbedingungen Bestandteile des Vertrages werden, richtet sich danach, ob der Empfänger ein Verbraucher gemäß § 13 BGB oder ein Unternehmer nach § 14 BGB ist.

Gegenüber Verbrauchern gilt: Allgemeine Geschäftsbedingungen werden nur dann Bestandteil des Vertrags, wenn der Verwender bei Vertragsschluss ausdrücklich oder–wenn dieser Hinweis nur unter unverhältnismäßigen Schwierigkeiten möglich ist– durch deutlichen sichtbaren Aushang am Ort des Vertragsschlusses darauf hinweist (§ 305 Abs. 2 Nr. 1 BGB) und der anderen Vertragspartei die Möglichkeit verschafft, in zumutbarer Weise, die auch eine für den Verwender erkennbare körperliche Behinderung berücksichtigt, vom Inhalt Kenntnis zu nehmen (§ 305 Abs. 2 Nr. 2 BGB) und der andere Teil sich mit den Allgemeinen Geschäftsbedingungen einverstanden erklärt.

Problematisch wird die Umsetzung dieser Voraussetzung, wenn der Nutzer die Allgemeinen Geschäftsbedingungen nur elektronisch abrufen kann. In der Literatur wird zum Teil die Auffassung vertreten, dass Allgemeine Geschäftsbedingungen bei elektronisch abgeschlossenen Verträgen grundsätzlich nicht wirksam einbezogen werden können.

Anders sieht das die überwiegende Meinung: Hiernach ist die Einbeziehung von Allgemeinen Geschäftsbedingungen unproblematisch, wenn der Kunde sie lesen und durch Klicken auf eine bestimmte Schaltfläche nicht nur die Kenntnisnahme, sondern vielmehr seine Zustimmung erklären kann. Der Unternehmer sollte sein Internetangebot also so gestalten, dass der Nutzer die Allgemeinen Geschäftsbedingungen lesen und seine Zustimmung bestätigen muss, bevor er den Vertrag schließt. Meist wird ein Link auf dem Bestellformular zum vollständigen AGB-Text verweisen. Die AGB-Texte sollten übersichtlich gegliedert und deutlich formuliert sein, damit dem Nutzer die Lektüre zugemutet werden kann. Der Anbieter sollte außerdem eine Druckoption einrichten. Der Nutzer soll nicht mit zusätzlichen Kosten für das Einsehen der Allgemeinen Geschäftsbedingungen belastet werden, und er muss ohne Umwege zu den Bedingungen gelangen können. Es wird weithin die Meinung vertreten, dass der Nutzer sich zum Vertragsschluss freiwillig des Internet bedient und also auch die hier gegebenen Informationsmöglichkeiten akzeptieren muss.

Für Allgemeine Geschäftsbedingungen zwischen zwei Unternehmern gilt dies jedoch gemäß § 310 BGB nicht. Es bedarf hier lediglich einer rechtsgeschäftlichen Einbeziehung, d.h. es gelten die üblichen Voraussetzungen für das Zustandekommen von Verträgen. Zur wirksamen Einbeziehung reicht hier jede auch nur stillschweigende Willensübereinstimmung aus.

Folgende Grundsätze für den Umgang mit Allgemeinen Geschäftsbedingungen gelten:

- Individuelle Vertragsabreden haben Vorrang vor Allgemeinen Geschäftsbedingungen, § 305b BGB.

- Überraschende Allgemeine Geschäftsbedingungen, also Klauseln, mit denen der andere Vertragsteil nach den Umständen nicht zu rechnen braucht, werden nicht Vertragsbestandteil, § 305c Abs. 1 BGB.

- Zweifel bei der Auslegung Allgemeiner Geschäftsbedingungen gehen stets zu Lasten des Verwenders, § 305c Abs. 2 BGB.

- Allgemeine Geschäftsbedingungen unterliegen ferner nach §§ 307–309 BGB einer sogenannten „Inhaltskontrolle".Die Inhaltskontrolle ist grundsätzlich mit § 309 BGB zu beginnen. Hier werden Klauselverbote aufgezählt, die auf jeden Fall, also ohne Wertungsmöglichkeiten, unwirksam sind. Beispiel: Ein genereller Ausschluss einer Aufrechnung gemäß § 387 BGB in den AGB.

- Danach muss § 308 BGB geprüft werden, wo einige Klauselverbote aufgezählt sind, die nur mit einer bestimmten Abwägung, also mit Wertungsmöglichkeiten, unwirksam sind. Die Umstände des Einzelfalls sind entscheidend. Beispiel: Bei Alltagsgeschäften ist eine Frist in den AGB zur Annahme eines Angebots von nur einem Tag in der Regel unangemessen kurz.

Als Generalnorm sieht §307 BGB vor, dass Bestimmungen in Allgemeinen Geschäftsbedingungen unwirksam sind, wenn sie den Vertragspartner des Verwenders entgegen den Geboten von Treu und Glauben unangemessen benachteiligen. Eine solche Benachteiligung kann sich bereits daraus ergeben, dass eine Bestimmung nicht klar und verständlich ist (Verstoß gegen das Transparenzprinzip). Eine unangemessene Benachteiligung ist im Zweifel auch dann anzunehmen, wenn eine Bestimmung mit wesentlichen Grundgedanken der gesetzlichen Regelung, von der abgewichen wird, nicht zu vereinbaren ist oder wenn sie wesentliche Rechte oder Pflichten, die sich aus der Natur des Vertrags ergeben, so einschränkt, dass die Erreichung des Vertragszwecks gefährdet ist.

Eine Reihe von Branchen (z.B. Banken, Versicherungen, Spediteure u.a.m.) haben einheitliche AGB. Diese werden von den jeweiligen Verbänden entwickelt und von den Mitgliedsunternehmen verwendet.

AGB für Dienstleistungen und Angebote rund um das Internet finden sich beispielsweise unter

http://www.luebeckonline.com/mustervertraege/agb/internet-dienstleistun
gen-web-inhalte.html.

Ist in AGB die Übermittlung von Rechnungen per E-Mail vereinbart, muss auf
elektronischem Weg eine qualifiziert signierte elektronische Rechnung
übermittelt werden. Ein einseitiger Wechsel zurück auf die Papierrechnung
ist ausgeschlossen.

Der Fall[94]: Die Parteien haben die Abrechnung per E-Mail vereinbart. In der
Folge streiten sie um die Frage, ob die Beklagte trotz nachträglicher Übermittlung von Rechnungen auf Papier immer noch zur Übermittlung elektronischer Rechnungen mit qualifizierter elektronischer Signatur verpflichtet
bleibt.

Die Beklagte verwendete folgende AGB:

„§ 3 Leistungen des Kunden

a) (...)

b) (...)

c) Der Provider stellt seine Leistungen halbjährlich im Voraus in Rechnung.
Die in der Rechnung aufgeführten Beträge sind sofort nach Erhalt ohne Abzug zur Zahlung fällig.

Die Rechnungsstellung erfolgt ausschließlich auf elektronischem Weg per E-
Mail. Sollte der Kunde eine Rechnung per Briefpost benötigen, wird dafür
eine Bearbeitungsgebühr in Höhe von € 7,50 je Rechnung fällig."

Die Beklagte versendete die Rechnungen als pdf-Dokumente im Anhang zu
einer E-Mail. Eine **qualifizierte elektronische Signatur** trugen die Rech-
nungsdokumente jedoch unstreitig **nicht**.

Die Beklagte wurde vom Amtsgericht Brühl zur Übermittlung elektronischer
Rechnungen mit qualifizierter Signatur verurteilt. Das Gericht führte hierzu
aus, es bestehe grundsätzlich ein klagbarer Anspruch auf Ausstellung (auch
elektronischer) Rechnungen vor den Zivilgerichten. Eine qualifizierte Signatur müsse nicht vereinbart werden. Es genüge vielmehr die Vereinbarung,
dass die Rechnungen per E- Mail übermittelt werden. Die elektronisch übermittelten Rechnungen müssen dann eine qualifizierte elektronische Signatur
gemäß § 14 Abs. 3 UStG tragen. Ein einseitiger Wechsel von der elektronischen Rechnung zurück auf die Papierrechnung könne auch ohne ausdrücklichen Ausschluss des Wahlrechts in den AGB des Verwenders aus Treu und
Glauben ausgeschlossen sein, wenn die Mehrkosten, entweder durch Erhebung von Gebühren für eine Papierrechnung oder durch den erhöhten Auf-

---

[94]   AG Brühl, Urt. v. 12.04.2006 - 21 C 612/05.

wand für die Verarbeitung von Papierrechnungen, beim Rechnungseingang des Empfängers im Verhältnis zum Vorsteuerabzugsbetrag so hoch wären, dass der Vorsteuerabzug für den Rechnungsempfänger keinen Sinn mehr machen würde.

Ein Beispiel für Muster-AGB für einen Internet-Shop:

Die folgenden Muster-AGB können Sie kostenlos für Ihren Web-Shop übernehmen, solange der Link am Ende nicht entfernt wird.

Bitte beachten:

Die AGB enthalten nicht sämtliche nach dem Fernabsatzrecht erforderlichen Verbraucherinformationen.

Die AGB sind nur für Internet-Shops geeignet, nicht für eBay-Auktionen.

Allgemeine Geschäftsbedingungen (AGB)

§ 1 Geltungsbereich & Abwehrklausel

(1) Für die über diesen Internet-Shop begründeten Rechtsbeziehungen zwischen dem Betreiber des Shops (nachfolgend „Anbieter") und seinen Kunden gelten ausschließlich die folgenden Allgemeinen Geschäftsbedingungen in der jeweiligen Fassung zum Zeitpunkt der Bestellung.

(2) Abweichende Allgemeine Geschäftsbedingungen des Kunden werden zurückgewiesen.

§ 2 Zustandekommen des Vertrages

(1) Die Präsentation der Waren im Internet-Shop stellt kein bindendes Angebot des Anbieters auf Abschluss eines Kaufvertrages dar. Der Kunde wird hierdurch lediglich aufgefordert, durch eine Bestellung ein Angebot abzugeben.

(2) Durch das Absenden der Bestellung im Internet-Shop gibt der Kunde ein verbindliches Angebot gerichtet auf den Abschluss eines Kaufvertrages über die im Warenkorb enthaltenen Waren ab. Mit dem Absenden der Bestellung erkennt der Kunde auch diese Geschäftsbedingungen als für das Rechtsverhältnis mit dem Anbieter allein maßgeblich an.

(3) Der Anbieter bestätigt den Eingang der Bestellung des Kunden durch Versendung einer Bestätigungs-E-Mail. Diese Bestellbestätigung stellt noch nicht die Annahme des Vertragsangebotes durch den Anbieter dar. Sie dient lediglich der Information des Kunden, dass die Bestellung beim Anbieter eingegangen ist. Die Erklärung der Annahme des Vertragsangebotes erfolgt durch die Auslieferung der Ware oder eine ausdrückliche Annahmeerklärung.

§ 3 Eigentumsvorbehalt

Die gelieferte Ware verbleibt bis zur vollständigen Bezahlung im Eigentum des Anbieters.

§ 4 Fälligkeit

Die Zahlung des Kaufpreises ist mit Vertragsschluss fällig.

§ 5 Gewährleistung

(1) Die Gewährleistungsrechte des Kunden richten sich nach den allgemeinen gesetzlichen Vorschriften, soweit nachfolgend nichts anderes bestimmt ist. Für Schadensersatzansprüche des Kunden gegenüber dem Anbieter gilt die Regelung in § 6 dieser AGB.

(2) Die Verjährungsfrist für Gewährleistungsansprüche des Kunden beträgt bei Verbrauchern bei neu hergestellten Sachen 2 Jahre, bei gebrauchten Sachen 1 Jahr. Gegenüber Unternehmern beträgt die Verjährungsfrist bei neu hergestellten Sachen und bei gebrauchten Sachen 1 Jahr. Die vorstehende Verkürzung der Verjährungsfristen gilt nicht für Schadensersatzansprüche des Kunden aufgrund einer Verletzung des Lebens, des Körpers, der Gesundheit sowie für Schadensersatzansprüche aufgrund einer Verletzung wesentlicher Vertragspflichten. Wesentliche Vertragpflichten sind solche, deren Erfüllung zur Erreichung des Ziels des Vertrags notwendig ist, z.B. hat der Anbieter dem Kunden die Sache frei von Sach- und Rechtsmängeln zu übergeben und das Eigentum an ihr zu verschaffen. Die vorstehende Verkürzung der Verjährungsfristen gilt ebenfalls nicht für Schadensersatzansprüche, die auf einer vorsätzlichen oder grob fahrlässigen Pflichtverletzung des Anbieters, seiner gesetzlichen Vertreter oder Erfüllungsgehilfen beruhen. Gegenüber Unternehmern ebenfalls ausgenommen von der Verkürzung der Verjährungsfristen ist der Rückgriffsanspruch nach § 478 BGB.

(3) Eine Garantie wird von dem Anbieter nicht erklärt.

§ 6 Haftungsausschluss

(1) Schadensersatzansprüche des Kunden sind ausgeschlossen, soweit nachfolgend nichts anderes bestimmt ist. Der vorstehende Haftungsausschluss gilt auch zugunsten der gesetzlichen Vertreter und Erfüllungsgehilfen des Anbieters, sofern der Kunde Ansprüche gegen diese geltend macht.

(2) Von dem unter Ziffer 1 bestimmten Haftungsausschluss ausgenommen sind Schadensersatzansprüche aufgrund einer Verletzung des Lebens, des Körpers, der Gesundheit und Schadensersatzansprüche aus der Verletzung wesentlicher Vertragspflichten. Wesentliche Vertragspflichten sind solche, deren Erfüllung zur Erreichung des Ziels des Vertrags notwendig ist, z.B. hat der Anbieter dem Kunden die Sache frei von Sach- und Rechtsmängeln zu übergeben und das

Eigentum an ihr zu verschaffen. Von dem Haftungsausschluss ebenfalls ausgenommen ist die Haftung für Schäden, die auf einer vorsätzlichen oder grob fahrlässigen Pflichtverletzung des Anbieters, seiner gesetzlichen Vertreter oder Erfüllungsgehilfen beruhen.

(3) Vorschriften des Produkthaftungsgesetzes (ProdHaftG) bleiben unberührt.

§ 7 Abtretungs- und Verpfändungsverbot

Die Abtretung oder Verpfändung von dem Kunden gegenüber dem Anbieter zustehenden Ansprüchen oder Rechten ist ohne Zustimmung des Anbieters ausgeschlossen, sofern der Kunde nicht ein berechtigtes Interesse an der Abtretung oder Verpfändung nachweist.

§ 8 Aufrechnung

Ein Aufrechnungsrecht des Kunden besteht nur, wenn seine zur Aufrechnung gestellte Forderung rechtskräftig festgestellt wurde oder unbestritten ist.

§ 9 Rechtswahl & Gerichtsstand

(1) Auf die vertraglichen Beziehungen zwischen dem Anbieter und dem Kunden findet das Recht der Bundesrepublik Deutschland Anwendung. Von dieser Rechtswahl ausgenommen sind die zwingenden Verbraucherschutzvorschriften des Landes, in dem der Kunde seinen gewöhnlichen Aufenthalt hat. Die Anwendung des UN-Kaufrechts ist ausgeschlossen.

(2) Gerichtsstand für alle Streitigkeiten aus dem Vertragsverhältnis zwischen dem Kunden und dem Anbieter ist der Sitz des Anbieters, sofern es sich bei dem Kunden um einen Kaufmann, eine juristische Person des öffentlichen Rechts oder ein öffentlich-rechtliches Sondervermögen handelt.

§ 10 Salvatorische Klausel

Sollte eine Bestimmung dieser Allgemeinen Geschäftsbedingungen unwirksam sein, wird davon die Wirksamkeit der übrigen Bestimmungen nicht berührt.

(Quelle: kluge-recht.de | Betriebsratsschulungen)

Ein weiteres Beispiel für eine **Muster-Vorlage** für Nutzungsbedingungen (AGB) für ein **Internet-Forum**

Die folgenden Muster-Nutzungsbedingungen können Sie kostenlos für Ihre Webseite übernehmen, solange der Link am Ende nicht entfernt wird.

Die Nutzungsbedingungen sind dazu gedacht, die Rechtsbeziehungen zwischen dem Anbieter und den Nutzern eines Internet-Forums zu regeln.

Hinweis:

Das folgende Muster erhebt keinen Anspruch auf Vollständigkeit, Richtigkeit und Aktualität. Es ist als Orientierungs- und Formulierungshilfe zu verstehen und soll nur eine Anregung bieten. Vor einer Übernahme des unveränderten Inhalts muss der Verwender daher selbständig und eigenverantwortlich prüfen, ob die einzelnen Klauseln mit Gesetz und Rechtsprechung vereinbar sind und ob das Muster ggf. an die konkret zu regelnde Situation und/oder die Rechtsentwicklung angepasst werden muss.

Nutzungsbedingungen Internet-Forum

§ 1 Geltungsbereich

Für die Nutzung dieser Website gelten im Verhältnis zwischen dem Nutzer und dem Betreiber der Seite (im Folgenden: Anbieter) die folgenden Nutzungsbedingungen. Die Nutzung des Forums und der Communityfunktionen ist nur zulässig, wenn der Nutzer diese Nutzungsbedingungen akzeptiert.

§ 2 Registrierung, Teilnahme, Mitgliedschaft in der Community

(1) Voraussetzung für die Nutzung des Forums und der Community ist eine vorherige Registrierung. Mit der erfolgreichen Registrierung wird der Nutzer Mitglied der Community.

(2) Es besteht kein Anspruch auf eine Mitgliedschaft.

(3) Der Nutzer darf seinen Zugang nicht Dritten zur Nutzung überlassen. Der Nutzer ist verpflichtet, seine Zugangsdaten geheim zu halten und vor dem Zugriff Dritter zu schützen.

§ 3 Leistungen des Anbieters

(1) Der Anbieter gestattet dem Nutzer, im Rahmen dieser Nutzungsbedingungen Beiträge auf seiner Webseite zu veröffentlichen. Der Anbieter stellt den Nutzern dazu im Rahmen seiner technischen und wirtschaftlichen Möglichkeiten unentgeltlich ein Diskussionsforum mit Communityfunktionen zur Verfügung. Der Anbieter ist bemüht, seinen Dienst verfügbar zu halten. Der Anbieter übernimmt keine darüber hinausgehenden Leistungspflichten. Insbesondere besteht kein Anspruch des Nutzers auf eine ständige Verfügbarkeit des Dienstes.

(2) Der Anbieter übernimmt keine Gewähr für die Richtigkeit, Vollständigkeit, Verlässlichkeit, Aktualität und Brauchbarkeit der bereit gestellten Inhalte.

§ 4 Haftungsausschluss

(1) Schadensersatzansprüche des Nutzers sind ausgeschlossen, soweit nachfolgend nichts anderes bestimmt ist. Der vorstehende Haftungsausschluss gilt

auch zugunsten der gesetzlichen Vertreter und Erfüllungsgehilfen des Anbieters, sofern der Nutzer Ansprüche gegen diese geltend macht.

(2) Von dem in Absatz 1 bestimmten Haftungsausschluss ausgenommen sind Schadensersatzansprüche aufgrund einer Verletzung des Lebens, des Körpers, der Gesundheit und Schadensersatzansprüche aus der Verletzung wesentlicher Vertragspflichten. Wesentliche Vertragspflichten sind solche, deren Erfüllung zur Erreichung des Ziels des Vertrags notwendig ist. Von dem Haftungsausschluss ebenfalls ausgenommen ist die Haftung für Schäden, die auf einer vorsätzlichen oder grob fahrlässigen Pflichtverletzung des Anbieters, seiner gesetzlichen Vertreter oder Erfüllungsgehilfen beruhen.

§ 5 Pflichten des Nutzers

(1) Der Nutzer verpflichtet sich gegenüber dem Anbieter, keine Beiträge zu veröffentlichen, die gegen die guten Sitten oder geltendes Recht verstoßen. Der Nutzer verpflichtet sich insbesondere dazu, keine Beiträge zu veröffentlichen,

deren Veröffentlichung einen Straftatbestand erfüllt oder eine Ordnungswidrigkeit darstellt,

die gegen das Urheberrecht, Markenrecht oder Wettbewerbsrecht verstoßen,

die gegen das Rechtsdienstleistungsgesetz verstoßen,

die beleidigenden, rassistischen, diskriminierenden oder pornographischen Inhalt haben,

die Werbung enthalten.

(2) Bei einem Verstoß gegen die Verpflichtung aus Absatz 1 ist der Anbieter berechtigt, die entsprechenden Beiträge abzuändern oder zu löschen und den Zugang des Nutzers zu sperren. Der Nutzer ist verpflichtet, dem Anbieter den durch die Pflichtverletzung entstandenen Schaden zu ersetzen.

(3) Der Anbieter hat das Recht, Beiträge und Inhalte zu löschen, wenn diese einen Rechtsverstoß enthalten könnten.

(4) Der Anbieter hat gegen den Nutzer einen Anspruch auf Freistellung von Ansprüchen Dritter, die diese wegen der Verletzung eines Rechts durch den Nutzer geltend machen. Der Nutzer verpflichtet sich, den Anbieter bei der Abwehr derartiger Ansprüche zu unterstützen. Der Nutzer ist außerdem verpflichtet, die Kosten einer angemessenen Rechtsverteidigung des Anbieters zu tragen.

§ 6 Übertragung von Nutzungsrechten

(1) Das Urheberrecht für die eingestellten Beiträge verbleibt beim jeweiligen Nutzer. Der Nutzer räumt dem Anbieter mit dem Einstellen seines Beitrags in das Forum jedoch das Recht ein, den Beitrag dauerhaft auf seiner Webseite zum Abruf bereitzuhalten und öffentlich zugänglich zu machen. Der Anbieter

hat das Recht, Beiträge innerhalb seiner Webseite zu verschieben und mit anderen Inhalten zu verbinden.

(2) Der Nutzer hat gegen den Anbieter keinen Anspruch auf Löschung oder Berichtigung von ihm erstellter Beiträge.

§ 7 Beendigung der Mitgliedschaft

(1) Der Nutzer kann seine Mitgliedschaft durch eine entsprechende Erklärung gegenüber dem Anbieter ohne Einhaltung einer Frist beenden. Auf Verlangen wird der Anbieter daraufhin den Zugang des Nutzers sperren.

(2) Der Anbieter ist berechtigt, die Mitgliedschaft eines Nutzers unter Einhaltung einer Frist von 2 Wochen zum Monatsende zu kündigen.

(3) Bei Vorliegen eines wichtigen Grundes ist der Anbieter berechtigt, den Zugang des Nutzers sofort zu sperren und die Mitgliedschaft ohne Einhaltung einer Frist zu kündigen.

(4) Der Anbieter ist nach Beendigung der Mitgliedschaft berechtigt, den Zugang des Nutzers zu sperren. Der Anbieter ist berechtigt aber nicht verpflichtet, im Falle der Beendigung der Mitgliedschaft die vom Nutzer erstellten Inhalte zu löschen. Ein Anspruch des Nutzers auf Überlassung der erstellten Inhalte wird ausgeschlossen.

§ 8 Änderung oder Einstellung des Angebots

(1) Der Anbieter ist berechtigt, Änderungen an seinem Dienst vorzunehmen.

(2) Der Anbieter ist berechtigt, seinen Dienst unter Einhaltung einer Ankündigungsfrist von 2 Wochen zu beenden. Im Falle der Beendigung seines Dienstes ist der Anbieter berechtigt aber nicht verpflichtet, die von den Nutzern erstellten Inhalte zu löschen.

§ 9 Rechtswahl

Auf die vertraglichen Beziehungen zwischen dem Anbieter und dem Nutzer findet das Recht der Bundesrepublik Deutschland Anwendung. Von dieser Rechtswahl ausgenommen sind die zwingenden Verbraucherschutzvorschriften des Landes, in dem der Nutzer seinen gewöhnlichen Aufenthalt hat.

(Quelle: Nutzungsbedingungen Internet-Forum | Arbeitsrecht Forum)

3.7 Online-Banking, Elektronic Banking, Internet Banking, Finanzportale[95]

Das IT-Recht hat auch einen engen Bezug zum Recht des elektronischen Zahlungsverkehrs. Bedeutsam ist hier das sogenannte **„Online-Banking"**, also die Möglichkeit der Erledigung von Bankgeschäften per Internet. Dies wird umgangssprachlich auch als **„Homebanking"** bezeichnet. Geprägt und zuerst eingeführt wurde dieser Begriff durch den Bildschirmtextdienst (BTX) der früheren Deutschen Bundespost und den Nachfolgedienst „T-Online". Eine gebräuchliche Bezeichnung für den elektronischen Zahlungsverkehr ist heute auch der Begriff **„Elektronic Banking"**.

Die Begriffe beschreiben alle elektronischen Bankdienstleistungen, die Schnittstellen zwischen Kunde und Bank abdecken. Hierzu gehören Systeme zur Erfassung, Übermittlung und Autorisierung von Transaktionen sowie zur Darstellung von Kontodaten und Informationen am Bildschirm. Diese Bankdienstleistungen werden mittels Datenfernübertragung unmittelbar abgewickelt und nicht mehr über den Bankschalter oder die Post vermittelt.

Der Funktionsumfang hat sich im Laufe der Zeit stetig erweitert. Theoretisch sind heutzutage alle wichtigen Bankgeschäfte per Online-Banking möglich, d.h. Abfragen des Kontostandes, Überweisungen, Daueraufträge, Lastschriftrückgaben, interne Umbuchungen, elektronische Kontoauszüge, Wertpapiergeschäfte und vieles mehr.

Das Online-Banking kann entweder mit Hilfe eines Programms (client) oder direkt über die Website (browserbasiert) der kontoführenden Bank abgewickelt werden. Bekannte Homebanking-Programme sind in Deutschland insbesondere „WISO Mein Geld", „Quicken", „StarMoney" oder „VR-Network".

Das Internet eröffnet Kreditinstituten und Kunden durch elektronische Bezahlverfahren und die Anbindung an das eigene Konto vielfältige Geschäftsmöglichkeiten. Aus diesem Grunde bestehen sehr hohe Anforderungen an möglichst sichere elektronische Bankgeschäfte. Wichtig sind daher folgende Erfordernisse:

- **Authentizität:** Das Kreditinstitut muss sich über die Identität der Kunden sicher sein (vgl. § 154 AO).

- **Vertraulichkeit:** Die Transaktionsdaten dürfen nur von dem beauftragten Kreditinstitut gelesen und verarbeitet werden

---

[95] Vgl. zu diesem Abschnitt die hier verwendeten Ausführungen von Wolff, Rainer, in: Studienwerk der Frankfurt School of Finance & Management, Bankakademie HfB, Privatkundengeschäft, Immobiliengeschäft, Firmenkundengeschäft, 5. Band, Teil 4, 4/3.2 und 4/3.3.

- **Integrität:** Die Daten dürfen auf dem Weg zur Bank nicht verändert worden sein.

- **Verlässlichkeit:** Die Bank muss auf die Rechtsgültigkeit des Auftrages vertrauen dürfen.

- **Ortsunabhängigkeit:** Der Kunde muss von jedem Ort aus Zugriff auf sein Konto beziehungsweise auf seinem Konto Daten erhalten können.

Um diese Zwecke zu erreichen, wurden in der Praxis der Kreditwirtschaft unterschiedliche **Legitimationsverfahren im „Electronic Banking"** entwickelt:

Das **PIN/TAN-Verfahren** ist aufgrund seiner einfachen Handhabung das beliebteste Legitimationsverfahren. Beim diesem Verfahren wird dem Kunden durch das Kreditinstitut sowohl eine Persönliche Identifikationsnummer (PIN) als auch eine Liste mit Transaktionsnummern (TAN) zur Verfügung gestellt.

Die **Persönliche Identifikationsnummer (PIN)** dient dazu, dass der Bankkunde sich entweder browserbasiert oder auch durch ein entsprechendes Programm Zugriff auf seine Konten verschaffen kann. Für jede Maßnahme, die über ein bloßes Abfragen wie der Kontostände hinausgeht, ist eine Transaktionsnummer einzugeben, welche als zusätzliches Sicherheitskriterium anzusehen ist. Der Kunde erhält eine Liste mit **Transaktionsnummern,** eine **TAN-Liste.** Der Auftraggeber wird zur Eingabe einer TAN-Nummer aufgefordert. Dabei kann er selbst wählen, welche Nummer er verwendet. Eine mehrmalige Nutzung ist nicht möglich, so dass eine verwendete TAN vom Nutzer als nunmehr ungültig gekennzeichnet werden sollte.

Die TAN wird von den Kreditinstituten als Quasi-Unterschrift interpretiert. Sobald PIN und TAN korrekt eingegeben werden, geht das kontoführende Institut davon aus, dass nur ein Berechtigter gehandelt haben kann. Innerhalb des PIN/TAN Verfahrens muss zwischen dem ursprünglichen Verfahren und dem indizierten TAN-Verfahren unterschieden werden.

Beim sogenannten **indizierten TAN-Verfahren (iTAN)** wird der Auftraggeber hingegen dazu aufgefordert, eine ganz bestimmte TAN einzugeben, also bspw. die Transaktionsnummer 17 von der TAN-Liste. Dadurch ist ein zeitlich unabhängiges Erschleichen einer TAN für einen Betrüger ohne Wert. Ein Nachteil dieses Verfahrens besteht darin, dass bspw. auf Reisen immer die komplette Liste mitgeführt werden muss.

Ab einer gewissen Restanzahl von verbleibenden Transaktionsnummern erhält der Kunde in der Regel automatisch – oder auch auf Anforderung – eine neue TAN-Liste, die durch PIN und eine Transaktionsnummer von der alten Liste freigeschaltet werden muss. Insgesamt ist das PIN/TAN Verfahren weit verbreitet, gilt jedoch als veraltet und im Gegensatz zu neueren Legitimationsmöglichkeiten, wie bspw. dem HBCI-Verfahren, als zu unsicher.

Ein weiteres gebräuchliches Legitimationsverfahren ist in die sogenannte **mTAN (mobile TAN)**:Bei diesem Verfahren wird dem Kunden nach Übersendung der ausgeführten Überweisung im Internet durch die Bank per SMS eine nur für diesen Vorgang verwendbare TAN auf sein Mobiltelefon gesendet. Der Zahlungsauftrag wird anschließend mit dieser TAN bestätigt. Dadurch, dass die zeitliche Gültigkeitsdauer dieser TAN begrenzt ist und zusätzlich noch Teile der Empfänger-Kontonummer der Überweisung sowie des Überweisungsbetrages in der SMS stehen und die TAN nur dafür gültig ist, wird eine Umleitung auf ein anderes Konto verhindert. Ein Missbrauch ist nur dann möglich, wenn ein Betrüger sowohl das Handy an sich bringt als auch die Bankverbindung und PIN des Kontoinhabers kennt

Ein anderes Verfahren ist das sogenannte **Sm@rt-TAN Plus-Verfahren**: Erforderlich für die Nutzung ist hier ein spezielles Kartenlesegerät für die MaestroCard der Kreditwirtschaft mit integriertem Chip, das über eine integrierte Tastatur die Eingabe von zwei Kontrollcodes ermöglicht und daraus die zu verwendende TAN errechnet. Der Leser ist kompakt, leicht und muss nicht an den heimischen Rechner angeschlossen werden. Zunächst wird der Zahlungsauftrag an den Bankrechner übertragen, der einen Bankcode (technischer Code für den Geschäftsvorfall) und die Transaktionsdaten (Teile der im Auftrag erfassten Daten) zurückliefert. Aus beiden Daten errechnet der Kartenleser eine zeitlich befristete TAN, die auf dem Display des Kartenlesers ausgegeben wird und in den Zahlungsauftrag endgültig autorisiert.

Die Abwicklung von Bankgeschäften über die Internet-Seiten eines Kreditinstituts bezeichnet man als **„Internet Banking"**.

Der Zugriff auf das Konto basiert hier auf den vorstehend beschriebenen TAN-Verfahren. Zahlreiche Homebanking-Programme erlauben es, solche Seiten automatisch auszulesen und auszufüllen (**„Screen-Parsing"**) und so als Bankzugang zu verwenden. Die sukzessive Erweiterung eines Internet Banking- Angebots führt so allmählich zu einem **Finanzportal**. Finanzportale bieten damit durch die Bündelung und Erweiterung des Informations- und Leistungsspektrums – z.B. im Wertpapiergeschäft – den Kunden die Möglichkeit eines Zugriffs auf nahezu alle relevanten Bankgeschäfte. Der Übergang vom Elektronic Banking bzw. Internet Banking zum Finanzportal von Kreditinstituten ist fließend und nicht unbedingt erkennbar.

Für derartige Dienstleistungen war es erforderlich, einen multibankfähigen Standard zur Kommunikation zwischen intelligenten Kundensystemen und entsprechenden Bankrechnern zu schaffen. Anwendung fand hierfür zunächst das **HBCI-Verfahren**. Es wurde von verschiedenen Bankengruppen in Deutschland entwickelt und vom Zentralen Kreditausschuss (ZKA) beschlossen. HBCI definiert Übertragungsprotokolle, Nachrichtenformate und Sicherheitsverfahren und steht für Homebanking Computer Interface. Im Gegensatz zum PIN/TAN-Verfahren sichert das HBCI-Verfahren Transaktionen über ein besonderes Verschlüsselungsverfahren. Hierbei handelt es sich um einen multibankfähigen Standard zur Kommunikation zwischen intelligentem Kundensystemen und entsprechenden Bankrechnern.

Zur Absicherung der Transaktionen zwischen Kunde und Bank bestehen zwei alternativ nutzbare Sicherungs- bzw. Signaturverfahren: Entweder eine Softwarelösung mit elektronischer Unterschrift oder die Sicherheit über die Chipkarte. In der Regel ist hierfür die Anschaffung eines Chipkartenlesegerätes erforderlich. Nur wenige Kreditinstitute stellen dieses den Kunden jedoch bislang unentgeltlich zur Verfügung. Die Legitimation erfolgt über eine Chipkarte, welche dem Lesegerät zugeführt wird und der zusätzlichen Eingabe der fünfstelligen Persönlichen Identifikationsnummer.

Das HBCI-Verfahren wurde kontinuierlich zu dem heutigen **FinTS** weiterentwickelt. FinTS steht für **„Financial Transaction Services"** und beinhaltet Sicherheitsverfahren mit elektronischer Signatur. Das weit verbreitete **PIN/TAN-Verfahren** wurde als neues Sicherheitsverfahren integriert: in den Signaturelementen werden anstelle der digitalen Signatur PIN und TAN transportiert. Beim PIN/TAN-Verfahren stehen keine kryptographischen Funktionen zur Verfügung; an dessen Stelle tritt die im Internet-Browser integrierte **SSL-Verschlüsselung** mit Server-Authentifizierung. FinTS ist somit ein Baukastensystem aus dem PIN/TAN-Verfahren und dem HBCI-Verfahren.

Die Bedeutung von **FinTS** für die Banken wird deutlich bei Betrachtung der Anforderungen für moderne Finanzportale:

- Multibankfähigkeit;

- Unabhängigkeit: Nutzungsmöglichkeit beliebiger Internetprovider,

- Zeitgemäße Sicherheitstechnologien,

- Leichte Erweiterbarkeit durch Trennung von System-/Administrationsfunktionen und Geschäftsvorfällen,

- Unabhängigkeit und Verwendungsmöglichkeit von Betriebssystemen und Endgeräten.

Im **Firmenkundengeschäft** haben sich für das Elektronic Banking standardisierte **Datenaustauschformate** für den Zahlungsverkehr etabliert:

- das **DTAUS-Format** für Inlandszahlungen,

- das **DTAZV-Format** für Auslandszahlungen,

- und die **SEPA-Formate** für nationale und grenzüberschreitende Zahlungen.

Der physikalische Datenträgeraustausch ist neben der elektronischen Übermittlung der Dateien via FTAM / BCS (s. u.) vor allem bei Großunternehmen und Kommunen mit sehr vielen Aufträgen gebräuchlich.

Hierbei werden Überweisungen und Lastschriften in Dateiform auf Disketten oder CD-ROMs, früher auch auf Magnetbändern an die Bank eingereicht. Der Aufbau der Datei („DTAUS-Datei") ist vom Zentralen Kreditausschuss bankübergreifend vereinheitlicht vorgeschrieben und enthält neben den Auftraggeber- und Empfängerdaten die Auftragsart(Überweisung oder Lastschrift) sowie Summendaten zur Kontrolle.

File Transfer, Access and Management (FTAM) ist ein standardisiertes Datenkommunikations-Protokoll für den Dateitransfer, standardisiert von OSI und übernommen von ISO und DIN. FTAM definiert einen erheblich größeren Funktionsumfang, als es rudimentäre Dateitransferprotokolle wie FTP bieten. FTAM spezifiziert ein virtuelles Dateisystem mit baumartiger Zugriffsstruktur, wobei die Dateneinheiten an den Knoten wiedergeordnete Bäume sein können. Auf diese Weise werden sehr komplexe Dateistrukturen ermöglicht. Der Standard stellt zur Beschreibung dieser Strukturen auch eine vielfältige Auswahl von Attributen und Operationen zur Verfügung. FTAM wird als Softwareprodukt in bestimmten funktionalen Profilen von vielen Herstellern angeboten und ist eine besonders in heterogenen DV-Umgebungen geeignete Software für Dateioperationen.

Wie bei allen Netzwerkprotokollen, die auf den **OSI-Standards** beruhen, ist die Verwendung von FTAM im PC-Bereich nicht sehr verbreitet und im Wesentlichen auf den kommerziellen Bereich beschränkt. Vorwiegend Behörden und andere öffentliche Auftraggeber setz(t)en FTAM wegen seiner Herstellerunabhängigkeit ein. Eine große Rolle spielt das FTAM-Verfahren auch heute noch im Zahlungsverkehr der deutschen Banken (via ISDN) sowie bei der Kommunikation von Arbeitgebern und Leistungserbringern im Gesundheitswesen.

Der **Banking Communication Standard (BCS)** ist ein Standardverfahren zur Datenfernübertragung zwischen Kunden und Kreditinstituten. Grundlage des Banking Communication Standard ist das sogenannte DFÜ Abkommen des Zentralen Kreditausschusses (ZKA). In Deutschland bildete der BCS zusammen mit dem BTX-Homebanking die ersten Formen des Electronic Banking, speziell für den Zahlungsverkehr. Die Legitimation und Autorisation der Aufträge erfolgt durch einen Datenträgerbegleitzettel mit Unterschrift eines Kontobevollmächtigten.

Als **neuer multibankfähiger Standard** für die Internet-Kommunikation verbessert das Verfahren **EBICS** (Electronic Banking Internet Communication Standard) die Effizienz und Qualität des Elektronic Banking mit Firmenkunden.

EBICS bietet durch die Nutzung neuester Technologien wie XML, https oder ZIP entscheidende Vorteile in Bezug auf Netzwerkintegration und Performance insbesondere für Firmenkunden mit großen Datenvolumina. Mit einer EBICS-fähigen Software erreichen Firmenkunden jedes beliebige Kreditinstitut und können die Auftragsausführung (z.B. Zahlungen, Kontoauszüge, Wertpapierorders usw.) zeitversetzt und standortunabhängig durch eine verteilte elektronische Unterschrift autorisieren.

Alle Daten sind in einen sogenannten **XML-Container** eingebettet und werden über HTTP mit einer TLS-Verschlüsselung versandt, um die sichere Übertragung zu garantieren. Die Daten werden Block für Block übertragen und jeder Block mit einer elektronischen Signatur gesichert. Bei Übertragungsfehlern ermöglicht eine Wiederherstellungsfunktion die Wiederaufnahme des Transfers ab dem letzten erfolgreich übertragenen Block. Mit Blick auf PKI-gestützte Modelle wird der optionale Einsatz von X.509-Zertifikaten für den Austausch der aktuellen RSA-Schlüssel zwischen Kunde und Kreditinstitut unterstützt.

In der **EBICS-Kommunikation** kann im Gegensatz zur Kommunikation über FTAM (via Telefon/ISDN-Leitung) verschiedenste Berechtigungsmöglichkeiten abgebildet werden, nämlich zunächst durch eine elektronische Einzelunterschrift, sodann durch eine geteilte elektronische Unterschrift oder ferner durch eine verteilte elektronische Unterschrift.

Das Berechtigungskonzept einer elektronischen Einzelunterschrift sieht vor, dass erfassende User nicht dem empfangenden EBICS-System bekannt gemacht werden. Ein Beispiel: Im Falle einer Zahlungsverkehrsapplikation, in der Dateien erfasst werden können, wird meist die Variante vertreten, dass nur ein technischer Teilnehmer mit einer sogenannten EUnterschrift (Einzelunterschrift) die Übertragung initiiert und mit seiner elektronischen Signatur versieht. Das empfangende System kontrolliert die Empfangsberechtigung und führt die Zahlung aus.

Das Berechtigungskonzept einer geteilten elektronischen Unterschrift sieht dagegen vor, dass erfassende User dem empfangenden EBICS-System bekannt gemacht werden. Es werden im Normalfall die Varianten A-Unterschrift, B-Unterschrift und T-Unterschrift (Transport-Unterschrift) genutzt, z.B. eine Erfassungskraft, die im Außenverhältnis keine Unterschriftsberechtigung besitzt, wird im Empfangssystem mit einer Transportunterschrift versehen. Die Prokuristen und ähnlich unterschriftsberechtigte Personen des Unternehmens treten mit ihrer jeweiligen A- oder B-Unterschrift auf. Die zum Empfangssystem geleitete Datei enthält dann neben der Zahlungsverkehrsdatei auch die A- und B-Unterschriften.

Bei dem ferner verwendeten Berechtigungskonzept einer sogenannten verteilten elektronischen Unterschrift werden die Unterschriften nicht in einem Transportauftrag, sondern nur mit einer Unterschrift versandt und erst im Nachhinein mit einem anderen Transportauftrag unterschrieben.

Der Vorteil kann darin bestehen, dass einige Unternehmen Zahlungsverkehrsprovider zur Erstellung der Daten benutzen, aber das Bestätigen der Daten gern in ihren Händen behalten möchten.

Das EBICS-System wird in **zwei Varianten** unterschieden:

Zum einen existiert das häufig genutzte sogenannte **„Kunde-Bank-System"**. Hierbei kann auf jedem internetfähigen PC die benötige Software aufgespielt werden. Der Kunde kann Zahlungen oder andere Dateien an seine Bank oder Sparkasse senden und Protokolle und Auslieferungsdateien wie z.B. elektronische Kontoauszüge usw. downloaden.

Eine neue Variante ist dagegen das **„Bank-Bank-System"**. Dieses wird neben der SWIFT-Kommunikation von Banken eingesetzt, um sich gegenseitig Zahlungen und andere für den Zahlungsverkehr benötigter Dateien zuzusenden. Hierbei wird die Software auf einen internetfähigen Server aufgespielt. Die Dateien werden dabei von beiden Seiten zum Partnersystem gesendet. Lediglich die EBICS-Protokolle werden „downgeloadet". Diese Variante ist vergleichsweise kostspielig, da der Server verschiedenste Sicherheitsmechanismen wie z.B. Firewall etc. besitzen und die EBICS-Kommunikation formal 24 Std./an sieben Tagen in der Woche aktiv sein muss. Daher ist abzuwägen, ab wann sich das EBICSSystem gegenüber dem SWIFTNet FileAct-System lohnt.

Die Deutsche Bundesbank als „Großhändler" hat sich in diesem Fall eine Vorreiterrolle verschafft, indem sie als einer der ersten Zahlungsverkehrsanbieter neben der Kommunikation via FTAM, via SWIFTNet FileAct und SWIFT-FIN ihren Kunden (Kreditinstituten ebenso wie Nichtbanken – z.B. öffentlichen Kassen) EBICS sowohl im Kunde-Bank-Standard als auch im Bank-Bank-Standard anbietet. Die „Spezifikationen für den elektronischen Zahlungsverkehr der Deutschen Bundesbank" enthalten ausführliche Beschreibungen zum Dienstleistungsangebot der Deutschen Bundesbank im unbaren Zahlungsverkehr. Die „Managementübersicht" der Spezifikationen beinhaltet einen Überblick über das Leistungsangebot und eine Skizzierung der von der Bundesbank angebotenen Verfahren.

Eine Beschreibung der fachlichen Details sowie der technischen Schnittstellen zwischen dem Kunden und der Deutschen Bundesbank erfolgt im Kapitel „Dienstleistungsangebot der Deutschen Bundesbank". Das Kapitel „Antragstellung" beinhaltet Erklärungen zu den einzureichenden Anträgen und erläutert grundsätzliche Fragen zur Antragstellung. Um sicherzustellen, dass sich die Systeme der Kunden störungsfrei in den Produktionsbetrieb integrieren lassen, müssen bestimmte Tests erfolgreich durchlaufen werden. Das Kapitel „Störungsmanagement" beschreibt die Back-up-Möglichkeiten der einzelnen Verfahren. In den „Technischen Spezifikationen" der Deutschen Bundesbank sind ferner alle technischen Details, wie der Zugang zu den Systemen, Standards für die Datenübertragung, Ausführungen zu Datenschutz und -sicherheit, Datensatz- und Dateiaufbau sowie Prüfungen bei der Einreichung beschrieben.

Speziell für Firmenkunden von Kreditinstituten mit erhöhtem Automatisierungsbedarf, einem gehobenen Cash-Management-Anspruch und besonderen Integrationswünschen stehen neben den oben erwähnten Electronic-Banking-Produkten die Verfahren **MultiCash** und **EBsec®** – modular aufgebaute, multibankfähige Cash-Management-Standardsoftwaresysteme für den elektronischen Datenaustausch zwischen Firmenkunden und Kreditinstituten – zur Verfügung.

Rechtliche Fragestellungen treten insbesondere bei der Abgabe und dem Zugang von Willenserklärungen auf. So ist in der Eingabe des Auftrags per Tastatur keine Willenserklärung zu sehen. Erst mit Eingabe der TAN ist eine Willenserklärung gemäß den „Bedingungen für Online-Banking" abgegeben worden. Bei dem Zugang von Willenserklärungen ist nach Offline- oder Online-Dialog zu unterscheiden. Nach allgemeinen Grundsätzen ist für den Zeitpunkt des Zugangs auf die Möglichkeit der Kenntnisnahme abzustellen. Im Rahmen eines Online-Dialoges werden die gesendeten Daten mit einer für die rechtliche Beurteilung unerheblichen zeitlichen Verzögerung unmittelbar bearbeitet und sind damit auch zugegangen. Anders verhält es sich hingegen beim Offline-Dialog, bei dem die zu sendenden Daten vorerst nur auf dem eigenen PC gespeichert werden.

3.8 Das elektronische Lastschriftverfahren

Das im Zahlungsverkehr heute übliche elektronische Lastschriftverfahren ist dadurch gekennzeichnet, dass die im Magnetstreifen einer ec-Karte befindlichen Daten (insbesondere Bankleitzahl und Kontonummer) beim Zahlungsvorgang gelesen werden und hieraus zum einen eine Lastschrift sowie zum anderen eine Einzugsermächtigung generiert werden, die vom Kunden unterschrieben wird. Die Kundendaten auf der ec-Karte werden also dazu verwendet, um eine Lastschrift zu erstellen. Eine Lastschrift ist ein vom Zahlungsempfänger ausgelöster Zahlungsvorgang zulasten des Kontos des Kunden, bei dem die Höhe des jeweiligen Zahlungsbetrages vom Zahlungsempfänger angegeben wird.

Rechtliche Voraussetzungen

Das Rechtsverhältnis zwischen dem Schuldner und seiner Bank ist im Grundsatz ein **Geschäftsbesorgungsvertrag** im Sinne von § 675 BGB. Das Lastschriftverfahren ist erst in den 1960er Jahren von der Kreditwirtschaft zu einem einheitlichen Instrument des bargeldlosen Zahlungsverkehrs ausgestaltet worden. Das Vorgängermodell des heutigen Lastschriftverfahrens war das sogenannte Einziehungsverfahren. Dominierend in der Praxis ist heute das sogenannte **Einzugsermächtigungsverfahren.**

Hier erteilt der Schuldner – also der Zahlungspflichtige – seinem Gläubiger – dem Zahlungsempfänger – direkt die Ermächtigung zur Einziehung der Forderung. Dogmatisch ist die Einziehungsermächtigung eine Einwilligung gemäß§ 185 BGB für den Gläubiger dahin gehend, dass dieser mit der Lastschrift seine Forderung einzieht. Nach der herrschenden Genehmigungstheorie ist die folgende dogmatische Einordnung maßgeblich:

Zunächst wird das Konto des Schuldners unberechtigt mit dem Lastschriftbetrag bei der Schuldnerbank belastet. Genehmigt der Schuldner die Kontobelastung gemäß § 185 Abs. 2 S. 1 BGB, so wird die Belastung seines Kontos wirksam.

Nach den – insoweit gleichlautenden – „Bedingungen der Banken und Sparkassen für Zahlungen mittels Lastschrift im Einzugsermächtigungs-und Abbuchungsauftragsverfahren" ist eine **Lastschrift „ein vom Zahlungsempfänger ausgelöster Zahlungsvorgang zulasten des Kontos des Kunden, bei dem die Höhe des jeweiligen Zahlungsbetrages vom Zahlungsempfänger angegeben wird".**

Zu erkennen ist, dass im Gegensatz zu einer Überweisung beim Lastschriftverfahren also der Gläubiger – mithin der Zahlungsempfänger –und nicht der Schuldner – der Zahlungspflichtige – den Zahlungsvorgang in Gang setzt.

Damit steht dem Gläubiger die Möglichkeit zu, über fremdes Geld zu verfügen. Um das Risiko des Missbrauchs einzudämmen, ist im Lastschriftverfahren daher stets zwingende Voraussetzung eine Berechtigung des Zahlungsempfängers für sein Handeln.

Eine solche Berechtigung kann sich unter zwei Gesichtspunkten ergeben: Im Lastschriftverfahren wird zwischen dem Einzugsermächtigungsverfahren und dem Abbuchungsauftragsverfahren unterschieden.

Wesentliche Merkmale der Einzugsermächtigungslastschrift sind:

Der Kunde kann über seine Bank bzw. Sparkasse an einen Zahlungsempfänger Zahlungen in Euro bewirken. Hierzu ermächtigt er den Zahlungsempfänger, Geldbeträge vom Konto des Kunden mittels Lastschriften einzuziehen (Einzugsermächtigung). Der Zahlungsempfänger löst den jeweiligen Zahlungsvorgang dann aus, indem er über seinen Zahlungsdienstleister der Bank bzw. Sparkasse die Lastschriften vorlegt. Der Kunde autorisiert die Zahlung nachträglich durch Genehmigung der entsprechenden Lastschriftbelastungsbuchung auf seinem Konto.

Eingehende Einzugsermächtigungslastschriften des Zahlungsempfängers werden dem Konto des Kunden mit dem vom Zahlungsempfänger angegebenen Lastschriftbetrag belastet. Teileinlösungen von Lastschriften nimmt die Bank bzw. Sparkasse nicht vor.

Für das Verfahren hat der Kunde die ihm mitgeteilte Kontonummer und die Bankleitzahl der Bank bzw. Sparkasse als seine Kundenkennung gegenüber dem Zahlungsempfänger zu verwenden, da die Bank bzw. Sparkasse berechtigt ist, die Zahlung aufgrund der Einzugsermächtigungslastschrift ausschließlich auf Grundlage der ihr übermittelten Kundenkennung auszuführen. Die Bank bzw. Sparkasse und die weiteren beteiligten Stellen führen die Zahlung an den Zahlungsempfänger anhand der im Lastschriftdatensatz vom Zahlungsempfänger als dessen Kundenkennung angegebenen Kontonummer und Bankleitzahl des Zahlungsempfängers aus.

Auch beim **Abbuchungsauftragsverfahren** kann der Kunde über seine Bank bzw. Sparkasse an einen Zahlungsempfänger Zahlungen in Euro bewirken. Hier reicht dagegen der Gläubiger – der Zahlungsempfänger – bei der Inkassostelle eine Lastschrift und damit einen Abbuchungsauftrag über einen bestimmten Betrag ein. Dieser Betrag wird dem Gläubiger – dem Zahlungsempfänger – unter der Bedingung der Einlösung gutgeschrieben.

Eine Lastschrift ist mithin auch hier ein vom Zahlungsempfänger ausgelöster Zahlungsvorgang zulasten des Kontos eines Kunden, bei dem die Höhe des jeweiligen Zahlungsbetrages vom Zahlungsempfänger angegeben wird: Der Zahlungsempfänger löst den jeweiligen Zahlungsvorgang aus, indem er über seinen Zahlungsdienstleister der Bank bzw. Sparkasse die Abbuchungsauftragslastschriften vorlegt.

Für die Ausführung von Zahlungen mittels Abbuchungsauftragslastschrift muss der Kunde vor dem Zahlungsvorgang den Zahlungsempfänger ermächtigen, Geldbeträge vom Konto des Kunden per Abbuchungsauftragslastschriften einzuziehen und die Bank bzw. Sparkasse unmittelbar anweisen, die Abbuchungsauftragslastschriften seinem Konto zu belasten und den Lastschriftbetrag an den Dienstleister des Zahlungsempfängers zu übermitteln (Abbuchungsauftrag). Der Zahlungsempfänger löst dann den jeweiligen Zahlungsvorgang aus, indem er über seinen Zahlungsdienstleister der Bank bzw. Sparkasse die Abbuchungsauftragslastschriften vorlegt.

Wichtig: Der Kunde kann bei einer autorisierten Zahlung aufgrund einer Abbuchungsauftragslastschrift von der Bank bzw. Sparkasse keine Erstattung des seinem Konto belasteten Lastschriftbetrages verlangen.

Der Kunde autorisiert mit dem Abbuchungsauftrag gegenüber der Bank bzw. Sparkasse die Einlösung von Abbuchungsauftragslastschriften des Zahlungsempfängers. Die Autorisierung umfasst die Belastung des Kontos des Kunden mit Abbuchungsauftragslastschriften des Zahlungsempfängers und die Ausführung von Zahlungen durch Übermittlung der abgebuchten Lastschriftbeträge an den Zahlungsdienstleister des Zahlungsempfängers.

Der Abbuchungsauftrag ist schriftlich oder in der vereinbarten Art und Weise unmittelbar der Bank bzw. Sparkasse zu erteilen.

Der Abbuchungsauftrag muss folgende Angaben (Autorisierungsdaten) enthalten:

- Name des Zahlungsempfängers,
- Name des Kunden,
- Bezeichnung der Bank bzw. Sparkasse des Kunden und
- seine Kundenkennung.

Das Lastschriftverfahren insgesamt erfreut sich zunehmend großer Beliebtheit. Dies ist vor allem auf dessen Praktikabilität und Eignung für Rationalisierungsmaßnahmen zurückzuführen. So ist der Zahlungsempfänger nicht auf die pünktliche Zahlung seiner Rechnung durch den Zahlungspflichtigen angewiesen, sondern kann diesen Vorgang selbst initiieren.

Darüber hinaus wird die Buchhaltung des Gläubigers entlastet, dadurch den pünktlichen Zahlungseingang eine umfangreiche Debitorenbuchhaltung entfällt und der Versand von Mahnschreiben minimiert werden kann. Gleichzeitig bedeutet das Lastschriftverfahren auch für den Schuldner eine Arbeitserleichterung, da er lediglich für eine ausreichende Kontodeckung sorgen muss.

Widerspruch

Legt der Lastschriftschuldner gegen eine Lastschrift Widerspruch ein, so wird diese zurückgegeben. Die Wirkung des Widerspruchs hat für das Abbuchungsauftragsverfahren eine andere Wirkung als beim Einziehungsverfahren. Wie soeben dargestellt wird im Abbuchungsauftragsverfahren der Bank die Ermächtigung zur Kontobelastung erteilt. Damit wird deutlich, dass diese umgehend mit einer Lastschrift belastet wird und ein Widerspruch daher nicht möglich ist.

Anders ist die Lage beim Einziehungsermächtigungsverfahren. Hier erfolgt die Kontobelastung erst durch die Genehmigung des Kontoinhabers. Legt der Kontoinhaber gegen die Lastschrift Widerspruch ein, so leitet die Zahlstelle den Betrag an die erste Inkassostelle zurück und der abgebuchte Betrag wird wieder gutgeschrieben.

Dieser Widerspruch bedarf keiner Begründung und kann jederzeit erfolgen. Wird vom Kontoinhaber allerdings rechtsmissbräuchlich ein Widerspruch eingelegt, so entsteht unter Umständen ein Schadensersatzanspruch gemäß § 826 BGB.

Das Widerspruchsrecht stellt also eine Korrekturmöglichkeit für eine unberechtigte Kontobelastung mittels Lastschrift dar. Diese Widerspruchsmöglichkeit beruht jedoch nicht auf dem bankeninternen Lastschriftabkommen, da dieses lediglich die Rechte und Pflichten der Kreditinstitute untereinander regelt. Das Widerspruchsrecht ergibt sich vielmehr daraus, dass die Bank das Girokonto eines Kunden ohne dessen Auftrag belastet.

Die Widerspruchsmöglichkeit hat deshalb ihre Rechtsgrundlage in dem zugrunde liegenden Giroverhältnis. Ein erfolgter Widerspruch ist von der Bank selbst dann zu beachten, wenn sie Kenntnis davon hat, dass der abgebuchte Betrag tatsächlich vom Zahlungspflichtigen dem Empfänger geschuldet wird.

Nach dem Lastschriftabkommen kann eine Lastschrift nur in einem zeitlichen Rahmen von sechs Wochen ab Kontobelastung durch den Zahlungspflichtigen zurückgegeben werden. Umstritten ist, ob diese Frist auch im Verhältnis zwischen Bank und Schuldner gilt, da die Regelungen des Lastschriftabkommens lediglich für das Interbankverhältnis gelten. Hingegen richtet sich die Rechtsstellung des Schuldners nach dem Girovertragsverhältnis zu seiner Bank. Grundsätzlich könnte somit der Zahlungspflichtige einer Lastschrift zeitlich unbegrenzt widersprechen. Aufgrund dieser Problemstellung ist die Lastschriftrückgabe explizit zwischen Bank und Kunde geregelt:

Der Zahlungspflichtige ist nach den insoweit inhaltsgleichen Allgemeinen Geschäftsbedingungen der Kreditwirtschaft berechtigt, der Lastschriftbuchung nur innerhalb einer Frist von sechs Wochen nach Zugang des Rechnungsabschlusses zu widersprechen und die Wiedergutschrift des von seinem Konto abgebuchten Betrages zu verlangen.

Das Unterlassen der fristgemäßen Erhebung von Einwendungen gegen den Rechnungsabschluss führt zur Genehmigung von Belastungen aus Einziehungsermächtigungslastschriften.

Die entsprechende Regelung befindet sich in den „Bedingungen für Zahlungen mittels Lastschrift im Einzugsermächtigungs- und Abbuchungsauftragsverfahren".

Die Klausel bei **Sparkassen** lautet:

A. Zahlungen mittels Lastschrift im Einzugsermächtigungsverfahren

2.4 Nachträgliche Autorisierung der Zahlung durch Genehmigung der Lastschriftbelastungsbuchung

„Die Autorisierung der Zahlung durch den Kunden erfolgt nachträglich über die Genehmigung der entsprechenden Lastschriftbelastungsbuchung auf seinem Konto. Hat der Kunde eine Belastungsbuchung aus einer Lastschrift, für die er dem Zahlungsempfänger eine Einzugsermächtigung erteilt hat, nicht schon genehmigt, so hat er Einwendungen gegen diese im Saldo des nächsten Rechnungsabschlusses enthaltene Belastungsbuchung spätestens vor Ablauf von sechs Wochen nach Zugang des Rechnungsabschlusses schriftlich oder, wenn im Rahmen der Geschäftsbeziehung der elektronische Kommunikationsweg vereinbart wurde (z.B. Online-Banking), auf diesem Wege zu erheben. Es genügt die Absendung innerhalb der Sechs-Wochen-Frist. Das Unterlassen rechtzeitiger Einwendungen gilt als Genehmigung der Belastung. Auf diese Folge wird die Sparkasse bei Erteilung des Rechnungsabschlusses besonders hinweisen."

Die Formulierung bei **Banken** ist weitgehend gleichlautend.

Wie aus der Formulierung zu erkennen ist, gilt diese Regelung nur für Lastschriften, bei denen tatsächlich eine Einzugsermächtigung vorlag und der Zahlungspflichtige z.B. nachträglich mit der Höhe nicht einverstanden ist. Vollkommen unberechtigte Einzüge von unbekannten Einziehenden sind dagegen nicht von diesen AGB-Klauseln erfasst.

Nach § 675 x BGB können der Zahler und sein Zahlungsdienstleister vereinbaren, dass der Zahler auch dann einen Anspruch auf Erstattung gegen seinen Zahlungsdienstleister hat, wenn die Voraussetzungen für eine Erstattung nicht erfüllt sind.

Die von Banken und Sparkassen im **Abbuchungsauftragsverfahren** verwendeten Klauseln lauten:

B. Zahlungen mittels Lastschrift im Abbuchungsauftragsverfahren

2.5 Ausschluss des Erstattungsanspruchs bei einer autorisierten Zahlung

Der Kunde kann bei einer ... autorisierten Zahlung aufgrund einer Abbuchungsauftragslastschrift nach Einlösung von der Bank keine Erstattung des Lastschriftbetrags verlangen. Weitergehende Ansprüche aus § 675 x BGB sind ausgeschlossen.

Erstattungsansprüche des Kunden bei einer nicht erfolgten oder fehlerhaft ausgeführten autorisierten Zahlung richten sich nach Nummer 2.6.2.

2.6.1 Erstattung bei einer nicht autorisierten Zahlung

Im Falle einer vom Kunden nicht autorisierten Zahlung hat die Bank gegen den Kunden keinen Anspruch auf Erstattung ihrer Aufwendungen. Sie ist verpflichtet, dem Kunden den von seinem Konto abgebuchten Lastschriftbetrag unverzüglich zu erstatten. Dabei bringt sie das Konto wieder auf den Stand, auf dem es sich ohne die Belastung durch die nicht autorisierte Zahlung befunden hätte.

2.6.2 Erstattung bei nicht erfolgter oder fehlerhafter Ausführung einer autorisierten Zahlung

(1) Im Falle einer nicht erfolgten oder fehlerhaften Ausführung einer autorisierten Zahlung kann der Kunde von der Bank die unverzügliche und ungekürzte Erstattung des Lastschriftbetrages insoweit verlangen, als die Zahlung nicht erfolgt oder fehlerhaft war. Die Bank bringt dann das Konto wieder auf den Stand, auf dem es sich ohne den fehlerhaft ausgeführten Zahlungsvorgang befunden hätte.

(2) Der Kunde kann über den Anspruch nach Absatz 1 hinaus von der Bank die Erstattung derjenigen Entgelte und Zinsen verlangen, die die Bank ihm im Zusammenhang mit der nicht erfolgten oder fehlerhaften Ausführung der Zahlung in Rechnung gestellt oder mit denen sie das Konto des Kunden belastet hat.

Widerruf

Von der soeben dargestellten Möglichkeit des Widerspruchs ist der Widerruf zu unterscheiden. Ein Widerruf richtet sich gegen eine erteilte Ermächtigung zur Abbuchung und ist gegenüber dem Zahlungsempfänger– nicht gegenüber der Bank – zu erklären. Der Widerruf ist in beiden Verfahren jederzeit und ohne Angabe von Gründen möglich.

Einzugsermächtigungslastschriften sind nach der Regelung in Nummer A 2.3.2 der „Bedingungen für Zahlungen mittels Lastschrift im Einzugsermächtigungs-und Abbuchungsauftragsverfahren" eingelöst, wenn die Belastungsbuchung auf dem Konto des Kunden nicht spätestens am zweiten Bankarbeitstag nach ihrer Vornahme rückgängig gemacht wird.

Wurde – wie bei der Lastschrift – der Zahlungsvorgang vom Zahlungsempfänger oder über diesen ausgelöst, so kann der Zahler gemäß § 675 p BGB den Zahlungsauftrag nicht mehr widerrufen, nachdem er den Zahlungsauftrag oder seine Zustimmung zur Ausführung des Zahlungsvorgangs an den Zahlungsempfänger übermittelt hat. Der Zahler kann den Zahlungsauftrag jedoch bis zum Ende des Geschäftstags vor dem vereinbarten Fälligkeitstag widerrufen.

Der Abbuchungsauftrag im Abbuchungsauftragsverfahren kann nach der Regelung in Nummer B 2.2.2 der „Bedingungen für Zahlungen mittels Lastschrift im Einzugsermächtigungs- und Abbuchungsauftragsverfahren" vom Kunden hingegen durch Erklärung gegenüber seiner Bank oder Sparkasse widerrufen werden. Der Widerruf muss der Bank oder Sparkasse schriftlich oder, wenn im Rahmen der Geschäftsbeziehung der elektronische Kommunikationsweg vereinbart wurde (z.B. Online-Banking), auf diesem Wege zugehen. Der Widerruf wird am auf den Eingang folgenden Geschäftstaggemäß „Preis- und Leistungsverzeichnis" wirksam.

Nichteinlösung

Lastschriften, die nicht eingelöst werden, werden als Rücklastschriften bezeichnet. Sie werden nach einem im Lastschriftabkommen definierten Verfahren zwischen den beteiligten Banken zurückgerechnet, dem Konto des Zahlungsempfängers wieder belastet und dem Konto des Zahlungspflichtigen wieder gutgeschrieben.

Gründe für die Rückgabe einer Lastschrift sind z.B.:

- Das Einzugskonto weist keine Deckung auf, d.h., dass auf demKonto weder ausreichendes Guthaben vorhanden ist noch eine ausreichende Kreditlinie besteht.

- Das angegebene Konto besteht nicht oder ist aufgelöst worden.

- Kontonummer und Name des Zahlungspflichtigen gehören nicht zusammen.

- Es liegt kein Abbuchungsauftrag vor (nur beim Abbuchungsauftragsverfahren).

- Der Zahlungspflichtige hat der Lastschrift widersprochen (nur beim Einzugsermächtigungsverfahren).

Für die Beilegung von Streitigkeiten im Zusammenhang mit Lastschriften mit dem Kreditinstitut kann sich der Kunde an die im „Preis- und Leistungsverzeichnis" des Kreditinstituts näher bezeichneten Streitschlichtungs- oder Beschwerdestellen wenden.

Neue Formen von Lastschriften

Mit der SEPA-Lastschrift können europaweit fällige Rechnungsbeträge eingezogen werden – dank einheitlicher Standards in der Abwicklung, im Datenformat und auf Basis einer gemeinsamen Rechtsgrundlage. Unterschieden wird zwischen dem SEPA-Basis-Lastschriftverfahren im Privatkundensegment und dem SEPA-Firmen-Lastschriftverfahren im Unternehmenskundenbereich.

Hierfür gelten bei Banken und Sparkassen die – insoweit einheitlichen – „Bedingungen für Zahlungen mittels Lastschrift im SEPA-Basis-Lastschriftverfahren" und die „Bedingungen für Zahlungen mittels Lastschrift im SEPA-Firmen-Lastschriftverfahren".

Mit dem SEPA-Basis-Lastschriftverfahren im Privatkundenbereich kann der Kunde über die Bank bzw. Sparkasse an den Zahlungsempfänger Zahlungen in Euro innerhalb des Gebiets des einheitlichen Euro-Zahlungsverkehrsraums bewirken.

Für die Ausführung von Zahlungen mittels SEPA-Basis-Lastschriften müssen sender Zahlungsempfänger und dessen Zahlungsdienstleister das SEPA-Basis-Lastschriftverfahren nutzen und der Kunde vor dem Zahlungsvorgang dem Zahlungsempfänger das SEPA-Lastschriftmandat erteilen. Der Zahlungsempfänger löst dann den jeweiligen Zahlungsvorgang aus, indem er über seinen Zahlungsdienstleister der Bank bzw. Sparkasse die Lastschriften vorlegt.

Der Kunde kann bei einer autorisierten Zahlung aufgrund einer SEPA-Basis-Lastschrift binnen einer Frist von acht Wochen ab dem Zeitpunkt der Belastungsbuchung auf seinem Konto von der Bank bzw. Sparkasse die Erstattung des belasteten Lastschriftbetrags verlangen.

Für das Verfahren hat der Kunde die ihm mitgeteilte IBAN und den BIC der Bank bzw. Sparkasse als seine Kundenkennung gegenüber dem Zahlungsempfänger zu verwenden, da die Sparkasse berechtigt ist, die Zahlung aufgrund der SEPA-Basis-Lastschrift ausschließlich auf der Grundlage der ihr übermittelten Kundenkennung auszuführen. Die Bank bzw. Sparkasse und die weiteren beteiligten Stellen führen die Zahlung an den Zahlungsempfänger anhand der im Lastschriftdatensatz vom Zahlungsempfänger als dessen Kundenkennung angegebenen IBAN und BIC des Zahlungsempfängers aus.

Der Kunde erteilt dem Zahlungsempfänger ein sogenanntes SEPA-Lastschriftmandat. Damit autorisiert er gegenüber seiner Bank bzw. Sparkasse die Einlösung von SEPA-Basis-Lastschriften des Zahlungsempfängers. Das Mandat ist schriftlich oder in der mit seiner Bank bzw. Sparkasse vereinbarten Art und Weise zu erteilen. Das SEPA-Lastschriftmandat kann vom Kunden durch Erklärung gegenüber seiner Bank bzw. Sparkasse widerrufen werden. Eingehende SEPA-Basis-Lastschriften des Zahlungsempfängers werden am im Datensatz angegebenen Fälligkeitstag mit dem vom Zahlungsempfänger angegebenen Lastschriftbetrag dem Konto des Kunden belastet. Die Bank bzw. Sparkasse ist verpflichtet, sicherzustellen, dass der von ihr dem Konto des Kunden aufgrund der SEPA-Basis-Lastschrift des Zahlungsempfängers belastete Lastschriftbetrag spätestens innerhalb der in ihrem „Preis-und Leistungsverzeichnis" angegebenen Ausführungsfrist beim Zahlungsdienstleister des Zahlungsempfängers eingeht. Der Kunde kann bei einer autorisierten Zahlung aufgrund einer SEPA-Basis-Lastschrift binnen einer Frist von acht Wochen ab dem Zeitpunkt der Belastungsbuchung auf seinem Konto von der Bank bzw. Sparkasse ohne Angabe von Gründen die Erstattung des belasteten Lastschriftbetrags verlangen. Etwaige Zahlungsansprüche des Zahlungsempfängers gegen den Kunden bleiben hiervon unberührt. Im Falle einer vom Kunden nicht autorisierten Zahlung hat die Bank bzw. Sparkasse gegen den Kunden keinen Anspruch auf Erstattung ihrer Aufwendungen. Sie ist verpflichtet, dem Kunden den von seinem Konto abgebuchten Lastschriftbetrag unverzüglich zu erstatten. Dabei bringt sie das Konto wieder auf den Stand, auf dem es sich ohne die Belastung durch die nicht autorisierte Zahlung befunden hätte.

Das SEPA-Firmen-Lastschriftverfahren im Unternehmenskundensegment kann nur von Kunden genutzt werden, die keine Verbraucher sind. Es ist speziell auf die Bedürfnisse von Firmenkunden zugeschnitten, um insbesondere eine frühe Finalität von Zahlungen – vergleichbar dem Abbuchungsauftragsverfahren– zu erreichen. Ein Erstattungsanspruch deszahlungspflichtigen Firmenkunden nach erfolgter Einlösung einer SEPA-Firmen-Lastschrift ist daher ausgeschlossen.

Beim SEPA-Firmen-Lastschriftverfahren muss der Zahlungspflichtige die Erteilung eines sogenannten „SEPA-Firmenlastschrift-Mandats" gegenüber seinem Kreditinstitut bestätigen. In den Bedingungen für Zahlungen mittels Lastschrift im SEPA-Firmen-Lastschriftverfahren heißt es hierzu:

2.2.2 Bestätigung der Erteilung eines SEPA-Firmenlastschrift-Mandats

Der Kunde hat seiner Bank (bzw. Sparkasse) die Autorisierung nach Nummer 2.2.1 unverzüglich zu bestätigen, indem er der Bank (Sparkasse) folgende Daten in der vereinbarten Art und Weise aus dem vom Zahlungsempfänger erteilten SEPA-Firmenlastschrift-Mandat übermittelt und diese Mitteilung unterzeichnet oder in der vereinbarten Art und Weise authentifiziert:

- Bezeichnung des Zahlungsempfängers,

- Gläubiger-Identifikationsnummer des Zahlungsempfängers,

- Mandatsreferenz,

- Kennzeichnung einer einmaligen Zahlung oder wiederkehrender Zahlungenund

- Datum und Unterschrift auf dem Mandat.

Hierzu kann der Kunde der Bank bzw. Sparkasse auch eine unterschriebene Kopie des SEPA-Firmenlastschrift-Mandats übermitteln. Eingehende SEPA-Firmen-Lastschriften des Zahlungsempfängers werden am angegebenen Fälligkeitstag mit dem vom Zahlungsempfänger angegebenen Lastschriftbetrag dem Konto des Kunden belastet. Eine Kontobelastung erfolgt nicht oder wird spätestens am zweiten Geschäftstag gemäß dem „Preis- und Leistungsverzeichnis" nach ihrer Vornahme rückgängig gemacht, wenn

- der Bank bzw. Sparkasse keine Bestätigung des Kunden gemäß Nummer 2.2.2 vorliegt,

- der Bank bzw. Sparkasse ein Widerruf des Firmenlastschrift-Mandats zugegangen ist,

- der Bank bzw. Sparkasse eine Zurückweisung der Lastschrift des Kunden zugegangen ist,

- der Kunde über kein für die Einlösung der Lastschrift ausreichendes Guthaben auf seinem Konto oder über keinen ausreichenden Kreditverfügt,

- die im Lastschriftdatensatz angegebene IBAN des Zahlungspflichtigen keinem Konto des Kunden bei der Bank bzw. Sparkasse zuzuordnen ist oder

- die Lastschrift nicht von der Bank bzw. Sparkasse verarbeitbar ist, daim Lastschriftdatensatz die Gläubiger-Identifikationsnummer fehlt oder für die Bank bzw. Sparkasse erkennbar fehlerhaft ist, die Mandatsreferenz fehlt, das Ausstellungsdatum des Mandats fehlt oder kein Fälligkeitstag angegeben ist.

Der Kunde kann – wie bereits erwähnt – bei einer autorisierten Zahlung aufgrund einer SEPA-Firmen-Lastschrift von der Bank bzw. Sparkasse keine Erstattung des seinem Konto belasteten Lastschriftbetrags verlangen. Erstattungsansprüche bei einem vom oder über den Zahlungsempfängerausgelösten autorisierten Zahlungsvorgang aus § 675 x BGB sind hier ausgeschlossen.

4. Schutz des geistigen Eigentums

4.1 Überblick

Der Schutz des geistigen Eigentums wird in der deutschen Rechtsordnung durch zwei Rechtsgebiete, die einander ergänzen, gewährleistet: Zum einen durch das **Urheberrecht**, das im weitesten Sinne für den kulturellen Bereich gilt und den Schutz von Werken der Literatur, Wissenschaft und Kunst erfasst, zum anderen durch die **Bestimmungen des gewerblichen Rechtsschutzes**, die technische Schutzrechte umfassen und – wie der Wortlaut sagt – dem Schutz des geistigen Eigentums im gewerblichen Bereich dienen.

Man spricht vom **Immaterialgüterrecht**, weil die zu schützenden Güter keine körperlichen Gegenstände im Sinne von § 90 BGB sind, keine Materie also. Sie sind vielmehr von unkörperlichem Charakter. Der technische Fortschritt und die voranschreitende Globalisierung haben in der Vergangenheit dafür gesorgt, dass die genannten Rechtsgebiete an Bedeutung gewonnen haben und zum Teil novelliert werden mussten.

Urheberrechte, Patente, Gebrauchs- und Geschmacksmuster sowie Marken (Kennzeichen) sind subjektive private Rechte. Sie werden als Ausschließlichkeitsrechte oder absolute Rechte bezeichnet, weil sie – wie auch das Eigentum – gegen jedermann wirken. Das bedeutet: Nur der Rechtsinhaber darf über sie verfügen und sie bspw. per Lizenzvertrag verpachten; unberechtigte Dritte dürfen diese Rechte nicht ausbeuten oder nachahmen. Tun sie es doch, kann der Rechtsinhaber Abwehransprüche geltend machen – z.B. auf Unterlassung oder Schadensersatz. Auch strafrechtliche Sanktionen sind möglich.

In diesem Kapitel sollen zunächst Fragen des Urheber- und des Patentrechts erläutert, später auch relevante Regelungen zu Gebrauchs- und Geschmacksmustern sowie Kennzeichen erklärt werden. Der Schutz vor unlauterem Wettbewerb – in der Literatur häufig auch dem Schutz des geistigen Eigentums zugeordnet – wird separat behandelt.

4.2 Urheberrecht

Das **Urheberrecht** ist grundsätzlich ein Privatrecht. Sein Gegenstand ist gemäß §§ 1, 2 Urhebergesetz (UrhG) das **Werk**. Das Urheberrecht besteht aus dem umfassenden Urheberpersönlichkeitsrecht und dem ebenfalls umfassenden Verwertungsrecht. Im Folgenden sollen die Begriffe erklärt und die wesentlichen Regelungen erläutert werden.

4.2.1 Urheber

Urheber ist der Schöpfer des Werkes (§ 7 UrhG). Damit verfolgt das Gesetz das sogenannte Urheberschaftsprinzip. Schöpfer kann **nur eine natürliche Person** sein. Eine juristische Person ist selbst zu keiner Schöpfung fähig, sie bedient sich ihrer Organe (z.B. bei einer GmbH: der Geschäftsführer).

Das Gesetz kennt auch den Begriff des Miturhebers (§ 8 Abs. 1 UrhG). Er wird verwendet, wenn mehrere Personen an einem Werk mitgewirkt haben, sich ihre Anteile aber nicht gesondert verwerten lassen. Hier besteht ein wesentlicher Unterschied zur Bearbeitung, die gemäß § 3 UrhG ein eigenes schutzwürdiges Werk darstellt (z.B. Romanübersetzung). Wer nur eine Anregung zu einem bestimmten Werk gibt, eine Idee liefert oder eine bestimmte Richtung vorgibt, ist kein Urheber im Sinne des Gesetzes; gleiches gilt für Gehilfen, die bei der Schaffung des Werkes beteiligt sind.

4.2.2 Werk

Das Urhebergesetz schützt gemäß § 1 UrhG **Werke der Literatur, Wissenschaft und Kunst**. Als Werke erkennt das Gesetz bspw. Sprachwerke wie Schriften, Reden und Computerprogramme an, ebenso musikalische Werke, Tanzkunst, Werke der bildenden Kunst, Lichtbild- und Filmwerke und Darstellungen wissenschaftlicher oder technischer Art (§ 2 UrhG). Es handelt sich im Gesetz um eine beispielhafte und somit nicht abschließende Aufzählung. Der Gesetzgeber bezweckt damit, künftigen technischen Entwicklungen nicht im Wege zu stehen. Es sind ausschließlich persönliche geistige Schöpfungen von dem Schutz erfasst. Dieser bezieht sich gemäß §§ 3, 4 UrhG auch auf Übersetzungen, Sammel- und Datenbankwerke, die eigene geistige Schöpfungen ausmachen. Nicht erfasst werden laut § 5 UrhG amtliche Werke wie Gesetze oder Verordnungen, sie sind „gemeinfrei". Die Gemeinfreiheit bezeichnet alle Werke, die keinem Urheberrecht mehr unterliegen (vgl. § 64 UrhG: Das Urheberrecht erlischt siebzig Jahre nach dem Tode des Urhebers) oder ihm nie unterlegen haben (vgl. § 5 UrhG).

Das Übersetzen eines urheberrechtlich geschützten Werkes kompliziert die Zusammenhänge, weil die Urheberrechte des Autors und des Übersetzers nebeneinander stehen:

Das **Übersetzen** eines urheberrechtlich geschützten Werkes ist eine eigenständige geistige Schöpfung. Übersetzungen und andere Bearbeitungen eines Werkes, die persönliche geistige Schöpfungen des Bearbeiters sind, werden – wie in § 3 UrhG aufgeführt – unbeschadet des Urheberrechts am bearbeiteten Werk wie selbständige Werke geschützt. Rechtlich betrachtet sind Übersetzungen Bearbeitungen des ursprünglichen Werkes. Bearbeitungen oder andere Umgestaltungen des Werkes dürfen nach § 23 UrhG nur mit Einwilligung des Urhebers des bearbeiteten oder umgestalteten Werkes veröffentlicht oder verwertet werden.

Handelt es sich um eine Verfilmung des Werkes, um die Ausführung von Plänen und Entwürfen eines Werkes der bildenden Künste, um den Nachbau eines Werkes der Baukunst oder um die Bearbeitung oder Umgestaltung eines Datenbankwerkes, so bedarf bereits das Herstellen der Bearbeitung oder Umgestaltung der Einwilligung des Urhebers.

Ein selbständiges Werk, das in freier Benutzung des Werkes eines anderen geschaffen worden ist, darf jedoch nach § 24 Abs. 1 UrhG auch ohne Zustimmung des Urhebers des benutzten Werkes veröffentlicht und verwertet werden, sogenannte **„Freie Benutzung"**. Eine freie Benutzung ist ein eigenständiges, von dem Benutzten zu unterscheidendes Werk. Es muss also eine persönliche geistige Schöpfung im Sinne von§ 2 Abs. 2 UrhG vorliegen. Die freie Benutzung geht gegenüber dem verwendeten Werk völlig neue Wege und ist deshalb im Vergleich zu ihm als selbständiges neues Werk anzusehen. Das fremde Werk dient nur als Inspiration. Die freie Benutzung weist gegenüber dem zuvor schon bestehenden Werk einen solchen Grad an Selbständigkeit und Eigenart auf, dass dessen Züge in dem neuen Werk verblassen und in den Hintergrund treten. Bei der Bearbeitung dagegen bleiben die Züge des benutzten Werkes deutlich erkennbar und sind prägend für den Charakter der Bearbeitung.

Die Abgrenzung zur Bearbeitung ist nicht immer einfach. Nicht erforderlich ist, dass das benutzte Werk von der Neugestaltung völlig überspielt wird. Seine Charakterzüge dürfen noch erkennbar sein, aber sie müssen hinter der neuen Leistung deutlich zurücktreten und sich ihr unterordnen. Wie hoch die Anforderungen dabei an die Neugestaltung sind, richtet sich u.a. nach der **Schöpfungshöhe** (dazu des verwendeten Werkes. Je individueller und komplexer das benutzte Werk ist, desto umfangreicher und origineller muss die Neuschöpfung sein. Je geringeren Grad an Originalität das benutzte Werk aufweist, desto eher verblassen auch seine Charakterzüge.

Ein Beispiel: Die Charakterzüge eines Gemäldes, das aus einem schlichten blauen Quadrat auf weißer Leinwand besteht, werden aufgrund der geringen Gestaltungshöhe sehr viel schneller verblassen, wenn ein anderer Künstler in seinem Werk darauf zurückgreift, als bspw. die Mona Lisa von Da Vinci, die einen sehr hohen Gestaltungsgrad aufweist. Bei der Mona Lisa besteht die Besonderheit, dass diese bereits gemeinfrei ist und somit frei verwendet werden kann, ohne dass es auf die Regelung des § 24 UrhG ankäme. Je komplexer und facettenreicher das benutzte Werk also ist, desto höher sind die Anforderungen, die sich aus § 24 UrhG ergeben.

Die Rechtsprechung setzt also ein besonderes Maß an Schöpfungshöhe voraus: Ein schützenswertes Werk im Sinne des Urheberrechts muss sich deutlich vom Alltäglichen abheben und etwas Besonderes hervorbringen. Ein Werk darf zudem nicht nur im Geist seines Schöpfers bestehen, sondern es muss für Dritte wahrnehmbar, zum Ausdruck gebracht sein. Die Besonderheiten ausgewählter Werkarten werden im Folgenden erläutert. Zu beachten ist, dass die Abgrenzung eines Werkes – also die Einordnung in eine der im Gesetz genannten Kategorien – im Einzelfall Schwierigkeiten bereiten kann.

Sprachwerke

Mit **Sprachwerken** sind alle Werke gemeint, die mittels Sprache ausgedrückt werden. Es kommt dabei nicht darauf an, ob es sich um eine in- oder ausländische, eine tote oder eine lebendige Sprache handelt. Als Oberbegriffe für die verschiedenen Arten von Sprachwerken nennt das Gesetz in § 2 Abs. 1 UrhG Schriftwerke, Reden und Computerprogramme. Der Begriff Schriftwerke bezieht sich dabei auf alle Werke, die durch Zeichenfolgen sprachliche Gedankenausdrücke erkennbar machen. Bsp.: Romane, Dramen, Gedichte, Drehbücher, wissenschaftliche Schriften.

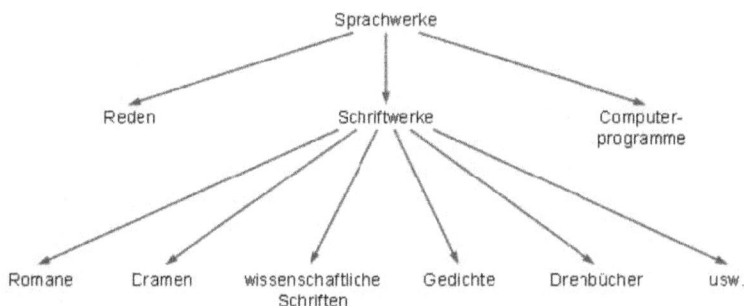

Tagebücher oder Briefe, sofern sie alltägliche Gedanken und keine besondere individuelle geistige Leistung zum Inhalt haben, sind nicht urheberrechtlich geschützt. Für den urheberrechtlichen Schutz von Werbeslogans gibt es keine Regel. Die Gerichte haben hier in der Vergangenheit sowohl zustimmend als auch ablehnend entschieden.

Auch Allgemeine Geschäftsbedingungen (AGB) können als (wissenschaftliches Gebrauchs-) Sprachwerk eine persönliche geistige Schöpfung darstellen und damit urheberrechtsfähig sein, wenn sie sich wegen ihres gedanklichen Konzepts oder ihrer sprachlichen Fassung von gebräuchlichen juristischen Standardformulierungen abheben, wobei knappe und zutreffende rechtliche Formulierungen, die durch Rechtslage und sachliche Regelungsanforderungen geprägt sind, jedoch nicht monopolisiert werden dürfen[96].

Computerprogramme, Websites

Computerprogramme sind als **Unterart der Sprachwerke** im Gesetz aufgeführt. Sie zählen zu den bedeutendsten immateriellen Wirtschaftsgütern; mit ihrer Entwicklung sind in aller Regel große wirtschaftliche Investitionen verbunden. Die Einordnung als Sprachwerk erscheint auf den ersten Blick unsinnig, weil es sich wohl eher um eine im Wesentlichen technische Problemlösung handelt. Begründet wird die Einordnung aber damit, dass Computerprogramme in einer Programmiersprache verfasst werden.

Computerprogramme werden allgemein als eine Befehlfolge definiert, die nach Aufnahme in einen maschinenlesbaren Träger fähig ist zu bewirken, dass eine Maschine mit informationsverarbeitenden Fähigkeiten eine bestimmte Funktion, Aufgabe oder ein bestimmtes Ergebnis anzeigt, ausführt oder erzielt.

Das Gesetz enthält diese Definition nicht, weil der Gesetzgeber verhindern wollte, dass die Anwendbarkeit des Regelwerkes mit der technischen Weiterentwicklung womöglich entfällt.

Das Urhebergesetz enthält im achten Abschnitt (§§ 69 a ff. UrhG) **besondere Bestimmungen für Computerprogramme**, die wiederum auf europarechtlichen Vorgaben basieren. Danach sind Schutzgegenstand des Gesetzes Programme in jeder Gestalt, einschließlich des Entwurfsmaterials. Es kommt damit nicht darauf an, auf welcher Art von Datenträger ein Programm vorliegt. Geschützt sind gemäß § 69 a Abs. 2 UrhG insbesondere der Quellcode und der maschinenlesbare Objektcode. Auch Benutzerhandbücher und andere Begleitmaterialien von Computerprogrammen sind als Sprachwerke urheberrechtlich geschützt. Zu den nicht geschützten Ideen für ein Computerprogramm zählt der rein mathematische Algorithmus. Dieser fällt unter den Grundsatz der technisch-wissenschaftlichen Gemeinfreiheit. Die Auswirkung des Algorithmus in einem Computerprogramm ist dagegen nicht nur Idee, sondern Ausdruck und damit urheberrechtlich geschützt. Der urheberrechtliche Schutz für kommerzielle Computerprogramme ist weithin unstreitig, verneint wird er lediglich in Ausnahmefällen – bspw. bei sehr trivialen Programmen, denen es an der erforderlichen Individualität mangelt.

---

[96] OLG Köln, Urt. v. 27.02.2009 - 6 U 193/08.

urheberrechtlich geschützt	nicht geschützt
• Programme in jeder Gestalt • Entwurfsmaterial • Quellcode • maschinenlesbarer Objektcode • Benutzerhandbücher • andere Begleitmaterialien • Auswirkung des Algorithmus	• mathematischer Algorithmus • triviale Programme ohne Individualität

Das einem Computerspiel (Videospiel) zugrunde liegende Computerprogramm genießt in der Regel urheberrechtlichen Schutz im Sinne von § 2 Abs. 1 Nr. 1 UrhG.

Für den Nutzer bedeutsam ist hingegen nicht das zugrundeliegende Computerprogramm, sondern vielmehr der Inhalt des Computerspiels: Spiel bzw. Bedienungsanleitung, Spielregeln, graphische Umsetzung, Spielfiguren, die gesprochenen bzw. geschriebenen Texte und die Musik. Diese Komponenten können urheberrechtlichen Schutz besitzen, wobei die Schutzwürdigkeit einzelner Komponenten oder auch zusammenhängender Teile des Spiels stets festgestellt werden muss. Grundvoraussetzung ist zunächst auch hier, dass eine gewisse Individualität ("Schöpfungshöhe") festzustellen ist.

Video- und Computerspiele können wegen ihres oftmals vorhandenen Kurzfilmcharakters urheberrechtlichen Schutz als Filmwerke genießen, aber auch ein Schutz des Spiels an sich als Filmwerk kommt in Betracht, sofern man das Spiel als Gesamtwerk betrachtet. Computerspiele genießen daher gemäß § 2 Abs. 1 Nr. 6 UrhG wegen ihrer audio-visuellen Darstellung des Spielgeschehens auf dem PC Urheberrechtsschutz als Filmwerke (vgl. dazu die Seite: Filmwerke).

Aber auch das Logo eines Spiels kann sowohl nach dem Urheber- als auch nach dem Markenrecht (vgl. dazu weiter unten die Ausführungen zum Markenrecht) geschützt sein.

Websites werden – anders als Computerprogramme – nicht als Sprachwerke, sondern häufig als **Datenbankwerke** im Sinne von § 4 Abs. 2 UrhG betrachtet. Sie sind aber ebenfalls urheberrechtlich geschützt, wenn sie die in der Norm genannten Voraussetzungen erfüllen: Es muss sich um eine Sammlung von Werken oder Beiträgen handeln, was bei einer Website regelmäßig der Fall sein wird. Schwieriger zu klären ist die Frage, ob es sich um eine durch Auslese oder Anordnung persönliche geistige Schöpfung handelt. Die Rechtsprechung stellt darauf ab, dass das Material nach eigenständigen Kriterien ausgewählt oder unter individuellen Ordnungsgesichtspunkten zusammengestellt werden muss. Eine schematische, routinemäßige Auswahl oder Anordnung ist demnach nicht schutzfähig.

Musikwerke

Vom Schutz des Urhebergesetzes sind alle Arten von Kompositionen erfasst, egal welcher Stilrichtung sie zuzuordnen sind. Es ist dabei nicht notwendig, dass ein Musikwerk in Noten niedergeschrieben wird, auch Improvisationen sind schutzfähig. Entscheidend ist allein die individuelle Ausdruckskraft des Musikwerkes in Aufbau, Rhythmus und Melodie, wobei in erster Linie der melodische Verlauf einer Musik als schutzfähig anerkannt ist, nicht aber mögliche unterschiedliche Arrangements mit verschiedenen Instrumenteneinsätzen. Einfache Tonfolgen werden als nicht schutzfähig angesehen; für sie kommt allenfalls ein Rechtsschutz als Marke/Wiedererkennungszeichen in Betracht.

Beispiel 1: Der BGH hat entschieden, unter welchen Voraussetzungen die Aufführung eines Musicals als bühnenmäßige Aufführung anzusehen ist.

Der Fall[97]: Die Klägerin, die Disney Enterprises Inc., ist Inhaberin der ausschließlichen Nutzungsrechte an den Musicals „Die Schöne und das Biest", „Der Glöckner von Notre Dame", „Der König der Löwen" und „Aida". Die Beklagte ist eine deutsche Konzertagentur, die im Rahmen von Tourneen bundesweit Aufführungen unter dem Titel „The Musical Starlights of Sir Andrew Lloyd Webber and The Disney Musical Productions" veranstaltet. Die Klägerin ist der Auffassung, die Beklagte führe bei diesen Veranstaltungen die Disney-Musicals bühnenmäßig auf, ohne hierzu berechtigt zu sein. Sie hat die Beklagte daher auf Unterlassung, Auskunftserteilung und Schadensersatz in Anspruch genommen.

Der BGH hat entschieden, dass eine bühnenmäßige Aufführung lediglich erfordert, dass nicht nur der Eindruck von zusammenhanglos aneinandergereihten Handlungselementen und Musikstücken entsteht, sondern ein sinnvoller Handlungsablauf erkennbar wird. Dabei kommt es für eine Aufführung des geschützten Werkes – so der BGH – nicht darauf an, ob einem Betrachter der Handlungsablauf des benutzten Werkes insgesamt oder zumindest großteils vermittelt wird. Vielmehr reicht es aus, wenn das Publikum den gedanklichen Inhalt eines Bestandteils, also etwa einer Szene dieses Werkes, erkennen kann. Diese Voraussetzungen waren nach den Feststellungen des

---

[97] BGH, Urt. v. 27.11.2007 - VI ZR 210/06.

Berufungsgerichts im Streitfall erfüllt. Danach hatte die Beklagte in ihrer Show einige der wichtigsten Schlüsselszenen und die bekanntesten Songs der Disney-Musicals zusammengestellt und unter Verwendung von Kostümen und Bühnenbildern szenisch dargestellt. Dadurch hatte sich für das Publikum ein geschlossenes Bild des Gesamtwerks oder eines abgrenzbaren Bestandteils des Gesamtwerks ergeben.

Beispiel 2: Im Streit um die **Nutzung der McDonald's-Werbemelodie** „Ich liebe es" hat das LG München I die Klage des Komponisten abgewiesen. Es handelt sich nicht um eine persönliche geistige Schöpfung i. S. von § 2 I Nr. 2 UrhG, weil der Melodiefolge die hierfür erforderliche Schöpfungshöhe fehlt.

Der Fall[98]: Der Kläger war im April 2003 von einer Werbeagentur beauftragt worden, an der Erstellung eines Werbejingles für McDonald's mitzuwirken. Seine Komposition übergab der Kläger der Werbeagentur auf CD und erhielt dafür 1500 Euro und zwei Flaschen Champagner. Weil er die weltweit bekannte Werbemelodie „McDonald's – Ich liebe es", die auf ihn zurückgehe, nicht zur Veröffentlichung freigegeben habe, verklagte der Komponist McDonald's auf Auskunft über die Nutzung der Melodie und Feststellung eines Schadensersatzanspruches. Die Beklagte hingegen wollte von einer Urheberrechtsverletzung nichts wissen: Es sei für den durchschnittlichen Hörer nahezu unmöglich, aus dem vom Klägergeschaffenen Rap eine Tonfolge herauszuhören. Außerdem sei kein einziger Ton der Komposition des Klägers identisch mit ihrem Audio Logo. Die Klage müsse im Übrigen schon deshalb abgewiesen werden, weil die vom Kläger gegebenenfalls geschaffene „Melodiefolge" kein schutzfähiges Werk im Sinne des Urheberrechts darstelle.

Dem folgten die Richter: Das Gericht, das dies auf Grund seiner musikalischen Allgemeinbildung ohne Hinzuziehung eines Sachverständigen beurteilen konnte, war der Auffassung, dass die „Melodie", auf die in der Produktion des Klägers der Text „McDonald's – Ich liebe es" gerappt wird, keine persönliche geistige Schöpfung i. S. von § 2 Abs. 1 Nr. 2 UrhG darstelle, weil ihr die hierfür erforderliche Schöpfungshöhe fehle. Beide Melodiefolgen, auf die bei der Komposition des Klägers der Text „Ich liebe es" gerappt wird, seien so sehr von dem natürlichen Sprechduktus vorgegeben, dass sie nicht die erforderliche Schöpfungshöhe aufwiesen. Was die drei Töne angehe, auf die in der Komposition des Klägers der Textteil „McDonald's" gerappt werde, so sei diese, da sie lediglich aus einer Terz und einer Sekunde bestehe, zu simpel, um die erforderliche Gestaltungshöhe zu erreichen.

---

[98]   LG München I., Urt. V. 18.08.2010 - 21 O 177/09.

Lichtbilder und Lichtwerke

Das Gesetz unterscheidet im Hinblick auf Fotografien Lichtbilder (§ 72 UrhG) und Lichtbildwerke (§ 2 Abs. 1 Nr. 5 UrhG). Der volle urheberrechtliche Schutz soll nur für **Lichtbildwerke** gelten, die die künstlerische Auffassung und Gestaltungskraft des Urhebers/Fotografen erkennen lassen. Als einfache **Lichtbilder**, die einen sogenannten Leistungsschutz genießen, werden gewerbs- und routinemäßig hergestellte Fotografien angesehen. In der Praxis ist diese Unterscheidung quasi bedeutungslos: Sowohl Lichtbilder als auch Lichtbildwerke genießen Rechtsschutz, lediglich die Dauer des Schutzes ist unterschiedlich: für Lichtbildwerke beträgt sie gemäß § 64 UrhG 70 Jahre nach dem Tod des Urhebers, für Lichtbilder gemäß § 72 Abs. 3 UrhG 50 Jahre nach Ersterscheinung bzw. Herstellung des Lichtbildes.

Nach einem Urteil von 2007 wird das Urheberrecht eines Fotografen verletzt, wenn Bewerbungsfotos, die er aufgenommen hat, ohne seine Einwilligung auf der privaten Homepage des Fotografierten zu Werbezwecken allgemein zugänglich verbreitet werden. In dem Rechtsstreit gab das LG Köln der Betreiberin eines Fotogeschäfts Recht[99]. Sie hatte auf Unterlassung geklagt, weil eine andere Verbreitung des Fotos als die in Bewerbungsunterlagen – auch Online-Bewerbungen – mit ihr nicht vereinbart war. Das Gericht stellte klar, dass der abgelichtete Kunde die Fotografin darauf hätte hinweisen müssen, dass er das Bild auch auf seiner privaten Homepage zugänglich machen wollte. Der Beklagte musste das Lichtbild von der Website entfernen und darf es nicht weiter veröffentlichen.

Beispiel: Der Bundesgerichtshof hat entschieden, dass die Stiftung „Preußische Schlösser und Gärten" die **ungenehmigte Herstellung und Verwertung von Foto- und Filmaufnahmen** der von ihr verwalteten Gebäude und Gartenanlagen zu gewerblichen Zwecken untersagen darf, wenn sie Eigentümerin ist und die Aufnahmen von ihren Grundstücken aus hergestellt worden sind.

Die Fälle[100]: Die Klägerin, die Stiftung Preußische Schlösser und Gärten, die durch Staatsvertrag der Länder Berlin und Brandenburg errichtet wurde, hat die Aufgabe, die ihr übergebenen Kulturgüter zu bewahren, unter Berücksichtigung historischer, kunst- und gartenhistorischer und denkmalpflegerischer Belange zu pflegen und der Öffentlichkeit zugänglich zu machen. Sie verwaltet über 150 historische Bauten und rund 800 ha Gartenanlagen in Berlin und Brandenburg, u.a. Sanssouci, Cecilienhof, Park und Schloss Rheinsberg, Schloss Charlottenburg, Jagdschloss Grunewald, Pfaueninsel.

---

[99] LG Köln, Urt. v. 23.11.2011 - 28 O 977/11.
[100] BGH, Urt. v. 17.12.2010 - V ZR 44/10, 45/10, 46/10.

Diese Bauten und Gartenanlagen sind größtenteils in die Weltkulturerbe-Liste der UNESCO aufgenommen worden und gehören zu den beliebtesten touristischen Zielen in Deutschland. Die Klägerin wehrt sich dagegen, dass Foto- und Filmaufnahmen der von ihr verwalteten Kulturgüter ohne ihre – hier nicht erteilte – Genehmigung zu gewerblichen Zwecken angefertigt und vermarktet werden. Sie verlangt in drei Verfahren von den Beklagten, eine solche Vermarktung zu unterlassen, ihr Auskunft über die Zahl der Foto- und Filmaufnahmen und der damit erzielten Einnahmen zu erteilen und die Feststellung einer Verpflichtung der Beklagten zum Ersatz des der Klägerin entstandenen Schadens.

Eine der drei Beklagten war eine Fotoagentur, die teils eigene, teils fremde Fotos vermarktet. Die Beklagte des zweiten Verfahrens verarbeitete Filmaufnahmen von Gebäuden und Gartenanlagen auf den Anwesen der Stiftung ungenehmigt in einer DVD über Potsdam mit gewerblicher Verbreitung. Die Beklagte des dritten Verfahrens betreibt als Diensteanbieter eine Internetplattform, auf der gewerblich und frei-beruflich tätige Fotografen Fotos zum entgeltlichen Herunterladen ins Internet stellen können. Sie hat ca. 4 Millionen Bilder in dem Bildportal gespeichert, darunter etwa 1.000 Fotos von Kulturgütern, die die Klägerin verwaltet, so z.B. Parkanlagen, Skulpturen, Außen-und Innenansichten historischer Gebäude.

Der BGH hat die erste Grundfrage aller drei Verfahren, nämlich, ob die Klägerin als Grundstückseigentümerin die Herstellung und Verwertung von Foto- oder Filmaufnahmen der von ihr verwalteten Kulturgüter zu gewerblichen Zwecken von ihrer – an ein Entgelt geknüpften – Zustimmung abhängig machen darf, bejaht. Er knüpft dabei an die bisherige Rechtsprechung des Bundesgerichtshofs an: Danach kann der Eigentümer die Herstellung und Verwertung von Fotos nicht untersagen, wenn sie von außerhalb seines Grundstücks aufgenommen worden sind. Er kann sie hingegen untersagen, wenn sie von seinem Grundstück aus aufgenommen worden sind. Das sei eine Folge des Eigentumsrechts. Der Eigentümer könne bestimmen, ob und wenn ja, unter welchen Voraussetzungen jemand sein Grundstück betritt. Ihm stehe das ausschließliche Recht zur Anfertigung und Verwertung von Fotografien zu, die von seinem Grundstück aus aufgenommen worden sind.

Die zweite Grundfrage, nämlich, ob die Klägerin als Stiftung des öffentlichen Rechts (anders als ein Privatmann) unter Berücksichtigung der Vorschriften über ihre Aufgaben den Interessenten die Gebäude und Parkanlagen unentgeltlich für gewerbliche Zwecke zugänglich machen muss, verneinte das Gericht. Der Staatsvertrag regele zwar, dass die Gärten und Parkanlagen als Erholungsgebiet zu gewährleisten seien und kein Eintrittsgeld erhoben werde. Aus ihr ergäbe sich aber auch, dass schon diese Verpflichtung nur gilt, soweit Erhaltung und Pflege des Kulturguts, denen im Zweifel der Vorrang einzuräumen ist, das erlauben. Außerdem gilt die Kostenfreiheit nicht für Foto- und Filmaufnahmen zu gewerblichen Zwecken. Vielmehr sei die Klägerin ermächtigt, hierfür Entgelte zu verlangen.

In einem der Verfahren lag die Besonderheit darin, dass die Beklagte selbst keine Foto- oder Filmaufnahmen von Gebäuden und Gartenanlagen der Klägerin angefertigt hatte und sie auch nicht selbst verwertet, sondern nur einen virtuellen Marktplatz zur eigenständigen Verwertung durch die Fotografen und Fotoagenturen bereitstellt. Auch hier folgt der Senat der Rechtsprechung des BGH, wonach der Betreiber eines virtuellen Marktplatzes die dort angebotenen Fotos nur überprüfen müsse, wenn er eine Verletzung von Immaterialgüterrechten und Eigentumsrechten oder andere Rechtsverletzungen erkennen könne. Daran fehle es hier, weil den Bildern von Gebäuden und Gartenanlagen der Klägerin nicht anzusehen ist, ob sie ohne Genehmigung aufgenommen wurden oder nicht.

Filmwerke

Als weitere Werke sind gemäß § 2 Abs. 1 Nr. 6 UrhG **Filmwerke** vom Schutz erfasst und solche Werke, die ähnlich wie Filmwerke geschaffen werden. Wesentliches Merkmal ist hier das bewegte Bild, das gegenüber dem einfachen Bild weitere Ausdrucksmöglichkeiten eröffnet. Der Film wird als einheitliches Gesamtkunstwerk betrachtet, das sich aus Sprachwerk, Musikwerk, Werken der bildenden Kunst (z.B. Kulissen), Lichtbildwerken und den Leistungen der beteiligten Künstler zusammensetzt. Ähnlich wie bei Lichtbildern und Lichtbildwerken wird auch hier unterschieden, und zwar in **Filmwerke** und **Laufbilder**. Letztes trifft bspw. für Amateuraufnahmen aus dem Urlaub oder tagesaktuelle Berichte in Fernsehsendungen zu. Für solche Laufbilder besteht kein urheberrechtlicher Schutz wie bei Filmwerken, sondern der sogenannte Leistungsschutz gemäß § 95 UrhG. Urheberrechtlich geschützt sind als Filmwerke gemäß § 2 Abs. 1 Nr. 6 UrhG dagegen bestimmte Arten von Computerprogrammen, z.B. Spiele.

Darstellungen wissenschaftlicher oder technischer Art

Das Gesetz kennt als schutzwürdige Werke gemäß § 2 Abs. 1 Nr. 7 UrhG schließlich **Darstellungen wissenschaftlicher oder technischer Art**. Dabei kann es sich sowohl um zwei- als auch um dreidimensionale Darstellungen handeln. So kommen bspw. geographische Karten, Konstruktionszeichnungen und medizinische oder mathematische Darstellungen ebenso in Betracht wie Reliefkarten und Modelle von Bauten oder technischen Anlagen.

Die Begriffe Wissenschaft und Technik sind im Hinblick auf das Urheberrecht nach der herrschenden Meinung weit auszulegen.

Wichtig ist, dass nicht das wissenschaftliche oder technische Gedankengut selbst vom Urheberrecht erfasst wird, sondern deren schöpferische Darstellung.

Als Darstellungen wissenschaftlicher oder technischer Art werden auch die einzelnen Entwicklungsschritte eines Computerprogramms behandelt. Die Vorstufen eines Programmes (z.B. Pflichtenheft, Flussdiagramme, Ablaufpläne) genießen demnach ebenfalls urheberrechtlichen Schutz und zwar gemäß § 2 Abs. 1 Nr. 7 UrhG.

Beispiel: Der Bundesgerichtshof hat entschieden, dass Lernspiele nach § 2 Abs. 1 Nr. 7 UrhG als Darstellungen wissenschaftlicher Art urheberrechtlich geschützt sein können.

Der Fall[101]: Die Klägerin entwickelt und vertreibt Lernspiele, die aus mehreren Übungsheften und einem Kontrollgerät bestehen. Die Lernspiele werden in drei Varianten angeboten, denen dieselbe Spielidee zugrunde liegt. So besteht das Kontrollgerät eines der Lernspiele aus einem flachen Kunststoffkasten, in dem zwölf quadratische Plättchen in zwei Reihen zu je sechs Plättchen auf dafür vorgesehenen Feldern liegen. Die Plättchen sind auf der Vorderseite von eins bis zwölf durchnummeriert und auf der Rückseite mit roten, blauen oder grünen Farbmustern versehen. Die Aufgabe des Anwenders besteht darin, die Plättchen nach der Aufgabenstellung des Übungsheftes einem bestimmten Feld zuzuordnen. Hat der Anwender die Aufgabe richtig gelöst, kann er dies, wenn er das Kontrollgerät umdreht, daran erkennen, dass die Rückseiten der Plättchen ein harmonisches, im Übungsheft zur Kontrolle abgebildetes Muster bilden.

Die Beklagte hat Lernspiele hergestellt und vertrieben, die weitgehend nach demselben Prinzip wie die Lernspiele der Klägerin funktionieren. Die Klägerin ist der Ansicht, die Beklagte habe dadurch das Urheberrecht an ihren Lernspielen verletzt. Sie nimmt die Beklagte auf Unterlassung und Schadensersatz in Anspruch.

Nach Ansicht des BGH können die **Lernspiele der Klägerin als Darstellungen wissenschaftlicher Art** nach § 2 Abs. 1 Nr. 7 UrhG urheberrechtlich geschützt sein.

Für Darstellungen wissenschaftlicher Art ist es begriffswesentlich, dass sie der Vermittlung von belehrenden oder unterrichtenden Informationen dienen. Die Kontrollgeräte vermitteln im Zusammenspiel mit den Übungshef-

---

[101] BGH, Urt. v. 01.06.2011 - I ZR 140/09.

ten solche Informationen. Bereits der Darstellung einfachster „wissenschaftlicher" Erkenntnisse kann Urheberrechtsschutz zukommen. Das Berufungsgericht hat angenommen, eine Urheberrechtsverletzung sei ausgeschlossen, weil sich die Inhalte und Aufgaben der Übungshefte der Beklagten von denen der Klägerin unterscheiden. Nach Auffassung des BGH kann mit dieser Begründung eine Urheberrechtsverletzung nicht verneint werden. Für den Urheberrechtsschutz einer Darstellung wissenschaftlicher Art ist der dargestellte Inhalt ohne Bedeutung. Es kommt nicht darauf an, was, sondern wie etwas dargestellt wird. Nur die Form der Darstellung kann deren Urheberrechtsschutz begründen.

Es wird daher zu prüfen sein, ob die Lernspiele der Klägerin eine so eigentümliche Formgestaltung aufweisen, dass sie als Darstellungen wissenschaftlicher Art Urheberrechtsschutz genießen. Hierfür reicht es schon aus, dass sich die Gestaltung vom alltäglichen Schaffen im betroffenen Bereich der Lernspiele abhebt, auch wenn das Maß der geistigen Leistung und individuellen Prägung gering ist. Sollten die Lernspiele der Klägerin allerdings nur ein geringes Maß an Eigentümlichkeit haben, könnten bereits verhältnismäßig geringfügige Abweichungen in der Gestaltung der Lernspiele der Beklagten zur Folge haben, dass keine Urheberrechtsverletzung vorliegt.

4.2.3 Entstehung des Urheberrechts

Das Urheberrecht entsteht grundsätzlich bereits mit der Schaffung („Schöpfung") durch den Urheber, unabhängig davon, ob das Werk schon veröffentlicht ist oder ob es überhaupt veröffentlicht werden soll und ohne dass eine besondere Kennzeichnung erforderlich ist.

Es bedarf also – anders als bei gewerblichen Schutzrechten – keinerlei Eintragung in ein „Urheberrechtsregister". Ein formaler „Staatsakt" ist zur Entstehung des Urheberrechts damit nicht erforderlich. Das Urheberrecht wird deshalb häufig auch als sachliches (und nicht förmliches) Recht bezeichnet.

In diesem Zusammenhang soll der häufig zu findende **Copyright-Vermerk ©** betrachtet werden. Dieser Vermerk dokumentiert nach außen lediglich, dass der Urheber bereit ist, seine Rechte zu verteidigen. Eine Kennzeichnung des Urheberrechts ist – wie soeben erwähnt – gerade nicht erforderlich. Der Copyright-Vermerk ist damit ein bloßer Hinweis auf ein bereits entstandenes Urheberrecht und ohne wirkliche rechtliche Bedeutung. Durch die Verwendung kann jedoch einem möglichen Einwand entgegengewirkt werden, man habe vom Urheberrecht eines Urhebers „nichts gewusst". Vor diesem Hintergrund kann eine Verwendung eines Copyright-Vermerk © aus taktischen Gründen durchaus sinnvoll sein.

Ein Werk muss jedoch eine **konkrete, wahrnehmbare Formgestaltung** aufweisen, also über eine Idee hinaus bereits so weit konkretisiert sein, dass es mit menschlichen Sinnen wahrnehmbar ist.

Bei einem Werk muss es sich nach § 2 Abs. 2 UrhG damit stets um eine **„persönliche geistige Schöpfung"** handeln. Dieses Kriterium schließt z.b. Zufallsentstehungen und Fundstücke aus und verlangt immer eine dem Schöpfer zurechenbare **Individualität** des Werks.

Mehrere Stufen sind dabei zu unterscheiden: Das handwerkliche Können eines Durchschnittsgestalters wird nicht geschützt. Erforderlich ist vielmehr eine mit „nicht zu geringem Abstand" über den Durchschnitt hinausgehende Leistung. Erst wenn ein „bedeutendes schöpferisches Überragen" der durchschnittlichen Tätigkeit eines Gestalters vorliegt und über den durch den Zweck gebotenen Entwurf ein „erheblicher ästhetischer Überschuss" erreicht wird, greift das Urheberrecht ein.

Abgrenzungskriterium ist dabei die sogenannte **„Schöpfungshöhe"** (auch genannt: **„Schöpfungsqualität"** oder **„Gestaltungshöhe"**), die urheberrechtlich geschützte Werke von solchen Leistungen abgrenzt, die keinem urheberrechtlichen Schutz unterliegen. Entscheidend sind hier Individualität, Kreativität und Originalität.

Nach der Rechtsprechung ist die Schöpfungshöhe in den einzelnen Werkarten (wie bereits im vorangegangenen Abschnitt beschrieben) unterschiedlich hoch anzusetzen:

Unproblematisch sind die Anforderungen bei Kunstwerken, Musik und literarischen Werken und Lichtbildwerken; es werden dort nur geringe Anforderungen gestellt. Hier gilt bereits die sogenannte **„Kleine Münze"** als geschützt. „Kleine Münze" bedeutet die unterste Grenze eines gerade eben noch urheberrechtlich geschützten Werks und betrifft Gestaltungen, welche die Anforderungen des urheberrechtlichen Werkbegriffs erfüllen und so für einen rechtlichen Schutz prinzipiell in Betracht kommen.

Eine deutlich höhere Schwelle der erforderlichen Schöpfungshöhe legt die Rechtsprechung bei Sprachwerken, die nicht literarischen Charakter haben, bei technisch-wissenschaftlichen Darstellungen und bei angewandter Kunst an.

Besondere Bedeutung besitzt das Kriterium der „Schöpfungshöhe" bei Werken der angewandten Kunst, insbesondere bei Gebrauchsgraphik. So sind einfache Firmenlogos urheberrechtlich nicht geschützt. Beispiel: Während das ARD-Logo nicht als „kleine Münze" in Betracht kommt, da eine Graphik als Geschmacksmuster geschützt werden kann, ist z.B. der „Tagesschau-

Jingle" urheberrechtlich als Form der „kleinen Münze" geschützt, auch wenn er nur aus sechs Tönen besteht.

Das unkomplizierte Entstehen eines Urheberrechts hat allerdings einen gravierenden praktischen Nachteil: Da zunächst keine amtliche Prüfung und Registrierung des Urheberrechts erfolgt, müssen im Streitfall Gerichte darüber entscheiden, ob das Urheberrecht überhaupt entstanden ist und damit vorliegt und schutzfähig ist. Da in manchen Fällen schwer vorhersehbar ist, wie die Richter konkret entscheiden werden, trägt der vermeintliche Urheber an dieser Stelle ein vergleichsweise hohes Risiko im Fall eines Rechtsstreits.

§ 6 UrhG bestimmt, dass ein Werk **veröffentlicht** ist, wenn es mit Zustimmung des Berechtigten der Öffentlichkeit zugänglich gemacht worden ist. Ein Werk ist nach dieser Vorschrift **erschienen**, wenn mit Zustimmung des Berechtigten Vervielfältigungsstücke des Werkes nach ihrer Herstellung in genügender Anzahl der Öffentlichkeit angeboten oder in Verkehr gebracht worden sind. Ein Werk der bildenden Künste gilt auch dann als erschienen, wenn das Original oder ein Vervielfältigungsstück des Werkes mit Zustimmung des Berechtigten bleibend der Öffentlichkeit zugänglich ist.

Der Bundesgerichtshof hat entschieden, unter welchen Voraussetzungen ein Werk bislang „nicht erschienen" ist mit der Folge, dass dem Herausgeber der Erstausgabe ein Verwertungsrecht nach § 71 UrhG zusteht.

Der Fall[102]: Im Handschriftenarchiv der Klägerin, der Sing-Akademie zu Berlin, wurde im Jahr 2002 die Komposition des 1741 verstorbenen Komponisten Antonio Vivaldi zur Oper **„Montezuma"** entdeckt. Die Oper war im Jahr 1733 unter Leitung Vivaldis am Teatro S. Angelo in Venedig uraufgeführt worden. Während das Libretto der Oper bekannt blieb, galt die Komposition lange als verschollen. Die Klägerin gab Faksimilekopien der aufgefundenen Handschrift heraus. Sie ist der Ansicht, sie habe damit als Herausgeberin der Erstausgabe des Werkes („editio princeps") nach § 71 UrhG das ausschließliche Recht zur Verwertung dieser Komposition erworben. Nach dieser Bestimmung steht demjenigen ein solches Urheberrecht ähnliches Recht zu, der „ein bislang nicht erschienenes Werk... erstmals erscheinen lässt". Die Klägerin verlangt von der Beklagten, der Veranstalterin des Düsseldorfer Kulturfestivals „Altstadtherbst", Schadensersatz, weil diese die Oper im September 2005 in Düsseldorf ohne ihre Zustimmung aufgeführt hat.

Der BGH hat entschieden, dass derjenige, der als Herausgeber der Erstausgabe ein entsprechendes Verwertungsrecht an dem Werk beansprucht, grundsätzlich die Darlegungs- und Beweislast dafür trägt, dass dieses Werk „nicht erschienen" ist. Da es in aller Regel schwierig ist, das Nichtvorlegen

---

[102] BGH, Urt. v. 22.01.2009 - I ZR 19/07.

dieser Tatsache darzulegen und nachzuweisen – zumal das Nichterschienensein eines jahrhundertealten Werkes – kann der Anspruchsteller sich allerdings zunächst auf die Behauptung beschränken, das Werk sei bislang nicht erschienen. Es ist dann Sache der Gegenseite, die Umstände darzulegen, die dafür sprechen, dass das Werk doch schon erschienen ist. Der Anspruchsteller genügt seiner Darlegungs- und Beweislast, wenn er diese Umstände widerlegt.

Nach diesen Grundsätzen hat die Klägerin – so der BGH – nicht hinreichend dargelegt, dass Vivaldis Komposition zur Oper „Montezuma" „nicht erschienen" ist. Ein Werk ist nach § 6 Abs. 2 Satz 1 UrhG erschienen, wenn Vervielfältigungsstücke „in genügender Anzahl" der Öffentlichkeit angeboten oder in Verkehr gebracht worden sind. Das ist der Fall, wenn die Zahl der Kopien ausreicht, um dem interessierten Publikum die Kenntnisnahme des Werkes zu ermöglichen. Danach ist – so der BGH – davon auszugehen, dass die Komposition zur Oper „Montezuma" bereits im Jahr 1733 „erschienen" ist. Aus den von den Parteien vorgelegten Stellungnahmen namhafter Musikwissenschaftler geht hervor, dass damals die für venezianische Opernhäuser angefertigten Auftragswerke – und um ein solches handelt es sich bei der Oper „Montezuma" – üblicherweise nur während einer Spielzeit an dem jeweiligen Opernhaus aufgeführt wurde; zudem wurde regelmäßig ein Exemplar der Partitur bei dem Opernhaus hinterlegt, von dem – wie allgemein bekannt war – Interessenten (etwa auswärtige Fürstenhöfe) Abschriften anfertigen konnten.

Ob es sich auch im Falle der Oper „Montezuma" so verhalten hat, kann zwar heute nicht mehr festgestellt werden. Da die Klägerin jedoch keine Anhaltspunkte für einen abweichenden Verlauf vorgetragen hat, besteht auch in diesem Fall eine hohe Wahrscheinlichkeit, dass bereits mit der Übergabe des Notenmaterials an die Beteiligten der Uraufführung und der Hinterlegung eines Exemplars der Partitur bei dem Opernhaus alles getan war, um dem venezianischen Opernpublikum und möglichen Interessenten an Partiturschriften ausreichend Gelegenheit zur Kenntnisnahme der Komposition zu geben.

4.2.4 Inhalt des Urheberrechts

Das Urheberrecht schützt die **geistigen und materiellen Interessen des Urhebers**. Sein Zweck ist es, dem Urheber einen angemessenen Lohn zu Teil werden zu lassen dafür, dass er ein Werk zum Wohl der Allgemeinheit geschaffen hat. Das Urheberrecht ermöglicht dem Urheber also, sein Werk zu verwerten und daraus wirtschaftlichen Nutzen zu ziehen.

Nahezu jeder bedient sich heute der Vorzüge der Informationsgesellschaft: Der Einzelne konsumiert Hörfunk- und Fernsehsendungen, Bücher, Zeitschriften, Internetangebote, Theateraufführungen, Kinovorstellungen etc. Bei all diesen Gelegenheiten bezahlt das Publikum gewissermaßen die Urheber der entsprechenden Werke. Dies geschieht allerdings nicht direkt, sondern in vielen Fällen sogar vom Konsumenten unbemerkt. Die Vergütung des Urhebers ist grundsätzlich Bestandteil des Preises, der an Rundfunkanbieter, Buchhändler, Verlage, Kinoveranstalter oder an die Geräteindustrie gezahlt wird, z.B. für Audio- oder Videogeräte sowie für Leerkassetten und Fotokopiergeräte (§§ 54 ff UrhG).

Inhalt des Urheberrechts ist zum einen der Schutz der ideellen Interessen des Urhebers an seinem Werk, aber eben auch der Schutz der materiellen Interessen. Das Gesetz berücksichtigt diese beiden Aspekte zum einen mit Bestimmungen zu den sogenannten Urheberpersönlichkeitsrechten und zu den wirtschaftlichen Verwertungsrechten.

Urheberpersönlichkeitsrechte

Das Urheberpersönlichkeitsrecht ist eine besondere Form des allgemeinen Persönlichkeitsrechts. Auch hier ist die Grundlage in der Verfassung und damit in Art. 1 GG zu suchen. Das Urheberpersönlichkeitsrecht knüpft aber an das vom Urheber geschaffene Werk an – und nicht wie das allgemeine Persönlichkeitsrecht an die Person. Maßgeblich sind §§ 12 ff. UrhG. Die hier genannten Rechte haben Ausschließlichkeitscharakter, sie wirken also gegen jedermann.

Veröffentlichungsrecht

Das Urheberpersönlichkeitsrecht beinhaltet gemäß § 12 UrhG zuerst das Veröffentlichungsrecht. Allein der Urheber bestimmt demnach, ob und wie sein Werk veröffentlicht wird. Dieses Recht beschränkt sich allerdings grundsätzlich auf die **Erstveröffentlichung**. Hat der Urheber einmal einer Veröffentlichung zugestimmt und das Werk freigegeben, so kann er die erneute Veröffentlichung über andere Medien später nicht verhindern. Sein Erstveröffentlichungsrecht ist dann erschöpft.

Anerkennung der Urheberschaft

Der Urheber kann von jedem, der sein Werk an die Öffentlichkeit bringt, verlangen, dass sein Name als Schöpfer genannt wird. Das bestimmt § 13 UrhG. Dass der Urheber ein Recht auf **Anerkennung der Urheberschaft** hat, bedeutet zugleich, dass er bestimmen kann, ob er als Urheber mit seinem bürgerlichen Namen oder mit einem Künstlernamen genannt wird oder ob er bspw. anonym bleibt. Hier wird die wirtschaftliche Dimension des Urheberrechts deutlich: Zum einen gilt derjenige, der als Urheber eines erschienenen Werkes angegeben ist, bis zum Beweis des Gegenteils als der Urheber, dem die Verwertungsrechte zustehen (§ 10 Abs. 1 UrhG). Bei Werken, die vervielfältigt werden können, kann dies enorme finanzielle Vorteile für den Urheber mit sich bringen. Zum anderen kann ein Urhebervermerk selbstverständlich auch werbewirksam erfolgreich eingesetzt werden.

Probleme kann das Urheberpersönlichkeitsrecht im Bereich der neuen Medien bereiten. Aufwendig gestaltete Internetauftritte/ Websites können aus zahlreichen einzelnen Werken im Sinne des Urheberrechts bestehen und damit auch etliche einzelne Urheber betreffen. Unter Umständen wird es schwierig, jeden einzelnen Urheber auf der Website zu nennen. Sowohl Auftraggebern als auch Urhebern ist deshalb zu empfehlen, den Umgang mit dem Urheberpersönlichkeitsrecht vertraglich zu regeln: So kann der Urheber bspw. auf die Nennung seiner Urheberschaft verzichten, die Parteien können aber gleichsam vereinbaren, dass und wie die Urheberkennung auf der Website angegeben wird.

Bis heute ist es üblich, dass Künstler wie Maler oder Bildhauer zur Kennzeichnung ihrer Urheberschaft ihre Werke mit einem Künstlerzeichen versehen, z.B. mit einem Monogramm. Bei Verlagen, in der Musikbranche und auch im Informations- und Kommunikationsbereich ist inzwischen die Verwendung des sogenannten Urheberrechtsvermerks gängige Praxis: Er besteht aus dem Copyright-Zeichen © sowie dem Namen des Urhebers und dem Erscheinungsjahr. Beispiel: © Nitsch, 2009.

Der Schutzvermerk übt in der deutschen Rechtsordnung lediglich eine Mitteilungsfunktion aus und ist sonst nicht von juristischer Bedeutung.

Entstellungsverbot

Neben dem Veröffentlichungsrecht und der Anerkennung der Urheberschaft steht dem Urheber ein drittes Urheberpersönlichkeitsrecht zu: das Entstellungsverbot gemäß § 14 UrhG. Das bedeutet, der Urheber kann eine **Entstellung oder Beeinträchtigung** seines Werkes, die seine geistigen oder persönlichen Interessen zu gefährden vermag, verbieten. Mit Entstellungen sind Verzerrungen oder Verfälschungen gemeint, also bspw. die Löschung wesentlicher Teile, Verstümmelungen und Sinnentstellungen. Im Streitfall – bspw. zwischen einem Urheber und dem Auftraggeber für eine Website – werden die Gerichte abwägen, ob die Interessen des Urhebers oder die des Nutzungsberechtigten (hier: Website-Betreiber) schwerer wiegen.

Zu beachten ist insbesondere, dass gerade bei der Gestaltung von Internetseiten ein solches Werk auch durch technische Gegebenheiten entstellt werden kann (z.B. Änderungen der Bildschirmauflösung oder des Bildausschnitts). Sofern in diesem Zusammenhang Änderungen an einem urheberrechtlich geschützten Werk unumgänglich oder beabsichtigt sind, sollten entsprechende vertragliche Vereinbarungen getroffen werden.

Verwertungsrechte

In der Praxis – insbesondere in der IT-Branche – wird der ideelle Wert eines Werkes regelmäßig hinter den wirtschaftlichen Interessen des Urhebers stehen, wenngleich die Grenzen fließend sind. Der Rechtsschutz soll sicherstellen, dass dem Urheber die Früchte/ Erträge aus allen denkbaren Nutzungsformen der Werkvermittlung zu Teil werden. Das Urheberrecht ist deshalb nicht an Begriffe wie Benutzung, Anwendung oder Gebrauch gebunden, sondern lediglich an verschiedene Verwertungsformen.

Gemäß § 15 UrhG steht dem Urheber ein allgemeines Verwertungsrecht zu. Entsprechend sind dem Urheber die weiteren in der Norm genannten Rechte zuzuordnen, als da wären das Vervielfältigungs-, Verbreitungs- und Ausstellungsrecht (§ 15 Abs. 1 UrhG), das Recht der öffentlichen Zugänglichmachung, das Senderecht und das Recht der Wiedergabe durch Bild- und Tonträger (beispielhafte Aufzählung gemäß § 15 Abs. 2 UrhG). Das Urheberrecht unterscheidet in **körperliche** und **unkörperliche Verwertungsformen**.

Verwertung in körperlicher Form

Mit **Vervielfältigungsrecht** ist das Recht gemeint, Vervielfältigungsstücke eines Werkes herzustellen. Es kommt dabei gemäß § 16 UrhG nicht auf die Anzahl der vervielfältigten Werke und auch nicht auf die Art des Vervielfältigungsverfahrens an. Beispiele: Bücher, Fotokopien, Baupläne, CDs, Fernsehaufzeichnungen.

Für die IT-Branche von besonderer Bedeutung: Gemäß § 16 Abs. 1 UrhG sind auch flüchtige Vervielfältigungen wie etwa im Arbeitsspeicher eines Computers oder in Zwischenspeichern im Internet vom Vervielfältigungsrecht des Urhebers erfasst. Dem tut der Gesetzgeber durch die Formulierung „gleichviel ob vorübergehend oder dauerhaft" Genüge.

Verbreitungsrecht bedeutet laut § 17 Abs. 1 UrhG das Recht, ein Original oder Vervielfältigungsstücke des Werkes in der Öffentlichkeit anzubieten. Hat ein Urheber sein Werk verkauft, wird er dafür in aller Regel eine Vergütung erhalten haben, damit werden seine wirtschaftlichen Interessen als erschöpft angesehen. § 17 Abs. 2 UrhG bestimmt, dass die Weiterverbreitung solcher Werke, die bereits mit Zustimmung des Urhebers innerhalb der Europäischen Union oder des Europäischen Wirtschaftsraumes in Verkehr gebracht wurden, zulässig ist. Dieser sogenannte Erschöpfungsgrundsatz soll sicherstellen, dass Waren verkehrsfähig bleiben. Ausgenommen von der Erschöpfungslehre ist gemäß § 17 Abs. 2, 3 UrhG die Vermietung des Originalwerkes oder der Vervielfältigungsstücke. Das bedeutet:

Das **Vermietrecht** ist als Element des Verbreitungsrechts ein ausschließliches Recht des Urhebers.

Er kann gemäß §§ 17 Abs. 1, 15 UrhG einem gewerblichen Vermieter die Vermietung seines Werkes gestatten und im Gegenzug gemäß § 27 Abs. 1 UrhG ein Entgelt verlangen. Ohne diese Ausnahme vom Erschöpfungsgrundsatz würden die Urheber bei der gewerblichen Vermietung ihrer Werke durch Dritte in aller Regel hohe wirtschaftliche Einbußen erleiden (z.B. Filmwerke: DVD-„Verleih").

Das **Ausstellungsrecht** ist gemäß § 18 UrhG das Recht, das Original oder Vervielfältigungsstück eines noch unveröffentlichten Werkes der bildenden Künste oder ein unveröffentlichtes Lichtbildwerk zur Schau zu stellen.

Hier bestehen also zwei Schranken: Zum einen muss es sich um bestimmte Werkarten handeln, nämlich solche der bildenden Künste oder Lichtbildwerke, und sie müssen bisher unveröffentlicht sein.

Verwertung in unkörperlicher Form

Gemäß § 15 Abs. 2 UrhG bezieht sich die Verwertung in unkörperlicher Form auf verschiedene Fälle der öffentlichen Wiedergabe eines Werkes. Unter öffentlicher Wiedergabe wird verstanden, dass diese Wiedergabe für eine Mehrzahl von Mitgliedern der Öffentlichkeit bestimmt ist. Zur Öffentlichkeit gehört damit gemäß § 15 Abs. 3 UrhG jeder, der mit dem Urheber nicht durch persönliche Beziehungen verbunden ist. Möglich sind dem Gesetz zufolge verschiedene Verwertungsformen in unkörperlicher Form.

Vortragsrecht bedeutet gemäß § 19 Abs. 1 UrhG, dass ein Sprachwerk durch die Darbietung einer Person, die nicht der Urheber ist, öffentlich zu Gehör gebracht wird (z.b. Buchlesung nicht durch den Autor selbst).

Das **Aufführungsrecht** ist das Recht, ein Musikwerk durch persönliche Darbietung zu Gehör zu bringen oder auf der Bühne zu präsentieren (§ 19 Abs. 2 UrhG).

Das **Vorführrecht** bezieht sich gemäß § 19 Abs. 4 UrhG auf die öffentliche Wahrnehmbarmachung von Werken der bildenden Künste, Lichtbildwerken, Filmwerken oder Darstellungen wissenschaftlicher oder technischer Art (z.B. Filmvorführung im Kino).

In § 19 a UrhG ist das **Recht der öffentlichen Zugänglichmachung** normiert als das Recht, das Werk drahtgebunden oder drahtlos der Öffentlichkeit zugänglich zu machen und zwar so, dass die Mitglieder der Öffentlichkeit von Orten und zu Zeiten ihrer Wahl darauf zugreifen können. Beispiel: Informationsbereitstellung im Internet.

Das **Senderecht** besagt gemäß § 20 UrhG, dass Rundfunk- und Fernsehanstalten Werke eines Urhebers nur mit dessen Zustimmung ausstrahlen dürfen.

Das **Recht der Wiedergabe durch Bild- und Tonträger** ist gemäß § 21 UrhG das Recht, Vorträge oder Aufführungen eines Werkes mittels Bild- oder Tonträger öffentlich wahrnehmbar zu machen. Hier wird bspw. bei öffentlichen Vorführungen von Musikaufnahmen die Zustimmung des Komponisten bzw. der GEMA einzuholen sein.

Das **Recht der Wiedergabe von Funksendungen** und von öffentlicher Zugänglichmachung schließlich umfasst gemäß § 22 UrhG das Recht, Funksendungen oder die Wiedergabe eines Werkes, das auf öffentlicher Zugänglichmachung beruht, durch Bildschirm, Lautsprecher oder andere technische Einrichtungen für die Öffentlichkeit wahrnehmbar zu machen.

Sonstige Rechte des Urhebers sind sein Zugangsrecht zu Werkstücken nach § 25 UrhG, das Folgerecht nach § 26 UrhG und das Recht auf eine Vergütung für die Vermietung und das Verleihen nach § 27 UrhG.

Unbekannte Nutzungsarten

Nach § 31 a UrhG können Urheber und Nutzungsberechtigte auch solche Nutzungsarten in ihre Verträge einbeziehen, die bei Vertragsschluss noch gar nicht bekannt sind (sogenannte **„unbekannte Nutzungsarten"**). Der Urheber hat allerdings die Möglichkeit, später – wenn die bis dato unbekannten Nutzungsarten Gestalt annehmen – seine Erlaubnis zu dieser neuen Nutzung zu widerrufen. Wird die Einräumung von Rechten für unbekannte Nutzungsarten vereinbart, so muss dies schriftlich geschehen, und dem Urheber steht in diesem Fall gemäß § 32 c UrhG eine gesonderte Vergütung für die unbekannte Nutzungsart zu.

Beispiele:

1. Wiedergabe fremder Fernsehausschnitte zur Dokumentation der Zustände bei einer Casting-Show ist erlaubt

Das Oberlandesgericht Köln hat eine Klage der RTL Television GmbH gegen die Sat.1 Satellitenfernsehen GmbH abgewiesen. RTL hatte Schadenersatz i. H. von 20 000 Euro dafür verlangt, dass Sat.1 Filmmaterial aus der Vorauswahl zur Casting-Show „Deutschland sucht den Superstar" für einen eigenen Nachrichtenbeitrag verwandt hatte, in dem über den Zusammenbruch eines Kandidaten nach der vernichtenden Bewertung durch Dieter Bohlen berichtet wurde. Anders als die Vorinstanz verneint das OLG Köln eine Urheberrechtsverletzung, wie sie RTL geltend gemacht hatte. Sat.1 durfte also RTL Filmmaterial senden.

Der Fall[103]: RTL strahlte am 23.01.2008 eine Aufzeichnung der Kandidatenauswahl zu einer neuen Staffel der Sendereihe „Deutschland sucht den Superstar" aus; gezeigt wurde insbesondere der Zusammenbruch des 17-jährigen Kandidaten R nach der Bewertung seines Auftritts durch den Jury-Sprecher Dieter Bohlen, der den Auftritt unter anderem mit den Bemerkungen kommentierte: „Das war sehr, sehr, sehr, sehr, sehr schlecht, Herr Specht, äh R" und „Ich glaub', wenn Du in die Berge gehst und Du rufst dazu ‚Hallo Echo', da kommt auch kein Echo, weil Echos haben auch Geschmack". Sat.1 verwendete Ausschnitte der Sendung für einen Beitrag, den sie am 24. und 25. 1. 2008 mehrfach in ihren Sendungen „Das Magazin" und „Frühstücksfernsehen" ausstrahlte. Das OLG Köln hat die Klage der RTL Television GmbH gegen die Sat.1 Satellitenfernsehen GmbH abgewiesen. Das OLG

---

[103] OLG Köln, Urt. v. 30.10.2009 - 6 U 100/09.

Köln verneinte eine Urheberrechtsverletzung, wie sie RTL geltend gemacht hatte. Zwar habe der Sender Sat.1 in das ausschließliche Verwertungsrecht von RTL eingegriffen, als er dessen Material in seinen Beitrag einbezog. Die Verwendung des Sendematerials sei aber als Berichterstattung über aktuelle Tagesereignisse zulässig gewesen. Die Casting-Show stoße auf großes Publikumsinteresse. Schon nach früheren Sendungen sei es zu öffentlichen Diskussionen über die vielfach für unangemessen und Menschen verachtend gehaltenen Äußerungen des Jury-Mitglieds Bohlengekommen. Der Zusammenbruch eines Kandidaten vor laufenden Kameras im Zusammenhang mit Äußerungen Bohlens während der Vorauswahl zu einer neuen Sendestaffel stelle sich vor diesem Hintergrund als ein die Öffentlichkeit bewegendes Ereignis dar, das seiner Qualität nach Gegenstand aktueller Berichterstattung sein konnte. Wesentlicher Gegenstand des Nachrichtenbeitrags sei das Verhalten Bohlens und die Reaktion des Kandidaten darauf. Das fremde Sendematerial sei auch nur in einem solchen Umfang genutzt worden, wie es zum Zwecke der Berichterstattung für einen meinungsbildenden Beitrag erforderlich gewesen sei. Außerdem sei die Nutzung des RTL-Materials durch das Zitatrecht gedeckt gewesen; die Ausschnitte seien als Belegstellen mit deutlicher Quellenangabe angeführt worden.

2. Verwendung fremder Fotos für Rezeptsammlung im Internet

Der Bundesgerichtshof hat zur **Verwendung fremder Fotos** für Rezeptsammlung im Internet entschieden, dass der Betreiber einer Rezeptsammlung im Internet dafür haften kann, wenn Internetnutzer widerrechtlich Fotos von Kochrezepten auf seine Internetseite hochladen.

Der Fall[104]: Die Beklagte bietet unter der Internetadresse www.chefkoch.de eine kostenfrei abrufbare Rezeptsammlung an. Die Rezepte werden von Privatpersonen selbständig mit passenden Bildern hochgeladen. Dabei wurden mehrfach vom Kläger angefertigte Fotos verwendet, ohne seine Zustimmung einzuholen. Diese Fotos konnten zusammen mit entsprechenden Rezepten kostenlos unter der Internetadresse www.marions-kochbuch.de abgerufen werden, die der Kläger gemeinsam mit seiner Ehefrau betreibt.

Der Kläger will der Beklagten insbesondere verbieten lassen, bestimmte von ihm erstellte und unter www.marions-kochbuch.de abrufbare Fotografien ohne seine Erlaubnis auf der Internetseite www.chefkoch.de öffentlich zugänglich zu machen. Außerdem begehrt er Schadenersatz.

Der Bundesgerichtshof hat entschieden, die Bereitstellung der urheberrechtlich geschützten Fotos des Klägers zum Abruf unter der Internetadresse

---

[104] BGH, Urt. v. 12.11.2009 - I ZR 166/07.

www.chefkoch.de verletze dessen ausschließliches Recht auf öffentliche Zugänglichmachung (§ 15 Abs. 2 Nr. 2, § 19a UrhG).

Der Rechtsverletzung stehe nicht entgegen, dass die Fotos bereits zuvor auf der Internetseite des Klägers allgemein abrufbar gewesen seien. Die Haftung der Beklagten werde auch nicht dadurch beschränkt, dass Diensteanbieter im Falle der Durchleitung und Speicherung fremder Informationen für Rechtsverletzungen nur eingeschränkt haften (vgl. §§ 8 bis 10 TMG). Denn die Beklagte habe sich die von ihren Nutzern hochgeladenen Inhalte zu Eigen gemacht. Für diese Inhalte müsse sie daher wie für eigene Inhalte einstehen.

Nach Ansicht des BGH betreibt die Beklagte nicht lediglich eine Auktionsplattform oder einen elektronischen Marktplatz für fremde Angebote. Sie habe vielmehr nach außen sichtbar die inhaltliche Verantwortung für die auf ihrer Internetseite veröffentlichten Rezepte und Abbildungen übernommen. Die Beklagte kontrolliere die auf ihrer Plattform erscheinenden Rezepte inhaltlich und weise ihre Nutzer auf diese Kontrolle hin. Nicht zuletzt kennzeichne die Beklagte die Rezepte mit ihrem Emblem, einer Kochmütze. Der Verfasser des Rezepts erscheine lediglich als Aliasname und ohne jede Hervorhebung unter der Zutatenliste. Zudem verlange die Beklagte das Einverständnis ihrer Nutzer, dass sie alle zur Verfügung gestellten Rezepte und Bilder beliebig vervielfältigen und an Dritte weitergeben darf.

Der Bundesgerichtshof hat dem Kläger auch Schadensersatz zugesprochen. Die Beklagte habe nicht ausreichend geprüft, wem die Rechte an den auf ihrer Plattform erschienenen Fotos zustünden. Der Hinweis in ihren Allgemeinen Geschäftsbedingungen, dass auf ihre Plattform keine urheberrechtsverletzenden Inhalte geladen werden dürften, reiche insoweit nicht aus.

3. Keine Urheberrechtsverletzung durch Bildersuche bei Google

Der Bundesgerichtshof hat entschieden, dass Google nicht wegen Urheberrechtsverletzung in Anspruch genommen werden kann, wenn urheberrechtlich geschützte Werke in **Vorschaubildern** ihrer Suchmaschine wiedergegeben werden.

Der Fall[105]: Die von Google betriebene Internetsuchmaschine verfügt über eine textgesteuerte Bildsuchfunktion, mit der man durch Eingabe von Suchbegriffen nach Abbildungen suchen kann, die Dritte im Zusammenhang mit dem eingegebenen Suchwort ins Internet gestellt haben. Die von der Suchmaschine aufgefundenen Bilder werden in der Trefferliste als verkleinerte und in ihrer Pixelanzahl gegenüber den auf den Originalseiten vorgehaltenen

---

[105] BGH, Urt. v. 29.04.2010 - I ZR 69/08 – Vorschaubilder I.

Abbildungen reduzierte Vorschaubilder gezeigt (sogenannte „Thumbmails").
Die Vorschaubilder enthalten einen elektronischen Verweis (Link), über den
man zu der Internetseite gelangen kann, die die entsprechende Abbildung
enthält. Zur Verkürzung des Suchvorgangs durchsucht Google das Internet
in regelmäßigen Intervallen nach Abbildungen und hält diese als Vorschaubilder auf ihren Servern vor, so dass kurze Zeit nach Eingabe eines Such-
worts die Trefferliste mit den entsprechenden Vorschaubildern angezeigt
werden kann.

Die Klägerin ist bildende Künstlerin und unterhält eine eigene Internetseite,
auf der Abbildungen ihrer Kunstwerke eingestellt sind. Im Februar 2005 wurden bei Eingabe ihres Namens als Suchwort in die Suchmaschine der Beklagten Abbildungen ihrer Kunstwerke als Vorschaubilder angezeigt.

Der Bundesgerichtshof hat angenommen, dass die Beklagte schon keine
rechtswidrige Urheberrechtsverletzung begangen habe. Er ist davon ausgegangen, dass die Klägerin zwar nicht durch eine ausdrückliche oder stillschweigende rechtsgeschäftliche Erklärung Google ein Recht zur Nutzung
ihrer Werke als Vorschaubilder im Rahmen der Bildersuche eingeräumt habe. Der in der Wiedergabe in Vorschaubildern liegende Eingriff in das Recht
der Klägerin, ihre Werke öffentlich zugänglich zu machen (§ 19a UrhG), sei
jedoch gleichwohl nicht rechtswidrig, weil die Beklagte dem Verhalten der
Klägerin (auch ohne rechtsgeschäftliche Erklärung) entnehmen durfte, diese
sei mit der Anzeige ihrer Werke im Rahmen der Bildersuche der Suchmaschine einverstanden. Denn die Klägerin habe den Inhalt ihrer Internetseite
für den Zugriff durch Suchmaschinenzugänglich gemacht, ohne von technischen Möglichkeiten Gebrauch zu machen, um die Abbildungen ihrer Werke
von der Suche und der Anzeige durch Bildersuchmaschinen in Form von Vorschaubildern auszunehmen.

Für Fälle, in denen – anders als im hier entschiedenen Fall – die von der
Suchmaschine aufgefundenen und als Vorschaubilder angezeigten Abbildungen von dazu nicht berechtigten Personen in das Internet eingestellt
worden sind, hat der Bundesgerichtshof darauf hingewiesen, dass Suchmaschinenbetreiber nach der jüngsten Rechtsprechung des Gerichtshofs der
Europäischen Union unter bestimmten Voraussetzungen für ihre Dienstleistungen die Haftungsbeschränkungen für Anbieter von Diensten der Informationsgesellschaft nach der Richtlinie 2000/31/EG über den elektronischen
Geschäftsverkehr in Anspruch nehmen könnten. Danach käme eine Haftung
des Suchmaschinenbetreibers erst dann in Betracht, wenn er von der
Rechtswidrigkeit der von ihm gespeicherten Information Kenntnis erlangt
hat.

4. Fortführung der Rechtsprechung des Bundesgerichtshofs zur urheberrechtlichen Zulässigkeit der Bildersuche bei Google bei der Wiedergabe urheberrechtlich geschützte Werke in Vorschaubildern der Suchmaschine

Der Fall[106]: Der Kläger ist Fotograf. Im Dezember 2006 und März 2007 wurden auf Suchanfragen die Abbildungen eines vom Kläger angefertigten Lichtbildes der Fernsehmoderatorin Collien Fernandes als Vorschaubilder angezeigt. Als Fundort der Abbildungen wurden zwei näher bezeichnete Internetseiten angegeben.

Der Kläger hat vorgetragen, er habe den Betreibern dieser Internetseiten keine Nutzungsrechte an der Fotografie eingeräumt. Er hat die Beklagte wegen Urheberrechtsverletzung unter anderem auf Unterlassung in Anspruch genommen.

Der Bundesgerichtshof hatte noch im Urteil „Vorschaubilder I" (vorstehende Entscheidung) entschieden, dass ein Urheber, der eine Abbildung eines urheberrechtlich geschützten Werkes ins Internet einstellt, ohne technisch mögliche Vorkehrungen gegen ein Auffinden und Anzeigen dieser Abbildung durch Suchmaschinen zu treffen, durch schlüssiges Verhalten seine Einwilligung in eine Wiedergabe von Vorschaubildern der Abbildung erklärt und der darin liegende Eingriff in das Recht auf öffentliche Zugänglichmachung des Werkes (§ 19a UrhG) daher nicht rechtswidrig ist.

In der im Jahre 2011 verkündeten Entscheidung stellt der Bundesgerichtshof nun klar, dass eine solche, die Rechtswidrigkeit des Eingriffs ins Urheberrecht ausschließende Einwilligung auch dann vorliegt, wenn eine Abbildung eines Werkes von einem Dritten mit Zustimmung des Urhebers ohne Schutzvorkehrungen ins Internet eingestellt worden ist. Der Kläger hatte im Streitfall zwar geltend gemacht, er habe den Betreibern der Internetseiten, auf denen die Vorschaubilder der Fotografie eingestellt waren, keine Nutzungsrechte eingeräumt. Darauf kommt es nach Ansicht des Bundesgerichtshofs jedoch nicht an. Der Kläger hatte nämlich Dritten das Recht eingeräumt, das Lichtbild im Internet öffentlich zugänglich zu machen. Die von einem Dritten mit Zustimmung des Urhebers durch Einstellen von Abbildungen des Werkes ins Internet wirksam erklärte Einwilligung in die Anzeige in Vorschaubildern ist nicht auf die Anzeige von Abbildungen des Werkes beschränkt, die mit Zustimmung des Urhebers ins Internet eingestellt worden sind. Es ist allgemein bekannt, dass Suchmaschinen, die das Internet in einem automatisierten Verfahren nach Bildern durchsuchen, nicht danach unterscheiden können, ob ein aufgefundenes Bild von einem Berechtigten oder einem Nichtberechtigten ins Internet eingestellt worden ist. Deshalb

---

[106] BGH, Urt. v 19.10.2011 - I ZR 140/10 - Vorschaubilder II.

kann und darf der Betreiber einer Suchmaschine eine solche Einwilligung dahin verstehen, dass sie sich auch auf die Anzeige von solchen Abbildungen in Vorschaubildern erstreckt, die ohne Zustimmung des Urhebers ins Internet eingestellt worden sind. Dem Urheber ist es allerdings unbenommen, diejenigen wegen Urheberrechtsverletzung in Anspruch zu nehmen, die diese Abbildungen unberechtigt ins Internet gestellt haben.

Beschränkungen des Urheberrechtsschutzes

Das Urheberrecht wirkt – wie bereits erwähnt – grundsätzlich gegen jedermann. Dem Urheber stehen allerdings nicht nur Rechte zu, er muss auch gewisse Beschränkungen zu Gunsten privater oder allgemeiner Interessen dulden. Der Urheber kann bestimmte Nutzungsformen also nicht verbieten. Das Gesetz enthält dazu im sechsten Abschnitt (§§ 44 a ff. UrhG) zahlreiche zum Teil sehr spezielle **Schrankenregelungen**. Hier sollen nur einzelne Bestimmungen – insbesondere solche mit Bedeutung für die IT-Branche – Erwähnung finden. Das Urheberrecht unterscheidet bei den Beschränkungen in sogenannte gesetzliche Lizenzen und Freistellungen.

Bei der gesetzlichen Lizenz sind bestimmte Nutzungsarten eines Werkes ohne die Zustimmung des Urhebers zulässig, der Urheber muss allerdings eine angemessene Vergütung erhalten. Freistellung bedeutet, dass bestimmte Nutzungsarten ohne Erlaubnis des Urhebers und ohne einen Vergütungsanspruch erlaubt sind.

Schranken zu Gunsten privater Interessen

Zulässig sind etwa vorübergehende Vervielfältigungshandlungen, die flüchtig oder begleitend sind und einen integralen und wesentlichen Teil eines Verfahrens darstellen, sofern sie einzig der Übertragung oder der rechtmäßigen Nutzung dienen (§ 44 a UrhG). Der Urheber eines Werkes muss damit bspw. zulassen, dass sein Werk zum Zweck des Browsings oder Cachings zwischengespeichert wird. Bestünde diese gesetzliche Schranke des Urheberrechts nicht, würde jeder Speichervorgang beim Erstellen eines umfangreichen Internetangebots unsinnigerweise als eine unberechtigte Verwertungshandlung angesehen. Die freistellende Regelung des § 44 a UrhG korrespondiert mit den bereits bekannten aus dem Bereich des elektronischen Geschäftsverkehrs zur europaweiten Harmonisierung der Informationsgesellschaften.

Zulässig ist auch, einzelne Vervielfältigungsstücke für den privaten Gebrauch herzustellen. Dies regelt § 53 Abs. 1 UrhG. Gemeint sind **Privatkopien eines Werkes**, die eine natürliche Person auf beliebigen Datenträgern anfertigt, sofern sie keinen Erwerbszwecken dienen und sofern zur Vervielfältigung keine rechtswidrig hergestellten Vorlagen verwendet werden. Nach den gültigen Regelungen sind also Privatkopien von nicht geschützten CDs oder DVDs zulässig.

Es ist allerdings **verboten, den Kopierschutz (technische Schutzmaßnahmen, TSM) zu umgehen.** Umgekehrt hat jeder Urheber das Recht, eine Vervielfältigung seiner Werke zu verhindern oder zu beschränken. Im digitalen Bereich spricht man von Digital Rights Management (DRM).

Wirksame technische Maßnahmen zum Schutz eines geschützten Werkes oder eines anderen nach dem Urheberrecht geschützten Schutzgegenstandes dürfen nach § 95 a UrhG ohne Zustimmung des Rechtsinhabers **nicht umgangen** werden, soweit dem Handelnden bekannt ist oder den Umständen nach bekannt sein muss, dass die Umgehung erfolgt, um den Zugang zu einem solchen Werk oder Schutzgegenstand oder deren Nutzung zu ermöglichen. Derartige technische Maßnahmen sind Technologien, Vorrichtungen und Bestandteile, die im normalen Betrieb dazu bestimmt sind, geschützte Werke oder andere nach diesem Gesetz geschützte Schutzgegenstände betreffende Handlungen, die vom Rechtsinhaber nicht genehmigt sind, zu verhindern oder einzuschränken.

Soweit ein Rechtsinhaber technische Maßnahmen anwendet, ist er gemäß § 95 b UrhG verpflichtet, bestimmten Begünstigten (z.B. Rechtspflege und öffentlicher Sicherheit, behinderten Menschen, Sammlungen für Kirchen-, Schul- oder Unterrichtsgebrauch, Schulfunksendungen) die notwendigen Mittel zur Verfügung zu stellen, um von diesen Bestimmungen in dem erforderlichen Maße Gebrauch machen zu können.

Werke und andere Schutzgegenstände, die mit technischen Maßnahmen geschützt werden, sind deutlich sichtbar mit Angaben über die Eigenschaften der technischen Maßnahmen zu kennzeichnen, § 95 d UrhG.

Rechtswidrig hergestellte Vervielfältigungsstücke dürfen weder verbreitet noch zu öffentlichen Wiedergaben benutzt werden (§ 96 UrhG).

Der BGH hat entschieden, dass auch das einmalige Anbieten von Software zur **Umgehung des Kopierschutzes** von Tonträgern durch Privatpersonen einen Unterlassungsanspruch und somit auch ein Anspruch auf Erstattung von Abmahnkosten auslöst. Der Verkauf derartiger Software ist gemäß § 95 a Abs. 3 UrhG verboten[107].

Der Fall: Die Beklagten sind Tonträgerhersteller. Sie setzen technische Schutzmaßnahmen ein, um ein Kopieren der von ihnen hergestellten CDs zu

---

[107] BGH, Urt. v. 17. 7. 2008 - I ZR 219/05.

verhindern. Der Kläger bot bei eBay ein Programm zum Kauf an, mit dem kopiergeschützte CDs vervielfältigt werden können. Die Beklagten mahnten den Kläger durch einen Rechtsanwalt ab. Zugleich forderten sie ihn zur Abgabe einer Unterlassungserklärung und zur Zahlung der durch die Abmahnung entstandenen Anwaltskosten in Höhe von 1.113,50 Euro auf. Der Kläger gab die geforderte Unterlassungserklärung ab, weigerte sich jedoch, die angefallenen Anwaltskosten zu erstatten. Er hat beantragt festzustellen, dass der geltend gemachte Zahlungsanspruch nicht besteht.

Der BGH urteilt, der Kläger habe gegen § 95 a Abs. 3 UrhG verstoßen. Das – verfassungsrechtlich unbedenkliche – Verbot, für den Verkauf von Programmen zur Umgehung des Kopierschutzes zu werben, gelte auch für private und einmalige Verkaufsangebote. Da die Bestimmung dem Schutz der Tonträgerhersteller diene, seien die Beklagten berechtigt, den Kläger auf Unterlassung in Anspruch zu nehmen. Dem Anspruch auf Erstattung der Anwaltskosten für die Abmahnung steht, wie der BGH im Anschluss an sein Urteil vom 8. Mai 2008[108] entschieden hat, nicht entgegen, dass die Beklagten über eigene Rechtsabteilungen verfügen.

Der Ersatz der Kosten für die Abmahnung von Urheberrechtsverletzungen ist jetzt in § 97 a Abs. 1 Satz 2, Abs. 2 UrhG ausdrücklich geregelt worden. Die Neuregelung trat am 1. September 2008 in Kraft und war daher in dem vom Gericht entschiedenen Fall noch nicht anwendbar[109].

Für das Internet gilt: Das rein private Herunterladen von urheberrechtlich geschützten Inhalten zur Speicherung auf einem ebenfalls privaten Computer ist grundsätzlich zulässig, ebenso das Speichern solcher Inhalte auf anderen Datenträgern als einer Festplatte. Computerprogramme und Datenbanken sind gemäß §§ 69 d, 87 c UrhG von dieser weitgehenden Freistellung ausgenommen.

Beispiel: Tonträger- Sampling

Zum sogenannten **„Tonträger-Sampling"**[110] hat der BGH entschieden, dass bereits derjenige in die Rechte des Tonträgerherstellers eingreift, der einem fremden Tonträger kleinste Tonfetzen entnimmt. In der Musik bezeichnet **„Sampling"** den Vorgang, einen Teil einer Ton- oder Musikaufnahme (ein Sample; engl. für „Auswahl", „Muster" „Beispiel", von lat. exemplum: „Abbild", „Beispiel") in einem neuen, häufig musikalischen Kontext zu verwenden. Dies geschieht heutzutage in der Regel mit einem Hardware- oder

---

[108] BGH, Urt. v. 08.05.2008 - I ZR 83/06.
[109] BGH, Urt. v. 17.07.2008 - I ZR 219/05.
[110] BGH, Urt. v. 20.11.2008 - I ZR 112/06.

Software- Sampler, d. h., indem das Sample digitalisiert wird, und so leicht (z.B. mit einem Sequenzer weiterverarbeitet werden kann.

Der Fall: Die Klägerin sind Mitglieder der Musikgruppe „Kraftwerk". Diese veröffentlichte im Jahr 1977 einen Tonträger, auf dem sich unter anderem das Stück „Metall auf Metall" befindet. Die Beklagte zu 2 und 3 sind die Komponisten des Titels „Nur mir", den die Beklagte zu 1 mit der Sängerin Sabrina Setlur auf im Jahr 1997 erschienenen Tonträgern eingespielt hat. Dabei haben die Beklagten eine etwa zwei Sekunden lange Rhythmussequenz aus dem Titel „Metall auf Metall" elektronisch kopiert („gesampelt") und dem Titel „Nur mir" in fortlaufender Wiederholung unterlegt. Die Kläger meinen, die Beklagten hätten damit ihre Rechte als Tonträgerhersteller verletzt. Sie haben die Beklagte auf Unterlassung, Feststellung ihrer Schadensersatzpflicht, Auskunftserteilung und Herausgabe der Tonträger zum Zwecke der Vernichtung in Anspruch genommen.

Die Beklagten haben in das Tonträgerherstellerrecht der Kläger eingegriffen. Die Bestimmungen des § 85 Abs. 1 UrhG schützt die zur Festlegung der Tonfolge auf dem Tonträger erforderliche wirtschaftliche, organisatorische und technische Leistung des Tonträgerherstellers. Da der Tonträgerhersteller diese unternehmerische Leistung für den gesamten Tonträger erbringt, gibt es keinen Teil des Tonträgers, auf den nicht ein Teil dieses Aufwands entfiele und der daher nicht geschützt wäre. Ein Eingriff in die Rechte des Tonträgerherstellers ist deshalb bereits dann gegeben, wenn einem fremden Tonträger kleinste Tonfetzen entnommen werden.

Das Berufungsgericht hat es jedoch – so der BGH weiter – versäumt zu prüfen, ob die Beklagte sich auf das Recht zur freien Benutzung berufen können. Nach § 24 Abs. 1 UrhG darf ein selbständiges Werk, das in freier Benutzung des Werkes eines anderen geschaffen worden ist, ohne Zustimmung des Urhebers des benutzten Werkes veröffentlicht und verwertet werden. Danach kann auch die Benutzung fremder Tonträger ohne Zustimmung des Berechtigten erlaubt sein, wenn das neue Werk zu der aus dem benutzten Tonträger entlehnten Tonfolge einen so großen Abstand hält, dass es als selbständig anzusehen ist. Eine freie Benutzung ist allerdings in zwei Fällen von vornherein ausgeschlossen: Ist derjenige, der die auf einem fremden Tonträger aufgezeichneten Töne oder Klänge für eigene Zwecke verwenden möchte, befähigt und befugt, diese selbst einzuspielen, gibt es für eine Übernahme der unternehmerischen Leistung des Tonträgerherstellers keine Rechtfertigung. Eine freie Benutzung kommt ferner nicht in Betracht, wenn es sich bei der erkennbar dem benutzten Tonträger entnommenen und dem neuen Werk zugrunde gelegten Tonfolge um eine Melodie handelt (§ 24 Abs. 1 UrhG).

Beispiel: Zum sogenannten „Tonträger-Sampling" hat der Bundesgerichtshof entschieden, dass bereits derjenige in die Rechte des Tonträgerherstellers eingreift, der einem fremden Tonträger kleinste Tonfetzen entnimmt.

Der Fall[111]: Die Klägerin sind Mitglieder der Musikgruppe „Kraftwerk". Diese veröffentlichte im Jahre 1977 einen Tonträger, auf dem sich unter anderem das Stück „Metall auf Metall" befindet. Die Beklagten zu 2 und 3 sind die Komponisten des Titels „Nur mir", den die Beklagte zu 1 mit der Sängerin Sabrina Setlur auf im Jahre 1997 erschienenen Tonträgern eingespielt hat. Dabei haben die Beklagten eine etwa zwei Sekunden lange Rhythmussequenz aus dem Titel „Metall auf Metall" elektronisch kopiert („gesampelt") und dem Titel „Nur mir" in fortlaufender Wiederholung unterlegt. Die Kläger meinen, die Beklagten hätten damit ihre Rechte als Tonträgerhersteller verletzt. Sie haben die Beklagten auf Unterlassung, Feststellung ihrer Schadensersatzpflicht, Auskunftserteilung und Herausgabe der Tonträger zum Zwecke der Vernichtung in Anspruch genommen.

Die Beklagten hätten in das Tonträgerherstellerrecht der Kläger eingegriffen. Die Bestimmung des § 85 Abs. 1 UrhG schütze die zur Festlegung der Tonfolge auf dem Tonträger erforderliche wirtschaftliche, organisatorische und technische Leistung des Tonträgerherstellers. Da der Tonträgerhersteller diese unternehmerische Leistung für den gesamten Tonträger erbringe, gäbe es keinen Teil des Tonträgers, auf den nicht ein Teil dieses Aufwands entfiele und der daher nicht geschützt wäre. Ein Eingriff in die Rechte des Tonträgerherstellers sei deshalb bereits dann gegeben, wenn einem fremden Tonträger kleinste Tonfetzen entnommen würden.

Es sei zu prüfen, ob die Beklagten sich auf das Recht zur freien Benutzung berufen könnten. Nach § 24 Abs. 1 UrhG dürfe ein selbständiges Werk, das in freier Benutzung des Werkes eines anderen geschaffen worden sei, ohne Zustimmung des Urhebers des benutzten Werkes veröffentlicht und verwertet werden. Danach könne auch die Benutzung fremder Tonträger ohne Zustimmung des Berechtigten erlaubt sein, wenn das neue Werk zu der aus dem benutzten Tonträger entlehnten Tonfolge einen so großen Abstand hält, dass es als selbständig anzusehen ist. Eine freie Benutzung sei allerdings in zwei Fällen von vornherein ausgeschlossen: Ist derjenige, der die auf einem fremden Tonträger aufgezeichneten Töne oder Klänge für eigene Zwecke verwenden möchte, befähigt und befugt, diese selbst einzuspielen, gibt es für eine Übernahme der unternehmerischen Leistung des Tonträgerherstellers keine Rechtfertigung. Eine freie Benutzung kommt ferner nicht in Betracht, wenn es sich bei der erkennbar dem benutzten Tonträger ent-

---

[111] BGH, Urt. v. 20.11.2008-I ZR 112/06.

nommenen und dem neuen Werk zugrunde gelegten Tonfolge um eine Melodie handelt (§ 24 Abs. 2 UrhG).

Privater Gebrauch

Unter privatem Gebrauch versteht die herrschende Meinung, dass Vervielfältigungen nur in der privaten Sphäre des Vervielfältigenden genutzt werden dürfen, bspw. durch Verwandte oder Freunde. Keinesfalls dürfen sie öffentlich verbreitet oder wiedergegeben werden (§ 53 Abs. 6 Satz 1 UrhG).

Gemäß § 53 Abs. 2 UrhG ist es auch zulässig, einzelne Vervielfältigungsstücke für den eigenen wissenschaftlichen Gebrauch, zur Aufnahme in ein eigenes Archiv oder zu einem sonstigen eigenen Gebrauch anzufertigen. Die Rechtsprechung geht davon aus, dass mit „einzelne Vervielfältigungsstücke" maximal sieben Exemplare gemeint sind. Unzulässig ist es, einzelne Werke im Wesentlichen vollständig zu vervielfältigen, also etwa ganze Bücher oder Zeitschriften zu kopieren.

Durch die Schranken des Vervielfältigungsrechts kann der Urheber unter Umständen wirtschaftliche Einbußen erleiden. Dies gleicht der Gesetzgeber durch die Regelung des § 54 UrhG aus: Der Urheber hat einen Vergütungsanspruch gegen die Hersteller von Geräten und gegen Produzenten von Bild- und Tonträgern. Auch Institutionen, in denen häufig kopiert wird, sind zur Abgabe eines sogenannten Betreiberbetrages verpflichtet, z.B. öffentliche Bibliotheken, Hochschulen, Forschungseinrichtungen. Und auch Einrichtungen, die gewerbsmäßig Kopiergeräte bereithalten, müssen eine Abgabe leisten, die den Urhebern zu Gute kommt (z.B. Copyshops). Bisher wurde die sogenannte Geräteabgabe gesetzlich geregelt, nunmehr können die Interessenverbände der Beteiligten sie selbst verhandeln.

Es wäre mit einem unangemessenen Aufwand verbunden, könnte jeder einzelne Urheber die Vergütungsansprüche für sich selbst geltend machen. Gemäß § 54 h Abs. 1 UrhG sind deshalb ausschließlich sogenannte **Verwertungsgesellschaften** berechtigt, die Ansprüche zu verfolgen. Die einzelnen berechtigten Urheber erhalten von diesen Verwertungsgesellschaften dann angemessene Anteile der Gesamteinnahmen. Weitere Erläuterungen zu den Vervielfältigungsabgaben enthält der Abschnitt zum zweiten Korb der Urheberrechtsnovelle. Außerdem gilt es, die Ausführungen zur Vergütung zu beachten.

Verwertungs- oder Wahrnehmungsgesellschaften

Verwertungs- oder Wahrnehmungsgesellschaften sind juristische Personen und bedürfen einer Erlaubnis vom Patentamt.

Die Befugnisse dieser Verwertungsgesellschaften regelt das Urheberrechtswahrnehmungsgesetz (UrhWahrnG).

Die wichtigsten Verwertungsgesellschaften:

- **GEMA** (Gesellschaft für musikalische Aufführungs- und mechanische Vervielfältigungsrechte; Mitglieder sind Komponisten, Musikverlage und Textdichter);

- **VG Wort** (Mitglieder sind Autoren, Wissenschaftler, Journalisten, Verleger),

- **VG Bild-Kunst** (Mitglieder sind Urheber von bildender Kunst, Lichtbild- und Filmwerken sowie die Schöpfer von Darstellungen wissenschaftlicher oder technischer Art).

In der Filmbranche haben sich mehrere Verwertungsgesellschaften mit unterschiedlichen Schwerpunkten etabliert.

Der Gesetzgeber überlässt es den Verwertungsgesellschaften und den Herstellerverbänden, die Höhe der Vergütung selbst zu regeln (§§ 13, 13 a – c UrhWahrnG). Es bleibt den Urheber- und Berechtigtenvereinigungen überlassen, Entgeltregelungen auszuhandeln.

Beispiel GEMA

Wer bei öffentlichen Gelegenheiten Musik von CDs abspielen will, muss einen Beitrag an die GEMA bezahlen. Außerdem nimmt die GEMA die gemäß §§ 54, 54 a UrhG zu entrichtende Geräteabgabe für aufnahmefähige CD-Player oder CD-Brenngeräte und Leertonträger ein. Von den Urhebern lässt sich die GEMA – neben anderen – die Rechte der Aufnahme auf Tonträger und Bildtonträger und die Vervielfältigungs- und Verbreitungsrechte an Tonträgern und Bildtonträgern übertragen. Die Einnahmen werden (unter Abzug der GEMA-Verwaltungsgebühren) nach einem komplizierten Verteilungsschlüssel dann den einzelnen Mitgliedern zugeordnet und als Tantiemen ausgeschüttet. Bei den anderen Verwertungsgesellschaften funktioniert das Prinzip ähnlich.

Der BGH hat entschieden, dass die GEMA von ihrer Pflicht nach § 11 Abs. 1 des Urheberrechtswahrnehmungsgesetzes (UrhWG), aufgrund der von ihr wahrgenommenen Rechte jedermann auf Verlangen zu angemessenen Bedingungen Nutzungsrechte einzuräumen, in Ausnahmefällen befreit ist und **keinem unbeschränkten Abschlusszwang** unterliegt[112].

Der Fall: Die Klägerin hatte bei der GEMA, die Rechte der Komponisten, Textdichter und Musikverlage an Musikwerken wahrnimmt, beantragt, ihr die Nutzungsrechte an zwölf Musikstücken einzuräumen, die 1993 in den USA von der Klägerin mit dem Sänger Xavier Naidoo aufgenommen worden waren. Xavier Naidoo war an dem Rechtsstreit als Streithelfer auf Seiten der GEMA beteiligt. Die Klägerin beabsichtigte, eine CD mit diesen Musikstücken herzustellen und zu vertreiben. Dazu benötigte sie neben den Rechten, die in der Person von Xavier Naidoo in seiner Eigenschaft als Komponist und Textdichter dieser Musiktitel entstanden sind und die von der GEMA wahrgenommen werden, auch die urheberrechtlichen Leistungsschutzrechte, die Xavier Naidoo als Sänger dieser Musikaufnahmen zustehen. Diese Leistungsschutzrechte werden von der GEMA nicht wahrgenommen. Die Klägerin war der Ansicht, sie habe die entsprechenden Leistungsschutzrechte bereits durch einen mit Xavier Naidoo im Jahre 1993 geschlossenen Künstlerexklusivvertrag erworben. Xavier Naidoo und die GEMA haben dagegen geltend gemacht, dieser Vertrag sei wegen einer sittenwidrigen Übervorteilung Xavier Naidoos nichtig. Die GEMA hat sich daher geweigert, der Klägerin die verlangten Nutzungsrechte einzuräumen.

Der BGH hat geurteilt, der Abschlusszwang nach § 11 UrhWG sei eine notwendige Folge davon, dass die jeweilige Verwertungsgesellschaft – in Deutschland besteht für eine oder mehrere Arten von Schutzrechten in der Regel nur jeweils eine Verwertungsgesellschaft – das tatsächliche Monopol für alle Rechte erlange, die zu ihrem Tätigkeitsbereich gehörten. Aus dem Zweck des § 11 UrhWG, einen Missbrauch der tatsächlichen Monopolstellung der Verwertungsgesellschaft zu verhindern, ergebe sich, dass ausnahmsweise eine Abschlusspflicht nicht bestehe, wenn eine missbräuchliche Ausnutzung der Monopolstellung von vornherein ausscheide und die Verwertungsgesellschaft dem Verlangen auf Einräumung von Nutzungsrechten vorrangige berechtigte Interessen entgegenhalten könne. Diese Voraussetzung sei in diesem Fall gegeben, weil die Klägerin an der beabsichtigten Herstellung des Tonträgers wegen der Weigerung Xaviers Naidoos, ihr die insoweit benötigten Leistungsschutzrechte zu übertragen, und der vom Berufungsgericht rechtsfehlerfrei angenommenen Nichtigkeit des Vertrags von 1993 aus Rechtsgründen gehindert sei. Unter diesen Umständen sei es der GEMA unter Berücksichtigung ihrer aus dem Wahrnehmungsvertrag mit Xavier Naidoo folgenden Treuhandstellung nicht zumutbar, der Klägerin Nutzungsrechte zu übertragen, die diese nicht rechtmäßig nutzen könne.

---

[112] BGH, Urt. v. 22.04.2009 - I ZR 5/07.

Der Bundesgerichtshof hat entschieden, dass die GEMA die Vergütungen für Musikaufführungen bei Freiluftveranstaltungen wie Straßenfesten oder Weihnachtsmärkten nach der Größe der gesamten Veranstaltungsfläche bemessen darf.

Der Fall[113]: Die Gesellschaft für musikalische Aufführungs- und mechanische Vervielfältigungsrechte (GEMA) nimmt die ihr von Komponisten, Textdichtern und Musikverlegern eingeräumten urheberrechtlichen Nutzungsrechte an Musikwerken wahr. Zu ihren Aufgaben gehört es, von Nutzern der Musikwerke die angemessene Vergütung einzufordern. Sie stritt sich in zwei Verfahren mit Nutzern über die Bemessung der Vergütung für Musikaufführungen bei Freiluftveranstaltungen, die in den Jahren 2004 bis 2008 durchgeführt wurden. In dem einen Rechtsstreit geht es um Veranstaltungen in Bochum, nämlich den „Weihnachtsmarkt", den „Gerther Sommer" und die „Bochumer Westerntage". Das andere Verfahren betrifft die Stadt- bzw. Straßenfeste „Barmen Live", „Bottrop Live", „Elberfelder Cocktail" und „Hammer Straße" (in Münster).

Die GEMA hatte zum Zeitpunkt der Veranstaltungen keinen eigenen Tarif für solche Musikaufführungen im Freien aufgestellt. Sie ermittelte die Vergütung deshalb nach einem Tarif, der für Musikaufführungen in Räumen gilt und bei dem sich die Höhe der Vergütung nach der Größe des Veranstaltungsraumes richtet. Sie berechnete die Vergütung dementsprechend nach der Größe der Veranstaltungsfläche, gerechnet vom ersten bis zum letzten Stand und von Häuserwand zu Häuserwand.

Die Veranstalter der Musikaufführungen halten diese Berechnungsweise für unangemessen. Sie sind der Ansicht, es dürfe nur auf den Teil der Veranstaltungsfläche abgestellt werden, der von der Bühne mit Musik beschallt werde. Davon seien die Flächen abzuziehen, die von Besuchern nicht betreten werden könnten (etwa weil sich dort Stände befinden) oder dürften (wie der für eine Nutzung als Veranstaltungsfläche nicht zugelassene öffentliche Verkehrsraum) oder auf denen die Musik von der Bühne durch andere Musik (beispielsweise Musik von den Ständen) überlagert werde.

Der Bundesgerichtshof hat entschieden:

Für Freiluftveranstaltungen wie die hier in Rede stehenden Straßenfeste oder Weihnachtsmärkte sei es typisch, dass das Publikum vor der Bühne ständig wechsle und damit insgesamt wesentlich mehr Zuhörer die Musik wahrnähmen, als auf der beschallten Fläche Platz fänden. Es komme hinzu, dass die Musik von der Bühne regelmäßig die gesamte Veranstaltung prägt. Der GEMA wäre es auch nicht zumutbar, bei jeder der zahlreichen und ver-

---

[113] BGH, Urt. v. 27.10.2011 - I ZR 125/10.

schiedenartigen Veranstaltungen im gesamten Bundesgebiet jeweils die Fläche zu ermitteln, die von der Bühne mit Musik beschallt wird und die Flächen festzustellen, auf denen sich keine Besucher aufhalten können oder dürfen oder auf die andere Musik einwirkt. Die Berechnung nach der Gesamtveranstaltungsfläche sei daher auch aus Gründen der Praktikabilität geboten.

Mittlerweile hat die GEMA einen eigenen Tarif für solche Musikaufführungen im Freien aufgestellt. Auch danach richtet sich die Höhe der Vergütung nach der Größe der gesamten Veranstaltungsfläche.

Schranken zu Gunsten allgemeiner Interessen

Neben den soeben erläuterten Schranken des Urheberrechtsschutzes zu Gunsten privater Interessen gibt es weitere **Beschränkungen zu Gunsten allgemeiner Interessen**. Es ist gemäß § 48 Abs. 1 Nr. 1 UrhG bspw. erlaubt, Reden über tagesaktuelle Probleme, die bei öffentlichen Versammlungen oder im Rundfunk gehalten wurden, in Zeitungen oder anderen Medien (also auch im Internet) zu vervielfältigen und verbreiten. § 63 UrhG schreibt vor, dass in diesen Fällen stets die Quelle anzugeben ist: Wer derartige Werke vervielfältigt und verbreitet, muss also darauf hinweisen, wo sie zum ersten Mal veröffentlicht wurden.

In § 51 UrhG ist die Zitierfreiheit normiert. Sie besagt, dass ganze Werke oder einzelne Stellen daraus auch gegen die Interessen des Urhebers vervielfältigt und verbreitet werden, sofern sie den Zweck eines Zitates erfüllen. Dieser liegt darin, sich mit dem Gedankengut eines anderen kritisch auseinanderzusetzen. Wo Auseinandersetzung überhaupt nicht stattfindet, sondern das Werk eines anderen Urhebers lediglich als Zitat getarnt und ansonsten nur wiedergegeben wird, ist der Zitatzweck nicht erfüllt und die Vervielfältigung und Verbreitung folglich unzulässig.

4.2.5 Übergang des Urheberrechts

Das Urheberrecht kann vom ursprünglichen Rechteinhaber auf einen anderen Rechteinhaber durch Vererbung und durch eine rechtsgeschäftliche Übertragung übergehen. Beide Möglichkeiten sollen hier erklärt werden.

Vererbung

Gemäß § 28 Abs. 1 UrhG ist das Urheberrecht vererblich.

Der Urheber kann es auch einem Testamentsvollstrecker übertragen, sein Urheberrecht auszuüben (§ 28 Abs. 2 UrhG).

Die Erben haben laut § 30 UrhG generell die gleichen Rechte wie der Urheber: Dies betrifft also sowohl die Urheberpersönlichkeitsrechte als auch die Urheberverwertungsrechte.

Übertragung durch Rechtsgeschäft

Es gilt der wichtige Grundsatz, dass das **Urheberrecht unter Lebenden nicht übertragbar** ist (§ 29 Abs. 1 UrhG). Dieser wichtige Grundsatz gilt für die beiden Bestandteile des Urheberrechts, also sowohl für das Urheberpersönlichkeitsrecht als auch für das Urheberverwertungsrecht insgesamt. Aber auch die einzelnen Urheberpersönlichkeitsrechte nach §§ 12 bis 14 UrhG und die Urheberverwertungsrechte gemäß §§ 15 bis 22 UrhG sind nicht rechtsgeschäftlich übertragbar.

Urheber sind häufig nicht in der Lage oder auch nicht bereit, die ihnen zustehenden Rechte selbst verwerten. So ist es z.B. absolut unrealistisch, dass der Urheber einer Software seine Vergütungsansprüche aus dem Urheberrecht bei jedem einzelnen Computernutzer selbständig durchsetzt. Gleiches gilt für Autoren oder Komponisten. Die Urheber bedienen sich deshalb **Dritter als Mittler** (z.B. der bereits zuvor erwähnten Verwertungsgesellschaften). Gemäß § 29 Abs. 2 UrhG ist nämlich die Einräumung von Nutzungsrechten erlaubt. Gesetzlich zulässig sind danach außerdem schuldrechtliche Einwilligungen und Vereinbarungen über Verwertungsrechte und die in § 39 UrhG explizit geregelten Rechtsgeschäfte über die Urheberpersönlichkeitsrechte.

Gemäß § 31 Abs. 1 Satz 1 UrhG darf der Urheber einem anderen das Recht einräumen, sein Werk auf bestimmte einzelne Weise oder alle denkbaren Arten zu nutzen. Diese sind mit den Verwertungsrechten des Urhebers identisch. Nutzungsrechte sind gegenüber dem Urheberrecht neue, selbständige Rechte. In der Praxis spricht man bei vertraglich eingeräumten urheberrechtlichen Nutzungsrechten häufig auch von **Lizenzen.**

Der Urheber kann nach § 31 Abs. 1 Satz 1 UrhG einem anderen das Recht einräumen, das Werk auf einzelne oder alle Nutzungsarten zu nutzen **(Nutzungsrecht)**. Das Urheberrecht gebraucht den Begriff des Nutzungsrechts im Sinne einer **Lizenz**. Es sind verschiedene Gestaltungsmöglichkeiten bei der Einräumung von Nutzungsmöglichkeiten (Lizenzen) denkbar. Die Lizenz lässt sich daher also auf mehrerlei Weise vergeben.

Sie kann zunächst einmal als **nichtausschließliche** (sogenannte „**einfache Lizenz**") vergeben werden. Ein solches Lizenzrecht erlaubt dem Lizenznehmer (i.d.R. im Wege eines positiven Rechts) den Gebrauch des Schutzrechts. Er kann bspw. ein Erzeugnis herstellen, das Gegenstand eines Patents ist, sofern der Lizenzvertrag dies zulässt. Der Inhaber darf das Werk auf die ihm erlaubte Weise nutzen, andere Nutzungsrechteinhaber und der Urheber selbst sind von der Nutzung allerdings dabei nicht ausgeschlossen.

Als **„ausschließliche Lizenz"** wird dagegen ein Nutzungsrecht bezeichnet, das dem Lizenznehmer für ein bestimmtes Gebiet oder für eine bestimmte Gebrauchsart etc. den ausschließlichen Zugriff gestattet. Abwandlungen wie die Allein- oder Betriebslizenz, die das Gebrauchsrecht an einen einzigen Lizenznehmer oder sein Unternehmen binden, sind keine eigenständigen Lizenztypen. In diesen Fällen ist nur der Erwerber/ Inhaber des Nutzungsrechts berechtigt, das Werk auf die vereinbarte Art zu nutzen: Der Urheber selbst und alle anderen Dritten sind ausgeschlossen.

Der Urheber kann aber auch **alle Nutzungsrechte** einem Erwerber übertragen – und zwar ganz nach seinem Willen mit oder ohne räumliche, zeitliche oder inhaltliche Beschränkung (§ 31 Abs. 1 Satz 2 UrhG).

Nutzungsrechte können ferner gebündelt oder aufgespalten werden, und sie sind grundsätzlich übertragbar: Der Inhaber des Nutzungsrechts kann mit Zustimmung des Urhebers (§ 34 Abs. 1 Satz 1 UrhG) andere zur Nutzung des Werkes berechtigen.

In der Praxis geschieht es nicht selten, dass Urheber und Nutzungsberechtigter die erlaubte Nutzungsart nur ungenau in ihrem Vertrag bezeichnen, häufig fehlen Angaben zu Art, Inhalt und Umfang der Nutzungsrechte. Für den Streitfall gilt daher folgender Grundsatz:

Die sich aus dem Urheberrecht ergebenden Verwertungsbefugnisse verbleiben zum Schutz der wirschaftlichen Interessen des Urhebers weitestgehend bei ihm. Sie gehen nach diesem sogenannten Zweckübertragungsgrundsatz also gerade nur in dem Umfang auf den Vertragspartner über, der erforderlich ist, um den Vertragszweck zu erfüllen.

Im Zweifel bedeutet das für den Erwerber bestimmter Nutzungsrechte, dass er wegen unzureichender Vertragsformulierungen den Kürzeren zieht, weil die Gerichte ihm bestimmte Nutzungsarten absprechen – und das, obwohl der Vertrag womöglich eine pauschale Vereinbarung über die Übertragung aller Nutzungsarten enthält.

4.2.6 Vergütung

Als Gegenleistung für die Übertragung von Nutzungsrechten erhält der Urheber regelmäßig eine **Vergütung**. Den Parteien ist es freigestellt, die Höhe der Vergütung zu vereinbaren. Sofern sie allerdings in einem auffälligen Missverhältnis zu den Erträgen und Vorteilen aus der Nutzung des Werkes stehen, bestimmen §§ 32 Abs. 1 Satz 1,3; 32 a Abs. 1 UrhG Folgendes:

Der Urheber kann vom Nutzungsberechtigten verlangen, dass der Vertrag so geändert wird, dass die Vergütung angemessen ausfällt. Die angemessene Vergütung muss auch dann an den Urheber gezahlt werden, wenn vertraglich keine Höhe der Vergütung vereinbart wurde.

Angemessen ist die Vergütung gemäß § 32 Abs. 2 Satz 2 UrhG, wenn sie dem entspricht, was nach Art und Umfang der eingeräumten Nutzungsmöglichkeit üblicher- und redlicherweise bezahlt wird. Urhebervereinigungen und Vereinigungen von Werknutzern stellen hier sogenannte Vergütungsregeln auf (§ 36 UrhG).

Nach § 54 Abs. 1 UrhG besteht ein Vergütungsanspruch gegen den Hersteller von Geräten und Speichermedien, deren Typ allein oder in Verbindung mit anderen Geräten, Speichermedien oder Zubehör zur Vornahme solcher Vervielfältigungen benutzt wird, also zur Vornahme von bestimmten Vervielfältigungen zum eigenen Gebrauch benutzt werden. Der Vergütungsanspruch hängt danach nicht mehr davon ab, dass die Geräte dazu bestimmt sind, ein Werk „durch Ablichtung eines Werkstücks oder in einem Verfahren vergleichbarer Wirkung" zu vervielfältigen. Dieser Vergütungsanspruch soll dem Urheber einen Ausgleich dafür verschaffen, dass unter bestimmten Voraussetzungen Vervielfältigungen seines Werkes zum eigenen Gebrauch – ohne seine Zustimmung – zulässig sind.

Maßgebend für die Vergütungshöhe ist nach § 54 a UrhG, in welchem Maß die Geräte und Speichermedien als Typen tatsächlich für Vervielfältigungen genutzt werden. Dabei ist zu berücksichtigen, inwieweit technische Schutzmaßnahmen nach § 95 a UrhG auf die betreffenden Werke angewendet werden. Die Vergütung für Geräte ist so zu gestalten, dass sie auch mit Blick auf die Vergütungspflicht für in diesen Geräten enthaltene Speichermedien oder andere, mit diesen funktionell zusammenwirkende Geräte oder Speichermedien insgesamt angemessen ist.

Beispiel: Der Bundesgerichtshof hat entschieden, dass Übersetzer literarischer Werke grundsätzlich einen Anspruch auf **angemessene Vergütung** in Form einer prozentualen Beteiligung am Erlös der verkauften Bücher haben.

Fall 1[114]: Eine klagende Übersetzerin hatte sich gegenüber der beklagten Verlagsgruppe im November 2001 zur Übersetzung zweier Romane aus dem Englischen ins Deutsche verpflichtet. Sie räumte dem Verlag sämtliche Nutzungsrechte an ihrer Übersetzung inhaltlich umfassend und zeitlich unbeschränkt ein. Dafür erhielt sie das vereinbarte Honorar von rund 15 € für jede Seite des übersetzten Textes.

---

[114] BGH, Urt. v. 07.10.2009 -I ZR 38/07.

Die Klägerin ist der Ansicht, das vereinbarte Honorar sei unangemessen. Sie hat von der Beklagten deshalb nach § 32 Abs. 1 Satz 3 UrhG eine Änderung des Übersetzervertrages verlangt. Nach dieser Bestimmung – die im Juli 2002 in Kraft getreten und grundsätzlich auf seit Juli 2001 geschlossene Verträge anwendbar ist – kann der Urheber von seinem Vertragspartner die Einwilligung in die Änderung des Vertrages verlangen, falls die vereinbarte Vergütung nicht angemessen ist.

Der Bundesgerichtshof hat gebilligt, dass die Klägerin von der Beklagten grundsätzlich die gewünschte Einwilligung in eine Vertragsänderung verlangen kann.

Das von den Parteien zur Abgeltung sämtlicher Rechte vereinbarte Pauschalhonorar von etwa 15 € je Seite sei zum Zeitpunkt des Vertragsschlusses zwar branchenüblich gewesen. Eine solche Vergütung sei jedoch im Sinne des Gesetzes unangemessen, weil sie das berechtigte Interesse der Klägerin nicht wahre, an jeder wirtschaftlichen Nutzung ihrer Übersetzung angemessen beteiligt zu werden. Zum Zeitpunkt des Vertragsschlusses sei nicht absehbar gewesen, dass die Übersetzung bis zum Erlöschen des Urheberrechts siebzig Jahre nach dem Tode der Klägerin (§ 64 UrhG) nur in einem Umfang genutzt werde, dass das vereinbarte Pauschalhonorar angemessen sei.

Der Bundesgerichtshof hat ferner entschieden, dass der Übersetzer eines literarischen Werkes, dem für die zeitlich unbeschränkte und inhaltlich umfassende Einräumung sämtlicher Nutzungsrechte an seiner Übersetzung lediglich ein für sich genommen übliches und angemessenes Seitenhonorar als Garantiehonorar zugesagt ist, daneben ab einer bestimmten Auflagenhöhe am Erlös der verkauften Bücher prozentual zu beteiligen ist.

Diese zusätzliche Erfolgsbeteiligung setzt bei einer verkauften Auflage von 5.000 Exemplaren des übersetzten Werkes ein und beträgt normalerweise bei Hardcover Ausgaben 0,8% und bei Taschenbüchern 0,4% des Nettoladenverkaufspreises. Darüber hinaus kann der Übersetzer grundsätzlich die Hälfte des Nettoerlöses beanspruchen, den der Verlag dadurch erzielt, dass er Dritten das Recht zur Nutzung des übersetzten Werkes einräumt. Dabei ist unter Nettoerlös der Betrag zu verstehen, der nach Abzug der Vergütungen weiterer Rechteinhaber verbleibt und auf die Verwertung der Übersetzung entfällt.

Der Bundesgerichtshof hat diese Rechtsprechung zur angemessenen Honorierung von Übersetzern fortgeführt. Dazu:

Fall 2[115]: Der klagende Übersetzer hatte sich gegenüber dem beklagten Verlag im Oktober 2002 zur Übersetzung eines Sachbuchs aus dem Englischen

---

[115] BGH, Urt. v.20.01.2011 - I ZR 19/09.

ins Deutsche verpflichtet. Er räumte dem Verlag umfassende Nutzungsrechte an seiner Übersetzung ein. Dafür erhielt er das vereinbarte Honorar von 19 € für jede Seite des übersetzten Textes. Darüber hinaus war ihm für den Fall, dass mehr als 15.000 Exemplare der Hardcover-Ausgabe verkauft werden, ein zusätzliches Honorar von 0,5% des Nettoladenverkaufspreises zugesagt. An den Erlösen des Verlags aus der Vergabe von Taschenbuch- und Buchgemeinschaftslizenzen war er nach dem Vertrag mit 5% des Nettoverlagsanteils zu beteiligen.

Nach der seit Juli 2002 geltenden Regelung im Urheberrechtsgesetz kann der Urheber – dazu zählt auch der Übersetzer – für die Einräumung von Nutzungsrechten zwar grundsätzlich nur die vereinbarte Vergütung verlangen. Ist die vereinbarte Vergütung jedoch nicht angemessen, kann er von seinem Vertragspartner die Einwilligung in eine entsprechende Vertragsanpassung verlangen.

Der Bundesgerichtshof hat seine Rechtsprechung bestätigt, wonach der Übersetzer eines belletristischen Werkes oder Sachbuches, dem für die zeitlich unbeschränkte und inhaltlich umfassende Einräumung sämtlicher Nutzungsrechte an seiner Übersetzung lediglich ein für sich genommen übliches und angemessenes Seitenhonorar als Garantiehonorar zugesagt ist, daneben ab einer bestimmten Auflagenhöhe am Erlös der verkauften Bücher prozentual zu beteiligen ist. Diese zusätzliche Erfolgsbeteiligung setzt bei einer verkauften Auflage von 5.000 Exemplaren des übersetzten Werkes ein und beträgt normalerweise bei Hardcover Ausgaben 0,8% und bei Taschenbüchern 0,4% des Nettoladenverkaufspreises. Der BGH hat klargestellt, dass die zusätzliche Vergütung bei einer Erstverwertung als Hardcover-Ausgabe und einer Zweitverwertung als Taschenbuchausgabe jeweils erst ab dem 5000. verkauften Exemplar der jeweiligen Ausgabe zu zahlen ist. Er hat ferner deutlich gemacht, dass nur ein Seitenhonorar, das außerhalb der Bandbreite von Seitenhonoraren liegt, die im Einzelfall als üblich und angemessen anzusehen sein können, eine Erhöhung oder Verringerung des Prozentsatzes der zusätzlichen Vergütung rechtfertigen kann.

Der Bundesgerichtshof hat ferner bekräftigt, dass ein solcher Übersetzer eine angemessene Beteiligung an Erlösen beanspruchen kann, die der Verlag dadurch erzielt, dass er Dritten das Recht zur Nutzung des übersetzten Werkes einräumt oder überträgt. Dazu gehören etwa die wirtschaftlich bedeutsamen Erlöse des Verlags aus der Vergabe von Lizenzen für Taschenbuchausgaben des Werkes. Der BGH hat – abweichend von seiner früheren Rechtsprechung – entschieden, dass dem Übersetzer grundsätzlich eine Beteiligung in Höhe von einem Fünftel der Beteiligung des Autors des fremdsprachigen Werkes an diesen Erlösen zusteht.

In der Praxis entstehen auch neue Wege zur Wahrung der Urheberinteressen. Eine solche neue Möglichkeit sind die sogenannten „**Creative Commons Lizenzen**" („**CCL**").

Creative Commons ist eine Non-Profit-Organisation, die in Form von vorgefertigten Lizenzverträgen einen alternativen Rahmen für die Veröffentlichung und Verbreitung digitaler Medieninhalte anbietet und fortentwickelt. Einfacher ausgedrückt bietet CC eine Reihe von Standard-Lizenzverträgen an, die zur Verbreitung kreativer Inhalte genutzt werden können. CC ist dabei weder als Verwerter noch als Verleger von Inhalten tätig und ist auch nicht Vertragspartner von Urhebern und Rechteinhabern, die ihre Inhalte unter CC-Lizenzverträgen verbreiten wollen.

Die auf die vorwiegende Nutzung im Internet ausgerichteten sechs verschiedenen Musterlizenzverträge bieten vor allem Newcomern und Hobbyisten eine interessante Perspektive, ihren Bekanntheitsgrad zu erweitern und ihre Werke zu schützen.

Nähere Einzelheiten sind unter dem Link
http://de.creativecommons.org/index.php abrufbar.

4.2.7 Konsequenzen aus der Verletzung des Urheberrechts

Ein Urheberrecht wird verletzt, wenn eine Handlung vorgenommen wird, die gegen das Urheberrecht gerichtet ist. Dies gilt insbesondere für Verstöße gegen die Urheberpersönlichkeitsrechte und gegen die Verwertungsrechte.

Die wichtigste Vorschrift ist hier § 97 UrhG. Demnach kann ein in seinem Recht verletzter Urheber vom Verletzer unter den in der Norm genannten Voraussetzungen **Unterlassung** oder **Schadensersatz** verlangen. Schadensersatz kommt demnach nur in Betracht, wenn dem Verletzer Vorsatz oder Fahrlässigkeit angelastet werden können – hier spielt also das Verschulden eine Rolle.

Bei unzulässig angefertigten Vervielfältigungsstücken stehen dem Urheber gemäß § 98 UrhG ein **Vernichtungsanspruch**, ein **Überlassungsanspruch** sowie ein **Anspruch auf anderweitige Beseitigung** der rechtswidrigen Vervielfältigungsstücke zu.

Das Urhebergesetz gewährleistet bei Urheberrechtsverletzungen auch strafrechtlichen Schutz. Wer gemäß §§ 106 ff. UrhG geschützte Werke unerlaubt verwertet, unzulässige Urheberbezeichnungen anbringt oder in verwandte Schutzrechte unerlaubt eingreift, kann mit Geldstrafen oder Freiheitsstrafen bis zu drei, bei gewerbsmäßigem Handel bis zu fünf Jahren bestraft werden.

Nach § 101 Abs. 1 UrhG besteht ein Auskunftsanspruch gegenüber dem Verletzer:

Wer in gewerblichem Ausmaß das Urheberrecht widerrechtlich verletzt, kann von dem Verletzten auf unverzügliche Auskunft über die Herkunft und den Vertriebsweg der rechtsverletzenden Vervielfältigungsstücke oder sonstigen Erzeugnisse in Anspruch genommen werden.

In Fällen offensichtlicher Rechtsverletzung besteht der Anspruch auch gegen eine Person, die in gewerblichem Ausmaß rechtsverletzende Vervielfältigungsstücke in ihrem Besitz hatte, rechtsverletzende Dienstleistungen in Anspruch nahm, für rechtsverletzende Tätigkeiten genutzte Dienstleistungen erbrachte oder an der Herstellung, Erzeugung oder am Vertrieb solcher Vervielfältigungsstücke, sonstigen Erzeugnisse oder Dienstleistungen beteiligt war.

Mit dem Auskunftsanspruch gegenüber Dritten sollte insbesondere ein zivilrechtlicher Auskunftsanspruch gegenüber Internetprovidern geschaffen werden. Ziel war es, dadurch den Rechteinhabern eine Ermittlung des Verletzers bei Rechtsverletzungen im Internet zu ermöglichen.

Die Auskunft des Internetproviders über den Namen und die Anschrift eines potentiellen Rechtsverletzers setzt voraus, dass auf Verkehrsdaten zurückgegriffen wird. Die Verwendung der nach § 113 a Abs. 4 TKG gespeicherten Verkehrsdaten für eine zivilrechtliche Auskunft wird indessen durch die §§ 113, 113 b TKG ausgeschlossen. Andere als die nach § 113 a Abs. 4 TKG gespeicherten Daten dürften kaum mehr zur Verfügung stehen.

4.2.8 Beendigung des Urheberrechts

Das Urheberrecht erlischt gemäß § 64 UrhG siebzig Jahre nach dem Tod des Urhebers.

Bei anonymen und pseudonymen Werken erlischt nach § 66 Abs. 1 UrhG das Urheberrecht siebzig Jahre nach der Veröffentlichung. Es erlischt jedoch bereits siebzig Jahre nach der Schaffung des Werkes, wenn das Werk innerhalb dieser Frist nicht veröffentlicht worden ist.

§ 69 UrhG bestimmt, dass die Frist mit Ablauf des Kalenderjahres beginnt, in dem der Urheber verstorben ist.

4.2.9 Besonderheiten zum Urheberrechtsschutz bei Computerprogrammen

In den vorangegangenen Abschnitten sind bereits zahlreiche Bestimmungen des Urheberrechts im Zusammenhang mit Computerprogrammen erläutert worden. An dieser Stelle sollen darüber hinaus weitere Einzelheiten genannt werden, die in der IT-Praxis von Bedeutung sein können. Wichtig sind hier insbesondere die §§ 69 a ff. UrhG.

So beinhaltet bspw. § 69 b UrhG eine Besonderheit: Hier heißt es, dass ausschließlich der Arbeitgeber zu vermögensrechtlichen Befugnissen an einem Computerprogramm berechtigt ist, das ein Arbeitnehmer im Rahmen seiner Aufgaben bzw. nach Weisung des Arbeitgebers geschaffen hat. Arbeitnehmer und Arbeitgeber können allerdings anderes vereinbaren. Die Regelung steht damit im Gegensatz zur allgemeinen Bestimmung des § 43 UrhG. Danach bleibt nämlich der Arbeitnehmer der Urheber eines Werkes; d.h., ihm stehen die vermögensrechtlichen Befugnisse zu, auch wenn er das Werk im Rahmen seines Arbeitsverhältnisses geschaffen hat. Für Angestellte oder auf Basis eines Dienstvertrages tätige Mitarbeiter in Softwareunternehmen dürfte die besondere Regelung des § 69 b UrhG damit schon bei den Vertragsverhandlungen von Bedeutung sein.

§ 69 c UrhG bestimmt, dass ausschließlich der Inhaber des Urheberrechts auch das Recht hat, bestimmte Handlungen an dem Computerprogramm vorzunehmen oder dies Dritten zu gestatten. Beispielhaft seien die dauerhafte oder vorübergehende Vervielfältigung, die Übersetzung und Bearbeitung sowie jede Form der Verbreitung erwähnt. Für derartige Handlungen ist also grundsätzlich die Zustimmung des Urhebers einzuholen. Sofern derartige Handlungen allerdings dem bestimmungsgemäßen Gebrauch eines Computerprogramms entsprechen, sind sie gemäß § 69 d Abs. 1 UrhG zustimmungsfrei. Gleiches gilt für Sicherungskopien (§ 69 d Abs. 2 UrhG).

§ 69 e UrhG enthält darüber hinaus Voraussetzungen für zustimmungsfreie **Dekompilierungshandlungen**.

Dekompilierer (englisch: Decompiler) sind Computerprogramme, die aus der sogenannten Maschinensprache oder aus Daten im Objektcode einen lesbaren Quellcode erzeugen.

Es handelt sich quasi um das Gegenteil eines Compilers. (Compiler übersetzen die in Programmiersprache geschriebenen Quelltexte eines Computerprogramms in die Maschinensprache.) Dekompilierungshandlungen sind gemäß § 69 e UrhG erlaubt, wenn der Lizenznehmer durch sie Informationen über die Interoperabilität (also die Fähigkeit zur Zusammenarbeit mit anderen Programmen) benötigt und wenn er nur die dafür notwendigen Programmteile „übersetzt".

§ 69 f UrhG bestimmt, dass der Rechtsinhaber von einem Eigentümer oder Besitzer verlangen kann, rechtswidrig hergestellte, verbreitete oder zur rechtswidrigen Verbreitung bestimmte Vervielfältigungsstücke einer Software (sogenannte Raubkopien) zu vernichten. Die Norm verweist auf § 98 Abs. 2 UrhG, wonach der Rechtsinhaber statt der Vernichtung auch die Überlassung der Raubkopien gegen eine Vergütung (nicht höher als die Herstellungskosten) verlangen kann. Eine verhältnismäßige Beseitigung einer Urheberrechtsverletzung gemäß § 98 Abs. 3 UrhG kommt zudem bspw. bei Veränderungen oder Bearbeitungen am Original-Programm in Betracht. Diese sind rückgängig zu machen.

Verwertungsgesellschaften, wie es sie bspw. in den Bereichen Musik, Wort, Bild, Kunst und Film gibt, existieren im Softwarebereich nicht. Der einzelne Nutzer eines Computerprogramms wird deshalb in aller Regel mit dem Urheber bzw. dem Rechtsinhaber einen Lizenzvertrag schließen. Bei Standard-Software wird dieser üblicherweise beim Verkauf mit dem Datenträger ausgehändigt. Die Auslegung solcher Lizenzverträge erfolgt bei Standardprogrammen nach dem Kaufrecht. Bei anders gestalteten Lizenzvereinbarungen kann auch das Mietrecht ausschlaggebend sein.

4.2.10 Schutz des Datenbankherstellers gegen Entnahme von Daten

Der BGH hat zum Thema Schutz **des Datenbankherstellers gegen Entnahme von Daten**entschieden, dass ein Datenbankhersteller verbieten kann, Änderungen seiner Datenbank in einem Datenabgleich zu erfassen und für ein Wettbewerbsprodukt zu nutzen.

Der Fall[116]: Die Klägerin vertreibt den elektronischen Zolltarif (EZT), der auf der Grundlage der Datenbank TARIC der Europäischen Kommission die für die elektronische Zollanmeldung in der EU erforderlichen Tarife und Daten enthält. Die Klägerin bietet den EZT online und – in abgewandelter Darstellung – auf der CD-ROM „Tarife" an. Die Beklagten vertreiben ebenfalls eine Zusammenstellung der für die elektronische Zollanmeldung erforderlichen Tarife und Daten. In den Jahren 2001 und 2002 nahm die Klägerin bewusst unrichtige Daten in ihre CD-ROM „Tarife" auf, die sich – ebenso wie einige Pflegefehler – danach auch im Produkt der Beklagten fanden. Die Klägerin sieht in der Übernahme der Daten eine Verletzung ihrer Datenbankherstellerrechte an den Datenbanken EZT und „Tarife". Sie will den Beklagten verbieten lassen, ohne ihre Zustimmung die jeweils aktuelle Fassung ihrer Datenbanken auszulesen, um mittels eines Datenabgleichs ein Konkurrenzprodukt zu aktualisieren.

Der BGH hat geurteilt, der Klägerin stünden Datenbankherstellerrechte an der Datenbank „Tarife" zu, da sie nicht als amtliches Werk gemeinfrei sei und mit erheblichen Investitionen ständig von der Klägerin aktualisiert werde.

---

[116] BGH, Urt. v. 30.04.2009 - I ZR 191/05.

Das Datenbankherstellerrecht hätten die Beklagten zwar nicht schon verletzt, indem sie die CD-ROM „Tarife" auf der Festplatte eines Computers speicherten. Denn dies sei von einer Einwilligung der Klägerin gedeckt, weil es zur bestimmungsgemäßen Nutzung der CD-ROM erforderlich sei. Eine Schutzrechtsverletzung der Klägerin liege aber vor, weil die Beklagten per Datenabgleich der CD-ROM „Tarife" Änderungsdaten entnommen und zur Aktualisierung ihres Wettbewerbsprodukts verwendet hätten. Die vom Berufungsgericht festgestellte Übernahme einzelner Daten aus der CD-ROM der Klägerin in das Produkt der Beklagten setze notwendig einen umfassenden Datenabgleich voraus. Schon die einmalige Entnahme aller geänderten Daten aus einer bestimmten Version der CD-ROM – durch Erstellung einer (ggfls. nur zwischengespeicherten) Änderungsliste oder unmittelbare Übernahme – beziehe sich auf einen qualitativ wesentlichen Teil der Datenbank. Deshalb stehe dem Anspruch der Klägerin nicht entgegen, dass der rechtmäßige Benutzer qualitativ oder quantitativ unwesentliche Teile einer öffentlich zugänglichen Datenbank zu beliebigen Zwecken entnehmen könne.

Hinsichtlich der Datenbank EZT hat der BGH die Abweisung der Klage bestätigt, weil nicht festgestellt war, dass die Beklagten diese Datenbank für einen Datenabgleich verwendet hatten.

4.2.11 Internationales Urheberrecht, Rechtswahl

Aus dem deutschen Vertragsrecht ist bekannt, dass die Parteien grundsätzlich das auf ihren Vertrag anwendbare Recht wählen können. Für das Urheberrecht gilt dies nicht ausschließlich. Vielmehr kennt das Urhebergesetz zwingende Bestimmungen, die nicht durch **Rechtswahlklauseln** umgangen werden können. Dies betrifft z.B. die Urheberpersönlichkeitsrechte, den Zweckübertragungsgrundsatz und die Regelungen über eine angemessene Vergütung.

Deutsches Urheberrecht wird der Rechtsprechung zufolge auch dann angewendet, wenn geschützte Inhalte zwar auf einem ausländischen Server gespeichert sind, aber in Deutschland zugänglich gemacht werden.

Nach der herrschenden Meinung gilt grundsätzlich das sogenannte **Schutzlandprinzip,** nach dem das Recht des Staates angewendet wird, für dessen Gebiet der Schutz ersucht wird. Gerade im Internet bereitet dieses Prinzip Schwierigkeiten. Anbieter von Websites müssten ihre Online-Angebote demnach so gestalten, dass sie den Urheberrechtsordnungen aller Staaten entsprechen, in denen die Website abrufbar ist. Dies dürfte schlicht unmöglich sein.

4.3 Patentrecht

Das Patentrecht ist ein technisches Schutzrecht und – wie das Urheberrecht – ein absolutes Recht. In der Wirtschaftspraxis sind Patente von großer Bedeutung – vor allem mit Blick auf den Wettbewerb (z.B. Piraterieprodukte). Es besteht privatrechtlicher und öffentlich-rechtlicher Schutz.

Auch in der IT-Branche kann das Patent als Instrument zum Schutz des geistigen Eigentums eine Rolle spielen, wenngleich das Urheberrecht sicherlich größeres Gewicht hat. In diesem Kapitel sollen die wichtigsten Regelungen zum gewerblichen Rechtsschutz dennoch erläutert werden.

4.3.1 Patent

Für die **Erteilung eines Patents** gibt § 1 Abs. 1 des Patentgesetzes (PatG) die Voraussetzungen vor:

Es muss sich um eine **Erfindung** handeln, die neu und gewerblich anwendbar ist und die auf einer erfinderischen Tätigkeit beruht.

Den Begriff der Erfindung definiert das Gesetz nicht. In der Literatur heißt es häufig: Eine Erfindung ist eine Lehre zum technischen Handeln. Der BGH hat dies in einer Entscheidung[117] wie folgt konkretisiert: Es handelt sich um eine Anweisung zum planmäßigen Handeln unter Einsatz beherrschbarer Naturkräfte zur Erreichung eines kausal übersehbaren Erfolges. Es kann sich demnach um Erfindungen aus verschiedenen naturwissenschaftlichen Bereichen handeln, z.B. Chemie, Physik. Auch biotechnologische Erfindungen sind unter bestimmten Voraussetzungen patentfähig (§ 1 Abs. 2 PatG). Eine Erfindung beginnt grundsätzlich mit einem technischen Problem und endet mit einem Erfolg, der mit bestimmten technischen Mitteln und den Naturkräften erreicht wird.

Als Erfindungen werden nach § 1 Abs. 3 PatG **nicht** angesehen:

- Entdeckungen sowie wissenschaftliche Theorien und mathematische Methoden,

- ästhetische Formschöpfungen,

- Pläne, Regeln und Verfahren für gedankliche Tätigkeiten, für Spiele oder für geschäftliche Tätigkeiten,

- Programme für Datenverarbeitungsanlagen,

- die Wiedergabe von Informationen.

---

[117] BGH, Urt. v. 27.03.1969 - X ZR 15/67.

Neu ist eine Erfindung gemäß § 3 PatG, wenn sie nicht dem bereits gültigen Stand der Technik entspricht. Ausschlaggebend für die Beurteilung ist in aller Regel der Tag, an dem das Patent beim Deutschen Patent- und Markenamt (DPMA) angemeldet wird. Ein Erfinder, der sich über die Erfolgsaussichten seiner Anmeldung kundig machen will, kann beim Patentamt Auskunft zum Stand der Technik beantragen (§ 43 PatG).

Sehr empfehlenswert sind die Internetveröffentlichungen des DPMA unter http://www.dpma.de/patent/index.html, die einen hervorragenden Überblick über den Patentschutz, die Anmeldung, das Verfahren und die Patentrecherche u.a.m. geben.

So wie das Urheberrecht eine bestimmte Schöpfungshöhe verlangt, bedarf es beim Patentrecht einer bestimmten **Erfindungshöhe** (Erfindungsqualität). Für den Fachmann darf sich eine technische Lösung nicht naheliegend aus dem herrschenden Stand der Technik ergeben (§ 4 PatG). Ist das doch der Fall, fehlt der Erfindung die erforderliche Qualität für die Patentfähigkeit.

Gewerblich anwendbar ist eine Erfindung gemäß § 5 Abs. 1 PatG, wenn ihr Gegenstand auf irgendeinem gewerblichen Gebiet – einschließlich der Landwirtschaft – hergestellt oder benutzt werden kann. Chirurgische, therapeutische oder diagnostische Verfahren gelten als nicht gewerblich anwendbar (§ 5 Abs. 2 PatG).

Erfindungen können Erzeugnisse (z.B. Maschinen, Stoffe, Vorrichtungen, Anordnungen) oder Verfahren (Herstellungs- oder Arbeitsverfahren) sein. Der Unterschied zwischen Erzeugnis- und Verfahrenserfindungen ist von Bedeutung, weil der Schutzumfang des Patentrechts jeweils unterschiedlich gestaltet ist.

Für die **Patentfähigkeit von Computerprogrammen** bzw. von **computerimplementierten Erfindungen** ist nach dem geltenden deutschen Patentrecht der Technikbegriff entscheidend. Eine EU-weite Harmonisierung zur Patentfähigkeit von Computerprogrammen gibt es bisher nicht.

Nach ständiger Rechtsprechung des BGH muss ein Anspruch auf ein Computerprogramm ein **konkretes technisches Problem mit technischen Mitteln** lösen. Eine Anmeldung, die ein Computerprogramm oder ein durch ein Datenverarbeitungsprogramm verwirklichtes Verfahren zum Gegenstand hat, muss über die für die Patentfähigkeit unabdingbare Technizität hinaus verfahrensbestimmende Anweisungen enthalten, die die Lösung eines konkreten technischen Problems mit technischen Mitteln zum Gegenstand haben[118].

---

[118] vgl. z.B. BGH, Beschl. v. 20.01.2009 - X ZB 22/07.

1. Merksatz daher: Software „als solche" ist nicht patentfähig.

Ein Programm für Datenverarbeitungsanlagen bzw. ein Computerprogramm fällt demnach dann nicht unter die Ausschlusskriterien von Computerprogrammen als solche, wenn es einen technischen Beitrag zum Stand der Technik leistet bzw. einen weiteren technischen Effekt erzielt, wenn also ein konkretes technisches Problem mit technischen Mitteln gelöst wird.

Neben diesen Voraussetzungen muss ein Programm für Datenverarbeitungsanlagen bzw. ein Computerprogramm auch die sonstigen Patentierungsvoraussetzungen erfüllen. Insbesondere bedeutet dies, dass ein Computerprogramm **neu** sein muss und auf einer **erfinderischen Tätigkeit** beruhen muss.

Physische Wirkungen einer Software (z.B. elektrischer Strom) sind allein nicht ausreichend, um dem technischen Charakter einer Erfindung zu genügen. Vielmehr muss das Computerprogramm Naturkräfte oder technische Mittel gebrauchen, um einen unmittelbaren technischen Effekt hervorzurufen. Bei Software wird bisher je nach Einzelfall entschieden, ob die Patentfähigkeit gegeben ist oder nicht. Rechtsprechung und Literatur erkennen allerdings Verfahren zur Steuerung technischer Geräte (z.B. Mobiltelefone, TV-Geräte) als technische Erfindungen an.

Bei Erfindungen mit Bezug zu Geräten und Verfahren (Programmen) der elektronischen Datenverarbeitung ist also zunächst zu klären, ob der Gegenstand der Erfindung zumindest mit einem Teilaspekt auf technischem Gebiet liegt (§ 1 Abs. 1 PatG). Ist das zu bejahen, ist auf der Grundlage der Regelung in § 1 Abs. 3 Nr. 3 PatG weiter zu prüfen, ob er Anweisungen enthält, die der Lösung eines konkreten technischen Problems mit technischen Mitteln dienen.

Danach ist also zu ergründen, ob dieser Gegenstand lediglich ein Programm für Datenverarbeitungsanlagen als solches darstellt und deshalb vom Patentschutz ausgeschlossen ist. Der Ausschlusstatbestand von § 1 Abs. 3 Nr. 3 PatG greift nicht ein, wenn diese weitere Prüfung ergibt, dass die Lehre Anweisungen enthält, die der Lösung eines konkreten technischen Problems mit technischen Mitteln dienen.

Auch ein auf dem Gebiet der Technik eingesetztes Verfahren ist nicht schon deswegen dem Patentschutz zugänglich, weil es zur Herbeiführung des angestrebten Erfolgs auch den Einsatz eines Programms zur Steuerung einer Datenverarbeitungsanlage vorsieht. Da das Gesetz Programme für Datenverarbeitungsanlagen als solche vom Patentschutz ausschließt, muss die beanspruchte Lehre über die für die Patentfähigkeit unabdingbare Technizität hinaus Anweisungen enthalten, die der Lösung eines konkreten technischen Problems mit technischen Mitteln dienen.

Auch bereits rein konzeptionelle Überlegungen können unter bestimmten Umständen ein technisches Problem lösen und sind somit prinzipiell schutzwürdig.

Für die Patentfähigkeit von Computerprogrammen hat der Bundesgerichtshof im Jahre 2010 neue Möglichkeiten zur Patentierbarkeit von Software und Verfahren, die mit Hilfe von Computern ausgeführt werden, aufgezeigt.

Der Fall[119]: Im Streit über eine Patentanmeldung von Siemens auf ein „Verfahren zur dynamischen Generierung strukturierter Dokumente" beim Deutschen Patentamt hat das Gericht entschieden, dass auch rein konzeptionelle Überlegungen unter bestimmten Umständen ein technisches Problem lösen könnten und somit prinzipiell schutzwürdig seien. Ein Verfahren, welches das unmittelbare Zusammenwirken der Elemente eines Datenverarbeitungssystems betreffe, „sei stets technischer Natur". Dabei komme es nicht darauf an, ob es in der Ausgestaltung, in der es zum Patent angemeldet wird, durch technische Anweisungen geprägt ist. Ein solches Verfahren sei nicht als Programm für Datenverarbeitungsanlagen vom Patentschutz ausgeschlossen, wenn es ein konkretes technisches Problem mit technischen Mitteln löse. Eine Lösung mit technischen Mitteln liege nicht nur dann vor, wenn Systemkomponenten modifiziert oder in neuartiger Weise adressiert werden. Es reiche vielmehr aus, wenn der Ablauf eines Datenverarbeitungsprogramms, das zur Lösung des Problems eingesetzt werde, durch technische Gegebenheiten außerhalb der Datenverarbeitungsanlage bestimmt wird oder wenn die Lösung gerade darin besteht, ein Datenverarbeitungsprogramm so auszugestalten, dass es auf die technischen Gegebenheiten der Datenverarbeitungsanlage Rücksicht nimmt. Ein Verfahren, welches das unmittelbare Zusammenwirken der Elemente eines Datenverarbeitungssystems (z.B. eines Servers mit einem Client zur dynamischen Generierung strukturierter Dokumente) betrifft, ist stets technischer Natur, ohne dass es darauf ankäme, ob es in der Ausgestaltung, in der es zum Patent angemeldet wird, durch technische Anweisungen geprägt ist.

Neben diesen Voraussetzungen muss ein Programm für Datenverarbeitungsanlagen bzw. ein Computerprogramm auch die **sonstigen Patentierungsvoraussetzungen** (dazu gleich) erfüllen. Insbesondere bedeutet dies, dass ein Computerprogramm **neu** sein und auf einer **erfinderischen Tätigkeit** beruhen muss. Physische Wirkungen einer Software (z.B. elektrischer Strom) sind allein nicht ausreichend, um dem technischen Charakter einer

---

[119] BGH, Beschl. v. 22.04.2010 - Xa ZB 20/08.

Erfindung zu genügen. Vielmehr muss das Computerprogramm Naturkräfte oder technische Mittel gebrauchen, um einen unmittelbaren technischen Effekt hervorzurufen.

2. Merksatz also: Software ist (wohl) immer irgendwie technisch und insofern patentfähig.

Entscheidend ist, dass die Erfindung technisch ist und einen technischen Beitrag leistet, d.h. ein konkretes technisches Problem mit konkreten technischen Mitteln löst und die Lösung auch neu ist und sich nicht in naheliegender Weise aus dem Stand der Technik ergibt.

Ein Beispiel für bisher erteilte Softwarepatente ist der Fortschrittsbalken, der den Fortschritt eines Prozesses anzeigt (z.B. beim Starten eines Computers oder beim Schreiben auf einen Datenträger), dieses Patent war etwa acht Jahre lang gültig, bis IBM es 2003 auslaufen ließ. Auch im Bereich des Versandhandels sind einige Verfahren patentiert: So ist der elektronische Einkaufswagen, mit dessen Hilfe bei vielen Onlinehändlern Bestellungen zusammengestellt werden, eine patentierte Geschäftsmethode des Unternehmens Sun. Das „One-click-shopping" (eine Methode um Bestellungen mit nur einem Mausklick in Auftrag zu geben) ist vom Onlinehändler Amazon.com patentiert. Microsoft hält das Patent auf den Prozess des Doppelklicks und auf Instant Messaging in den USA.

4.3.2 Erfinder

Der Erfinder ist derjenige, der eine technische Regel gefunden, also ein technisches Problem mit technischen Mitteln gelöst hat. Es handelt sich immer um **natürliche Personen**.

Ein Unternehmen als juristische Person kann kein Erfinder sein, aber Rechtsnachfolger.

Wie bei Schöpfern im Sinne des Urheberrechts können auch mehrere Erfinder an einer Erfindung beteiligt sein. Wie bei Schöpfern im Sinne des Urheberrechts können auch mehrere Erfinder an einer Erfindung beteiligt sein. Sie werden dann **Miterfinder** genannt.

Es ist auch möglich, dass mehrere Erfinder unabhängig voneinander die gleiche Entdeckung machen, eine gleiche Lösung für ein technisches Problem finden. Im Fall solcher sogenannten Doppelerfindungen steht das Patentrecht gemäß §§ 6, 3 PatG demjenigen zu, der seine Erfindung zuerst beim Patentamt angemeldet hat.

Keine Erfinder im Sinne des Patentgesetzes sind Ideengeber und Gehilfen.

Macht ein **Arbeitnehmer** im Rahmen seines Dienstverhältnisses eine Erfindung, so steht ihm und nicht dem Arbeitgeber das Recht auf das Patent zu. Das bestimmt das **Gesetz über Arbeitnehmererfindungen (ArbnErfG)**. Handelt es sich um eine Diensterfindung im Sinne von § 4 Abs. 2 ArbnErfG, trifft den Arbeitnehmer laut § 5 ArbnErfG eine Meldepflicht gegenüber dem Arbeitgeber. Hat der Arbeitnehmer diese Pflicht erfüllt, hat er die Wahl, allein alle Rechte aus der Erfindung zu nutzen (unbeschränkte Inanspruchnahme, §§ 6, 7 Abs. 1 ArbnErfG) oder aber nur ein nichtausschließliches Benutzungsrecht (§§ 6, 7 Abs. 2 ArbnErfG) in Anspruch zu nehmen. Dem Arbeitnehmer steht dann ein Vergütungsanspruch gegen seinen Arbeitgeber zu (§§ 9, 10 ArbnErfG).

4.3.3 Inhalt des Patentrechts, Verwertungsrechte

Wie auch beim Urheberrecht ist der Zweck des Patentrechts, den Erfinder angemessen zu belohnen dafür, dass er zum technischen Fortschritt beiträgt und seine Erfindung der Öffentlichkeit bekannt gibt. Auch das Patentrecht kennt ein Persönlichkeitsrecht. Dieses Erfinderpersönlichkeitsrecht beschränkt sich allerdings auf die sogenannte **Erfinderehre**: Sie soll in der Benennung des Erfinders zum Ausdruck kommen (§§ 37, 63 PatG).

Wesentlich bedeutsamer sind die Verwertungsrechte des Erfinders gemäß § 9 PatG. Die Norm bestimmt, dass ausschließlich der Inhaber des Patentrechts die Erfindung benutzen darf. Für Erzeugniserfindungen heißt das: Jedem Dritten ist es verboten, eine patentierte Erfindung ohne Zustimmung des Erfinders herzustellen, anzubieten, in Verkehr zu bringen, einzuführen oder zu besitzen (§ 9 Abs. 1 PatG). Handelt es sich um eine Verfahrenserfindung, dürfen Dritte ohne Zustimmung des Rechtsinhabers dieses Verfahren weder anwenden noch zur Anwendung anbieten; außerdem ist es Dritten verboten, Erzeugnisse in Verkehr zu bringen, die mit dem patentierten Verfahren unmittelbar hergestellt wurden (§ 9 Abs. 2, 3 PatG).

Auch im Patentrecht gilt der **Erschöpfungsgrundsatz**, der bereits aus dem Urheberrecht bekannt ist. Das Recht des Erfinders gilt als erschöpft oder verbraucht, wenn er die Erfindung einmal in Verkehr gebracht hat.

Es besteht allerdings ein wesentlicher Unterschied zum Urheberrecht: Dort tritt Erschöpfung ein, wenn ein Werk innerhalb der Europäischen Union oder des Europäischen Wirtschaftsraumes in Verkehr gebracht wurde. Im Patentrecht gilt: Die Erfindung muss in Deutschland in Verkehr gebracht worden sein.

4.3.4 Entstehung des Patentrechts

Anders als beim Urheberrecht entsteht das Patentrecht nicht mit Vorliegen der Erfindung. Das Patentrecht ist vielmehr ein förmliches Recht, es müssen also formelle Voraussetzungen gegeben sein, damit das Patentrecht überhaupt entsteht. Dazu bedarf es eines Patenterteilungsverfahrens.

In der Praxis wird zunächst eine **Patentrecherche** vorgenommen. Hierunter versteht man eine Suche nach vorbekanntem Stand der Technik, sowohl in Patentliteratur (Patenten, Offenlegungsschriften), Nichtpatentliteratur (z.B. Wissenschaftsartikel, Firmenschriften, Fachzeitungen, Messewerbeschriften), als auch sonst irgendwie öffentlich zugänglich gemachter Beschreibung oder Benutzung in verschiedenen Medien und Archiven. Das Deutsche Patent- und Markenamt (DPMA) unterhält aufgrund von § 29 Abs 3 PatG eine eigene Dokumentation des Standes der Technik, die zur Patentrecherche genutzt werden kann. Sinnvoll ist auch eine kostenfreie Recherche in den Datenbanken des Deutschen Patent- und Markenamts sowie des Europäischen Patentamts über die Online-Dienste DPMApublikationen und das Rechts- und Verfahrensstandsregister DPINFO.

Das **Verfahren auf Patenterteilung** beginnt mit der Anmeldung beim Deutschen Patent- und Markenamt. Mit dem Antrag muss der Erfinder gemäß § 34 Abs. 3 PatG eine umfassende Beschreibung der Erfindung und Zeichnungen einreichen. Das DPMA führt dann eine sogenannte Öffentlichkeitsprüfung hinsichtlich formeller oder materieller Mängel durch (§§ 34 bis 38, 42 PatG). An die Öffentlichkeitsprüfung schließt sich das umfangreiche Prüfungs- und Erteilungsverfahren an – manchmal sogar unter eidlicher Anhörung von Zeugen oder Sachverständigen. Das Prüfungsverfahren muss der Erfinder gesondert schriftlich beantragen, entweder direkt bei der Anmeldung oder binnen sieben Jahren danach. Der Antrag für das Prüfungsverfahren ist gebührenpflichtig. Stellen die Fachleute des DPMA keine formellen oder materiellen Mängel fest, erteilen sie das Patent (§ 49 Abs. 1 PatG). Die Erteilung wird im Patentblatt veröffentlicht. Erst mit dieser Veröffentlichung entsteht das Patent (§ 58 PatG) und wird sodann in die Patentrolle eingetragen. Dritte haben gemäß §§ 59 Abs. 1, 21 PatG die Möglichkeit, innerhalb von drei Monaten nach der Veröffentlichung im Patentblatt einen begründeten Einspruch zu erheben. Liegt ein solcher Einspruch vor, wird dieser wiederum geprüft, und das Patentamt muss entscheiden, ob und in welchem Umfang das erteilte Patentrecht aufrechterhalten wird. Gegen die Beschlüsse des DPMA können sowohl der Erfinder als auch Dritte Beschwerde beim Bundespatentgericht einreichen (§§ 65 Abs. 1, 73 PatG).

4.3.5 Übertragung des Patentrechts

Das Patentrecht ist – wie das Urheberrecht – vererblich (§ 15 Abs. 1 Satz 1 PatG). Es wird als Vermögensgegenstand behandelt.

Möglich ist – ebenfalls wie beim Urheberrecht – auch die Übertragung des Patents durch Rechtsgeschäft. § 15 Abs. 1 Satz 2 PatG bestimmt, dass der Rechtsinhaber/ Erfinder sein Patent beschränkt oder unbeschränkt übertragen kann. Es handelt sich hier gewissermaßen um die Erlaubnis, die geschützte technische Lösung in einem bestimmten Umfang zu nutzen.

Veräußert der Rechtsinhaber sein Recht an einen Erwerber, handelt es sich um einen unbeschränkten Übergang. Der Erwerber muss in die Patentrolle eingetragen werden.

Für die beschränkte Übertragung des Patentrechts gilt, was bereits zum Urheberrecht erläutert wurde: Der Rechtsinhaber kann mit Dritten einfache oder ausschließliche Lizenzverträge schließen, in denen die jeweiligen Nutzungsrechte vereinbart sein müssen. Eine ausschließliche Lizenz kann auf Antrag in die Patentrolle eingetragen werden.

4.3.6 Konsequenzen aus der Verletzung des Patentrechts

Sofern ein Dritter gegen das Patentrecht verstößt, hat der Rechtsinhaber einen Anspruch auf **Unterlassung** oder bei fahrlässigem oder vorsätzlichem Verhalten auf **Schadensersatz** (§ 139 Abs. 1, 2 PatG). Der Erfinder kann zudem die gleichen Maßnahmen verlangen wie ein Urheber, als da wären die Vernichtung oder Beseitigung bspw. von Plagiaten (§ 140 a PatG).

Auch **strafrechtlich** sind Verstöße gegen das Patentrecht relevant: Wer die Verwertungsrechte des Erfinders (§ 9 PatG) missachtet, kann mit einer Freiheitsstrafe von bis zu drei Jahren (§ 142 Abs. 1 PatG), bei gewerbsmäßigem Handel bis zu fünf Jahren (§ 142 Abs. 2 PatG) oder mit einer Geldstrafe belangt werden. Schon der Versuch des Verstoßes ist gemäß § 142 Abs. 3 PatG strafbar.

4.3.7 Beendigung des Patentrechts

Das Patentrecht kann gemäß §§ 16, 20, 21, 22 PatG aus verschiedenen Gründen erlöschen. Ist es beendet, kann jedermann die Erfindung nutzen. Sie gilt dann als **„gemeinfrei".**

Das Patent dauert nach § 16 Abs. 1 Satz 1 PatG **zwanzig Jahre**, die mit dem Tag beginnen, der auf die Anmeldung der Erfindung folgt. Das Patentrecht kann mit Ablauf der Schutzfrist erlöschen.

Da die Aufrechterhaltung des Patents gebührenpflichtig ist, erlöschen die meisten Patente bereits vor Ablauf der Schutzfrist, weil die Rechtsinhaber die Gebühr nicht mehr bezahlen (§§ 20 Abs. 1 Nr. 3, 17 Abs. 1 PatG), z.B. weil sich die Erfindung nicht mehr rentiert und die Patentgebühr in keinem Verhältnis zum Ertrag steht.

Für die Beendigung des Patentrechts kommen außerdem der **Widerruf durch das DPMA** (§§ 21, 59, 61 PatG) und die **Nichtigkeitserklärung** (§§ 22, 21 PatG) in Betracht.

4.3.8 Europäische Patente

Im Zusammenhang mit Patentanmeldungen ist die Frage wichtig und klärungsbedürftig, ob der nationale, der europäische oder der internationale Weg zu beschreiten ist. Die nationalen Patenterteilungsverfahren bestehen neben dem europäischen Patenterteilungsverfahren.

Der Anmelder hat also die Wahl, ob er zur Erlangung des Patentschutzes in einem oder mehreren Vertragsstaaten des EPÜ den Weg des nationalen Verfahrens in jedem der Staaten einschlägt, in denen er Schutz anstrebt, oder ob er den europäischen Weg wählt, der ihm mit einem **einzigen Verfahren Schutz in allen Vertragsstaaten verschafft, die er benennt.**

Strebt der Anmelder ein europäisches Patent an, so hat er ferner die Wahl zwischen dem direkten europäischen Weg und dem Euro-PCT-Weg:

Beim direkten europäischen Weg gelten für das gesamte europäische Patenterteilungsverfahren allein die Bestimmungen des EPÜ. Beim Euro-PCT Weg gelten für die erste Phase des Erteilungsverfahrens (internationale Phase) die Bestimmungen des PCT und für die regionale Phase vor dem EPA als Bestimmungsamt oder ausgewähltem Amt hauptsächlich die des EPÜ.

Europäische Patente werden nach den Bestimmungen des Europäischen Patentübereinkommens (EPÜ) erteilt. Das EPÜ ist derzeit in 32 Staaten anerkannt; dazu zählen auch solche, die nicht Mitglied der EU sind (z.B. Türkei, Schweiz).

Europäische Patente werden in einem einheitlichen Verfahren erteilt und entfalten in den einzelnen Staaten dann die gleiche Wirkung wie ein Patent nach dem dort geltenden nationalen Recht (Art. 2 Abs. 2 EPÜ).

Europäische Patente können von natürlichen und juristischen Personen eingereicht werden (Art. 58 EPÜ) und zwar gemäß Art. 75 Abs. 1 EPÜ beim Europäischen Patentamt München (EPA) oder bei den nationalen Zentralbehörden (in Deutschland DPMA). In der Anmeldung muss benannt sein, in welchen Vertragsstaaten des EPÜ der Patentschutz gelten soll (Art. 3 EPÜ).

Nach der Eingangs- und Formalprüfung wird die europäische Patentanmeldung veröffentlicht. In der Bundesrepublik genießt ein angemeldetes europäisches Patent sodann einstweiligen Schutz. Hat der Anmelder die Prüfungsgebühr rechtzeitig bezahlt, folgt die Sachprüfung der Patentanmeldung. Wenn alle Voraussetzungen erfüllt sind, wird das europäische Patent erteilt (Art. 97 Abs. 2 EPÜ) und entfaltet seine volle Wirkung in den Staaten, für die es angemeldet wurde.

Eine europäische Patentanmeldung besteht aus:

- einem **Erteilungsantrag,**
- einer **Beschreibung der Erfindung,**
- **Patentansprüchen,**
- ggf. **Zeichnungen,**
- einer **Zusammenfassung.**

Anmeldungen können in jeder beliebigen Sprache beim EPA eingereicht werden. Amtssprachen des EPA sind allerdings nur Deutsch, Englisch und Französisch. Wird eine Anmeldung nicht in einer dieser Sprachen eingereicht, muss eine Übersetzung vorgelegt werden.

Nur Anmelder, die weder Wohnsitz noch Sitz in Europa haben, sind verpflichtet, einen zugelassenen Vertreter zu bestellen. Das EPA empfiehlt aber allen Anmeldern, Rechtsbeistand in Anspruch zu nehmen.

Den ersten Schritt des europäischen Patenterteilungsverfahrens bildet die **Eingangs- und Formalprüfung.** Dabei wird festgestellt, ob alle erforderlichen Angaben und Unterlagen vorhanden sind, damit ein Anmeldetag zuerkannt werden kann. Hierzu müssen die Anmeldeunterlagen Folgendes enthalten:

- einen Hinweis, dass ein europäisches Patent beantragt wird
- Angaben, die es erlauben, die Identität des Anmelders festzustellen
- eine Beschreibung der Erfindung oder
- eine Bezugnahme auf eine früher eingereichte Anmeldung

An die Eingangsprüfung schließt eine Formalprüfung an, die auf bestimmte formalrechtliche Aspekte der Anmeldung abzielt, zum Beispiel Form und Inhalt des Erteilungsantrags, der Zeichnungen und der Zusammenfassung, Nennung des Erfinders, Bestellung eines zugelassenen Vertreters, erforderliche Übersetzungen und Zahlung der fälligen Gebühren.

Parallel zur Formalprüfung wird ein europäischer **Rechercheberich** erstellt. Darin werden alle dem Amt zur Verfügung stehenden Dokumente aufgelistet, die für die Beurteilung der Neuheit und der erfinderischen Tätigkeit relevant sein könnten. Grundlage für den Recherchebericht sind die Patentansprüche. Die Beschreibung und eventuelle Zeichnungen werden jedoch mit berücksichtigt. Unmittelbar nach seiner Erstellung wird der Bericht dem Anmelder zugesandt– zusammen mit einer Abschrift aller angeführten Dokumente und einer ersten Stellungnahme dazu, ob die beanspruchte Erfindung und die Anmeldung die Erfordernisse des Europäischen Patentübereinkommens erfüllen.

18 Monate nach dem Anmeldetag – bzw., wenn eine Priorität in Anspruch genommen wurde, dem Prioritätstag – wird die Anmeldung **veröffentlicht**, in der Regel zusammen mit dem Recherchebericht. Der Anmelder hat dann sechs Monate Zeit, um zu entscheiden, ob er das Verfahren mit einem Antrag auf Sachprüfung fortsetzen will. Hat ein Anmelder den Prüfungsantrag bereits gestellt, so wird er aufgefordert zu bestätigen, dass die Anmeldung weiterverfolgt werden soll. Innerhalb derselben Frist muss der Anmelder auch die entsprechende Prüfungsgebühr und etwaiger Erstreckungsgebühren entrichten. Vom Veröffentlichungstag an gewährt eine europäische Patentanmeldung in den Staaten, die in der Anmeldung benannt sind, einstweiligen Schutz der Erfindung. Dazu muss aber je nach den nationalen Rechtsvorschriften gegebenenfalls bei den betreffenden Patentämtern eine Übersetzung der Patentansprüche eingereicht und veröffentlicht werden.

Sachprüfung: Sobald der Prüfungsantrag gestellt ist, prüft das Europäische Patentamt, ob die europäische Patentanmeldung und die Erfindung den Erfordernissen des Europäischen Patentübereinkommens genügen und ein Patent erteilt werden kann. Eine Prüfungsabteilung setzt sich normalerweise aus drei Prüfern zusammen, von denen einer mit dem Anmelder oder dessen Vertreter in Kontakt steht. Die Entscheidung über die Anmeldung trifft jedoch das gesamte Gremium, damit ein Höchstmaß an Objektivität gewährleistet ist.

Patenterteilung: Beschließt die Prüfungsabteilung, dass ein Patent erteilt werden kann, so erlässt sie eine entsprechende Entscheidung. Sobald die Übersetzungen der Ansprüche eingereicht und die Erteilungs- und Veröffentlichungsgebühr entrichtet sind, wird im Europäischen Patentblatt ein Hinweis auf die Erteilung bekannt gemacht. Die Entscheidung über die Erteilung wird am Tag der Bekanntmachung wirksam. Mit der Erteilung zerfällt das europäische Patent in ein „Bündel" einzelner nationaler Patente.

natürliche bzw. juristische Person

reicht Patent ein

Europäisches Patentamt

Prüfungsgebühr

Prüfung

Veröffentlichung

Sachprüfung

europäisches Patent

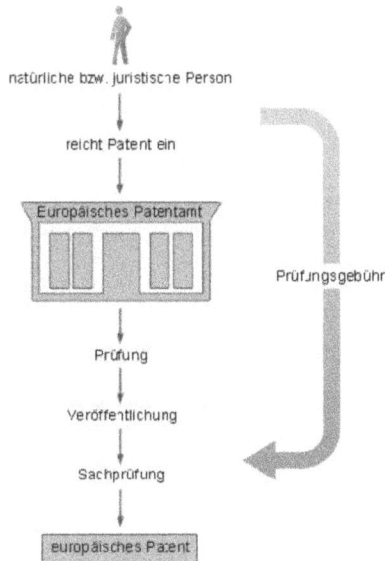

Was muss man tun, um ein europäisches Patent anzumelden?

Anträge auf Erteilung eines europäischen Patents sind auf dem dafür vorgesehenen Formblatt des Europäischen Patentamts (EPA 1001) LINK einzureichen. Wenn der Anmelder nicht der (einzige) Erfinder ist, muss dem Antrag das Formblatt für die Erfindernennung (EPA 1002) LINK beigefügt werden. Darüber hinaus kann eine Vollmacht (Formblatt EPA 1003) erforderlich sein (s. unter „Vertretung").

Eine europäische Patentanmeldung muss Folgendes enthalten:

- den Erteilungsantrag (Formblatt EPA 1001)

- eine Beschreibung der Erfindung

- einen oder mehrere Patentansprüche

- die Zeichnungen, auf die in der Beschreibung oder in den Patentansprüchen Bezug genommen wird

- eine Zusammenfassung

Wo kann man erfahren, ob es etwas Ähnliches schon gibt und ob dafür ein Patent erteilt wurde?

Eine Möglichkeit herauszufinden, ob ein Produkt oder eine Idee schon von einer anderen Person erfunden und zum Patent angemeldet wurde, bietet Espacenet, die kostenlose Online-Datenbank des EPA. Sie enthält über 60 Millionen Patentdokumente, die durch Kombination mehrerer Schlagwörter durchsucht werden können. Eine Suche in Espacenet führen Sie folgendermaßen durch:

- Rufen Sie die http://worldwide.espacenet.com/?locale=de_ep auf.
- Wählen Sie zum Beispiel „Erweiterte Suche".
- Wählen Sie die Patentdatenbank „Worldwide".
- Geben Sie einen oder mehrere Suchbegriffe in das entsprechende Feld ein

und klicken Sie auf „Suchen". Mehr über die Nutzung dieser Datenbank erfahren Sie im E-Learning-Modul „esp@cenet Assistent".

Was kostet ein europäisches Patent?

Es werden folgende Gebühren erhoben: Anmelde- und Recherchegebühr, Benennungsgebühren, Anspruchsgebühren (bei mehr als 15 Patentansprüchen), die Prüfungs-, die Erteilungs- sowie die Veröffentlichungsgebühr. Außerdem fallen ab dem dritten Jahr nach dem Anmeldetag Jahresgebühren an. Die Anmelde- und die Recherchegebühren sind zu Beginn des Verfahrens zu entrichten und betragen derzeit rund 1.300 EUR (oder 1.200 EUR, wenn die europäische Anmeldung online eingereicht wurde). Die übrigen Gebühren werden erst später fällig. Das bedeutet, dass ein Patentanmelder nach jedem einzelnen Verfahrensschritt darüber entscheiden kann, ob er die Anmeldung weiterverfolgen will oder nicht. Um einen Anhaltspunkt zu liefern: Bis zur Erteilung eines Patents in allen 38 Staaten belaufen sich die Gebühren momentan im Schnitt auf 5.100 EUR (oder 5.000 EUR, wenn die europäische Anmeldung online eingereicht wurde).

Wie lange bleibt ein erteiltes europäisches Patent in Kraft?

Die maximale Lebensdauer eines europäischen Patents beträgt zwanzig Jahre ab dem Anmeldetag. Es kann auch eher erlöschen, etwa wenn die Jahresgebühren nicht ordnungsgemäß gezahlt werden, der Patentinhaber sein Patent zurücknimmt oder es für nichtig erklärt wird. In bestimmten Fällen (Patente auf Arznei- oder Pflanzenschutzmittel) besteht die Möglichkeit, die

Schutzdauer zu verlängern. Mehr dazu finden Sie unter: Artikel 63 – Laufzeit des europäischen Patents

Wie lange dauert das Erteilungsverfahren?

Die Dauer des europäischen Patenterteilungsverfahrens beträgt etwa drei bis fünf Jahre ab dem Anmeldetag. Das Verfahren besteht aus zwei Hauptabschnitten. Der erste umfasst die Formalprüfung sowie die Erstellung des Rechercheberichts und der vorläufigen Stellungnahme dazu, ob die beanspruchte Erfindung und die Anmeldung die Erfordernisse des EPÜ erfüllen. Der zweite Abschnitt umfasst die Sachprüfung.

Nach der Erteilung können Dritte Einspruch gegen das europäische Patent einlegen. Dies tun in der Regel Wettbewerber des Patentinhabers, wenn sie der Meinung sind, dass das Patent zu Unrecht erteilt wurde - weil zum Beispiel die Erfindung nicht neu ist oder keine erfinderische Tätigkeit vorliegt. Der Einspruch ist innerhalb von neun Monaten, nachdem die Erteilung im Europäischen Patentblatt bekannt gemacht wurde, einzulegen. Eine Einspruchsabteilung des Europäischen Patentamts, die gewöhnlich aus drei Prüfern besteht, prüft dann den Einspruch.

In dieser Phase kann der Patentinhaber selbst ein Beschränkungs- und Widerrufsverfahren einleiten. Er kann jederzeit nach der Erteilung beantragen, dass sein Patent beschränkt oder widerrufen werden soll. Die Entscheidung über die Beschränkung bzw. den Widerruf des europäischen Patents wird an dem Tagwirksam, an dem sie im Europäischen Patentblatt bekannt gemacht wird. Sie bewirkt, dass das Patent als von Anfang an beschränkt bzw. widerrufen gilt, und zwar für alle Vertragsstaaten, für die es erteilt worden ist. Entscheidungen des Europäischen Patentamts, zum Beispiel die Zurückweisung einer Anmeldung oder die Entscheidung über einen Einspruch, können mit einer Beschwerde angefochten werden. Über die Beschwerde entscheiden die unabhängigen Beschwerdekammern. In bestimmten Fällen besteht die Möglichkeit, einen Antrag auf Überprüfung durch die Große Beschwerdekammer zu stellen.

Beispiel 1[120]: Die Große Beschwerdekammer des Europäischen Patentamts hat am 9. Dezember 2010 ihre **Entscheidung in den Fällen „Brokkoli und Tomate"** veröffentlicht. Dabei ging es um die Klärung des Begriffs der „im Wesentlichen biologische Verfahren", mit dem im Europäischen Patentübereinkommen (EPÜ) derartige Verfahren zur Züchtung von Pflanzen (und Tieren) von der Patentierbarkeit ausgeschlossen werden.

---

[120] Pressemitteilung des EPA v. 09.12.2010.

Die Große Beschwerdekammer ist die höchste Rechtsprechungsinstanz innerhalb des EPA. Wie alle Beschwerdekammern ist sie unabhängig in der Ausübung ihrer Tätigkeit. Ihre Aufgabe liegt in der Sicherung einer einheitlichen Rechtsanwendung nach dem EPÜ.

In ihrer Entscheidung kommt die Große Beschwerdekammer zum Schluss, dass im Wesentlichen biologische Verfahren, die sexuelle Kreuzungsschritte in Bezug auf das gesamte Genom beinhalten, sowie die darauf folgende Auswahl der daraus resultierenden Pflanzen durch die Züchter nach dem EPÜ nicht patentierbar seien. Auch die bloße Verwendung von technischen Verfahrensschritten zur Durchführung bzw. Unterstützung von Verfahren der sexuellen Kreuzung von Genomen von Pflanzen und der nachfolgenden Selektion der Pflanzen würden den Ausschluss von der Patentierbarkeit nicht aufheben. Technische Hilfsmittel wie genetische Marker könnten zwar an sich nach dem EPÜ patentfähige Erfindungen darstellen, ihre Verwendung in einem wesentlichen biologischen Züchtungsverfahren mache dieses aber nicht patentierbar. Die Große Beschwerdekammer führte schließlich aus, dass jedoch ein Verfahren zur Veränderung von Pflanzen mittels Einfügung von Merkmalen in ein Genom bzw. dessen Veränderung durch gentechnische Verfahrensschritte patentierbar sein könne, da es nicht auf sexueller Kreuzung ganzer Genomen beruhe. Allerdings solle in solchen Fällen Kreuzungs- und Auswahlverfahren nicht im Patent beansprucht werden, das die Anwendung technischer Verfahrensschritte vor bzw. nach dem im Wesentlichen biologischen Kreuzungsvorgang nicht zu dessen Patentierbarkeit führe.

Beispiel 2: Im Jahre 2007 erteilte das Europäische Patentamt (EPA) in München zwei Patente auf Kühe (EP1330552), eins davon auf eine gentechnische Manipulation, das zweite auf eine bestimmte Züchtungsmethode. Die Patente sichern den Inhabern sowohl die Rechte an einem Zuchtverfahren für Kühe, als auch auf Kühe, die genmanipuliert wurden. Beide Teil-Patente zielen darauf ab, dass die Kühe mehr Milch geben sollen.

Beispiel 3: Eine patentierte DNA-Sequenz zur Pestizid-Resistenz von Sojapflanzen ist nicht auch als bloßer Rückstand in Sojamehl geschützt. Monsanto kann die Vermarktung von argentinischem Sojamehl, das eine für diese Gesellschaft patentierte DNA-Sequenz als Rückstand enthält, in der EU nicht verbieten. Ein europäisches Patent kann nur für eine Erfindung geltend gemacht werden, die die Funktion, für die sie patentiert wurde, tatsächlich erfüllt.

Der Fall[121]: Monsanto ist seit 1996 Inhaberin eines europäischen Patents für eine DNASequenz, die bei Einbringung in die DNA einer Sojapflanze diese Pflanze gegen das in der Landwirtschaft häufig verwendete Herbizid Glyphosat resistent macht. Erzeuger können so das Unkraut vernichten, ohne dem Sojapflanzenanbau zu schaden. Diese genetisch veränderte Sojapflanze, die RR-Sojapflanze, wird in Argentinien, wo für die Erfindung von Monsanto kein Patentschutz besteht, in großem Umfang angebaut. Europäische Gesellschaften führten in den Jahren 2005 und 2006 Sojamehl aus Argentinien in die Niederlande ein. Eine auf Antrag von Monsanto vorgenommene Untersuchung ergab das Vorhandensein von Spuren der für die RR-Sojapflanze charakteristischen DNA, was bewies, dass das eingeführte Mehl mit diesem Sojapflanzentyp erzeugt worden war. Die von Monsanto befasste Rechtbank 's-Gravenhage (erstinstanzliches Gericht Den Haag, Niederlande) hat dem EuGH die Frage gestellt, ob allein das Vorhandensein der durch ein europäisches Patent geschützten DNA-Sequenz für die Feststellung einer Verletzung des europäischen Patents von Monsanto anlässlich der Vermarktung des Mehls in der EU ausreicht.

Der EuGH weist darauf hin, dass die Funktion der Erfindung von Monsanto erfüllt werde, wenn die genetische Information die Sojapflanze, in die sie Eingang gefunden hat, gegen die Wirkweise des Herbizids Glysophat schütze. Diese Funktion der geschützten DNA-Sequenz könne jedoch nicht mehr erfüllt werden, wenn die Sequenz als Rückstand in Sojamehl enthalten sei, das ein nach mehreren Verarbeitungsvorgängen der Sojapflanze gewonnenes totes Material ist.

Folglich sei ein Patenschutz ausgeschlossen, wenn die genetische Information aufgehört habe, ihre Funktion in der ursprünglichen Pflanze, aus der sie hervorgegangen ist, zu erfüllen. Ein solcher Schutz könne nicht mit der Begründung gewährt werden, dass die im Sojamehl enthaltene genetische Information ihre Funktion in einer anderen Pflanze möglicherweise erneut erfüllen könnte. Hierzu wäre es nämlich erforderlich, dass die DANN-Sequenz tatsächlich in diese andere Pflanze eingebracht wird und so ein Schutz für diese auf Grund des europäischen Patents entstehen könnte. Unter diesen Umständen könne Monsanto die Vermarktung von Sojamehl aus Argentinien, das seine biotechnologische Erfindung als Rückstand enthält, auf der Grundlage der Richtlinie nicht verbieten.

---

[121] EuGH, Urt. v. 06.07.2010 C - 428/08.

4.4 Gebrauchsmusterrecht

Das **Gebrauchsmusterrecht** ist – wie das Patent – ein technisches Schutzrecht, das eine Erfindung schützt. Es wird in der Literatur häufig als „kleines Patent" oder „Minipatent" bezeichnet. Tatsächlich bestehen zwischen dem Patentrecht und dem Gebrauchsmusterrecht zahlreiche Parallelen. Es sollen hier deshalb die wesentlichen Grundsätze nicht wiederholt werden. Viel mehr wird Wert darauf gelegt, die Unterschiede bzw. Besonderheiten kurz zu nennen.

Das **Gebrauchsmusterrecht** ist von immenser wirtschaftlicher Bedeutung: Es wird vor allem bei Erfindungen, die aufgrund des technischen Fortschritts nur relativ kurze Zeit praktisch bedeutsam sind, angewendet – in erster Linie, weil es kostengünstiger ist als ein Patent. Vor allem Einzelerfinder und kleine sowie mittelständische Unternehmen bedienen sich des Gebrauchsmusterrechts.

Gemäß § 1 Abs. 1 des Gebrauchsmustergesetzes (GebrMG) muss es sich, damit der Rechtsschutz eintreten kann, um eine **neue, gewerblich anwendbare Erfindung** handeln, die auf einem erfinderischen Schritt beruht. Hier wird die Nähe zum Patentrecht deutlich.

Beim Gebrauchsmuster ist ebenfalls eine Schutzrechtsrecherche vor der Anmeldung wichtig, da das Deutsche Patent- und Markenamt Gebrauchsmuster einträgt, ohne alle sachlichen Voraussetzungen zu prüfen. Sinnvoll ist daher eine Recherche in den Datenbanken des Deutschen Patent- und Markenamts sowie des Europäischen Patentamts. Hierzu können z.B. die Online-Dienste DPMApublikationen und das Rechts- und Verfahrensstandsregister DPINFO kostenfrei genutzt werden.

Der **Inhalt des Gebrauchsmusterrechts** ist im Wesentlichen identisch mit dem des Patentrechts, es gelten die gleichen Verbote für Dritte wie bei Erzeugnispatenten (§ 11 GebrMG).

Auch das Gebrauchsmuster und der damit verbundene Rechtsschutz entstehen nur durch ein formelles Verfahren, das sich vom Patentanmelde- und -prüfungsverfahren allerdings unterscheidet: Es ist schneller und unkomplizierter. Die Prüfung des DPMA beschränkt sich auf absolute Schutzvoraussetzungen, d.h. die Neuheit der Erfindung, der zugrundeliegende erfinderische Schritt und die gewerbliche Anwendbarkeit der Erfindung werden hier gar nicht geprüft (§§ 8 Abs. 1, 2 GebrMG).

Wenn das Patentamt die **Anmeldung** als genügend anerkennt, verfügt es gemäß § 8 Abs. 1 GebrMG die **Eintragung** des Gebrauchsmusters in die Gebrauchsmusterrolle. Damit ist das Gebrauchsmuster entstanden, und der Rechtsinhaber kann seine Rechte ausüben und Ansprüche geltend machen.

Da im Anmeldeverfahren für ein Gebrauchsmuster nicht alle Voraussetzungen geprüft werden, besteht hier für den Erfinder ein ähnliches Risiko wie für den Urheber: Im Fall eines Prozesses könnte ein Gericht entscheiden, dass das Patentamt das Gebrauchsmuster zu Unrecht erteilt hat. Das Gebrauchsmusterrecht hat damit unter Umständen gar keine oder nur eine beschränkte Wirkung, während das Patentrecht in der Literatur als „stark und wertvoll" bezeichnet wird.

Die **Übertragung** des Gebrauchsmusters kann – wieder wie beim Patentrecht – durch Vererbung (§ 22 Abs. 1 Satz 1 PatG) oder durch Rechtsgeschäft erfolgen. Es sind die gleichen Gestaltungsformen wie beim Patent möglich: die unbeschränkte Übertragung durch Veräußerung (Rechtskauf gemäß §§ 453, 433 BGB) oder die beschränkte Übertragung durch Lizenzverträge.

Der **Gebrauchsmusterschutz** fällt wesentlich kürzer aus als die Schutzfrist im Patentrecht. Er beträgt hier zunächst drei Jahre und kann gegen Gebühren auf höchstens zehn Jahre verlängert werden (§ 23 PatG). Läuft die Schutzfrist aus, erlischt das Gebrauchsmuster. Das Gebrauchsmuster kann außerdem durch Löschung beendet werden, wenn ein Dritter einen entsprechenden Antrag stellt und das DPMA diesem stattgibt.

4.5 Geschmacksmusterrecht

Auch beim **Geschmacksmusterrecht** handelt es sich um gewerblichen Schutz des geistigen Eigentums; allerdings stehen hier nicht – wie bei Patent- und Gebrauchsmusterrecht – technische Zusammenhänge im Mittelpunkt, sondern es wird eine ästhetische gewerbliche Leistung geschützt. Das betrifft also in erster Linie **Designs,** aber auch **Verpackungs-** und **Werbegestaltungen.**

Geschmacksmuster stehen hinsichtlich ihres Gegenstandes in enger Beziehung zum Urheberrecht. Letzteres verlangt eine hohe Schöpfungsqualität, damit das Schutzrecht überhaupt entsteht. Bei Geschmacksmustern ist der Anspruch an den Qualitätsgrad niedriger. Deshalb besteht die Möglichkeit des Doppelschutzes: Eine ästhetische Leistung kann sowohl Rechtsschutz als Geschmacksmuster als auch als Werk im Sinne des Urheberrechts genießen.

§ 2 Abs. 1 des Geschmacksmustergesetzes (GeschmMG) bestimmt als Voraussetzung für ein Geschmacksmuster, dass es sich um ein neues **Muster** mit einer Eigenart handeln muss. Solche Muster können in zwei- oder dreidimensionalen Formen (Flächenmuster oder Modelle) auftreten. Die Bandbreite der Muster ist – wie die der verschiedenen Design-Bereiche – umfangreich. Es kann sich bspw. um Industriedesign handeln, Produktdesign oder Mode-Design (z.B. Schmuck, Textilien, Möbel, Autos).

Als **neu** wird ein Muster gemäß § 2 Abs. 2 GeschmMG angesehen, wenn vor der Anmeldung kein identisches Muster offenbart, also der Öffentlichkeit bekannt gemacht wurde. Identisch sind Muster dann, wenn sie sich nur in unwesentlichen Einzelheiten voneinander unterscheiden.

Vor Anmeldung eines Geschmacksmusters ist es empfehlenswert, sich über den bestehenden Formenschutz zu informieren und nach bereits eingetragenen Geschmacksmustern zu recherchieren. Das Deutsche Patent- und Markenamt überprüft nicht, ob bereits ähnliche oder identische Designs eingetragen sind. Eine mögliche Verletzung älterer Schutzrechte wird erst im Streitfall durch die Zivilgerichte festgestellt. Hierzu kann in **DPMApublikationen** oder im Rechts- und Verfahrensstandsregister **DPINFO** kostenfrei nach Deutschen Geschmacksmustern recherchiert werden.

Rechtsinhaber ist in aller Regel der Entwerfer/ Designer des Geschmacksmusters oder dessen Rechtsnachfolger. § 7 Abs. 2 GeschmMG bestimmt (ähnlich wie § 69 b UrhG), dass das Recht an einem Geschmacksmuster dem Arbeitgeber zusteht, wenn ein Arbeitnehmer es im Rahmen seiner Aufgaben oder nach Weisungen entworfen hat. Die Parteien können aber vertraglich anderes vereinbaren.

Inhaltlich ist das Geschmacksmusterrecht ähnlich dem Patent- und dem Gebrauchsmusterrecht ausgestaltet. Ausschließlich der Rechtsinhaber darf das Geschmacksmuster benutzen, es also herstellen, anbieten, ein- und ausführen etc. (§ 38 Abs. 1 GeschmMG).

Das Geschmacksmuster ist – wie Patent und Gebrauchsmuster – ein förmliches Recht und muss beim Deutschen Patent- und Markenamt angemeldet und registriert werden. Sofern das DPMA die Anmeldung annimmt – die Prüfung ist hier nicht so umfangreich wie beim Patent, sondern ähnlich unkompliziert wie bei Gebrauchsmustern – entsteht das Geschmacksmuster mit der Eintragung ins Register. Für den Rechtsinhaber bestehen die gleichen Risiken im Hinblick auf einen Prozess, wie sie bereits für Gebrauchsmuster bzw. für das Urheberrecht erläutert wurden.

Das Geschmacksmuster ist **vererblich** und kann auch **durch Rechtsgeschäft übertragen** werden. Die unbeschränkte Übertragung erfolgt durch Abtretung (§§ 413, 398 BGB); sie kann auf Antrag ins Geschmacksmusterregister eingetragen werden. Bei der beschränkten Übertragung werden Lizenzverträge geschlossen. Es gelten die Ausführungen, die bereits zu den anderen Schutzrechten zu finden sind. Darüber hinaus enthält § 31 GeschmMG Regelungen für Geschmacksmusterlizenzen, insbesondere gesetzliche Rechte des Rechtsinhabers gegen den Lizenznehmer bei Verstößen gegen das Geschmacksmuster.

Auch für das Geschmacksmusterrecht gilt, dass Verletzungen des Geschmacksmusters unzulässig sind. Wichtigste Anspruchsgrundlage für den Rechtsinhaber ist § 42 GeschmMG, wonach er von einem Verletzer – wie bei den anderen Schutzrechten – Unterlassung, bei Verschulden Schadensersatz oder eine anderweitige, angemessene Beseitigung der Rechtsverletzung verlangen kann.

Auch strafrechtliche Sanktionen sieht das Gesetz bei Verstößen gegen Geschmacksmuster vor. Gemäß § 51 Abs. 1, 2 GeschmMG drohen dem Verletzer bis zu drei Jahre Freiheitsstrafe oder Geldstrafe, bei gewerbsmäßigem Handel wiederum fünf Jahre Freiheitsstrafe. Auch der Versuch einer Geschmacksmusterverletzung ist gemäß § 51 Abs. 3 GeschmMG strafbar.

Der Schutz des Geschmacksmusterrechts besteht zunächst für eine Dauer von fünf Jahren und kann gemäß §§ 28 Abs. 1, 27 Abs. 2 GeschmMG gegen Gebühr auf bis zu 25 Jahre verlängert werden. Nach Ablauf der Schutzfrist erlischt der Schutz, und jeder darf das Muster benutzen.

Beispiel: Der Bundesgerichtshof hat entschieden, dass die Abbildung eines **Geschmacksmusters** nicht „zum Zwecke des Zitats" nach § 40 Nr. 3 GeschmMG zulässig ist, wenn sie ausschließlich Werbezwecken dient.

Der Fall[122]: Die Beklagte, die Deutsche Bahn AG, ist Inhaberin von Geschmacksmustern, die sie für Züge des Typs ICE 3 benutzt. Die Klägerin, die Fraunhofer-Gesellschaft, betreibt eine Einrichtung für angewandte Forschung, die sich mit Schienenfahrzeugtechnik befasst und die für die Beklagte eine Radsatzprüfanlage für den Zugtyp ICE 1 entwickelt hat.

Im Ausstellerkatalog einer Fachmesse warb die Fraunhofer-Gesellschaft für ihre Leistungen mit der Darstellung ihres Leistungsspektrums und des Forschungsbedarfs in der Schienenfahrzeugtechnik, wobei sie den Triebwagen eines ICE 3 abbildete. Die Beklagte wies die Klägerin darauf hin, dass sie Inhaberin der den ICE 3 betreffenden Geschmacksmuster sei und forderte sie zur Zahlung einer Lizenzgebühr von 750 € auf.

Die Klägerin hat die Feststellung beantragt, dass der Beklagten wegen der beanstandeten Abbildung des ICE 3 in ihrem Leistungsspektrum keine Ansprüche zustehen.

Nach Ansicht des Bundesgerichtshofs wurde bislang nicht hinreichend geprüft, ob die beanstandete Abbildung des ICE 3 die von der Beklagten für

---

[122] BGH, Urt. v. 07.04.2011 - I ZR 56/09.

den ICE 3 benutzten Geschmacksmuster verletzt. Für eine solche Prüfung hätten der Gesamteindruck der Abbildung und der Gesamteindruck des Musters ermittelt und miteinander verglichen werden müssen. Dabei wären nicht nur Übereinstimmungen, sondern auch Unterschiede zu berücksichtigen gewesen.

Der Bundesgerichtshof hat entschieden, dass die Klägerin sich für den Fall einer Geschmacksmusterverletzung nicht auf Rechtfertigungsgründe berufen kann und insbesondere vergeblich geltend macht, die Abbildung des ICE 3 in ihrem Katalog sei nach § 40 Nr. 3 GeschmMG „zum Zwecke der Zitierung" erlaubt.

Die Abbildung eines Geschmacksmusters zum Zwecke der Zitierung hätte vorausgesetzt, dass eine Verbindung zwischen dem abgebildeten Geschmacksmuster und der im Katalog dargestellten Tätigkeit der Klägerin besteht und das Muster damit als Belegstelle für eigene Ausführungen des Zitierenden gedient hätte. Daran fehlt es im Streitfall, da sich das Leistungsspektrum, das die Klägerin in dem Katalog beschreibt, nicht auf den ICE 3, sondern auf den ICE 1 bezieht. Die Abbildung des ICE 3 diente damit nur dem Marketing und lässt sich nicht als ein der Veranschaulichung der eigenen Tätigkeit dienendes Zitat verstehen.

4.6 Markenrecht

Die deutsche Rechtsordnung kennt verschiedene Arten von **Kennzeichen,** darunter den Namen (§ 12 BGB) und die Firma (§§ 17 ff., 37 HGB), aber auch Marken, Unternehmenskennzeichen, Geschäftsabzeichen und geographische Herkunftsangaben. Hier soll ein Überblick über das Markenrecht geben werden; sofern Parallelen zu den anderen bereits behandelten Schutzrechten bestehen, wird darauf verwiesen, um Wiederholungen zu vermeiden. Marken kennzeichnen Produkte und Dienstleistungen eines Unternehmens. Sie können für die Qualität eines Unternehmens stehen und zählen ebenso wie Patente zu dessen geistigem Eigentum. Starke Marken stellen einen Vermögenswert dar. Eine Marke dient der Kennzeichnung von Waren oder Dienstleistungen eines Unternehmens. Schutzfähig sind Zeichen, die geeignet sind, **Waren oder Dienstleistungen** eines Unternehmens von denjenigen anderer Unternehmen zu unterscheiden.

4.6.1 Marken und geschäftliche Bezeichnungen

Als **Marke** können gemäß § 3 des Markengesetzes (MarkenG) alle Zeichen, insbesondere Wörter einschließlich Personennamen, Abbildungen, Buchstaben, Zahlen, Hörzeichen, dreidimensionale Gestaltungen einschließlich der

Form einer Ware oder ihrer Verpackung sowie sonstige Aufmachungen ein-schließlich Farben und Farbzusammenstellungen geschützt werden, die geeignet sind, Waren oder Dienstleistungen eines Unternehmens von denjenigen anderer Unternehmen zu unterscheiden.

Demgemäß werden unterschieden:

Wortmarken sind Marken, die aus Wörtern, Buchstaben, Zahlen oder sonstigen Schriftzeichen bestehen, die sich mit der vom DPMA verwendeten üblichen Druckschrift darstellen lassen.

- **Bildmarken** sind Bilder, Bildelemente oder Abbildungen (ohne Wortbestandteile).

- **Wort-/Bildmarken** bestehen aus einer Kombination von Wort- und Bildbestandteilen, oder aus Wörtern, die grafisch gestaltet sind.

- **Dreidimensionale Marken** sind gegenständliche Marken. Sie bestehen aus einer dreidimensionalen Gestaltung.

- **Hörmarken** sind akustische, hörbare Marken, also Töne, Tonfolgen, Melodien oder sonstige Klänge und Geräusche. Weniger bekannt sind.

- **Kennfadenmarken.** Farbige Streifen oder Fäden, die auf bestimmten Produkten angebracht sind, werden so bezeichnet.

Es handelt sich also um ein Unterscheidungsmerkmal, das ein bestimmtes Produkt identifiziert. In der Wirtschaftspraxis kann die Marke in Bezug auf die Kreditwürdigkeit und das Image eines Unternehmens von großer Bedeutung sein. Es besteht allerdings keine Pflicht, eine Marke zu führen – im Gegenteil: sogenannte „no name"-Produkte sind am Markt absolut üblich und zulässig. Andererseits ist nicht jede verwendete Bezeichnung für eine Ware oder eine Dienstleistung automatisch eine Marke.

Nach § 1 MarkenG werden **Marken, geschäftliche Bezeichnungen und geographische Herkunftsangaben** geschützt. Entscheidendes Merkmal einer Marke ist – wie eingangs erwähnt – deren Unterscheidungskraft, §§ 3, 8 MarkenG.

Gemäß § 2 MarkenG schließt der Schutz von Marken, geschäftlichen Bezeichnungen und geographischen Herkunftsangaben nach dem Markengesetz die Anwendung anderer Vorschriften zum Schutz dieser Kennzeichen nicht aus. Nach der wettbewerbsrechtlichen Bestimmung des § 5 Abs. 2 UWG ist eine geschäftliche Handlung auch irreführend, wenn sie im Zusammenhang mit der Vermarktung von Waren oder Dienstleistungen einschließlich vergleichender Werbung eine **Verwechslungsgefahr mit einer anderen Ware oder Dienstleistung oder mit der Marke oder einem anderen Kennzeichen eines Mitbewerbers** hervorruft. Nach der bisherigen Rechtsprechung wird das Wettbewerbsrecht jedoch vom Kennzeichenrecht verdrängt. Die Vorschriften des Markenrechts wären mithin in ihrem Anwendungsbereich als abschließende Spezialregelung anzusehen, neben der sich ein Rückgriff auf eine nach Irreführungsaspekten zu beurteilende tatsächliche Verwechslungsgefahr verbietet. Für die Anwendung von § 5 Abs. 2 UWG verbliebe demgemäß lediglich der Bereich nicht marken- und kennzeichenmäßiger Verwendung fremder Marken und Kennzeichen.

Bedeutsam ist folgende Unterscheidung:§ 3 MarkenG meint die **abstrakte Unterscheidungskraft** einer Marke, bei der nach einer abstrakten Sichtweise zu beurteilen ist, ob das Zeichen eines Unternehmens zur Unterscheidung von denjenigen Zeichen anderer Unternehmen geeignet ist. Demgegenüber kommt es in § 8 Abs. 2 Nr. 1 MarkenG auf die **konkrete Unterscheidungskraft** einer Marke an, weil es dort um deren Eintragungsfähigkeit geht. Eine solche konkrete Unterscheidungskraft erwirbt eine Marke bezüglich der jeweiligen Ware oder Dienstleistungen.

Wichtig ist sodann, dass eine Marke **graphisch darstellbar** sein muss, vgl. § 8 Abs. 1 MarkenG.

Nach § 3 MarkenG sind alle Zeichen, insbesondere Wörter einschließlich Namen natürlicher und juristischer Personen und Personengemeinschaften, Abbildungen, Buchstaben, Zahlen, Hörzeichen und dreidimensionale Gestaltungen, Farben und Tastmarken schutzfähig.

Auch sogenannte **„Bekannte Marken"** sind gemäß §§ 9 Abs. 1 Nr. 3, 14 Abs. 2 Nr. 3 MarkenG geschützt, wobei es hierbei auf den durch Verkehrsbefragungen zu ermittelnden Grad der Verkehrsbekanntheit ankommt.

Nicht als Marke geschützt werden können nach § 3 Abs. 2 MarkenG Zeichen, die ausschließlich aus einer Form bestehen, die durch die Art der Ware selbst bedingt ist, die zur Erreichung einer technischen Wirkung erforderlich ist oder die der Ware einen wesentlichen Wert verleiht.

Als „Geschäftliche Bezeichnungen" werden nach § 5 MarkenG auch Unternehmenskennzeichen und Werktitel geschützt.

Unternehmenskennzeichen sind gemäß § 5 Abs. 2 MarkenG Zeichen, die im geschäftlichen Verkehr als Name, als Firma oder als besondere Bezeichnung eines Geschäftsbetriebs oder eines Unternehmens benutzt werden.

Werktitel sind nach § 5 Abs. 2 MarkenG die Namen oder besonderen Bezeichnungen von Druckschriften, Filmwerken, Tonwerken, Bühnenwerken oder sonstigen vergleichbaren Werken.

Markenschutz entsteht **entweder durch die Eintragung** eines Zeichens als Marke in das vom Deutschen Patent- und Markenamt (DPMA) geführte Register (§ 4 Nr. 1 MarkenG) **oder** durch Benutzung eines Zeichens im geschäftlichen Verkehr mit Verkehrsgeltung (§ 4 Nr. 2 MarkenG) **oder** durch die sogenannte **notorische Bekanntheit** einer Marke(§ 4 Nr. 3 MarkenG).

Beim Deutschen Patent- und Markenamt eingetragene Marken gelten ausschließlich für das Gebiet der Bundesrepublik Deutschland. Wenn ihr Schutz ausgedehnt werden soll, kann ein Antrag auf internationale Registrierung bei der Weltorganisation für Geistiges Eigentum (WIPO/OMPI) gestellt werden. Dieser Antrag ist beim Deutschen Patent- und Markenamt einzureichen.

Im Falle, dass Schutz in den Ländern der Europäischen Union begehrt wird, kann beim Harmonisierungsamt für den Binnenmarkt (HABM) eine Gemeinschaftsmarke angemeldet werden, sogenannte **„Gemeinschaftsmarke".**

4.6.2 Schutzhindernisse

Absolute Schutzhindernisse im Sinne von § 8 MarkenG hindern die Eintragungsfähigkeit einer Marke. Im Einzelnen:

Von der Eintragung als Marke sind gemäß § 8 Abs 1 MarkenG zunächst schutzfähige Zeichen im Sinne von § 3 MarkenG ausgeschlossen, wenn sie sich nicht **graphisch darstellen** lassen.

§ 8 Abs.2 MarkenG stellt darüber hinaus eine Reihe weiterer absoluter Schutzhindernisse auf:

Von der Eintragung ausgeschlossen sind Marken, denen für die Waren oder Dienstleistungen **jegliche Unterscheidungskraft** fehlt.

Eine Eintragung ist ferner nicht möglich für Marken, für die ein sogenanntes **„Freihaltebedürfnis"** besteht. Hierunter das berechtigte Interesse von Wettbewerbern eines Unternehmens zu verstehen, beschreibende Angaben ihrer Waren oder Dienstleistungen frei benutzen zu können. Dies ist nach § 8 Abs.2 Nr. 2 MarkenG der Fall bei Marken, die ausschließlich aus Zeichen oder Angaben bestehen, die im Verkehr zur Bezeichnung der Art, der Beschaffenheit, der Menge, der Bestimmung, des Wertes, der geographischen Herkunft, der Zeit der Herstellung der Waren oder der Erbringung der Dienstleistungen oder zur Bezeichnung sonstiger Merkmale der Waren oder Dienstleistungen dienen können oder die nach § 8 Abs. 2 Nr. 3 MarkenG ausschließlich aus Zeichen oder Angaben bestehen, die im allgemeinen Sprachgebrauch oder in den redlichen und ständigen Verkehrsgepflogenheiten zur Bezeichnung der Waren oder Dienstleistungen üblich geworden sind.

Beispiele:

- „Diesel" kann nicht als Marke für Kraftstoffe eingetragen werden, da andere Kraftstoffhersteller oder Vertreiber diesen Begriff zur Beschreibung der Art des Kraftstoffs benötigen. Dagegen kann Diesel für Bekleidungswaren durchaus eingetragen werden, da nicht anzunehmen ist, dass ein Bekleidungshersteller diesen Begriff zur Beschreibung eines Bekleidungsstückes benötigt.

- „Flüssig" kann ebenfalls nicht für Kraftstoffe eingetragen werden, da dies eine Beschreibung der Beschaffenheit eines Kraftstoffs sein kann, die von einem Wettbewerber benötigt werden könnte.

- Kein Markenschutz besteht für die Marke für „FUSSBALL WM 2006":

Der Fall[123]: Der Bundesgerichtshof hatte über die Rechtsbeständigkeit der für die Fédération Internationale de Football Association (FIFA) eingetragenen Marken „FUSSBALL WM 2006" und „WM 2006" zu befinden. Die Marken waren vom Deutschen Patent- und Markenamt Mitte 2002 bzw. Anfang 2003 für über 850 Waren oder Dienstleistungen eingetragen worden. Dagegen waren mehrere Anträge auf Löschung der Eintragung wegen des Bestehens absoluter Schutzhindernisse gestellt worden.

Der Bundesgerichtshof hat dazu entschieden, dass die Eintragung der Marke „FUSSBALL WM 2006" für alle beanspruchten Waren und Dienstleistungen zu löschen sei. Der Marke fehle jegliche Unterscheidungskraft im Sinne von § 8 Abs. 2 Nr. 1 MarkenG. Die Angabe „FUSSBALL WM 2006" sei eine sprachübliche Bezeichnung für die damit beschriebene Sportveranstaltung, nämlich der im Jahre 2006 in Deutschland stattfindenden Fußballweltmeisterschaft. Sie werde vom Verkehr als beschreibende Angabe für das Ereignis selbst aufgefasst. Dieser Bezeichnung fehle die Eignung, Waren und Dienstleistungen einem Unternehmen zur Unterscheidung von Waren und Dienstleistungen eines anderen Unternehmens zuzuordnen. Die Tatsache, dass die FIFA als Veranstalterin der Fußballweltmeisterschaft im Jahre 2006 in Deutschland auftrete, erwecke beim Verkehr nicht die Vorstellung, dass mit der Bezeichnung „FUSSBALL WM 2006" in Verkehr gebrachte Waren oder Dienstleistungen unter deren Kontrolle hergestellt oder erbracht worden seien und sie für ihre Qualität wie ein Warenproduzent oder Dienstleister verantwortlich gemacht werden könne. Wegen des eindeutigen Bezugs, der durch den Bestandteil „FUSSBALL" zu der Veranstaltung der Fußballweltmeisterschaft im Jahre 2006 hergestellt werde, gelte dies für alle beanspruchten Waren und Dienstleistungen, entgegen der Ansicht des Bundespatentgerichts also auch für solche Waren und Dienstleistungen, die nicht schon wegen ihrer Art, ihres Verwendungszwecks oder ihrer sonstigen

---

[123] BGH, Urt. v. 12.11.2009 -I ZR 183/07.

Merkmale in einem unmittelbaren Sachzusammenhang mit einer derartigen Sportveranstaltung stünden. Etwas anderes gelte für die Verwendung der Bezeichnung „FIFA FUSSBALL WM 2006", über die allerdings nicht zu befinden war.

Bei der Marke „WM 2006" könne nach Ansicht des Bundesgerichtshofs dagegen nicht von einem vergleichbar eindeutig beschreibenden Bezug der Bezeichnung ausgegangen werden. Zwar diene „WM 2006" gleichfalls dazu, einen internationalen Wettkampf im Jahre 2006 zu beschreiben. Dieses Zeichen sei daher für solche Waren und Dienstleistungen nicht unterscheidungskräftig. Insoweit hat der Bundesgerichtshof auch die Löschung der Marke „WM 2006" bestätigt. Anders als bei der Bezeichnung „FUSSBALL WM 2006" könne bei „WM 2006" jedoch nicht angenommen werden, dass der Verkehr diese Angabe allgemein, d.h. für alle beanspruchten Waren und Dienstleistungen, als nicht unterscheidungskräftigen Hinweis auf die Veranstaltung einer Weltmeisterschaft im Jahre 2006 als solche verstehe und ein solches Verkehrsverständnis bereits im Zeitpunkt der Eintragung Anfang 2003 bestanden habe. „WM 2006" sei eine Zahlen- und Buchstabenkombination, die nicht notwendig für jede Ware oder Dienstleistung einen Bezug zu einer Weltmeisterschaft im Jahre 2006 nahe lege. Hier müsse also differenziert werden.

Von der Eintragung ausgeschlossen sind darüber hinaus Marken,

- die geeignet sind, das Publikum insbesondere über die Art, die Beschaffenheit oder die geographische Herkunft der Waren oder Dienstleistungen zu täuschen,

- die gegen die öffentliche Ordnung oder die gegen die guten Sitten verstoßen,

- die Staatswappen, Staatsflaggen oder andere staatliche Hoheitszeichen oder Wappen eines inländischen Ortes oder eines inländischen Gemeinde- oder weiteren Kommunalverbandes enthalten,

- die amtliche Prüf- oder Gewährzeichen enthalten, die nach einer Bekanntmachung des Bundesministeriums der Justiz im Bundesgesetzblatt von der Eintragung als Marke ausgeschlossen sind,

- die Wappen, Flaggen oder andere Kennzeichen, Siegel oder Bezeichnungen internationaler zwischenstaatlicher Organisationen enthalten, die nach einer Bekanntmachung des Bundesministeriums der Justiz im Bundesgesetzblatt von der Eintragung als Marke ausgeschlossen sind,

- deren Benutzung ersichtlich nach sonstigen Vorschriften im öffentlichen Interesse untersagt werden kann, oder

- die bösgläubig angemeldet worden sind.

Die vorstehend erwähnten absoluten Schutzhindernisse stehen der Eintragung einer Marke jedoch dann nicht entgegen, wenn sich diese bereits vor dem Zeitpunkt der Entscheidung über ihre Eintragung infolge ihrer Benutzung für die Waren oder Dienstleistungen, für welche sie angemeldet wurde, in den beteiligten Verkehrskreisen durchgesetzt hat (§ 8 Abs. 3 i.V.m. Abs. 2 Nr. 1 bis 3 MarkenG). Der Grad der Durchsetzung lässt sich nicht abstrakt festlegen, wird jedoch dann angenommen, wenn über 50 % dieser beteiligten Verkehrskreise die Marke als Identifizierung des Unterscheidungskennzeichens erkennen.

Wichtig: Das Hindernis einer fehlenden abstrakten Unterscheidungskraft im Hinblick auf die Markenfähigkeit nach § 3 MarkenG kann durch eine derartige Verkehrsdurchsetzung nicht überwunden werden. Der Begriff der Verkehrsdurchsetzung darf nämlich nicht mit dem Begriff der sogenannten Verkehrsgeltung bei einer sogenannten **„Benutzten Marke kraft Verkehrsgeltung"** (dazu gleich) verwechselt werden: Die Verkehrsdurchsetzung bezieht sich auf die Eintragungsfähigkeit einer Marke, die Verkehrsgeltung ist hingegen für die Entstehung eines Markenschutzes durch die Benutzung einer Marke bedeutsam.

Unabhängig von der Eintragung kann der Markenschutz nämlich bereits allein durch die Benutzung eines Zeichens als Marke im geschäftlichen Verkehr erlangt werden (sogenannte **„Benutzte Marke"**), vgl. § 4 Nr. 2 MarkenG. **„Benutzte Marken kraft Verkehrsgeltung"** gemäß § 4 Nr. 2 MarkenG sind Zeichen, die im geschäftlichen Verkehr benutzt werden und innerhalb der beteiligten Verkehrskreise Verkehrsgeltung erworben haben. Hier bedarf es mithin keiner Eintragung. Voraussetzung ist jedoch, dass das Zeichen innerhalb der beteiligten Verkehrskreise als Marke Verkehrsgeltung erworben hat. Wann genau eine solche „Verkehrsgeltung" erreicht wurde, ist eine Einzelfallentscheidung. Regelmäßig wird sie nach der Rechtsprechung dann angenommen, wenn „ein nicht unerheblicher Teil der angesprochenen Verkehrskreise das Zeichen wiedererkennt und eine Verbindung zwischen dem Zeichen und einem bestimmten Unternehmen herstellt". Der Grad der Verkehrsgeltung bei § 4 Nr. 2 MarkenG ist jedoch niedriger anzusetzen als bei der Verkehrsdurchsetzung im Sinne von § 8 Abs. 3 MarkenG.

Notorische Marken im Sinne von § 4 Nr. 3 MarkenG liegen vor, wenn sie allgemein bekannt sind. Die Einordnung erfolgt nach Art 6 PVÜ (Pariser Verbandsübereinkunft zum Schutz des gewerblichen Eigentums). Auch hier ist keine Eintragung nötig. Der Begriff der notorischen Bekanntheit wird als eine gesteigerte Verkehrsgeltung verstanden, die innerhalb aller angesprochenen Verkehrskreise bestehen muss, die mit den entsprechenden Waren- und Dienstleistungen in Berührung kommen. Für die Bestimmung der Notorietät sind u.a. Der Marktanteil der Waren, für welche die Marke benutzt wird, die Unterscheidungskraft, die Warenart, das Verteilungssystem, die Dauer des Gebrauchs sowie die Verbreitung der Frage ausschlaggebend. Die wesentlichen Abnehmerkreise müssen das Zeichen in „erdrückender Mehrheit" erkennen. Notorisch bekannte Marken sind bspw. Weltmarken wie bspw. „Ford", „Coca-Cola", „McDonald`s", „Rolex" oder „Marlboro".

Einer Eintragung können ferner die sogenannten **„relativen Schutzhindernisse"** entgegenstehen. Diese sind in § 9 MarkenG geregelt. Es handelt es sich hierbei um Fälle, bei denen eine neu eingetragene Marke mit einer älteren bereits vorher eingetragenen Marke kollidieren, weil die Marken wegen ihrer Ähnlichkeit verwechselbar oder sogar identisch sind.

Relative Schutzhindernisse sind nach § 9 MarkenG dann gegeben, wenn die jüngere Marke

- mit einer angemeldeten oder eingetragenen Marke mit älterem Zeitrang identisch ist und die Waren oder Dienstleistungen, für die sie eingetragen worden ist, mit den Waren oder Dienstleistungen identisch sind, für die die Marke mit älterem Zeitrang angemeldet oder eingetragen worden ist,

- wegen ihrer Identität oder Ähnlichkeit mit einer angemeldeten oder eingetragenen Marke mit älterem Zeitrang und der Identität oder der Ähnlichkeit der durch die beiden Marken erfassten Waren oder Dienstleistungen für das Publikum die Gefahr von Verwechslungen besteht, einschließlich der Gefahr, dass die Marken gedanklich miteinander in Verbindung gebracht werden, oder

- mit einer angemeldeten oder eingetragenen Marke mit älterem Zeitrang identisch oder dieser ähnlich ist und für Waren oder Dienstleistungen eingetragen worden ist, die nicht denen ähnlich sind, für die die Marke mit älterem Zeitrang angemeldet oder eingetragen worden ist, falls es sich bei der Marke mit älterem Zeitrang um eine im Inland bekannte Marke handelt und die Benutzung der eingetragenen Marke die Unterscheidungskraft oder die Wertschätzung der bekannten Marke ohne rechtfertigenden Grund in unlauterer Weise ausnutzen oder beeinträchtigen würde

4.6.3 Anmeldung und Eintragung der Marke

Der Antrag der Eintragung einer Marke ist beim Deutschen Patent- und Markenamt(DPMA) oder bei einem Pateninformationszentrum zu stellen. Die gesetzlichen Regelungen hierzu finden sich in den §§ 32 ff. MarkenG. Empfehlenswert ist ein Blick auf die Internetseiten des DPMA unter http://www.dpma.de/marke/index.html, die einen guten Überblick über Voraussetzungen und Ablauf des Markenverfahrens bieten.

Die Anmeldung muss folgende Mindestangaben enthalten:

- die Identität des Anmelders,

- eine Wiedergabe der Marke,

- ein Verzeichnis der Waren oder Dienstleistungen, für welche die Eintragung beantragt wird.

Bei der Anmeldung muss angegeben werden, ob die Marke als

- Wortmarke,

- Bildmarke, Wort-/Bildmarke,

- dreidimensionale Marke,

- Hörmarke,

- Kennfadenmarke,

- oder als sonstige Markenform

in das Register eingetragen werden soll.

Markenanmeldungen müssen zudem ein Waren-/Dienstleistungsverzeichnis enthalten. In diesem legt der Anmelder fest, für welche Waren/Dienstleistungen seine Marke eingetragen werden soll. Maßgeblich ist dabei die „Klassifikation von Nizza", ein internationales Abkommen über die Einteilung von Waren und Dienstleistungen. In insgesamt 45 sogenannten „Klassen" sind alle nur denkbaren Waren und Dienstleistungen eingruppiert. Der Name geht auf das auf der diplomatischen Konferenz von Nizza am 15.06.1957 geschlossene Übereinkommen zurück, das die Schaffung der Klassifikation vertraglich festlegte. Die Bundesrepublik Deutschland ist Vertragsstaat dieses Abkommens. Das Verzeichnis der Waren- und Dienstleistungen ist entsprechend der Nizzaer Klassifikation für Waren- und Dienstleistungen (NCL)

http://www.dpma.de/service/klassifikationen/nizzaklassifikation/index.html

geordnet und klassifiziert einzureichen.

Das DPMA überprüft nicht, ob die geplante Marke in identischer oder ähnlicher Form bereits existiert. Es ist daher anzuraten, vor Eintragung einer Marke eine umfassende Markenrecherche – und zwar auch in Bezug auf ähnliche Marken sowie ähnliche Waren und Dienstleistungen – durchzuführen, um das Risiko von Kollisionen mit bestehenden Marken aufgrund von Verwechslungsgefahr bzw. Ähnlichkeiten abzuklären und um zu vermeiden, dass die geplante Marke ältere Rechte verletzt. Die beim DPMA geführte Datenbank http://register.dpma.de/DPMAregister/Uebersicht, in der kostenfrei recherchiert werden kann, enthält angemeldete, eingetragene und zurückgewiesene nationale deutsche Marken.

Das DPMA prüft hingegen, ob formelle oder materielle Schutzvoraussetzungen einer Eintragung entgegenstehen, vgl. § 36 Abs. 1 Marken G. Die Prüfung erfolgt im Hinblick auf sogenannte absolute Eintragungshindernisse (§ 37 MarkenG), insbesondere dahin gehend, ob eine Anmeldung markenfähig im Sinne von § 3 MarkenG ist, ob sie unterscheidungskräftig ist, ob ein Freihaltebedürfnis nach § 8 MarkenG besteht oder ob es sich um eine notorisch bekannte Marke im Sinne von § 10 MarkenG handelt.

Wenn die Marke den gesetzlichen Anforderungen entspricht, wird sie in das deutsche Markenregister eingetragen und im Markenblatt veröffentlicht. Kommt das DPMA dagegen zum Schluss, dass die Voraussetzungen der Eintragung nicht gegeben sind, beanstandet es die Mängel und gibt dem Anmelder die Möglichkeit zu einer Stellungnahme. Soweit die Mängel nicht geheilt werden, wird die Markenanmeldung gemäß § 61 MarkenG durch einen Beschluss des DPMA zurückgewiesen.

Nach der Veröffentlichung der eingetragenen Marke (§ 41 MarkenG) hat der Inhaber einer Marke mit älterem Zeitrang ein Widerspruchsrecht gegen diese Eintragung, § 42 MarkenG.

4.6.4 Rechte aus der Marke

Der Inhaber erwirbt an der Marke das ausschließliche Recht aus der geschützten Marke, bei Verletzung dieses Schutzes Ansprüche gegen den Verletzer geltend zu machen. Die zentrale Norm ist § 14 MarkenG, der zum einen die Untersagungserfordernisse und die daraus resultierenden Unterlassungs- und Schadensersatzansprüche regelt.

§ 15 Abs. 1 MarkenG erweitert dieses Ausschließlichkeitsrecht auf geschäftliche Bezeichnungen.

§ 14 Abs. 1 MarkenG wirkt dabei in zweierlei Hinsicht:

Der Markeninhaber ist zum einen berechtigt, die Marke in der Weise, wie sie für ihn eingetragen oder auf andere Weise geschützt ist, zur Kennzeichnung seiner Waren oder Dienstleistungen zu benutzen (sogenanntes **„positives Benutzungsrecht"**).

Er kann aber wegen markenverletzender Benutzungshandlungen Dritter auch Ansprüche auf Unterlassung und Schadensersatz geltend machen (sogenanntes **„negatives Verbietungsrecht"**), vgl. § 14 Abs. 2 bis 6 MarkenG.

Nach § 14 Abs. 2 MarkenG ist es Dritten nämlich untersagt,

- ohne Zustimmung des Inhabers der Marke im geschäftlichen Verkehr ein mit der Marke identisches Zeichen für Waren oder Dienstleistungen zu benutzen, die mit denjenigen identisch sind, für die sie Schutz genießt,

- ein Zeichen zu benutzen, wenn wegen der Identität oder Ähnlichkeit des Zeichens mit der Marke und der Identität oder Ähnlichkeit der durch die Marke und das Zeichen erfassten Waren oder Dienstleistungen für das Publikum die Gefahr von Verwechslungen besteht, einschließlich der Gefahr, daß das Zeichen mit der Marke gedanklich in Verbindung gebracht wird, oder.

- ein mit der Marke identisches Zeichen oder ein ähnliches Zeichen für Waren oder Dienstleistungen zu benutzen, die nicht denen ähnlich sind, für die die Marke Schutz genießt, wenn es sich bei der Marke um eine im Inland bekannte Marke handelt und die Benutzung des Zeichens die Unterscheidungskraft oder die Wertschätzung der bekannten Marke ohne rechtfertigenden Grund in unlauterer Weise ausnutzt oder beeinträchtigt.

Nach § 14 Abs. 3 MarkenG ist es Dritten verboten, im geschäftlichen Verkehr eine identische oder verwechslungsfähig ähnliche Marke

- auf Waren oder ihrer Aufmachung oder Verpackung anzubringen,

- unter dem Zeichen Waren anzubieten, in den Verkehr zu bringen oder zu den genannten Zwecken zu besitzen,

- unter dem Zeichen Dienstleistungen anzubieten oder zu erbringen,

- unter dem Zeichen Waren einzuführen oder auszuführen,

- das Zeichen in Geschäftspapieren oder in der Werbung zu benutzen.

- Dritten ist es nach § 14 Abs. 4 MarkenG ferner untersagt, ohne Zustimmung des Inhabers der Marke im geschäftlichen Verkehr

- ein mit der Marke identisches Zeichen oder ein ähnliches Zeichen auf Aufmachungen oder Verpackungen oder auf Kennzeichnungsmitteln wie Etiketten, Anhängern, Aufnähern oder dergleichen anzubringen,

- Aufmachungen, Verpackungen oder Kennzeichnungsmittel, die mit einem mit der Marke identischen Zeichen oder einem ähnlichen Zeichen versehen sind, anzubieten, in den Verkehr zu bringen oder zu den genannten Zwecken zu besitzen oder

- Aufmachungen, Verpackungen oder Kennzeichnungsmittel, die mit einem mit der Marke identischen Zeichen oder einem ähnlichen Zeichen versehen sind, einzuführen oder auszuführen.

Bei einer **Markenverletzung** besitzt der Markeninhaber gegenüber dem verletzenden Dritten folgende Ansprüche:

- Unterlassungsanspruch, 14 Abs. 5 MarkenG,

- Schadenersatzanspruch, 14 Abs. 6 MarkenG,

- Vernichtungs- und Rückrufanspruch, § 18 MarkenG,

- Auskunftsanspruch über Herkunft und Vertriebsweg widerrechtlich gekennzeichneten Waren oder Dienstleistungen, § 19 MarkenG,

- Strafbarkeit und Bußgeldverhängung, § 143 MarkenG,

- Anspruch auf Beschlagnahme widerrechtlich gekennzeichneter Waren oder Dienstleistungen durch die Zollbehörde, § 146 MarkenG.

Für **geschäftliche Bezeichnungen** gilt nach § 15 MarkenG:

Dritten ist es untersagt, die geschäftliche Bezeichnung oder ein ähnliches Zeichen im geschäftlichen Verkehr unbefugt in einer Weise zu benutzen, die geeignet ist, Verwechslungen mit der geschützten Bezeichnung hervorzurufen.

Handelt es sich bei der geschäftlichen Bezeichnung um eine im Inland bekannte geschäftliche Bezeichnung, so ist es Dritten ferner untersagt, die geschäftliche Bezeichnung oder ein ähnliches Zeichen im geschäftlichen Verkehr zu benutzen, wenn keine Gefahr von besteht, soweit die Benutzung des Zeichens die Unterscheidungskraft oder die Wertschätzung der geschäftlichen Bezeichnung ohne rechtfertigenden Grund in unlauterer Weise ausnutzt oder beeinträchtigt.

Wer eine geschäftliche Bezeichnung oder ein ähnliches Zeichen missbräuchlich benutzt, kann von dem Inhaber der geschäftlichen Bezeichnung bei Wiederholungsgefahr auf Unterlassung in Anspruch genommen werden.

Wer die Verletzungshandlung vorsätzlich oder fahrlässig begeht, ist dem Inhaber der geschäftlichen Bezeichnung zum Ersatz des daraus entstandenen Schadens verpflichtet.

Marken können gekauft und verkauft werden. Der Inhaber kann Dritten ein Nutzungsrecht an seiner Marke einräumen (sogenannte „**Markenlizenz"**).

4.6.5 Gerichtsentscheidungen zum Markenrecht:

1. Der BGH hat über die Rechtsbeständigkeit der Eintragung eines Legosteins als Marke entschieden.

Der Fall[124]: Ein Legostein mit der typischen Noppenanordnung auf der Oberseite war vom Deutschen Patent- und Markenamt im Jahre 1996 als dreidimensionale Marke für die Ware „Spielbausteine" eingetragen worden. Dagegen richteten sich mehrere Löschungsanträge, weil nach Meinung der Antragsteller die dreidimensionale Marke nicht hätte eingetragen werden dürfen.

Der BGH hat angenommen, dass der Legostein von der Eintragung als dreidimensionale Marke nach § 3 Abs. 2 Nr. 2 MarkenG ausgeschlossen ist. Nach dieser Bestimmung sind Zeichen dem Markenschutz nicht zugänglich, wenn sie ausschließlich aus einer Form bestehen, die zur Erreichung einer technischen Wirkung erforderlich ist. Der Vorschrift des § 3 Abs. 2 Nr. 2 MarkenG liegt der Rechtsgedanke zugrunde, dass im Allgemeininteresse Formen vom Markenschutz freigehalten werden müssen, deren wesentliche Merkmale eine technische Funktion erfüllen.

Der BGH ist davon ausgegangen, dass für die Frage der Eintragung des Spielbausteins als Marke ausschließlich auf die Klemmnoppen auf der Oberseite des Spielsteins abzustellen ist. Die quaderförmige Gestaltung des Steins kann für den Markenschutz nicht berücksichtigt werden, weil es sich um die Grundform der Warengattung handelt, die nach § 3 Abs. 2 Nr. 1 MarkenG nicht geschützt werden kann. Die Noppen auf der Oberseite des Spielsteins haben ausschließlich eine technische Funktion. Sie sind im Zusammenwirken mit der Gestaltung der Innenseite des Spielsteins Teil des für Lego typischen Klemmsystems. Über weitergehende nicht technische Gestaltungsmerkmale verfügt der Legobaustein nicht. Die technischen Bestandteile des Spielsteins müssen aber im Interesse der Wettbewerber vom Markenschutz freigehalten werden.

---

[124] BGH, Urt. v. 16.07.2009 - I ZR 53/07 und 55/07.

2. Der Bundesgerichtshof hat über die Verwendung des **Aktienindex DAX als Bezugswert für Wertpapiere** entschieden.

Der Fall[125]: Die Deutsche Börse AG berechnet und veröffentlicht den Deutschen Aktienindex DAX. Sie ist Inhaberin der Wortmarke DAX, die u.a. für Börsenkursnotierungen und die Ermittlung eines Aktienindex eingetragen ist. Die Commerzbank emittiert auf den DAX bezogene Optionsscheine, bei denen ein Zahlungsanspruch begründet wird, dessen Höhe vom jeweiligen Stand des DAX abhängt. Über diese Verwendung des DAX hatten die Parteien 2001 einen Lizenzvertrag geschlossen. Nachdem die Commerzbank diesen Vertrag gekündigt hatte, kam es zu Auseinandersetzungen darüber, ob die Commerzbank auch ohne Lizenzierung die Bezeichnung DAX als Bezugswert für ihre Finanzprodukte benutzen darf.

Der BGH hat diese Frage bejaht. Die Deutsche Börse könne die Verwendung der Bezeichnung DAX nicht aus ihrem Markenrecht untersagen. Die Benutzung stelle eine die Leistung der Commerzbank beschreibende Angabe dar, die nicht gegen die guten Sitten verstoße (§ 23 Nr. 2 MarkenG). Den Banken sei es nicht verwehrt, auf den Index zu verweisen, der die für den deutschen Finanzplatz bedeutendsten Aktien repräsentiere. In dieser Bezugnahme liege auch keine unlautere Ausnutzung des guten Rufs der Bezeichnung DAX. Die Wertschätzung der Finanzprodukte beruhe vorrangig auf der Einschätzung der wichtigsten deutschen Aktiengesellschaften und ihrer Wertentwicklung sowie auf den Bedingungen des jeweiligen Wertpapiers und der Bonität der emittierenden Bank. Einen Schutz aus ergänzendem wettbewerbsrechtlichem Leistungsschutz (§ 4 Nr. 9 lit. b UWG) hat der BGH ebenfalls verneint.

Das Markenrecht berechtigt nicht dazu, der Benutzung eines mit einer Marke identischen oder ihr ähnliches Zeichens in einer **vergleichenden Werbung** entgegenzutreten, wenn für den Verbraucher keine Verwechslungsgefahr zwischen dem Werbenden und dem Markeninhaber oder zwischen den Marken, Waren oder Dienstleistungen des Werbenden und denen des Markeninhabers.

3. Vergleichende Werbung und Rechte eines Markeninhabers

Das Markenrecht berechtigt nicht dazu, der Benutzung eines mit einer Marke identischen oder ihr ähnlichen Zeichens in einer vergleichenden Werbung entgegenzutreten, wenn für den Verbraucher keine Verwechslungsgefahr zwischen dem Werbenden und dem Markeninhaber oder zwischen den Marken, Waren oder Dienstleistungen des Werbenden und denen des Markeninhabers besteht.

---

[125] BGH, Urt. v. 30.04.2009 - I ZR 42/07.

Der Inhaber einer Marke kann im geschäftlichen Verkehr die Benutzung eines mit der Marke identischen Zeichens für identische Waren oder Dienstleistungen verbieten, sowie, wenn eine Verwechslungsgefahr einschließlich der Gefahr, dass das Zeichen mit der Marke gedanklich in Verbindung gebracht wird, besteht, die Benutzung eines der Marke ähnlichen Zeichens. Erlaubt ist vergleichende Werbung unter bestimmten Voraussetzungen, nämlich wenn sie unter anderem nicht irreführend ist, auf dem Markt keine Verwechslung zwischen dem Werbenden und einem Mitbewerber oder zwischen den Marken verursacht, nicht eine Marke herabsetzt oder verunglimpft und nicht den Ruf einer Marke in unlauterer Weise ausnutzt.

Der Fall[126]: O2 verwendet in der Werbung für ihre Mobilfunkdienste Bilder von Blasen unterschiedlicher Art und ist Inhaber von zwei nationalen britischen Marken, die aus einem statischen Bild von Blasen bestehen. Im Jahr 2004 startete Hutchison 3G (H3G), eine Konkurrentin von O2, die ihre Dienstleistungen unter dem Zeichen „3" vermarktet, eine Werbekampagne für ihren „Threepay" genannten Sofortzahlungsdienst. Hierzu ließ sie im Fernsehen einen Werbefilm ausstrahlen, in dem sie den Preis ihrer Dienste mit dem von O2 verglich. Diese Fernsehwerbung zeigte am Anfang den Namen „O2" und Bilder sich bewegender Blasen in Schwarzweiß und führt fort mit Bildern von „Threepay" und „3" sowie einer Werbebotschaft, der zufolge die Dienste von H3G in spezieller Hinsicht preiswerter seien. O2 erhob beim High Court Klage wegen Verletzung ihrer genannten Bildmarken, wobei sie einräumte, dass der in der Werbung angestellte Preisvergleich zutreffend und die Werbung nicht irreführend sei. Die Klage wurde abgewiesen. O2 legte daher gegen das Urteil Berufung beim Court of Appeal ein, der dem EuGH die Fragen vorgelegt hat, ob der Inhaber einer Marke die Benutzung eines mit seiner Marke identischen oder ihr ähnlichen Zeichens in einer vergleichenden Werbung verbieten kann, die keine Verwechslung zwischen dem Werbenden und einem Mitbewerber oder zwischen den Marken, Waren oder Dienstleistungen der Werbenden und denen eines Mitbewerbers hervorruft.

Der Gerichtshof erläutert zunächst das Verhältnis zwischen der Markenrichtlinie und der Richtlinie über die vergleichende Werbung. Er stellt fest, dass die Benutzung eines mit der Marke eines Mitbewerbers identischen oder ihr ähnlichen Zeichens in einer vergleichenden Werbung zu dem Zweck, die von ihm angebotenen Waren oder Dienstleistungen identifizieren, gemäß der Richtlinie über die Marke verboten werden kann. Der Gerichtshof weist jedoch darauf hin, dass der Gemeinschaftsgesetzgeber die vergleichende Werbung fördern und das Recht aus der Marke zu diesem Zweck in einem gewissen Maß beschränken wollte. Um den Schutz eingetragener Marken

---

[126] EuGH, Urt. v. 12.07.2011 - C-324/09.

und die Verwendung vergleichender Werbung miteinander in Einklang zu bringen, ist der Inhaber der Marke, wie der Gerichtshof ausführt, nicht dazu berechtigt, die Benutzung eines mit seiner Marke identisch oder ihr ähnlichen Zeichens durch einen Dritten in einer vergleichenden Werbung zu verbieten, die sämtliche Zulässigkeitsbedingungen für vergleichende Werbung erfüllt. Allerdings erfüllt die Werbung dann, wenn zwischen dem Werbenden und einem Mitbewerber oder zwischen den Marken, Waren oder Dienstleistungen des Werbenden und denen eines Mitbewerbers Verwechslungsgefahr besteht, nicht alle in der Richtlinie über die vergleichende Werbung aufgezählten Zulässigkeitsbedingungen, und in diesem Fall kann der Markeninhaber die Benutzung eines mit seiner Marke identischen oder eines ihr ähnlichen Zeichens verbieten.

Der Europäische Gerichtshof ruft in Erinnerung, dass ein Inhaber einer Marke die Benutzung eines seiner Marke ähnlichen Zeichens verbieten kann, wenn vier Voraussetzungen vorliegen:

Die Benutzung muss im geschäftlichen Verkehr stattfinden, sie muss ohne die Zustimmung des Markeninhabers erfolgen, sie muss für Waren oder Dienstleistungen erfolgen, die mit denjenigen identisch sind, für die die Marke eingetragen wurde, und sie muss die Hauptfunktion der Marke, den Verbrauchern die Herkunft der Waren oder Dienstleistungen zu garantieren, beeinträchtigen oder beeinträchtigen können, weil für das Publikum eine Verwechslungsgefahr besteht. Die ersten drei Voraussetzungen sind im Ausgangsverfahren erfüllt. Hingegen stellt der EuGH fest, dass die Benutzung von Bildmarken von O2 ähnlichen Bildern von Blasen durch H3G nach den eigenen Feststellungen des vorlegenden Gerichts bei den Verbrauchern keine Verwechslungsgefahr hervorgerufen hat. Die Werbung war nämlich in ihrer Gesamtheit nicht irreführend und suggerierte insbesondere nicht, dass zwischen O2 und H3G irgendeine Geschäftsverbindung bestehe. Folglich fehlt es im Ausgangsverfahren an der vierten Voraussetzung. Unter diesen Voraussetzungen kann sich der Inhaber einer Marke nicht auf seine Markenrechte berufen, um einem Dritten die Benutzung eines dieser Marke ähnlichen Zeichens für Waren oder Dienstleistungen, die mit denen, für die die Marke eingetragen wurde, identisch oder ihnen ähnlich sind, in einer vergleichenden Werbung zu verbieten, wenn diese Benutzung beim Publikum keine Verwechslungsgefahr hervorruft.

4. „Cannabis" ist als Marke für Getränke nicht eintragungsfähig.

„Cannabis" ist als Marke für Getränke nicht eintragungsfähig. Die Eintragung der Marke „Cannabis" für Getränke, die Hanf enthalten können, ist unzulässig.

Die Marke ist rein beschreibenden Charakters, da ein angemessen verständiger Durchschnittsverbraucher glauben könnte, dass es sich bei ihr um eine Beschreibung der Merkmale der fraglichen Ware handelt.

Der Fall[127]: Herr Giampietro Torresan ließ im Jahr 2003 vom Harmonisierungsamt für den Binnenmarkt (HABM) das Wortzeichen „CANNABIS" für Biere, Weine und Spirituosen als Gemeinschaftsmarke eintragen. Auf Antrag der Klosterbrauerei Weissenohe GmbH & Co. KG mit Sitz in Deutschland wurde die Marke vom HABM für nichtig erklärt, da die Marke beschreibend sei. Das HABM vertrat die Auffassung, dass der Begriff „Cannabis" umgangssprachlich sowohl eine Hanfpflanze als auch ein Betäubungsmittel bezeichne und vom Durchschnittsverbraucher als klarer und unmittelbarer Hinweis auf die Merkmale der Waren aufgefasst werde, für die die Marke angemeldet worden sei. Herr Torresan wendete gegen diese Entscheidung ein, dass die Marke „CANNABIS" Unterscheidungskraft habe, denn es handele sich sowohl um einen Gattungsbegriff als auch um eine reine Phantasiemarke, die in keinem – auch nur mittelbaren – Zusammenhang mit Bier und Getränken im Allgemeinen stünden. Als Gattungsbegriff sei „Cannabis" die wissenschaftliche Bezeichnung einer Blütenpflanze, aus der bestimmte Betäubungsmittel gewonnen würden und auch Heilsubstanzen extrahiert werden könnten. Das Zeichen „CANNABIS" gebe es als Marke seit 1996 auf dem italienischen Markt. Es habe seit 1999 als Gemeinschaftsmarke für Biere, Weine und Spirituosen einen hohen Bekanntheitsgrad erlangt. Auf jeden Fall sei der Begriff „Cannabis" nicht üblich, um Biere oder alkoholische Getränke zu bezeichnen.

Der EuGH stellt zunächst fest, dass der Begriff „Cannabis", auch „Hanf" genannt, drei mögliche Bedeutungen hat, nämlich:

1. eine Hanfpflanze, deren gemeinsame Marktorganisation gemeinschaftlich geregelt ist und deren Erzeugung in Bezug auf den Gehalt an Tetrahydrocannabinol (THC), den Cannabis Wirkstoff, sehr strengen Rechtsvorschriften unterliegt;

2. einen Suchtstoff, der in vielen Mitgliedstaaten verboten ist;

3. eine Substanz, deren mögliche therapeutische Verwendung derzeit diskutiert wird.

Außerdem weist der EuGH darauf hin, dass Cannabis im Lebensmittelbereich in verschiedenen Formen (Öle, Kräutertees) und in unterschiedlichen Zubereitungen (Tees, Teigwaren, Backwaren, Getränke mit oder ohne Alkohol usw.) verwendet wird, die eine sehr niedrige THC-Konzentration besitzen und daher keine bewusstseinsverändernden Wirkungen entfalten.

---

[127] EuGH, Urt. v. 19.11.2009 T - 234/06.

Ferner erinnert der EuGH daran, dass gemäß der Verordnung über die Gemeinschaftsmarke Zeichen und Angaben von der Eintragung als Marken ausgeschlossen sind, die im Verkehr zur Bezeichnung der Art, der Beschaffenheit, der Menge, der Bestimmung, des Wertes, der geographischen Herkunft oder der Zeit der Herstellung der Ware dienen können und die im normalen Sprachgebrauch nach dem Verständnis der maßgeblichen Verkehrskreise die beanspruchte Ware entweder unmittelbar oder durch Hinweis auf eines ihrer wesentlichen Merkmale bezeichnen können. Diese beschreibenden Zeichen sind nämlich nicht geeignet, die den Marken eigene Funktion eines Herkunftshinweises zu erfüllen. Der beschreibende Charakter einer Marke ist in Bezug auf die Waren, für die die Marke eingetragen worden ist, sowie im Hinblick darauf zu beurteilen, wie ein normal informierter und angemessen aufmerksamer und verständiger Durchschnittsverbraucher diese Waren vermutlich wahrnimmt.

Der EuGH hat daher geprüft, ob ein Durchschnittsverbraucher beim bloßen Anblick eines Getränks der Marke „CANNABIS" denken könnte, dass es sich bei dieser Marke um eine Beschreibung der Merkmale des Getränks handelt. Dazu stellt das Gericht zum einen fest, dass ein sachlicher Zusammenhang zwischen dem Zeichen „CANNABIS" und bestimmten Merkmalen der genannten Waren besteht, da Cannabis bei der Herstellung zahlreicher Lebensmittel, darunter der von Bier und bestimmten Getränken, verwendet wird, und zum anderen, dass das Wort „Cannabis" ein wissenschaftlicher lateinischer Begriff ist, der in mehreren Sprachen der Gemeinschaft existiert und der breiten Öffentlichkeit durch seine Präsenz in den Medien bekannt ist. Infolgedessen ist dieser Begriff für den angesprochenen Verbraucher im gesamten Gebiet der Gemeinschaft verständlich. Deshalb wird der Durchschnittsverbraucher der Gemeinschaft die Marke „CANNABIS" als Beschreibung eines Merkmals der fraglichen Produkte wahrnehmen. Dieses Merkmal ist, so der EuGH, für die Kaufentscheidung des Verbrauchers entscheidend, weil ihn die Möglichkeit reizen könnte, die gleichen Wirkungen wie mit dem Konsum von Cannabis zu erzielen.

Aus diesen Gründen hat der EuGH die Klage von Herrn Torresan abgewiesen und die Entscheidung des HABM, mit der dieses die Eintragung der Marke „CANNABIS" für Getränke, die Hanf enthalten können, für nichtig erklärt hat, bestätigt.

5. Keine Verwechslungsgefahr: Der Metro-Konzern unterliegt im Streit um die Bezeichnung „METROBUS"

Der Bundesgerichtshof hat in drei Entscheidungen kennzeichenrechtliche Ansprüche gegen die Verwendung der Bezeichnung „METROBUS" durch die Verkehrsbetriebe in Berlin, Hamburg und München verneint.

Der Fall[128]: Die zur Metro-Unternehmensgruppe gehörige Klägerin ist Inhaberin der Marken „METRO" und „METRORAPID", die unter anderem für Dienstleistungen im Bereich des Transportwesens und der Veranstaltung von Reisen eingetragen sind. Sie nimmt zudem die Rechte aus dem Unternehmenskennzeichen der Metro AG wahr. Die drei Beklagten betreiben in den Städten Berlin (Berliner Verkehrsbetriebe), Hamburg (Hamburger Verkehrsverbund) und München (Münchner Verkehrsgesellschaft) den öffentlichen Personennahverkehr und verwenden die Bezeichnung „METROBUS" für bestimmte Buslinien, die U-Bahn-Stationen an das übrige öffentliche Verkehrsnetz anschließen. Sie hatten sich ihrerseits die Bezeichnung „Metrobus" in Verbindung mit einer auf ihr Unternehmen hinweisende Abkürzung (z.B. „BVG Metrobus", „HVV Metrobus" und „MVG Metrobus") als Marke eintragen lassen.

Die Klägerin hat die Verwendung der Bezeichnung „METROBUS" durch die Beklagten allein oder zusammen mit den auf die jeweiligen Verkehrsbetriebe hinweisenden Buchstabenkombinationen „BVG", „HVV" oder „MVG" als eine Verletzung ihrer Markenrechte und des Unternehmenskennzeichen der Metro AG beanstandet.

Der Bundesgerichtshof hat Ansprüche der Klägerin verneint, soweit die Beklagten die Bezeichnung „METROBUS" im Zusammenhang mit Transportdienstleistungen im Bereich des Personennahverkehrs verwenden. Er ist in Übereinstimmung mit den Vorinstanzen davon ausgegangen, dass zwischen den Zeichen der Klägerin mit dem Bestandteil „METRO" und der Bezeichnung „METROBUS" bei der Verwendung im Bereich des Personennahverkehrs **keine kennzeichenrechtliche Verwechslungsgefahr** besteht, weil das Publikum die angegriffene Bezeichnung „METROBUS" nicht in die Bestandteile „METRO" und „BUS" aufspaltet und deshalb auch keine gedankliche Verbindung zwischen der Bezeichnung einer Buslinie mit „METROBUS" und der Metro-Unternehmensgruppe herstellt. Aus diesem Grund schieden auch Ansprüche aufgrund des Schutzes von „METRO" als bekannter Marke und als bekanntes Unternehmenskennzeichen gegen die Verwendung von „METROBUS" im Dienstleistungssektor des Personennahverkehrs aus. Soweit die Beklagten die von ihnen eingetragenen Marken jedoch auch für Waren und Dienstleistungen haben registrieren lassen, die sich nicht auf Transportleistungen beziehen, hat der Bundesgerichtshof die zugunsten des Metro-Konzerns ergangenen Entscheidungen teilweise bestätigt oder – soweit gegen den Metro-Konzern entschieden worden war – teilweise aufgehoben und die Verfahren zur weiteren Aufklärung an das Oberlandesgericht zurückverwiesen.

---

[128] BGH, Urt. v. 05.02.2009-I ZR 167/06.

6. Keine Markenverletzung durch Zeichen „CCCP" und „DDR" auf Kleidungsstücken

Der Bundesgerichtshof hat in zwei Fällen entschieden, dass Dritte auf Bekleidungsstücken Symbole ehemaliger Ostblockstaaten anbringen dürfen, obwohl diese Symbole mittlerweile als Marken für Bekleidungsstücke geschützt sind.

Der Fall[129]: Der Kläger eines Verfahrens ist Inhaber der unter anderem für Bekleidungsstücke eingetragenen Wortmarke „DDR". Er war außerdem Inhaber einer für Textilien eingetragenen Bildmarke, die das Staatswappen der DDR abbildete. Der Beklagte vertreibt sogenannte Ostprodukte. Er bewirbt und vertreibt T-Shirts mit der Bezeichnung „DDR" und ihrem Staatswappen. Der Kläger hat den Beklagten auf Unterlassung in Anspruch genommen. Das Landgericht München I hat die Klage abgewiesen. Das Oberlandesgericht München hat den Beklagten antragsgemäß verurteilt.

Das zweite Klageverfahren betraf die Verwendung der Buchstabenfolge „CCCP" zusammen mit dem Hammer-und-Sichel-Symbol auf T-Shirts. Die Buchstabenfolge „CCCP" (in lateinischen Buchstaben SSSR) steht als Abkürzung der kyrillischen Schreibweise der früheren UdSSR. Die Klägerin ist Lizenznehmerin der Wortmarke „CCCP", die für bestimmte Bekleidungsstücke (z.B. Hosen, Overalls) eingetragen ist. Die Beklagte vertreibt über das Internet bedruckte Bekleidungsstücke. Zu den zur Auswahl stehenden Motiven gehört auch ein Hammer-und-Sichel-Symbol mit der Buchstabenfolge „CCCP". Die Klägerin hat die Beklagte auf Unterlassung des Vertriebs dieser Produkte in Anspruch genommen. Landgericht und Oberlandesgericht Hamburg haben die Klage mangels markenmäßiger Benutzung der angegriffenen Bezeichnung abgewiesen.

Der Bundesgerichtshof hat die klageabweisenden Entscheidungen im Hamburger Verfahren bestätigt. Im Münchner Verfahren I ZR 92/08 hat er das von der Vorinstanz ausgesprochene Verbot aufgehoben und die Klage abgewiesen.

Im markenrechtlichen Verletzungsverfahren geht es nicht mehr um den Bestand der Marken. Die Ansprüche der Kläger aus ihren Marken hat der Bundesgerichtshof verneint, weil die Anbringung der Symbole der ehemaligen Ostblockstaaten auf Bekleidungsstücken die Markenrechte der Kläger nicht verletzen. Die markenrechtlichen Ansprüche setzen voraus, dass der Verkehr auf Bekleidungsstücken angebrachte Aufdrucke als Hinweis auf die Herkunft der Produkte von einem bestimmten Unternehmen und nicht nur als dekoratives Element auffasst, das nach Art des Motivs variieren kann. Der Bundes-

---

[129] BGH, Urt. v. 14.01.2010 - I ZR 82/08.

gerichtshof hat angenommen, dass die Verbraucher die auf der Vorderseite von T-Shirts angebrachten Symbole ehemaliger Ostblockstaaten ausschließlich als dekoratives Element auffassen und in ihnen kein Produktkennzeichen sehen.

7. Opel unterliegt im Streit um Markenverletzung durch Spielzeugautos

Der Bundesgerichtshof hat entschieden, dass der Hersteller eines Kraftfahrzeuges (Opel) den Vertrieb von Spielzeugmodellautos, die als verkleinerte Nachbildung seines Originalfahrzeugs auch die Marke des Originalherstellers an der entsprechenden Stelle tragen, nicht unter Berufung auf seine Markenrechte verbieten kann.

Der Fall[130]: Die Klägerin, die Adam Opel GmbH, ist Inhaberin einer für Kraftfahrzeuge und Spielzeug eingetragenen Bildmarke, die das Opel-Blitz-Zeichen wiedergibt. Sie wendet sich gegen den Vertrieb eines funkgesteuerten Spielzeugautos der Beklagten, das ein verkleinertes Abbild eines Opel Astra V8 Coupé darstellt und am Kühlergrill das Opel-Blitz Zeichen trägt.

Das Landgericht Nürnberg-Fürth hat zu der Frage, ob diese Nachbildung in verkleinertem Maßstab eine unzulässige Markenbenutzung darstellt, eine Vorabentscheidung des Gerichtshofs der Europäischen Union eingeholt. Dieser hat entschieden, dass es maßgeblich auf die von dem vorlegenden Gericht zu treffende Feststellung ankomme, ob die angesprochenen Verkehrskreise das identische Zeichen auf den Spielzeugmodellautos als Angabe darüber verstünden, diese stammten von der Klägerin oder einem mit ihr wirtschaftlich verbundenen Unternehmen. Das Landgericht hat die u.a. auf Unterlassung und Schadensersatz gerichtete Klage daraufhin abgewiesen. Es hat angenommen, der Verkehr sehe die auf einem verkleinerten Abbild eines großen Originalfahrzeugs an der richtigen Stelle angebrachte Marke als einen Teil des Modellfahrzeugs an und rechne sie weder dem Hersteller des Vorbilds zu noch gehe er von wirtschaftlichen, insbesondere lizenzvertraglichen Beziehungen zwischen den Herstellern des Vorbilds und des Spielzeugmodells an.

Eine Verletzung der für Spielzeug eingetragenen Marke der Klägerin hat der Bundesgerichtshof verneint. Zwar liegen die Voraussetzungen einer Markenverletzung insoweit vor, als es sich bei der Anbringung des Opel-Blitz-Zeichens auf dem Spielzeugauto der Beklagten um die Benutzung eines mit der Klagemarke identischen Zeichens für identische Waren (Spielzeug) handelt.

Dadurch werden jedoch weder die Hauptfunktion der Marke, die Verbraucher auf die Herkunft der Ware (hier: Spielzeugauto) hinzuweisen, noch

---

[130] BGH, Urt. v. 14.01.2010 - I ZR 88/08.

sonstige Markenfunktionen beeinträchtigt, weil die angesprochenen Verbraucher das Opel- Blitz-Zeichen auf den Spielzeugautos der Beklagten nur
als – originalgetreue – Wiedergabe der Marke verstehen, die das nachgebil-
dete Auto der Klägerin an der entsprechenden Stelle trägt. Das Opel-Blitz
Zeichen wird nur als Abbildungsdetail der Wirklichkeit angesehen. Die Verbraucher sehen darin folglich keinen Hinweis auf die Herkunft des Modell-
autos.

Soweit die Marke der Klägerin für Kraftfahrzeuge eingetragen ist, handelt es
sich nicht um ähnliche Waren (Spielzeugautos und Kraftfahrzeuge), so dass
auch die Annahme einer Markenverletzung wegen Begründung einer Verwechslungsgefahr ausscheidet. Unter dem Gesichtspunkt des Schutzes einer
– für Kraftfahrzeuge – bekannten Marke ist eine Markenverletzung gleichfalls zu verneinen. Insoweit fehlt es an einer unlauteren Beeinträchtigung
oder Ausnutzung des Rufs der für Kraftfahrzeuge eingetragenen Marke der
Klägerin.

8. Eintragung der Marke „Speicherstadt"

Die Eintragung der Marke „Speicherstadt" wurde mangels Unterscheidungskraft abgelehnt, da die Schutzhindernisse der fehlenden Unterscheidungskraft nach § 8 Abs. 2 Nr. 1 MarkenG sowie der waren- und dienstleistungsbeschreibenden Angabe nach § 8 Abs. 2 Nr. 2 MarkenG entgegenstehen.

Der Fall[131]: Die Marke „Speicherstadt" war für eine Vielzahl von Waren und
Dienstleistungen unterschiedlicher Klassen beim Deutschen Patent- und
Markenamt angemeldet worden. Dieses hatte die Eintragung mit der Begründung zurückgewiesen, dass es der Marke an der für die Eintragung notwendigen Unterscheidungskraft fehle.

Das BPatG hat die Entscheidung des Deutschen Patent- und Markenamts
bestätigt. Es hat ausgeführt, dass einer Eintragung der angemeldeten Bezeichnung die Schutzhindernisse der fehlenden Unterscheidungskraft nach §
8 Abs. 2 Nr. 1 MarkenG sowie der waren- und dienstleistungsbeschreibenden
Angabe nach § 8 Abs. 2 Nr. 2 MarkenG entgegenstünden. „Speicherstadt" ist
eine schutzunfähige geographische Bezeichnung.

Der Begriff würde sofort und naheliegender Weise mit der am Hafenrand
gelegenen Hamburger Speicherstadt, einer der größten und bekanntesten
Sehenswürdigkeiten dieser Stadt, in Verbindung gebracht. Nicht nur Orts-
namen selbst sondern auch Bezeichnungen von bekannten Stadtteilen könnten schutzunfähige geographische Bezeichnungen darstellen. In diesem Sinn
sei auch „Speicherstadt" eine geographische Bezeichnung, wenngleich dort
bisher so gut wie keine Wohnbevölkerung ansässig sei, sondern es sich um

---

[131] BPatG, Urt. v. 10.06.2010 - 24 W (pat) 76/08.

einen Komplex von – überwiegend historischen – Lagerhäusern in Ziegel-
bauweise handle. In diesen mehrstöckigen Lagerhäusern (Speichern) könnten, jedenfalls in den oberen, nicht hochwassergefährdeten Stockwerken, so
gut wie alle Erzeugnisse, in jedem Stadium der Verarbeitung, gelagert und
gehandelt werden.

9. In drei Entscheidungen hat sich der BGH mit der **kennzeichenrechtlichen
Beurteilung der Verwendung fremder Kennzeichen als Schlüsselwörter
(Keywords)** im Rahmen der von der Suchmaschine Google eröffneten Möglichkeit der Werbung mit sogenannten AdWord-Anzeigen befasst. In zwei
Sachen hat der BGH Ansprüche der Kennzeicheninhaber verneint, in der dritten Sache hat er dem Gerichtshof der Europäischen Gemeinschaften (EuGH)
eine Frage zur Auslegung der Markenrechtsrichtlinie vorgelegt.

Die Fälle: In den Verfahren ging es um die in der Rechtsprechung unterschiedlich beurteilte Frage, ob es eine Kennzeichenverletzung darstellt,
wenn ein Dritter ein fremdes Kennzeichen (also eine Marke oder eine Unternehmensbezeichnung) oder eine dem geschützten Zeichen ähnliche Bezeichnung einem Suchmaschinenbetreiber gegenüber als Schlüsselwort angibt mit dem Ziel, dass bei der Eingabe dieser Bezeichnung als Suchwort in
die Suchmaschine in einem von der Trefferliste räumlich getrennten Werbe-
block eine als solche gekennzeichnete Anzeige des Dritten (mit Link auf dessen Website) als Werbung für seine Waren oder Dienstleistungen erscheint.
In den entschiedenen Fällen enthielt die Anzeige weder das als Suchwort
verwendete fremde Zeichen noch sonst einen Hinweis auf den Kennzeicheninhaber oder auf die von diesem angebotenen Produkte.

Im **ersten Verfahren**[132] hatte die beklagte Anbieterin von Erotikartikeln
gegenüber Google das Schlüsselwort „bananabay" angegeben. „Bananabay"
ist für die Klägerin, die unter dieser Bezeichnung ebenfalls Erotikartikel im
Internet vertreibt, als Marke geschützt. Ist eine als Schlüsselwort benutzte
Bezeichnung – wie in diesem Fall – mit einer fremden Marke identisch und
wird sie zudem für Waren oder Dienstleistungen benutzt, die mit denjenigen
identisch sind, für die die fremde Marke Schutz genießt, hängt die Annahme
einer Markenverletzung in einem solchen Fall nur noch davon ab, ob in der
Verwendung der geschützten Bezeichnung als Schlüsselwort eine Benutzung als Marke im Sinne des Markengesetzes liegt. Da die Bestimmungen
des deutschen Rechts auf harmonisiertem europäischen Recht beruhen, hat
der BGH das Verfahren ausgesetzt, um dem Europäischen Gerichtshof diese
Frage zur Vorabentscheidung nach Art. 234 EG-Vertrag vorzulegen.

---

[132] BGH, Beschl. v. 22.01.2009 - I ZR 125/07.

Im **zweiten Verfahren**[133] standen sich zwei Unternehmen gegenüber, die über das Internet Leiterplatten anbieten. Für die Klägerin ist die Marke „PCB-POOL" geschützt. Der Beklagte hatte bei Google als Schlüsselwort die Buchstaben „pcb" angemeldet, die von den angesprochenen Fachkreisen als Abkürzung für „printed circuit board" (englisch für Leiterplatte) verstanden werden. Die Adword-Anmeldung von „pcb" hatte zur Folge, dass auch bei Eingabe von „PCB-POOL" in die Suchmaschine von Google in dem gesonderten Anzeigenblock neben der Trefferliste eine Anzeige für Produkte des Beklagten erschien. Der BGH hat in diesem Fall die Klage unter Aufhebung des Berufungsurteils abgewiesen. Der Markeninhaber kann i.d.R. die Verwendung einer beschreibenden Angabe (hier „pcb") auch dann nicht untersagen, wenn sie markenmäßig benutzt und dadurch die Gefahr einer Verwechslung mit der geschützten Marke begründet wird. Der BGH hat in diesem Fall eine markenrechtlich erlaubte beschreibende Benutzung angenommen. Da eine Kennzeichenverletzung schon aus diesem Grund zu verneinen war, kam es auf die dem Europäischen Gerichtshof bereits vorgelegte Rechtsfrage nicht mehr an.

Am **dritten Verfahren**[134] war ebenfalls die Klägerin des zweiten Verfahrens – sie führt die Unternehmensbezeichnung „Beta Layout GmbH" – beteiligt. Hier ging es darum, dass ein anderer Wettbewerber bei Google als Schlüsselwort die Bezeichnung „Beta Layout" anmeldet hatte. Auch in diesem Fall erschien immer dann, wenn ein Internetnutzer bei Google als Suchwort „Beta Layout" eingab, neben der Trefferliste ein Anzeigenblock mit einer Anzeige für die Produkte des Wettbewerbers. In diesem Fall hat der BGH die Entscheidung des Berufungsgerichts bestätigt, das eine Verletzung der Unternehmensbezeichnung und einen entsprechenden Unterlassungsanspruch mit der Begründung verneint hatte, es fehle an der für die Verletzung der Unternehmensbezeichnung erforderlichen Verwechslungsgefahr. Der Internetnutzer nehme nicht an, dass die in dem gesonderten Anzeigenblock neben der Trefferliste erscheinende Anzeige von der Beta Layout GmbH stamme. Diese tatrichterliche Feststellung des Verkehrsverständnisses war nach Auffassung des Bundesgerichtshofs nicht zu beanstanden. Da der Schutz der Unternehmensbezeichnungen anders als der Markenschutz nicht auf harmonisiertem europäischem Recht beruht, kam in diesem Verfahren eine Vorlage an den Europäischen Gerichtshof nicht in Betracht.

10. Der BGH hatte in zwei Fällen über den Schutzumfang der für Schokoladenprodukte eingetragenen Marke **„Kinder"** zu entscheiden[135].

---

[133] BGH, Urt. v. 22.01.2009 - I ZR 139/07.
[134] BGH, Urt. v. 22.01.2009 - I ZR 30/07.
[135] BGH, Urt. v. 20.09.2007 - I ZR 6/05.

Die Fälle: Die Klägerin, der Süßwarenhersteller Ferrero, ist Inhaberin mehrerer graphisch gestalteter, teilweise farbiger Marken mit dem Wortbestandteil „Kinder", die u.a. für Schokolade eingetragen sind.

Im **ersten Fall** hat die Klägerin den Süßwarenhersteller Haribo auf Unterlassung in Anspruch genommen, unter der Marke „Kinder Kram" Zuckerwaren, Back- und Konditorwaren anzubieten.

Der BGH hat eine Verletzung der Wort-/Bildmarke „Kinder" der Klägerin durch die angegriffene Marke „Kinder Kram" verneint. Die Klägerin konnte nach Ansicht des Bundesgerichtshofs für die Klagemarken Schutz nur aufgrund ihrer graphischen, teilweise farbigen Gestaltung in Anspruch nehmen. Der in den Marken der Klägerin enthaltene Wortbestandteil „Kinder" verfüge für Schokolade wegen des die Abnehmerkreise beschreibenden Gehalts für sich genommen über markenrechtlichen Schutz. Zwischen den graphisch gestalteten Klagemarken und der angegriffenen Wortmarke „Kinder Kram" fehle die für das beantragte Verbot erforderliche Zeichenähnlichkeit.

Mit der **zweiten,** ebenfalls auf die für die Klägerin eingetragenen „Kinder"-Marken gestützten **Klage** richtete sich Ferrero gegen einen Hersteller von Molkereiprodukten[136]. Dieser beabsichtigte, ein Milchdessert unter Verwendung der Bezeichnung „Kinderzeit" auf den Markt zu bringen. Die Klägerin hatte beantragt, der Beklagten zu verbieten, die Bezeichnung „Kinderzeit" auf Verpackungen und in der Werbung zu verwenden.

Der BGH hat geurteilt, dass zwischen den graphisch gestalteten Klagemarken „Kinder" und der Bezeichnung „Kinderzeit" ebenfalls die für ein Verbot erforderliche Zeichenähnlichkeit nicht gegeben sei.

11. Der BGH hatte ferner in drei Fällen über den **Schutzumfang der Marke „POST"** zu entscheiden.

Die drei Fälle: Klägerin im **ersten Fall** war die Deutsche Post AG, zu deren Gunsten die Marke „POST" u.a. für die Beförderung und Zustellung von Briefen und Paketen eingetragen ist [137]. In diesem Verfahren nahm die Klägerin ein Unternehmen wegen Verletzung ihrer Marke in Anspruch, das unter „CITY Post KG" firmiert, ein Wort/Bildmarke mit dem Bestandteil „CITY POST" hat eintragen lassen und die Bestandteile „city post" als Domainnamen und als E-Mail-Adresse nutzt. Die **zweite Klage** der Deutschen Post aus der Marke „POST" war gegen ein Unternehmen mit der Firmierung „Die Neue Post" gerichtet, das diese Bezeichnung ebenfalls bei seinem Internetauftritt verwendet[138].

---

[136] BGH, Urt. v. 20.09.2007 - I ZR 94/04.
[137] BGH, Urt. v. 05.06.2008-I ZR 108/05.
[138] BGH, Urt. v. 05.06.2008 -I ZR 169/05.

Der BGH hat für diese beiden Fälle offen gelassen, ob zwischen der Klagemarke „POST" und den angegriffenen Zeichen „City Post" und „Die Neue Post" Verwechslungsgefahr besteht. Die Ansprüche der Klägerin aus ihrer Marke hat der BGH nach § 23 Nr. 2 MarkenG jedoch verneint. Nach dieser Bestimmung kann der Markeninhaber einem Dritten nicht untersagen, ein mit der Klagemarke ähnliches Zeichen als eine Angabe zu benutzen, mit der der Dritte die von ihm angebotene Ware oder Dienstleistung beschreibt, sofern diese Benutzung der Bezeichnung „Post" haben die Unternehmen, die nach der teilweisen Öffnung des Marktes Postdienstleistungen erbringen, zur Beschreibung ihres Tätigkeitsbereichs ein besonderes Interesse. Soweit sich die Wettbewerber der Deutschen Post AG durch Zusätze von dem in Alleinstellung benutzten Markenwort „POST" abgrenzen und nicht durch eine Anlehnung an weitere Kennzeichen und Ausstattungsmerkmale der Deutschen Post AG- etwa an das Posthornzeichen oder an die Farbe Gelb- die Verwechslungsgefahr erhöhen, kann ihnen die Verwendung der Bezeichnung „POST" nicht untersagt werden.

Im einem **dritten Fall** hat der BGH über die **Rechtsbeständigkeit der Marke „POST"** wie folgt entschieden[139]:

Der BGH ist hier davon ausgegangen, dass die Bezeichnung „POST" eine beschreibende Sachangabe für die Dienstleistungen ist, für die der Markenschutz beansprucht wird. Denn der Begriff bezeichnet den Gegenstand, auf den sich die Dienstleistung bezieht. Das damit an sich bestehende Schutzhindernis kann nach dem Gesetz dadurch überwunden werden, dass sich die Bezeichnung „POST" im Verkehr als Hinweis auf die betriebliche Herkunft und damit als Marke durchgesetzt hat. Das Deutsche Patent- und Markenamt war hiervon zunächst ausgegangen und hatte die Marke „POST" deswegen im Jahr 2003 eingetragen. Die dann beantragte Löschung der Marke setzt die Feststellung voraus, dass die Verkehrsdurchsetzung entgegen der ursprünglichen Annahme weder im Zeitpunkt der Eintragung als Marke vorlag noch im Laufe des Löschungsverfahrens eingetreten ist.

Der BGH hat deutlich gemacht, dass allein Zweifel an der Verkehrsdurchsetzung die Löschung nicht rechtfertigen könnten. Die Deutsche Post AG hatte im Löschungsverfahren zu der Verkehrsdurchsetzung der Marke „POST" Verkehrsbefragungen und Meinungsforschungsinstitute vorgelegt. Der dort ausgewiesene Anteil von annähernd 85% der Befragten, die den Begriff „POST" als Hinweis auf die betriebliche Herkunft auffassten, lässt – so der BGH – nicht den Schluss zu, die Marke habe sich nicht als Herkunftshinweis durchgesetzt. Das Bundespatentgericht habe zwar methodische Bedenken gegen die Ergebnisse der Meinungsforschungsgutachten geäußert und sei

---

[139] BGH, Beschl. v. 23.10.2008 - I ZB 48/07.

deshalb von einem wesentlich niedrigen Durchsetzungsgrad ausgegangen. Die Bedenken gegen die von der Deutschen Post AG vorgelegten Meinungsforschungsgutachten rechtfertigen es aber nicht, die Marke zu löschen. Vielmehr hätte das Bundespatentgericht von Amts wegen weitere Ermittlungen anstellen und, soweit erforderlich, ein weiteres Gutachten einholen müssen. Der BGH hat die Sache deshalb zur Nachholung weiterer tatsächlicher Feststellungen an das Bundespatentgericht zurückverwiesen. Der BGH hat im Übrigen bei seiner Entscheidung berücksichtigt, dass die Deutsche Post AG ihren Wettbewerbern auch im Falle des Bestands der Marke „POST" die Verwendung der beschreibenden Angabe „Post" selbst als Bestandteil der Unternehmensbezeichnung nicht untersagen kann.

4.6.6 Kollektivmarken

Nach § 97 Abs. 1 MarkenG können als **Kollektivmarken** alle als Marke schutzfähigen Zeichen im Sinne des § 3 MarkenG eingetragen werden, die geeignet sind, die Waren oder Dienstleistungen der Mitglieder des Inhabers der Kollektivmarke von denjenigen anderer Unternehmen nach ihrer betrieblichen oder geographischen Herkunft, ihrer Art, ihrer Qualität oder ihren sonstigen Eigenschaften zu unterscheiden. Kollektivmarken unterscheiden sich von Individualmarken dadurch, dass ihr Inhaber ein rechtsfähiger Verband ist, §§ 98, 102 MarkenG. Hierzu zählen auch rechtsfähige Dachverbände und Spitzenverbände, deren Mitglieder selbst Verbände sind. Diesen Verbänden sind juristische Personen des öffentlichen Rechts gleichgestellt.

4.6.7 Geographische Herkunftsangaben

Auch **geographische Herkunftsangaben** sind dem **Kollektivmarkenschutz** zugänglich: § 99 MarkenG lässt eine Eintragbarkeit von geographischen Herkunftsangaben als Kollektivmarken ausdrücklich zu.

Die Eintragung einer geographischen Herkunftsangabe als Kollektivmarke gibt ihrem Inhaber nach § 100 MarkenG jedoch nicht das Recht, einem Dritten zu untersagen, solche Angaben im geschäftlichen Verkehr zu benutzen, sofern die Benutzung den guten Sitten entspricht und nicht gegen den Schutzinhalt geographische Herkunftsangaben verstößt.

Aus § 101 MarkenG ergeben sich Klagebefugnis und Schadensersatz der zur Benutzung der Kollektivmarke berechtigte Personen bzw. des Inhabers der Kollektivmarke.

Der Anmeldung einer Kollektivmarke muss nach § 102 Abs. 1 MarkenG eine Markensatzung beigefügt sein. Die Markensatzung muss nach § 102 Abs. 2 MarkenG mindestens enthalten:

- Namen und Sitz des Verbandes,

- Zweck und Vertretung des Verbandes,

- Voraussetzungen für die Mitgliedschaft,

- Angaben über den Kreis der zur Benutzung der Kollektivmarke befugten Personen,

- die Bedingungen für die Benutzung der Kollektivmarke und

- Angaben über die Rechte und Pflichten der Beteiligten im Falle von Verletzungen der Kollektivmarke.

Dabei muss in der Markensatzung eine Aufnahmemöglichkeit für örtlich Berechtigte vorgesehen werden (§ 102 Abs. 3 MarkenG), sofern diese die vorgeschriebenen Satzungsbedingungen erfüllen. Kollektivmarken haben die Funktion, dass nicht nur ein einzelnes Unternehmen sich der geographischen Herkunftsangabe bedienen darf, sondern das Kollektiv aller ortsansässiger Unternehmen es benutzen kann, um sich von Nichtmitgliedern der geographischen Herkunft nach zu unterscheiden. Es ist jedoch gemäß § 100 Abs. 1 MarkenG jedem ortsansässigen Produzenten, der nicht Mitglied des Kollektivs ist, gestattet, die „geographische Kollektivmarke" zu benutzen, soweit er sich in den Grenzen bewegt, die die guten Sitten bzw. § 127 Marken G vorgeben.

Geographische Herkunftsangaben sind gemäß § 126 Abs. 1 MarkenG die Namen von Orten, Gegenden, Gebieten oder Ländern sowie sonstige Angaben oder Zeichen, die im geschäftlichen Verkehr zur Kennzeichnung der geographischen Herkunft von Waren oder Dienstleistungen benutzt werden.

Typischerweise erfolgt die Angabe in adjektivischer Form. Es gibt aber auch andere Hinweisformen, bei denen Symbole verwendet werden, die für einen bestimmten Ort, manchmal für ein ganzes Land stehen, wie z.B. der Kölner Dom, das Lübecker Holstentor oder die Schweizer Nationalfrage, die als Symbole für Bier, Süßwaren bzw. Schweizer Messern gebräuchlich sind.

Regelmäßig verbindet der angesprochene Verkehr mit geographischen Herkunftsangaben nicht nur den Hinweis auf die Herkunft der Ware aus einer bestimmten Region, sondern eine besondere Vorstellung von Güte oder Eigenschaft der entsprechend gekennzeichneten Produkte. Häufig hat dies seinen Grund darin, dass das entsprechende Produkt seine besonderen Eigenschaften der Gegend verdankt, aus der es stammt. Diese besondere Verbindung zwischen dem Hinweis auf eine bestimmte Herkunft und der Erwartung einer bestimmten Qualität gibt der geographischen Herkunftsangabe ihre wirtschaftliche Bedeutung.

Geographische Herkunftsangaben sind von sogenannten **Gattungsbezeichnungen** abzugrenzen. Gemäß § 126 Abs. 2 S. 1 MarkenG sind Gattungsbezeichnungen von dem Kennzeichenschutz als geographische Herkunftsangabe ausgeschlossen. Als Gattungsbezeichnungen sind solche Bezeichnungen anzusehen, die zwar eine Angabe über die geographische Herkunft enthalten oder von einer solchen abgeleitet sind, die aber ihre ursprüngliche Bedeutung verloren haben und als Namen von Waren oder Dienstleistungen oder als Bezeichnungen oder Angaben der Art, der Beschaffenheit, der Sorte oder sonstigen Eigenschaften oder Merkmalen von Waren oder Dienstleistungen dienen.

Darunter versteht man solche Angaben, die allgemein auf eine bestimmte Warenart hinweisen, auch wenn sie auf den ersten Blick den Charakter einer geographischen Herkunftsangabe haben. Sie können allenfalls noch einen Hinweis auf eine bestimmte Beschaffenheit und damit auf einen bestimmten Qualitätsstandard enthalten, der mit dem geographischen Ursprung allerdings nichts mehr gemeinsam hat.

Beispiele dafür sind: „Linzer Torte", „Frankfurter Würstchen", „Italienischer Salat" oder „Wiener Schnitzel. Jede geographische Herkunftsangabe unterliegt der Gefahr, sich in eine Gattungsbezeichnung oder Beschaffenheitsangabe umzuwandeln. Das führt zur Vernichtung wirtschaftlicher Werte, da insoweit die geographische Herkunftsangabe ihre Aufgabe, dem angesprochenen Verkehr eine bestimmte Qualität aufgrund der geographischen Herkunft zu signalisieren, nicht mehr erfüllen kann. Daher müssen diejenigen, die berechtigterweise geographische Herkunftsangaben für bestimmte Erzeugnisse verwenden, besonders darauf achten, dass die geographischen Herkunftsangaben nicht unberechtigt verwendet werden und dadurch aus Sicht des angesprochenen Verkehrs sich in Gattungsbezeichnungen umwandeln.

Der Schutz geographischer Herkunftsangaben ist auf drei unterschiedlichen Ebenen gegeben:

Es gibt zunächst den Schutz auf der **nationalen Grundlage** nach den Bestimmungen der §§ 126 ff. MarkenG.

Daneben gibt es auf **europäischer Ebene** den Schutz geographischer Herkunftsangaben auf der Grundlage der Verordnung Nr. 510/06. Diese Verordnung gilt für Lebensmittel und Agrarerzeugnisse. Sie unterscheidet zwischen Ursprungsangaben und geographischen Angaben. Entsprechende Bezeichnungen können in das bei der Europäischen Kommission geführte Register auf Antrag eingetragen werden. Die Verordnung gewährt für geschützte Ursprungsbezeichnungen und geschützte geographische Herkunftsangaben einen sehr weitgehenden Schutz. Ferner ist in der Verordnung festgehalten, dass die eingetragenen Bezeichnungen sich nicht in Gattungsbezeichnungen umwandeln können.

Auch auf **internationaler Ebene** besteht Schutz für geographische Herkunftsangaben.

Daneben besteht weiterer Schutz durch **zweiseitige Abkommen,** die Deutschland mit Frankreich, Italien, Griechenland, der Schweiz und Spanien geschlossen hat.

Hier finden Sie die aktuellen Verzeichnisse zum Download im pdf-Format:

http://www.dpma.de/docs/service/formulare/marke/w7729.pdf

http://www.digh.org/downloads/ehdeu.pdf

http://www.digh.org/downloads/emin.pdf

Geographische Herkunftsangaben dürfen nach § 127 Abs. 1 MarkenG im geschäftlichen Verkehr nicht für Waren oder Dienstleistungen benutzt werden, die nicht aus dem Ort, der Gegend, dem Gebiet oder dem Land stammen, das durch die geographische Herkunftsangabe bezeichnet wird, wenn bei der Benutzung solcher Namen, Angaben oder Zeichen für Waren oder Dienstleistungen anderer Herkunft eine Gefahr der Irreführung über die geographische Herkunft besteht.

Hier ist der Schutz sogenannter **„einfacher geographischer Herkunftsangaben"** gegen ihre Verwendung für Waren und Dienstleistungen anderer Herkunft geregelt. Einfache geographische Herkunftsangaben liegen vor, wenn nach den Vorstellungen der beteiligten Verkehrskreise die Waren und Dienstleistungen dieser geographischen Herkunft keine besonderen Eigenschaften oder eine besondere Qualität besitzen.

Die Vorschrift untersagt die Irreführung der beteiligten Verkehrskreise durch geographische Herkunftsangaben. Die Gefahr einer Irreführung reicht dafür bereits aus, sie ist dann gegeben, wenn ein nicht unerheblicher Teil der beteiligten Verkehrskreise die geographische Herkunftsangabe als einen Hinweis auf die geographische Herkunft des Produktes verstehen kann.

§ 127 Abs. 1 MarkenG ist nicht schon allein dann verwirklicht, wenn die geographische Herkunftsangabe für Produkte anderer Herkunft verwendet wird. Zusätzlich ist nach den Umständen des konkreten Einzelfalls konkret festzustellen, ob tatsächlich eine Irreführung eines nicht unerheblichen Teils der beteiligten Verkehrskreise vorliegt.

Einen erweiterten Schutz im Hinblick auf sogenannte **„qualifizierte geographische Herkunftsangaben"** gewährt § 127 Abs. 2 MarkenG gegen die Verwendung für Waren und Dienstleistungen besonderer Qualität oder mit besonderen Eigenschaften. Haben die durch eine geographische Herkunftsangabe gekennzeichneten Waren oder Dienstleistungen besondere Eigenschaften oder eine besondere Qualität, so darf die geographische Herkunftsangabe im geschäftlichen Verkehr für die entsprechenden Waren oder Dienstleistungen dieser Herkunft nur benutzt werden, wenn die Waren oder Dienstleistungen diese Eigenschaften oder diese Qualität aufweisen. Besondere Qualitätsmerkmale dürfen also nur dann verwendet werden, wenn die Produkte auch tatsächlich diejenige besondere Qualität aufweisen, welche die Verkehrskreise mit dem Herkunftsgebiet verbinden. Diese besondere Qualifikation beruht darauf, dass die Verkehrskreise – möglicherweise eventuell sogar zu Unrecht – eine besondere Qualität der aus dem geographischen Gebiet stammenden Produkte vermuten, erwarten oder voraussetzen. Bei der Bestimmung der qualitativen Produktmerkmale einer qualifizierten geographischen Herkunftsangabe ist auf die berechtigten Erwartungen eines verständigen Verbrauchers abzustellen. Eine eventuelle Irreführung des Verkehrs ist hier nicht erforderlich.

Nach § 127 Abs. 3 MarkenG werden ferner sogenannte **„Herkunftsangaben mit besonderen Ruf"** geschützt. Genießt eine geographische Herkunftsangabe nämlich einen besonderen Ruf, so darf sie im geschäftlichen Verkehr für Waren oder Dienstleistungen anderer Herkunft auch dann nicht benutzt werden, wenn eine Gefahr der Irreführung über die geographische Herkunft nicht besteht, sofern die Benutzung für Waren oder Dienstleistungen anderer Herkunft geeignet ist, den Ruf der geographischen Herkunftsangabe oder ihre Unterscheidungskraft ohne rechtfertigenden Grund in unlauterer Weise auszunutzen oder zu beeinträchtigen. Der besondere Ruf der geographischen Herkunftsangabe muss positiv festgestellt werden; der bloße Bekanntheitsgrad allein kann diesen Ruf nicht begründen. Ein besonderer Ruf entwickelt sich im Verkehr im Allgemeinen durch die besonderen Eigenschaften eines Produktes, das positive Image und den erworbenen Prestigewert.

Nach § 127 Abs. 4 MarkenG erstreckt sich der Schutz geographischer Herkunftsangaben auch auf Namen oder Zeichen, die den geschützten Herkunftsangaben ähnlich sind, sofern trotz der Abweichung oder der Zusätze eine Gefahr der Irreführung über die geographische Herkunft besteht oder wenn trotz der Abweichung oder der Zusätze die Eignung zur unlauteren Ausnutzung oder Beeinträchtigung des Rufs oder der Unterscheidungskraft der geographischen Herkunftsangabe besteht.

§ 128 MarkenG gewährt zivilrechtliche Unterlassungs- und Schadensersatzansprüche, sofern entgegen § 127 MarkenG im geschäftlichen Verkehr Namen, Angaben oder Zeichen benutzt werden Bei der Bemessung des Schadensersatzes kann auch der Gewinn, den der Verletzer durch die Verletzung des Rechts erzielt hat, berücksichtigt werden. Diese Ansprüche können gemäß § 128 Abs. 1 MarkenG i.V.m. § 8 Abs. 3 UWG von Mitbewerbern, Verbänden zur Förderung gewerblicher Interessen, Verbraucherverbänden sowie Industrie-, Handels- und Handwerkskammern geltend gemacht werden.

Eine bedeutsame und grundlegende Entscheidung zu geographischen Herkunftsangaben ist die Entscheidung des Bundesgerichtshofs zu **„Lübecker Marzipan"**:

Der Fall[140]: Die Klägerinnen waren Unternehmen mit Sitz außerhalb der Stadtgrenzen von Lübeck, die Marzipan unter der Bezeichnung „Lübecker Marzipan" herstellen und vertreiben. Die Beklagten waren in Lübeck ansässig. Sie stellten ebenfalls „Lübecker Marzipan" her und vertrieben es unter dieser Bezeichnung. Die Parteien stritten darum, ob die in Lübeck ansässigen Marzipanhersteller den auswärtigen Unternehmen den Gebrauch der Bezeichnung „Lübecker Marzipan" als irreführend verbieten dürften. Die Beklagten hatten verschiedene Anzeigen veröffentlichen lassen, in denen sie ihre Auffassung verbreitet hatten, dass die Angabe „Lübecker Marzipan" auf die örtliche Herkunft der Erzeugnisse hinweise.

Die Klägerinnen hielten die Behauptung der Beklagten, die Bezeichnung „Lübecker Marzipan" sei eine Herkunftsangabe und dürfe nur von Unternehmen mit Sitz innerhalb der Stadtgrenzen Lübeck zur Bezeichnung von Marzipan benutzt werden, für unzutreffend. Sie waren der Ansicht, bei der Bezeichnung „Lübecker Marzipan" handele es sich um eine Gattungsbezeichnung, mit der eine bestimmte Art von Marzipan benannt werde. Deshalb dürften auch sie ihre Erzeugnisse als „Lübecker Marzipan" bezeichnen, zumal die Qualität und Ausführung ihrer Erzeugnisse nicht von denen abwichen, die die Beklagten unter dieser Bezeichnung auf den Markt brächten.

Der BGH hat dazu entschieden: Für die im Vordergrund stehende Frage, ob die Bezeichnung „Lübecker Marzipan" eine Angabe über die örtliche Herkunft der so bezeichneten Erzeugnisse aus Lübeck ist oder ob diese Bezeichnung eine Angabe über die Beschaffenheit, eine Sortenbezeichnung, darstellt, ist auf die Verkehrsauffassung abzustellen. Dabei ist in erster Linie die Auffassung der angesprochenen Verbraucherkreise maßgeblich. Für die Annahme einer geographischen Herkunftsangabe ist es als ausreichend anzusehen, wenn auch nur ein nicht unerheblicher Teil des Verkehrs in der Angabe einen solchen Hinweis sieht.

Für den Fall, dass eine Angabe über die örtliche Herkunft sich im Laufe der Zeit zunehmend zu einer Beschaffenheitsangabe oder Gattungsbezeichnung

---

[140] BGH, Urt. v. 06.06.1980 - I ZR 97/78.

entwickelt, bedeutet dies, dass rechtlich eine solche Entwicklung erst dann als abgeschlossen behandelt wird – und damit eine Irreführung im Sinne des § 3 UWG entfällt – wenn nur noch ein „ganz unbeachtlicher" Teil der beteiligten Verkehrskreise in der Angabe einen Hinweis auf die örtliche Herkunft der Ware erblickt. Geographischen Herkunftsangaben soll ein möglichst wirksamer Schutz gegen unrichtige Verwendung gewährt werden, weil im Allgemeinen kein schutzwürdiges Interesse Dritter besteht, unrichtige Angaben über die Herkunft zu verwenden.

Allerdings gilt ein anderer Maßstab, wenn sich eine Angabe, die ursprünglich Herkunftsangabe war, bereits zu einer Beschaffenheitsangabe umgewandelt hatte und sich dann eine Rückumwandlung zur Herkunftsvorstellung vollzieht. In einem solchen Falle genügt nicht schon die Auffassung eines nicht unerheblichen Teils des Verkehrs, um die Angabe wieder als Herkunftsangabe zu behandeln, vielmehr würde die Rückentwicklung zur geographischen Herkunftsangabe erst dann als abgeschlossen anzusehen sein, wenn der „überwiegende" Teil jener Kreise die Bezeichnung als Herkunftsangabe auffasst.

Nach einer Meinungsumfrage sahen etwa 40% der Verbraucher „Lübecker Marzipan" als einen Herkunftshinweis an. Die Angabe „Lübecker Marzipan" war daher, wenn sie von nicht ortsansässigen Herstellern in der Werbung verwendet wird, für einen großen Teil der Verbraucher unrichtig.

Es ist davon auszugehen, dass im Allgemeinen kein schutzwürdiges Interesse an der Benutzung unrichtiger Herkunftsangaben besteht und dass deshalb nur Beeinträchtigungen von sehr erheblichem Gewicht die Zurückdrängung des Verbraucherinteresses am Schutz vor Irreführungen rechtfertigen können.

Ein weiterer Fall zur Abgrenzung von geographischen Herkunftsangaben und reinen Beschaffenheitsangaben ist der Fall **„Rügenwalder Teewurst II"**:

Der Fall[141]: Der BGH hatte sich mit der Frage zu beschäftigen, ob die Bezeichnung „Rügenwalder Teewurst" auch heute noch von nicht unerheblichen Teilen des Verkehrs nicht als Gattungsbezeichnung, sondern als Bezeichnung mit Hinweischarakter auf einen bestimmten Herstellerkreis verstanden wird. Die Vorstellung, bei „Rügenwalder Teewurst" handele es sich um eine Bezeichnung, die auf solche Hersteller verweist, die lediglich früher an einem Ort Rügenwalde – den es heute unter dieser deutschen Bezeichnung nicht mehr gibt – eine Wurst unter dieser Bezeichnung hergestellt haben, sei keineswegs einfacher und naheliegender Art. Sie erfordere zunächst Kenntnisse und sodann Denkprozesse im Zusammenhang mit diesen Kennt-

---

[141] BGH, Urt. v. 19.01.95 - I ZR 197/92.

nissen, die nicht ohne weiteres vorausgesetzt werden können und von man nicht annehmen könne, dass sie tatsächlich bei einem noch nennenswerten Teil des Verkehrs - auch in den neuen Bundesländern - vorliegen bzw. erfolgen würden. Es erscheine nicht zweifelsfrei, ob und wieweit eine solche Vermutung auch dann zugrunde gelegt werden kann, wenn – wie vorliegend – nicht mehr die Funktion der Bezeichnung als Hinweis auf eine tatsächliche örtliche Herkunft, sondern allein die des Hinweises auf einen Herstellerkreis in Frage stehe, der selbst oder dessen Rechtsvorgänger vor einem halben Jahrhundert in einem bestimmten, jetzt unter seiner Ursprungsbezeichnung nicht mehr existenten Ort die Ware, deren Bezeichnung in Frage steht, produziert hätten.

In diesem Urteil finden sich auch Verweise auf weitere einschlägige Rechtsprechung zum Thema.

Ein weiteres Beispiel: Das Bundespatentgericht hat zur **geographischen Herkunftsangabe „Schwarzwälder Schinken"** entschieden: „Schwarzwälder Schinken" muss nicht nur im Schwarzwald hergestellt, sondern auch im Schwarzwald geschnitten und verpackt werden.

Der Fall[142]: Der Schutzverband der Schwarzwälder Schinkenhersteller hatte beantragt, die Bedingungen für die Benutzung der geschützten geographischen Angabe „Schwarzwälder Schinken" dahin gehend zu ändern, dass Schwarzwälder Schinken, der fertig geschnitten und verpackt in den Handel kommt, im Schwarzwald geschnitten und verpackt werden muss.

Hiergegen hatten drei Firmen Einspruch erhoben, darunter ein größerer Fleischverarbeitungsbetrieb, der zwar im Schwarzwald Schinken produziert, diesen jedoch neben anderen Produkten zentral in Norddeutschland schneidet und verpackt.

Das Deutsche Patent- und Markenamt hatte den Änderungsantrag des Schutzverbandes zurückgewiesen, weil es der Auffassung war, dass eine derartige Beschränkung der Vermarktungsbedingungen für Schwarzwälder Schinken nicht hinreichend gerechtfertigt sei.

Demgegenüber hat das auch für den Schutz geographischer Bezeichnungen zuständige Bundespatentgericht entschieden, dass die Echtheit von geschnittenem und verpacktem Schwarzwälder Schinken nur dann hinreichend gewährleistet sei, wenn die genannten Verarbeitungsschritte im Schwarzwald durchgeführt werden und dies vor Ort kontrolliert werden kann.

---

[142] BPatG, Urt. v. 13.10.2011 - 30 W (pat) 33/09.

5. Wettbewerbsrecht

5.1 Überblick

Die deutsche Wirtschaftsordnung ist vom Prinzip der sozialen Marktwirtschaft geprägt. Der Staat übernimmt die soziale Verantwortung, damit die Freiheit des Kapitalismus und soziale Gerechtigkeit weitgehend vereinbar bleiben. Die Sozialstaatsgarantie ist in Art. 20 GG verankert.

Wie für alle anderen Branchen gilt auch im Medienbereich: Nur ein freier und funktionierender Wettbewerb sichert Vielfalt. Konkreter bedeutet das für die Medienbranche: Meinungsvielfalt und unabhängige Meinungsbildung sind nur möglich, wenn der Wettbewerb zwischen den Medienunternehmen intakt ist. Die Konkurrenz bezieht sich dabei nicht nur aus Leser, Abonnenten, Zuschauer oder Online-Nutzer, sondern – und das ist von mindestens ebenso großer Bedeutung – auch auf Werbekunden (Anzeigenkunden). Um publizistische Vielfalt und ein gleichzeitig möglichst hohes Maß an Qualität in den Medien zu gewährleisten, muss der Staat regulierend eingreifen. Er tut dies bspw. über die Mediengesetze der Länder und den Rundfunkstaatsvertrag. Außerdem betreffen weitere allgemeine Vorschriften auch die Medienbranche, nämlich das Gesetz gegen den unlauteren Wettbewerb (UWG) und das Gesetz gegen Wettbewerbsbeschränkungen (GWB).

5.2 Gesetz gegen den unlauteren Wettbewerb

5.2.1 Allgemeines zum UWG : §§ 1, 3, 4 UWG

Das Gesetz gegen den unlauteren Wettbewerb (UWG) ist in seiner jetzigen Fassung ein sehr junges Gesetz, dass im Ursprung erst im Jahre 2004 in Kraft getreten ist und mit Wirkung ab 2009 umfassend modernisiert wurde, weil es zum Einen den Entwicklungen der Wirtschaft nicht mehr entsprach und zum Anderen europarechtlichen Vorgaben zur Liberalisierung des Wettbewerbs drängten. Das UWG ist besonders im Zusammenhang mit Werbung in allen Formen der Medien von herausragender Bedeutung.

Das Gesetz gegen den unlauteren Wettbewerb (UWG) dient gem. § 1 UWG dem Schutz von Mitbewerbern, Verbraucherinnen und Verbrauchern sowie sonstigen Marktteilnehmern vor unlauteren geschäftlichen Handlungen.

Im Vordergrund steht dabei die Regelung des § 3 UWG:

Nach der **Generalklausel** des § 3 Abs. 1 UWG sind **unlautere geschäftliche Handlungen** unzulässig, wenn sie geeignet sind, die Interessen von Mitbewerbern, Verbrauchern oder sonstigen Marktteilnehmern spürbar zu beeinträchtigen. Es existiert also eine Bagatellklausel durch das Merkmal der **„Spürbarkeit"** der Beeinträchtigung.

„Geschäftliche Handlung" ist nach § 2 Abs. 1 Nr. 1 UWG:

> „jedes Verhalten einer Person zugunsten des eigenen oder eines fremden Unternehmens vor, bei oder nach einem Geschäftsabschluss, das mit der Förderung des Absatzes oder des Bezugs von Waren oder Dienstleistungen oder mit dem Abschluss oder der Durchführung eines Vertrags über Waren oder Dienstleistungen objektiv zusammenhängt; als Waren gelten auch Grundstücke, als Dienstleistungen auch Rechte und Verpflichtungen."

§ 3 Abs. 2 UWG enthält ferner eine weitere Generalklausel speziell zum Schutz der Verbraucher:

Danach sind geschäftliche Handlungen gegenüber Verbrauchern jedenfalls dann unzulässig, „wenn sie nicht der für den Unternehmer geltenden fachlichen Sorgfalt entsprechen und dazu geeignet sind, die Fähigkeit des Verbrauchers, sich aufgrund von Informationen zu entscheiden, spürbar zu beeinträchtigen und ihn damit zu einer geschäftlichen Entscheidung zu veranlassen, die er andernfalls nicht getroffen hätte".

Der Begriff der **„fachlichen Sorgfalt"** ist nach § 2 Abs. 1 Nr. 7 UWG definiert als der „Standard an Fachkenntnissen und Sorgfalt, von dem billigerweise angenommen werden kann, dass ein Unternehmer ihn in seinem Tätigkeitsbereich gegenüber Verbrauchern nach Treu und Glauben unter Berücksichtigung der Marktgepflogenheiten einhält".

§ 3 Abs. 2 UWG beschreibt zudem eine gesetzliche Beschreibung des **Verbraucherleitbildes**:

Danach ist auf das Verständnis eines durchschnittlichen Verbrauchers, bei der Ansprache spezieller Personengruppen auf das Verständnis eines durchschnittlichen Mitglieds dieser Personengruppe, abzustellen. Diese Regelung übernimmt das von der Rechtsprechung entwickelte Verbraucherleitbild eines durchschnittlich informierten, verständigen und aufmerksamen Durchschnittsverbrauchers. Im letzten Satz von § 3 Abs. 2 UWG wird der Schutz geistig und körperlich kranker Menschen erwähnt.

Geschäftliche Handlungen gegenüber Verbrauchern sind gemäß § 3 Abs. 2 UWG unzulässig, wenn sie nicht der für den Unternehmer geltenden fachlichen Sorgfalt entsprechen und dazu geeignet sind, die Fähigkeit des Verbrauchers, sich auf Grund von Informationen zu entscheiden, spürbar zu beeinträchtigen und ihn damit zu einer geschäftlichen Entscheidung zu veranlassen, die er andernfalls nicht getroffen hätte.

In § 3 Abs. 3 UWG findet sich der Hinweis auf einen Gesetzesanhang mit **dreißig irreführenden bzw. aggressiven geschäftlichen Handlungen,** die **unter allen Umständen verboten** sind (sogenannte „**Schwarze Liste**"oder auch „**Black List**"). Diese „**absoluten**" **Verbote** sollen dem Verbraucher die Durchsetzung seiner Rechte erleichtern und zu einer größeren Transparenz führen. Es handelt hierbei um **Verbote ohne Wertungsvorbehalt,** die **Unzulässigkeit** wird in diesen „**Per-se-Verboten**"also **unwiderleglich** ohne Bewertung ihrer Relevanz im konkreten Einzelfall **vermutet.**

Unzulässige geschäftliche Handlungen im Sinne des § 3 Abs. 3 UWG sind danach:

1. die unwahre Angabe eines Unternehmers, zu den Unterzeichnern eines Verhaltenskodexes zu gehören;

2. die Verwendung von Gütezeichen, Qualitätskennzeichen oder Ähnlichem ohne die erforderliche Genehmigung;

3. die unwahre Angabe, ein Verhaltenskodex sei von einer öffentlichen oder anderen Stelle gebilligt;

4. die unwahre Angabe, ein Unternehmer, eine von ihm vorgenommene geschäftliche Handlung oder eine Ware oder Dienstleistung sei von einer öffentlichen oder privaten Stelle bestätigt, gebilligt oder genehmigt worden, oder die unwahre Angabe, den Bedingungen für die Bestätigung, Billigung oder Genehmigung werde entsprochen;

5. Waren- oder Dienstleistungsangebote im Sinne des § 5 a Abs. 3 UWG zu einem bestimmten Preis, wenn der Unternehmer nicht darüber aufklärt, dass er hinreichende Gründe für die Annahme hat, er werde nicht in der Lage sein, diese oder gleichartige Waren oder Dienstleistungen für einen angemessenen Zeitraum in angemessener Menge zum genannten Preis bereitzustellen oder bereitstellen zu lassen (Lockangebote). Ist die Bevorratung kürzer als zwei Tage, obliegt es dem Unternehmer, die Angemessenheit nachzuweisen;

6. Waren- oder Dienstleistungsangebote im Sinne des § 5 a Abs. 3 UWG zu einem bestimmten Preis, wenn der Unternehmer sodann in der Absicht, stattdessen eine andere Ware oder Dienstleistung abzusetzen, eine fehlerhafte Ausführung der Ware oder Dienstleistung vorführt oder sich weigert zu zeigen, was er beworben hat, oder sich weigert, Bestellungen dafür anzunehmen

oder die beworbene Leistung innerhalb einer vertretbaren Zeit zu erbringen;

7. die unwahre Angabe, bestimmte Waren oder Dienstleistungen seien allgemein oder zu bestimmten Bedingungen nur für einen sehr begrenzten Zeitraum verfügbar, um den Verbraucher zu einer sofortigen geschäftlichen Entscheidung zu veranlassen, ohne dass dieser Zeit und Gelegenheit hat, sich auf Grund von Informationen zu entscheiden;

8. Kundendienstleistungen in einer anderen Sprache als derjenigen, in der die Verhandlungen vor dem Abschluss des Geschäfts geführt worden sind, wenn die ursprünglich verwendete Sprache nicht Amtssprache des Mitgliedstaats ist, in dem der Unternehmer niedergelassen ist; dies gilt nicht, soweit Verbraucher vor dem Abschluss des Geschäfts darüber aufgeklärt werden, dass diese Leistungen in einer anderen als der ursprünglich verwendeten Sprache erbracht werden;

9. die unwahre Angabe oder das Erwecken des unzutreffenden Eindrucks, eine Ware oder Dienstleistung sei verkehrsfähig;

10. die unwahre Angabe oder das Erwecken des unzutreffenden Eindrucks, gesetzlich bestehende Rechte stellten eine Besonderheit des Angebots dar;

11. der vom Unternehmer finanzierte Einsatz redaktioneller Inhalte zu Zwecken der Verkaufsförderung, ohne dass sich dieser Zusammenhang aus dem Inhalt oder aus der Art der optischen oder akustischen Darstellung eindeutig ergibt (als Information getarnte Werbung);

12. unwahre Angaben über Art und Ausmaß einer Gefahr für die persönliche Sicherheit des Verbrauchers oder seiner Familie für den Fall, dass er die angebotene Ware nicht erwirbt oder die angebotene Dienstleistung nicht in Anspruch nimmt;

13. Werbung für eine Ware oder Dienstleistung, die der Ware oder Dienstleistung eines Mitbewerbers ähnlich ist, wenn dies in der Absicht geschieht, über die betriebliche Herkunft der beworbenen Ware oder Dienstleistung zu täuschen;

14. die Einführung, der Betrieb oder die Förderung eines Systems zur Verkaufsförderung, das den Eindruck vermittelt, allein oder hauptsächlich durch die Einführung weiterer Teilnehmer in das System könne eine Vergütung erlangt werden (Schneeball- oder Pyramidensystem);

15. die unwahre Angabe, der Unternehmer werde demnächst sein Geschäft aufgeben oder seine Geschäftsräume verlegen;

16. die Angabe, durch eine bestimmte Ware oder Dienstleistung ließen sich die Gewinnchancen bei einem Glücksspiel erhöhen;

17. die unwahre Angabe oder das Erwecken des unzutreffenden Eindrucks, der Verbraucher habe bereits einen Preis gewonnen oder werde ihn gewinnen oder werde durch eine bestimmte Handlung einen Preis gewinnen oder einen sonstigen Vorteil erlangen, wenn es einen solchen Preis oder Vorteil tatsächlich nicht gibt, oder wenn jedenfalls die Möglichkeit, einen Preis oder sonstigen Vorteil zu erlangen, von der Zahlung eines Geldbetrags oder der Übernahme von Kosten abhängig gemacht wird;

18. die unwahre Angabe, eine Ware oder Dienstleistung könne Krankheiten, Funktionsstörungen oder Missbildungen heilen;

19. eine unwahre Angabe über die Marktbedingungen oder Bezugsquellen, um den Verbraucher dazu zu bewegen, eine Ware oder Dienstleistung zu weniger günstigen Bedingungen als den allgemeinen Marktbedingungen abzunehmen oder in Anspruch zu nehmen;

20. das Angebot eines Wettbewerbs oder Preisausschreibens, wenn weder die in Aussicht gestellten Preise noch ein angemessenes Äquivalent vergeben werden;

21. das Angebot einer Ware oder Dienstleistung als „gratis", „umsonst", kostenfrei" oder dergleichen, wenn hierfür gleichwohl Kosten zu tragen sind; dies gilt nicht für Kosten, die im Zusammenhang mit dem Eingehen auf das Waren- oder Dienstleistungsangebot oder für die Abholung oder Lieferung der Ware oder die Inanspruchnahme der Dienstleistung unvermeidbar sind;

22. die Übermittlung von Werbematerial unter Beifügung einer Zahlungsaufforderung, wenn damit der unzutreffende Eindruck vermittelt wird, die beworbene Ware oder Dienstleistung sei bereits bestellt;

23. die unwahre Angabe oder das Erwecken des unzutreffenden Eindrucks, der Unternehmer sei Verbraucher oder nicht für Zwecke seines Geschäfts, Handels, Gewerbes oder Berufs tätig;

24. die unwahre Angabe oder das Erwecken des unzutreffenden Eindrucks, es sei im Zusammenhang mit Waren oder Dienstleistungen in einem anderen Mitgliedstaat der Europäischen Union

als dem des Warenverkaufs oder der Dienstleistung ein Kundendienst verfügbar;

25. das Erwecken des Eindrucks, der Verbraucher könne bestimmte Räumlichkeiten nicht ohne vorherigen Vertragsabschluss verlassen;

26. bei persönlichem Aufsuchen in der Wohnung die Nichtbeachtung einer Aufforderung des Besuchten, diese zu verlassen oder nicht zu ihr zurückzukehren, es sei denn, der Besuch ist zur rechtmäßigen Durchsetzung einer vertraglichen Verpflichtung gerechtfertigt;

27. Maßnahmen, durch die der Verbraucher von der Durchsetzung seiner vertraglichen Rechte aus einem Versicherungsverhältnis dadurch abgehalten werden soll, dass von ihm bei der Geltendmachung seines Anspruchs die Vorlage von Unterlagen verlangt wird, die zum Nachweis dieses Anspruchs nicht erforderlich sind, oder dass Schreiben zur Geltendmachung eines solchen Anspruchs systematisch nicht beantwortet werden;

28. die in eine Werbung einbezogene unmittelbare Aufforderung an Kinder, selbst die beworbene Ware zu erwerben oder die beworbene Dienstleistung in Anspruch zu nehmen oder ihre Eltern oder andere Erwachsene dazu zu veranlassen;

29. die Aufforderung zur Bezahlung nicht bestellter Waren oder Dienstleistungen oder eine Aufforderung zur Rücksendung oder Aufbewahrung nicht bestellter Sachen, sofern es sich nicht um eine nach den Vorschriften über Vertragsabschlüsse im Fernabsatz zulässige Ersatzlieferung handelt, und

30. die ausdrückliche Angabe, dass der Arbeitsplatz oder Lebensunterhalt des Unternehmers gefährdet sei, wenn der Verbraucher die Ware oder Dienstleistung nicht abnehme.

In § 4 UWG findet sich ein **Beispielskatalog unlauterer geschäftlicher Handlungen**, der allerdings nicht abschließend ist. Dieser Katalog beinhaltet Fallgruppen, welche die Rechtsprechung in der Vergangenheit entwickelt hat und auch aktuelle Probleme aufgreift.

Unlauter im Sinne von § 4 UWG handelt danach **insbesondere**, wer

1. geschäftliche Handlungen vornimmt, die geeignet sind, die Entscheidungsfreiheit der Verbraucher oder sonstiger Marktteilnehmer durch Ausübung von Druck, in menschenverachtender Weise oder durch sonstigen unangemessenen unsachlichen Einfluss zu beeinträchtigen;

2. geschäftliche Handlungen vornimmt, die geeignet sind, geistige oder körperliche Gebrechen, das Alter, die geschäftliche Unerfahrenheit,

die Leichtgläubigkeit, die Angst oder die Zwangslage von Verbrauchern auszunutzen;

3. den Werbecharakter von geschäftlichen Handlungen verschleiert;

4. bei Verkaufsförderungsmaßnahmen wie Preisnachlässen, Zugaben oder Geschenken die Bedingungen für ihre Inanspruchnahme nicht klar und eindeutig angibt;

5. bei Preisausschreiben oder Gewinnspielen mit Werbecharakter die Teilnahmebedingungen nicht klar und eindeutig angibt;

6. die Teilnahme von Verbrauchern an einem Preisausschreiben oder Gewinnspiel von dem Erwerb einer Ware oder der Inanspruchnahme einer Dienstleistung abhängig macht, es sei denn, das Preisausschreiben oder Gewinnspiel ist naturgemäß mit der Ware oder der Dienstleistung verbunden;

7. die Kennzeichen, Waren, Dienstleistungen, Tätigkeiten oder persönlichen oder geschäftlichen Verhältnisse eines Mitbewerbers herabsetzt oder verunglimpft;

8. über die Waren, Dienstleistungen oder das Unternehmen eines Mitbewerbers oder über den Unternehmer oder ein Mitglied der Unternehmensleitung Tatsachen behauptet oder verbreitet, die geeignet sind, den Betrieb des Unternehmens oder den Kredit des Unternehmers zu schädigen, sofern die Tatsachen nicht erweislich wahr sind; handelt es sich um vertrauliche Mitteilungen und hat der Mitteilende oder der Empfänger der Mitteilung an ihr ein berechtigtes Interesse, so ist die Handlung nur dann unlauter, wenn die Tatsachen der Wahrheit zuwider behauptet oder verbreitet wurden;

9. Waren oder Dienstleistungen anbietet, die eine Nachahmung der Waren oder Dienstleistungen eines Mitbewerbers sind, wenn er

   o eine vermeidbare Täuschung der Abnehmer über die betriebliche Herkunft herbeiführt,

   o die Wertschätzung der nachgeahmten Ware oder Dienstleistung unangemessen ausnutzt oder beeinträchtigt oder

   o die für die Nachahmung erforderlichen Kenntnisse oder Unterlagen unredlich erlangt hat;

10. Mitbewerber gezielt behindert;

11. einer gesetzlichen Vorschrift zuwiderhandelt, die auch dazu bestimmt ist, im Interesse der Marktteilnehmer das Marktverhalten zu regeln.

Beispiel 1: Zur erforderlichen Transparenz im Sinne von § 4 UWG[143]:

Der Bundesgerichtshof hat entschieden, dass die Werbung für einen Preisnachlass von 19% wettbewerbswidrig ist, wenn in der Werbung nicht klar und eindeutig darauf hingewiesen wird, dass der Nachlass nur für im Geschäft vorrätige Waren in Anspruch genommen werden kann.

Der Fall: Die Parteien sind Wettbewerber auf dem Gebiet des Handels mit Foto- und Videokameras. Die Beklagte, die einen entsprechenden Markt in Stuttgart-Feuerbach betreibt, warb mit einem Prospekt für einen Preisnachlass mitfolgendem Text: „Nur heute 3. Januar Foto- und Videokameras ohne 19%Mehrwertsteuer!*".

In dem Sternchenhinweis des Prospekts war angegeben: „Sparen Sie volle 19% vom Verkaufspreis". Am 3. Januar 2007 suchten zwei Mitarbeiter der Klägerin das Geschäft der Beklagten auf und erhielten beim Kauf einer Kamera auf den Verkaufspreis einen Nachlass von 19%. Auf ihre Nachfrage, ob auch nichtvorrätige Ware bestellt werden könne, erhielten sie die Auskunft, dass dies möglich sei. Auf den Preis werde aber nicht der Rabatt gewährt, der nur am 3. Januar auf die im Geschäft vorrätige Ware zu erhalten sei.

Die Klägerin hält die Werbung für den Preisnachlass wegen Verstoßes gegen das Transparenzgebot(§ 4 UWG) für wettbewerbswidrig und hat die Beklagte auf Unterlassung, Feststellung der Schadensersatzpflicht und Auskunftserteilung in Anspruch genommen.

Der Bundesgerichtshof hat ausgeführt: Bei dem beworbenen Preisnachlass handele es sich um eine Verkaufsförderungsmaßnahme. Die Bedingungen für die Inanspruchnahme einer solchen Maßnahme müssten bereits in der Werbung klar und eindeutig angegeben werden. Diesen Anforderungen genüge die Werbung der Beklagten nicht. Damit der Verbraucher seine Kaufentscheidung in Kenntnis aller relevanten Umstände treffen könne, müsse er sich über die Bedingungen, die der Handel für die Inanspruchnahme einer Vergünstigung setzt, informieren können. Hierzu zähle auch der Umstand, dass ein angekündigter Nachlass nicht auf Ware gewährt werde, die nicht (mehr) vorrätig sei, aber bestellt werden könne. Möchte der Handelnden einen angekündigten Preisnachlass in dieser Weise einschränken, müsse er hierauf bereits in der Werbung hinweisen.

---

[143] BGH, Urt. v. 10.12.2009 - I ZR 195/07.

Beispiel 2: Werbung „Nur heute ohne 19 % Mehrwertsteuer" ist zulässig[144]

Der Bundesgerichtshof hat entschieden, dass eine Werbung mit der Angabe „Nur heute Haushaltsgroßgeräte ohne 19% Mehrwertsteuer" Verbraucher auch dann nicht in unangemessener und unsachlicher Weise im Sinne von §§ 3 und 4 Nr. 1 UWG bei ihrer Kaufentscheidung beeinflusst, wenn die Werbung erst am Tag des in Aussicht gestellten Rabattes erscheint.

Der Fall: Die Parteien sind Wettbewerber u.a. auf dem Gebiet des Handels mit Haushaltsgeräten. Die Beklagten warben am 4. Januar 2007 unmittelbar nach der Heraufsetzung der Mehrwertsteuer von 16 auf 19% im Internet mit einer Anzeige, die den Hinweis enthielt „Nur heute, 4. Januar, Haushaltsgroßgeräte ohne 19% Mehrwertsteuer". Die Klägerin hat die Werbung als wettbewerbswidrig beanstandet, weil die Preisvergünstigung nur am Tag des Erscheinens der Werbung gewährt worden sei mit der Folge, dass jedenfalls berufstätigen Verbrauchern ein Preisvergleich aufgrund des von der Werbung erzeugten Zeitdrucks nicht mehr möglich gewesen sei.

Der Bundesgerichtshof die Klage abgewiesen und dies wie folgt begründet: In der beanstandeten Werbung sei keine unsachliche Beeinflussung der Verbraucher zu sehen. Abzustellen sei auf den mündigen Verbraucher, der mit einem solchen Kaufanreiz in rationaler Weise umgehen könne. Selbst wenn Verbraucher keine Gelegenheit zu einem ausführlichen Preisvergleich haben sollten, würden sie allein aufgrund der Werbung keine unüberlegten Kaufentschlüsse treffen. Das schließe die Möglichkeit ein, dass sich einzelne Verbraucher auch ohne Preisvergleich zu einem Kauf entschließen und dadurch riskierten, dass ihnen ein noch günstigeres Angebot eines Mitbewerbers der Beklagten entgehe.

Beispiel 3: BGH untersagt Werbung mit durchgestrichenen Preisen bei Eröffnungsangebot[145]

Der Bundesgerichtshof untersagte eine Werbung mit durchgestrichenen Preisen bei einem Eröffnungsangebot und entschied dazu, dass eine Werbung mit hervorgehobenen Einführungspreisen, denen höhere durchgestrichene Preise gegenübergestellt werden, nur zulässig ist, wenn sich aus der Werbung ergibt, wie lange die Einführungspreise gelten und ab wann die durchgestrichenen höheren Preisen verlangt werden.

Der Fall: Der Beklagte, der im Teppichhandel tätig ist und im Jahre 2007 eine Niederlassung in Friesenheim bei Freiburg betrieb, warb in einem der Badischen Zeitung beigefügten Prospekt für seine Teppichkollektion „Original

---

[144] BGH, Urt. v.31.03.2010 - I ZR 75/08.
[145] BGH, Urt. v. 17.03.2011 - I ZR 81/09.

Kanchipur" mit Einführungspreisen, denen er deutlich höhere durchgestrichene Preise gegenüberstellte. Im Text des Prospekts wies er darauf hin, dass die Kollektion eine Weltneuheit sei, zu deren Markteinführung er als Hersteller hohe Rabatte geben könne.

Die Klägerin, ein Freiburger Wettbewerber, sah in dieser Werbung eine Irreführung und einen Verstoß gegen das wettbewerbsrechtliche Transparenzgebot.

Der Bundesgerichtshof hat bestätigt, dass die Bedingungen für die Inanspruchnahme dieser Verkaufsförderungsmaßnahme in der Werbeanzeige nicht – wie in § 4 Nr. 4 UWG gefordert – klar und eindeutig angegeben waren.

Außerdem verstoße die Werbung gegen das Irreführungsverbot des § 5 Abs. 1 Satz 2 UWG (vgl. dazu die Seite „Irreführende Werbung"). Wer mit einem höheren durchgestrichenen Preise werbe, müsse deutlich machen, worauf sich dieser Preis beziehe. Handele es sich um den regulären Preis, den der Händler nach Abschluss der Einführungswerbung verlange, müsse er angeben, ab wann er diesen regulären Preis in Rechnung stellen werde. Anders als beim Räumungsverkauf, bei dem der Kaufmann nach der Rechtsprechung zu einer zeitlichen Begrenzung genötigt ist, muss damit ein Einführungsangebot, das mit durchgestrichenen höheren Preisen wirbt, eine zeitliche Begrenzung aufweisen.

Beispiel 4: Zur unsachlichen Einflussnahme auf die Entscheidungsfreiheit der Adressaten eines Werbeschreibens[146]

Der Bundesgerichtshof hat zur Frage der Zulässigkeit von Werbeschreiben mit Kreditkarten entschieden.

Der Fall: Die Deutsche Postbank AG versandte im Jahr 2008 an eine Vielzahl ihrer Kunden persönlich adressierte Werbeschreiben, denen eine auf den Namen des Adressaten ausgestellte Kreditkarte beigefügt war. Um die Kreditkarte verwenden zu können, musste der Bankkunde ein als Freischaltauftrag bezeichnetes Formularunterzeichnen und der beklagten Bank zusenden. Im ersten Jahr sollte die Kreditkarte kostenlos sein.

Der Bundesverband der Verbraucherzentralen hat darin einen Verstoß gegen das Wettbewerbsrecht, insbesondere unter den Gesichtspunkten einer unsachlichen Einflussnahme auf die Entscheidungsfreiheit der Adressaten des Werbeschreibens (§ 4 Nr. 1 UWG) und einer unzumutbaren Belästigung (§ 7 Abs. 1 UWG) – vgl. dazu unten die Ausführungen zu „Belästigende

---

[146] BGH, Urt. v. 03.03.2011 - I ZR 167/09.

Werbung" – gesehen. Er hat die Beklagte auf Unterlassung und Erstattung von Abmahnkosten in Anspruch genommen.

Der Bundesgerichtshof hat bestätigt, dass eine unzulässige Einflussnahme auf die Entscheidungsfreiheit der angeschriebenen Kunden der Beklagten nach § 4 Nr. 1 UWG nicht vorliegt. Die Verbraucher kennen die Funktionsweise einer Kreditkarte. Sie wissen aufgrund des Werbeschreibens, dass die übersandte Kreditkarte erst nach Rücksendung des Freischaltauftrags eingesetzt werden kann, durch den ein entgeltlicher Kreditkartenvertrag mit der Postbank zustande kommt.

Der Kunde wird durch die Zusendung der Kreditkarte auch nicht im Sinne des § 7 Abs. 1 UWG unzumutbar belästigt. Wegen der auf ihren Namen ausgestellten Kreditkarten werden sich Kunden zwar häufig veranlasst sehen, die Karten vor der Entsorgung – etwa durch Zerschneiden – zu zerstören, um ihre persönlichen Daten unkenntlich zu machen und dadurch einen Missbrauch zu verhindern. Dieser erhöhte Aufwand führt aber noch nicht zu einer für den Adressaten unzumutbaren Belästigung. Ob die Werbemaßnahme die Schwelle zur Unzumutbarkeit überschreitet, ist durch eine Abwägung der geschützten Interessen des Adressaten und des werbenden Unternehmens zu ermitteln. Nach der danach gebotenen Abwägung überwiegen die Interessen des werbenden Unternehmens an zielgerichteter Ansprache seiner Kunden den Eingriff in die Privatsphäre des Adressaten des Werbeschreibens, dem eine sichere Entsorgung der Kreditkarte eine gegenüber üblichen Werbebriefen etwas größere Mühe bereitet.

Anmerkung: Die Vorschrift des § 675m Abs. 1 Satz 1 Nr. 2 BGB, die die unaufgeforderte Zusendung von Zahlungsinstrumenten untersagt, ist erst nach der beanstandeten Werbemaßnahme in Kraft getreten. Die Bestimmung war deshalb für die Prüfung der wettbewerbsrechtlichen Zulässigkeit der Werbung ohne Belang.

Beispiel 5: Zur Zulässigkeit eines Haftungsausschlusses für Mängel bei eBay[147]

Der Bundesgerichtshof hat entschieden, dass ein gewerblicher Verkäufer unlauter im Sinne der §§ 3, 4 Nr. 11 UWG handelt, wenn er auf einer Internetplattform Verbrauchern Waren unter Ausschluss der Mängelgewährleistung anbietet.

Der Fall: Der Beklagte ist als gewerblicher Verkäufer bei eBay registriert. Er bot im November 2005 auf dieser Internetplattform ein gebrauchtes Telefon zum Kauf an. In dem Angebot war ein Gewährleistungsausschluss vorgese-

---

[147] BGH, Urt. v. 31.03.2010 - I ZR 34/08.

hen. Die Klägerin erwarb das Telefon unter ihrer allgemeinen, nicht ausschließlich für Gewerbetreibende vorgesehenen Benutzerkennung.

Die Klägerin hat den Beklagten auf Unterlassung in Anspruch genommen, Telefonartikel an Verbraucher unter Ausschluss der Gewährleistung zu verkaufen.

Der Bundesgerichtshof ist davon ausgegangen, dass das Angebot des Beklagten sich auch an Verbraucher und nicht nur an Gewerbetreibende richtete. Der Beklagte hatte zwar darauf hingewiesen, nur an Gewerbetreibende zu verkaufen. Er hatte den Hinweis aber nicht unzweideutig erteilt und keine Vorkehrungen getroffen, dass nur Gewerbetreibende Angebote abgaben. Gegenüber Verbrauchern konnte der Beklagte einen Gewährleistungsausschluss nach §§ 474, 475 BGB nicht wirksam vereinbaren. Der gleichwohl in seinem Angebot bei eBay vorgesehene Gewährleistungsausschluss stellt einen Wettbewerbsverstoß dar, weil der Beklagte dadurch einer gesetzlichen Vorschrift im Sinne von § 4 Nr. 11 UWG zuwidergehandelt hat. Damit hat der Bundesgerichtshof auch die Streitfrage entschieden, ob neben Verbänden auch Mitbewerber gegen die Verwendung unzulässiger Vertragsklauseln vorgehen können.

5.2.2 Irreführende Werbung: §§ 5, 5 a UWG

Werbung ist im Zusammenhang mit dem Wettbewerbsrecht im weitesten Sinne auszulegen. Damit fallen bspw. auch die betriebswirtschaftlichen Verkaufsförderung und Public Relations unter den Begriff der Werbung.

Ausschlaggebend ist nach Ansicht der Rechtsprechung, wie die Zielgruppe den Inhalt der Werbung versteht und nicht, wie der Werbetreibende seine Botschaft verstanden wissen will[148]

Als Zielgruppe kommen das breite Publikum und Fachkreise in Frage. Dabei gilt es zu beachten, dass zahlreiche Werbebotschaften beide Zielgruppen auch gleichzeitig ansprechen. Grundsätzlich ist davon auszugehen, dass das breite Publikum Werbebotschaften meist oberflächlich und kritiklos zur Kenntnis nimmt. Fachkreise dagegen nehmen Werbung, die ihr Arbeits- oder Forschungsgebiet betrifft, dagegen eher sorgfältig und detailliert wahr. Diese Voraussetzungen sind zu beachten, wenn die §§ 3 ff. UWG (insbesondere §§ 5, 6, 7 UWG) geprüft werden.

Unlauter handelt, wer **eine irreführende** geschäftliche Handlung vornimmt (§ 5 Abs. 1 Satz 1 UWG)

---

[148] BGH, Urt. v. 04.12.1986 - I ZR 170/84.

Eine geschäftliche Handlung ist nach § 5 Abs. 1 Satz 2 UWG irreführend, „wenn sie unwahre Angaben enthält oder sonstige zur Täuschung geeignete Angaben über folgende Umstände enthält":

1. die **wesentlichen Merkmale** der Ware oder Dienstleistung wie Verfügbarkeit, Art, Ausführung, Vorteile, Risiken, Zusammensetzung, Zubehör, Verfahren oder Zeitpunkt der Herstellung, Lieferung oder Erbringung, Zwecktauglichkeit, Verwendungsmöglichkeit, Menge, Beschaffenheit, Kundendienst und Beschwerdeverfahren, geographische oder betriebliche Herkunft, von der Verwendung zu erwartende Ergebnisse oder die Ergebnisse oder wesentliche Bestandteile von Tests der Waren oder Dienstleistungen;

2. den **Anlass** des Verkaufs wie das Vorhandensein eines besonderen Preisvorteils, den Preis oder die Art und Weise, in der er berechnet wird, oder die Bedingung, unter denen die Ware geliefert oder die Dienstleistung erbracht wird;

3. die **Person, Eigenschaften oder Rechte des Unternehmers** wie Identität, Vermögen einschließlich der Rechte des geistigen Eigentums, den Umfang von Verpflichtungen, Befähigung, Status, Zulassung, Mitgliedschaft oder Beziehungen, Auszeichnungen oder Ehrungen, Beweggründe für die geschäftliche Handlung oder die Art des Vertriebs;

4. **Aussagen oder Symbole**, die im Zusammenhang mit direktem oder indirektem Sponsoring stehen oder sich auf eine Zulassung des Unternehmers oder der Ware oder Dienstleistung beziehen;

5. die **Notwendigkeit** einer Leistung, eines Ersatzteils, eines Austauschs oder einer Reparatur;

6. die Einhaltung **eines Verhaltenskodex,** auf den sich der Unternehmer verbindlich verpflichtet hat, wenn er auf diese Bindung hinweist, oder

7. **Rechte des Verbrauchers**, insbesondere solche auf Grund von Garantieversprechen oder Gewährleistungsrechte bei Leistungsstörungen.

Nach § 5 Abs. 2 UWG ist eine geschäftliche Handlung auch irreführend, wenn sie im Zusammenhang mit der Vermarktung von Waren oder Dienstleistungen einschließlich vergleichender Werbung eine Verwechslungsgefahr mit einer anderen Ware oder Dienstleistung oder mit der Marke oder einem anderen Kennzeichen eines Mitbewerbers hervorruft. Nach der bisherigen Rechtsprechung wird das Wettbewerbsrecht jedoch vom Kennzeichenrecht verdrängt. Die Vorschriften des Markenrechts wären mithin in ihrem Anwendungsbereich als abschließende Spezialregelung anzusehen, neben der sich ein Rückgriff auf eine nach Irreführungsaspekten zu beurteilende tatsächliche Verwechslungsgefahr verbietet. Für die Anwendung von § 5 Abs. 2 UWG verbliebe demgemäß lediglich der Bereich nicht marken- und kennzeichenmäßiger Verwendung fremder Marken und Kennzeichen.

§ 5 a UWG enthält eine ergänzende Regelung zur **Irreführung durch Unterlassen**:

> „Bei der Beurteilung, ob das Verschweigen einer Tatsache irreführend ist, sind insbesondere deren Bedeutung für die geschäftliche Entscheidung nach der Verkehrsauffassung sowie die Eignung des Verschweigens zur Beeinflussung der Entscheidung zu berücksichtigen".

Unlauter handelt nach § 5 a Abs. 2 UWG auch, wer die Entscheidungsfähigkeit von Verbrauchern dadurch beeinflusst, dass er eine Information vorenthält, die im konkreten Fall unter Berücksichtigung aller Umstände einschließlich der Beschränkungen des Kommunikationsmittels wesentlich ist.

Während § 5 a Abs. 1 UWG irreführendes Unterlassen auch gegenüber Gewerbetreibenden umfasst, handelt es sich bei § 5 a Abs. 2 bis 4 UWG um Verbraucherschutzvorschriften und insoweit um Konkretisierungen der Generalklausel zur Irreführung eines Verbrauchers durch Unterlassen nach § 5 a Abs. 2 UWG.

§ 5 a Abs. 3 UWG bestimmt:

„Werden Waren oder Dienstleistungen unter Hinweis auf deren Merkmale und Preis in einer dem verwendeten Kommunikationsmittel angemessenen Weise so angeboten, dass ein durchschnittlicher Verbraucher das Geschäft abschließen kann, gelten folgende Informationen als wesentlich, sofern sie sich nicht unmittelbar aus den Umständen ergeben:

1. alle wesentlichen Merkmale der Waren oder Dienstleistungen in dem dieser und dem verwendeten Kommunikationsmittel angemessenen Umfang;

2. die Identität und Anschrift des Unternehmers, gegebenenfalls die Identität und Anschrift des Unternehmers, für den er handelt;

3. der Endpreis oder in Fällen, in denen ein solcher Preis auf Grund der Beschaffenheit der Ware oder Dienstleistung nicht im Voraus berechnet werden kann, die Art der Preisberechnung sowie gegebenenfalls alle zusätzlichen Fracht-, Liefer- und Zustellkosten oder in Fällen, in denen diese Kosten nicht im Voraus berechnet werden können, die Tatsache, dass solche zusätzlichen Kosten anfallen können;

4. Zahlungs-, Liefer- und Leistungsbedingungen sowie Verfahren zum Umgang mit Beschwerden, soweit sie von Erfordernissen der fachlichen Sorgfalt abweichen, und

5. das Bestehen eines Rechts zum Rücktritt oder Widerruf."

Beispielfälle zu „Irreführender Werbung":

Beispiel 1: Regenwaldprojekt I, II

Der BGH hatte auf Klagen von Wettbewerbsverbänden über die wettbewerbsrechtliche Beurteilung von zwei in den Jahren 2002 und 2003 auch im Fernsehen intensiv verbreiteter Werbekampagnen zu entscheiden, in denen die Brauerei Krombacher den Kunden versprochen hatte, für den Kauf eines Kasten Bieres 1 Quadratmeter **Regenwald** unter Einschaltung der Word Wide Fund of Nature (WWF) nachhaltig zu schützen.

Die Fälle[149]: Die Kläger halten diese Werbung wegen mangelnder Transparenz für wettbewerbswidrig, da sie keine Information enthalte, in welcher Form der Schutz gewährleistet werde. Zudem sehen sie in den konkreten Fällen einen Verstoß gegen das Irreführungsverbot, weil die Beklagte vermutlich nur einen geringen Betrag von wenigen Cent spenden würde, mit dem ein nachhaltiger Schutz kaum erreicht werden könne.

Der BGH hat angenommen, dass die Verknüpfung der Förderung des Umweltprojektes mit dem Warenabsatz grundsätzlich zulässig sei. Es bestehe bei dieser Form der Werbung auch keine allgemeine Pflicht, über die Art und Weise der Unterstützung oder die Höhe der Zuwendungen zu informieren. Der Gesetzgeber habe sich im Rahmen der UWG-Reform ausdrücklich gegen ein allgemeines Transparenzgebot entschieden. Die Verpflichtung zu aufklärenden Angaben könne daher – wie in den Fällen der Wertreklame – nur dann angenommen werden, wenn andernfalls die Gefahr einer unlauteren Beeinflussung des Verbrauchers durch Täuschung über den tatsächlichen Wert des Angebotes, insbesondere über den Wert einer angebotenen Zusatzleistung gegeben sei. Dies sei vorliegend nicht der Fall. Soweit ein Unternehmen verspreche, ein bestimmtes Projekt zu unterstützen, bestehe der zusätzliche Kaufanreiz darin, dass der Verbraucher sich mit dem Kauf der Ware auch für das entsprechende Ziel engagieren könne. Wenn der Werbende nach Art und Umfang keine näher bestimmte Leistung versprochen habe, erwarte der Verbraucher deshalb nur, dass das werbende Unternehmen zeitnah überhaupt eine Sponsoringleistung erbringe und diese nicht so geringfügig sei, dass sie die werbliche Herausstellung nicht rechtfertige.

---

[149] BGH, Urt. v. 26.10.2006 - I ZR 33/04 und I ZR 97/04.

Die angegriffenen Werbemaßnahmen könnten daher nur unter dem Ge-sichtspunkt der irreführenden Werbung wettbewerbswidrig sein, wenn – wie von den Klägern behauptet – die beklagte Brauerei in ihrer Werbung zur Förderung des Regenwald- Projekts mehr versprochen als sie tatsächlich an Leistung erbracht habe und dadurch die berechtigten Erwartungen der Ver-braucher in relevanter Weise enttäuscht worden seien. Da hierzu die Gerich-te in den angefochtenen Entscheidungen keine bzw. keine ausreichenden Feststellungen getroffen hatten, wurden die Sachen an die Instanzgerichte zurückverwiesen.

Beispiel 2: Zinserhöhung vom Ergebnis bei Fußballturnier

Der BGH hat in einem anderen Fall entschieden, dass eine Bank die Höhe der Zinsen für eine Geldanlage vom Ergebnis eines Fußballturniers abhängig machen darf: Eine Bank darf die Zinshöhe vom Ergebnis eines Fußballtur-niers abhängig machen.

Der Fall[150]: Im Juni 2004 hatte die Postbank kurz vor Beginn der Fußball-Europameisterschaft in Portugal unter der Überschrift „Postbank Bonus Volltreffer. Jetzt auf die Nationalelf setzen!" für eine Festgeldanlage gewor-ben, bei der neben einer garantierten Basisverzinsung ein zusätzlicher Ziel-bonus „von bis zu 150 %" erzielt werden konnte. Der garantierten Basiszins-satz – je nach Höhe der Anlage zwischen 1,3 und 1,5 % – sollte sich bei Errei-chen des Viertelfinales um 25 %, des Halbfinales um 50 %, des Finales um 75 % und im Falle des Titelgewinns um 150 % erhöhen. Wäre die deutsche Mannschaft Europameister geworden, hätte der Zinssatz bei einer Anlage von 50.000 Euro also 3,75 % betragen. Tatsächlich schied die deutsche Mannschaft jedoch schon in der Vorrunde aus.

Ein Wettbewerbsverband hatte dies beanstandet, weil die Postbank für ein wettbewerbswidriges Gewinnspiel werbe. Nach §§ 3, 4 Nr. 6 UWG darf die Teilnahme von Verbrauchern an einem Preisausschreiben oder Gewinnspiel nicht vom Erwerb einer Ware oder von der Inanspruchnahme einer Dienst-leistung abhängig gemacht werden.

Der BGH hat entschieden, dass es sich bei der beanstandeten Festgeldanla-ge nicht um ein wettbewerbswidriges Gewinnspiel handelte. Die Vorschrift des § 4 Nr. 6 UWG erfasse nur Fälle, in denen die Teilnahme an einem Ge-winnspiel von einem Umsatzgeschäft abhängig gemacht werde, und setze daher ein von dem Umsatzgeschäft getrenntes Gewinnspiel voraus.

Dies sei etwa dann der Fall, wenn eine Bank den Kunden, die eine bestimmte Geldanlage wählten, die Teilnahme an der Verlosung von Geld - oder Sach-preisen verspreche. Anders verhalte es sich, wenn der Preis für eine be-

---

[150] BGH, Urt. v. 19.04.2007 - I ZR 57/05.

stimmte Ware oder Leistung von dem unsicheren Ausgang eines Sportereignisses abhängig gemacht werde. Bestimme das Spielelement unmittelbar die im Rahmen des Umsatzgeschäftes zu erbringende Gegenleistung, fehle es an der im Gesetz vorausgesetzten Koppelung.

Der BGH hat in der beanstandeten Werbung auch keine nach § 4 Nr. 1 UWG verbotene unsachliche Beeinflussung der Verbraucher gesehen.

Beispiel 3: Ein Pharmaunternehmen darf nicht mit „Akut"-Produkt werben, wenn Wirkung frühestens nach einer Stunde eintritt.

Ein Pharmaunternehmen darf ein Mittel gegen «Sodbrennen und saures Aufstoßen" wegen zu langsamer Wirkung nicht mit dem Namenszusatz «akut" anbieten, wenn eine erste Besserung erst nach einigen Stunden eintritt.

Der Fall[151]: Ein Pharmaunternehmen hatte ein Mittel gegen «Sodbrennen und saures Aufstoßen" mit der Bezeichnung «akut" angeboten. Geklagt gegen diesen Namen hatte ein Wettbewerbsverband. Er hielt die Bezeichnung „akut" für irreführend, weil das Mittel erst einen Tag nach Einnahme und damit nur mit erheblicher zeitlicher Verzögerung wirke. Dem widersprach der Arzneimittelhersteller. Bereits eine Stunde nach der Einnahme könnte eine Besserung der Beschwerden eintreten, spätestens jedoch nach eineinhalb bis drei Stunden.

Das LG München I verbot die Bezeichnung «akut" für das fragliche Arzneimittel. Denn die durch die Werbung angesprochenen Verbraucher würden angesichts des Zusatzes «akut" schnell Abhilfe erwarten, so die Siebte Kammer. Als schnell sei eine Wirkung innerhalb eines Zeitraums von 20 Minuten bis zu einer Stunde anzusehen. Der Beginn einer Beschwerdenbesserung nach einer Stunde und länger widerspreche also den durch die Werbung geweckten Verbrauchererwartungen.

Beispiel 4: Zulässigkeit einer mit dem Slogan „20% auf alles" angekündigten Rabattaktion

Der Bundesgerichtshof hat über die Zulässigkeit einer mit dem Slogan „20% auf alles" angekündigten Rabattaktion entschieden.

Der Fall[152]: Die Beklagte betreibt an vielen Standorten in Deutschland Bau- und Heimwerkermärkte. Sie führte im Januar 2005 eine Rabattaktion durch, für die sie mit dem Slogan „20% auf alles, ausgenommen Tiernahrung" warb. Die Klägerin, die Zentrale zur Bekämpfung unlauteren Wettbewerbs, nahm die Beklagte auf Unterlassung in Anspruch. Sie hat die Auffassung vertreten,

---

[151] LG München I, Urt. v. 15.12.2009 - 7 O 17092/09.
[152] BGH, Urt. v. 20.11.2008 - I ZR 122/06.

die Aktion sei wegen Irreführung der Verbraucher wettbewerbswidrig. Sie hatte aufgrund von Testkäufen festgestellt, dass für vier Artikel – das Sortiment der Beklagten umfasst etwa 70.000 Artikel – unmittelbar vor der Aktion ein niedrigerer Preis gegolten hatte, der zum Aktionsbeginn erhöht worden war. Im Verfahren war unstreitig, dass die Beklagte für die vier Artikel die höheren Preise auch schon über einen längeren Zeitraum in der Vergangenheit verlangt hatte, dass aber in der Woche unmittelbar vor der Aktion ein Sonderpreis gegolten hatte, der allerdings nicht als solcher gekennzeichnet war.

Nach § 5 Abs. 4 Satz 1 UWG ist von einer Irreführung der Verbraucher auszugehen, wenn mit der Herabsetzung eines Preises geworben wird, sofern der Preis nur für eine unangemessen kurze Zeit gefordert worden ist. Bei den vier von der Klägerin erworbenen Produkten hat die Beklagte den herabgesetzten Preis mit Beginn der Rabattaktion heraufgesetzt. Eine solche Preisgestaltung ist mindestens ebenso irreführend wie die Werbung mit einem früheren Preis, der nur für kurze Zeit verlangt worden ist. Der Gesetzgeber wollte mit der Regelung des § 5 Abs. 4 Satz 1 UWG Missbräuchen bei der Preissenkungswerbung begegnen, weil diese Werbung ein hohes Irreführungspotential in sich birgt. Dieses zeigt sich gerade bei der vorliegenden Fallgestaltung. Der Verkehr versteht eine Werbung, in der das gesamte Sortiment mit Ausnahme einer Produktgruppe ab einem bestimmten Zeitpunkt zu einem um 20% reduzierten Preis angeboten wird, in der Weise, dass er beim Kauf eines beliebigen Artikels aus dem Sortiment gegenüber vorher eine Preisersparnis in der angekündigten Höhe erzielt. Tatsächlich hat der Verbraucher jedoch bei den vier von der Klägerin zu Testzwecken erworbenen Artikeln im Vergleich zu dem in der Woche vor der Aktion geltenden Preis keine oder nur eine Ersparnis im Bereich von wenigen Prozentpunkten erlangt.

Beispiel 5: Werben mit „110 Jahre Familientradition" setzt entsprechend langes Bestehen des Unternehmens voraus.

Werbung mit einer „110-jährigen Möbeltradition" enthält eine Qualitätsaussage, die geeignet ist, die Kaufentscheidung der Verbraucher zu beeinflussen. Wenn ein Unternehmen daher mit einer solche Aussage wirbt, muss es auch selbst auf einen entsprechend langen Bestand zurückblicken können. Ist das nicht der Fall, ist jede Werbung damit unzulässig.

Der Fall[153]: Ein in der Region ansässiges Möbelunternehmen hatte mit „110 Jahre Familientradition" und „110 Jahre Möbeltradition" geworben und aus Anlass des „Jahrhundert"-Jubiläums entsprechende Sonderangebote ge-

---

[153] OLG Oldenburg, Urt. v. 22.04.2010 - 1 W 12/10 und 1 W 16/10.

macht. Ein Wettbewerbsverein hat darauf vom Möbelunternehmen die Unterlassung der Werbung verlangt.

Dieser Antrag war erfolgreich. Der BGH entschied, dass die Werbung mit zutreffenden Hinweisen auf einen langzeitigen Bestand und Erfolg eines Unternehmens als sogenannte „Alters- oder Traditionswerbung" grundsätzlich zulässig sei, weil damit eine besondere unternehmerische Leistung hervorgehoben werde. Dies müsse jedoch auch den tatsächlichen Gegebenheiten entsprechen. Die Werbung sei im zu entscheidenden Fall irreführend, weil das werbende Unternehmen erst 1992 gegründet worden sei und damit gerade nicht auf eine 110-jährige Geschichte zurückblicken könne. Es sei nicht ausreichend, dass es möglicherweise eine 110-jährige Tradition in der Familie der Gesellschafter gebe oder es bei einem anderen, von Familienmitgliedern geführten Geschäft eine 110-jährige Möbeltradition gebe.

Beispiel 6: „Statt 49,99 Euro nur 19,99 Euro" ist nicht irreführend.

Es wird nicht irreführend geworben, wenn neben dem Verkaufspreis ein durchgestrichener, früher verlangter Verkaufspreis angegeben wird.

Der Fall[154]: In dem zu Grunde liegenden Fall hatte ein Internet-Schuhhändler für Markenschuhe mit „Statt 49,99 Euro nur 19,99 Euro" geworben. Ein anderer Internethändler hatte hiergegen geltend gemacht, es sei nicht klar, um was für einen Preis es sich bei dem durchgestrichenen Preis handle (früherer Verkaufspreis des Händlers, Preisempfehlung des Herstellers oder Preis eines Mitbewerbers).

Das Landgericht Düsseldorf hatte daraufhin eine Unterlassungsverfügung gegen den Anbieter der Schuhe erlassen und die Preisangabe für irreführend gehalten.

Das Oberlandesgericht Düsseldorf hat in dem einstweiligen Verfügungsverfahren jedoch die landgerichtliche Verfügung aufgehoben und eine Irreführung verneint. Nach Auffassung des OLG könne ein Durchschnittsverbraucher ohne weiteres erkennen, dass es sich bei dem durchgestrichenen Preis um den früher von dem Internethändler geforderten Preis handle.

Beispiel 7: Strenge Anforderungen an Aktualität von Preisangaben in Preissuchmaschinen

Der Bundesgerichtshof hat entschieden, dass ein Händler, der für sein Angebot über eine Preissuchmaschine wirbt, wegen Irreführung in Anspruch genommen werden kann, wenn eine von ihm vorgenommene Preiserhöhung verspätet in der Preissuchmaschine angezeigt wird.

---

[154] OLG Düsseldorf, Urt. v. 29.06.2010 - I-20 U 28/10.

Der Fall[155]: Die Parteien sind Wettbewerber auf dem Gebiet des Handels mit Haushaltselektronik. Der Beklagte bot am 10. August 2006 eine Espressomaschine der Marke Saeco über die Preissuchmaschine idealo.de an. Versandhändler übermitteln dem Betreiber dieser Suchmaschine die Daten der von ihnen angebotenen Produkte einschließlich der Preise. Die Suchmaschine ordnet diese Angaben in Preisranglisten ein. Die Preisgünstigkeit der Angebote bestimmt die Reihenfolge, in der die Anbieter in den Ranglisten genannt werden. Der Beklagte stand mit dem von ihm geforderten Preis von 550 € unter 45 Angeboten an erster Stelle, und zwar auch noch um 20 Uhr, obwohl er den Preis für die Espressomaschine drei Stunden zuvor auf 587 € heraufgesetzt hatte. Der Beklagte hatte idealo.de die Preisänderung zwar in dem Moment mitgeteilt, in dem er selbst den Preis auf seiner Internetseite heraufgesetzt hat. Derartige Änderungen werden dort aber nicht sofort, sondern erst zeitlich verzögert angezeigt.

Die Klägerin sieht in der unrichtigen Preisangabe eine irreführende Werbung des Beklagten. Sie hat ihn deshalb auf Unterlassung, Feststellung der Schadensersatzpflicht und Auskunft in Anspruch genommen.

Der Bundesgerichtshof ist der Ansicht, dass der durchschnittlich informierte Nutzer eines Preisvergleichsportals mit den ihm dort präsentierten Informationsangeboten regelmäßig die Erwartung einer höchstmöglichen Aktualität verbindet. Zwar sind Verbraucher heute mit den Besonderheiten des Internets und damit auch mit dessen technischen Grenzen weitgehend vertraut.

Sie gehen aber davon aus, dass die in einer Preissuchmaschine angebotenen Waren zu dem dort angegebenen Preis erworben werden können, und rechnen nicht damit, dass die dort angegebenen Preise aufgrund von Preiserhöhungen, die in der Suchmaschine noch nicht berücksichtigt sind, bereits überholt sind. Die Irreführung der Verbraucher wird auch durch den Hinweis „Alle Angaben ohne Gewähr!" in der Fußzeile der Preisvergleichsliste nicht verhindert. Durch einen Klick auf diesen Hinweis öffnet sich ein Fenster mit einem weiteren Text, aus dem sich ergibt, dass „eine Aktualisierung in Echtzeit ... aus technischen Gründen nicht möglich [ist], so dass es im Einzelfall insbesondere hinsichtlich der Verfügbarkeit bzw. der Lieferzeit von Produkten zu Abweichungen kommen kann".

Der Bundesgerichtshof hat auch die Relevanz der Irreführung bejaht. Es stellt einen besonderen Vorteil im Wettbewerb dar, wenn ein Anbieter mit seinem Angebot in der Rangliste einer bekannten Preissuchmaschine an erster Stelle steht. Den Händlern ist es – so der BGH – zuzumuten, die Preise für

---

[155] BGH, Urt. v. 11.03.2010 - I ZR 123/08.

Produkte, für die sie in einer Preissuchmaschine werben, erst dann umzustellen, wenn die Änderung in der Suchmaschine angezeigt wird.

5.2.3 Vergleichende Werbung: § 6 UWG

§ 6 UWG bezieht sich auf vergleichende Werbung. Die Definition enthält den ersten Absatz der Norm:

Vergleichende Werbung ist jede Werbung, die unmittelbar oder mittelbar einen Mitbewerber oder die von einem Mitbewerber angebotenen Waren oder Dienstleistungen erkennbar macht.

In der Vergangenheit war vergleichende Werbung grundsätzlich in Deutschland verboten; die Rechtsprechung und europarechtliche Vorgaben haben dann jedoch dazu geführt, dass sie nunmehr grundsätzlich zulässig ist und nur in bestimmten Fällen als unlauter angesehen wird.

Diese Fälle bestimmt das Gesetz in § 6 Abs. 2 UWG. Demnach ist vergleichende Werbung bspw. dann unlauter, wenn sie sich nicht auf Waren oder Dienstleistungen für den **gleichen Bedarf oder die gleiche Zweckbestimmung** bezieht (§ 6 Abs. 2 Nr. 1 UWG) oder wenn sie nicht auf **wesentliche, nachprüfbare, typische Eigenschaften** bezogen ist (§ 6 Abs. 2 Nr. 2 UWG), wenn sie also – vereinfacht gesagt – Äpfel mit Birnen vergleicht.

Vergleichende Werbung ist außerdem unlauter, wenn sie Waren/ Dienstleistungen eines Mitbewerbers **herabsetzt und verunglimpft** (§ 6 Abs. 2 Nr. 5 UWG). Selbst nach diesen gesetzlich vorgegebenen Fällen für unzulässige vergleichende Werbung wird es in der Praxis schwierig sein zu entscheiden, ob im Einzelfall ein Wettbewerbsverstoß vorliegt oder nicht.

Als Grundregel darf gelten: Wer mit Superlativen wirbt („Das meist genutzte Online-Portal", „Die Zeitung mit der stärksten Auflage"), sollte diese Superlative anhand von Nutzerklicks oder Auflagenzahlen belegen können.

Beispiel 1: Der Bundesgerichtshof zur Zulässigkeit von Werbeanrufen

Der Bundesgerichtshof hat zur Zulässigkeit von Werbeanrufen entschieden, dass die strengen Anforderungen, die das deutsche Recht an die **Zulässigkeit von Werbeanrufen** bei Verbrauchern stellt, mit dem Recht der Europäischen Union vereinbar sind.

Der Fall[156]: Die AOK Plus, die Allgemeine Ortskrankenkasse für Sachsen und Thüringen, hatte sich im Jahr 2003 gegenüber der Verbraucherzentrale Sachsen verpflichtet, es zu unterlassen, Verbraucher ohne deren Einverständnis zu Werbezwecken anzurufen. Ferner hatte sie sich verpflichtet, für

---

[156] BGH, Urt. v. 10.02.2011 - I ZR 164/09.

jeden Verstoß eine Vertragsstrafe von 5.000 € zu zahlen. Im September 2008 erhielten zwei Verbraucher Werbeanrufe von einem Call-Center, das von der AOK Plus beauftragt worden war.

Die Verbraucherzentrale hat die AOK Plus daraufhin auf Zahlung von 10.000 € in Anspruch genommen.

Die beklagte AOK hat behauptet, die Einwilligung der Angerufenen im soge-nannten **„Double-Opt-In-Verfahren"** erhalten zu haben: Die Verbraucher hätten an Online-Gewinnspielen teilgenommen, dort ihre Telefonnummer angegeben und durch Markieren eines Feldes ihr Einverständnis auch mit Telefonwerbung erklärt.

Daraufhin sei ihnen eine E-Mail mit dem Hinweis auf die Einschreibung für das Gewinnspiel (sogenannte „Check-Mail") an die angegebene E-Mail-Adresse übersandt worden, die sie durch Anklicken eines darin enthaltenen Links bestätigt hätten.

Die Klage der Verbraucherzentrale war vor dem Landgericht und dem OLG Dresden erfolgreich. Der Bundesgerichtshof hat die Revision der Beklagten zurückgewiesen. Zur Begründung führt er an:

Das deutsche Recht geht zwar damit, dass es unaufgeforderte Werbeanrufe stets als unzumutbare Belästigung und damit als unlauter einstuft, über die Richtlinie über unlautere Geschäftspraktiken der Europäischen Union hinaus.

Aufgrund einer in der Datenschutzrichtlinie für elektronische Kommunika-tion enthaltenen Öffnungsklausel ist der deutsche Gesetzgeber aber berech-tigt, Telefonwerbung gegenüber Verbrauchern generell von deren vorheri-gem ausdrücklichen Einverständnis abhängig zu machen (sogenanntes **„opt in"**).

Im Streitfall hatte die beklagte AOK das Einverständnis der angerufenen Verbraucher nicht nachgewiesen. Für diesen Nachweis kommt insbesondere der Ausdruck einer E-Mail des angerufenen Verbrauchers in Betracht, in der er sich ausdrücklich mit der Werbung einverstanden erklärt.

Die Speicherung der entsprechenden E-Mail ist dem Werbenden ohne weite-res möglich und zumutbar. Diesen Nachweis hat die beklagte AOK nicht ge-führt, sondern sich nur allgemein auf die Einhaltung des Double-Opt-In-Verfahrens berufen.

Dieses elektronisch durchgeführte Double-Opt-In-Verfahren ist von vornhe-rein ungeeignet, um ein Einverständnis von Verbrauchern mit Werbeanrufen zu belegen. Zwar kann bei Vorlage der dabei angeforderten elektronischen Bestätigung angenommen werden, dass der - die Einwilligung in Werbeanru-fe enthaltende - Teilnahmeantrag für das Online Gewinnspiel tatsächlich von

der angegebenen E-Mail-Adresse stammt. Damit ist aber nicht sichergestellt, dass es sich bei der angegebenen Telefonnummer tatsächlich um den
Anschluss des Absenders der Bestätigungs-E-Mail handelt. Es kann zahlreiche Gründe für die versehentliche oder vorsätzliche Eintragung einer falschen Telefonnummer geben. Das Gesetz verlangt aber zwingend, dass der
konkret angerufene Teilnehmer vor dem Werbeanruf ausdrücklich sein Einverständnis erklärt hat.

Beispiel 2: Der Bundesgerichtshof zu Markenparfümimitaten

Der Bundesgerichtshof hat entschieden, dass der Handel mit **Markenparfümimitaten** nicht als unlautere vergleichende Werbung nach § 6 Abs. 2 Nr.
6 UWG untersagt werden kann, wenn keine klare und deutliche Imitations-
behauptung erfolgt, sondern lediglich Assoziationen an die Originale geweckt werden.

Der Fall[157]: Die Beklagten bieten im Internet unter der Marke „Creation La-
mis" niedrigpreisige Parfüms an, deren Duft demjenigen bestimmter teure-
rer Markenparfüms ähnelt. Dabei hatten sie zunächst Bestelllisten verwendet, in denen den Imitaten jeweils ein teureres Markenprodukt gegenübergestellt wurde. Seit mehreren Jahren benutzen sie derartige Bestelllisten
aber nicht mehr. Die Klägerin, die hochpreisige Parfüms bekannter Marken
vertreibt, hält das Angebot, die Werbung und den Vertrieb der Parfümimita-
te für wettbewerbswidrig, weil sie als Nachahmung der Originale zu erkennen seien.

Die Entscheidung: Das Verbot des § 6 Abs. 2 Nr. 6 UWG richtet sich nicht dagegen, ein Originalprodukt nachzuahmen. Für eine nach dieser Bestimmung
unlautere vergleichende Werbung genügt es deshalb nicht, dass das Originalprodukt aufgrund der Aufmachung und Bezeichnung der Imitate lediglich
erkennbar wird und mit der Werbung entsprechende Assoziationen geweckt
werden. Verboten ist vielmehr eine klare und deutliche Imitationsbehaup-
tung, aus der – ohne Berücksichtigung sonstiger, erst zu ermittelnder Umstände – hervorgeht, dass das Produkt des Werbenden gerade als Imitation
des Originalprodukts beworben wird. Richtet sich die beanstandete Werbung an verschiedene Verkehrskreise, reicht es für die Unlauterkeit aus,
wenn deren Voraussetzungen im Hinblick auf einen dieser Verkehrskreise
erfüllt sind.

**Beispiel 3: Der Bundesgerichtshof zu den Grenzen humorvoller Werbe-
vergleiche**

Der Bundesgerichtshof hat sich in diesem Zusammenhang mit den Grenzen
humorvoller Werbevergleiche befasst.

---

[157] BGH, Urt. v. 05.05.2011 - I ZR 157/09.

Der Fall[158]: Die Parteien sind Presseunternehmen. Im Verlag der Klägerin erscheint die BILD-Zeitung, die Beklagte verlegt „die tageszeitung" (TAZ). Die Beklagte warb im Jahr 2005 mit einem Kino-Werbespot für die TAZ. Im ersten Teil des Werbespots ist vor einem als „Trinkhalle" bezeichneten Zeitungskiosk ein mit dem Logo der BILD-Zeitung versehener, leerer Zeitungsständer zu sehen. Ein Kunde, der nur mit einem Unterhemd und einer Jogginghose bekleidet ist, fordert den Inhaber des Kiosks auf: „Kalle, gib mal Zeitung", worauf dieser entgegnet: „Is aus". Auf Nachfrage des Kunden: „Wie aus?", schiebt der Kioskinhaber wortlos eine TAZ über den Tresen. Der Kunde reagiert hierauf mit den Worten: „Wat is dat denn? Mach mich nicht fertig, Du" und wirft die TAZ nach einem Blick in die Zeitung verärgert zurück auf den Ladentisch. Der Kioskinhaber holt nun eine unter dem Tresen versteckte BILD-Zeitung hervor, die er dem Kunden gibt. Daraufhin brechen beide in Gelächter aus. Im zweiten Teil des Werbespots ist vor der „Trinkhalle" ein nunmehr mit BILD-Zeitungen gefüllter Zeitungsständer zu sehen. Der Kunde verlangt aber: „Kalle, gib mal taz". Der Kioskinhaber ist so verblüfft, dass er dieser Aufforderung nicht nachkommt. Jetzt bricht der Kunde in Gelächter aus, in das der Kioskinhaber einstimmt. Am Ende beider Teile des Werbespots ist der Text eingeblendet: „taz ist nicht für jeden. Das ist OK so." Die Klägerin sieht in diesem Werbespot eine nach § 6 Abs. 2 Nr. 5 UWG unlautere vergleichende Werbung und nimmt die Beklagte daher auf Unterlassung, Auskunftserteilung und Feststellung ihrer Schadensersatzpflicht in Anspruch. Wer vergleichend wirbt, handelt nach dieser Bestimmung unlauter, wenn der Vergleich die Waren eines Mitbewerbers herabsetzt oder verunglimpft.

Der Bundesgerichtshof hat die Klage abgewiesen. Für die Beurteilung der Zulässigkeit eines Werbevergleichs ist - so der Bundesgerichtshof - auf die mutmaßliche Wahrnehmung eines durchschnittlich informierten, aufmerksamen und verständigen Durchschnittsverbrauchers abzustellen, der zunehmend anpointierte Aussagen in der Werbung gewöhnt ist. Eine humorvolle oder ironische Anspielung auf einen Mitbewerber oder dessen Produkte stelle daher erst dann eine unzulässige Herabsetzung dar, wenn sie den Mitbewerber dem Spott oder der Lächerlichkeit preisgebe oder von den Adressaten der Werbung wörtlich und damit ernst genommen und daher als Abwertung verstanden werde. Der Werbespot der Beklagten ist nach Auffassung des Bundesgerichtshofs danach nicht als wettbewerbswidrig anzusehen. Er bringe lediglich zum Ausdruck, dass die TAZ „nicht für jeden" sei, also nicht den Massengeschmack anspreche.

---

[158] BGH, Urt. v. 01.10.2009 - I ZR 134/07.

Der durchschnittliche Zuschauer erkenne, dass es sich bei der Darstellung um eine humorvolle Überspitzung handele, mit der die Aufmerksamkeit der Werbeadressaten geweckt und nicht die BILD-Zeitung oder deren Leserschaft pauschal abgewertet werden solle.

Beispiel 4: Der Bundesgerichtshof zu vergleichender herabsetzender Werbung gemäß § 6 Abs. 2 Nr. 4 Fall 2 UWG

Der Bundesgerichtshof entschied im Streit zwischen einem Druckerhersteller und einem Anbieter von Druckerpatronen über irreführende und vergleichende Werbung im Wettbewerbsrecht zur Frage, ob Bildmotive, die der Originalhersteller für die Zuordnung seiner Patronen zu seinen Druckern verwendet, auch für fremde Druckerpatronen verwendet werden dürfen.

Der Fall[159]: Die Klägerin, die EPSON Deutschland GmbH, produziert und vertreibt Drucker und hierzu passende Farbpatronen, auf denen sie seit Mitte 2002 neben der Artikelnummer und der Bezeichnung der Drucker, für die sie geeignet sind, Bildmotive wie Teddybären, Badeentchen oder Sonnenschirme anbringt, die ebenfalls die Zuordnung der jeweiligen Patrone zum passenden Drucker erlauben. Die Bildmotive sind in der Farbe der in der Patrone jeweils enthaltenen Tinte gehalten. Bei Patronen mit verschiedenen Farben findet sich das Bildmotiv für jede Farbe einmal auf der Verpackung.

Die Beklagten gehören zum Pelikan-Konzern, der ebenfalls u.a. Tintenerzeugnisse herstellt. Das Sortiment der Beklagten umfasst auch für Drucker anderer Hersteller geeignete Patronen, darunter solche für EPSON-Drucker. Die Verpackungen ihrer Patronen zeigen ähnliche Bildmotive wie die Motive, die EPSON verwendet.

Nach Ansicht der Klägerin ist diese Übernahme der Bildmotive insbesondere wegen unzulässiger Rufausnutzung unlauter.

Der Bundesgerichtshof hat dazu entschieden:

Nach § 6 Abs. 2 Nr. 4 Fall 2 UWG ist eine vergleichende Werbung nur dann unzulässig, wenn sie das fremde Zeichen herabsetzt oder verunglimpft. Eine Beeinträchtigung der Unterscheidungskraft, die das Berufungsgericht als ausreichend angesehen hat, steht der Beeinträchtigung des Rufs nicht gleich.

In Betracht zu ziehen war daneben eine Rufausnutzung, die ebenfalls zur Unzulässigkeit der vergleichenden Werbung führen kann, vom Berufungsgericht aber nicht im Einzelnen geprüft worden war. Im Streitfall kam jedoch ein Verbot wegen Rufausnutzung nicht in Betracht. Im Rahmen einer vergleichenden Werbung sei eine Rufausnutzung häufig unvermeidbar. Ob der

---

[159] BGH, Urt. v. 28.09.2011 - I ZR 48/10.

Werbende, der im Rahmen der vergleichenden Werbung auf ein fremdes Produkt Bezug nimmt, auf eine schonendere Form der Bezugnahme verwiesen werden kann, ist eine Frage, die nur aufgrund einer Abwägung der Interessen des Werbenden, des betroffenen Zeicheninhabers und der Verbraucher beantwortet werden könne. Da sich aber die Besitzer von EPSON-Druckern auch nach dem Vortrag der Klägerin vor allem an den Bildmotiven orientieren, muss es den Beklagten auch im Interesse der Verbraucher erlaubt sein, zur Kennzeichnung der verschiedenen Drucker nicht nur auf die Bestellnummern, sondern – in abgewandelter Form – auch auf die Bildmotive zu verweisen.

Im Wettbewerbsrecht gelten **Besonderheiten** für die **Werbung** im **Internet**:

So hat der Bundesgerichtshof entschieden, dass das **Anbieten eines gebrauchten Pkw** in einer unzutreffenden Rubrik zum Kilometerstand auf einer Internethandelsplattform nicht wegen Irreführung der am Kauf eines Gebrauchtfahrzeugs interessierten Verbraucher wettbewerbswidrig sei.

Der Fall[160]: Die Parteien handeln mit gebrauchten Kraftfahrzeugen, die sie unter anderem über eine Internethandelsplattform zum Kauf anbieten. Dabei kann der Verkäufer verschiedene Merkmale, beispielsweise den Kilometerstand, zu dem von ihm angebotenen Fahrzeug eingeben. Ein Kaufinteressent kann ebenfalls Kriterien zu dem von ihm gesuchten Fahrzeug auswählen. Zum Kilometerstand kann er „beliebig" oder beispielsweise 5.000 km, 100.000 km oder 125.000 km eingeben.

Die Beklagte inserierte auf einer Internethandelsplattform in der Rubrik „bis 5.000 km" ein Fahrzeug mit folgender fettgedruckter Überschrift: „BMW 320 d Tou.* Gesamt-KM 112.970** ATM- 1.260 KM**".

Die Klägerin hatte in dem Angebot des Fahrzeugs in einer unzutreffenden Kilometerstandsrubrik eine wettbewerbsrechtlich relevante Irreführung des Verkehrs erblickt und die Beklagte daher auf Unterlassung in Anspruch genommen.

Der Bundesgerichtshof hat wie folgt entschieden: Zwar liege in dem Angebot des Fahrzeugs in der unrichtigen Rubrik über die Laufleistung eine unwahre Angabe.

Im konkreten Fall sei die unzutreffende Einordnung aber nicht geeignet, das Publikum irrezuführen. Die richtige Laufleistung des Fahrzeugs ergäbe sich ohne weiteres bereits aus der Überschrift des Angebots, so dass eine Täuschung von Verbrauchern ausgeschlossen sei.

---

[160] BGH, Urt. v. 06.10.2011 - I ZR 42/10.

Die Frage, ob eine Einstellung in eine falsche Rubrik unter anderen Gesichtspunkten, etwa einer unzumutbaren Belästigung der Internetnutzer, wettbewerbsrechtlich unlauter sei, war nicht Gegenstand des Rechtsstreits.

5.2.4 Belästigende Werbung: § 7 UWG

Ein weiterer Aspekt, der in der Medienbranche von Bedeutung ist: **belästigende Werbung**. Dies betrifft insbesondere den Direktkontakt mit Kunden via Telefon oder E-Mail. Gemäß § 7 Abs. 1, 2 UWG sind Wettbewerbsverstöße zu bejahen, wenn die Werbung den Kunden belästigt oder ihm gegen seinen Willen aufgedrängt wird. Eine derartige Werbung ist unzulässig.

Durch das Merkmal **„in unzumutbarer Weise"** wird klargestellt, dass die Bagatellklausel des § 3 Abs. 1 UWG hier nicht gilt. Vielmehr kommt in § 7 Abs. 1 Satz 2 UWG eine **spezielle Bagatellschwelle der Unzumutbarkeit** zur Anwendung, die eine umfassende Wertung erfordert. § 7 Abs. 1 Satz 2 stellt nämlich insoweit klar, dass insbesondere Werbung, die der beworbene Marktteilnehmer nicht wünscht, unlauter ist.

Im Einzelnen geht es um „eine geschäftliche Handlung, durch die ein Marktteilnehmer in unzumutbarer Weise belästigt wird". Dies gilt insbesondere für Werbung, obwohl erkennbar ist, dass der angesprochene Marktteilnehmer diese Werbung nicht wünscht.

Eine unzumutbare Belästigung ist nach § 7 Abs. 2 UWG daher stets anzunehmen,

1. bei Werbung unter Verwendung eines in den nachfolgenden Nummern 2 und 3 nicht aufgeführten, für den Fernabsatz geeigneten Mittels der kommerziellen Kommunikation, durch die ein Verbraucher hartnäckig angesprochen wird, obwohl er dies erkennbar nicht wünscht (z.B. **„Spam-Mails"**);

2. bei Werbung mit einem **Telefonanruf** gegenüber einem **Verbraucher** ohne dessen vorherige ausdrückliche Einwilligung oder gegenüber einem **sonstigen Marktteilnehmer** ohne dessen zumindest mutmaßliche Einwilligung (**„Cold Calling"**);

3. bei Werbung unter **Verwendung einer automatischen Anrufmaschine**, eines **Faxgerätes** oder **elektronischer Post**, ohne dass eine vorherige ausdrückliche Einwilligung des Adressaten vorliegt, oder

4. bei Werbung mit einer Nachricht, bei der die Identität des Absenders, in dessen Auftrag die Nachricht übermittelt wird, verschleiert oder verheimlicht wird oder bei der keine gültige Adresse vorhanden ist, an die der Empfänger eine Aufforderung zur Einstellung solcher Nach-

richten richten kann, ohne dass hierfür andere als die Übermittlungskosten nach den Basistarifen entstehen.

Bei der Bestellung eines E-Mail-Newsletters muss also nach § 7 Abs. 2 Nr. 3 UWG und § 13 Abs. 2 TMG muss eine nicht vorangekreuzte Checkbox eingerichtet werden, die der Verbraucher aktiv und bewusst ankreuzen muss.

Eine unzumutbare Belästigung bei einer Werbung unter Verwendung elektronischer Post ist nach § 7 Abs. 3 UWG nicht anzunehmen, wenn

1. ein Unternehmer im Zusammenhang mit dem Verkauf einer Ware oder Dienstleistung von dem Kunden dessen elektronische Postadresse erhalten hat,

2. der Unternehmer die Adresse zur Direktwerbung für eigene ähnliche Waren oder Dienstleistungen verwendet,

3. der Kunde der Verwendung nicht widersprochen hat und

4. der Kunde bei Erhebung der Adresse und bei jeder Verwendung klar und deutlich darauf hingewiesen wird, dass er der Verwendung jederzeit widersprechen kann, ohne dass hierfür andere als die Übermittlungskosten nach den Basistarifen entstehen.

Hierzu folgende Anmerkungen:

- Durch die gesetzliche Regelung wird ausgeschlossen, dass ein Verbraucher angerufen und seine diesbezügliche Zustimmung erst in dem Telefonat selbst – ggf. sogar konkludent – eingeholt wird.

- Hinzuweisen ist hier auch auf die Bußgeldvorschrift des § 20 UWG: Danach können unerlaubte Telefonanrufe durch die Bundesnetzagentur mit einem Bußgeld bis zu 50.000 Euro sanktioniert werden.

- Des Weiteren ist nach § 102 Abs. 2 TKG verboten, die **Rufnummer** des Anrufers zu **unterdrücken**. Zuwiderhandlungen können mit einer Geldbuße von bis zu 10.000 Euro geahndet werden (§ 149 Abs. 2 Satz 1 TKG).

Nach ständiger Rechtsprechung wird ein Verbraucher durch die Einholung einer **Einwilligungserklärung** in Telefonwerbung mittels vorformulierter Erklärung in unzumutbarer Weise benachteiligt[161]. Als wesentliche Begründung wird angeführt, Telefonwerbung stelle einen groben Missbrauch des vom Inhaber im eigenen Interesse und auf eigene Kosten unterhaltenen Telefonanschlusses zu Werbezwecken dar und ermögliche praktisch ein unkontrollierbares Eindringen in die Lebensgewohnheiten der Zielperson und in ihre häusliche Sphäre. Würde man eine solche Form der Werbung ohne Ein-

---

[161] BGH, Urt. v. 16.03.1999 - XI ZR 76/98; BGH, Urt. v. 27.01.2000 - I ZR 241/97.

schränkung für rechtmäßig erklären, wäre ihr Umsichgreifen innerhalb kurzer Zeit schon aus Wettbewerbsgründen unvermeidlich und damit der Inhaber eines Telefonanschlusses nicht nur vielfältigen Belästigungen ausgesetzt, sondern sein Anschluss für ins Gewicht fallende Zeiträume mit unerwünschten Anrufen blockiert und damit in unzumutbarer Weise seinem bestimmungsgemäßen Zweck entfremdet [162].

Wer gegenüber Endnutzern

- **Premium-Dienste,**
- **Auskunftsdienste,**
- **Massenverkehrsdienste,**
- **Service-Dienste,**
- **Neuartige Dienste oder**
- **Kurzwahldienste**

anbietet oder dafür wirbt, hat dabei nach § 66 a TKG den für die Inanspruchnahme des Dienstes zu zahlenden Preis zeitabhängig je Minute oder zeitunabhängig je Inanspruchnahme einschließlich der Umsatzsteuer und sonstiger Preisbestandteile anzugeben. Bei Angabe des Preises ist der Preis gut lesbar, deutlich sichtbar und in unmittelbarem Zusammenhang mit der Rufnummer anzugeben.

Für **sprachgestützte Premium-Dienste** hat derjenige, der den vom Endnutzer zu zahlenden Preis für die Inanspruchnahme dieses Dienstes festlegt, gemäß § 66 b TKG vor Beginn der Entgeltpflichtigkeit dem Endnutzer den für die Inanspruchnahme dieses Dienstes zu zahlenden Preis zeitabhängig je Minute oder zeitunabhängig je Datenvolumen oder sonstiger Inanspruchnahme einschließlich der Umsatzsteuer und sonstiger Preisbestandteile anzusagen.

Für **Kurzwahl-Datendienste** hat derjenige, der den vom Endnutzer zu zahlenden Preis für die Inanspruchnahme dieses Dienstes festlegt, nach § 66 c TKG vor Beginn der Entgeltpflichtigkeit den für die Inanspruchnahme dieses Dienstes zu zahlenden Preis einschließlich der Umsatzsteuer und sonstiger Preisbestandteile ab einem Preis von 2 Euro pro Inanspruchnahme deutlich sichtbar und gut lesbar anzuzeigen und sich vom Endnutzer den Erhalt der Information bestätigen zu lassen.

Der Preis für zeitabhängig über Rufnummern für **Premium-Dienste** abgerechnete Dienstleistungen darf nach § 66 d TKG höchstens 3 Euro pro Minute

---

[162] BGH, Urt. v. 16.03.1999 - XI ZR 76/98.

betragen. Dies gilt auch im Falle der Weitervermittlung durch einen Auskunftsdienst.

Die Abrechnung darf höchstens im 60-Sekunden-Takterfolgen. Der Preis für zeitunabhängig über Rufnummern für Premium-Dienste abgerechnete Dienstleistungen darf höchstens 30 Euro pro Verbindung betragen. Über die Preisgrenzen hinausgehende Preise dürfen nur erhoben werden, wenn sich der Kunde vor Inanspruchnahme der Dienstleistung gegenüber dem Diensteanbieter durch ein geeignetes Verfahren legitimiert.

Abgrenzungsschwierigkeiten kann in der Praxis die Frage bereiten, wann ein **zulässiger Beratungsanruf** vorliegt und wo die **Grenze zur unerlaubten Telefonwerbung** überschritten wird.

- Anrufe, die letztlich dem Absatz von Produkten dienen, sind als Werbung einzustufen, auch wenn der Kunde hinsichtlich dieser Produkte beraten wird. Zulässige Beratung wird dagegen vorliegen, wenn bspw. im Rahmen eines konkreten Vertragsverhältnisses Fragen oder Unklarheiten zu klären sind und/oder der Anruf der Abwicklung dient. Derartige Fälle sind indessen eher selten. Im Versicherungsbereich können Anrufe ggf. auf die Beratungspflicht nach § 6 Abs. 4 VVG gestützt werden.

- Ein Anruf zu Werbezwecken ist auch dann gegeben, wenn der Kunde auf ein objektiv für ihn vorteilhaftes Geschäft hingewiesen wird.

- Rechtlich unerheblich für die Frage, ob Telefonwerbung vorliegt, ist, ob es sich bei dem Angerufenen bereits um einen Kunden handelt oder nicht. Auch Werbeanrufe bei eigenen Kunden sind ohne deren vorherige ausdrückliche Einwilligung unzulässig.

- Ebenso kommt es nicht darauf an, ob das Kreditinstitut den Verbraucher selbst anruft oder einen Dritten (Call-Center) beauftragt.

- Ein nicht durch den Kunden motivierter Anruf zum Zweck einer Terminvereinbarung ist dann als Werbeanruf einzustufen, wenn der Termin (auch) dem Produktabsatz dient.

- In einem Graubereich bewegen sich Anrufe zu Marktforschungszwecken und Kundenzufriedenheitsbefragungen. Das OLG Stuttgart hat entschieden [163], dass ein als Meinungsbefragung getarnter Telefonanruf sittenwidrig ist, wenn der Gewerbetreibende damit erfahren wolle, wie der Angerufene eine ihm zuvor übersandte Print-Werbung beurteile. In den Fällen, in denen der Anruf mittelbar der

---

[163] OLG Stuttgart, Urt. v. 17.01.2002 - 2 U 95/01.

Absatzförderung dient, geht die Rechtsprechung regelmäßig von Telefonwerbung aus.

Beispiel 1: Unaufgeforderter Telefonanruf zu Werbezwecken bei bestehender Geschäftsverbindung

Eine bereits bestehende Geschäftsverbindung ist nicht ausreichend, um annehmen zu können, dass ein **Werbeanruf** dem Interesse des Angerufenen entspricht. Das Interesse darf jedenfalls dann nicht angenommen werden, wenn der Angerufene in einer Vielzahl ähnlicher Geschäftsverbindungen steht und das Beworbene für ihn nicht wichtig ist. Ohne das Interesse am Anruf fehlt auch die mutmaßliche Einwilligung des Angerufenen im Sinne von § 7 Abs. 2 Nr. 2 UWG.

Der Fall[164]: Die Beklagte betreibt eine Internetsuchmaschine mit einem eigenen Unternehmensverzeichnis, in das sie Unternehmen kostenlos oder bei einem erweiterten Eintrag gegen Entgelt aufnimmt. Bei der Gestaltung seines Internetauftritts veranlasste ein Unternehmen durch Linksetzung, dass seine Internetseite über zahlreiche Suchmaschinen, darunter auch die der Beklagten, aufgerufen werden konnten. In der Folgezeit rief ein Mitarbeiter der Beklagten bei dem Geschäftsführer des Unternehmens unaufgefordert wegen des Suchmaschineneintrags an. Dabei verfolgte er jedenfalls den Zweck, den Angerufenen zu veranlassen, den bisher kostenlosen Eintrag in der Suchmaschinen der Beklagten in einen erweiterten, aber entgeltlichen Eintrag umzuwandeln. Der Kläger, ein Wettbewerber der Beklagten, hat diesen Anruf als unzumutbare Belästigung (§ 7 Abs. 2 Nr. 2 UWG) beanstandet. Die Beklagte habe nicht bereits wegen des vorhandenen Suchmaschineneintrags davon ausgehen können, dass das Unternehmen mit dem Anruf einverstanden sei. Die Beklagte hat demgegenüber die Ansicht vertreten, sie sei auf Grund der bestehenden Geschäftsverbindung zu dem Anruf berechtigt gewesen; dieser habe zudem vor allem dazu dienen sollen, die über das Unternehmen gespeicherten Daten zu überprüfen.

Der BGH hat seine Rechtsprechung bekräftigt, dass Werbeanrufe bei Unternehmen wettbewerbswidrig sein können, weil sie zu belästigenden oder sonst unerwünschten Störungen der beruflichen Tätigkeit des Angerufenen führen können. Anders als Anrufe bei Privatpersonen sein ein Werbeanruf im geschäftlichen Bereich allerdings bereits dann zulässig, wenn auf Grund konkreter Umstände ein sachliches Interesse des Anzurufenden daran zu vermuten sei. Dies sei bei dem beanstandeten Anruf jedoch nicht der Fall gewesen. Der kostenlose Eintrag des Unternehmens in ihrer Suchmaschine habe die Beklagte zwar möglicherweise zu der Annahme berechtigt, das

---

[164] BGH, Urt. v. 20.09.2007 - I ZR 88/05.

Unternehmen sei mit einem Anruf zur Überprüfung der eingespeicherten Daten einverstanden. Eine Telefonwerbung, um zugleich das Angebot einer entgeltlichen Leistung zu unterbreiten, sei aber nach den gegebenen Umständen für den Anrufenden unzumutbar belästigend gewesen. Die Beklagte habe nicht mit einem besonderen Interesse des Unternehmens rechnen können, gerade im Verzeichnis ihrer – nicht besonders bekannten – Suchmaschine gegen Vergütung mit einem erweiterten Eintrag aufgeführt zu sein. Ein kostenloser Eintrag über das Unternehmen sei in gleicher Weise wie bei der Beklagten bei weiteren 450 Suchmaschinen gespeichert gewesen. Angesichts der großen Zahl gleichartiger Suchmaschinen und der Verbreitung kostenloser Unternehmenseinträge in den Verzeichnissen von Suchmaschinen hätte die Beklagte vor einem Anruf berücksichtigen müssen, dass für einen Gewerbetreibenden die Gefahr bestehe, in seinem Geschäftsbetrieb durch eine Vielzahl ähnlicher Telefonanrufe empfindlich gestört zu werden.

Beispiel 2: Grenzen gewerblicher Nachfrage per Telefax und E-Mail

Der BGH hatte in zwei Fällen darüber zu entscheiden, inwieweit es Unternehmen verboten ist, **Waren oder Dienstleistungen mittels Telefaxschreiben oder E-Mail nachzufragen**.

Die Fälle: In dem ersten Fall[165] hatte ein Fahrzeughändler per Telefax bei einer Toyota-Vertretung sein Interesse zum sofortigen Ankauf von drei bestimmten Toyota-Modellen – neu oder gebraucht – bekundet. Im zweiten Fall[166] hatte der Anbieter eines Online-Fußballspiels per E-Mail bei einem kleineren Fußballverein angefragt, ob er auf der Website des Vereins ein Werbebanner für sein Produkt gegen Umsatzprovision platzieren dürfe.

Nach **§ 7 Abs. 2 Nr. 3 UWG** ist eine Werbung unter Verwendung von Faxgeräten oder E-Mail als **unzumutbare Belästigung** verboten, wenn keine Einwilligung des Adressaten vorliegt. Das Gesetz unterscheidet dabei nicht zwischen privaten oder gewerblichen Adressaten. Der BGH hat nunmehr entschieden, dass auch gewerbliche Anfragen nach Waren oder Dienstleistungen „Werbung" im Sinne dieser Vorschrift sind. Für das Schutzbedürfnis des Inhabers eines Telefax- oder E-Mail-Anschlusses sei es unerheblich, ob er unaufgeforderte Kaufangebote für Waren oder Dienstleistungen erhält oder ihm Anfragen zugehen, in denen etwa Immobilien oder Antiquitäten nachgefragt werden. Der Bezug von Waren und Dienstleistungen, die ein Unternehmen für seine Geschäftstätigkeit auf dem Markt benötige, diene zudem mittelbar der Förderung seines Absatzes.

---

[165] BGH, Urt. v. 17.07.2008 - I ZR 75/06.
[166] BGH, Urt. v. 17.07.2008 - I ZR 197/05.

Damit kam es auf die Frage an, ob die Adressaten in den beiden Fällen sich damit einverstanden erklärt hatten, dass ihnen über das Telefaxgerät oder per E-Mail Angeboten zugehen. Der BGH ist im Fall der Toyota-Vertretung davon ausgegangen, diese habe mit der Veröffentlichung der Nummer des Telefaxanschlusses in allgemein zugänglichen Verzeichnissen ihr Einverständnis erklärt, dass Kunden den Anschluss bestimmungsgemäß für Kaufanfragen nutzten, die sich auf die übliche Verkaufstätigkeit des Unternehmens bezögen. Sofern sich nicht im Einzelfall etwas anderes aus den Umständen ergebe, erstrecke sich dieses Einverständnis auch auf Anfragen gewerblicher Nachfrager. Entsprechendes gelte, wenn ein Unternehmen seine E-Mail- Adresse – etwa auf seiner Homepage – veröffentliche. Die Faxnummer und die E-Mail-Adresse eines Unternehmens seien gerade dazu bestimmt, Anfragen hinsichtlich des Waren oder Leistungsangebot entgegenzunehmen.

In Anwendung dieser Grundsätze hat der BGH die Anfrage des Fahrzeughändlers an die Toyota-Vertretung nicht als wettbewerbswidrig angesehen, weil insofern von einer konkludenten Einwilligung auszugehen sei.

Hingegen hat der BGH in der Anfrage hinsichtlich des Werbebanners für ein Online-Fußballspiel eine belästigende Werbemaßnahme gesehen, die zu untersagen sei. Weder gehöre das Angebot von Bannerwerbung gegen Entgelt auf der eigenen Homepage zum typischen Vereinszweck eines Fußballvereins, noch sei die von einem Fußballverein auf seiner Homepage zur Kontaktaufnahme angegebene E-Mail-Adresse für derartige Anfragen bestimmt.

Werbung in Katalogen ist grundsätzlich unverbindlich – der Kunde kann deshalb nicht auf die Auslieferung einer irrtümlich abgebildeten Ware bestehen. Das hat der BGH in einem Urteil klargestellt.

Der Fall[167]: Auslöser des Falls war eine Klage des Bundesverbandes der Verbraucherzentrale gegen eine Klausel im Katalog eines Mobilfunkanbieters, wonach „Änderungen und Irrtümer vorbehalten" sein sollten.

Laut BGH ist eine solche Bestimmung zulässig, weil sie lediglich eine – auch ohne Klausel geltende – Rechtslage zum Ausdruck bringt. Danach sind Katalogangaben und Abbildungen vorläufig und für den Händler nicht bindend. Erst wenn der Käufer unter Verweis auf den Katalog die Ware bestellt und der Händler die Bestellung akzeptiert, kommt laut BGH ein verbindlicher Vertrag zustande.

Im konkreten Fall hatte der Kunde aus dem Katalog eines Mobilfunkanbieters für 10 Euro eine UMTS-Karte bestellt, deren „Inklusiv-Volumen" ver-

---

[167] BGH, Urt. v. 04.02.2009 - VIII ZR 32/08.

sehentlich mit 100 statt mit 30 Megabyte angegeben war. In der Rechnung stellte der Anbieter den Irrtum richtig und verwies auf die Irrtumsklausel im Katalog. Als der Kunde auf Auslieferung der bestellten Ware beharrte, erhielt er eine Gutschrift, der Mobilfunkvertrag wurde aufgelöst.

Das Gericht verwies auf ein früheres Urteil, wonach der Hinweis „Irrtümer sind vorbehalten" auch wettbewerbsrechtlich für zulässig erachtet worden war. Etwas anderes könne nur dann gelten, wenn ein Händler eine solche Klausel dazu missbrauchen würde, die Rechte der Kunden auszuhebeln.

Der BGH hat zu diesem Themenkomplex entschieden, dass der Zeitungsvertrieb über **„Stumme Verkäufer"** grundsätzlich zulässig ist.

Der Fall[168]: Die Kläger sind Berliner Zeitungsverlage, die die „Berliner Zeitung", den „Berliner Kurier" und den „Tagesspiegel" herausgeben. Die Beklagte ist die Axel Springer AG, die in Berlin über einen Marktanteil – bezogen auf die verkauften Exemplare – von 50% verfügt. Der Springer-Verlag plant, seine Zeitung „WELT KOMPAKT" zu einem Kaufpreis von 70 Cent auch über ungesicherte Verkaufshilfen, sogenannte „Stumme Verkäufer", abzusetzen. Die Kläger hatten die Ansicht vertreten, diese Vertriebsart sei wettbewerbswidrig, weil sie in erheblichem Umfang auf eine Gratisabgabe hinauslaufe und die Verbraucher durch die Möglichkeit, sich die Zeitung ohne Bezahlung zu verschaffen, übermäßig angelockt würden. Auch führe die von der Beklagten geplante Praxis zu einer allgemeinen Marktbehinderung.

Der Bundesgerichtshof hat bestätigt, dass ein Unterlassungsanspruch wegen übertriebenen Anlockens jedenfalls deshalb nicht bestehe, weil es an einer unangemessenen unsachlichen Einflussnahme auf die Personen fehle, die sich durch die beanstandete Geschäftsmethode der Beklagten dazu verleiten lassen, die in deren Verkaufsautomaten angebotenen Zeitungen ohne Bezahlung zu entnehmen. Außerdem verdiene die Entscheidungsfreiheit von Verbrauchern keinen Schutz, die sich durch die ungesicherten Verkaufsboxen zu einem Diebstahl verleiten ließen.

Das beanstandete Verhalten des Springer-Verlages stelle auch keine wettbewerbswidrige Marktstörung dar. Unter diesem Gesichtspunkt könne einem Anbieter zwar untersagt werden, seine Waren in großem Umfang zu verschenken, wenn dadurch andere Wettbewerber aus dem Markt gedrängt werden und deswegen die ernstliche Gefahr bestehe, dass der Wettbewerb auf dem fraglichen Markt erheblich eingeschränkt werde. Der Vertrieb über stumme Verkäufer begründe aber eine solche ernste Gefahr für den Wettbewerb nicht.

---

[168] BGH, Urt. v. 29.10.2009 - I ZR 180/07 und I ZR 188/07.

Im Streitfall kam hinzu, dass sich der Springer-Verlag gegenüber den Klägern verpflichtet hatte, auf den Verkaufsboxen deutlich darauf hinzuweisen, dass eine Zeitung nur gegen Bezahlung des Kaufpreises entnommen werden dürfe, Diebstahl verfolgt werde und Kontrolleure im Einsatz seien.

5.2.5 Rechtsfolgen bei Wettbewerbsverstößen

Hinsichtlich einer **Reihenfolge der nach dem UWG vorzunehmenden Prüfungen** wegen der damit im Einzelfall verbundenen Rechtsfolgen ist in der Praxis folgendes Vorgehen angebracht:

1. Zunächst muss stets geprüft werden, ob überhaupt eine **„geschäftliche Handlung"** vorliegt. Nach **§ 2 Abs. 1 Nr. 1 UWG** ist eine solche – wie bereits erwähnt – „jedes Verhalten einer Person zugunsten des eigenen oder eines fremden Unternehmens, bei oder nach einem Geschäftsabschluss, das mit der Förderung des Absatzes oder des Bezugs von Waren oder Dienstleistungen oder mit dem Abschluss oder der Durchführung eines Vertrags über Waren oder Dienstleistungen objektiv zusammenhängt; als Waren gelten auch Grundstücke, als Dienstleistungen auch Rechte und Verpflichtungen".

2. Falls dies bejaht wird, ist sodann das Vorliegen eines Tatbestands aus der „Schwarzen Liste" – „Black List" im **Anhang zu § 3 Abs. 3 UWG** zu prüfen. Bei Erfüllung eines Tatbestands aus diesem Katalog liegt **stets** eine unlautere geschäftliche Handlung vor, ohne dass es auf eine Wertung des Einzelfalls ankommt. Es handelt sich hier also um eindeutige Verbote ohne Wertungsvorbehalt. Daher werden von diesen Tatbeständen, die unter allen Umständen in jedem Fall unlauter und somit stets unzulässig sind, auch solche Verhaltensweisenerfasst, die nicht die Erheblichkeitsschwelle (Bagatellschwelle) des § 3 Abs. 1 UWG erreichen. § 3 Abs 3 UWG ist also auch dann anwendbar, wenn es sich nur um einen Bagatellverstoß handelt, der sich wegen seiner fehlenden Spürbarkeitauf den Wettbewerbkaum auswirkt. Soweit eine Handlung aus dem Katalog im Anhang des UWG vorliegt, ist§ 3 Abs. 3 UWG eine Spezialnorm, was dazu führt, dass die Absätze 1 und 2 von § 3 UWG dann nicht mehr zu prüfen sind.

3. Falls diese Prüfung nicht zum Ergebnis eines Verstoßes führt, ist die **Generalklausel des § 3 Abs. 1 UWG im Zusammenhang mit einem der Beispielstatbestände der §§ 4 – 6 UWG** zu untersuchen. Die §§ 4 – 6 UWG stellen allein keine selbstständigen Tatbestände unlauterer geschäftlicher Handlungen dar, sie sind **nur Beispiele** für derartige unlautere Handlungen im Sinne von § 3 Abs. 1 UWG.

4. Falls auch hier kein wettbewerbsrechtlicher Verstoß gefunden wird, ist die **allgemeine Generalklausel des § 3 Abs. 1 UWG allein**zu prüfen. Die Frage, ob eine geschäftliche Handlung nach § 3 Abs. 1 UWG **allein** unzulässig ist, stellt sich jedoch nur, wenn die zu prüfende geschäftliche Handlung nicht bereits **entweder** unter einen der Tatbestände der „Schwarzen Liste" gemäß dem Anhang zu § 3 Abs. 3 UWG **oder** unter eines der Beispiele nach §§ 4, 5 und 6 UWG fällt.

Die Generalklausel des § 3 Abs. 1 UWG stellt damit lediglich einen **Auffangtatbestand** dar. Soweit ein Sachverhalt nicht unter die vorgenannten Beispielstatbestände der §§ 4 – 6 UWG subsumiert werden kann, ist zwar die Generalklausel des § 3 Abs. 1 UWG heranzuziehen. Voraussetzung für eine Anwendung ist dabei jedoch, dass der Unlauterkeitsgehalt derzu prüfendengeschäftlichenHandlung dem Unlauterkeitsgehalt der Beispielstatbestände der §§ 4 – 6 UWG entspricht.

Die Ableitung von Ansprüchen aus der wettbewerbsrechtlichen Generalklausel setzt mindestens voraus, dass die betreffende Verhaltensweise von ihrem Unlauterkeitsgehalt her den in den §§ 4 – 6 UWG aufgeführten Beispiels- bzw. Anwendungsfällen unlauteren Verhaltens entspricht und zudem den anständigen Gepflogenheiten in Gewerbe und Handel zuwiderläuft.Ein Rückgriff auf die Generalklausel ist insbesondere in Fällen geboten, in denen die Tatbestände der §§ 4 – 6 UWG zwar bestimmte Gesichtspunkte der lauterkeitsrechtlichen Beurteilung erfassen, aber keine umfassende Bewertung der Interessen der durch das Wettbewerbsverhältnis betroffenen Marktteilnehmer ermöglichen[169].

5. Wenn keiner der bislang geprüften Fälle gegeben ist,muss **ergänzend** noch die **Verbraucherschutzgeneralklausel des § 3 Abs. 2 UWG** untersucht werden. § 3 Abs. 2 UWG dient damit als Auffangtatbestand für diejenigen Fälle, die weder durch § 3 Abs. 3 UWG, durch § 3 Abs. 1 UWG in Verbindung mit den Beispielstatbeständen der §§ 4 – 6 UWG noch durch § 3 Abs. 1 UWG alleinerfasst werden.Die Vorschriftist daher nur dann zu prüfen, wenn sich die Unlauterkeit der Handlung nicht schon aus den vorgenannten Normen ergibt. Da diese Tatbestände jedoch sehr umfassend gestaltet sind, verbleibt in der Praxis nur ein äußerst geringer Anwendungsbereich für § 3 Abs. 2 UWG. Allerdings enthält § 3 Abs. 2 UWG in den Sätzen 2 und 3 Merkmale, die auch bei der Anwendung der Beispielstatbeständein § 4 UWG, der Normen

---

[169] BGH, Urt. v. 22.04.09 - I ZR 176/06.

über die irreführende Werbung in § 5 UWG und der unzulässigen vergleichenden Werbung in § 6 UWG Berücksichtigung finden müssen.

6. Sodann muss noch ein eventueller **Verstoß gegen § 7 UWG** untersucht werden. § 7 UWG ist – anders als §§ 4 – 6 UWG – ein **eigenständiger Tatbestand** einer unzulässigen geschäftlichen Handlung, der auch **allein** erfüllt sein kann, wenn eine **unzumutbare Belästigung** vorliegt.

Wer gegen Bestimmungen des Gesetzes gegen den unlauteren Wettbewerb verstößt, kann gemäß **§ 8 Abs. 1 UWG** auf **Beseitigung** oder **Unterlassung** in Anspruch genommen werden. Dabei richtet sich der Beseitigungsanspruch darauf, dass die Störungsursache entfernt wird; mit dem Unterlassungsanspruch sollen drohende oder – bei Wiederholungsgefahr - künftige Zuwiderhandlungen verhindert werden.

Gemäß **§ 8 Abs. 3 UWG** stehen der Beseitigungs- und der Unterlassungsanspruch ausschließlich Mitbewerbern, rechtsfähige Berufsverbände, qualifizierten Einrichtungen gemäß § 4 des Unterlassungsklagegesetzes (z.B. Verbraucherschutzverbände) und den Industrie- und Handelskammern (IHK) sowie den Handwerkskammern zu. Der einzelne Verbraucher (§ 1 UWG) oder jeder sonstige Marktteilnehmer (vgl. § 2 Abs. 1 Nr. 2 UWG) ist damit nicht befugt, Ansprüche gemäß § 8 Abs. 1 UWG geltend zu machen.

Unzulässig ist gemäß **§ 8 Abs. 4 UWG** die Geltendmachung von Beseitigungs- oder Unterlassungsansprüchen, wenn Missbrauch dahinter steckt, insbesondere, wenn der Anspruchsteller von dem Zuwiderhandelnden in erster Linie Aufwendungen oder Kosten der Rechtsverfolgung verlangen will.

Um unnötige Auseinandersetzungen vor den Gerichten zu vermeiden, bestimmt § 12 Abs. 1 UWG, dass derjenige, der ein Unterlassungsverfahren anstreben will, den Verletzer zunächst abmahnen soll. So soll dieser Gelegenheit haben, die Angelegenheiten durch eine Unterlassungserklärung (gegebenenfalls verbunden mit einer Vertragsstrafe) zu beenden.

Die zweite wichtige Anspruchsgrundlage bei Verstößen gegen das Wettbewerbsrecht bildet für Mitbewerber **§ 9 UWG**. Hier ist der **Schadensersatzanspruch** normiert. Es muss ein Verschulden vorliegen, also Fahrlässigkeit oder Vorsatz. **§ 9 Satz 2 UWG** enthält eine Einschränkung für den Medienbereich: Gegen verantwortliche Personen von periodischen Druckschriften kann der Anspruch auf Schadensersatz demnach nur bei einer vorsätzlichen Zuwiderhandlung geltend gemacht werden. Bei Fahrlässigkeit (auch bei grober Fahrlässigkeit) können die Verantwortlichen damit nicht in Anspruch genommen werden. Fraglich ist, ob es sich lediglich um ein wettbewerbsrechtliches Privileg für die Presse oder für alle Medienbereiche – also auch die neuen Medien- handelt. Hier bleibt abzuwarten, wie die Rechtsprechung die Norm auslegt. Nach der herrschenden Meinung in der Literatur ist aber davon auszugehen, dass eine Differenzierung zwischen Journalisten in der Presse und Journalisten bei Rundfunk, Fernsehen oder neuen Medien nicht zu begründen ist. § 9 Satz 2 UWG wird deshalb mehrheitlich als umfassendes Medienprivileg gesehen.

Das Gesetz gegen den unlauteren Wettbewerb beinhaltet zudem eine Besonderheit, nämlich einen **Gewinnabschöpfungsanspruch** zu Gunsten der Allgemeinheit. **§ 10 Abs. 1 UWG** bestimmt, dass derjenige, der gegen § 3 UWG oder § 7 UWG verstößt und dadurch zu Lasten einer Vielzahl von Abnehmern Gewinn erzielt, auf Herausgabe des Gewinns an den Bundeshaushalt in Anspruch genommen werden kann. Anspruchsberechtigt sind demnach diejenigen, die auch einen Unterlassungsanspruch gemäß § 8 Abs. 3 Nr. 2 – 4 UWG geltend machen können: also rechtsfähige Berufsverbände, qualifizierte Einrichtungen und die IHK sowie Handwerkskammern. Der Gewinnabschöpfungsanspruch soll sogenannten **Streuschäden** entgegenwirken: Es geht also um Fälle, in denen durch einen Wettbewerbsverstoß eine Vielzahl von Abnehmern geschädigt wird, die Schadenshöhe für den Einzelnen aber geringwertig ist. Ziel der Regelung ist die Abschreckung von derartigen Wettbewerbsverstößen, nicht der Schadensausgleich für den Einzelnen.

Besonders schwere Wettbewerbsverstöße sind auch **strafrechtlich** relevant. **Gemäß § 16 UWG** können wissentlich unwahre Werbeaussagen und Werbung nach dem sogenannten Schneeballprinzip mit Freiheitsstrafen von bis zu zwei Jahren oder Geldstrafen bestraft werden. **§§ 17 – 19 UWG** verbieten die sogenannten Betriebsspionage, also das Verraten und Verwerten von Geschäftsgeheimnissen und Vorlagen. Die Gerichte haben als solche in den vergangenen Jahren anerkannt: Kalkulationen, Kundenkarteien, Entwürfe, beabsichtigte Vertragsschlüsse und auch geheime Software. Bei Verstößen gegen § 17 ff. UWG drohen zwei bzw. drei Jahren Freiheitsstrafe oder Geldstrafe.

Der BGH hat zur Strafbarkeit unwahrer und irreführender Werbung mit Gewinnermittlungen und Geschenkversprechen im Versandhandel entschieden.

Der Fall[170]: Nach den Urteilsfeststellungen waren die Angeklagten für im Versandhandel tätige Unternehmen verantwortlich. Über ein System ausländischer Domizilgesellschaften veranlassten und organisierten sie die Versendung standardisierter Werbesendungen an Verbraucher, die mittels Adressdatenbanken personalisiert wurden und daher als persönliche Schrei-

---

[170] BGH, Urt. v. 20.09.2007 - I ZR 6/05.

ben gestaltet waren. Die Sendungen, denen jeweils Warenkataloge beigefügt waren, enthielten unwahre und irreführende Gewinnmitteilungen und Geschenkversprechen. Die in den Sendungen bezeichneten Gewinne und Geschenke wurden nicht ausgekehrt. Denn die zugesagten Gewinne wurden nicht ausgezahlt; es fanden überhaupt keine Gewinnspiele statt. Die übersandten Geschenke waren nur „wertloser Plunder". Den Angeklagten kam es darauf an, mit den Werbemaßnahmen den Absatz der in den Katalogen angebotenen Waren zu fördern; der Kundenstamm bestand vorwiegend aus älteren Personen mit geringem Bildungsniveau.

Das Gericht hat die Rechtsprechung zu diesem Straftatbestand präzisiert. Er hat es als zutreffend erachtet, dass die Angeklagten in der „Absicht" handelten, „den Anschein eines besonders günstigen Angebots hervorzurufen". Dieses subjektive Tatbestandsmerkmal war gegeben, auch wenn sich die unwahren und irreführenden Angaben nicht unmittelbar auf die Katalogwaren, sondern auf die Gewinnmitteilungen und Geschenkversprechen bezogen. Denn diese geldwerten Vorteile und die Katalogwaren stellten nach dem – für die rechtliche Bewertung maßgeblichen –Gesamteindruck der Werbesendung insgesamt ein einheitliches „Angebot" im Sinne von § 16 Abs. 1 UWG dar: Die Geschenke sollte der Empfänger nur erhalten können, wenn er Waren im Mindestwert von 15 Euro bestellte. Der BGH hat insoweit ein vertraglich vereinbartes oder gesetzliches Rückgaberecht für bedeutungslos gehalten. Hinsichtlich der Gewinnermittlung fehlte ein solcher rechtlicher Zusammenhang. Der BGH hat allerdings erstmals entschieden, dass auch dann ein einheitliches Gesamtangebot vorliegt, wenn die Entscheidung der Empfänger für die Warenbestellung von den Gewinnmitteilungen unter wirtschaftlichen Gesichtspunkten beeinflusst werden soll (wirtschaftlicher Zusammenhang). Dies war hier nach den Gesamtumständen der Fall. Insbesondere erfolgte die Gestaltung der Werbesendungen in der Weise, dass für den Empfänger der Eindruck entstehen sollte, durch einen Gewinn schon begünstigt worden zu sein; vor diesem Hintergrund erschien auch die Ware günstiger, weil der Kunde für sein Geld vermeintlich mehr erhielt als nur diese.

5.2.6 Besonderheiten des Wettbewerbsrechts im Internet

Die Grenzenlosigkeit des Internets bereitet in Bezug auf die Anwendbarkeit des Wettbewerbsrechts häufig Probleme. Hier wird nach dem Internationalen Privatrecht unterschieden in Handlungs- und Erfolgsort. Als **Handlungsorte** kommen die Orte in Frage, an denen Informationen ins Internet eingespeist werden oder die, an denen sie abgerufen werden. Der **Erfolgsort** zielt auf den Ort ab, wo wettbewerbsrechtliche Interessen kollidieren. Fallen die beiden Orte auseinander, kann der Verletzte das Recht wählen, das für ihn am günstigsten ist (Art. 40 EGBGB). Grundsätzlich gelten bei Verstößen gegen das Wettbewerbsrecht auch die Haftungsvorschriften des Telemediengesetzes.

Werbung, die gegen das Gebot der Trennung von redaktionellem Inhalt und Werbung verstößt, kann als wettbewerbswidrig angesehen werden. Für Bannerwerbung gilt dies in aller Regel nicht.

Das **Framing** kann wettbewerbsrechtlich Probleme bereiten. Wenn fremde Marken als Hyperlinks in ein eigenes Internetangebot aufgenommen werden, kann darin eine unzulässige Bezugnahme auf fremde Inhalte gesehen werden. Im Einzelfall kann dies gegen die Generalklausel § 3 UWG verstoßen.

Auch in der Verwendung sogenannter **„Meta-Tags"** ohne Zustimmung des Markeninhabers hat die Rechtsprechung in der Vergangenheit häufig Wettbewerbsverstöße gesehen. Meta-Tags sind Programmteile einer Webseite, die Informationen über eine Webseite enthalten. Sie werden im Kopf eines HTML-Dokumentes (also im sogenannten „HEAD-Element") einer Webseite notiert. Das HEAD-Element wird auf der Seite selbst nicht angezeigt, es dient vielmehr dazu, Definitionen und Anweisungen für Suchmaschinen und Browser zu speichern. Dies ist in etwa mit dem Barcode z.B. auf einer Lebensmittelpackung zu vergleichen, der ebenfalls alle wichtigen Informationen über den jeweiligen Artikel enthält. Meta-Tags beinhalten häufig bekannte Marken. Für den Nutzer der Homepage bleiben diese Meta-Tags also meist unsichtbar; Suchmaschinen dagegen können sie identifizieren. Diese Situation führt dazu, dass Meta-Tags missbraucht werden mit dem Ziel, die eigene Internetseite bei Suchmaschinen sehr weit vorn zu listen. Sofern die Inhaber der Marken, die als Meta-Tags verwendet werden, dieser Verwendung nicht zustimmen, kann darin ein Verstoß sowohl gegen das Wettbewerbs- als auch das Markenrecht gesehen werden.

Beispiel zu einer **Markenrechtsverletzung** durch einen **„Meta-Tag"** auf einer Internetseite

Der Fall[171]: Die Klägerin produziert und vertreibt u.a. Holzschutzmittel, Holzlasuren und Holzklarlacke, die sie unter der Bezeichnung „AIDOL" vertreibt. Die Beklagte vertreibt ebenfalls Holzschutzmittel, Holzschutzlasuren und Klarlacke und steht mit der Klägerin im Wettbewerb. Die Klägerin beanstandet die Verwendung der Bezeichnung „AIDOL" auf den Internetseiten der Beklagten als sogenannte Meta-Tags bzw. in der Benutzungsform „weiß auf Weiß-Schrift" auf den Internetseiten der Beklagten, auf denen diese ihre

---

[171] OLG Hamburg, Urt. v. 06.05.2004 - 3 U 34/02.

Produkte anbietet, als Markenverletzung. Die Klägerin ist Inhaberin der deutschen Wortmarke „AIDOL" Nr. oo, angemeldet am 17. September 1976 und eingetragen am 31. Oktober 1977 für Holzschutzmittel und Feuerschutzmittel, Holzschutzlasuren und Klarlacke.

Die Beklagte ist Inhaberin von Internet-Domains, auf deren Seiten sie u. a. Holzschutzmittel, Holzschutzlasuren und Klarlacke anbietet. Auf einigen dieser Seiten befanden sich Meta-Tags bzw. in „weiß auf Weiß-Schrift" mit der Bezeichnung „AIDOL", d.h. für den Leser der Internetseiten unsichtbar, aber les- und auffindbar für Suchmaschinen, und zwar auch auf Internet-Seiten, auf denen kein „AIDOL"-Produkt beworben worden ist.

Nach Auffassung des OLG Hamburg handelte es sich in diesem Fall um eine Phantasiebezeichnung ohne beschreibenden Inhalt. Werde die Bezeichnung „AIDOL" und damit die Marke benutzt, d.h. als Meta-Tag im HTML-Code oder in der Benutzungsform „weiß auf Weiß-Schrift" auf den Internetseiten der Beklagten, liege eine zeichenmäßige Benutzung vor.

Wenn unter einer zeichenmäßigen Benutzung verstehe man die Verwendung zur Kennzeichnung der betrieblichen Herkunft von Produkten aus immer nur einer Betriebsstätte. Werde die Bezeichnung „AIDOL" im geschäftlichen Verkehr für Holzschutzmittel, Holzschutzlasuren und/oder Klarlacke verwendet, so werde damit stets auf den Betrieb bzw. auf die Waren der Klägerin hingewiesen. Um eine beschreibende Funktion etwa nach Art einer Gattungsbezeichnung gehe es für die angesprochenen Verkehrskreise offensichtlich nicht.

Die Verwendung einer fremden Marke als Meta-Tag im HTML-Code oder in der Benutzungsform der „weiß auf weiß-Schrift" von Internetseiten sei daher eine unzulässige Markenbenutzung im Sinne der §§ 14 Abs. 2 Nr. 2, 15 Abs. 2 MarkenG, wenn die Bezeichnung als reines Phantasiewort ohne erkennbaren beschreibenden Inhalt gebildet sei und deswegen als „typische" Markenbezeichnung als Herkunftshinweis auf ein bestimmtes Unternehmen verstanden werde. Diese Form der unsichtbaren, aber für die Suchmaschinen lesbaren Markierung diene gerade dazu, über die „Trefferliste" auf die entsprechenden Internetseiten zu gelangen.

Bei der Klagemarke „AIDOL" handele es sich um eine typische Markenbezeichnung, die keinen beschreibenden Inhalt erkennen lasse. Diese Bezeichnung sei nur dazu geeignet, eine darunter angebotene Leistung von dem Angebot eines anderen Unternehmers zu unterscheiden und müsse daher vom Verkehr als Herkunftshinweis verstanden werden. Auch bei einer gesteigerten Trefferzahl nach Eingabe des Begriffs „AIDOL" als Suchwort in eine Suchmaschine werde der Suchmaschinen-Nutzer vernünftigerweise nur erwarten können, dort jeweils Angebote von „AIDOL"-Waren, d.h. von solchen aus dem Betrieb der Klägerin stammenden zu bekommen.

5.3 Gesetz gegen Wettbewerbsbeschränkungen, Kartellrecht

Das Gesetz gegen Wettbewerbsbeschränkungen (GWB) – auch Kartellgesetz genannt – bildet die Grundlage für die Prüfung von Unternehmenszusammenschlüssen. Es soll wettbewerbsbeschränkende Marktmächte verhindern. Wettbewerbsbeschränkende Marktmacht kann bspw. entstehen, wenn Unternehmen Absprachen treffen, die zu Wettbewerbsverzerrungen führen (z.b. Preisabsprachen) oder wenn sich Unternehmen unkontrolliert zusammenschließen.

5.3.1 Kartellverbot

§ 1 GWB enthält das sogenannte Kartellverbot. Kartelle sind Vereinbarungen zwischen Unternehmen, Beschlüsse von Unternehmensvereinigungen und aufeinander abgestimmte Verhaltensweisen, die den Wettbewerb verhindern, einschränken oder verfälschen können. Marktbeherrschende Stellungen dürfen gemäß § 19 Abs .1 GWB nicht ausgenutzt werden.

Als marktbeherrschend gilt ein Unternehmen, wenn es keine Wettbewerber hat oder jedenfalls keinem wesentlichen Wettbewerb ausgesetzt ist (§ 19 Abs. 2 Nr. 1 GWB). Außerdem wird eine marktbeherrschende Stellung vermutet, wenn ein Unternehmen einen Marktanteil von mindestens 30 % hat oder wenn Zusammenschlüsse aus drei oder mehr Unternehmen zusammen einen Marktanteil von 50 % erreichen (§ 19 Abs. 3 GWB).

Wer gegen Bestimmungen des Gesetzes gegen Wettbewerbsbeschränkungen verstößt, kann zivilrechtlich auf Unterlassung, Schadensersatz oder sogenannte Vorteilsabschöpfung in Anspruch genommen werden. Das bestimmen die §§ 33 ff. GWB.

Im Herbst 2007 hat im Zusammenhang mit dem Missbrauch einer marktbeherrschenden Stellung ein Urteil[172] des Europäischen Gerichts Erster Instanz für Aufsehen gesorgt: Der Software-Konzern Microsoft verlor eine Klage gegen die EU-Kommission und wurde zur Zahlung einer Kartellstrafe von 497 Millionen Euro sowie zur Einhaltung zahlreicher Wettbewerbsauflagen verurteilt.

Zum Hintergrund: Im Jahr 2004 hatte die EU-Kommission in Brüssel das Rekord-Bußgeld von knapp einer halben Milliarde Euro auferlegt. Zur Begründung hieß es damals, der Konzern nutze seine Monopolstellung bei Betriebs-

---

[172] WuW/ E EU-R 1307.

systemen aus und schade damit seinen Konkurrenten in Bezug auf Server-Software und Multimedia-Abspielprogramme. Es ging vorrangig um den Media-Player, der Musik und Videos aus dem Internet abspielt. Mit dem Einbau des Media-Players in das Betriebssystem Windows habe Microsoft Konkurrenzsoftware (z.b. RealPlayer) vom Markt vertrieben. (Windows ist weltweit auf ca. 95% der Personalcomputer installiert.) Microsoft hatte dagegen argumentiert, Windows lediglich kontinuierlich verbessert zu haben. Der US-Konzern sah in den Forderungen der EU-Kommission sein Urheberecht verletzt.

Die Luxemburger Richter stellten sich mit ihrem Urteil hinter die Auffassung der Brüsseler Wettbewerbshüter: Der Software-Riese muss demnach die Kartellstrafe der EU-Kommission in voller Höhe zahlen und einer unabhängigen Kontrollkommission Zugang zu seinem Betriebsgelände, zu seinen Beschäftigten und zu den Quellcodes der umstrittenen Softwareprodukte gewähren. Das Unternehmen darf selbst einen Vorschlag zur Einrichtung dieser Kommission machen. Der Expertengruppe müssen die Dokumentationen für den Zugang zu den Microsoft-Produkten vorgelegt werden. Damit soll erreicht werden, dass andere Wettbewerber interoperable Software entwickeln können – solche Programme also, die ohne Komplikationen auf Windows laufen. Das Gericht stellte damit fest, dass ein marktbeherrschendes Unternehmen seine Forschungsergebnisse in gewissem Umfang mit anderen teilen muss, um den Wettbewerb auf dem Markt zu gewährleisten. Microsoft hatte bis Mitte November 2007 Zeit, gegen das Urteil Berufung einzulegen. Bei Redaktionsschluss lag eine entsprechende Entscheidung noch nicht vor. Es konnte aber nach entsprechenden Andeutungen aus der Microsoft-Führung davon ausgegangen werden, dass der Konzern den Rechtsweg ausschöpfen würde. So wird sich voraussichtlich der Europäische Gerichtshof mit dem Rechtsstreit befassen.

5.3.2 Fusionskontrolle, Konzentrationskontrolle

Die Sicherung des Wettbewerbs und die Einhaltung der Konkurrentenvielfalt soll durch die Fusionskontrolle gemäß §§ 35 – 42 GWB gewährleistet werden. Sie erfolgt in zweit Stufen: In der ersten Stufe werden die sogenannten **Aufgreiftatbestände** geprüft. Dabei geht es bspw. darum, ob ein Unternehmen an einem anderen die Mehrheitsbeteiligung übernimmt. Auch Unternehmenskäufe und Nutzungsrechte können wettbewerbsrechtliche Aufgreiftatbestände darstellen. Es geht hier konkret um den Vermögenserwerb an einem Unternehmen (§ 37 GWB). Ebenfalls in der ersten Stufe werden bei der Fusionskontrolle sogenannte **Umsatzschwellen** geprüft. Gemäß § 35 Abs. 1, 2 GWB ist die Umsatzschwelle überschritten, wenn die betroffenen Unternehmen im Geschäftsjahr vor der Fusion gemeinsam weltweit Umsätze von mehr als 500 Millionen Euro erreicht haben. Darüber hinaus muss mindestens eines der beiden Unternehmen mehr als 25 Millionen Euro Umsatz in Deutschland erzielt haben. Von diesen Umsatzschwellen gibt es allerdings Ausnahmen bzw. Regelungen, die speziell für einzelne Branchen gelten.

Bei Printmedien und Rundfunk – hier spricht man von der Konzentrationskontrolle – ist gemäß § 38 Abs. 3 GWB für Verlage oder Rundfunkprogramme das Zwanzigfache der Umsatzerlöse in Ansatz zu bringen. Damit genügt im Bereich von Presse oder Rundfunkzusammenschlüssen bereits eine Umsatzschwelle von 5% des allgemeinen Wertes (5% von 500 Mio. Euro = 25 Mio. Euro), damit die Konzentrationskontrolle greift. Hintergrund der sogenannten Presserechenklausel in § 38 Abs. 3 GWB, die in den 1970er Jahren in Kraft trat: Die Zahl der Zeitungsverlage hatte in der Bundesrepublik in den Nachkriegsjahrzehnten immer weiter abgenommen, so dass regional Zeitungsmonopole entstanden. Dies sollte für die Zukunft verhindert werden. Gleiches gilt für den Rundfunk: Die Werbemärkte haben sich regional immer weiter verkleinert, so dass hier Kartellbildungen beobachtet wurden.

Hinsichtlich der Konzentrationskontrolle beim Rundfunk sind zudem die Bestimmungen des Rundfunkstaatsvertrages (§§ 26, 30 RStV) zu beachten. Hier ist bspw. geregelt, dass jede natürliche oder juristische Person bundesweit Fernsehprogramme veranstalten darf, wenn sie dabei keine vorherrschende Meinungsmacht erlangt. Von einer derartig vorherrschenden Meinungsmacht geht der Rundfunkstaatsvertrag dann aus, wenn die Programme, die einem Unternehmen zuzurechnen sind, im Jahresdurchschnitt einen Zuschaueranteil von 30 % erreichen. Die Konzentrationskontrolle nimmt die Kommission zur Ermittlung der Konzentration im Medienbereich (KEK) vor. Ihre Entscheidungen sind für die Landesmedienanstalten, die die Lizenzen für private Rundfunkprogramme vergeben, bindend. Sie müssen also dem Rundfunkveranstalter die Entscheidung der KEK hinsichtlich eines Zusammenschlusses der beteiligten Unternehmen mitteilen. Es handelt sich hierbei um einen Verwaltungsakt. Das bedeutet, dass sich die Betroffenen auf dem Verwaltungsrechtsweg dagegen wehren können.

Für alle anderen Zusammenschlüsse ist das Bundeskartellamt im Rahmen der sogenannten Fusionskontrolle zuständig. Gegen die Fusionskontrollentscheidungen des Bundeskartellamtes kann vor dem zuständigen OLG Düsseldorf Beschwerde eingereicht werden. Sofern eine Fusion angestrebt und vom Bundeskartellamt versagt wird, können die betroffenen Unternehmen auch eine Ministererlaubnis beantragen. Diese unterliegt ebenfalls der gerichtlichen Kontrolle.

Beispielhaft seinen einige Entscheidungen des Bundeskartellamtes zu **Zusammenschlüssen** aus der jüngeren Vergangenheit genannt:

Der Antrag auf Zusammenschluss von Air Berlin und LTU im Bereich Ferienflug wurde 2007 freigegeben. Für den Fernsehwerbemarkt, den Anzeigenmarkt und Straßenverkaufszeitungen hat das Bundeskartellamt 2006 die Fusion zwischen dem Axel Springer Verlag und der ProSiebenSat.1 Media untersagt. Der Zusammenschluss von RTL und n-tv auf dem Fernsehwerbemarkt wurde dagegen knapp drei Monate später freigegeben.

Zur **Ministererlaubnis** ebenfalls ein Beispiel, das vor einigen Jahren für monatelanges Aufsehen gesorgt hat: Der Energiekonzern E.ON AG hatte 2001 beim Bundeskartellamt die Mehrheitsübernahme bei der Ruhrgas AG angemeldet. Die Behörde lehnte diese ab. Daraufhin erhielt E.ON unter strengen Auflagen eine Erlaubnis des Bundeswirtschaftsministers. Diese wurde wiederum wegen Verfahrensfehlern vom OLG Düsseldorf aufgehoben, so dass die Fusion schließlich erst im Jahr 2003 auf Grundlage einer erneuten Ministererlaubnis zustande kam.

Beispiel: Die Untersagung der Fusion Springer/ProSieben-SAT.1 war rechtmäßig.

Die Untersagung des Zusammenschlusses zwischen der Axel Springer AG und den Fernsehsendern ProSieben/SAT.1 durch das Bundeskartellamt war rechtmäßig. Auf dem Fernsehwerbemarkt bestand im Zeitpunkt des Zusammenschlussvorhabens ein marktbeherrschendes Oligopol.

Der Fall[173]: Das Bundeskartellamt hatte Anfang 2006 Springer den Erwerb von Geschäftsanteilen an den Fernsehsendern ProSieben und SAT.1 untersagt; Springer hätte nach dem Erwerb über sämtliche Stammaktien an ProSieben und SAT.1 verfügt. Das Bundeskartellamt hatte die Untersagung u.a. damit begründet, dass bei Durchführung des Vorhabens eine beherrschende Stellung der am Zusammenschluss beteiligten Unternehmen auf dem bundesweiten Markt für die Bereitstellung von Werbezeiten in Fernsehprogrammen (Fernsehwerbemarkt) verstärkt worden wäre. Wenige Wochen nach der Untersagung hatten die am Zusammenschluss beteiligten Unternehmen erklärt, das Vorhaben nicht weiterverfolgen zu wollen.

Die gleichwohl von Springer eingelegte zunächst als unzulässig verworfene Beschwerde war vom Bundesgerichtshof in einem ersten Rechtsbeschwerdeverfahren für zulässig erachtet worden. Das Oberlandesgericht hat daraufhin den Antrag von Springer festzustellen, dass die Untersagungsverfügung des Bundeskartellamts rechtswidrig gewesen sei, als unbegründet zurückgewiesen.

---

[173] BGH, Beschl. v. 08.06.2010 - KVR 4/09.

Die vom Oberlandesgericht wiederum zugelassene Rechtsbeschwerde hatte keinen Erfolg. Der Bundesgerichtshof hat die Entscheidung des Oberlandesgerichts, dass die Untersagung des Zusammenschlusses rechtmäßig war, bestätigt:

Das Oberlandesgericht habe rechtsfehlerfrei festgestellt, dass auf dem Fernsehwerbemarkt im Zeitpunkt des Zusammenschlussvorhabens ein marktbeherrschendes Oligopol bestanden habe. Dieses Oligopol sei von den Sendergruppen einerseits Pro Sieben, SAT.1, Kabel 1 und N 24 sowie andererseits den zur Bertelsmann AG gehörenden Sendern RTL, VOX und n-tv gebildet worden und habe über einen gemeinsamen Marktanteil von über 80 % verfügt.

Die Prognose des Oberlandesgerichts, es sei zu erwarten gewesen, dass durch den beabsichtigten Zusammenschluss von Springer und Pro Sieben/SAT 1 die marktbeherrschende Stellung dieses Oligopols auf dem Fernsehwerbemarkt verstärkt worden wäre, halte der rechtlichen Nachprüfung stand.

Das Landgericht Hamburg befasste sich unter kartellrechtlichen Gesichtspunkten in drei Urteilen mit einem Anspruch auf Aufnahme in das Google AdWords-Programm.

Die Fälle[174]:Geklagt hatten jeweils Usenet-Provider, deren Anzeigen abgelehnt worden waren und die ganz vom Programm ausgeschlossen wurden. Das Gericht entschied dazu, dass ein Anspruch wegen unbilliger Behinderung gem. § 20 GWB nicht bestehe, da Google ein Interesse daran habe, nicht für Urheberrechtsverstöße in eine Mithaftung zu geraten. Eine unbillige Behinderung der Antragstellerin im Verhältnis zu Wettbewerbern sei „nicht überwiegend wahrscheinlich" (§§ 33 Abs. 1, 20 Abs. 1 GWB).

Nach § 20 Abs. 1 GWB ist es Unternehmen mit gegenüber kleinen und mittleren Wettbewerbern überlegener Marktmacht untersagt, ihre Marktmacht dazu auszunutzen, solche Wettbewerber unmittelbar oder mittelbar unbillig zu behindern oder gegenüber gleichartigen Unternehmen ohne sachlich gerechtfertigtem Grund unmittelbar oder mittelbar unterschiedlich zu behandeln. Eine Behinderung im Sinne des § 20 Abs. 1 GWB verlangt lediglich eine für das Wettbewerbsverhalten des betroffene Unternehmen nachteilige Maßnahme, dass mithin das betroffene Unternehmen in seinen wettbewerblichen Betätigungsmöglichkeiten eingeschränkt wird, gleichgültig ob dabei wettbewerbsfremde oder in sonstiger Weise anfechtbare Mittel angewendet werden

---

[174] LG Hamburg, Urt. v. 13.12.2007 - 315 O 553/07; LG Hamburg, Urt. v. 04.02.2008 - 315 O 870/07; LG Hamburg, Urt. v. 06.03.2008 - 315 O 906/07.

Ob die Behinderung unbillig ist bzw. ohne sachlich gerechtfertigten Grund erfolgt, ist durch eine umfassende Interessenabwägung unter Berücksichtigung der auf die Freiheit des Wettbewerbs gerichteten Zielsetzung des GWB festzustellen

Nach § 19 Abs. 4 Nr. 1 GWB ist die missbräuchliche Ausnutzung einer marktbeherrschenden Stellung verboten, insbesondere wenn ein marktbeherrschendes Unternehmen die Wettbewerbsmöglichkeiten anderer Unternehmen in einer für den Wettbewerb auf den Markt erheblichen Weise ohne sachlich gerechtfertigten Grund beeinträchtigt.

Eine Beeinträchtigung der Wettbewerbsmöglichkeiten anderer Unternehmen liegt nicht schon bei jeder für ein Unternehmen wettbewerblich nachteiligen Maßnahme vor; der missbräuchliche Charakter ergibt sich erst aus den Fehlen einer sachlichen Rechtfertigung. Dabei ist das Merkmal des sachlich gerechtfertigten Grundes durch eine Interessenabwägung unter Berücksichtigung der Interessen des Marktbeherrschers und des behinderten Unternehmens sowie der Ziele des Gesetzes, nämlich der Aufrechterhaltung freien Wettbewerbs, auszulegen.

Zwar mag die Antragstellerin die Antragsgegnerin durch die Ablehnung der Schaltung von AdWords-Werbung behindert haben. Unter der Behinderung eines anderen Unternehmens i. S. d. § 20 Abs. 1 GWB ist in einem rein objektiven Sinne jede Beeinträchtigung seiner Betätigungsmöglichkeiten im Wettbewerb zu verstehen, gleichgültig, ob dabei „wettbewerbsfremde" oder in sonstiger Weise anfechtbare Mittel angewendet werden.

Eine solche tatsächliche Beeinträchtigung der Betätigungsmöglichkeiten im Wettbewerb ist anzunehmen, weil der Suchmaschine der Antragsgegnerin zweifellos eine bedeutende Rolle zukommt und damit die kontextbezogene Werbung im Zusammenhang mit der Eingabe von Suchbegriffen in der Suchmaschine eine erhebliche Attraktivität gegenüber anderen Formen der Online-Werbung zukommt.

Ob der Behinderungen eines anderen Unternehmens im Wettbewerb unbillig ist, beurteilt sich nach dem einheitlichen Maßstab der Abwägung der Interessen der Beteiligten unter Berücksichtigung der auf die Freiheit des Wettbewerbs gerichteten Zielsetzung des GWB.

Der Kreis der abwägungsfähigen Interessen ist grundsätzlich enger zu ziehen, da § 20 Abs. 1 GWB nur das Interesse betroffener Unternehmen schützt, in ihren wettbewerblichen Betätigungsmöglichkeiten nicht durch machtbedingtes Verhalten von Normadressaten dieser Vorschrift beeinträchtigt zu werden.

Dazu gehört in erster Linie das Interesse an der Freiheit des Marktzugangs, ferner das Interesse, bei offenem Marktzugang nicht durch Beeinträchtigung der Chancengleichheit in der wettbewerblichen Betätigung auf dem Markt im Verhältnis zu anderen Unternehmen benachteiligt zu werden.

6. Datenschutz, Jugendschutz und allgemeine Strafvorschriften

6.1 Überblick

Neben den speziellen Mediengesetzen und den anderen bereits erläuterten Regelungen müssen in den Medien Tätige auch die Vorschriften des Jugend- und des Datenschutzes beachten. Außerdem greifen unter Umständen allgemeine Strafvorschriften, die Sie kennen sollten. Einige Bestimmungen dieser drei Rechtsgebiete wurden, wo sie für das Verständnis des Gesamtzusammenhanges von Bedeutung waren, in den voran gegangenen Kapiteln bereits erläutert. Hier soll ein Überblick über weitere Bestimmungen, die in der Praxis bedeutsam sein können, gegeben werden. Insbesondere wird Wert darauf gelegt, den Schutzzweck der Gesetze zu erläutern.

6.2 Datenschutz

Der **Datenschutz** ist grundlegend geregelt im Bundesdatenschutzgesetz (BDSG) und in den Datenschutzgesetzen der Länder. Diese Regelwerke beinhalten allgemeine Datenschutzbestimmungen, die immer dann Wirkung entfalten, wenn keine speziellen Regelungen greifen.

Zu beachten ist, dass solche speziellen Bestimmungen für zahlreiche Rechtsgebiete gelten. Sie finden sich bspw. in Art. 10 GG (Brief-, Post- und Fernmeldegeheimnis), im Telemediengesetz oder im Rundfunkstaatsvertrag. Weitere Spezialregelungen sind das Bankgeheimnis und das Steuergeheimnis. Spezielle Regelungen gehen den allgemeinen Bestimmungen der Datenschutzgesetze vor, sie können aber auch neben ihnen bestehen.

Die Datenschutzgesetze schützen die Persönlichkeit des Einzelnen vor Zugriffen des Staates oder Dritter im Zusammenhang mit der Datenverarbeitung. Hier handelt es sich also um eine Konkretisierung des allgemeinen Persönlichkeitsrechts. Die Gesetze enthalten vor allem Vorschriften über zulässige Datenerhebung und Datenspeicherung sowie über die Löschung. Grundsätzlich gilt: Es sollen möglichst wenig Daten zusammengefasst gespeichert werden, um Eingriffe in das Persönlichkeitsrecht zu vermeiden. Den sogenannten „gläsernen Bürger" soll es demnach nicht geben.

6.2.1 Notwendigkeit und Inhalt der Datenschutzbestimmungen

In der heutigen Informationsgesellschaft kann die Mehrzahl der geschäftlichen Prozesse nicht mehr abgewickelt werden, ohne personenbezogene Daten zu erheben und zu verarbeiten. Allein bei einem unkomplizierten Kaufgeschäft im Internet muss der Kunde seinen Namen, seine Anschrift, seinen Wohnort sowie gegebenenfalls seine Bankverbindung oder die Daten seiner Kreditkarte preisgeben. Darüber hinaus werden personenbezogene Daten immer häufiger für Marketingzwecke erhoben (z.b. Rabattsysteme, Kundenkarten).

Selbstverständlich kommt auch die betriebliche Praxis nicht mehr ohne die systematische Verarbeitung personenbezogener Daten aus: Personalabteilungen erheben und speichern Daten zu den einzelnen Mitarbeitern und nutzen diese bspw. für die Personalbedarfsplanung. Es ließen sich zahlreiche weitere Beispiele nennen.

Der technische Fortschritt hat dazu beigetragen, dass der direkte Zugriff auf personenbezogene Daten heute leichter ist denn je. Kunden, Arbeitnehmer oder andere Beteiligte an Wirtschaftsprozessen können kaum verhindern, dass ihre Daten zu bestimmten Zwecken erhoben und gegebenenfalls gespeichert werden. Sie sollen jedoch Einfluss darauf nehmen können, welche Daten erfasst und verarbeitet werden. Das Bundesdatenschutzgesetz gibt – wie erwähnt – als Leitlinie vor, dass das Persönlichkeitsrecht nicht verletzt werden darf.

Als Teil des Persönlichkeitsrechts hat das Bundesverfassungsgericht 1985 in seinem sogenannten Volkszählungsurteil[175] das **Recht auf informationelle Selbstbestimmung** entwickelt. Demnach gehören personenbezogene Daten zur Individualsphäre des Einzelnen und dürfen ohne Einwilligung des Betroffenen nicht veröffentlich werden und auch sonst keinen Beeinträchtigungen unterliegen.

6.2.2 Anwendung des Bundesdatenschutzgesetzes

Zweck des Bundesdatenschutzgesetzes ist es, den Einzelnen davor zu schützen, dass er durch den Umgang mit seinen personenbezogenen Daten in seinem Persönlichkeitsrecht beeinträchtigt wird (§ 1 Abs. 1 BDSG).

Aus § 1 Abs. 2 BDSG ergibt sich, dass die Datenschutzbestimmungen nicht nur für staatliche Einrichtungen (öffentliche Stellen des Bundes oder der Länder) gelten, sondern auch für die Privatwirtschaft (nicht-öffentliche Stellen).

Die Unterscheidung ist dennoch von Bedeutung: Das Bundesdatenschutzgesetz entfaltet seine Wirkung gemäß § 1 Abs. 2 Nr. 1, 2 BDSG bei jeglicher Erhebung, Verarbeitung und Nutzung personenbezogener Daten durch öffentliche Stellen. Öffentliche Stellen des Bundes sind nach § 2 Abs. 1 BDSG die Behörden, die Organe der Rechtspflege und andere öffentlich-rechtlich or-

---

[175] BVerfG, Urt. v. 15.12.1983 - 1 BvR 209, 269, 362, 420, 440, 484.

ganisierte Einrichtungen des Bundes, der bundesunmittelbaren Körperschaften, Anstalten und Stiftungen des öffentlichen Rechts sowie deren Vereinigungen ungeachtet ihrer Rechtsform. Öffentliche Stellen der Länder sind nach § 2 Abs. 2 BDSG die Behörden, die Organe der Rechtspflege und andere öffentlich-rechtlich organisierte Einrichtungen eines Landes, einer Gemeinde, eines Gemeindeverbandes und sonstiger der Aufsicht des Landes unterstehender juristischer Personen des öffentlichen Rechts sowie deren Vereinigungen ungeachtet ihrer Rechtsform.

Auf die Erhebung, Verarbeitung und Nutzung personenbezogener Daten durch nicht öffentliche Stellen findet das Gesetz dagegen gemäß § 1 Abs. 2 Nr. 3 BDSG nur Anwendung, wenn sogenannte **Datenverarbeitungsanlagen** eingesetzt werden. Dabei handelt es sich per Definition um elektronische Systeme, die aus einer Zentraleinheit und peripheren Geräten bestehen und Datenverarbeitung durch Annahme, Speicherung, Verarbeitung und Abgabe selbständig durchführen (Computer).

§§ 12 ff. BDSG enthalten Bestimmungen zum Datenschutz bei Daten, die durch öffentliche Stellen erhoben werden. In den §§ 27 ff. BDSG wird die Datenverarbeitung durch nicht-öffentliche Stellen und durch öffentlich-rechtliche Unternehmen, die am Wettbewerb teilnehmen, geregelt.

§ 3 Abs. 1 BDSG definiert schutzwürdige personenbezogene Daten als Einzelangaben über persönliche oder sachliche Verhältnisse des Betroffenen. Das betrifft Daten wie

- sein Alter,
- seine Privatanschrift,
- seine E-Mail-Adressen,
- seinen Familienstand,
- seine Gesundheitszustand
- Einkommens- und Vermögensverhältnisse,
- Glaubensbekenntnisse,
- die Mitgliedschaft in Vereinen, ferner
- Angaben zu persönlichen Lebensumständen und zur
- Freizeitgestaltung sowie
- Angaben über sein sexuelles Verhalten.

Automatisierte Verarbeitung

Automatisierte Verarbeitung ist gemäß § 3 Abs. 2 BDSG die Erhebung, Verarbeitung oder Nutzung personenbezogener Daten unter Einsatz von Datenverarbeitungsanlagen.

§ 3 a BDSG bestimmt den sogenannten **Grundsatz der Erforderlichkeit (Datenvermeidung und Datensparsamkeit)**. Demnach dürfen keine oder nur so wenig wie möglich personenbezogene Daten erhoben, verarbeitet oder genutzt werden. Wer Datenverarbeitungssysteme aufbaut oder unterhält, insbesondere ist von den Möglichkeiten der Anonymisierung oder Pseudonymisierung Gebrauch zu machen, soweit der Aufwand in einem angemessenen Verhältnis zu dem angestrebten Schutzzweck steht.

§ 4 BDSG enthält das sogenannte **Verbot der Datenerhebung, Datenverarbeitung und Datennutzung mit Erlaubnisvorbehalt**. Damit ist gemeint, dass personenbezogene Daten ausschließlich dann erhoben, verarbeitet und genutzt werden dürfen, wenn entweder das Gesetz dies erlaubt oder der Betroffene einwilligt.

Ferner bestimmt § 4 Abs. 2 BDSG, dass personenbezogene Daten grundsätzlich **beim Betroffenen selbst** zu erheben sind. In § 4 Abs. 2 Nr. 1, 2 BDSG sind Ausnahmen von diesem Grundsatz geregelt:

Danach ist die Mitwirkung des Betroffenen entbehrlich, wenn eine Rechtsvorschrift dies erlaubt oder anordnet, wenn die zu erfüllende Verwaltungsaufgabe die Datenerhebung bei anderen Personen/Stellen erfordert oder wenn die Erhebung bei dem Betroffenen unverhältnismäßig aufwendig ist und keine schutzwürdigen Interessen des Betroffenen beeinträchtigt werden.

Gemäß § 4 Abs. 3 BDSG muss die Stelle, die personenbezogene Daten erhebt, den Betroffenen informieren über ihre Identität, ferner über die Zweckbestimmung der Erhebung, Verarbeitung und Nutzung und über die Empfänger, soweit der Betroffene nicht damit rechnen muss, dass seine Daten an diese übermittelt werden. Der Betroffene muss auf die Freiwilligkeit der Angaben hingewiesen werden oder – sofern ihn eine Auskunftspflicht trifft – auf diese aufmerksam gemacht werden.

§ 4 a BDSG bestimmt, dass die Erhebung personenbezogener Daten darüber hinaus zulässig ist, wenn der Betroffene **eingewilligt** hat. An diese sogenannte informierte Einwilligung werden strenge Voraussetzungen geknüpft: Sie ist gemäß § 4 a Abs. 1 BDSG **nur wirksam, wenn sie auf der freien Entscheidung des Betroffenen** beruht. Voraussetzung ist, dass er auf den Zweck der Erhebung, Verarbeitung und Nutzung der Daten sowie auf die

Folgen der Verweigerung der Einwilligung hingewiesen wurde. Der Zweck muss also von vornherein feststehen. Des weiteren bedarf die Einwilligung der Schriftform, wenn nicht wegen besonderer Umstände eine andere Form angemessen ist. Gerade im Internet dürfen die Voraussetzungen der Einwilligung häufig nicht erfüllt sein, da Daten durch einen einzigen Mausklick weitergeleitet werden können.

In seinem „Payback-Urteil" hat der der Bundesgerichtshof wichtige Regeln im Zusammenhang mit der **Einholung formularmäßiger datenschutzrechtlicher Einwilligungserklärungen** aufgestellt.

Der Fall[176]: Der Kläger ist der Bundesverband der Verbraucherzentralen und Verbraucherverbände. Der Beklagte unterhält das Kundenbindungs- und Rabattsystem **„Payback"**. Der Kläger nimmt den Beklagten im Wesentlichen auf Unterlassung der Verwendung dreier Klauseln in Anspruch, die dieser in Papierformularen verwendet, mit denen sich Verbraucher zur Teilnahme am Rabattprogramm anmelden können.

Mit seinem Urteil hat der Bundesgerichtshof eine vom Beklagten verwendete Klausel, die die Einwilligung in die Speicherung und Nutzung von Daten für die Zusendung von Werbung per Post, E-Mail und SMS betrifft, für unwirksam erklärt, soweit sie E-Mail und SMS betrifft (§ 307 Abs. 1 Satz 1, Abs. 2 Nr. 1 BGB).

Eine Klausel, wonach die Angabe des Geburtsdatums für die Teilnahme am „Payback"-Programm benötigt werde, sowie eine Formularbestimmung, die die Meldung der Rabattdaten für die Verwaltung und Auszahlung der Rabatte zum Gegenstand hat, hat der Bundesgerichtshof nicht beanstandet, weil sie keine von Rechtsvorschriften abweichenden Regelungen enthalten (§ 307 Abs. 3 Satz 1 BGB).

Die mit „Einwilligung in Werbung und Markforschung" überschriebene Einwilligungsklausel lautet:

„Mit meiner Unterschrift erkläre ich mich einverstanden, dass die von mir oben angegebenen Daten sowie die Rabattdaten (Waren/Dienstleistungen, Preis, Rabattbetrag, Ort und Datum des Vorgangs) für an mich gerichtete Werbung (z.B. Informationen über Sonderangebote, Rabattaktionen) per Post und mittels ggfs. von mir beantragter Services (SMS oder E-Mail-Newsletter) sowie zu Zwecken der Marktforschung ausschließlich von der L. Partner GmbH und den Partnerunternehmen gemäß Nummer 2 der beiliegenden Hinweise zum Datenschutz gespeichert und genutzt werden. ...

[ ] Hier ankreuzen, falls die Einwilligung nicht erteilt wird..."

---

[176] BGH, Urt. v.16.07.2008 - VIII ZR 348/06.

Die verwendete Klausel unterscheidet zwischen Werbung per Post, E-Mail und SMS. Im Hinblick auf die Einwilligung in die Speicherung und Nutzung von Daten für die Zusendung von Werbung per Post war die Bestimmung an den §§ 4 Abs. 1, 4a Abs. 1 des Bundesdatenschutzgesetzes (BDSG) zu messen, die besondere Voraussetzungen für die Zulässigkeit der Datenerhebung, -verarbeitung und -nutzung aufstellen. Der Bundesgerichtshof hat entschieden, dass die Einwilligungsklausel unter diesem Gesichtspunkt nicht zu beanstanden ist.

Aus § 4 a BDSG ergibt sich insbesondere nicht, dass die Einwilligung nur dann wirksam sein soll, wenn sie in der Weise „aktiv" erklärt wird, dass der Verbraucher eine gesonderte Einwilligungserklärung unterzeichnen oder ein für die Erteilung der Einwilligung vorzusehendes Kästchen ankreuzen muss („Opt-in"-Erklärung). Vielmehr folgt aus § 4 a Abs. 1 Satz 4 BDSG, dass die Einwilligung auch zusammen mit anderen Erklärungen schriftlich erteilt werden kann, sofern sie – wie hier – besonders hervorgehoben wird.

Dagegen ist die hier verwendete Einwilligungsklausel unwirksam, soweit sie sich auf die Einwilligung in die vom Beklagten erstrebte Datennutzung für Werbung durch E-Mail oder SMS bezieht. Insoweit greift zusätzlich das Gesetz gegen den unlauteren Wettbewerb (UWG) ein. Nach § 7 Abs. 2 Nr. 3 UWG stellt unter anderem Werbung unter Verwendung elektronischer Post (E-Mail und SMS) eine unzumutbare Belästigung dar, sofern keine Einwilligung des Adressaten vorliegt.

Der Bundesgerichtshof hat ferner entschieden, dass Einwilligungsklauseln, die so gestaltet sind, dass der Kunde tätig werden und ein Kästchen ankreuzen muss, wenn er seine Einwilligung in die Zusendung von Werbung unter Verwendung von elektronischer Post nicht erteilen will („Opt-out"-Erklärung), mit dieser Vorschrift nicht vereinbar sind. § 7 Abs. 2 Nr. 3 UWG verlangt, dass die Einwilligung durch eine gesonderte Erklärung erteilt wird („Opt-in"-Erklärung).

Das Erfordernis einer gesonderten Erklärung ergibt sich aus der EG-Datenschutzrichtlinie für elektronische Kommunikation (2002/58/EG), die der deutsche Gesetzgeber mit der Regelung des § 7 UWG umsetzen wollte. Nach dieser Richtlinie kann die Einwilligung in jeder geeigneten Weise gegeben werden, durch die der Wunsch des Nutzers in einer „spezifischen Angabe" zum Ausdruck kommt. Diese Formulierung macht deutlich, dass eine gesonderte, nur auf die Einwilligung in die Zusendung von Werbung mittels elektronischer Post bezogene Zustimmungserklärung des Betroffenen erforderlich ist. Eine solche Erklärung ist nicht schon in der Unterschrift zu sehen, mit der der Kunde das auf Rabattgewährung gerichtete Vertragsangebot annimmt.

Eine gesonderte Einwilligungserklärung sieht das von dem Beklagten verwendete Anmeldeformular nicht vor. Der Verbraucher kann in dem Formular zwar seine E-Mail-Adresse oder Mobilfunknummer angeben. Damit willigt er nach der Formulargestaltung aber nur in die elektronische Information über „Extra-Punktechancen, Top-Aktionen und Neuigkeiten zu Payback ..." ein, nicht aber in die Zusendung von Werbung jeglicher Art durch elektronische Post.

2. Die zweite Klausel sieht vor:

„Wenn Sie am Payback Programm teilnehmen, werden... Ihr Geburtsdatum... benötigt ..."

Der Bundesgerichtshof hat entschieden, dass diese Bestimmung gemäß § 307 Abs. 3 Satz 1 BGB nicht der Inhaltskontrolle unterliegt. Die Angabe des Geburtsdatums dient der Zweckbestimmung des Vertrags des Beklagten mit dem Verbraucher (§ 28 Abs. 1 Satz 1 Nr. 1 Alt. 1 BDSG). Schon angesichts der Vielzahl der Teilnehmer am Payback-Programm gehört eine praktikable und gleichzeitig sichere Methode der Identifizierung der Programmteilnehmer zu den Vertragszwecken. Die Angabe des vollständigen Geburtsdatums ist bei einem Bonusprogramm, welches nach den Feststellungen des Berufungsgerichts rund dreißig Millionen Teilnehmer hat, zur Vermeidung von Identitätsverwechslungen in besonderer Weise geeignet.

3. Die dritte Klausel, die Gegenstand des Revisionsverfahrens war, lautet:

„Setzen Sie Ihre Payback-Karte bei einem Partnerunternehmen ein, so meldet dieses die Rabattdaten (Waren/Dienstleistungen ...) an L. Partner zur Gutschrift, Abrechnung gegenüber den Partnerunternehmen, Verwaltung und Auszahlung der Rabatte."

Der Bundesgerichtshof hat bestätigt, dass auch diese Formularbestimmung nicht der Inhaltskontrolle unterliegt (§ 307 Abs. 3 Satz 1 BGB). Die Mitteilung der Rabattdaten durch das Partnerunternehmen dient, auch soweit es um eine Mitteilung der von den Teilnehmern unter Einsatz der Payback-Karte erworbenen Waren und Dienstleistungen geht, ebenfalls der Zweckbestimmung des Vertragsverhältnisses des Beklagten mit den Teilnehmern des Rabattsystems (§ 28 Abs. 1 Satz 1 Nr. 1 Alt. 1 BDSG).

Die dem Bonusprogramm angeschlossenen Partnerunternehmen können von einer Vielzahl unterschiedlicher Rabattierungsmöglichkeiten Gebrauch machen, die speziell von der jeweiligen Ware bzw. Dienstleistung abhängen können. Angesichts dessen bedarf der Beklagte der Kenntnis der vom Kunden bei dem Partnerunternehmen erworbenen Waren bzw. in Anspruch genommenen Dienstleistungen, um den Kunden über deren Punktestand vollständig, richtig, verständlich und nachprüfbar Auskunft geben zu können.

Die Rechtsprechung zur Wirksamkeit einer formularmäßigen Einwilligung in die Datenspeicherung und Datennutzung für die Zusendung von Werbung per Post wurde vom Bundesgerichtshof im Fall „**HappyDigits**" fortgeführt.

Der Fall[177]: Der Kläger ist der Bundesverband der Verbraucherzentralen und Verbraucherverbände. Die Beklagte organisiert und betreibt das Kundenbindungs- und Rabattsystem „HappyDigits". Der Kläger nimmt die Beklagte auf Unterlassung der Verwendung von Klauseln in Anspruch, die diese in ihren Anmeldeformularen verwendet. Im Revisionsverfahren hatte der Bundesgerichtshof über die Wirksamkeit zweier Klauseln zu entscheiden. Die erste, in der Mitte des Formulars platzierte und zusätzlich umrandete Klausel, deren Verwendung das Berufungsgericht untersagt hat, lautet:

> „Einwilligung in Beratung, Information (Werbung) und Marketing
>
> Ich bin damit einverstanden, dass meine bei HappyDigits erhobenen persönlichen Daten (Name, Anschrift, Geburtsdatum) und meine Programmdaten (Anzahl gesammelte Digits und deren Verwendung; Art der gekauften Waren und Dienstleistungen; freiwillige Angaben) von der D GmbH [...] als Betreiberin des HappyDigits Programms und ihren Partnerunternehmen zu Marktforschungs- und schriftlichen Beratungs- und Informationszwecken (Werbung) über Produkte und Dienstleistungen der jeweiligen Partnerunternehmen gespeichert, verarbeitet und genutzt werden.
>
> [...] Sind Sie nicht einverstanden, streichen Sie die Klausel [...]"

Der Bundesgerichtshof hat entschieden, dass die Klausel wirksam ist. Sie betrifft allein die Einwilligung in die Speicherung, Verarbeitung und Nutzung von Daten für die Zusendung von Werbung per Post sowie zu Zwecken der Marktforschung.

Die Vorschriften des Bundesdatenschutzgesetzes bilden insoweit den alleinigen Prüfungsmaßstab für die Frage, ob durch eine solche Einwilligung Regelungen vereinbart worden sind, die im Sinne von § 307 Abs. 3 Satz 1 BGB von Rechtsvorschriften abweichen oder diese ergänzen.

Unter dem Gesichtspunkt datenschutzrechtlicher Bestimmungen ist die Klausel nicht zu beanstanden. Danach kann die Einwilligung in die Speicherung, Verarbeitung und Nutzung von Daten zusammen mit anderen Erklärungen schriftlich erteilt werden, sofern sie – wie hier – besonders hervorgehoben wird. Zwar sieht die Klausel – im Gegensatz zu der Klausel, die Gegenstand der „Payback"-Entscheidung vom 16. Juli 2008 war – nicht die Möglichkeit vor, zu ihrer Abwahl ein zusätzliches Kästchen anzukreuzen, sondern weist fettgedruckt auf die Möglichkeit zur Streichung der Klausel

---

[177] BGH, Urt.v. 11.11.2009 - VIII ZR 12/08.

hin. Die Möglichkeit zur Abwahl durch Ankreuzen ist aber nicht zwingend, wenn die Klausel eine andere Abwahlmöglichkeit enthält und dem Hervorhebungserfordernis des § 4 a Abs. 1 BDSG gerecht wird. Das ist hier der Fall. Die Klausel 1 ist in der Mitte des eine Druckseite umfassenden Formulars platziert und als einziger Absatz der Seite mit einer zusätzlichen Umrahmung versehen, so dass sie schon deshalb Aufmerksamkeit auf sich zieht. Der fettgedruckten Überschrift lässt sich schon aufgrund des verwendeten Worts „Einwilligung" unmittelbar entnehmen, dass sie ein rechtlich relevantes Einverständnis des Verbrauchers mit Werbungs- und Marketingmaßnahmen enthält, die – was einem durchschnittlich verständigen Verbraucher bekannt ist – in aller Regel mit einer Speicherung und Nutzung von Daten einhergehen. Es ist auch von einem flüchtigen, aber durchschnittlich verständigen Verbraucher zu erwarten, dass er den Umstand der Einwilligung und die Abwahlmöglichkeit zur Kenntnis nimmt.

Nach § 28 Abs. 3 Satz 1 BDSG ist die Verarbeitung oder Nutzung personenbezogener Daten für Zwecke des Adresshandels oder der Werbung zulässig, soweit der Betroffene eingewilligt hat. Soll die Einwilligung zusammen mit anderen Erklärungen schriftlich erteilt werden, ist sie nach § 28 Abs. 3a Satz 2 BDSG in drucktechnisch deutlicher Gestaltung besonders hervorzuheben. Die in der Regelung enthaltenen Anforderungen sollen denen entsprechen, die der Bundesgerichtshof an die Hervorhebung der Einwilligungserklärung gestellt hat.

Eine „opt-out"-Regelung, also eine Erklärung, bei welcher der Verbraucher eine bereits vorformulierte Einwilligung wieder streicht, ist zur Erteilung der Einwilligung in die Verarbeitung und Nutzung personenbezogener Daten für Zwecke der Werbung per Post somit zulässig.

Diese Regelungen gelten auch für die geschäftsmäßige Datenerhebung und Speicherung zum Zwecke der Übermittlung (§ 29 Abs. 1 Satz 2 BDSG) und für die Übermittlung im Rahmen dieser Zwecke (§ 29 Abs. 2 Satz 2 BDSG), nicht aber für Zwecke der Markt- oder Meinungsforschung.

Eine darüber hinausgehende Einwilligung in die Verwendung solcher Daten für Werbung im Wege elektronischer Post (SMS, E-Mail), die nach § 7 Abs. 2 Nr. 3 UWG wirksam nur durch eine gesondert abzugebende Erklärung („opt-in") erteilt werden kann, ist nicht Gegenstand der von der Beklagten verwendeten Klausel.

Die zweite, vor der Unterschriftenzeile platzierte Klausel lautet:

„Die Teilnahme an HappyDigits erfolgt auf Grundlage der Allgemeinen Teilnahmebedingungen, die Sie mit Ihrer Karte erhalten und die Sie dann mit Ihrer ersten Aktivität, z.B. Sammeln, anerkennen."

Der Bundesgerichtshof hat entschieden, dass diese Klausel unwirksam ist (§ 307 Abs. 2 Nr. 1 in Verbindung mit § 305 Abs. 2, § 308 Nr. 5 BGB): Sie soll die Einbeziehung der von der Beklagten verwendeten Allgemeinen Teilnahmebedingungen in die zu schließenden Verträge bewirken, ohne dass die dafür erforderlichen Voraussetzungen eingehalten sind (§ 305 Abs. 2 BGB). Voraussetzung für die wirksame Einbeziehung ist unter anderem, dass der Verwender der anderen Vertragspartei bei Vertragsabschluss die Möglichkeit verschafft, in zumutbarer Weise von dem Inhalt Allgemeiner Geschäftsbedingungen Kenntnis zu nehmen (§ 305 Abs. 2 Nr. 2 BGB). Die Klausel geht aber davon aus, dass die Allgemeinen Teilnahmebedingungen den Teilnehmern bei Abgabe des Teilnahmeantrags nicht vorliegen, sondern erst später mit der Karte übersandt werden. In den somit ohne Einbeziehung der Allgemeinen Teilnahmebedingungen zustande gekommenen Vertrag sollen diese sodann nachträglich dadurch einbezogen werden, dass das Einverständnis der Teilnehmer mit der darin liegenden Vertragsänderung durch die erste Verwendung der Karte unter Verstoß gegen § 308 Nr. 5 BGB fingiert wird. Darin liegt eine unangemessene Benachteiligung der Verbraucher.

Eine wirksame **Einwilligung in Telefonanrufe mittels einer Gewinnspielkarte** ist nur dann möglich, wenn die Zustimmungshandlung allein abgefragt wird, ohne weitere Zusätze.

Der Fall[178]: Die Zeitschrift „BILD der Frau" veranstaltete ein Preisausschreiben. Für die Teilnahme vom Gewinnspiel war der Zeitung eine an den Verlag adressierte Gewinnspielkarte beigefügt.

Der Teilnehmer musste auf Leerzeilen seinen Namen, seine Anschrift und seine Telefonnummer eintragen. Unter der Leerzeile für die Telefonnummer befand sich der Hinweis:

> „Tel. (z.B. zur Gewinnbenachrichtigung u. für weitere interessante telef. Angebote (...)"

Der Verlag rief wenig später an und teilte dem Teilnehmer unter Hinweis auf das Gewinnspiel mit, dass er demnächst per Post einen Gutschein zugesandt bekomme. Im Anschluss bot der Verlag dem Teilnehmer an, die Zeitschrift „BILD der Frau" zu einem Vorzugspreis zu beziehen.

Der BGH stufte den Anruf als unerlaubten Telefonanruf ein: Die Einwilligungserklärung auf der Gewinnspielkarte erfülle nicht die gesetzlichen Voraussetzungen. Eine wirksame Einwilligung in Telefonanrufe sei nur dann möglich, wenn die Zustimmungshandlung allein abgefragt werde, ohne weitere Zusätze. Dies sei nicht gegeben. Denn die Einwilligungserklärung um-

---

[178] BGH, Urt. v. 14.04.2011 - I ZR 38/10.

fasse nicht nur die Berechtigung in weitere interessante telefonische Angebote, sondern zugleich auch die Erlaubnis, die Gewinnbenachrichtigung per Telefon mitzuteilen.

§ 4 d BDSG bestimmt zur **Meldepflicht**, dass Verfahren automatisierter Verarbeitungen vor ihrer Inbetriebnahme von nicht-öffentlichen verantwortlichen Stellen der zuständigen Aufsichtsbehörde und von öffentlichen verantwortlichen Stellen des Bundes sowie von den Post- und Telekommunikationsunternehmen dem Bundesbeauftragten für den Datenschutz zu melden sind. Die Meldepflicht entfällt, wenn die verantwortliche Stelle einen Beauftragten für den Datenschutz bestellt hat sowie, wenn die verantwortliche Stelle personenbezogene Daten für eigene Zwecke erhebt, verarbeitet oder nutzt, hierbei in der Regel höchstens neun Personen ständig mit der Erhebung, Verarbeitung oder Nutzung personenbezogener Daten beschäftigt und entweder eine Einwilligung des Betroffenen vorliegt oder die Erhebung, Verarbeitung oder Nutzung für die Begründung, Durchführung oder Beendigung eines rechtsgeschäftlichen oder rechtsgeschäftsähnlichen Schuldverhältnisses mit dem Betroffenen erforderlich ist. Den **Inhalt der Meldepflicht** bestimmt § 4 e BDSG. Zu melden sind danach Name oder Firma der verantwortlichen Stelle, Inhaber, Vorstände, Geschäftsführer oder sonstige gesetzliche oder nach der Verfassung des Unternehmens berufene Leiter und die mit der Leitung der Datenverarbeitung beauftragten Personen, die Anschrift der verantwortlichen Stelle, Zweckbestimmungen der Datenerhebung, -verarbeitung oder -nutzung, eine Beschreibung der betroffenen Personengruppen u.a.m.

Entscheidungen, die für den Betroffenen eine rechtliche Folge nach sich ziehen oder ihn erheblich beeinträchtigen, dürfen nach § 6 a BDSG nicht ausschließlich auf eine **automatisierte Verarbeitung personenbezogener Daten** gestützt werden, die der Bewertung einzelner Persönlichkeitsmerkmale dienen. Eine ausschließlich auf eine automatisierte Verarbeitung gestützte Entscheidung liegt insbesondere dann vor, wenn keine inhaltliche Bewertung und darauf gestützte Entscheidung durch eine natürliche Person stattgefunden hat. Ziel dieser Regelung ist es, klarzustellen, dass diese Vorgaben nicht dadurch umgangen werden können, indem dem automatisierten Datenverarbeitungsverfahren noch eine mehr oder minder formale Bearbeitung durch einen Menschen nachgeschaltet wird, dieser Mensch aber gar keine Befugnis oder ausreichende Datengrundlage besitzt, um von der automatisierten Entscheidung abweichen zu können. Automatisierte Entscheidungen sind zulässig, wenn dem Betroffenen bspw. die Möglichkeit eingeräumt wird, dass die ablehnende Entscheidung erneut überprüft wird und dem Betroffenen von der verantwortlichen Stelle die Tatsache des Vorliegens einer ausschließlich automatisierten Entscheidung mitgeteilt wird.

Dem Betroffenen sind auf sein Verlangen die wesentlichen Gründe der ablehnenden Entscheidung mitzuteilen und zu erläutern.

§ 6 c BDSG beinhaltet eine Sonderregelung und bezieht sich auf mobile personenbezogene Speicher- und Verbreitungsmedien. Solche sind z.b. Notebooks, Mobiltelefone, Kredit- und Chipkarten. Auf ihnen sind personenbezogene Daten gespeichert, die bspw. für Nutzungsberechtigungen, Zahlungsfunktionen oder andere Zwecke genutzt werden können. Die Norm bestimmt, dass eine Stelle, die solche Speicher- oder Verbreitungsmedien ausgibt, den Betroffenen informieren muss über ihre Identität und Anschrift, über die Funktionsweise des Mediums, über die Rechte gemäß §§ 19, 20, 34, 35 BDSG (Auskunft, Berichtigung, Löschung und Sperrung gegenüber öffentlichen und nicht-öffentlichen Stellen) und über die zu treffenden Maßnahmen bei Verlust oder Zerstörung des Mediums. Gemäß § 6 c Abs. 2 BDSG muss die verpflichtete Stelle die erforderlichen Geräte oder Einrichtungen zur Wahrnehmung des Auskunftsrechts unentgeltlich zur Verfügung stellen (z.B. Kundenservice-Hotline für Verlust von Geld- oder Kreditkarten).

6.2.3 Datenerhebung durch öffentliche und nicht-öffentliche Stellen

Gemäß § 13 BDSG dürfen **öffentliche Stellen** personenbezogene Daten erheben, wenn dies zur Erfüllung ihrer Aufgaben notwendig ist. Die entsprechenden notwendigen Daten bestimmen die jeweiligen Verwaltungsvorschriften, z.B. für das Meldewesen, die Standesämter, die Bundesagentur für Arbeit, die Polizeibehörden. Gelöscht werden müssen die erhobenen Daten gemäß § 20 Abs. 2 BDSG, wenn ihre Speicherung unzulässig ist oder wenn die verantwortliche Stelle die Daten zur Erfüllung ihrer Aufgaben nicht mehr benötigt.

§ 14 BDSG enthält Vorschriften zur Datenspeicherung, -veränderung und -nutzung durch öffentliche Stellen. Das Speichern, Verändern und Nutzen personenbezogener Daten ist demnach zulässig, wenn dies erforderlich ist für die Erfüllung der Aufgaben der zuständigen Stellen und wenn dies zu dem Zweck erfolgt, zu dem die Daten ursprünglich erhoben wurden. § 14 Abs. 2 BDSG bestimmt u.a., dass eine Rechtsnorm das Speichern, Verändern oder Nutzen der personenbezogenen Daten vorsehen oder anordnen muss oder dass der Betroffene eingewilligt haben muss. Andernfalls ist das Speichern, Verändern und Nutzen der Daten unzulässig.

Die Übermittlung personenbezogener Daten an öffentliche Stellen (z.B. vom Arbeitgeber an das Finanzamt) ist gemäß § 15 Abs. 1 Nr. 1 BDSG zulässig, wenn die Daten zur Aufgabenerfüllung der übermittelnden Stelle oder des Empfängers erforderlich sind. Die Verantwortung für die Zulässigkeit der

Übermittlung trägt gemäß § 15 Abs .2 BDSG die Stelle, die die Daten an Dritte übermittelt. Der Empfänger der Daten darf diese nur für den Zweck verarbeiten oder nutzen, zu dem sie ihm übermittelt wurden (§ 15 Abs .3 BDSG).

Im Bereich der **Privatwirtschaft** sind die Erhebung, Verarbeitung und Nutzung personenbezogener Daten durch **nicht-öffentliche Stellen und öffentlich-rechtliche Wettbewerbsunternehmen** gemäß § 28 Abs. 1 BDSG zulässig, wenn dies der Zweckbestimmung eines Vertragsverhältnisses dient, wenn es zur Wahrung berechtigter Interessen der verantwortlichen Stellen erforderlich ist und nicht schutzwürdige Interessen des Betroffenen gegen die Datenerhebung und -verarbeitung überwiegen (beispielhafte Aufzählung). Zulässig sind Erhebung, Verarbeitung und Nutzung personenbezogener Daten in der Privatwirtschaft auch dann, wenn die Daten ohnehin allgemein zugänglich sind.

Die Zwecke, zu denen die Daten erhoben werden (z.B. Vertragsabwicklung, Statistiken), müssen konkret festgelegt werden (§ 28 Abs. 1 Satz 2 BDSG). Derjenige, der die Daten erhält, darf sie nur zu Erfüllung des festgelegten Zwecks verwenden (§ 28 Abs. 5 BDSG).

Zulässig sind die Übermittlung und Nutzung personenbezogener Daten gemäß § 28 Abs. 2 Nr. 2 lit. b BDSG außerdem, soweit sie zur **Gefahrenabwehr** für die **staatliche und öffentliche Sicherheit oder zur Strafverfolgung** erforderlich sind.

Die Verarbeitung oder Nutzung personenbezogener Daten für Zwecke des **Adresshandels oder der Werbung** ist nach § 28 Abs. 3 BDSG **nur zulässig,** soweit der Betroffene **eingewilligt hat.** Wird die Einwilligung in anderer Form als der Schriftform erteilt, hat die verantwortliche Stelle dem Betroffenen den Inhalt der Einwilligung schriftlich zu bestätigen, es sei denn, dass die Einwilligung elektronisch erklärt wird und die verantwortliche Stelle sicherstellt, dass die Einwilligung protokolliert wird und der Betroffene deren Inhalt jederzeit abrufen und die Einwilligung jederzeit mit Wirkung für die Zukunft widerrufen kann. Soll die Einwilligung zusammen mit anderen Erklärungen schriftlich erteilt werden, ist sie in drucktechnisch deutlicher Gestaltung besonders hervorzuheben. Selbst die Einwilligung zusammen mit anderen Erklärungen erteilt, ist sie nach § 28 Abs. 3 a Satz 2 BDSG in " drucktechnisch deutlicher Gestaltung besonders hervorzuheben". § 4 a Abs. 1 Satz 4 BSDG konkretisiert diese Anforderung, wonach eine solche Einwilligung „besonders hervorzuheben" ist (z.B. größere Schrifttypen, Fettdruck, Umrahmung usw.).

Nach § 28 Abs. 3 Satz 2 Nr. 1 BDSG ist für die Zwecke der **Werbung für eigene** Angebote die Verarbeitung oder Nutzung personenbezogener Daten **auch ohne Einwilligung** zulässig, soweit es sich um listenmäßig oder sonst zusammengefasste bestimmte Daten handelt und die Daten von der verantwortlichen Stelle beim Betroffenen selbst erhoben worden sind, z.b. im Rahmen eines Vertragsverhältnisses. Nach § 28 Abs. 3 Satz 3 BDSG darf die verantwortliche Stelle den listenmäßig oder sonst zusammengefasste Daten für Zwecke der Werbung für eigene Angebote weitere Datenmengen zu speichern.

Gemäß § 28 Abs. 3 Satz 5 BDSG ist es möglich, dass Daten von sogenannten Bestandskunden auch für Zwecke der Werbung für **fremde** Angebote genutzt werden dürfen, wenn in der Werbung die für die Nutzung verantwortliche Stelle eindeutig erkennbar ist. Eindeutig erkennbar bedeutet, dass der Betroffene die verantwortliche Stelle ohne Zweifel und mit seinen Kenntnissen und Möglichkeiten identifizieren kann. Diese Ausnahme umfasst bspw. die Tatbestände einer „Beipackwerbung" oder einer „Empfehlungswerbung", bei der etwa ein Unternehmen seine Kundendaten im Interesse eines anderen Unternehmens nutzt, indem es seinen Kunden im Werbeanschreiben ein Angebot des anderen Unternehmens empfiehlt.

Die Verarbeitung von Daten für Zwecke der Werbung gegenüber im Unternehmen Beschäftigten ist nach § 28 Abs. 3 Satz 2 Nr. 2 BDSG ohne Einwilligung zulässig, wenn sich die Werbung gegenüber dem Beschäftigten auf seine berufliche Tätigkeit unter seiner beruflichen Anschrift bezieht.

Der Betroffene ist bei der Ansprache zum Zweck der Werbung oder der Markt- oder Meinungsforschung über die verantwortliche Stelle sowie über sein Widerspruchsrecht zu unterrichten; soweit der Ansprechende personenbezogene Daten des Betroffenen nutzt, die bei einer ihm nicht bekannten Stelle gespeichert sind, hat er auch sicherzustellen, dass der Betroffene Kenntnis über die Herkunft der Daten erhalten kann. Widerspricht der Betroffene bei dem Dritten, dem die Daten übermittelt werden, der Verarbeitung oder Nutzung für Zwecke der Werbung oder der Markt- oder Meinungsforschung, hat dieser die Daten für diese Zwecke zu sperren.

Widerspricht der Betroffene bei der verantwortlichen Stelle der Nutzung oder Übermittlung seiner Daten für Zwecke der Werbung oder der Markt- oder Meinungsforschung, ist gemäß § 28 Abs. 4 BDSG eine Nutzung oder Übermittlung für diese Zwecke unzulässig.

Das Erheben von besonderen Arten personenbezogener Daten ist nach § 28 Abs. 7 BDSG ferner zulässig, wenn dies zum Zweck der **Gesundheitsvorsorge,** der medizinischen Diagnostik, der Gesundheitsversorgung oder Behandlung oder für die Verwaltung von Gesundheitsdiensten erforderlich ist und die Verarbeitung dieser Daten durch ärztliches Personal oder durch sonstige Personen erfolgt, die einer entsprechenden Geheimhaltungspflicht unterliegen.

Organisationen, die **politisch, philosophisch, religiös oder gewerkschaftlich** ausgerichtet sind und keinen Erwerbszweck verfolgen, dürfen gemäß § 28 Abs. 9 BDSG besondere Arten personenbezogener Daten erheben, verarbeiten oder nutzen, soweit dies für die Tätigkeit der Organisation erforderlich ist. Dies gilt jedoch nur für personenbezogene Daten ihrer Mitglieder oder von Personen, die im Zusammenhang mit deren Tätigkeitszweck regelmäßig Kontakte mit ihr unterhalten.

Die Übermittlung personenbezogener Daten über eine Forderung an **Auskunfteien** ist nach § 28 a BDSG nur zulässig, soweit die geschuldete Leistung trotz Fälligkeit nicht erbracht worden ist. Ferner muss die Übermittlung zur Wahrung berechtigter Interessen der verantwortlichen Stelle erforderlich sein. Zudem muss die Forderung durch ein Urteil festgestellt oder vom Betroffenen ausdrücklich anerkannt worden sein, und die verantwortliche Stelle muss den Betroffenen über die bevorstehende Übermittlung unterrichtet haben. Nach § 28 a Abs. 2 Satz 2 BDSG dürfen nur bestimmte Datenarten, wie Daten über die Begründung, die ordnungsgemäße Durchführung und die Beendigung eines Vertragsverhältnisses nach dem Kreditwesengesetz (KWG) an Auskunfteien übermittelt werden, es sei denn, dass das schutzwürdige Interesse des Betroffenen an dem Ausschluss der Übermittlung gegenüber dem Interesse der Auskunftei an der Kenntnis der Daten offensichtlich überwiegt. Nach § 28 a Abs. 2 Satz 3 BDSG ist der Betroffene vor Abschluss des Vertrages hierüber zu unterrichten.

Gemäß § 28 b BDSG darf unter Zugrundelegung eines wissenschaftlich anerkannten mathematisch-statistischen Verfahrens über die Begründung, Durchführung oder Beendigung eines Vertragsverhältnisses mit dem Betroffenen ein **Wahrscheinlichkeitswert** für ein bestimmtes zukünftiges Verhalten des Betroffenen erhoben oder verwendet werden. Erforderlich ist hierbei jedoch, dass die zur Berechnung des Wahrscheinlichkeitswerts genutzten Daten nachweisbar für die Berechnung der Wahrscheinlichkeit des bestimmten Verhaltens erheblich sind und der Betroffene über die vorgesehene Nutzung dieser Daten unterrichtet worden ist („**Scoring**").

Nach § 30 a BSDG ist das geschäftsmäßige Erheben, Verarbeiten oder Nutzen personenbezogener Daten für Zwecke der **Markt- oder Meinungsforschung** zulässig, wenn kein Grund zu der Annahme besteht, dass der Betroffene ein schutzwürdiges Interesse an deren Ausschluss hat, oder die Daten aus allgemein zugänglichen Quellen entnommen werden können oder die verantwortliche Stelle sie veröffentlichen dürfte und das schutzwürdige Interesse des Betroffenen an dem Ausschluss der Erhebung, Verarbeitung oder Nutzung gegenüber dem Interesse der verantwortlichen Stelle nicht offensichtlich überwiegt.

Aufgrund von § 32 BDSG dürfen personenbezogene Daten eines Beschäftigten für Zwecke des Beschäftigungsverhältnisses erhoben, verarbeitet oder genutzt werden, wenn dies für die Entscheidung über die Begründung eines Beschäftigungsverhältnisses oder nach Begründung des Beschäftigungsverhältnisses für dessen Durchführung oder Beendigung erforderlich ist. § 28 BDSG wird als allgemeine Zulässigkeitsnorm aber von § 32 BDSG nicht vollständig verdrängt.

Drei Bereiche lassen sich aus § 32 Abs. 1 S. 1 BDSG ableiten:

- Bewerbung und Eintritt der Beschäftigten in das Unternehmen,

- Vorgänge während der Beschäftigung (Verwaltung und Kontrolle),

- Ausscheiden der Beschäftigten aus dem Unternehmen.

Der Arbeitnehmerdatenschutz soll in den §§ 32 ff. BDSG neu geregelt werden. Mit dem vorliegenden Gesetzentwurf soll die seit Jahrzehnten diskutierte Schaffung umfassender gesetzlicher Regelungen für den Arbeitnehmerdatenschutz verwirklicht werden. Gegenwärtig existieren nur wenige spezifische gesetzliche Vorschriften zum Schutz der personenbezogenen Daten von Beschäftigten. Für zahlreiche Fragen der Praxis zum Beschäftigtendatenschutz bestehen keine speziellen gesetzlichen Regelungen. Teilweise ergibt sich der rechtliche Rahmen für den Beschäftigtendatenschutz aus verschiedenen allgemeinen Gesetzen wie dem Bundesdatenschutzgesetz und dem Betriebsverfassungsgesetz. Daneben existiert eine Vielzahl an gerichtlichen Einzelfallentscheidungen, anhand derer wichtige Grundsätze für den Beschäftigtendatenschutz entwickelt worden sind. Jedoch sind insbesondere die gerichtlichen Entscheidungen für die betroffenen Beschäftigten teilweise nur schwer zu erschließen.

Durch klarere gesetzliche Regelungen soll die Rechtssicherheit für Arbeitgeber und Beschäftigte erhöht werden. So sollen einerseits die Beschäftigten vor der unrechtmäßigen

Erhebung und Verwendung ihrer personenbezogenen Daten geschützt werden, andererseits soll das Informationsinteresse des Arbeitgebers beachtet werden. Beides soll dazu dienen, ein vertrauensvolles Arbeitsklima zwischen Arbeitgebern und Beschäftigten am Arbeitsplatz zu unterstützen.

Folgende Neuregelungen sind vorgesehen:

§ 32   Datenerhebung vor Begründung eines Beschäftigungsverhältnisses

§ 32 a Ärztliche Untersuchungen und Eignungstests vor Begründung eines Beschäftigungsverhältnisses

§ 32 b Datenverarbeitung und -nutzung vor Begründung eines Beschäftigungsverhältnisses

§ 32 c Datenerhebung im Beschäftigungsverhältnis

§ 32 d Datenverarbeitung und -nutzung im Beschäftigungsverhältnis

§ 32 e Datenerhebung ohne Kenntnis des Beschäftigten zur Aufdeckung und Verhinderung von Straftaten und anderen schwerwiegenden Pflichtverletzungen im Beschäftigungsverhältnis

§ 32 f Beobachtung nicht öffentlich zugänglicher Betriebsstätten mit optisch elektronischen Einrichtungen

§ 32 g Ortungssysteme

§ 32 h Biometrische Verfahren

§ 32 i Nutzung von Telekommunikationsdiensten

§ 32 j Unterrichtungspflichten

§ 32 k Änderungen

§ 32 l Einwilligung, Geltung für Dritte, Rechte der Interessenvertretungen, Beschwerderecht, Unabdingbarkeit

Daten, die von nicht-öffentlichen Stellen (also in erster Linie zu privatwirtschaftlichen Zwecken) erhoben wurden, können gemäß § 35 Abs. 1 BDSG grundsätzlich jederzeit gelöscht werden, es sei denn es besteht eine gesetzliche, satzungsmäßige oder vertragliche Aufbewahrungspflicht (§ 35 Abs. 3 BDSG). Auch wenn schutzwürdige Interessen des Betroffenen beeinträchtigt werden, können die Daten nicht gelöscht, sondern nur gesperrt werden (§ 35 Abs. 3 Nr. 2 BDSG). Verpflichtet sind nicht-öffentliche Stellen zur Löschung personenbezogener Daten, wenn die Speicherung unzulässig ist, wenn es sich um Daten über rassische oder ethnische Herkunft, politische Meinungen oder religiöse Auffassungen des Betroffenen handelt oder wenn die Daten zur Zweckerfüllung nicht mehr benötigt werden (beispielhafte Aufzählungen gemäß § 35 Abs. 2 BDSG).

6.2.4 Rechte der Betroffenen

Gemäß § 6 Abs. 1 BDSG stehen einem Betroffenen unabdingbare Rechte zu. „Unabdingbar" bedeutet: Diese Rechte können durch Rechtsgeschäft nicht ausgeschlossen oder beschränkt werden.

Dazu zählen das Recht auf **Auskunft** sowohl gegenüber öffentlichen (§ 19 BDSG) als auch gegenüber nicht-öffentlichen Stellen (§ 34 BDSG): Die verantwortliche Stelle hat dem Betroffenen auf Verlangen über die zu seiner

Person gespeicherten Daten, auch soweit sie sich auf die Herkunft dieser Daten beziehen, den Empfänger oder Kategorien von Empfängern, an die Daten weitergegeben werden, und den Zweck der Speicherung Auskunft zu erteilen. § 34 Abs. 2 und 3 BDSG regeln die Auskunftsrechte des Betroffenen gegenüber Scoring-Betreibern mit dem Ziel, die Transparenz der Scoring-Verfahren zu verbessern. Kommen derartige Verfahren bei einem Kreditinstitut zum Einsatz und nutzt die Bank diese Verfahren bspw. für eine Kreditentscheidung, so ist der errechnete Score-Wert sechs Monate lang zu speichern, um dem potentiellen Auskunftsanspruch des Betroffenen nachkommen zu können.

Außerdem besteht das Recht auf **Berichtigung, Löschung oder Sperrung** der erhobenen personenbezogenen Daten (gegenüber öffentlichen Stellen gemäß § 20 BDSG, gegenüber nicht-öffentlichen Stellen gemäß § 35 BDSG).

Personenbezogene Daten über die Ausübung eines Rechts des Betroffenen, das sich aus dem BDSG oder aus einer anderen Vorschrift über den Datenschutz ergibt, dürfen nur zur Erfüllung der sich aus der Ausübung des Rechts ergebenden Pflichten der verantwortlichen Stelle verwendet werden (§ 6 Abs. 3 BDSG).

Gemäß § 7 BDSG steht einem Betroffenen Schadensersatz zu, wenn ihm eine verantwortliche Stelle (sowohl öffentlich als auch nicht-öffentlich) dadurch einen Schaden zugefügt hat, dass sie seine personenbezogenen Daten unzulässig oder unrichtig erhoben, verarbeitet oder genutzt hat. Die Ersatzpflicht entfällt, sofern die verantwortliche Stelle die gebotene Sorgfalt beachtet hat.

Fügt eine verantwortliche **öffentliche Stelle** dem Betroffenen durch eine unzulässige oder unrichtige automatisierte Erhebung, Verarbeitung oder Nutzung seiner personenbezogenen Daten einen Schaden zu, ist ihr Träger dem Betroffenen nach § 8 BDSG unabhängig von einem Verschulden zum Schadensersatz verpflichtet.

Entscheidungen, die für den Betroffenen eine **rechtliche Folge** nach sich ziehen oder ihn **erheblich beeinträchtigen**, dürfen nach § 6 a BDSG nicht ausschließlich auf eine automatisierte Verarbeitung personenbezogener Daten gestützt werden, die der Bewertung einzelner Persönlichkeitsmerkmale dienen. Eine **ausschließlich auf eine automatisierte Verarbeitung gestützte Entscheidung** liegt insbesondere dann vor, wenn keine inhaltliche Bewertung und darauf gestützte Entscheidung durch eine natürliche Person stattgefunden hat.

Der BGH entschied im Zusammenhang mit der Erhebung, Speicherung und Übermittlung von Daten über die Zulässigkeit einer **Lehrerbewertung im Internet** durch Schüler auf der Website **www.spickmich.de**[179].

Beispiel : Lehrerbewertung im Unterricht

Der Fall: Die Klägerin, deren Name und Funktion auch der Homepage der Schule, an der sie unterrichtet, entnommen werden kann, erhielt für das Unterrichtsfach Deutsch eine Gesamtbewertung von 4,3. Ihr zugeschriebene Zitate wurden bisher nicht eingestellt. Mit der Klage verfolgte die Klägerin einen Anspruch auf Löschung bzw. Unterlassung der Veröffentlichung ihres Namens, des Namens der Schule, der unterrichteten Fächer im Zusammenhang mit einer Gesamt- und Einzelbewertung und der Zitat- und Zeugnisseite auf der Homepage www.spickmich.de. Zugang zu dem Portal haben nur registrierte Nutzer. Die Registrierung erfolgt nach Eingabe des Namens der Schule, des Schulortes, eines Benutzernamens und einer E-Mail-Adresse. An die E-Mail-Adresse wird ein Passwort versandt, das den Zugang zu dem Portal eröffnet. Die mit den Schulnoten 1 bis 6 abzugebenden Bewertungen sind an vorgegebene Kriterien gebunden wie etwa „cool und witzig", „beliebt", „motiviert", „menschlich", „gelassen" und „guter Unterricht". Ein eigener Textbeitrag des Bewertenden ist nicht möglich. Aus dem Durchschnitt der anonym abgegebenen Bewertungen wird eine Gesamtnote errechnet. Die Nutzer können außerdem auf einer Zitatseite angebliche Zitate der bewerteten Lehrer einstellen.

Der BGH hat die Erhebung, Speicherung und Übermittlung der Daten trotz der fehlenden Einwilligung der Klägerin für zulässig gehalten. Zwar umfasst der Begriff der personenbezogenen Daten nicht nur klassische Daten wie

---

[179] BGH, Urt. v. 23.06.2009 - VI ZR 196/08.

etwa den Namen oder den Geburtsort, sondern auch Meinungsäußerungen und Beurteilungen, die sich auf einen bestimmten oder bestimmbaren Betroffenen beziehen. Für die Erhebung, Speicherung und Übermittlung solcher Daten in automatisierten Verfahren gelten grundsätzlich die Vorschriften des Bundesdatenschutzgesetzes. Die Erhebung und Speicherung von Daten zur Übermittlung an Dritte ist auch ohne Einwilligung des Betroffenen nach § 29 BDSG u.a. dann zulässig, wenn ein Grund zu der Annahme eines schutzwürdigen Interesses an dem Ausschluss der Datenerhebung und -speicherung nicht gegeben ist. Ein entgegenstehendes Interesse der Klägerin hat der BGH nach Abwägung des Rechts auf informationelle Selbstbestimmung einerseits und des Rechts auf freien Meinungsaustausch andererseits für nicht gegeben erachtet. Die Bewertungen stellen Meinungsäußerungen dar, die die berufliche Tätigkeit der Klägerin betreffen, bei der der Einzelne grundsätzlich nicht den gleichen Schutz wie in der Privatsphäre genießt. Konkrete Beeinträchtigungen hat die Klägerin nicht geltend gemacht. Die Äußerungen sind weder schmähend noch der Form nach beleidigend. Dass die Bewertungen anonym abgegeben werden, macht sie nicht unzulässig, weil das Recht auf Meinungsfreiheit nicht an die Zuordnung der Äußerung an ein bestimmtes Individuum gebunden ist. Die Meinungsfreiheit umfasst grundsätzlich das Recht, das Verbreitungsmedium frei zu bestimmen.

Auch die Zulässigkeit der Übermittlung der Daten an den Nutzer kann nur aufgrund einer Gesamtabwägung zwischen dem Persönlichkeitsschutz des Betroffenen und dem Recht auf Kommunikationsfreiheit im jeweiligen Einzelfall beurteilt werden. Im Streitfall ist im Hinblick auf die geringe Aussagekraft und Eingriffsqualität der Daten und die Zugangsbeschränkungen zum Portal die Datenübermittlung nicht von vornherein unzulässig. Besondere Umstände, die der Übermittlung im konkreten Fall entgegenstehen könnten, hat die Klägerin nicht vorgetragen.

6.2.5 Datenschutz und Datensicherung

Es sei darauf hingewiesen, dass zwischen den Begriffen Datenschutz und Datensicherheit unterschieden wird. Während der **Datenschutz** – wie soeben dargestellt – das Persönlichkeitsrecht des Einzelnen betrifft, soll die **Datensicherheit** gewährleisten, dass personenbezogene Daten vor unbefugtem Zugriff, unbefugter Veränderung oder unbefugter Löschung geschützt sind. Es geht also um technisch-organisatorische Abläufe, die so gestaltet sein müssen, dass Datensammlungen und Datenverarbeitungsprozesse sicher gewährleistet werden. Das bedeutet, dass der Zugriff zu diesen Daten nur Befugten möglich sein darf, dass Missbrauch vermieden werden muss, dass Daten nicht gefälscht werden dürfen und dass sie reproduzierbar sein müssen.

6.2.6 Datenschutzbeauftragte

Zur Einhaltung der allgemeinen und der speziellen Datenschutzbestimmungen müssen öffentliche und nicht-öffentliche Stellen gemäß § 4 f Abs. 1 Satz 1 BDSG schriftlich Datenschutzbeauftragte bestellen. Die Norm bestimmt aber auch Ausnahmen:

So müssen nicht-öffentliche Stellen bspw. keinen Datenschutzbeauftragten bestellen, wenn sie höchstens neun Mitarbeiter ständig mit der automatisierten Verarbeitung personenbezogener Daten beschäftigen. Soweit nicht-öffentliche Stellen automatisierte Verarbeitungen vornehmen, die einer Vorabkontrolle unterliegen oder personenbezogene Daten geschäftsmäßig zum Zweck der Übermittlung, **der anonymisierten Übermittlung oder für Zwecke der Markt- oder Meinungsforschung** automatisiert verarbeiten, haben sie unabhängig von der Anzahl der mit der automatisierten Verarbeitung beschäftigter Personen einen Beauftragten für den Datenschutz zu bestellen.

Gemäß § 4 f Abs. 2 BDSG darf nur zum Datenschutzbeauftragten bestellt werden, wer die erforderliche Fachkunde und Zuverlässigkeit besitzt. In Ausübung seiner Tätigkeit ist der Datenschutzbeauftragte nicht an Weisungen – bspw. des Arbeitgebers – gebunden (§ 4 f Abs. 3 BDSG). Das Gesetz verpflichtet ihn zur Verschwiegenheit (§ 4 f Abs. 4 BDSG), sofern der Betroffene ihn davon nicht befreit. Er besitzt unter bestimmten Umständen auch ein Zeugnisverweigerungsrecht.

Die Kündigung des Arbeitsverhältnisses eines Datenschutzbeauftragten ist unzulässig, es sei denn, dass Tatsachen vorliegen, die zu einer fristlosen Kündigung aus wichtigem Grund berechtigen (§ 4 f Abs. 3 BDSG).

Zur Erhaltung der zur Erfüllung seiner Aufgaben erforderlichen Fachkunde muss dem Datenschutzbeauftragten die Teilnahme an Fort- und Weiterbildungsveranstaltungen ermöglicht werden. Die Kosten hierfür müssen übernommen werden (§ 4 f Abs. 3 BDSG).

Die Ausführung des Datenschutzes wird von den Datenschutzbeauftragten der Länder und des Bundes (§ 21 BDSG) überwacht.

6.2.7 Medienprivilegien

Die Medien können ohne die Verwendung personenbezogener Daten nicht berichtet. Das Bundesdatenschutzgesetz enthält deshalb in § 41 BDSG das sogenannte **Presseprivileg**. Es zielt darauf ab, den Schutz des Rechts auf informationelle Selbstbestimmung mit der Pressefreiheit zu vereinbaren. Der Datenschutz des Einzelnen wird also zur Sicherung der Pressefreiheit eingeschränkt. Damit entfallen das Recht auf Auskunft, Berichtigung, Sperrung und Löschung sowie der Schadensersatzanspruch für den Betroffenen. Dies bezieht sich allerdings ausschließlich auf Daten, die zu eigenen journalistisch- redaktionellen und publizistischen Zwecken erhoben werden.

Dass sich das Privileg des Bundesdatenschutzgesetz ausschließlich auf die Presse und nicht auch auf den Rundfunk und die neuen Medien bezieht, hängt mit der föderalistischen Ordnung in der Bundesrepublik zusammen: Der Bund hat die Rahmengesetzgebungskompetenz, damit liegt die Ausgestaltung des Privilegs für die anderen Medien in der Verantwortung der Länder.

In den neuen Medien ist der Datenschutz vor allem von Bedeutung, weil die Gefahr besteht, anhand sogenannter **Datenspuren** Eigenheiten oder Vorlieben des Nutzers nachzuvollziehen und entsprechende Nutzungsprofile zu erstellen. Dies spielt wirtschaftlich bspw. beim erzielten Einsatz von Werbung eine Rolle. Weil sie von so großer Bedeutung sind, hat der Gesetzgeber die Datenschutzvorschriften für die neuen Medien in den Spezialgesetzen geregelt: §§ 11 – 15 TMG, § 47 RStV.

6.2.8 Videoüberwachung und Online-Durchsuchungen

Wegen der durch die Sicherheitsbehörden bestätigten steigenden Terrorgefahr haben in der jüngsten Vergangenheit Maßnahmen zur Videoüberwachung und zu Online-Durchsuchungen verstärkt für politische Diskussionen gesorgt.

Die **Videoüberwachung** in öffentlich zugänglichen Räumen ist in § 6 b BDSG geregelt. Sie bezieht sich bspw. auf öffentliche Plätze, Straßen, Verkehrseinrichtungen (z.B. auch Busse, Bahnen) oder Banken. Zulässig ist die Videoüberwachung, wenn sie der Aufgabenerfüllung der öffentlichen Stellen, der Wahrnehmung des Hausrechts oder der Wahrnehmung bestimmter Interessen zu einem festgelegten Zweck dient. Schutzwürdige Interessen von Betroffenen dürfen nicht überwiegen.

Die Verarbeitung oder Nutzung von Daten, die durch Videoüberwachung erhoben wurden, ist zulässig, wenn sie zum Erreichen des verfolgten Zwecks erforderlich ist. Zu anderen Zwecken dürfen sie gemäß § 6 h Abs. 3 BDSG nur verarbeitet oder genutzt werden, wenn dies zur Gefahrenabwehr für die staatliche und öffentliche Sicherheit sowie zur Strafverfolgung erforderlich ist.

Dass die Videoüberwachung an einem öffentlich zugänglichen Ort erfolgt und durch wen, ist für den Betroffenen durch geeignete Maßnahmen kenntlich zu machen (§ 6 b Abs. 2 BDSG; z.B. durch Hinweisschilder).

Werden durch Videoüberwachung erhobene Daten einer bestimmten Person zugeordnet, ist diese über eine Verarbeitung oder Nutzung zu benachrichtigen (§ 6 b Abs. 4 BDSG).

Gemäß § 6 b Abs. 5 BDSG sind die Daten unverzüglich zu löschen, wenn sie zur Erreichung des Zwecks nicht mehr erforderlich sind oder schutzwürdigen Interessen der Betroffenen einer weiteren Speicherung entgegenstehen.

Die sogenannte **Online-Durchsuchung** ist als Methode der staatlichen Informationsgewinnung in der Bundesrepublik bislang gesetzlich nicht ausdrücklich geregelt. Der Begriff bezeichnet einen heimlich staatlichen Zugriff auf informationstechnische Systeme über das Internet. Dabei können ohne das Wissen und Bemerken des Betroffenen umfangreiche Durchsuchungen durchgeführt, große Datenmengen kopiert und zur Auswertung gespeichert werden.

Online-Durchsuchungen sollen demnach im Rahmen der Strafverfolgung, zur polizeilichen Gefahrenabwehr und zur nachrichtendienstlichen Informationsbeschaffung durchgeführt werden können.

Nach bisher ständiger Rechtsprechung sind Online-Durchsuchungen, die wegen ihrer Heimlichkeit einen schwerwiegenden Eingriff in das Recht auf informationelle Selbstbestimmung darstellen, nicht durch die gültige Strafprozessordnung gedeckt und haben damit keine Rechtsgrundlage.

Das **Bundesverfassungsgericht** hat zum Thema Online-Durchsuchungen entschieden, dass die seinerzeit geplanten **Regelungen zur Online-Durchsuchung verfassungswidrig** und Online-Durchsuchungen prinzipiell nur unter strengen Auflagen zulässig sind.[180]

Das **allgemeine Persönlichkeitsrecht** (Art. 2 Abs. 1 i.V.m. Art. 1 Abs. 1 GG) umfasst das Grundrecht auf Gewährleistung der Vertraulichkeit und Integrität informationstechnischer Systeme. Die Nutzung informationstechnischer Systeme ist für die Persönlichkeitsentfaltung vieler Bürger von zentraler Bedeutung, begründet gleichzeitig aber auch neuartige Gefährdungen der Persönlichkeit. Eine Überwachung der Nutzung solcher Systeme und eine Auswertung der auf den Speichermedien befindlichen Daten können weit reichende Rückschlüsse auf die Persönlichkeit des Nutzers bis hin zu einer Profilbildung ermöglichen. Hieraus folgt ein grundrechtlich erhebliches Schutzbedürfnis.

---

[180] BVerfG, Urt. v 27.02.2008 - 1 BvR 370/07; 1 BvR 595/07.

Die Gewährleistungen der Art. 10 GG (Telekommunikationsgeheimnis) und Art. 13 GG (Unverletzlichkeit der Wohnung) wie auch die in der Rechtsprechung des Bundesverfassungsgerichts entwickelten Ausprägungen des allgemeinen Persönlichkeitsrechts tragen dem durch die Entwicklung der Informationstechnik entstandenen Schutzbedürfnis nicht hinreichend Rechnung.

Die **heimliche Infiltration** eines informationstechnischen Systems, mittels derer die Nutzung des Systems überwacht und seine Speichermedien ausgelesen werden können, ist verfassungsrechtlich nur zulässig, wenn tatsächliche Anhaltspunkte einer **konkreten Gefahr für ein überragend wichtiges Rechtsgut** bestehen. Überragend wichtig sind **Leib, Leben und Freiheit der Person oder solche Güter der Allgemeinheit, deren Bedrohung die Grundlagen oder den Bestand des Staates oder die Grundlagen der Existenz der Menschen** berührt.

Die Maßnahme kann schon dann gerechtfertigt sein, wenn sich noch nicht mit hinreichender Wahrscheinlichkeit feststellen lässt, dass die Gefahr in näherer Zukunft eintritt, sofern bestimmte Tatsachen auf eine im Einzelfall durch bestimmte Personen drohende Gefahr für das überragend wichtige Rechtsgut hinweisen.

Die heimliche Infiltration eines informationstechnischen Systems ist grundsätzlich unter den Vorbehalt richterlicher Anordnung zu stellen. Das Gesetz, das zu einem solchen Eingriff ermächtigt, muss Vorkehrungen enthalten, um den Kernbereich privater Lebensgestaltung zu schützen.

Soweit eine Ermächtigung sich auf eine staatliche Maßnahme beschränkt, durch welche die Inhalte und Umstände der laufenden Telekommunikation im Rechnernetz erhoben oder darauf bezogene Daten ausgewertet werden, ist der Eingriff an Art. 10 Abs. 1 GG zu messen. Verschafft der Staat sich Kenntnis von Inhalten der Internetkommunikation auf dem dafür technisch vorgesehenen Weg, so liegt darin nur dann ein Eingriff in Art. 10 Abs. 1 GG, wenn die staatliche Stelle nicht durch Kommunikationsbeteiligte zur Kenntnisnahme autorisiert ist.

Nimmt der Staat im Internet öffentlich zugängliche Kommunikationsinhalte wahr oder beteiligt er sich an öffentlich zugänglichen Kommunikationsvorgängen, greift er grundsätzlich nicht in Grundrechte ein. In der Regel wird die reine Internetaufklärung keinen Grundrechtseingriff bewirken. Die von dem allgemeinen Persönlichkeitsrecht gewährleistete Vertraulichkeit und Integrität informationstechnischer Systeme wird nicht berührt, wenn sich die Maßnahmen darauf beschränken, Daten, die der Inhaber des Systems für die Internetkommunikation vorgesehen hat, auf dem technisch dafür vorgesehenen Weg zu erheben.

Die Erhebung von Kontoinhalten und Kontobewegungen steht mit dem Grundgesetz in Einklang. Insbesondere wird dadurch nicht das Recht auf informationelle Selbstbestimmung verletzt. Das Gebot der Verhältnismäßigkeit ist gewahrt, indem die Erhebung von einem sowohl hinsichtlich der betroffenen Rechtsgüter als auch hinsichtlich der tatsächlichen Grundlage des Eingriffs qualifizierten Gefährdungstatbestand abhängig gemacht wird.

Dem **Bundeskriminalamt (BKA)** wurden durch das am 01.01.2009 in Kraft getretene Gesetz zur Abwehr von Gefahren des internationalen Terrorismus durch das Bundeskriminalamt (BKAG) in diesem Zusammenhang weitere Befugnisse eingeräumt, die üblicherweise die Länderpolizei und Geheimdiensten zustehen. Neben der Online- Durchsuchung haben die neuen §§ 20 a bis 20 x des BKA-Gesetzes unter anderem folgende Befugnisse im Gefahrenabwehrbereich geregelt:

- Zulässigkeit der Raster- und Schleierfahndung,
- den Einsatz von verdeckten Ermittlern,
- den Lauschangriff (auch innerhalb der Wohnung dritter Personen),
- die Videoüberwachung innerhalb der Wohnung,
- das heimliche Betreten von Wohnungen.

Dadurch wurde das BKA im Bereich der präventiven Befugnisse der Polizei der Bundesländer gleichgestellt.

Außerdem hat das BKA das Recht erhalten, präventive Ermittlungen ohne konkreten Tatverdacht in eigener Regie durchzuführen. Im Rahmen sogenannter „Vorfeldermittlungen" unterliegt das BKA nicht der Leitungsbefugnis der Staatsanwaltschaft. Erst wenn die Ermittler des BKA meinen, dass die Erkenntnisse ausreichend sind, muss die Bundesanwaltschaft informiert werden. Abhörmaßnahmen dürfen auch gegen Berufsgeheimnisträger (§ 53 StPO), mit Ausnahme der Verteidiger, Abgeordneten und Geistlichen, durchgeführt werden (§ 20 u des BKA-Gesetzes).

Ein „Richtervorbehalt" gilt insoweit, als dass der Schutz des Kernbereichs privater Lebensgestaltung dadurch sichergestellt werden soll, indem die Durchsicht der erlangten Informationen unter die „Sachleitung des anordnenden Gerichts" gestellt wird (§ 20 k Abs. 7 S. 3 BKAG).

Beispiel 1: Videoüberwachung im Hauseingang

Die **Überwachung des Hauseingangs** durch eine Kamera stellt einen erheblichen Eingriff in das Persönlichkeitsrecht des Mieters dar. Dieser wäre nur gerechtfertigt, wenn die Überwachung zur Abwehr schwerwiegender Beeinträchtigungen erforderlich wäre. Ist dies nicht der Fall, kann die Entfernung der Videokamera verlangt werden.

Der Fall[181]: Der Vermieter einer Wohnung installierte im Oktober 2008 im Treppenhaus seines Mietshauses im Erdgeschoss eine Videokamera. Die Kamera war von innen auf die Eingangstüre gerichtet und erfasste jede Person, die das Haus betrat und sich im Eingangsbereich aufhielt. Eine Mieterin des Anwesens sah dies und forderte den Vermieter auf, die Kamera zu entfernen. Als er dies verweigerte, erhob sie Klage vor dem *AG München*. Schließlich sei ihr Persönlichkeitsrecht verletzt.

Dies sah der Vermieter anders: Vor dem Anwesen seien Fahrräder gestohlen, die Hauseingangstür sowie der Hauseingangsbereich mit Farbe besprüht worden. Deshalb sei er berechtigt, die Kamera anzubringen.

Der zuständige Richter gab der Mieterin Recht:

Die Überwachung des Hauseingangs durch eine Kamera – und zwar unabhängig davon, ob eine Speicherung der Bilder erfolge – stelle einen erheblichen Eingriff in das Persönlichkeitsrecht des Mieters dar. Das allgemeine Persönlichkeitsrecht umfasse auch die Freiheit von unerwünschter Kontrolle und Überwachung durch Dritte. Dies beinhalte für den Mieter einer Wohnung nicht nur die Freiheit, die eigene Wohnung zu verlassen und zu betreten, ohne dass dies überwacht werde.

Es beinhalte auch das Recht, ungestört und unüberwacht Besuch zu empfangen. Der Eingriff wäre allenfalls gerechtfertigt gewesen, wenn die Überwachung zur Abwehr von schwerwiegenden Beeinträchtigungen des Beklagten erforderlich und eine drohende Rechtsverletzung anderweitig nicht zu verhindern gewesen wäre. Entgegen der Ansicht des Vermieters komme es hierbei nicht darauf an, ob eine offene oder verdeckte Überwachung vorliege. Bei einer offenen Überwachung könne der Mieter zwar sein Verhalten darauf einstellen, dass er überwacht werde, die Überwachungsfunktion und Unfreiheit bleibe aber bestehen. Für eine derartige Rechtfertigung lägen keine Gründe vor. Konkret habe nur ein Vorfall berichtet werden können, bei dem eine Besprühung der Hauseingangstür, der Klingel, des Lichtschalters und des Gehweges erfolgt sei. Es sei schon fraglich, ob ein einmaliger Vorfall überhaupt ausreichen würde. Eine Überwachung wäre jedenfalls nur gerechtfertigt, wenn diese derartige Vorfälle auch verhindern könnte. Dies sei jedoch nicht der Fall. Der im Außenbereich besprühte Bereich könne allenfalls bei geöffneter Hauseingangstür von der Kamera erfasst werden. Bei geschlossener Tür nütze die Kamera nichts. Diese sei daher zur Verhinderung

---

[181] AG München, Urt. v. 16.10.2009 - 423 C 34037/08.

von Straftaten nicht geeignet. Das gelte auch für gestohlene Fahrräder, da die Kamera die Abstellplätze nicht erfasse.

Beispiel 2: Installation von Überwachungskameras auf privatem Grundstück

Die Installation einer **Überwachungskamera auf einem Privatgrundstück** ist grundsätzlich zulässig, wenn gesichert ist, dass öffentliche und fremde private Flächen nicht erfasst werden.

Der Fall[182]: Der Eigentümer einer Doppelhaushälfte hatte eine Firma für Sicherheitstechnik beauftragt, Videokameras zur Grundstücksüberwachung zu installieren. Die Firma stellte dabei die Kameras so ein, dass ausschließlich das private Grundstück überwacht wurde. Durch manuelle Veränderungen der Einstellungen hätte allerdings auch das Nachbargrundstück beobachtet werden können.

Der Nachbar jedenfalls fühlte sich durch die Videokameras beeinträchtigt und klagte erfolgreich auf Entfernung der Überwachungsanlage. Der Doppelhausbesitzer seinerseits nahm die Sicherheitsfirma in Regress. Sie hafte für die Kosten des Rechtsstreits, weil sie nicht darauf hingewiesen habe, dass die Überwachungsanlage die Persönlichkeitsrechte von Nachbarn nicht beeinträchtigen dürfe.

Der Bundesgerichtshof entschied, die Sicherheitstechnikfirma müsse lediglich über Zustand und Eigenschaft der Überwachungsanlage aufklären. Sie sei zum Rechtsrat nicht verpflichtet und müsse nicht darauf hinweisen, dass bei Änderungen an der Anlage gegebenenfalls Rechte Dritter beeinträchtigt werden können. Der Käufer einer Videoüberwachungsanlage müsse sich grundsätzlich selbst um die Rechtslage kümmern und kompetenten Rechtsrat einholen.

Hat der Fachbetrieb zudem bei der Installation der Überwachungskameras auf einem Privatgrundstück darauf geachtet, dass öffentliche und fremde private Flächen nicht erfasst werden, habe er seine Leistung mangelfrei erfüllt. Er hafte nicht dafür, dass sich sein Auftraggeber wegen der Überwachungskameras in einen Nachbarschaftsstreit verwickelt sieht.

Beispiel 3: Datenschutz und Wohnungseigentum–Keine Videokamera in der Tiefgarage

Selbst wenn es wiederholt zu Diebstählen in der Tiefgarage einer Eigentümergemeinschaft gekommen ist, können die Eigentümer eine Videoüberwachung nicht mehrheitlich beschließen. Diese Maßnahme verletzt das allgemeine Persönlichkeitsrecht der übrigen Wohnungseigentümer.

---

[182] BGH, Urt. v. 16.03.2010 - VI ZR 176/09.

Der Fall[183]: In der großen Tiefgarage einer Wohnungseigentumsanlage war es mehrfach zu Sachbeschädigungen und Diebstählen gekommen. Auf einer Eigentümerversammlung beschloss daraufhin die Mehrheit der Wohnungseigentümer, die Garage durch eine Videoanlage zu überwachen. Die Aufzeichnungen sollten nur im Fall einer Schadensmeldung ausgewertet, andernfalls nach drei Tagen gelöscht werden. Zugang hatte nur der Hausverwalter mit einem ausschließlich ihm bekannten Code.

Damit waren mehrere Wohnungseigentümer nicht einverstanden. Diese sehen sich durch die Kameraüberwachung in ihren Persönlichkeitsrechten verletzt.

Das Landgericht München gab ihnen Recht. Der Beschluss der Eigentümerversammlung ist rechtswidrig. Die Videoüberwachung in der Tiefgarage stellt einen schwerwiegenden Eingriff in das Persönlichkeitsrecht der anfechtenden Eigentümer dar. Die permanente Kontrolle der Garagennutzung führt dazu, dass sich der einzelne nicht mehr unbeobachtet bewegen kann.

Dem steht nicht entgegen, dass die Aufnahmen nur begrenzt ausgewertet werden sollen. Denn die Eigentümer können nicht wissen, wann es eine Schadensmeldung gibt und sie können nicht kontrollieren, ob die Vorgaben für die Einsichtnahme tatsächlich eingehalten werden.

Die Beeinträchtigung des Persönlichkeitsrechts wiegt schwerer als das Interesse der anderen Eigentümer am Schutz des Eigentums. Denn diese Schutzwirkung lässt sich auch durch mildere Mittel erreichen, etwa durch das Aufstellen von Attrappen und Warnschildern.

Beispiel 4: Überwachungskameras in einer Reihenhausanlage

Der Fall[184]: Die Parteien sind Mitglieder einer Wohnungseigentümergemeinschaft. Die Anlage besteht aus drei Reihenhäusern. Die Kläger haben an der Gartenseite ihres Reihenhauses in sieben und neun Metern Höhe zwei Überwachungskameras angebracht. Nachdem die Kläger wegen Meinungsverschiedenheiten über die Nutzung und Instandhaltung des Gemeinschaftseigentums Klage erhoben hatten, haben die Beklagten im Wege der Widerklage die Beseitigung der Überwachungskameras verlangt.

Nach Auffassung des Bundesgerichtshofs ist es einem Grundstückseigentümer grundsätzlich gestattet, zum Schutz vor unberechtigten Übergriffen auf sein Eigentum seinen Grundbesitz mit Videokameras zu überwachen, sofern diese nicht den angrenzenden öffentlichen Bereich oder benachbarte Privatgrundstücke, sondern allein das Grundstück des Eigentümers erfassen.

---

[183] LG München I, Urt. v. 11.11.2011- 1 S 12752/11.
[184] BGH, Urt. v. 21.10.2011-V ZR 265/10.

Allerdings kann nach Meinung des Gerichts auch bei der Ausrichtung von Überwachungskameras allein auf das eigene Grundstück des Grundstückseigentümers das Persönlichkeitsrecht Dritter beeinträchtigt sein. Dies sei dann der Fall, wenn Dritte eine Überwachung durch die Kameras objektiv ernsthaft befürchten müssten. Eine solche Befürchtung sei dann gerechtfertigt, wenn sie aufgrund konkreter Umstände als nachvollziehbar und verständlich erscheint, etwa im Hinblick auf einen eskalierenden Nachbarstreit oder aufgrund objektiv Verdacht erregender Umstände. Allein die hypothetische Möglichkeit einer Überwachung durch eine Videokamera beeinträchtige das allgemeine Persönlichkeitsrecht derjenigen, die dadurch betroffen sein könnten, hingegen nicht. Maßgeblich seien jeweils die Umstände des Einzelfalls.

6.2.9 Vorratsdatenspeicherung

Die **Vorratsdatenspeicherung** betrifft die Verpflichtung der Anbieter von Telekommunikationsdiensten zur Registrierung der Verbindungsdaten von elektronischen Kommunikationsvorgängen. Erklärter Zweck der Vorratsdatenspeicherung ist die **verbesserte Möglichkeit der Verhütung und Verfolgung von schweren Straftaten**. Das Bundesverfassungsgericht hat dazu entschieden, dass die in § 113 a Abs. 1 TKG den Diensteanbietern auferlegte Speicherung der Telekommunikationsverkehrsdaten in das **Telekommunikationsgeheimnis** eingreifen.

Das Bundesverfassungsgericht hat in seiner Entscheidung vom 2. März 2010[185] die Vorratsdatenspeicherung von Telefon- und Internetdaten zur Strafverfolgung in der bisherigen Form für verfassungswidrig erklärt. Die bislang erhobenen Daten müssten „unverzüglich" gelöscht werden. Die Richter entschieden, das Gesetz zur Vorratsdatenspeicherung sei in der jetzigen Fassung nicht mit dem Grundgesetz vereinbar. Es verstoße derzeit gegen das Telekommunikationsgeheimnis. Die Bestimmungen seien zu unbestimmt. Es fehle insbesondere an hohen Standards für eine Datensicherung.

Dies gilt zunächst für die Speicherungspflichten bezüglich der Telekommunikationsdienste gemäß § 113 a Abs. 2 bis 5 TKG und in Verbindung hiermit gemäß § 113 a Abs. 6 und 7 TKG. Die insoweit zu speichernden Angaben geben Auskunft darüber, ob, wann, wo und wie oft zwischen welchen Telekommunikationseinrichtungen Verbindungen aufgenommen oder aufzunehmen versucht wurden. Insbesondere gilt dies auch für die Speicherung der Daten zu Diensten der elektronischen Post gemäß § 113 a Abs. 3 TKG, deren Vertraulichkeit gleichfalls durch Art. 10 Abs. 1 GG geschützt wird.

---

[185] BVerfG, Urt. v. 02.03.2010 - 1 BvR 256/08.

Dass sich E-Mails technisch leicht abfangen lassen, ändert an deren vertraulichem Charakter und ihrer Schutzwürdigkeit nichts. Einen Eingriff in Art. 10 Abs. 1 GG begründet dabei auch die Speicherung der den Internetzugang betreffenden Daten gemäß § 113 a Abs. 4 TKG. Zwar ermöglicht der Internetzugang nicht nur die Aufnahme von Individualkommunikation, die dem Schutz des Telekommunikationsgeheimnisses unterfällt, sondern auch die Teilnahme an Massenkommunikation. Da eine Unterscheidung zwischen Individual- und Massenkommunikation ohne eine der Schutzfunktion des Grundrechts zuwiderlaufende Anknüpfung an den Inhalt der jeweils übermittelten Information nicht möglich ist, ist bereits in der Speicherung der den Internetzugang als solchen betreffenden Daten ein Eingriff zu sehen, auch wenn sie Angaben über die aufgerufenen Internetseiten nicht enthalten.

Grundrechtseingriffe in Art. 10 Abs. 1 GG liegen auch in den Regelungen zur Datenübermittlung in § 113 b Satz 1 Halbsatz 1 TKG.

Einen Eingriff in Art. 10 Abs. 1 GG begründet auch § 113 b Satz 1 Halbsatz 2 in Verbindung mit § 113 Abs. 1 TKG. Danach können Behörden von den Diensteanbietern Auskünfte über Bestands- und Kundendaten gemäß §§ 95, 111 TKG verlangen, die die Diensteanbieter nur unter Nutzung der nach § 113 a Abs. 4 TKG gespeicherten Daten ermitteln können.

Bei der Speicherung handele es sich „um einen besonders schweren Eingriff mit einer Streubreite, wie sie die Rechtsordnung bisher nicht kennt".

Eine **sechsmonatige vorsorglich anlasslose Speicherung von Telekommunikationsverkehrsdaten** in dem vom Gesetzgeber in § 113 a Abs. 1 bis 8 TKG vorgesehenen Umfang unter den gegenwärtigen Umständen ist **nicht von vornherein unverhältnismäßig und mit Art. 10 GG nicht schlechthin unvereinba**r. Für ihre verfassungsrechtliche Unbedenklichkeit ist allerdings Voraussetzung, dass die Ausgestaltung der Speicherung und der Verwendung der Daten **dem besonderen Gewicht einer solchen Speicherung angemessen Rechnung** trägt.

Der **Grundsatz der Verhältnismäßigkeit** verlange, dass die gesetzliche Ausgestaltung einer solchen Datenspeicherung dem besonderen Gewicht des mit der Speicherung verbundenen Grundrechtseingriffs angemessen Rechnung trage. Erforderlich seien hinreichend anspruchsvolle und normenklare Regelungen hinsichtlich der Datensicherheit, der Datenverwendung, der Transparenz und zum Rechtsschutz. Hinsichtlich der Datensicherheit bedürfe es Regelungen, die einen besonders hohen Sicherheitsstandard normenklar und verbindlich vorgeben. Angesichts des besonderen Gewichts einer vorsorglichen Telekommunikationsverkehrsdatenspeicherung sei diese nur dann mit Art. 10 Abs. 1 GG vereinbar, wenn ihre Ausgestaltung besonderen verfassungsrechtlichen Anforderungen entspricht.

Der Abruf und die unmittelbare Nutzung der Daten sind nur verhältnismäßig, wenn sie überragend wichtigen Aufgaben des Rechtsgüterschutzes dienen. Im Bereich der Strafverfolgung setzt dies einen durch bestimmte Tatsachen begründeten Verdacht einer schweren Straftat voraus. Für die Gefahrenabwehr und die Erfüllung der Aufgaben der Nachrichtendienste dürften sie nur bei Vorliegen tatsächlicher Anhaltspunkte für eine konkrete Gefahr für Leib, Leben oder Freiheit einer Person, für den Bestand oder die Sicherheit des Bundes oder eines Landes oder für eine gemeine Gefahr zugelassen werden. Diese müsse gewährleisten, dass diejenigen, auf die sich eine Datenabfrage unmittelbar bezogen hat, wenigstens im Nachhinein grundsätzlich in Kenntnis zu setzen sind. Ausnahmen hiervon bedürften der richterlichen Kontrolle

Der Gesetzgeber müsse die diffuse Bedrohlichkeit, die die als solche nicht spürbare Datenspeicherung und -verwendung für die Bürger erhalten können, durch wirksame Transparenzregeln auffangen. Hierzu zähle der Grundsatz der Offenheit der Erhebung und Nutzung von personenbezogenen Daten. Eine Verwendung der Daten ohne Wissen des Betroffenen sei verfassungsrechtlich nur dann zulässig, wenn andernfalls der Zweck der Untersuchung, dem der Datenabruf dient, vereitelt werde.

Eine nur mittelbare Nutzung der Daten zur Erteilung von Auskünften durch die Telekommunikationsdiensteanbieter über die Inhaber von Internetprotokolladressen ist auch unabhängig von begrenzenden Straftaten- oder Rechtsgüterkatalogen für die Strafverfolgung, Gefahrenabwehr und die Wahrnehmung nachrichtendienstlicher Aufgaben zulässig. Für die Verfolgung von Ordnungswidrigkeiten können solche Auskünfte nur in gesetzlich ausdrücklich benannten Fällen von besonderem Gewicht erlaubt werden.

Im Sommer 2011 wurde ein Gesetzentwurf des Bundesjustizministeriums zur „Sicherung vorhandener Verkehrsdaten und Gewährleistung von Bestandsdatenauskünften im Internet" verlautbart, wonach für alle Anschlussinhaber sieben Tage lang protokolliert werden soll, wer wann mit welcher Kennung (IP-Adresse) eine Internetverbindung aufgebaut hat. Dabei wird auch protokolliert, wer wen wann angerufen hat. Außerdem würde auch die verwendete Funkzelle aufgezeichnet werden, so dass Bewegungsprofile angelegt werden könnten. Eine Nutzung der aufgezählten Daten wäre z.B. bei Verdacht auf Beleidigung, Kinderpornographie oder Urheberrechtsverletzung ohne richterliche Genehmigung möglich. Die intensive Diskussion in der Politik und der Öffentlichkeit hat bislang noch nicht zu der vom Bundesverfassungsgericht geforderten gesetzlichen Neuregelung der Vorratsdatenspeicherung geführt.

Beispiel 1: Löschung personenbezogener Daten aus der Datei „Gewalttäter Sport"

Das Bundesverwaltungsgericht hat eine Klage abgewiesen, mit der der Kläger die Löschung seiner Daten in der beim Bundeskriminalamt eingerichteten Datei „Gewalttäter Sport" erreichen wollte. Das Oberverwaltungsgericht Lüneburg hatte zuvor die Rechtmäßigkeit dieser Datei mangels entsprechender Verordnung des Bundesministers des Innern verneint; eine solche Verordnung liegt jedoch seit dem 8. 6. 2010 vor.

Der Fall[186]: Der Kläger ist Anhänger des Fußballvereins Hannover 96. Am 24. 5. 2006 besuchte er ein Regionalliga-Spiel im Leine-Stadion in Letter. Kurz nach Spielbeginn betrat eine Gruppe von ca. 30 bis 40 Anhängern von Hannover 96 – darunter der Kläger – das Stadion, überkletterte die Absperrung und lief vor den gegnerischen Fan-Block. Aus der Gruppe wurden zwei bis drei Feuerwerkskörper, ein Bengalfeuer und ein fester Gegenstand – möglicherweise ein Stein – geworfen. Nach Zeugenberichten lief der Kläger mit an der Spitze der Gruppe. Das gegen ihn wegen Landfriedensbruchs eingeleitete Verfahren wurde von der Staatsanwaltschaft gem. § 170 StPO eingestellt, weil dem Kläger eine Beteiligung an Ausschreitungen in der Menge nach Zeugenaussagen nicht nachzuweisen war. Auf ein von ihm gestelltes Auskunftsersuchen teilte die beklagte Polizeidirektion Hannover dem Kläger mit, dass er „im Zusammenhang .... mit einem polizeilichen Einschreiten am 24. Mai 2006" wegen des Verdachts des Landfriedensbruchs in der Verbunddatei „Gewalttäter Sport", „insbesondere" mit den Daten Name und Vorname, Geburtsdatum und -ort, Geschlecht, Staatsangehörigkeit, Personalausweisdaten und Vereinszuordnung, erfasst sei und dass die Löschung des Datensatzes am 24. 5. 2011 anstehe.

Mit seiner auf Löschung gerichteten Klage hatte er beim Verwaltungsgericht und beim Oberverwaltungsgericht Erfolg: Die Datei „Gewalttäter Sport" sei errichtet und betrieben worden, ohne dass der Bundesminister des Innern eine gem. § 7 Abs. 6 Bundeskriminalamtgesetz (BKAG) vorgesehene Verordnung über die Art der zu speichernden Daten erlassen habe. Gegen das Urteil legte die Polizeidirektion Revision ein. Am 28. 5. 2010 hat das Bundesministerium des Innern einen Verordnungsentwurf vorgelegt, dem der Bundesrat am 4. 6. 2010 zugestimmt hat. Die Verordnung ist am 8. 6. 2010 in Kraft getreten.

Auf dieser Grundlage hat das Bundesverwaltungsgericht die Klage abgewiesen. Es ist dem Einwand des Klägers nicht gefolgt, die weitere Speicherung seiner Daten sei nach der Einstellung des strafrechtlichen Ermittlungsverfah-

---

[186] BVerwG, Urt. v. 09.06.2010 - 6 C 5/09.

rens nicht zulässig. Nach § 8 Abs. 3 BKAG ist die Speicherung nur dann unzulässig, wenn sich aus den Gründen der staatsanwaltschaftlichen Einstellungsentscheidung ergibt, dass der Betroffene die Tat nicht oder nicht rechtswidrig begangen hat. Das war hier nach den bindenden Feststellungen des OVG nicht der Fall.

Beispiel 2: Kein Anspruch gegen den Provider auf sofortige Löschung von IP-Adressen

Ein Telekomkunde hat keinen Anspruch auf die sofortige Löschung der für die Internetnutzung vergebenen und von ihm genutzten IP-Adressen. Es kann allenfalls die „unverzügliche" Löschung verlangen werden, worunter eine Löschung „ohne schuldhaftes Zögern" zu verstehen ist.

Der Fall[187]: Der Kläger hat mit der beklagten Telekom AG vor Jahren einen Internet-Zugangsvertrag nach dem „T-Online dsl flat-Tarif" geschlossen. Er verlangt von der Telekom, dass diese die ihm zur Internetnutzung jeweils zugeteilten „dynamischen IP-Adressen" sofort nach Beendigung der Verbindung löscht. Zur Zeit der Klageerhebung speicherte die Beklagte die IP-Adressen nach dem Rechnungsversand noch 80 Tage. Das Landgericht gab der Klage im Juni 2007 insoweit statt, als es der Telekom untersagte, die Daten länger als sieben Tage zu speichern. Im selben Jahr änderte die Telekom ihre Praxis dahin, dass sie die Speicherzeit auf sieben Tage reduzierte. Diese neue Speicherpraxis entspricht einer Absprache mit dem Bundesbeauftragten für Datenschutz.

Mit der Berufung macht der Kläger weiterhin geltend, die Beklagte müsse die IP-Adressen jeweils sofort nach Beendigung einer Internetverbindung löschen. Hierzu sei die Beklagte im Interesse des Datenschutzes und des Schutzes seiner Privatsphäre verpflichtet. Weil über die IP-Adressen die Möglichkeit bestehe, das Nutzerverhalten auszuspähen und daraus Rückschlüsse auf die Persönlichkeit des jeweiligen Teilnehmers zu ziehen, sei auch ein Speicherzeitraum von (nur) sieben Tagen nicht hinnehmbar.

Die Beklagte meint, sie sei berechtigt, die IP-Adressen zur Erkennung, Eingrenzung und Beseitigung von Fehlern und Störungen an ihren Anlagen sowie zur Abrechnung mit den Nutzern zu erheben und zu verwenden.

Das OLG Frankfurt a.M. wies die Berufung zurück. Zur Begründung führte es im Wesentlichen aus, es sei kein Rechtsgrund ersichtlich, nach welchem die Telekom verpflichtet sei, die IP-Adressen sofort nach Beendigung der Internetverbindung zu löschen.

---

[187]   OLG Frankfurt a.M., Urt. v. 16.06.2010 - 13 U 105/07.

Die Speicherung sei kein Widerspruch zur Auffassung des BVerfG. So habe das BVerfG in einschlägigen Urteilen nicht einmal ansatzweise die Rechtmäßigkeit von Datenspeicherungen durch Dienstanbieter im Zusammenhang mit dem Telekommunikationsverkehr in Zweifel gezogen.

Nach den derzeitigen technischen Gegebenheiten sei davon auszugehen, dass der Telekom bei einer Löschung der IP-Adressen „sofort" nach Beendigung der Internetverbindung eine Abrechnung mit ihren Kunden gar nicht möglich sei. Bei den IP-Adressen handele es sich daher um für die „Berechnung des Entgelts erforderliche Daten" im Sinne des Telekommunikationsgesetzes (TKG). Dass die Telekom aktuell über bessere technische Möglichkeiten verfüge, habe der Kläger nicht darlegen können.

Es komme hinzu, dass es der Telekom bei einer sofortigen Löschung der IP-Adressen derzeit praktisch unmöglich wäre, einen relevanten Teil von Störungen und Fehlern an Telekommunikationsanlagen zu erkennen, einzugrenzen und zu beseitigen. Unter diesen Voraussetzungen könne der Kläger allenfalls die „unverzügliche" Löschung verlangen, worunter nicht die „sofortige" Löschung zu verstehen sei, sondern eine solche „ohne schuldhaftes Zögern". Dass es der Telekom möglich sei, die IP-Adressen schneller als nach Ablauf von sieben Tagen zu löschen, ohne dass dies ihre Abrechnung mit ihren Kunden und die Störungserkennung beeinträchtige, habe der im vorliegenden Zivilprozess darlegungs- und beweispflichtige Kläger nicht vortragen können.

Anmerkung: Der Entscheidung dürfte nur bis zur Neuregelung der Vorratsdatenspeicherung Bedeutung zukommen. Sobald der Gesetzgeber die für verfassungswidrig erklärten Regelungen durch eine Neuregelung zur Vorratsdatenspeicherung ersetzt, dürfte auch die Telekom eine entsprechende Verpflichtung treffen und wäre ein Anspruch des Internetnutzers auf vorzeitige Löschung damit obsolet.

6.3 Jugendschutz

Der Jugendschutz wird nach der herrschenden Meinung als besondere Ausprägung des Straf- und Ordnungswidrigkeitenrechts angesehen. Er ist von besonderer gesellschaftlicher Bedeutung und die Schutzpflicht des Staates so stark ausgeprägt, weil die Betroffenen – Kinder und Jugendliche – in den meisten Fällen nicht selbst ihre Rechte durchsetzen können. Das Meinungsbild der Jugend wird durch Medien aller Art in besonderer Weise geprägt, deshalb wiegen Verstöße gegen die Jugendschutzbestimmungen schwer. Der Jugendschutz ist verfassungsrechtlich verankert und stützt sich auf verschiedene Rechtsquellen. Diese und die in der Praxis bedeutsamsten Vorschriften sollen im Folgenden erläutert werden.

6.3.1 Rechtsquellen des Jugendschutzes

Die verfassungsrechtliche Pflicht des Gesetzgebers zum Schutz der Jugend ergibt sich aus dem Schutz der Menschenwürde und dem des allgemeinen Persönlichkeitsrechts (Art. 1, 2 GG). Sie ist als Schranke der Medienfreiheiten außerdem verankert in Art. 5 Abs. 2 GG. Gewährleistet wird der Jugendschutz im Bereich der Medien in erster Linie durch zwei Regelwerke: das Jugendschutzgesetz und den Jugendmedienschutz-Staatsvertrag.

Das **Jugendschutzgesetz (JuSchG)** des Bundes bestimmt Vorschriften für das allgemeine Verhalten von Kindern und Jugendlichen in der Öffentlichkeit.

Im Sinne dieses Gesetzes sind Kinder Personen, die noch nicht 14 Jahre alt sind und Jugendliche Personen, die 14, aber noch nicht 18 Jahre alt sind.

§ 4 Abs. 1 JuSchG: Jugendlichen unter 16 Jahren dürfen sich in Gaststätten nur aufhalten, wenn bspw. ein Elternteil sie begleitet oder wenn sie zwischen 05.00 Uhr und 23:00 Uhr Getränke bzw. Mahlzeiten konsumieren. Jugendliche, die 16 Jahre oder älter sind, dürfen sich ohne erwachsene Begleitung zwischen Mitternacht und 05:00 nicht in Gaststätten aufhalten.

§ 4 Abs. 3 JuSchG: Nachtbars, Nachtclubs oder ähnliche Vergnügungseinrichtungen bleiben Kindern und Jugendlichen grundsätzlich versperrt.

§ 5 Abs. 1 JuSchG: Öffentliche Tanzveranstaltungen dürfen Jugendlichen unter 16 Jahren gar nicht ohne erwachsenen Begleitung besuchen. Jugendliche ab 16 Jahren ist der Besuch höchstens bis Mitternacht gestattet.

§ 9 Abs. 1, 2 JuSchG: Alkoholische Getränke dürfen an Kinder und Jugendliche unter 16 Jahren ohne erwachsenen Begleitung nicht abgeben werden. § 9 Abs. 3 JuSchG verbietet zudem das Angebot von alkoholischen Getränken an Automaten.

§ 10 Abs. 1, 3 JuSchG: Tabakwaren dürfen weder in Gaststätten, noch in Verkaufsstellen oder sonst in der Öffentlichkeit an Kinder und Jugendliche abgegeben werden. Außerdem gilt für Kinder und Jugendliche ein Rauchverbot, und in der Öffentlichkeit dürfen keine Zigarettenautomaten aufgestellt werden, die für Kinder und Jugendliche zugänglich und nicht durch technische Vorrichtungen gesperrt sind.

In Bezug auf die Medien regelt das Jugendschutzgesetz in erster Linie den Bereich des **Films** (§ 11 ff. JuSchG), aber auch den der **Spielprogramme** (Software). Für den Zugang zu Kinofilme gelten gemäß §§ 11, 14 JuSchG bindende Alterseinstufungen. Bestimmte jugendgefährdende Trägermedien mit Filmen oder Spielen (z.b. Videokassetten, CD-ROM, DVD) dürfen überhaupt nicht an öffentlich zugänglichen Stellen, sondern nur in eigens dafür vorgesehenen Kinos gezeigt oder in abgetrennten Bereichen von Videotheken angeboten werden (§ 15 JuSchG). Gleiches gilt auch für die unkörperliche elektronische Verbreitung von Filmen oder Spielen als Anhang von E-Mails.

Von besonderer Bedeutung ist die sogenannte **Indizierung von Filmen**. Gemeint ist ihr Ausschluss von der öffentlichen Ausstrahlung gemäß §§ 18, 24 JuSchG. Diesen Ausschluss bestimmt die Bundesprüfstelle für jugendgefährdende Medien (BPjM: § 17 JuSchG). Sie führt eine Liste (sogenannter Index) und bestimmt, welche Filme aufgenommen und welche wieder gestrichen werden. Gemäß § 18 Abs. 1 JuSchG muss die Bundesprüfstelle solche Träger- und Telemedien in den Index aufnehmen, die geeignet sind, die Entwicklung oder Erziehung von Kindern oder Jugendlichen zu einer eigenverantwortlichen und gemeinschaftsfähigen Persönlichkeit zu gefährden. Dazu zählen insbesondere unsittliche, verrohend wirkende, zu Gewalttätigkeit, Verbrechen oder Rassenhass anreizende Medien.

Der **Jugendmedienschutz-Staatsvertrag (JMStV)** der Länder verfolgt ähnlich wie das Bundesjugendschutzgesetz einen umfassenden Jugendschutz. Zweck des Staatsvertrages ist der einheitliche Schutz der Kinder und Jugendlichen vor Angeboten in elektronischen Informations- und Kommunikationsmedien und im Rundfunk, die deren Entwicklung oder Erziehung beeinträchtigen oder gefährden und die die Menschenwürde oder sonstige durch das Strafgesetzbuch geschützte Rechtsgüter verletzen (§ 1 JMStV)

Gemäß § 4 JMStV sind unzulässig:

- Propagandamittel in Sinne von § 86 des Strafgesetzbuches (StGB; z.B. von verfassungswidrigen Parteien oder Vereinigunen);

- Angebote, die zum Hass gegen Teile der Bevölkerung aufstacheln;

- Schilderungen von grausamen und unmenschlichen Gewalttätigkeiten gegen Menschen:

- Kriegsverherrlichungen;

- Angebote, die Kinder oder Jugendlichen in unnatürlich geschlechtsbetonter Haltung zeigen, sonstige pornographischer Darstellungen und Angebote, die den sexuellen Missbrauch von Kindern und Jugendlichen zum Inhalt haben.

- Auch Werbung für derartige Angebote ist gemäß § 6 Abs. 1 JMStV unzulässig.

- Gleiches gilt für Werbung, die Kindern und Jugendlichen körperlichen oder seelischen Schaden zufügt oder direkte Kaufappelle enthält (§ 6 Abs. 1 JMStV).

Geregelt wird im Jugendschutzmedien-Staatsvertrag bspw. auch die Ausstrahlung von Filmen: Jugendgefährdende Filme dürfen im Fernsehen gar nicht oder nur zu bestimmten Sendezeiten ausgestrahlt werden (§ 8 JMStV). Sie müssen außerdem angekündigt und gekennzeichnet werden (§ 10 JMStV). § 19 JMStV bestimmt zudem, dass private Rundfunkanbieter und Anbieter von Telemedien die Einhaltung der Jugendschutzbestimmungen durch freiwillige Selbstkontrolle überwachen dürfen. Sie müssen sich dazu zu Selbstkontrolleinrichtungen zusammenschließen und von der Kommission für Jugendmedienschutz anerkannt werden.

Auch im **Wettbewerbsrecht** gelten für Kinder und Jugendliche besondere Regeln. Als Beispiel eine aktuelle Entscheidung des Bundesgerichtshofs zu einer Sammelaktion für Schoko-Riegel:

Beispiel: Schoko-Riegel

Der Bundesgerichtshof hatte über die Zulässigkeit einer Sammelaktion zu entscheiden, die sich auch an Kinder und Jugendliche richtete.

Der Fall[188]: Die Nestlé AG hatte für ihre **Schoko-Riegel** (z.B. „Lion", „KIT KAT" und „NUTS") eine Sammelaktion durchgeführt, bei der auf der Verpackung jeweils ein Sammelpunkt (sogenannter „N-Screen") aufgedruckt war. 25 Sammelpunkte konnten gegen einen Gutschein im Wert von 5 Euro für einen Einkauf bei dem Internet-Versandhändler amazon.de eingelöst werden. Der Kläger, der Bundesverband der Verbraucherzentralen, hatte Nestlé auf Unterlassung in Anspruch genommen. Er hat die Auffassung vertreten, die Aktion sei wettbewerbswidrig, weil sie die Sammelbegeisterung von Kindern und Jugendlichen ausnutze und so eine rationale Kaufentscheidung bei ihnen verdrängen könne.

Der BGH hat diese Entscheidung getroffen:

Zwar sind Werbeaktionen, mit denen die geschäftliche Unerfahrenheit von Kindern und Jugendlichen ausgenutzt wird, im Hinblick auf die besondere Schutzbedürftigkeit jugendlicher Verbraucher wettbewerbswidrig. Der BGH hat jedoch klargestellt, dass nicht jede gezielte Beeinflussung von Minderjährigen wettbewerbswidrig ist. Auch sei nicht jede an Minderjährige gerichtete Sammel- und Treueaktion unzulässig. Abzustellen sei auch bei besonders schutzbedürftigen Zielgruppen auf den durchschnittlich informierten und aufmerksamen Verbraucher dieser Gruppe. Die wirtschaftlichen Folgen

---

[188] BGH, Urt. v. 17.07.2008 - I ZR 160/05.

einer Beteiligung an der beanstandeten Sammelaktion konnten – so der BGH – auch von Minderjährigen hinreichend überblickt werden. Es handele sich um ein Produkt, über das auch Minderjährige ausreichende Marktkenntnisse hätten. Die Riegel seien während der Werbeaktion zu ihrem üblichen Preis von ca. 40 Cent verkauft worden; die Teilnahme an der Sammelaktion habe sich im Übrigen im Rahmen des regelmäßig verfügbaren Taschengelds Minderjähriger gehalten. Die Teilnahmebedingungen seien auch für Minderjährige transparent gestaltet gewesen.

Die Rechtslage nach der EU-Richtlinie über unlautere Geschäftspraktiken spielte bei der Entscheidung noch keine maßgebliche Rolle.

Kommission für Jugendmedienschutz, Jugendschutz.net

Die Kommission für Jugendmedienschutz (KJM) ist eine zentrale Aufsichtsstelle für den Jugendschutz und dient den Landesmedienanstalten als Organ bei der Erfüllung ihrer Aufgaben. Die KJM sorgt dafür, dass der JMStV umgesetzt wird, sie prüft Verstöße und entscheidet über darauf folgende Maßnahmen. Die KJM hat zwölf Mitglieder: Das Gremium setzt sich zusammen aus sechs Direktoren von Landesmedienanstalten, vier Mitarbeitern der obersten Landesjugendbehörden und zwei Mitarbeitern der obersten Bundesjugendbehörde.

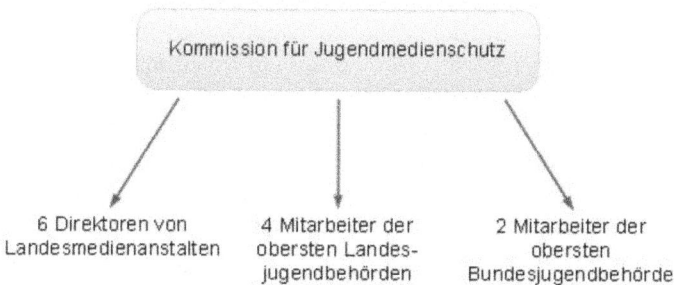

Kommission für Jugendmedienschutz

| 6 Direktoren von Landesmedienanstalten | 4 Mitarbeiter der obersten Landesjugendbehörden | 2 Mitarbeiter der obersten Bundesjugendbehörde |

Für die Anerkennung von Einrichtungen zur freiwilligen Selbstkontrolle durch die KJM enthält § 19 Abs. 3 JMStV die Voraussetzungen. Zu nennen sind insbesondere die Unabhängigkeit und Sachkunde der für die Selbstkontrolle benannten Prüfer und die sachgerechte Ausstattung der Einrichtungen durch eine Vielzahl von Anbietern.

Die Arbeit von KJM und Jugendschutz.net

Die KJM arbeitet eng zusammen mit anderen Institutionen, die mit dem Jugendschutz befasst sind; z.B. mit der BPjM und mit Jugendschutz.net.

Jugendschutz.net ist eine gemäß § 18 JMStV von den obersten Landesjugendschutzbehörden eingerichtete Stelle für alle Länder und hat den Auftrag, die Angebote der Telemedien – insbesondere im Internet – zu überprüfen. Jugenschutz.net wacht damit über alle Telemedien- Angebote, die sich an die Öffentlichkeit richten, aber auch über Chats, Instant- Messaging und File-Sharing. Bei Verstößen gegen den Jugendschutz weist Jugendschutz.net den Anbieter darauf hin und informiert die zuständigen Einrichtungen der Freiwilligen Selbstkontrolle sowie die KJM.

Hintergrund der Einrichtung von Jugendschutz.net ist, dass eine umfassende Kontrolle der Internetinhalte mit Blick auf den Jugendschutz allein durch die Eltern oder Diensteanbieter nahezu unmöglich ist. Jugendgefährdende oder pornographische Inhalte sind im Internet leicht zugänglich – auch für Kinder und Jugendliche – und werden den Nutzern teilweise sogar aufgedrängt. Jugendschutz.net soll helfen, entsprechende Schwierigkeiten zu beheben und Kindern und Jugendliche vor derartigen Angeboten zu schützen.

Freiwillige Selbstkontrolle

Im Bereich der Filmwirtschaft existiert bereits seit 1949 die Freiwillige Selbstkontrolle FSK. Sie prüft freiwillig Filme, Videos und DVDs sowie andere Bildträger, die zur öffentlichen Vorführung oder Zugänglichmachung vorgesehen sind. Für die Freigabe ist eine Kennzeichnung vorgesehen, die die FSK vergibt: z.B. „FSK 12", das bedeutet, Jugendliche ab 12 Jahre dürfen den Film sehen. Seit der letzten Neuregelung des Jugendschutzes ist eine freiwillige Selbstkontrolle für den Jugendschutz nun auch im Bereich des Rundfunks und der neuen Medien vorgesehen (§ 19 JMStV)

Seit 2003 ist die **„Freiwillige Selbstkontrolle Fernsehen" (FSF)** für die privaten Fernsehanbieter in Deutschland von der KJM anerkennt. Die FSF will nach eigener Darstellung einerseits durch Programmbegutachtung den Jugendschutzbelangen im Fernsehen gerecht werden, andererseits durch medienpädagogische Aktivitäten und Publikationen den bewussten Umgang mit dem Fernsehen fördern. In den Prüfausschüssen der FSF arbeiten – wie bei der FSK – unabhängige Fachleute aus den Bereichen Pädagogik, Psychologie und Jugendhilfe.

Für den Bereich Multimedia hat die KJM ebenfalls einen Verein zur freiwilligen Selbstkontrolle anerkannt, nämlich die **„Freiwillige Selbstkontrolle**

Multimedia-Diensteanbieter" (FSM). Ihr gehören bspw. Google, AOL, die Deutsche Telekom, T-Online, AMANGO und CYBITS an. Der Verein ist nach eigenen Angaben in erster Linie als Selbstkontrolle der Onlinewirtschaft tätig, er übernimmt aber gemäß § 7 JMStV auch die Aufgaben des Jugendschutzbeauftragten für seine Mitglieder und unterhält eine eigene Beschwerdestelle. Hier werden Beschwerden von Internetnutzern zu jugendgefährdenden und strafbaren Internetinhalten im Bereich des Jugendmedienschutzes bearbeitet. Ihre Selbstdarstellung zufolge arbeitet die FSM eng mit den staatlichen Behörden zusammen: Sie zeigt bspw. geplante Straftaten an, sofern sie davon erfährt. Darüber hinaus informiert sie die zuständigen Behörden, wenn sich aus bei ihr eingehenden Beschwerden Verdachtsmomente für konkrete Gefahren für Leib, Leben oder Freiheit ergeben. Beschwerden über kinderpornographische Darstellungen im Internet leitet die FSM anonymisiert an das Bundeskriminalamt weiter.

Auch für Computerspiele gibt es eine solche Einrichtung: Die **„Unterhaltungssoftware Selbstkontrolle" (USK).** Sie ist gemeinsam mit den obersten Landesjugendbehörden für die gesetzlich vorgeschriebene Alterskennzeichnung von Computerspielen (§ 14 JuSchG) zuständig. Darüber hinaus bietet sie den Anbietern von Softwareprodukten aus den Bereichen Entertainment, Infotainment und Edutainment eigenen Angaben zufolge Beratung an in Bezug auf den Jugendschutz sowie die gesellschaftliche Akzeptanz der Software-Inhalte.

Die freiwillige Selbstkontrolle unterliegt dem Prinzip der sogenannten **„regulierten Selbstregulierung".** Die staatlichen Behörden müssen die Entscheidung der Selbstkontrolleinrichtungen demnach grundsätzlich akzeptieren. Die KJM darf allerdings eingreifen, wenn die Entscheidung einer Selbstkontrolleinrichtung (oder das Unterlassen einer Entscheidung) die rechtlichen Grenzen des Beurteilungsspielraums überschreitet (§ 20 Abs. 3 JMStV).

6.3.2 Rechtsfolgen bei Verletzung der Jugendschutzbestimmungen

Wer gegen die Bestimmungen des Jugendschutzgesetzes verstößt, handelt ordnungswidrig oder macht sich strafbar.

Einen umfassenden Katalog der Ordnungswidrigkeiten enthält § 28 Abs. 1 – 4 JuSchG. Wer bspw. Kindern und Jugendlichen ohne erwachsene Begleitung den Besuch von öffentlichen Tanzveranstaltungen auch nach Mitternacht gestattet, handelt ordnungswidrig; ebenso wer alkoholische Getränke an unter 16-jährige abgibt oder Tabakwaren an Jugendliche abgibt oder einem Kind oder einer jugendlichen Person das Rauchen gestattet. Die Bußgelder können bis zu 50.000,00 Euro betragen (§ 28 Abs. 5 JuSchG).

Strafbar macht sich, wer die Verbotet des § 15 Abs. 1 JuSchG missachtet. Das bedeutet: Wer Medien (Filme oder Spiele), die auf dem Index stehen, Kindern und Jugendlichen anbietet oder zugänglich macht, wer sie durch Versandhandel an die Jugend verbreitet oder sie öffentlich aufführt, kann strafrechtlich verfolgt werden. Gemäß § 27 JuSchG kommen Geldstrafen oder Freiheitsstrafen bis zu einem Jahr in Betracht.

Auch der Jugendmedienschutz-Staatsvertrag enthält Rechtsfolgen für Verstöße gegen die Bestimmungen. Zum einen sieht der Staatsvertrag vor, dass die Landesmedienanstalten Angebote in Telemedien oder im privaten Rundfunk untersagen und deren Sperrung anordnen können (§ 20 JMStV).

Darüber hinaus beinhaltet der JMStV eigene Vorschriften für Straftaten und Ordnungswidrigkeiten. Die §§ 23, 24 JMStV enthalten dazu die entsprechenden Voraussetzungen und Fallkataloge. Möglich sind Bußgelder bis zu 500.000 Euro, Geldstrafen oder Freiheitsstrafen bis zu einem Jahr.

6.4 Allgemeine Strafvorschriften

Es ist immer wieder deutlich geworden, dass auch allgemeine strafrechtliche Bestimmungen im Bereich der Medien – und zwar sowohl der traditionelle wie auch der neuen Medien – von Bedeutung sein können. Im Folgenden sollen solche Tatbestände genannt werden, die entweder häufig von Medienschaffenden erfüllt werden oder die eine besondere Ausprägung hinsichtlich der Medien beinhalten.

6.4.1 Medienbezogene Strafbestimmungen

Zu den wichtigsten Vorschriften des Strafgesetzbuches, die sich auf den Medienbereich auswirken können, zählen die Verbote der Verbreitung von Schriften, Tondokumenten und Bildträgern sowie Abbildungen, die den Rechtsstaat beschädigen können.

Beispiele:

- Verbreiten von Propagandamitteln verfassungswidriger Organisationen (§ 86 StGB);

- Verwenden von Kennzeichen verfassungswidriger Organisationen (§ 86 a StGB);

- Volksverhetzung (§ 130 StGB);

- Gewaltdarstellung (§ 131 StGB).

Auch die Vorschriften zum Schutz der Ehre betreffen häufig die Medienbranche. Es handelt sich bei den §§ 185 ff. StGB um die sogenannten **Beleidigungstatbestände**

- Beleidigung (§ 185 StGB),
- üble Nachrede (§ 186 StGB),
- Verleumdung (§ 187 StGB),
- Beleidigung trotz Wahrheitsbeweise (§ 192 StGB).

Für Journalisten enthält § 193 StGB eine Besonderheit: Sofern sie die journalistische Sorgfaltspflicht beachten, können sie sich auf den sogenannten Rechtfertigungsgrund der Wahrnehmung berechtigter Interessen berufen.

Darüber hinaus sollten als strafrechtlich relevante Tatbestände folgende bekannte sein: § 166 StGB soll die Beschimpfung von religiösen und weltanschaulichen Bekenntnissen verhindern. Gemäß § 184 StGB ist die Verbreitung pornographischer Schriften unter Strafe gestellt. § 201 a StGB bestimmt, dass sich strafbar macht, wer das nicht öffentliche Wort eines anderen aufzeichnet und öffentlich zugänglich macht. Gemäß § 201 a StGB ist auch die Verletzung des höchstpersönlichen Lebensbereichs durch Bildaufnahmen unter Strafe gestellt. Gleiches gilt laut §§ 203, 204 StGB für die Verletzung und Verwertung von Privatgeheimnissen Dritter, z.B. durch Ärzte, Rechtsanwälte, Sucht- oder Eheberater.

6.4.2 Computer- und Internetkriminalität

Das Strafgesetzbuch enthält darüber hinaus zahlreiche Vorschriften, die die Computer- und Internetkriminalität betreffen.

Hier ist zu beachten, dass die Straftaten zum einen mittels der Medien von jedermann begangen werden können, zum anderen können hier selbstverständlich auch die Medien, besser: Medienschaffende selbst, straffällige werden.

Strafbar ist bspw. das **Ausspähen von Daten,** sofern diese gegen unberechtigten Zugriff gesichert sind (§ 202 a StGB). Firewalls werden in diesem Zusammenhang gemeinhin nicht als ausreichender Schutz angesehen; vielmehr müssen die Daten gesondert geschützt sein, z.B. durch die Verwendung von Passwörtern. Ob der Straftatbestand auch auf das sogenannte Hacking – also das Eindringen in ein Computersystem ohne Datenbeschaffung – zutrifft, ist in der Literatur umstritten.

Relevant ist im Internet aber bspw. der **Betrug** gemäß § 263 StGB. Die Anonymität, die moderne Kommunikationsmittel bieten, wird bspw. bei Internetauktionen oder beim Einsatz sogenannten Dialer missbraucht. Auch der Betrugsversuch ist bereits strafbar.

Von großer Bedeutung ist die Bestimmung des § 263 a StGB zum **Computerbetrug**. Demnach macht sich strafbar, wer Datenverarbeitungsvorgänge durch unrichtige Programmgestaltung derart manipuliert, dass Dritte dadurch einen Schaden erleiden und der Täter sich selbst oder anderen einen rechtswidrigen Vermögensvorteil verschafft. In der Praxis wird diese Norm bspw. beim Missbrauch von Bankautomaten durch gefälschte Geldkarten angewendet.

Die Methoden der Betrüger beim **Electronic Banking** werden immer raffinierter. Die Zahl der Internet-Nutzer, deren Konten mit gestohlenen Passwörtern geplündert worden sind, ist in den letzten Jahren enorm gestiegen.

Unter **„Phishing"** – „Kontodatenklau" – sind in diesem Zusammenhang Versuche zu verstehen, über gefälschte www-Adressen Daten eines Internet-Benutzers zu erlangen. Der Begriff ist ein englisches Wortspiel, das sich an fishing („Angeln", „Fischen") anlehnt. Bei einem Phishing-Versuch soll der Benutzer seine Zugangsdaten auf der vom Phisher präparierten Webseite preisgeben. Das Opfer wird dazu verleitet, einen in der E-Mail enthaltenen Internetlink zu verfolgen. Typisch ist die Nachahmung des Designs eines bekannten und vertrauenswürdigen Anbieters. Gibt das Opfer dort nun seine vertraulichen Kontoinformationen ein, „fischen" die Betrüger diese ab und greifen selbst auf das Konto zu. Phishing-Nachrichten werden meist per E-Mail oder Instant Messaging versandt. Diese Mails sind heute oft perfekt formuliert, während sie zu Beginn der Phishing-Angriffe zumeist in sehr schlechtem Deutsch verfasst waren. Das lag daran, dass sie oft aus dem fremdsprachigen Ausland stammten und mit automatischen Übersetzungsprogrammen oder von Laien ins Deutsche übertragen wurden. Zum anderen gibt es die Nachahmung von Teilen oder einer gesamten vertrauten Webseite, auch **„Spoofing"** („Verschleierung") genannt. Hier geschieht der eigentliche Betrug, indem die Angreifer einen getäuschten Nutzer zur Preisgabe vertraulicher Daten verleiten, die dann missbraucht werden. Viele Banken erstatten zwar einen Phishing-Schaden, jedoch nur dann, wenn die Nutzer nicht fahrlässig handeln.

Eine weiter entwickelte Variante des klassischen Phishings ist das sogenannte **„Pharming"**, das auf einer Manipulation der DNS-Adressen von Webservern basiert. Kunden werden beim Pharming auf gefälschte Web-Seiten, die den Originalseiten oft täuschend ähnlich sehen, umgeleitet und unter Vortäuschung falscher Tatsachen dazu bewegt, ihre geheimen Online-Banking-Daten preiszugeben.

Auch die sogenannte **Computersabotage** ist strafrechtlich von Bedeutung. Gemäß § 303 b StGB stehen Datenveränderungen oder Störungen der Datenverarbeitung sowie Manipulation an Datenverarbeitungsanlagen und Datenträgern unter Strafe, wenn sie von wesentlicher Bedeutung sind. Dies betrifft konkret das Inverkehrbringen von Viren, die ein Computersystem nachhaltig schädigen können. Außerdem steht demnach das rechtswidrige Löschen, Unterdrücken, Verändern oder Abfangen von Daten unter Strafe. Für die soeben genannten Normen sieht das Strafgesetzbuch je nach Tatbestand Geldstrafen oder Freiheitsstrafen von bis zu einem, drei oder fünf Jahren vor.

6.4.3 Begünstigende Sondernormen für die Medien

Schließlich sei erwähnt, dass die Strafprozessordnung (StPO) etliche Sondernormen kennt, die die Medien begünstigen. Zu nennen ist hier das **Zeugnisverweigerungsrecht** für Medienangehörige gemäß § 53 Abs. 1 Nr. 5 StPO. Demnach sind in den Medien – Presse, Rundfunk, Film, neue Medien – Tätige berechtigt, vor Gericht das Zeugnis zu verweigern, und zwar in Bezug auf die Person des Verfassers oder Einsenders von Beiträgen oder Unterlagen und sonstigen Informanten. Das Zeugnisverweigerungsrecht gilt allerdings gemäß § 53 Abs. 1 Satz 3 StPO nur, wenn es um Beiträge, Unterlagen, Mitteilungen und Materialien geht, die ausschließlich journalistisch-redaktionell verwendet wurden.

Sofern das Zeugnisverweigerungsrecht der Betoffenen reicht, ist gemäß § 97 Abs. 5 SPO (ebenso § 111 m StPO) auch die Beschlagnahme von Schriftstücken, Ton-, Bild- und Datenträgern, Abbildungen und anderen Darstellungen, die sich im Besitz des Journalisten oder seiner Redaktion befinden, unzulässig.

Das Bundesverfassungsgericht hat in einem Urteil[189] zwar festgestellt, dass die öffentlich-rechtlichen Rundfunkanstalten sich zum Schutz der Vertraulichkeit der Informationsbeschaffung und der Redaktionsarbeit auf das Fernmeldegeheimnis aus Art. 10 GG und insoweit auch auf die Rechtsschutzgarantie des Art. 19 Abs. 4 GG berufen können. Staatlichen Stellen sei es grundsätzlich verwehrt, sich Einblick in die Vorgänge zu verschaffen, die zur Entstehung von Nachrichten oder Beiträgen führen, die in der Presse gedruckt oder im Rundfunk gesendet werden. Geschützt sei auch der Kontakt zu Personen, die selbst Gegenstand der Berichterstattung sind.

Art. 5 Abs. 1 Satz 2 GG gebietet es jedoch nicht, Journalisten generell von strafprozessualen Maßnahmen auszunehmen. Der Gesetzgeber ist weder

---

[189] BVerfG, Urt. v.12.03.2003 - 1 BvR 330/96, 1 BvR 348/99.

gehalten noch stehe es ihm frei, der Presse- und Rundfunkfreiheit absoluten Vorrang vor anderen wichtigen Gemeinschaftsgütern einzuräumen.

Die journalistische Tätigkeit dürfe nicht zum Anlass genommen werden, Journalisten einem höheren Risiko auszusetzen als andere Grundrechtsträger. Insbesondere dürfe die Inanspruchnahme von Journalisten nicht allein auf den Erfahrungssatz gestützt werden, dass Journalisten auf Grund ihrer Recherchen häufig mehr über gesuchte Straftäter wüssten als andere Bürger.

Verfassungsrechtlich habe das Interesse von Journalisten, unbehelligt telefonischen Kontakt zu gesuchten Straftätern zu haben, grundsätzlich ein geringeres Gewicht als das Interesse an der Kommunikation mit Personen, die als Informanten den Medien für die Öffentlichkeit wichtige Informationen zukommen lassen, etwa zur Aufdeckung und Aufklärung von Missständen.

Ermittlungsbehörden dürften daher die Telefone von Journalisten überwachen, wenn diese aus journalistischen Gründen Kontakt mit gesuchten Straftätern haben und sich aus den Verbindungsdaten Hinweise auf den Aufenthaltsort des Straftäters ergeben könnten. Solche schwerwiegenden Eingriffe in das Fernmeldegeheimnis seien aber nur verhältnismäßig und zulässig, wenn die Straftat, die dadurch aufgeklärt werden soll, besonders schwer wiegt.

7. Domainrecht

7.1 Überblick

Wer mit seinem Angebot im Internet gefunden werden will, braucht eine eindeutige Adresse für dieses Angebot. Anderenfalls hat der Nutzer im grenzenlosen Netz keine Chance, die Seiten zu entdecken und aufzurufen. Können Nutzern den Internetauftritt eines Unternehmens nicht finden oder ist dieser bspw. wegen einer Auseinandersetzung um den Domainnamen gesperrt, droht dem Unternehmen im schlimmsten Fall die Insolvenz. Domains sind in der modernen Wirtschaftsgesellschaft zu Marketinginstrumenten geworden. Sie spielen also eine große wirtschaftliche Rolle.

Internetadressen werden mittlerweile knapp: Da sie nur jeweils einmal vergeben werden können, sind zahlreiche Domainnamen bereits nicht mehr verfügbar. Mutmaßlich wertvolle Domainnamen haben sich digitale Adresshändler längst gesichert, so dass sie sie im Bedarfsfall zu hohen Preisen verkaufen können. Solche Fälle werden in der Literatur als **Namenspiraterie** oder als **Domain-Grabbing** bezeichnet.

Das Recht der Domains ist eine besondere Ausprägung des Namens- und Kennzeichenrechts. Es geht in aller Regel um die Problematik, wem ein Name zuzuordnen ist und wem eine Internetadresse gehört.

Wie eine Internetadresse aufgebaut ist, wie ein rechtssicherer Name gefunden und registriert wird und welche Besonderheiten dabei jeweils zu beachten sind, wird folgend erläutert.

7.2 Aufbau der URL

Internetadressen bestehen aus einem Zahlencode, dem sogenannten „Domain Name System" (DNS). Dieser wird allerdings – weil Zahlencodes in der praktischen Anwendung wenig sinnvoll wären – in alphanumerische Adressen übersetzt: Hierbei handelt es sich um den „**Uniform Ressource Locator"** (die URL). So wird im Internet aus einer langen Zahlenfolge bspw. www.oncampus.de.

Eine URL besteht aus folgenden Informationen:

- **http**: Hypertext Transfer Protocol; ein Protokoll zur Übertragung von HTML-Dokumenten, das dem Webbrowser/ Webserver den Aufruf einer Seite mitteilt.

- **www**: Name des Webservers, hier: World Wide Web, das ein wesentlicher Bestandteil und die meistgenutzte Form des Internet ist.

- **oncampus**: Second Level Domain, die – sofern verfügbar – bei Registrierungsstellen beantragt und registriert werden kann.

- **.de**: Top Level Domain (in der Literatur häufig TLD). Sie existiert als Länderkennung/ country code (ccTLD; z.B.de für Deutschland, .uk für Großbritannien, .ffür Frankreich) und als sogenannte generische Top Level Domain (gTLD; zebu.com für commercial, gov für government oder .edu für education).

Weil mittlerweile nicht mehr jeder Interessent die Second Level Domain erhält, die er begehrt, werden regelmäßig neue Top Level Domains neu erfunden, bspw.info oder .name. Ihre Verwendung wird nicht sehr streng geprüft (Ausnahmen: .mil für military und .gov). Neuerdings wird auch die Top Level Domain .tv für Internetangebote im Zusammenhang mit Fernsehdiensten geführt, obwohl es sich hier eigentlich um die Länderkennung von Tuvalu (Inselstaat im Pazifik, nördlich von Neuseeland) handelt. Tuvalu hat mit dem US-amerikanischen Registrierungsunternehmen Verisign Inc. einen Lizenzvertrag, der die Nutzung der Länderkennung auch Anbietern erlaubt, die nicht in Tuvalu leben. Ähnlich verhält es sich bei der Top Level Domain .ag, der Länderkennung von Antigua. Die Abkürzung steht im Deutschen für „Aktiengesellschaft" und ist als Domain entsprechend begehrt.

7.3 Schutz von Domains

Der Schutz von Domains kann aus § 12 BGB und § 14, 15 MarkenG abgeleitet werden.

Markenrechtlich ist eine Domain dann geschützt, wenn sie im Wesentlichen einer Marke entspricht.

Trifft das nicht zu, kommt ein Schutz als **Unternehmenskennzeichen** in Betracht (§§ 5 Abs. 1, 15 MarkenG). Als Unternehmenskennzeichen kann gemäß § 5 Abs. 2 Satz 1 MarkenG eine Firma in Betracht kommen. Hier ist der Namensschutz des Handelsrechts zu beachten: § 17 Abs. 1 des Handelsgesetzbuches (HGB) definiert die Firma als den Namen eines Kaufmanns, unter dem er seine Geschäfte betreibt und die Unterschrift abgibt. Die Firma muss zur Kennzeichnung des Kaufmanns geeignet sein und Unterscheidungskraft besitzen (§ 18 Abs. 1 HGB). Sie darf keine Angaben enthalten, die geeignet sind, über geschäftliche Verhältnisse, die für die angesprochenen Verkehrskreise wesentlich sind, irrezuführen (§ 18 Abs. 2 HGB). Sind diese Voraussetzungen erfüllt, wird die Firma als Unternehmenskennzeichen anerkannt und genießt damit Domain-Schutz nach dem Markengesetz.

Handelt es sich bei dem Domain-Namen weder um eine Marke noch um ein Unternehmenskennzeichen, bleibt der Schutz nach dem Namensrecht des Bürgerlichen Gesetzbuches.

§ 12 BGB schützt nicht nur die Namen natürlicher Personen, sondern auch Namen juristischer Personen, insbesondere also von Unternehmen als Kapitalgesellschaften (z.b. GmbH, AG).

Wer unbefugt Domains benutzt, schafft damit eine Verwechslungsgefahr, die sich dem Nutzer des Internetangebots mitunter nicht auf den ersten Blick offenbart. Gegen unrechtmäßige Verwender kann bei Marken und Unternehmenskennzeichen deshalb gemäß §§ 14 Abs. 5, 15 Abs. 2, 4 MarkenG und bei Namen gemäß §§ 12 Abs. 2, 823 Abs. 1, 1004 BGB ein **Unterlassungsanspruch** geltend gemacht werden. Bei Verschulden (Fahrlässigkeit oder Vorsatz) ist auch ein **Schadensersatzanspruch** möglich. Außerdem kann von dem unbefugten Benutzer die Freigabe der Domain verlangt werden.

In der Literatur wird häufig die Forderung nach einem Anspruch erhoben, der die Übertragung der Domain vom unrechtmäßigen Verwender auf den Berechtigten beinhaltet. Hintergrund ist, dass der Berechtigte durch die bloße Freigabe der Domain durch den unrechtmäßigen Benutzer nicht hinreichend vor weiteren Zugriffen Dritter geschützt ist. Für einen solchen Anspruch lässt sich nach den geltenden Gesetzen allerdings keine Rechtsgrundlage konstruieren.

7.4 Vergabe von Domains

Zu rechtlichen Auseinandersetzungen kommt es häufig, wenn für eine Second Level Domain (im Folgenden kurz: Domain) ein Name benutzt wird, der im Wesentlichen der Firma (Unternehmensname) eines seit längerem bestehenden Unternehmens entspricht oder einer eingeführten Marke.

Eine gesetzliche Regelung für die Domain-Vergabe gibt es bisher nicht, obwohl ihr wirtschaftlicher Wert äußerst hoch ist: Domains dienen der Identifikation im grenzenlosen Internet; sie können verkauft, vermietet oder verpfändet werden. Damit sind häufig sehr hohe finanzielle Beträge verbunden. Dass keine gesetzliche Vergabe-Regelung existiert, ist mit der weltweiten Gültigkeit von Internetadressen zu erklären: Es müsste, damit ein solches Gesetz überhaupt Sinn hätte, ein Regelwerk geschaffen werden, das weltweit anerkannt und damit Wirksamkeit entfalten würde.

Die Domain-Vergabe erfolgt durch private Gesellschaften. Die Namen mit dem Top Domain Level .de werden von der eingetragenen Genossenschaft **DENIC** (Deutsches Network Information Center) vergeben. Eine staatliche

Kontrolle – etwa durch die Bundesnetzagentur – erfolgt nicht; vielmehr herrscht das Prinzip der Selbstregulierung.

Die Verwaltung der zentralen Datenbank für die Top Level Domains .com, .net, .org, .info, .eu, .name und andere führt das US-amerikanische Unternehmen **Network Solutions** (NSI). Als übergeordnete Organisation ist die **ICANN** (Internet Corporation for Assigned Names and Numbers) mit Sitz in Kalifornien zuständig – sowohl für die DENIC, als auch für NSI und andere Registrare.

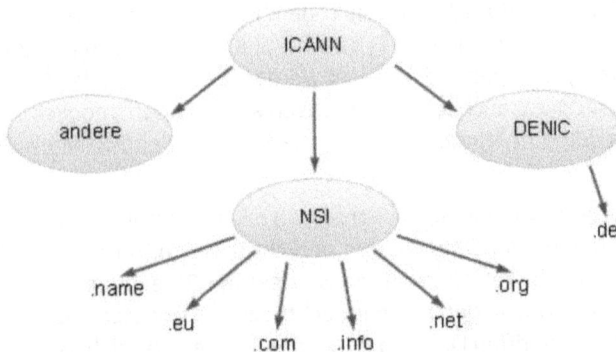

Nach den Richtlinien der DENIC muss ein gültiger .de-Domain-Name aus mindestens drei und maximal 63 Buchstaben oder Ziffern und Bindestrichen bestehen. Er hat mit einem Buchstaben oder einer Ziffer zu enden, wobei er mindestens einen Buchstaben beinhalten muss. Zwischen Groß- und Kleinschreibung wird nicht unterschieden. Umlaute und Sonderzeichen sind seit 2004 erlaubt. Nicht zulässig sind dagegen die Namen existierender Top Level Domains, ein- und zweibuchstabige Abkürzungen sowie deutsche Kfz-Kennzeichen.

In den seltensten Fällen erfolgt die Registrierung einer .de-Domain direkt über die DENIC. Meist sind Service-Provider (z.B. STRATO, 1&1) gewissermaßen als Zwischenhändler tätig.

Freie Domain-Namen können im Internet recherchiert werden, entweder bei der DENIC selbst oder bei anderen Suchmaschinen. Wer einen freien Namen gefunden und registrieren lassen hat, riskiert allerdings, dass er nachträglich markenrechtlich auf Unterlassung in Anspruch genommen wird. Die Haftung für derartige Folgen trägt nicht die DENIC, sondern der Kunde. Der Antragsteller muss zwar bei der Registrierung versichern, dass er keine Rechte Dritter verletzt, eine Überprüfung findet aber nicht statt. Daraus ergeben sich häufig Rechtsstreitigkeiten.

7.5 Gleichnamigkeit

In der Praxis kommt es häufig vor, dass sich zwei Personen/ Unternehmen mit dem gleichen Namen um eine Domain streiten. Hier gilt bei der Vergabe zunächst der **Prioritätsgrundsatz:**

Wer zuerst registriert war, darf die Domain nutzen („**first-come, first served"-Prinzip**).

Das entspricht dem sogenannten Recht der Namensgleichen gemäß § 23 Nr. 1 MarkenG, wonach dem Inhaber der Domain bei Namensgleichheit die Nutzung nur untersagt werden kann, wenn diese gegen die guten Sitten verstößt.

Ausnahmen vom Prioritätsprinzip gelten dann, wenn die Allgemeinheit mit einem Namen ein bestimmtes Unternehmen oder eine Marke, ein Produkt etc. verbindet. Bei herausragender Bekanntheit kommt dem Inhaber eines Namens unter Umständen ein überragendes Recht zu. Dies ist häufig der Fall bei Unternehmen, Städten, aber auch bei Prominenten.

Treten solche Konflikte auf, wird geprüft, ob einer Person/ einem Unternehmen ein besseres Recht an der Bezeichnung zukommt als der/ dem anderen. Ausschlaggebend sind meist marken- oder wettbewerbsrechtliche Sachverhalte. Wird ein überragendes Recht für einen der Beteiligten bejaht, muss ein sogenannter namensrechtlicher Interessensausgleich stattfinden.

Verhindern lassen sich Streitigkeiten dieser Art, indem die Domain-Namen um unterscheidungskräftige Zusätze ergänzt werden.

Streiten sich bspw. der Softwareentwickler Schultze und der Schornsteinfeger Schultze um die Domain www.schultze.de, kämen als Unterscheidungszusätze www.schornstein-schultze.de oder www.software-schultze.de in Betracht, um langwierige gerichtliche Auseinandersetzungen zu vermeiden.

Aus der bisherigen Rechtsprechung lassen sich einige Grundregeln für die Wahl eines Domain-Namens ableiten. Privatpersonen sollten demnach keine kennzeichenrechtlich geschützten Namen verwenden, keine Namen von Werken (Software oder Zeitschriftentitel). Ferner sollte auf die Verwendung von Prominentennamen sowie Städte- und Behördennamen verzichtet werden.

Der BGH hat in zwei Grundsatzurteilen Streitfragen über die Vergabe und Verwendung von Domain-Namen entschieden:

Beispiel 1: Maßstäbe für Prüfungspflicht der DENIC festgelegt

Entscheidung im Streit um „ambiente.de"

In dem **ersten Fall „ambiente.de"**[190]hatte sich die Messe Frankfurt AG, die unter der Bezeichnung „Ambiente" eine Messe für Tischkultur, Küche, Wohn- und Lichtkonzepte sowie Geschenkideen veranstaltet und Inhaberin der Marke „Messe Frankfurt Ambiente" ist, dagegen gewandt, dass sich ein Privatmann den Domain-Namen „ambiente.de" hatte registrieren lassen. Dieser Dritte hatte sich zwar bereit erklärt, diesen Domain-Namen nicht mehr zu benutzen, war aber zu einer Löschung der Registrierung nicht bereit. Darauf verklagte die Messe Frankfurt die DENIC, die Genossenschaft von Internet-Providern, von der die mit ".de" endenden Domain-Namen vergeben werden. Ziel der Klage war es, die Registrierung von „ambiente.de" aufzuheben und diese Bezeichnung für die Klägerin zu registrieren. Zwar sei nichts dagegen einzuwenden, dass DENIC den Domain-Namen „ambiente.de" registriert habe. Nachdem die DENIC inzwischen aber von den bestehenden älteren Rechten an der Bezeichnung „ambiente" wisse, sei sie verpflichtet, die ursprüngliche Registrierung aufzuheben und den Domain-Namen nunmehr für die Klägerin zu registrieren.

Der BGH hat klargestellt, dass die DENIC, die die Aufgabe der Registrierung und Verwaltung von vielen Millionen Domain-Namen mit verhältnismäßig geringem Aufwand erledigt, grundsätzlich keine Verpflichtung trifft, bei der Registrierung zu prüfen, ob an der einzutragenden Bezeichnung Rechte Dritter bestehen. Aber auch wenn sie auf ein angeblich besseres Recht hingewiesen wird, kann die DENIC – so der BGH – den Anspruchsteller im allgemeinen auf den Inhaber des beanstandeten Domain-Namens verweisen, mit dem – notfalls gerichtlich – zu klären ist, wer die besseren Rechte an der Bezeichnung hat. Nur wenn der Rechtsverstoß offenkundig und für die DENIC ohne weiteres festzustellen sei, müsse sie die beanstandete Registrierung ohne weiteres aufheben. In anderen Fällen brauche sie erst tätig zu werden, wenn ein rechtskräftiges Urteil oder eine entsprechende Vereinbarung mit dem Inhaber der Registrierung die bessere Rechtsposition des Anspruchstellers bestätigt.

Im konkreten Fall war zwischen dem Inhaber der Registrierung „ambiente.de" und der Messe Frankfurt AG streitig, ob aufgrund der Erklärung des Inhabers von „ambiente.de", diesen Namen nicht mehr zu benutzen, ein entsprechender Vertrag zustande gekommen war. Ob der Messe Frankfurt AG bessere Rechte zustanden, war – so der BGH – für die DENIC nicht offenkundig.

---

[190] BGH, Urt. v. 17.05.2001 - I ZR 251/99.

Beispiel 2: Gattungsbezeichnungen sind als Domain-Namen zugelassen

Entscheidung im Streit um „Mitwohnzentrale.de"

Im zweiten Fall „Mitwohnzentrale.de"[191] hatte sich der beklagte Verband, in dem unter anderem 25 deutsche Mitwohnzentralen organisiert sind, den Domain-Namen „Mitwohnzentrale.de" registrieren lassen. Auf der Homepage sind die Mitglieder nach Städten geordnet mit Telefon- und Faxnummern sowie mit E-Mail-Adressen aufgeführt. Dagegen wandte sich ein konkurrierender Verband, in dem 40 Mitwohnzentralen organisiert sind und der im Internet unter „HomeCompany.de" auftritt. Gattungsbegriffe und Branchenbezeichnungen – so dieser klagende Verband – seien im Internet freizuhalten. Der Begriff „Mitwohnzentrale" habe sich als übliche Branchenbezeichnung für die Kurzzeitvermietung von Wohnraum durchgesetzt und dürfe nicht von einem Wettbewerber monopolisiert werden. Außerdem sei die Bezeichnung „Mitwohnzentrale.de" irreführend, weil sie den Eindruck erwecke, man finde dort das Angebot sämtlicher Mitwohnzentralen.

Vor dem Landgericht und Oberlandesgericht Hamburg hatte der Kläger Erfolg. Der beklagte Verband wurde verurteilt, die Verwendung des Domain-Namens „Mitwohnzentrale.de" ohne unterscheidende Zusätze zu unterlassen. Das OLG Hamburg stellte sich auf den Standpunkt, die Verwendung von Gattungsbezeichnungen als Domain Namen sei unlauter und daher generell nach § 1 UWG verboten. Der Beklagte fange mit seinem Domain-Namen den Teil der Interessenten ab, die durch Eingabe eines Gattungsbegriffs als Internet-Adresse nach Angeboten suchten. Diese Kunden gelangten zufällig auf die Homepage der Beklagten mit der Folge, dass nach anderen Wettbewerbern aus Bequemlichkeit nicht mehr gesucht werde und ein Leistungsvergleich unterbleibe. Dies führe zu einer erheblichen Kanalisierung der Kundenströme in Richtung auf die Homepage der Beklagten und könne eine nachhaltige Beeinträchtigung des Wettbewerbs zur Folge haben.

Der BGH hat mit seiner Entscheidung die verbreitete Übung, Gattungsbegriffe als Internet-Adresse zu verwenden, als rechtmäßig anerkannt. Das beanstandete Verhalten passt – so der BGH – in keine der Fallgruppen, die die Rechtsprechung zur Konkretisierung des Verbots von „Handlungen, die gegen die guten Sitten verstoßen" (§ 1 UWG) entwickelt hat, und gibt auch keinen Anlass zur Bildung einer neuen Fallgruppe. Allein mit dem Argument einer Kanalisierung der Kundenströme lasse sich eine Wettbewerbswidrigkeit nicht begründen. Ein Abfangen von Kunden sei nur dann unlauter, wenn sich der Werbende gewissermaßen zwischen den Mitbewerber und dessen Kunden stellt, um diesem eine Änderung des Kaufentschlusses aufzudrän-

---

[191] BGH, Urt. v. 17.05.2001 - I ZR 216/99.

gen. So verhalte es sich hier aber nicht. Denn mit der Verwendung des Gattungsbegriffs habe der Beklagte nur einen sich bietenden Vorteil genutzt, ohne dabei in unlauterer Weise auf bereits dem Mitbewerber zuzurechnende Kunden einzuwirken. Das vom OLG Hamburg herangezogene Freihaltebedürfnis – Gattungsbegriffe dürfen nicht als Marke eingetragen werden – sei hier nicht berührt. Denn die Internetadresse des Beklagten führe anders als die Marke nicht zu einem Ausschließlichkeitsrecht. Der Kläger und andere Wettbewerber seien nicht gehindert, in ihrer Werbung oder in ihrem Namen den Begriff „Mitwohnzentrale" zu verwenden. Schließlich liege– abgesehen von einer möglichen Irreführung – auch keine unsachliche Beeinflussung der Internet-Nutzer vor. Ein Verbraucher, der den Einsatz von Suchmaschinen als lästig empfinde und statt dessen direkt einen Gattungsbegriff als Internet-Adresse eingebe, sei sich im allgemeinen über die Nachteile dieser Suchmethode, insbesondere über die Zufälligkeit des gefundenen Ergebnisses, im klaren.

Der BGH hat jedoch klargestellt, dass die Zulässigkeit der Verwendung von beschreibenden Begriffen als Domain-Namen auch Grenzen habe. Zum einen könne sie missbräuchlich sein, wenn der Verwender nicht nur die Gattungsbezeichnung unter einer Top-Level-Domain (hier ".de") nutzt, sondern gleichzeitig andere Schreibweisen oder die Verwendung derselben Bezeichnung unter anderen Top-Level-Domains blockiert. Zum anderen dürfe die Verwendung von Gattungsbezeichnungen nicht irreführend sein. Dieser zweite Gesichtspunkt führte hier dazu, dass die Sache an das OLG zurückverwiesen wurde. Der Kläger hatte nämlich auch beanstandet, dass die Verbraucher durch die Internet-Adresse des Beklagten irregeführt würden, weil der Eindruck entstehe, es handele sich beim Beklagten um den einzigen oder doch um den maßgeblichen Verband von Mitwohnzentralen. Das OLG muss nun diesem Vorwurf der unzutreffenden Alleinstellungbehauptung nachgehen. Sollte es eine Irreführung bejahen, wäre dem Beklagten z.B. aufzugeben, „Mitwohnzentrale.de" nur zu benutzen, wenn auf der Homepage darauf hingewiesen wird, dass es noch andere Verbände von Mitwohnzentralen gibt.

Beispiel 3: Deutsche Shell gewinnt Streit um „shell.de"

Der BGH hat in einem Grundsatzurteil entschieden, dass auch die **private Verwendung einer Internet-Adresse** zu einer Verletzung des Namensrechts eines gleichnamigen Unternehmens führen kann.

Der Fall[192]: Die Klägerin ist die Deutsche Shell GmbH. Sie ist ein Tochterunternehmen des weltweit bekannten Mineralölunternehmens Shell. Als die

---

[192] BGH, Urt. v. 22.11.2001 - I ZR 138/99.

Deutsche Shell im Mai 1996 die Internet-Adresse „shell.de" für sich registrieren wollte, erfuhr sie, dass dieser Domain-Name kurz zuvor bereits für ein Unternehmen reserviert worden war, das eine Vielzahl von Namen hatte registrieren lassen, um sie später dem Namensträger anzubieten. Als sich die Deutsche Shell auf ein solches Geschäft nicht einlassen wollte, übertrug dieses Unternehmen die Internet-Adresse „shell.de" auf den Beklagten, der mit bürgerlichem Namen Andreas Shell heißt. Dieser richtete unter dieser Adresse zunächst eine in den Farben rot und gelb gehaltene Homepage seines nebenberuflich betriebenen Übersetzungs- und Pressebüros ein.

Daraufhin erhob die Deutsche Shell Klage gegen Andreas Shell: Dem Beklagten solle die Verwendung des Domain-Namens „shell.de" untersagt werden; außerdem solle er verurteilt werden, diese Internet-Adresse auf sie zu überschreiben. Im Laufe des Prozesses verpflichtete sich der Beklagte, den Domain-Namen nicht mehr für geschäftliche Zwecke zu verwenden, und änderte seine Homepage entsprechend.

Vor dem Landgericht und Oberlandesgericht München hatte die Klägerin Erfolg. Die Gerichte waren der Ansicht, der Beklagte verletze durch die Verwendung der Internet Adresse „shell.de" das durch § 12 BGB geschützte Namensrecht der Klägerin. Aufgrund der überragenden Bekanntheit und Berühmtheit des Namens und der Marke „Shell" erwarte derjenige, der die Internet-Adresse „shell.de" anwähle, die Homepage der Klägerin und nicht die Homepage einer ihm unbekannten Person mit dem Familiennamen Shell. Die Klägerin habe ein schutzwürdiges geschäftliches Interesse daran, dass diejenigen, die mit ihr Kontakt aufnehmen wollten, nicht auf der Homepage der Beklagten landeten. Auch die Allgemeinheit sei daran interessiert, nicht auf eine falsche Fährte gesetzt zu werden. Dem Beklagten sei es eher zuzumuten, sich von der Klägerin abzugrenzen als umgekehrt.

Der BGH hat der Klägerin einen Unterlassungsanspruch zuerkannt. Auch in der privaten Verwendung der Internet-Adresse „shell.de" sei eine Verletzung des Namensrechts der Klägerin zu sehen. Da ein Domain-Name nur einmal vergeben werden könne und der Beklagte Inhaber der Internet-Adresse „shell.de" sei, sei der Klägerin die Möglichkeit genommen, den interessierten Internet-Nutzer auf einfache Weise über ihr Unternehmen zu informieren. Ein erheblicher Teil des Publikums suche in der Weise Informationen im Internet, dass der Name des gesuchten Unternehmens als Internet-Adresse eingegeben werde. Allerdings könne es dem Beklagten als Träger des Namens Shell grundsätzlich nicht verwehrt werden, seinen eigenen Namen für einen Internet-Auftritt zu verwenden. Kämen mehrere Personen als berechtigte Namensträger für einen Domain-Namen in Betracht, so seien deren Interessen gegeneinander abzuwägen. Dabei gelte in erster Linie das Gerechtigkeitsprinzip der Priorität, also der Grundsatz „wer zuerst kommt, mahlt zuerst". Dem müsse sich – bei einem Streit von zwei Gleichnamigen – grundsätzlich auch der bekanntere Namensträger unterwerfen. Ein Vorrang geschäftlicher vor privaten Interessen sei ebenfalls nicht anzuerkennen.

Der BGH war allerdings der Ansicht, dass die Interessen der Parteien im Streitfall von derart unterschiedlichem Gewicht seien, dass es ausnahmsweise nicht bei der Anwendung der Prioritätsregel bleiben könne. Die zwischen Gleichnamigen geschuldete Rücksichtnahme gebiete es, dass der Beklagte für seinen Domain-Namen einen Zusatz wähle, um zu vermeiden, dass eine Vielzahl von Kunden, die sich für das Angebot des Unternehmens Shell interessierten, seine Homepage aufriefen. Auf der einen Seite stehe die mit einer überragenden Bekanntheit ausgestattete Marke „Shell". Ein Internet-Nutzer, der in der Adresszeile „www.shell.de" eingebe, erwarte den Internet-Auftritt der Klägerin. Der heterogene Kreis der am Internet-Angebot der Klägerin interessierten Kunden könne auch nicht auf einfache Weise darüber informiert werden, dass ihr Internet-Auftritt unter einem anderen Domain-Namen als „shell.de" zu finden sei. Auf der anderen Seite erwarteten Freunde des Beklagten und seiner Familie kaum von sich aus, die private Homepage der Familie Shell unter „shell.de" aufrufen zu können. Als ein homogener Benutzerkreis könnten sie auch leicht über eine Änderung des Domain-Namens informiert werden.

Soweit die Deutsche Shell allerdings die Übertragung der Internet-Adresse „shell.de" auf sich verlangt hatte, hat der BGH die Klage abgewiesen. Die Klägerin könne nur den Verzicht des Beklagten auf die Adresse „shell.de", nicht aber die Übertragung auf sich beanspruchen. Auch wenn dies im konkreten Fall keine Rolle spiele, könne einem Dritten ein gleich gutes oder ein noch besseres Recht zustehen. Deshalb sei ein Anspruch auf Übertragung des Domain-Namens generell abzulehnen.

Beispiel 4: Entscheidung aus dem Jahre 2009 zum Streit um Domainnamen ahd.de

Der BGH hat darüber entschieden, inwieweit Unternehmen dagegen vorgehen können, dass ihre **Geschäftsbezeichnung von Dritten als Domainname** registriert und benutzt wird – **Domainnamen ahd.de.**

Der Fall[193]: Die Klägerin, die ihren Kunden die Ausstattung mit Hard- und Software anbietet, benutzt seit Oktober 2001 zur Bezeichnung ihres Unternehmens die Abkürzung „ahd". Die Beklagte (eine GmbH) hat mehrere tausend Domainnamen auf sich registrieren lassen, um sie zum Kauf oder zur entgeltlichen Nutzung anzubieten, darunter seit Mai 1997 auch den Domain-

---

[193] BGH, Urt. v. 19.02.2009 - I ZR 135/06.

namen „ahd.de". Vor dem Sommer 2002 enthielt die entsprechende Internetseite nur ein „Baustellen"-Schild mit dem Hinweis, dass hier „die Internetpräsenz der Domain ahd.de" entstehe. Danach konnten unterschiedliche Inhalte abgerufen werden, jedenfalls im Februar 2004 auch Dienstleistungen der Beklagten wie z.B. das Zurverfügungstellen von E-Mail-Adressen oder das Erstellen von Homepages. Die Klägerin verlangt von der Beklagten, die Nutzung der Bezeichnung „ahd" für das Angebot dieser Dienstleistungen zu unterlassen und in die Löschung des Domainnamens einzuwilligen.

Der BGH hat entschieden, dass die Klägerin aufgrund ihres nach der Registrierung des Domainnamens entstandenen Rechts an der Unternehmensbezeichnung der Beklagten verbieten könne, die Buchstabenkombination „ahd" als Kennzeichen für die im Schutzbereich der Geschäftsbezeichnung der Klägerin liegenden Waren und Dienstleistungen zu benutzen. Die Registrierung des Domainnamens führe nur dazu, dass der Inhaber eines erst nach der Registrierung entstandenen Namens- oder Kennzeichenrechts vom Domaininhaber regelmäßig nicht die Löschung des Domainnamens verlangen oder ihm jedwede Nutzung des Domainnamens untersagen könne[194]. Sie berechtige als solche den Domaininhaber dagegen nicht dazu, unter dem Domainnamen das Kennzeichenrecht des Dritten verletzende Handlungen vorzunehmen. Der Domainname sei von der Beklagten vor Oktober 2001 auch nicht so verwendet worden, dass an der Bezeichnung „ahd" ein gegenüber der Geschäftsbezeichnung der Klägerin vorrangiges Kennzeichenrecht der Beklagten entstanden sei.

Einen Anspruch der Klägerin auf Löschung des Domainnamens hat der BGH dagegen verneint. Auf eine Kennzeichenverletzung könne das Löschungsbegehren nicht gestützt werden, weil das Halten des Domainnamens nicht schon für sich gesehen eine Verletzung der Geschäftsbezeichnung der Klägerin darstelle. Ein Löschungsanspruch sei auch nicht unter dem Gesichtspunkt der wettbewerbswidrigen Mitbewerberbehinderung gegeben. Dass die Klägerin ihre Geschäftsbezeichnung „ahd" nicht in Verbindung mit der Top-Level-Domain „de" als Domainnamen nutzen könne, habe sie grundsätzlich hinzunehmen, weil sie die Abkürzung „ahd" erst nach der Registrierung des Domainnamens auf die Beklagte in Benutzung genommen habe. Nach Auffassung des Bundesgerichtshofs handelt die Beklagte im Streitfall nicht rechtsmissbräuchlich, wenn sie sich auf ihre Rechte aus der Registrierung des Domainnamens beruft.

---

[194] BGH, Urt. v. 24.04.2008 - I ZR 159/05.

Beispiel 5: „braunschweig.de"

Das LG Braunschweig hat in einem Urteil einem Nutzer den Gebrauch des Domain-Namens „braunschweig.de" verboten.

Der Fall[195]: Die Stadt Braunschweig wollte „braunschweig.de" registrieren lassen, der Domain-Name war aber nicht mehr verfügbar: Der Inhaber einer Fahrschule – sein bürgerlicher Name war Busch – nutzte die Domain für eine kommerzielle Seite, auf der sich andere Unternehmen präsentieren konnten. Die Richter stellten fest, dass durch die Verwendung von „braunschweig.de" der Eindruck erweckt werde, es handele sich um offizielle Internetseiten der Stadt. So wurde Herrn Busch die Nutzung der Domain untersagt, zumal er selbst kein Recht an dem Namen „Braunschweig" geltend machen konnte.

Im Übrigen sind auch sogenannte Tippfehler-Domains nicht zu empfehlen (z.B. „gogle", „gooogle", „googl", „micosoft" etc.). Große Unternehmen haben für solche Fälle häufig vorgesorgt und neben dem korrekten Namen „google" oder „microsoft" auch falsch geschriebene Namen als Marken geschützt, so dass bei der Nutzung einer solchen Domain marken- und wettbewerbsrechtliche Auseinandersetzungen folgen können.

Das LG Frankfurt/Main untersagte in einem Urteil[196] einem Unternehmen die Nutzung der Domain **„t-offline.de"** wegen der Verwechslungsgefahr mit **„t-online.de"**.

7.6 Domain-Inhaber

Vertragspartner der Registrierungsgesellschaften (z.B. DENIC, NSI) und damit Inhaber der Domain ist immer der Kunde, auch wenn die Registrierung des Domain-Namens über einen Service-Provider abgewickelt wird. Die Provider handeln lediglich in Vertretung des Kunden. Unseriöse Service-Provider versuchen allerdings nicht selten, sich selbst als Domain-Inhaber einzutragen.

Bei der Registrierung müssen eine **technische Kontaktperson (Tech-C)** für die Seite und ein administrativer **Ansprechpartner (Admin-C)** genannt werden. Der Tech-C wird in der Regel der Service-Provider sein. Als Admin-C wird die Person (das Unternehmen, die Organisation) eingetragen, die Inhaber der Domain sein soll. Beim Vertragsschluss mit Providern ist hier – um Missbrauch vorzubeugen – auf die korrekte Angabe der Namen zu achten.

Ob der Admin-C mit seiner Eintragung bei der Registrierung auch eine Haftung übernimmt, ist in der Rechtsprechung bisher umstritten. Die Gerichte

---

[195] LG Braunschweig, Urt. v. 28.01.1997 - 9 O 450/96.
[196] LG Frankfurt a.M., Urt. v. 15.07.1997 - 2/6 O 409/97.

haben in der Vergangenheit sowohl zustimmend als auch ablehnend geurteilt.

Das LG Magdeburg[197] und das OLG München[198]haben die Haftung des Admin-C z.b. teilweise bejaht, und zwar für solche Fälle, in denen Personengesellschaften als Domain-Inhaber eingetragen, aber nicht erreichbar waren. Der Admin-C ist nach Auffassung der Gerichte hier passiv legitimiert, kann also als Anspruchsgegner haftbar gemacht werden.

Abgelehnt wurde die Admin-C-Haftung bspw. in Entscheidungen des Landesgerichtes Kassel[199] und des Oberlandesgerichts Koblenz[200]. Letzteres hat festgestellt, dass der Admin-C lediglich die vom Domain-Inhaber bevollmächtigte natürliche Person ist, die berechtigt und verpflichtet ist, sämtliche Angelegenheiten, die mit der Domain in Zusammenhang stehen, zu entscheiden. Der Admin-C ist diesem Urteil zufolge Ansprechpartner der DE-NIC, aber nicht passiv legitimiert.

Grundsätzlich wird an dieser Stelle auf die Haftungsregelungen des Telemediengesetzes verwiesen.

Beispiel 1: Domainname „kinski-klaus.de"

Der BGH hatte über einen Schadensersatzanspruch zu entscheiden, dem ein Streit um **den Domain-Namen „kinski-klaus.de"** zugrunde lag – **„kinski-klaus.de"**.

Der Fall[201]: Die Kläger sind die Erben des am 23. November 1991 verstorbenen Klaus Nakszynski, der unter dem Künstlernamen Klaus Kinski sehr bekannt geworden ist. Die Beklagten haben den Domain-Namen „kinski-klaus.de" zur Registrierung angemeldet und dazu benutzt, um für eine von ihnen veranstaltete Ausstellung über Klaus Kinski zu werben. Die Kläger haben dies mit Abmahnungen beanstandet und die Abgabe strafbewehrter Unterlassungserklärungen gefordert. Die Beklagten hätten in ihr absolutes Recht an der Vermarktung der Prominenz von Klaus Kinski eingegriffen. Mit ihrer Klage haben die Kläger als Schadensersatz die Erstattung der Abmahnkosten verlangt.

Der BGH hat entschieden, die Kläger hätten keine Schadensersatzansprüche wegen einer Verletzung des postmortalen Persönlichkeitsrechts von Klaus Kinski. Das postmortale Persönlichkeitsrecht schütze allerdings mit seinen vermögenswerten Bestandteilen, die den Erben zustünden, auch vermö-

---

[197] LG Magdeburg, Urt. v. 18.06.1999 - 36 O 11/99.
[198] OLG München, Urt. v. 20.01.2000 - 29 U 5819/99.
[199] LG Kassel, Urt. v. 15.11.2002 - 7 O 343/02.
[200] OLG Koblenz, Urt. v. 25.01.2002 - 8 U 1842/00.
[201] BGH, Urt. v. 05.10.2006 - I ZR 277/03 .

genswerte Interessen; eine Rechtsverletzung könne dementsprechend auch Schadensersatzansprüche der Erben begründen[202]. Die vermögenswerten Bestandteile des postmortalen Persönlichkeitsrechts behielten dem Erben jedoch nicht in gleicher Weise wie die Verwertungsrechte des Urheberrechts bestimmte Nutzungshandlungen vor. Es müsse vielmehr jeweils durch Güterabwägung ermittelt werden, ob der Eingriff durch schutzwürdige andere Interessen gerechtfertigt sei oder nicht. Die Befugnisse des Erben aus den vermögenswerten Bestandteilen des postmortalen Persönlichkeitsrechts leiteten sich zudem vom Verstorbenen als Träger des Persönlichkeitsrechts ab und dürften nicht gegen dessen mutmaßlichen Willen eingesetzt werden. Sie sollten es nicht ermöglichen, die öffentliche Auseinandersetzung mit Leben und Werk der Person zu kontrollieren oder gar zu steuern. Eine Verletzung der vermögenswerten Bestandteile des postmortalen Persönlichkeitsrechts könne deshalb nur nach sorgfältiger Abwägung angenommen werden. Dies gelte insbesondere dann, wenn sich der in Anspruch Genommene für seine Handlungen auf Grundrechte wie die Freiheit der Meinungsäußerung (Art. 5 Abs. 1 GG) und die Freiheit der Kunst (Art. 5 Abs. 3 GG) berufen könne.

Im vorliegenden Fall hat der BGH einen Anspruch wegen eines Eingriffs in die vermögenswerten Bestandteile des postmortalen Persönlichkeitsrechts schon deshalb nicht für gegeben erachtet, weil dieser Schutz mit dem Ablauf von zehn Jahren nach dem Tod von Klaus Kinski erloschen sei. Er hat damit die für den postmortalen Schutz des Rechts am eigenen Bild in § 22 KUG festgelegte Schutzdauer von zehn Jahren auf den Schutz der vermögenswerten Bestandteile des postmortalen Persönlichkeitsrechts übertragen. Die gesetzliche Begrenzung der Schutzdauer des Rechts am eigenen Bild beruhe nicht nur auf dem Gedanken, dass das Schutzbedürfnis nach dem Tod mit zunehmendem Zeitablauf abnehme. Sie schaffe auch Rechtssicherheit und berücksichtige das berechtigte Interesse der Öffentlichkeit, sich mit Leben und Werk einer zu Lebzeiten weithin bekannten Persönlichkeit auseinandersetzen zu können. Der postmortale Schutz des allgemeinen Persönlichkeitsrechts ende damit nicht insgesamt nach zehn Jahren. Unter den Voraussetzungen des Schutzes der ideellen Bestandteile des postmortalen Persönlichkeitsrechts bestehe er fort. Über derartige Ansprüche sei jedoch nach dem Gegenstand des Rechtsstreits nicht zu entscheiden gewesen.

Beispiel 2: Registrierung fremden Domainnamen für sich

Der BGH hatte darüber zu entscheiden, ob es unter bestimmten Umständen zulässig sein kann, **einen fremden Domainnamen für sich zu registrieren**.

---

[202] BGH, Urt. v. 01.12.1999 - I ZR 49/97; BVerfG, Beschl. v.22.08.2006 - 1 BvR 1168/04.

Der Fall[203]: Der Kläger trägt den Familiennamen Grundke. Er hat sich dagegen gewandt, dass der Domainname „grundke.de" für den Beklagten registriert ist, und hat von diesem die Freigabe des Domainnamens verlangt. Der Beklagte heißt selbst nicht Grundke. Er ist aber von der Grundke Optik GmbH im April 1999 beauftragt worden, diesen Domainnamen registrieren zu lassen und für die Grundke Optik eine Homepage zu erstellen. Bei der DENIC e. G. ist als Inhaber der Domain der Beklagte registriert. Bis auf eine kurze Unterbrechung im Sommer 2001 erschien auf der Homepage „grundke.de" seitdem der Internetauftritt der Grundke Optik.

Der BGH hat zunächst bestätigt, dass grundsätzlich schon die Registrierung eines fremden Namens als Domainname ein unbefugter Namensgebrauch ist, gegen den jeder Namensträger unter dem Aspekt der Namensanmaßung vorgehen kann. Das gilt jedoch nicht, wenn der Domainname im Auftrag eines Namensträgers reserviert worden ist. Wegen des im Domainrecht unter Gleichnamigen geltenden Prioritätsprinzips, wonach eine Domain allein demjenigen zusteht, der sie zuerst für sich hat registrieren lassen, müssen die anderen Namensträger aber zuverlässig und einfach überprüfen können, ob eine derartige Auftragsreservierung vorlag. Das ist insbesondere der Fall, wenn unter dem Domainnamen die Homepage eines Namensträgers mit dessen Einverständnis erscheint. Es sind aber auch andere Möglichkeiten denkbar, wie die Auftragsregistrierung gegenüber anderen Namensträgern in prioritätsbegründender Weise dokumentiert werden kann.

Im Streitfall lag bei Registrierung des Domainnamens ein Auftrag der Grundke Optik zur Erstellung ihrer Homepage vor. Diese Homepage wurde auch alsbald freigeschaltet, bevor der Kläger seine Ansprüche geltend gemacht hat. Damit steht der Grundke Optik gegenüber dem Kläger die Priorität für den Domainnamen grundke.de zu, auf die sich der Kläger aufgrund des ihm erteilten Auftrags berufen kann. Dabei ist nicht entscheidend, ob zwischen der Grundke Optik und dem Beklagten ausdrücklich vereinbart war, dass die Registrierung auf den Namen des Beklagten erfolgt. Für die Priorität der Registrierung des Domainnamens kommt es auf Einzelheiten des Auftragsverhältnisses nicht an, wenn es tatsächlich bestand und etwa durch Freischaltung einer Homepage des Namensträgers nach außen dokumentiert worden ist.

Bei einem eindeutigen Missbrauch muss ein Domainname durch die DENIC gelöscht werden. Dazu die folgende Entscheidung des Bundesgerichtshofs:

---

[203] BGH, Urt. v. 02.2007 - I ZR 59/04.

Der Fall[204]: Der Kläger ist der Freistaat Bayern, dessen Staatsgebiet in sieben Regierungsbezirke unterteilt ist. Die Beklagte ist die DENIC, eine Genossenschaft, die die Domainnamen mit der Top-Level-Domain ".de" vergibt.

Der Kläger hat festgestellt, dass unter dieser Top-Level-Domain zugunsten mehrerer Unternehmen mit Sitz in Panama sechs Domainnamen registriert wurden, die aus dem Wort „regierung" und dem Namen jeweils einer seiner Regierungsbezirke gebildet wurden (z.B. „regierung-oberfranken.de").

Der Kläger, der für seine Regierungsbezirke ähnliche Domainnamen hat registrieren lassen (z.B. „regierung.oberfranken.bayern.de"), verlangt von der Beklagten, die Registrierung dieser Domainnamen aufzuheben.

Zur Begründung führt der BGH an: Zwar träfen die DENIC, die die Aufgaben der Registrierung der Domainnamen ohne Gewinnerzielungsabsicht erfüllt, nach der Entscheidung „ambiente.de" (s.o.) nur eingeschränkte Prüfungspflichten. Bei der Registrierung selbst, die in einem automatisierten Verfahren allein nach Prioritätsgesichtspunkten erfolgt, müsse keinerlei Prüfung erfolgen. Aber auch dann, wenn die DENIC auf eine mögliche Rechtsverletzung hingewiesen worden ist, sei sie nur dann gehalten, die Registrierung des beanstandeten Domainnamens zu löschen, wenn die Rechtsverletzung offenkundig und für sie ohne weiteres feststellbar sei. Diese Voraussetzungen lägen im Streitfall vor. Bei den Namen, auf deren Verletzung der Kläger die DENIC hingewiesen hat, handele es sich um offizielle Bezeichnungen der Regierungen bayerischer Regierungsbezirke. Aufgrund eines solchen Hinweises könne auch ein Sachbearbeiter der DENIC, der über keine namensrechtlichen Kenntnisse verfügt, ohne weiteres erkennen, dass diese als Domainnamen registrierten Bezeichnungen allein einer staatlichen Stelle und nicht einem in Panama ansässigen privaten Unternehmen zustehen.

Weitere Beispiele:

- Admin-C eines ausländischen Domaininhabers haftet als Mitstörer[205]

- Bindestrich-Domain verletzt nicht Namensrecht[206]

- Entscheidung im Streit um „schmidt.de"[207]

- Kein Prioritätsprinzip bei gleichzeitiger Registrierung von Domains[208]

- Haftung des Admin-C bei Verletzungen von Rechten Dritter durch einen registrierten Domainnamen[209]

---

[204] BGH, Urt. v. 27.10.2011 - I ZR 131/10.
[205] LG Hamburg, Urt. v. 15.03.2007 - 327 O 718/06.
[206] OLG Köln, Urt. v. 31.08.2007 - 6 U 48/07.
[207] LG Hannover, Urt. v. 22.04.2005 - 9 O 117/04.
[208] AG Köln, Urt. v. 24.11.2004 - 136 C 161/04.

7.7 Domain-Pfändung

Domains können im Rahmen der Zwangsvollstreckung gepfändet werden. Als Vermögensrecht gemäß § 857 Abs. 1 der Zivilprozessordnung (ZPO), in das vollstreckt wird, sind der Rechtsprechung zufolge alle schuldrechtlichen Ansprüche anzusehen, die dem Domain-Inhaber gegen die DENIC als sogenannter Drittschuldnerin aus dem Registrierungsvertrag zustehen.

Weigert sich die DENIC, im Rahmen der Domainpfändung bei der Pfändung selbst als Drittschuldner mitzuwirken, haftet die DENIC selbst auf Schadensersatz.

Der Fall[210]: Der Kläger nimmt die DENIC als die Registrierungsstelle für die sogenannte Top Level Domain „.de" auf Schadensersatz aus Pflichtverletzung in Anspruch. In dieser Funktion ist die DENIC zuständig für die Registrierung und den Betrieb von Second Level Domains unter .de, also dem vor dieser Endung befindlichen Bestandteil einer Internetadresse. Die DENIC registriert hierbei einen Domain-Namen, also eine Internetadresse, der aus technischen Gründen nur einmal vergeben werden kann, für den jeweiligen Anmelder, wenn der Domain-Name nicht bereits für einen anderen eingetragen ist. Rechtliche Grundlage für die Registrierung von Domains bei der Beklagten ist dabei der zwischen der Beklagten und dem jeweiligen Domaininhaber bestehende Domainvertrag und die Domainbedingungen.

Der Kläger bestellte am 07.11.2007 bei der Web S. AG über die Domain p...24.de einen Fernseher zum Preis von 1.148,90 €. Dieses Gerät wurde in der Folgezeit trotz Zahlung durch den Kläger nicht ausgeliefert und der Kläger forderte die Web S. AG sodann erfolglos zur Rückzahlung des Kaufpreises auf. Er erwirkte sodann einen Vollstreckungsbescheid in Höhe von 1.485,79 € zuzüglich weiterer Kosten von 54,10 € gegen die Web. S. AG. Mit Pfändungsbeschluss vom 21.08.2008 wurde daraufhin die Domain der Web S. AG namens p...24.de gepfändet. Dieser Pfändungsbeschluss betraf die Nutzungsrechte des Schuldners an der Internetdomain. Im Pfändungsbeschluss wurde die Beklagte als Drittschuldnerin bezeichnet. Der Beschluss wurde ihr am 2.09.2008 zugestellt. Sie wandte sich daraufhin noch am gleichen Tag an den Kläger und teilte mit, dass sie nicht Drittschuldnerin sei und keine Drittschuldnererklärung nach § 840 Abs. 1 ZPO abgeben werde.

Am 25.09.2008 löschte die Beklagte die Domain. Am gleichen Tag wurde sie auf einen Herrn K. neu registriert, der sie auf die A. Consulting Ltd. mit Sitz in Großbritannien übertrug.

---

[209] BGH, Urt. v. 09.11.2011 - I ZR 150/09.
[210] LG Frankfurt a.M., Urt. v. 09.05.2011 - 2-01 S 309/10.

Die Parteien streiten insbesondere darüber, ob die DENIC Drittschuldnerin im Sinne des § 840 ZPO ist.

Begründung des Gerichts: Die DENIC schuldet aufgrund des mit ihrem Kunden bestehenden Dauerschuldverhältnisses nach der Konnektierung insbesondere die Aufrechterhaltung der Eintragung im Primary Nameserver als Voraussetzung für den Fortbestand der Konnektierung. Daneben bestehen weitere Ansprüche des Domaininhabers wie die Anpassung des Registers an seine veränderten persönlichen Daten oder die Zuordnung zu einem anderen Rechner durch Änderung der IP-Nummer. Die Pfändung des Anspruchs auf Aufrechterhaltung der Registrierung aus einem Vertrag des Domaininhabers mit der Beklagten umfasst ferner auch alle weiteren, sich aus dem Vertragsverhältnis ergebenden Nebenansprüche. Drittschuldner ist jeder Dritte, dessen Leistung zur Ausübung des gepfändeten Rechts erforderlich ist oder dessen Rechtsstellung von der Pfändung berührt wird. Bei einer Domainpfändung ist damit die DENIC Drittschuldner und so zur Erfüllung aller sich aus dem Vertrag mit dem Domaininhaber als Schuldner des Pfändungsgläubigers ergebenden Verbindlichkeiten verpflichtet. Bei einer unterlassenen Drittschuldnererklärung macht sich die DENIC gegenüber dem Pfändungsgläubiger schadensersatzpflichtig.

Internetquellen

Computergebühr: Vier Millionen für die GEZ
http://www.handelsblatt.com/News/default.aspx?_p=204016&_t=ft&_b=1364784, abgerufen am 09.07.2009.

Volker Herres: Die digitale Revolution kann Journalismus nicht ersetzen
http://mediendisput.de/downloads/Rede%20Volker%20Herres%20nr.pdf, abgerufen am 09.07.2009

Gesetzentwurf der Bundesregierung: Gesetz zur Verbesserung der Durchsetzung von Rechten des geistigen Eigentums
http://www.bmj.bund.de/files/-/1727/RegE%20Durchsetzungsrichtlinie.pdf, abgerufen am 09.07.2009

Empfehlung der Ausschüsse: Gesetz zur Verbesserung der Durchsetzung von Rechten des geistigen Eigentums
http://www.umwelt-online.de/cgi-bin/parser/Drucksachen/drucknews.cgi?texte=0279_2 D1_2D08, abgerufen am 09.07.2009

Regierungs-Entwurf eines Gesetzes zur Verbesserung der Durchsetzung von Rechten des geistigen Eigentums
http://www.bmj.bund.de/enid/0,dd8ddb706d635f6964092d0935313031093a09796561720 92d0932303038093a096d6f6e7468092d093034093a095f7472636964092d0935313031/Re den/Alfred_Hartenbach_zd.html 09.07.2009

Regierungs-Entwurf eines Gesetzes zur Regelung des Beschäftigtendatenschutzes
http://www.bmi.bund.de/cae/servlet/contentblob/1286172/publicationFile/95297/Entwurf _Beschaeftigtendatenschutz.pdf

Regierungs-Entwurf eines Gesetzes zur Änderung des Bürgerlichen Gesetzbuchs zum besseren Schutz der Verbraucherinnen und Verbraucher vor Kostenfallen im elektronischen Geschäftsverkehr
http://dipbt.bundestag.de/dip21/btd/17/077/1707745.pdf